David Hamann
Ein Billett von Brody über Berlin nach New York

Europäisch-jüdische Studien
– Beiträge

—

Für das Moses Mendelssohn Zentrum
für europäisch-jüdische Studien, Potsdam

Herausgegeben von Miriam Rürup und Werner Treß

Band 67

David Hamann

Ein Billett von Brody über Berlin nach New York

—

Organisierte Solidarität deutscher Juden für osteuropäische jüdische Transmigrant*innen 1881/82

DE GRUYTER
OLDENBOURG

ISBN 978-3-11-221503-6
e-ISBN (PDF) 978-3-11-106395-9
e-ISBN (EPUB) 978-3-11-106508-3
ISSN 2192-9602

Library of Congress Control Number: 2023939767

Bibliografische Information der Deutschen Nationalbibliothek
Die Deutsche Nationalbibliothek verzeichnet diese Publikation in der Deutschen Nationalbibliografie;
detaillierte bibliografische Daten sind im Internet über http://dnb.dnb.de abrufbar.

© 2025 Walter de Gruyter GmbH, Berlin/Boston
Dieser Band ist text- und seitenidentisch mit der 2023 erschienenen gebundenen Ausgabe.
Einbandabbildung: Paul Merwart, Frontiere Austro-Russe. Campement des juifs internés à Brody
en attendant leur repatriement, aus: Le Monde Illustré. Journal Hebdomadaire, 26. Jg., Nr. 1338
(18.11.1882), S. 320.
Druck und Bindung: CPI books GmbH, Leck

www.degruyter.com

All denen gewidmet, die sich solidarisch für Geflüchtete einsetzen und die nicht damit aufhören, dem politischen Irrsinn von rechts die Stirn zu bieten.

Inhalt

I   Einleitung — 1
1   Das Deutschen Reich als Transitland jüdischer Migration im Jahr 1881. Eine quellenkritische Analyse — 1
2   Das Dilemma der deutschen *Alliance*-Akteure — 2
2.1   Ambivalente Solidarität: Wahrnehmung und Reflektionen ‚ostjüdischer' Lebenswelten durch die Akteure der frühen jüdischen Migrationsfürsorge — 2
2.2   Solidarische Migrationsfürsorge und die Abwehr des Antisemitismus — 9
3   Forschungsstand — 11
4   Quellenlage — 14
5   Gliederung der Arbeit — 17

II   Migration — 20
1   Das Krisenjahr 1881/82 — 23
1.1   Die Pogrome von 1881/82 und ihre Wahrnehmung durch die Zeitgenossen — 26
2   Die politisch-soziale Ausgangslage im Russländischen Reich 1855 – 1881 — 30
3   Motive für Auswanderung und Flucht — 36
4   Jüdische Solidarität: Die *Alliance Israélite Universelle* — 42
5   Jüdische Migration und Transit und deren Organisation 1869 – 1901 — 49
6   Die Anfänge des gelenkten jüdischen Transits durch Preußen und das Deutsche Reich vor 1881 — 56
6.1   Gelenkte Auswanderung in transnationaler Kooperation: Abraham Treuenfels — 59
6.2   Die Konferenz von 1869 und das Königsberger *Haupt-Grenz-Comité* — 62
7   Jüdische Auswanderung aus Rumänien bis 1881 — 67

III   Akteure — 76
1   Eine Bedrohung von innen: die antisemitische Berliner Bewegung — 79
2   Die Radikalisierung der antisemitischen Bewegung bis zum Krisenjahr — 84
3   Salomon Neumann und die „Fabel von der jüdischen Masseneinwanderung" — 90
3.1   Salomon Neumanns Karriere als Sozialstatistiker — 92
3.2   Die „jüdische Masseneinwanderung" als Instrument der antisemitischen Bewegung — 95

3.3	Völkisch-rassistische Statistik und antisemitische Politikberatung: Das *Königlich Preußische Statistische Bureau* —— **102**	
3.4	Neumanns Dekonstruktion der These von der jüdischen Masseneinwanderung —— **108**	
3.5	Streit der Statistiker —— **115**	
3.6	Statistische Expertise und das preußische Grenzregime —— **122**	
3.7	Ausblick —— **126**	
4	Moritz Lazarus und das *Jüdische Comité vom 1. December* —— **128**	
4.1	Deutsches Judentum und deutsche Nationalität: Moritz Lazarus —— **128**	
4.2	Vergebliche Bemühungen um eine koordinierte Abwehr —— **134**	
4.3	Eine Zentralstelle für die Abwehr: *Das Jüdische Comité vom 1. December* —— **138**	
4.4	Die Versammlung vom 16. Dezember 1880 —— **145**	
4.5	Arbeitsweise und Methoden des Comités —— **153**	
4.6	Abwehrarbeit —— **167**	
4.7	Das D.C. – Vorbild des Centralvereins? —— **184**	
5	Paul Nathan und der Ritualmordprozess von Tiszaeszlár —— **194**	
5.1	Aufklärerischer Journalismus im Dienst der Abwehr des Antisemitismus: Paul Nathan —— **198**	
5.2	Ein verschwundenes Mädchen und die Anklage gegen die Juden —— **205**	
5.3	Die transnationale Eskalation des Prozesses durch die antisemitische Bewegung in Ungarn und im Deutschen Reich —— **211**	
5.4	Tiszaeszlár im Kontext der jüdischen Emigration —— **215**	
5.5	Wachsende Judenfeindschaft und Pogrome in Ungarn —— **222**	
5.6	Eszther Solymosi und der Antisemitenkongress in Dresden —— **224**	
5.7	Die Entwicklung des Prozesses bis zum Freispruch der Angeklagten —— **229**	
5.8	Ausblick —— **235**	

IV Transit und Organisation —— 241

1	Eine neue Dimension jüdischer Auswanderung —— **241**	
2	Die Rolle der deutschen Hilfskomitees —— **245**	
3	Im „Brennpunkt der Emigration": Die Ausgangslage in Brody 1881 —— **253**	
3.1	Erste Maßnahmen der *Alliance*. Das Brodyer Lokalkomitee und Heinrich Schafiers Reise nach Galizien —— **257**	
4	Erste Etappe. Ankunft. Registrierung, Regulierung und Versorgung —— **263**	
4.1	Aufbau und Durchführung der Registrierung —— **263**	
4.2	Versorgung und Unterbringung —— **272**	
5	Zweite Etappe. Die Reise zu den Nordseehäfen —— **276**	
5.1	Nichtstaatliche Akteure: Agenten und Schifffahrtsgesellschaften —— **278**	
5.2	Das Berliner Hilfskomitee und der Schwenk zur HAPAG —— **283**	

6	Resignation und Überlastung. Das vorläufige Ende der organisierten Auswanderung im Winter 1881/82 und die eigenmächtige Fortsetzung der Hilfsaktion durch deutsche Komitees —— **293**	
7	Ein schwieriger Lernprozess. Probleme und Erfahrungen aus der provisorischen Migrationshilfe im Krisenjahr 1881 —— **299**	
7.1	Soziale Probleme in Galizien —— **300**	
7.2	Kriminelle Geschäftspartner und betrügerische Agenten —— **302**	
7.3	Unwissenheit und Inkompetenz der Hilfskomitees —— **305**	
7.4	Blinde Passagiere —— **309**	
7.5	Desinformationen und Kommunikationsdefizite. Konflikte innerhalb der AIU. —— **311**	
8	Ein neuer Akteur: Das *Deutsche Central-Komitee für die russisch-jüdischen Flüchtlinge* —— **318**	
8.1	Unterstützung aus Großbritannien —— **321**	
8.2	Ein europäischer Netzwerker der jüdischen Emigrationshilfe: Hermann Magnus. —— **323**	
8.3	Planungen für eine deutsche „Centralstelle" und die Führungsrolle des Berliner Komitees —— **325**	
8.4	Die Berliner Konferenz vom 23./24. April 1882 —— **330**	
8.5	Auf dem Höhepunkt der Krise: Brody im Frühsommer 1882 —— **334**	
8.6	Das DCC und die Hilfsaktion für russländische JüdInnen bis zum Winter 1882 —— **338**	

V   Epilog —— 354

1	Das DCC – Vorläufer des *Hilfsvereins der deutschen Juden* —— **354**
2	Gelenkte jüdische Emigration im Kontext der zionistischen Bewegung —— **360**
3	Die Akteure der Abwehr und Migrationshilfe bis zur Gründung des *Hilfsvereins* —— **366**
4	Abschlussbetrachtung —— **371**

Danksagung —— 383

Abkürzungen —— 385

Abbildungsverzeichnis —— 387

Quellen- und Literaturverzeichnis —— 389

Personenverzeichnis —— 413

I Einleitung

1 Das Deutschen Reich als Transitland jüdischer Migration im Jahr 1881. Eine quellenkritische Analyse

In dieser auf bisher unveröffentlichten Quellen basierenden Untersuchung liegt der Schwerpunkt auf dem gelenkten Transit russländischer JüdInnen durch das Deutsche Reich während des ‚Krisenjahres' 1881/82, das Hauptaugenmerk liegt dabei auf der Zeit vom Beginn der Krise im April 1881 bis zur Gründung des *Deutschen Central-Comités für die russisch-jüdischen Flüchtlinge* (DCC) im April 1882. In der Untersuchung werden das Zarenreich als „Russländisches Reich" und dessen jüdische EinwohnerInnen als „russländische" JüdInnen bezeichnet. Der Terminus „russländisch" bezieht sich, im Gegensatz zum ethnisch-kulturellen Begriff „russisch", auf Staat und Territorium und berücksichtigt dadurch die multiethnische Zusammensetzung des Reichs, in dem nicht nur Russen, sondern auch LitauerInnen, PolInnen, UkrainerInnen, WeißrussInnen und andere Ethnien lebten.[1] Für die Bezeichnung der durch das Deutsche Reich auswandernden russländischen JüdInnen werden wahlweise die Begriffe TransmigrantInnen, EmigrantInnen oder AuswanderInnen verwendet.

Im Zentrum der Untersuchung steht die Analyse der bislang wenig beleuchteten Rolle der innerhalb des europäischen Netzwerks der *Alliance Israélite Universelle* (AIU) organisierten deutschen Migrationshelfer in Berlin, Leipzig und Hamburg. Seit 1869 wurde in Preußen Migrationshilfe für russländische JüdInnen geleistet, auf der die Weiterentwicklung von Strategien und Techniken zur planmäßigen Auswanderung im nationalen wie internationalen Rahmen beruhten. Essentiell für die vorliegende Untersuchung ist die Etablierung einer transnational organisierten, „gelenkten" jüdischen Auswanderung von Galizien über das Deutsche Reich nach Amerika. In einem größeren Rahmen und unter schwierigsten Bedingungen wurde erstmals 1881 ein gelenkter Transit unter dem Dach der AIU durchgeführt. Ausgehend von Auswanderungs- und Fluchtursachen jüdischer EmigrantInnen und dem Transit russländischer JüdInnen von Ost nach West werden die organisationsgeschichtliche Entstehung und Entwicklung der jüdischen Migrationshilfe des Jahres 1881 in den Blick genommen und anhand neuen Aktenmaterials detailliert nachgezeichnet. Als entscheidend für den Aufbau einer

---

[1] Vgl. zur Unterscheidung der beiden Begriffe Galina Luchterhandt, Die politischen Parteien im neuen Rußland. Dokumente und Kommentare, Bremen 1993, S. 13 f.; vgl. Gerhard Simon, Russländische Nation. Fiktion oder Rettung für Russland?, Bericht des Bundesinstituts für Ostwissenschaftliche und Internationale Studien, 11.1999, S. 12.

funktionierenden Emigrationshilfe erwiesen sich die frühen und engen Verbindungen deutscher zu russländischen Hilfskomitees und ihre Mittlerfunktion zu Beginn der Krise. Diese Netzwerke und die durch ihre Verantwortung für die kontinentale Transitstrecke essentielle Rolle der deutschen Akteure, bildeten eine wichtige Grundlage für die Planung und Installation eines europäisch-amerikanischen Auswanderungswerks. Resultierend aus den Erfahrungen der *Alliance* aus der 1881 noch sehr improvisierten Hilfsaktion schlossen sich die deutschen Hilfskomitees im April 1882 zum DCC zusammen, dem ersten – temporären – Vorläufer des 1901 gegründeten *Hilfsvereins der deutschen Juden* (*Hilfsverein*). Eine organisationsgeschichtliche Betrachtung dieses ersten reichsweiten Dachverbandes beschließt die Analyse der gelenkten Emigration im Krisenjahr. Abschließend werden verschiedene Entwicklungslinien bis zur Gründung des *Hilfsvereins* verfolgt und skizziert.

2 Das Dilemma der deutschen *Alliance*-Akteure

Die deutschen *Alliance*-Mitglieder befanden sich durch ihr zivilgesellschaftliches Engagement für ihre osteuropäischen Glaubensgeschwister in einer schwierigen Situation. Die von deutschen für russländische JüdInnen organisierte ‚Migrationsfürsorge' im Krisenjahr 1881/82 weist zwei Charakteristika auf, aus denen diese dilemmatische Situation hervorgeht. Einerseits leisteten die deutschen Juden trotz ihrer häufig ambivalenten Haltung gegenüber ‚ostjüdischen' Lebenswelten klar humanitäre Arbeit im Sinne der von der *Alliance* beschworenen universalen Solidarität aller Juden. Andererseits wurde diese Solidarität im Deutschen Reich hart auf die Probe gestellt. Der reibungslose und möglichst unauffällige jüdische Transit entwickelte sich zu einer notwendigen Strategie gegen die wachsende antisemitische Stimmung im Land. Richtete sich die Feindschaft der antisemitischen Bewegung zunächst gegen die ‚ostjüdischen' TransmigrantInnen, gerieten zunehmend auch die Organisatoren des sich professionalisierenden europäisch-amerikanischen Auswanderungsnetzwerkes in Gefahr, weil die zunehmend aggressiv auftretenden Antisemiten sie als Komplizen einer „jüdischen Masseneinwanderung" stilisierten. Im Folgenden werden diese beiden Problemfelder erläutert.

2.1 Ambivalente Solidarität: Wahrnehmung und Reflektionen ‚ostjüdischer' Lebenswelten durch die Akteure der frühen jüdischen Migrationsfürsorge

Zwischen den westeuropäischen Juden und den von ihnen bei der Emigration unterstützten JüdInnen Ost- und Südosteuropas bestanden zum Teil erhebliche kulturelle Unterschiede hinsichtlich ihres ‚Jüdischseins'.² Die westeuropäischen Juden waren, anders als ihre osteuropäischen Glaubensgeschwister, im Zuge der Emanzipation und ihrer bürgerlichen Gleichstellung zu einem selbstbewussten, wirtschaftlich und sozial erfolgreichen Lebensstil gelangt, und trotz der in ihren jeweiligen Heimatstaaten existierenden antijüdischen Vorurteile, zu einem integralen Teil der Zivilgesellschaften geworden.³ Vielen der in deutschen AIU-Filialen engagierten, liberalen, häufig säkularen und deutschnational fühlenden Juden waren jedoch, trotz ihres Engagements für ihre Glaubensgeschwister, grundlegende Aspekte der jüdischen Lebenswelten Osteuropas fremd. Diese ambivalente, später zunehmend negative Wahrnehmung der osteuropäischen Judenheiten formte sich im Lauf des 19 Jahrhunderts als Ergebnis des fortschreitenden Emanzipationsprozesses und des damit einhergehenden sozialen Aufstiegs der westeuropäischen jüdischen Bürger aus. Kulturelle, ökonomische und politische Errungenschaften gingen mit wachsendem Wohlstand, sozialer Sicherheit, öffentlichem Ansehen und häufig einem urbanen, (groß- und bildungs-) bürgerlichen Lebensstil in einer der modernen Metropolen einher. Gleichzeitig scheiterte die vollständige Inklusion der deutschen JüdInnen ungeachtet weitgehender Akkulturation an der fehlenden Bereitschaft weiter Teile der nichtjüdischen Mehrheitsgesellschaft.⁴ Trotz der nach wie vor vorhandenen gesellschaftlichen Benachteiligungen empfanden sie die Gesamtentwicklung als zivilisatorischen Fortschritt gegenüber der Lebensweise im traditionellen Schtetl jenseits der östlichen Grenzen. Die jüdischen BewohnerInnen der Schtetl pflegten häufig eine orthodoxe Religiosität, bewahrten das Jiddische und zeigten im Gegensatz zu den (groß)bürgerlichen JüdInnen der westlichen Großstädte kaum Akkulturations- oder Assimilationstendenzen. Die meisten osteuropäischen Juden waren Handwerker beziehungsweise Angehörige der (unteren) Mittelschicht. Zur kulturellen Distanz gegenüber dem Schtetl kamen weitverbreitete Vorstellungen eines zivilisatorischen Gefälles von West nach Ost hinzu. Die JüdIn-

---

2 Vgl. Steven E. Aschheim, Brothers and Strangers. The East European Jew in German and German Jewish Consciousness, 1800–1923, Wisconsin 1982, S. 32–57; vgl. im Kontext der frühen jüdischen Migrationsfürsorge David Hamann, Jüdische Selbstorganisation und Abwehrarbeit in Berlin am Beispiel ost- und südosteuropäischer jüdischer Migration, in: Medaon 13 (2019), Nr. 25, S. 1–13.
3 Vgl. Ingo Haar, Jüdische In- und Exklusion in Wien und Berlin 1667/71–1918. Von der Vertreibung der Juden Wiens und ihrer Wiederansiedlung in Berlin bis zum Zionismus, Göttingen 2021, S. 255–320; vgl. Björn Siegel, Österreichisches Judentum zwischen Ost und West. Die Israelitische Allianz zu Wien 1873–1938, Frankfurt/New York 2010, S. 22–29.
4 Vgl. Rainer Erb, Werner Bergmann, Die Nachtseite der Judenemanzipation. Der Widerstand gegen die Integration der Juden in Deutschland 1780–1860, Berlin 1989; Till van Rahden, Juden und die Ambivalenzen der bürgerlichen Gesellschaft in Deutschland von 1800 bis 1933, in: Christina von Braun (Hg.), Was war deutsches Judentum, Berlin/München/Boston 2015, S. 249–261; vgl. Joachim Schlör, Das Ich in der Stadt. Debatten über Judentum und Urbanität, 1822–1938, Göttingen 2005.

nen im Russländischen Reich wurden in den Augen der meisten ihrer westlichen Glaubensgeschwister als ein zwar zu Unrecht unterdrücktes, aber durchgehend rückschrittliches Kollektiv betrachtet, wobei die innerjüdischen Entwicklungen Osteuropas wenig beachtet wurden. Seit Mitte des 19. Jahrhunderts entwickelte sich das Stereotyp des ‚Schtetl-Juden' zum Inbegriff des unzivilisierten Juden aus dem Osten, der dem deutschen (und deutsch-jüdischen) bürgerlichen Lesepublikum etwa als literarische Figur aus Gustav Freytags beliebten Roman *Soll und Haben* geläufig war. In diesem Roman tritt Veitel Itzig, ein verschlagener, betrügerischer und wenig ansehnlicher Jude mit jiddischem Akzent, als Gegenspieler des mit allen bürgerlichen Tugenden ausgestatteten Romanhelden Anton Wohlfahrt auf.[5]

Zum zentralen Schlagwort in den Debatten über die osteuropäischen Judenheiten avancierte der Terminus des „Ostjuden"[6]. Diese konstruierte Kollektivbezeichnung kombinierte negative und diskriminierende Charakteristika sowie antisemitische Stereotype mit einer kulturellen Hierarchisierung zwischen „Ost" und „West", einer Dichotomie zwischen traditionsbehafteter, primitiver Stagnation und sozial innovativer, technisch fortschrittlicher Moderne. Innerhalb der Debatten um jüdische Ein- und Durchwanderung wurde das ‚Ostjüdische' mit polnischen und russländischen JüdInnen assoziiert. Die jüdischen TransmigrantInnen galten als bildungsfern, hinterwäldlerisch, unmodern und primitiv; diese Vorurteile wurden unter dem Sammelbegriff ‚Ostjuden' klassifiziert und zusammengefasst. Verschiedene Varianten dieses Begriffs – 1881 verwenden die Akteure der AIU durchgehend die Kollektivbezeichnung „russische Juden" – erfuhren seit der jüdischen Massenemigration zu Beginn der 1880er Jahre eine inflationäre Verbreitung. Gertrud Pickhan illustriert diesen Zusammenhang zwischen einem imaginierten ‚Ostjuden-Kollektiv' und jüdischer Migration anschaulich mit einer „Folie", die sich „vor die Wahrnehmung der realen Menschen" geschoben habe[7].

---

5 Vgl. Gertrud Pickhan: „Ostjudentum" und Mizrehkh-Yidishkeyt. Begriffskonstruktionen, Selbstwahrnehmungen und Fremdzuschreibungen, in: Ernst Baltrusch/Uwe Puschner (Hgg.), Jüdische Lebenswelten. Von der Antike bis zur Gegenwart, Frankfurt/M. 2016, S. 49–52, 56; zur deutsch-jüdischer Literatur zum Schtetl vgl. Petra Ernst, Schtetl, Stadt, Staat. Raum und Identität in deutschsprachig-jüdischer Erzählliteratur des 19. und frühen 20. Jahrhunderts, herausgegeben von Gerd Kühr, Gerald Lamprecht und Olaf Terpitz, Wien/Köln/Weimar 2017, S. 79 ff.; vgl. Tobias Grill, Der Westen im Osten: Deutsches Judentum und jüdische Bildungsreform in Osteuropa (1783–1939), Göttingen 2013, S. 20–30.
6 Vgl. Gertrud Pickhan: „Ostjudentum", S. 285–295; vgl. Anna Lipphardt, Wo liegt Osten? Zur (Selbst-)Verortung osteuropäischer Juden, in: Mettauer, Philipp/Staudinger, Barbara (Hg.), „Ostjuden" – Geschichte und Mythos, Innsbruck 2015, S. 10–26; eine unkritische Übernahme des ‚Ostjuden'-Begriffs als Forschungskategorie findet sich noch im Titel des bekannten jüngeren Werks von Heiko Haumann, Die Geschichte der Ostjuden, München 1998.
7 Gertrud Pickhan, „Ostjudentum", S. 53.

Negative ‚Ostjuden'-Definitionen, darunter das Ahasver-Stereotyp des wurzellosen und ewig wandernden Juden, dienten dem Schüren von Überfremdungsszenarien und wurden schnell zu einem zentralen Topos antisemitischer Polemik und Anti-Immigrationspropaganda. Der ‚Ostjude' als völkisch-rassistisch unterfüttertes Stereotyp des armen, potentiell gefährlichen, kriminellen und Krankheiten einschleppenden Immigranten wurde ab Ende der 1870er zu einem populären negativen Kampfbegriff.[8] Die durchreisenden osteuropäischen JüdInnen, ein alltäglicher Anblick für die einheimische Bevölkerung in den Transit-Orten, wurden von Protagonisten der *Berliner Bewegung* als plakatives Überfremdungsszenario durch eine drohende jüdische „Masseneinwanderung" in Szene gesetzt. Das Ziel solcher Kampagnen bestand darin, jegliche jüdische Einwanderung zu stoppen und alle inländischen jüdischen Staatsbürger Deutschlands als Komplizen dieser Einwanderung zu stigmatisieren und gesellschaftlich zu ächten.

‚Ostjüdische' Stereotypisierungen beschränkten sich jedoch nicht auf den antisemitischen und nationalistischen Resonanzraum. Auch unter Vertretern des liberalen, westeuropäischen Judentums fand der Begriff des ‚Ostjuden' Verwendung.[9] Die von der *Alliance* angestrebte Emanzipation ‚ostjüdischer' Glaubensgenossen trug deutlich paternalistische Züge. Das kulturelle Überlegenheitsgefühl der gut situierten Mitglieder der jüdischen Wohltätigkeitsorganisationen in Berlin zeigte sich nicht zuletzt in ihrer Motivation zur Beseitigung innerjüdischer, kultureller „Missstände", die sie durch die ‚Hebung' vermeintlich rückständiger, wenig akkulturierter JüdInnen in Preußen erreichen wollten. Ein Beispiel dafür war die Gründung des „Komitees zur kulturellen Förderung der Ostjuden", das von einflussreichen jüdischen Berliner Honoratioren um Ludwig Loewe, linksliberales Mitglied des Reichstages und Mitglied im *Deutschen Central Comité für die nothleidenden russischen Juden*, initiiert worden war.[10] Durch ihren betonten Deutschnationalismus und assimilatorischen Bemühungen versperrten sich die liberalen ‚deutschen Juden' unwillentlich selbst den Zugang zu Akzeptanz und grundlegendem Verständnis für ‚ostjüdische' Lebenswelten. Diese Widersprüche und Ambivalenzen der ‚westjüdischen' deutschen Bildungsbürger gegenüber ihren ‚ostjüdischen' Glaubensgeschwistern wurden 1927 von dem in Brody geborenen Schriftsteller Joseph Roth (1894–1939) in seinem großen Essay *Juden auf Wander-*

---

8 Vgl. Klaus Hödl, Ostjüdische Armut und ihre Wahrnehmung. Die galizischen Juden um die Wende vom 19. zum 20. Jahrhundert, in: Steffi Jersch-Wenzel in Verbindung mit Francois Guesnet, Gertrud Pickhan, Andreas Reinke und Desanka Schwan, Juden und Armut in Mittel- und Osteuropa, Köln/Weimar/Wien 2000, S. 309–332.
9 Vgl. Tobias Brinkmann, Migration und Transnationalität, Paderborn 2012, S. 25 ff..
10 Vgl. Ernest Hamburger, Juden im öffentlichen Leben Deutschlands: Regierungsmitglieder, Beamte und Parlamentarier in der monarchischen Zeit 1848–1918, Tübingen 1968, S. 299.

schaft in pointierter Weise beschrieben. Bemerkenswert ist vor allem Roths Kritik an der geschilderten Ost-West-Dichotomie, weil er die Familiengeschichten und Lebensläufe ‚westlicher' Juden als Teil ‚ostjüdischer' Migrationsgeschichte versteht und umgekehrt. Dadurch stellt er die vermeintlich kulturelle Trennlinie zwischen Ost und West nicht nur infrage, sondern hebt sie gänzlich auf:

> Wer ist ‚Westjude'? Ist es derjenige, der nachweisen kann, dass seine Ahnen in der glücklichen Lage waren, vor den westeuropäischen bzw. deutschen Pogromen im Mittelalter und später, niemals fliehen zu müssen? Ist ein Jude aus Breslau, das lange Zeit ‚Wroclaw' hieß und eine polnische Stadt war, mehr Westjude, als einer aus Krakau, das heute noch polnisch ist? Ist derjenige schon Westjude, dessen Vater sich nicht mehr erinnern kann, wie es in Posen oder in Lemberg aussieht? Fast alle Juden waren einmal Westjuden, ehe sie nach Polen und Rußland kamen. Und alle Juden waren einmal ‚Ostjuden', ehe ein Teil von ihnen westjüdisch wurde. Und die Hälfte aller Juden, die heute verächtlich oder geringschätzig vom Osten sprechen, hatte Großväter, die aus Tarnopol kamen. Und selbst, wenn ihre Großväter nicht aus Tarnopol kamen, so ist es nur ein Zufall, daß ihre Ahnen nicht nach Tarnopol hatten fliehen müssen.[11]

In den für diese Arbeit verwendeten Quellen spiegeln sich die Ambivalenzen der deutsch-jüdischen Migrationshelfer gegenüber den ‚ostjüdischen' TransmigrantInnen wider. Das Engagement für einen gelenkten Transit aus humanitären Gründen mischt sich häufig mit abschätzigen Charakterisierungen über die AuswanderInnen und Verweisen auf ihre sittliche und kulturelle Unterlegenheit. Ein selbst erklärtes Ziel der AIU war es, aus den in Brody eintreffenden, teilweise vor Pogromen geflüchteten ‚ostjüdischen' TransmigrantInnen „Menschen zu machen"[12]. Hinter Aussagen wie diesen verbirgt sich neben einer kulturellen Abwertung auch die Wahrnehmung der ‚OstjüdInnen' als eines sozialen Problems. Paul Nathan (1857–1927), der Initiator des 1901 gegründeten *Hilfsvereins der deutschen Juden*, veröffentlichte 1926 eine Schrift mit dem bezeichnenden Titel *Das Problem der Ostjuden*, in welcher er als „Lösung" die Gleichstellung der russländischen JüdInnen nach westlichem Muster vorschlug und konstatierte: „Die Hilfe muß von außen kommen!" Unabhängig von seinem vierzigjährigen Engagement für die Jüdinnen im östlichen Europa, ignorierte er in seiner historischen Darstellung die vielfältige Entwicklungsgeschichte der osteuropäischen Judenheiten und ihre potentielle Rolle als Akteure völlig; er reduzierte die gegenwärtige „Ostjudenfrage" auf eine potentielle „Krankheitsquelle" für Europa, geschaffen durch den „russischen Despotis-

---

11 Joseph Roth, Juden auf Wanderschaft, Berlin 1927, S. 23 f.
12 Charles Netter an die AIU-Zentrale in Paris, o. D. (Ende Oktober 1881), zitiert nach Leo Goldenstein, Brody und die russisch-jüdische Emigration. Nach eigener Beobachtung, Frankfurt am Main 1882, S. 15.

mus".[13] Wie viele seiner liberalen Zeitgenossen hatte Paul Nathan Ressentiments gegenüber einer angeblichen „Unkultur" ost- und südosteuropäischer Länder[14]. ‚Ostjüdisches' Leben assoziierte er mit einem unzivilisierten und unproduktiven Leben im Ghetto und machte dessen BewohnerInnen auf diese Weise zu Objekten eines westlichen, zivilisierten, liberal-fortschrittlichen Humanismus. Auch die Genese des Antisemitismus erklärte er als eine Folge kultureller Rückschrittlichkeit. In der Einleitung zu seiner Studie über die Ritualmordaffäre im ungarischen Tiszaeszlár schrieb er, es sei logisch, dass das Russländische Reich „das günstigste Versuchsfeld für die Agitatoren" war, während er dem Deutschen Reich als höchster Kulturnation Europas eine gewisse Immunität gegenüber der antisemitischen „Epidemie" attestierte:

> Je niedriger das geistige Niveau, um so zugänglicher (…) erschien stets die rohe Gewaltthat.

Ungarn charakterisierte er als den idealen Nährboden für die antisemitische Agitation:

> weniger barbarisch als Russland und weniger staatlich und geistig entwickelt als Deutschland und Oesterreich, war es wie geschaffen, bei dieser Mischung von Kultur und Unkultur zeitweilig die entscheidendste Rolle in der antisemitischen Bewegung spielen zu können.[15]

Im Kontext dieser Aussagen scheint es auf den ersten Blick widersprüchlich, dass Nathan sozialpolitisches Engagement für ‚Ostjuden' auch als Mittel verstand, um die antisemitische Agitation gegenüber eben diesen ‚Ostjuden' zu bekämpfen. Hieran und anhand seiner Leistungen innerhalb der jüdischen Migrationsfürsorge zeigt sich jedoch, dass kulturelle Vorurteile gegenüber osteuropäischen Lebenswelten keineswegs einen Widerspruch zu humanitärer und sozialer Arbeit darstellten. Abgesehen davon trug die antisemitische Agitation gegenüber ostjüdischen Menschen deutlich abschätzigere und nicht selten gewaltbereite Züge.

Während des Krisenjahrs 1881 in Galizien finden sich zahlreiche Aussagen der an den Hilfsaktionen beteiligten *Alliance*-Helfer über ‚Ostjuden' und die TransmigrantInnen. Die führenden Berliner *Alliance*-Mitglieder und Migrations-

---

13 Paul Nathan, Das Problem der Ostjuden. Vergangenheit – Zukunft, Berlin 1926, S. 26, 7; die These der „Ostjuden" als soziales Problem wurde von der bundesrepublikanischen Forschung zunächst unreflektiert übernommen, vgl. Gottfried Schramm, Die Ostjuden als soziales Problem des 19. Jahrhunderts, in: Heinz Maus (Hg.), Gesellschaft, Recht und Politik. Wolfgang Abendroth zum 60. Geburtstag, Neuwied/Berlin 1968, S. 353–380; vgl. Gertrud Pickhan, „Ostjudentum", S. 54f.
14 Paul Nathan, in: Julius Moses, Die Lösung der Judenfrage. Eine Rundfrage, Berlin/Leipzig 1907, S. 24.
15 Paul Nathan, Der Prozess von Tisza-Eszlár. Ein antisemitisches Culturbild, Berlin 1892., S. 2, 3f., 5.

helfer um Moritz Lazarus (1824–1903), Salomon Neumann (1819–1908), Salomon Lachmann (1823–1893), Samuel Kristeller (1820–1900) und andere forderten solidarische, humanitäre Aktionen für die ‚ostjüdischen' Glaubensgenossen und befürworten eine organisierte Auswanderung in die USA. Einer dauerhaften Ansiedlung in der eigenen Nachbarschaft standen sie jedoch kritisch bis ablehnend gegenüber, zum einen aus Sorge um die öffentliche Meinung und um die Reaktionen der antisemitischen Bewegung, zum andern aber auch aus kultureller Distanz zu den ‚ostjüdischen' Glaubensgeschwistern. Aus beiden Gründen bemühten sich die deutschen Hilfskomitees, „die Ueberfluthung der deutschen Gemeinden durch russische Flüchtlinge zu verhindern".[16] Die Sozialisation der „Ostjuden", das Schtetl, ihre jiddische Sprache, ihre nicht selten streng orthodoxe Religiosität, ihre Armut und nicht zuletzt ihre Berührungspunkte mit sozialistischen Ideen standen dem Lebensstil und -gefühl der Migrationshelfer häufig diametral entgegen.[17] So sprach Leo Goldenstein, Abgesandter der *Israelitischen Allianz zu Wien* (IAzW) in Brody, von „Halbasiaten im Kaftan", womit er die „Spekulant[en]" unter der ‚ostjüdischen' Bevölkerung Galiziens meinte.[18] Heinrich Nirenstein (1824–1903), Leiter des Brodyer Lokalkomitees, berichtete der *Alliance*, dass während der Sommermonate 1881 „unter den nach Amerika transportierten Emigranten viel unbrauchbares Zeug" gewesen sei[19]. In Leipzig, wo es jahrzehntelang, enge Verbindungen nach Galizien gab und viele ‚ostjüdische' Arbeiter in der Lederindustrie beschäftigt waren, skizzierte Jacob Nachod (1814–1882), der Leiter des *Alliance*-Komitees, eine großangelegte Auswanderung als „rationalste" Lösung, um „die Armuth, (...), den Schmutz, die Verkommenheit" der ‚ostjüdischen' EmigrantInnen zu beseitigen.[20] Anlässlich der ersten gelenkten jüdischen Emigration 1869 bezeichnete Moritz Landsberg (1824–1882), Rabbiner von Liegnitz, den überwiegenden Teil der Be-

---

16 Philipp Simon an Salomon Lachmann vom 14.1.1882, in: SAM, 1194, opis 2, Bd. 10, Bl. 94.; dieselben Ängste herrschten auch in amerikanischen jüdischen Gemeinden vor, vgl. Michael Just, Ost- und südosteuropäische Amerikaauswanderung 1881–1914. Transitprobleme in Deutschland und Aufnahme in den Vereinigten Staaten, Stuttgart 1988, S. 210.
17 Vgl. Jack Wertheimer, Unwelcome Strangers. East European Jews in Imperial Germany, New York/Oxford 1987, S. 23–32; vgl. Israel Bartal, Geschichte der Juden im östlichen Europa 1772–1881, Göttingen 2010, S. 47–54.
18 Leo Goldenstein, Brody, S. 18; vgl. hierzu auch Börries Kuzmany, Brody. Eine galizische Grenzstadt im langen 19. Jahrhundert, Wien/Köln/Weimar 2011, S. 277.
19 Memorandum des Brodyer Lokalkomitees An die Hochgeehrte Alliance isr. univ. Paris vom 9.1.1882, in: SAM, opis 2, Bd. 10, Bl. 14
20 Memorandum des Leipziger Komitees an die Alliance Israeite Universelle Paris von Anfang Juli 1881, in: SAM, 1194, opis 4, Bd. 9., Bl. 350.

völkerung des Ansiedlungsrayons als „große Masse der meistens arbeitsscheuen, betenden und bettelnden Leute".[21]

Interessanterweise reflektierten einige der Helfer während ihrer Anwesenheit in Brody ihre verinnerlichten Stereotypen über die ‚Ostjuden'. AIU-Generalsekretär Charles Netter (1826–1882), der in Brody täglich EmigrantInnen und Geflüchtete empfing und über ihre Weiterreise entschied, schrieb kurz nach seiner Ankunft selbstkritisch in einem Brief an die *Alliance*:

> Was man sich auch immer, selbst in Deutschland, hierüber erzählt habe, man hat sich über die Bevölkerung, die jetzt unsere Hilfe sucht, ganz außerordentlich getäuscht. Die Männer tragen weder Peoth noch Kaftan; es sind schöne, große, saubere, intelligente Männer. Die Frauen sind fast elegant (…) schöner und intelligenter (…), als man sie bei russischen Juden ‚denken' könnte.[22]

Obgleich Netter die ‚Ostjuden' im selben Zug paternalistisch als „Kinder" bezeichnete, weisen seine Überlegungen darauf hin, dass die kulturell empfundene Distanz zwar groß war, aber nicht unreflektiert blieb. Viele Akteure empfanden zwar durchaus Vorbehalte, ließen in ihren (schriftlichen) Äußerungen jedoch keine Abneigung erkennen, zum Beispiel Salomon Neumann, von dem sich zumindest in den überlieferten Quellen keine Belege dafür finden lassen. Die im bürgerlich-jüdischen Milieu verbreiteten Ambivalenzen gegenüber ‚ostjüdischen' Lebenswelten hinderte die westlichen Akteure der Migrationsfürsorge jedoch zu keinem Zeitpunkt, angesichts der Notlage in Galizien und jenseits der östlichen Grenzen, dem Gebot der *Zedakah* zu folgen und Anteilnahme, humanitäres Verantwortungsgefühl und jüdische Solidarität über die eigenen Vorbehalte zu stellen.

2.2 Solidarische Migrationsfürsorge und die Abwehr des Antisemitismus

Die logistische Optimierung des jüdischen Transits durch das Deutsche Reich war eng verzahnt mit der Abwehrarbeit gegen den sich zeitgleich formierenden Antisemitismus. Akteure der „Berliner Bewegung" instrumentalisierten eine vermeintliche jüdische „Masseneinwanderung" – die in Wahrheit ein nahezu vollständiger Transit war – und profitierten dabei von der wachsenden Popularität kollektivistischer und rassistischer Ordnungsmodelle und dem nationalistisch-

---

21 Protokoll der Konferenz zu Berlin vom 11.10.1869, in: SAM, 1194, opis 2, Bd. 4, Bl. 6.
22 Charles Netter an die AIU-Zentrale in Paris, o.D. (Ende Oktober 1881), a. a. O.

konservativen Schwenk der Bismarckregierung.[23] Im Deutschen Reich und in anderen westeuropäischen Ländern war das Engagement für die gelenkte jüdische Emigration daher seit den 1870er Jahren eng mit dem Kampf gegen den Antisemitismus verbunden.[24] Der bedeutendste Berührungspunkt zwischen diesen beiden Aktionsfeldern war die Reaktion der antisemitischen Bewegung auf die jüdischen TransmigrantInnen. Die Krise und die wachsende jüdische Auswanderung waren durch die internationale Berichterstattung ständig präsent und für die nichtjüdische Zivilgesellschaft als gesellschaftliches Problem wahrnehmbar. Dadurch wurden sie für nationalistische und antisemitische Akteure instrumentalisierbar. Die zunächst in Brody und anderen österreichischen und preußischen Grenzstädten eintreffenden russisch-jüdischen EmigrantInnen, und ihr anschließender Transit, wurden zum Reizthema für die antisemitische Bewegung. Zeitgleich zum Anstieg des jüdischen Transits durch Deutschland und Österreich im Frühjahr 1881, ist gleichfalls ein Anwachsen antisemitischer Stimmungsmache in Politik, Gesellschaft und Presse festzustellen. Die Verbreitung antisemitischer Einstellungen in verschiedenen Gesellschaftsschichten im Deutschen Reich korrelierte 1881 nachweislich mit der großen Emigrations- und Fluchtbewegung russländischer Juden nach Westen. Im Zentrum stand dabei das völkisch-rassistisch unterfütterte Feindbild des ‚Ostjuden'. Zusätzlich dienten die alltägliche Sichtbarkeit der jüdischen Durchwanderung auf den Bahnhöfen der kontinentalen Transitstrecke, und in Berlin außerdem die jüdischen BewohnerInnen des Scheunenviertels, antisemitischen Demagogen zur Heraufbeschwörung des Szenarios einer drohenden, von der AIU inszenierten, „jüdischen Masseneinwanderung".[25] Dies schürte die Stimmung gegenüber jüdischen TransmigrantInnen und Geflüchteten aus Osteuropa, stigmatisierte aber nicht minder die deutschen Juden und die *Alliance* als staatsgefährdende Helfershelfer einer vermeintlichen volksbedrohenden Immigration. Die antisemitische Berliner *Ostend-Zeitung* kommentierte die Gründung des Berli-

---

23 Vgl. Günter Regneri, Salomon Neumann's Statistical Challenge to Treitschke: The Forgotten Episode that Marked the End of the „Berliner Antisemitismusstreit", in: LBYB, Bd. 43 (Januar 1998), S. 129–153.
24 Vgl. die Übersichtsdarstellung zur Abwehr von Ulrich Wyrwa, Strategien im europäisch-jüdischen Abwehrkampf. Das Engagement der Juden in Europa gegen den entstehenden Antisemitismus (1879–1914), Graz 2013, sowie den jüngst erschienenen Sammelband von Mareike König und Oliver Schulz, Antisemitismus im 19. Jahrhundert aus internationaler Perspektive. Nineteenth Century Anti-Semitism in International Perspective, Göttingen 2019.
25 Vgl. Massimo Ferrari Zumbini, Wurzeln des Bösen. Gründerjahre des Antisemitismus: Von der Bismarckzeit zu Hitler, Frankfurt am Main 2003, S. 463 ff.; vgl. Björn Siegel, Österreichisches Judentum zwischen Ost und West, S. 105 f.; vgl. Jack Wertheimer, Unwelcome Strangers, S. 11–74; vgl. Zosa Szajkowski, The European Attitude to East European Jewish Immigration (1881–1893), in: Publications of the American Jewish Historical Society, vol. 41, Nr. 2 (1951), S. 140.

ner Hilfskomitees und den Beginn der Spendensammlungen entsprechend sarkastisch als ein vom „internationalen Mauschelbund, der alliance israélite universelle" verübtes „Attentat auf die christlichen Thränendrüse".[26]

Bei Mitgliedern der *Alliance* wuchs die Sorge vor dieser verhängnisvollen Entwicklung. Die antisemitische Bewegung stellte 1881 nicht nur die liberale Staatsbürgernation und die mühsam erkämpften Emanzipationserfolge der deutschen JüdInnen infrage. Die radikalen antisemitischen Agitatoren um Ernst Henrici (1854–1915) und Julius Ruppel (1839–1884[27]) riefen öffentlich zu Gewalt auf, und bedrohten ganz konkret Leib und Leben von jüdischen Bürgern. In Pommern kam es im Frühjahr 1881 zu Pogromen, die denen jenseits der Grenzen in nichts nachstanden. Aus der Perspektive der von jüdischen Honoratioren ins Leben gerufenen Hilfskomitees für jüdische EmigrantInnen verschmolzen die Motive der *Zedakah* hier mit denen des eigenen Wohlergehens: Die Akteure des Berliner Zentralkomitees für die Auswanderung russländischer JüdInnen bemühten sich seit Beginn der Krise um die Organisation einer reibungslosen, zügigen und möglichst unauffälligen Durchreise. Gleichzeitig wurde die Anzahl der TransmigrantInnen durch strenge Registrierungen an der Grenze und eine wo auch immer durchführbare Repatriierung begrenzt. Beides ist als Strategie gegen die durch den jüdischen Transit angefachte antisemitischen Stimmung zu charakterisieren.

3 Forschungsstand

Das Jahr 1881 und die ‚jüdische Flüchtlingskrise' in Brody, die den Beginn der jüdischen Massenauswanderung nach Westen markiert, sind seit den 1990er Jahren stärker in den Fokus der (Sozial-)Historischen Migrationsforschung gerückt. Diese Wissenschaftszweige beschäftigen sich mit dem Phänomen Migration und definieren Wanderungen und Migrationen als soziale Prozesse und Antworten auf (komplexe) soziale, ökonomische, religiöse, kulturelle, politische oder ethnische Lebenskontexte. Die Komplexität von Migrationen in Geschichte und Gegenwart erfordert einerseits eine inter- und transdisziplinäre Erforschung hinsichtlich ihrer Ursachen, Bedingungen und Folgen, andererseits eine klare zeitliche und regionale Begrenzung ihres jeweiligen Gegenstandes.[28]

---

26 Beilage zur Berliner Ostend-Zeitung, Sonntag 12.6.1881, in: SAM, 1194, opis 2, Bd. 54, Bl. 78.
27 Vgl. AZJ (16.12.1884), S. 812.
28 Vgl. Klaus J. Bade, Sozialhistorische Migrationsforschung (= Studien zur Historischen Migrationsforschung Bd. 13), herausgegeben von Michael Bommes und Jochen Oltmer, Göttingen 2004, S. 13–48.

Jüdische Migrationen stellen einen spezifischen Teil der Historischen Migrationsforschung dar. Eine Vielzahl historischer Studien beschäftigt sich mit verschiedenen Aspekten der jüdischen Massenemigration, sowohl mit den Hintergründen und Ursachen für die zunehmende Auswanderung, als auch mit den Lebensbedingungen und der Integration der ImmigrantInnen in den Zielländern[29].

Ein weniger erforschter Aspekt thematisiert den Transit der EmigrantInnen vom Auswanderungs- bis zum Zielland. Preußen beziehungsweise das Deutsche Reich avancierten während der Periode der transatlantischen europäischen Massenemigration zum mit Abstand wichtigsten Transitland in Richtung der Neuen Welt, auch für die jüdischen EmigrantInnen aus dem Zarenreich, Rumänien und Galizien.[30] Die deutsche und preußische Hauptstadt Berlin wurde zu einer wichtigen europäischen Zwischenstationen für die AuswanderInnen.[31] Nach Dan Diner gestalteten sich jüdische Migrationen und Emigrationen zu Beginn der Epoche der transatlantischen Massenauswanderung aus dem Zarenreich „komplexer", weil sie aufgrund der politischen (Unterdrückungs-)komponente sowie der Ethnisierung der innerrussländischen Konflikte nicht mehr nur aus ökonomischen oder sozialen Ursachen erklärbar sind.[32]

Die vorliegende Arbeit knüpft an jüngere Studien zum jüdischen Transit durch das Deutsche Reich an, wobei die Perspektive auf dem von europäischen und amerikanischen jüdischen Hilfsorganisationen für jüdische EmigrantInnen aus Ost- und Südosteuropa organisierten ‚gelenkten' Transit liegt.[33] Sowohl einige der selbst in die gelenkte Auswanderung involvierten Organisatoren[34], als auch die historische Forschung hat, gerade in der jüngeren Zeit, die Ereignisse in der galizischen Stadt Brody und die erste russländisch-jüdische Massenauswanderung im Jahr 1881/82 wiederholt als Schlüsselereignis der jüdischen Migrationsgeschichte thematisiert.[35]

---

29 Vgl. hierzu die Darstellung zur jüdischen Migration aus dem Russländischen Reich im Kapitel II.
30 Vgl. Tobias Brinkmann, Migration und Transnationalität, S. 11.
31 Vgl. Verena Dohrn, Gertrud Pickhan, Transit und Transformation. Osteuropäisch-Jüdische Migranten in Berlin 1918–1939, Göttingen 2010.
32 Vgl. Dan Diner, Historische Migrationsforschung (= Tel Aviver Jahrbuch für deutsche Geschichte Bd. XXVII), Tel Aviv 1998, S. 2 f.
33 Vgl. Tobias Brinkmann (Hg.), Points of Passage. Jewish Transmigrants from Eastern Europe in Scandinavia, Germany and Britain 1880–1914, New York/Oxford 2013.
34 Vgl. Moritz Friedländer, Fünf Wochen in Brody unter jüdisch-russischen Emigranten. Ein Beitrag zur Geschichte der russischen Judenverfolgung, Wien 1882; vgl. Leo Goldenstein, Brody; vgl. Paul Laskar, Über Aus- und Rückwanderung. Vortrag gehalten am Mittwoch, 17. September 1902 in der Henry Jones-Loge in Hamburg, Hamburg 1902, S. 5–8.
35 Vgl. Zosa Szajkowski, How the mass migration to America began, in: Jewish Social Studies, 4, 4, (1942), S. 291–310; vgl. Mark Wischnitzer, To dwell in safety: The story of Jewish migration since 1800, Philadelphia 1948; vgl. Michael Just, Ost- und südosteuropäische Amerikaauswanderung, S. 129–142,

Björn Siegel legte in seiner Dissertation sein Augenmerk auf die Rolle der IAzW an der Hilfsaktion, dem österreichischen Zweig der AIU. Börries Kuzmany stellte die Krise von 1881/82 als bedeutendes Kapitel in der wechselhaften Geschichte der Grenzstadt Brody dar.[36]

Bislang wenig beleuchtet ist die Rolle der deutschen *Alliance*-Akteure während des Krisenjahrs, die sich in Hilfskomitees entlang der kontinentalen Transitroute um die Etablierung und (langfristige) Professionalisierung der wachsenden jüdischen Emigration bemühten. Das ist vorrangig auf die Quellenlage zurückzuführen, die eine detaillierte Untersuchung der deutschen Migrationshelfer gerade während der ersten Phase der Krise von April 1881 bis März 1882 bisher nicht zuließen. Einige jüngere Studien betonen jedoch die Bedeutung der deutschen Hilfskomitees für die Ausbildung der transnationalen Kooperation und für den raschen Aufbau einer funktionierenden Emigrationshilfe.[37]

Die im Krisenjahr 1881 begonnene logistische Optimierung des jüdischen Transits durch das Deutsche Reich, verlief zeitgleich mit einer koordinierten Abwehrarbeit gegen den sich formierenden Antisemitismus. Antisemitisch motivierte Forderungen nach einem rigorosen Einwanderungsverbot für russländische JüdInnen standen an prominenter Stelle politischer Initiativen. Der Beginn der jüdi-

---

bes. 132–134, die Gründung des DCC datieren sowohl Wischnitzer und Just auf 1892; vgl. Benyamin Lukin, Olga Shraberman, Documents on the Emigration of Russian Jews via Galicia, 1881–82, in the Central Archives of the History of the Jewish People in Jerusalem, in: Gal-Ed. On the History of the Jews in Poland, Tel Aviv 2007, S. 101–117; vgl. Ingo Haar, Jüdische Zivilgesellschaft und transnationale Flüchtlingspolitik in Zentraleuropa um 1900. die „Allianzen" in Wien und Berlin vom improvisierten Einsatz in Brody bis zur geregelten Amerikaemigration, in: Ulla Kriebernegg, Gerald Lamprecht, Roberta Maierhofer und Andreas Strutz (Hgg), „Nach Amerika nämlich!". Jüdische Migrationen in die Amerikas im 19. und 20. Jahrhundert, Göttingen 2012, S. 91–109; vgl. Börries Kuzmany, Jüdische Pogromflüchtlinge in Österreich. 1881/82 und die Professionalisierung der internationalen Hilfe, in: ders., Rita Gerstenhauer (Hgg), Aufnahmeland Österreich. Über den Umgang mit Massenflucht seit dem 18. Jahrhundert, Wien 2017, S. 94–125.

36 Vgl. Björn Siegel, Österreichisches Judentum zwischen Ost und West. Die Israelitische Allianz zu Wien 1873–1938, Frankfurt/New York 2010, S. 97–109; vgl. Börries Kuzmany, Brody. Eine galizische Grenzstadt, S. 237–246.

37 Die wichtigsten Studien dazu von (1) Ingo Haar, der die Rolle der preußischen Alliance im Kontext der ersten gelenkten Emigration litauischer Jüdinnen im Jahr 1869 hervorhebt und dabei erstmals auf Akten der „Sammlung Neumann" (Bestand 1194) des Sonderarchivs Moskau zurückgreift, vgl. Ingo Haar, Jüdische Zivilgesellschaft, S. 96 f.; (2) Börries Kuzmany, dessen Untersuchungen zu Brody und der „jüdischen Flüchtlingskrise" zu den genauesten Schilderungen der Ereignisse in Brody und Galizien gehören, vgl. Börris Kuzmany, Pogromflüchtlinge, und ders., Brody. Eine Grenzstadt; (3) Benyamin Lukin und Olga Shraberman, die Aktenmaterial aus der Ukraine und den Central Archives of the History oft he Jewish People (CAHJP) heranziehen, vgl. dies., Documents on the Emigration.

schen Massenauswanderung und die Formierung der antisemitischen ‚Berliner Bewegung' bildeten keinen Syllogismus, waren aber eng miteinander verzahnt.[38] Während der im ‚Berliner Antisemitismusstreit' geführten Auseinandersetzungen um die Stellung der deutschen Juden[39] wurde häufig das Scheinargument eines drohenden Anstiegs jüdischer ImmigrantInnen aus dem Russländischen Reich, Rumänien und Galizien thematisiert. Dieser Bestandteil des ‚Berliner Antisemitismusstreits' wurde zumeist als innerdeutsche Debatte über die Stellung der deutschen JüdInnen betrachtet, und weniger, wie Ingo Haar nachweist, aus der Perspektiver einer Migrationsdebatte.[40] Aufbauend auf der Darstellung des von den deutschen Akteuren der frühen jüdischen Migrationshilfe organisierten Transits russländischer JüdInnen im Jahr 1881/82, soll deshalb auch der Verzahnung von Migration und Abwehr des Antisemitismus nachgegangen werden. Von zentraler Bedeutung sind hier Salomon Neumanns statistische Dekonstruktion der *Fabel von der jüdischen Masseneinwanderung* sowie die Bemühungen des von Moritz Lazarus 1880 initiierten *Jüdischen Comités vom 1. December* (D.C.)[41], des ersten deutsch-jüdischen Abwehrvereins in Berlin.

4 Quellenlage

Neue Quellenfunde im *Staatlichen Russischen Militärarchiv/ Sonderarchiv* in Moskau (SAM) ermöglichen erstmals die detaillierte Schilderung der Rolle deutscher Hilfskomitees und Akteure während des Krisenjahrs 1881/82 sowie die Darstellung der vielfältigen Problemfelder, mit denen das improvisierte Hilfswerk der *Alliance* während des jüdischen Transits durch das Deutsche Reich zu kämpfen hatte. Im Zuge meiner Arbeit für das Projekt *Jewish migration and diversity in Vienna and Berlin (1881–1918)* war ich an der Digitalisierung und Transkription umfangreicher Aktenbestände aus dem SAM beteiligt, darunter bedeutsame Teile der Bestände 1194 und 675.[42] Dank eines Forschungsstipendiums des *Deutschen Historischen Instituts*

---

38 Vgl. Massimo Ferrari Zumbini, Wurzeln des Bösen, S. 467 f.
39 Vgl. Karsten Krieger, Der „Berliner Antisemitismusstreit" 1879–1881. Eine Kontroverse um die Zugehörigkeit der deutschen Juden zur Nation. Kommentierte Quellenedition. Im Auftrag des Zentrums für Antisemitismusforschung, 2. Bde., München 2004.
40 Vgl. Ingo Haar, Jüdische In- und Exklusion in Wien und Berlin, S. 348.
41 In den Sitzungsprotokollen des Komitees wird intern auch die Bezeichnung „December-Comité" verwendet.
42 Das Projekt wurde geleitet von Dr. Ingo Haar; vgl. zum Projekt https://www.wwtf.at/programmes/past_programmes/social_sciences_humanities/SSH10-045/pdf/ und https://www.univie.ac.at/jewish migration/index.html (14.10.2020); zu den Beständen vgl. die Bestandbeschreibung von Sebastian Panwitz für Fond 1194 (Bestand Gesamtarchiv der deutschen Juden, Sammlung Neumann) unter

Moskau im Jahr 2015 konnte ich weitere Recherchen im Sonderarchiv durchführen und die vorhandenen Akten um weitere wertvolle Dokumente zur frühen jüdischen Emigration aus den Beständen 1194 und 628[43] ergänzen. Die im SAM recherchierten Bestände enthielten diverse Korrespondenzen der deutsch-jüdischen Migrationshelfer. Viele dieser Dokumente entstammen den während der Krisenjahre angelegten Sammlung des Berliner Hilfskomitees und wurden von den Akteuren in Berlin während der Jahre 1881–1883 selbst archiviert.[44] Die umfangreichen Aktenbände umfassen ausführliche Denkschriften, Memoranden und Protokolle verschiedener Hilfskomitees sowie Briefe unter anderem von Salomon Neumann, Carl Bernstein (1842–1892), Eduard Lasker (1829–1884), Salomon Lachmann, Moritz Lazarus, Philipp Simon (1808–1885), Hermann Magnus (1834–1888) und anderen deutschen *Alliance*-Akteuren. Diese Dokumente ermöglichen eine perspektivische Neubetrachtung des deutschen *Alliance*-Netzwerks. Insbesondere die Rolle des Berliner *Comités für die nothleidenden Juden in Südrußland*, das seit Juni 1881 gemeinsam mit Auswanderungskomitees in Leipzig, Breslau, Hamburg und in anderen Städten den jüdischen Transit plante, durchführte und zu einem erheblichen Teil finanzierte, können als zentrale Organisatoren der Hilfsaktion herausgestellt werden. Ihr Engagement für die russländischen jüdischen TransmigrantInnen begann unter schwierigen Voraussetzungen. Hatten Frankreich mit der *Alliance*-Zentrale und Österreich-Ungarn mit der IAzW bereits eigenständige nationale Dachorganisationen ausgebildet, existierte eine solche Einrichtung vor dem April 1882 im Deutschen Reich noch nicht. In den Schriftwechseln aus dem Krisenjahr spiegelt sich eine entsprechende Konfusion gerade hinsichtlich einer fehlenden Zentralstelle deutlich wider. Gleichzeitig standen die deutschen Helfer durch die erstarkende antisemitische Bewegung, die ihnen eine vorsätzliche jüdische „Masseneinwanderung" russländischer JüdInnen vorwarfen, unter starkem Druck. Zur näheren Beleuchtung der Parallelität von Abwehr und Migrationshilfe kann weiteres, reichhaltiges Aktenmaterial über die frühe Organisation der Abwehr des Antisemitismus in Berlin herangezogen werden, namentlich Protokolle und Doku-

---

http://www.sonderarchiv.de/fonds/fond1194.htm (14.10.2020); für Fond 675 (Bestand „Israelitische Allianz", Wien (Wohltätigkeitsverein)) liegt kein Online-Findbuch vor. Die Akten des Bestandes 675 befinden sich als Mikrofilmkopien in CJAHP und dem Österreichischen Staatsarchiv, vgl. Björn Siegel, Österreichisches Judentum zwischen Ost und West, S. 20, Anm. 26; große Teile des Bestandes 1194, darunter die zur Berliner *Alliance*-Filiale im Krisenjahr 1881/82, sind bis heute nur in Moskau einzusehen. Dr. Ingo Haar hat mir für diese Arbeit unbeschränkten Zugang und Nutzung der für sein Projekt recherchierten Akten gestattet, wofür ich ihm herzlich danke.
43 Fond 628 (Bestand Paul Nathan), vgl. http://www.sonderarchiv.de/fonds/fond0628.pdf (1410.2020).
44 Die Akten wurden nach der Auflösung des DC und vor der Abgabe an das Gesamtarchiv von Salomon Neumann verwahrt.

mente aus dem Vereinsarchiv des von Moritz Lazarus initiierten *Jüdischen Comités vom 1. December.* Die Unterlagen dieses ersten Archivs für antisemitische Aktivitäten in Deutschland gingen später, ebenso wie die von Salomon Neumann gesammelten Akten des Berliner Hilfskomitees, in den Besitz des 1905 in Berlin gegründeten *Gesamtarchivs der deutschen Juden*[45] über. Nach dem Novemberpogrom 1938 wurde das *Gesamtarchiv* von den Nationalsozialisten beschlagnahmt. Die Personenstandsregister wurden vom *Reichssippenamt* übernommen, die historischen Bestände vom *Geheimen Staatsarchiv in Dahlem.* 1942/43 wurde das historische Aktenmaterial zum Schutz vor Luftangriffen nach Hochwalde ausgelagert. Nach dem Ende des Zweiten Weltkrieges wurden große Teile dieses historischen Bestandes von der Roten Armee konfisziert und ins SAM nach Moskau gebracht, wo sie bis heute verwahrt werden. Die Recherchen zur Abwehr wurden ergänzt durch einen Bestand zum D.C. im Archiv des *Centrum Judaicum* in Berlin.[46] Das vielfältige zivilgesellschaftliche Engagement des D.C. und seiner Mitglieder kann daher differenziert und ausführlich beschrieben werden. Zur Kontextualisierung der politischen Entwicklungen im Deutschen Reich und den Kampagnen der antisemitischen Bewegung werden neben umfangreicher Forschungsliteratur[47] ebenfalls Archivalien des *Geheimen Preußischen Staatsarchives Preußischer Kulturbesitz* (GStPK) hinzugezogen, darunter Dokumente zu den Pogromen im Russländischen Reich und zur jüdischen Emigration über Ostpreußen während der Jahre 1881/82.[48] Die Analyse des Krisenjahrs und der vorgestellten Akteure werden ergänzt durch Berichte und Mitteilungen der *Alliance* und der IAzW sowie zahlreiche zeitgenössische Zeitungen, vor allem die *Allgemeine Zeitung des Judenthums* (AZJ).[49]

---

[45] Zur Geschichte des Gesamtarchivs der dt. Juden vgl. Barbara Welker, Das Archiv der Stiftung Neue Synagoge Berlin – Centrum Judaicum, in: Elke-Vera Kotowski (Hg.), Das Kulturerbe deutschsprachiger Juden: Eine Spurensuche in den Ursprungs-, Transit- und Emigrationsländern, Berlin/München/Boston 1015, S. 520–533; bei der insgesamt 384 Akteneinheiten umfassenden „Sammlung Neumann" handelt es sich jedoch nicht um eine bloße „Zeitungsausschnittssammlung", vgl. ebd., S. 525; vgl. https://zentralarchiv-juden.de/infos-zum-archiv/veroeffentlichungen/gesamtarchiv-der-deutschen-juden/ (5.7.2020).
[46] Briefwechsel des DC 1880–1883 (Bestand 1 C, KO 1, Nr. 1–3)
[47] Vgl. hierzu die Schilderungen des Grenzregimes der Bismarckregierung und der antisemitischen Bewegung im Kapitel III. Siehe ebd. auch die Forschungsliteratur.
[48] Vgl. die Bestände GStAPK, I. HA. Rep 77, Tit. 1176, Nr. 2 a (Min. des Innern), I. HA, Rep. 89, Nr. 23691 (Geh. Zivilkabinett) und XX. HA, Rep. 2 I, Tit. 30, Nr. 43 (Oberpräsident der Provinz Ostpreußen).
[49] Für die jüdischen Periodika diente u. a. die Judaica-Sammlung der Goethe-Universität Frankfurt am Main (http://sammlungen.ub.uni-frankfurt.de/judaica; 14.10.2020).

5 Gliederung der Arbeit

Das II. Kapitel bietet einen Überblick über jüdische Migration und Transit durch Preußen und das Deutsche Reich zwischen 1869 und 1901. Einleitend wird das „Krisenjahr" 1881/82 unter besonderer Berücksichtigung der zeitgenössischen Wahrnehmung der Pogrome im Russländischen Reich geschildert. Entgegen der allgemein geläufigen und auch wissenschaftlich reproduzierten These waren die Pogrome nicht der alleinige Auslöser für die 1881 einsetzende jüdische Massenemigration, wenngleich sie zweifellos einen katalytischen Effekt ausübten. Anschließend werden die sozioökonomischen und -kulturellen Umbrüche im Zarenreich während der „Großen Reformen" Zar Alexanders II. dargestellt, daran anknüpfend den Emigrations- und Fluchtursachen russländischer JüdInnen nachgegangen und organisationsgeschichtlich die Entstehung und Entwicklung der jüdischen Migrationshilfe skizziert. Die federführende jüdische Hilfsorganisation des 19. Jahrhunderts war die 1860 in Paris gegründete AIU, die sich gemeinsam mit ihren Partnerorganisationen in Großbritannien, den USA und Österreich sowie mit ihren deutschen Filialen für die Emanzipation und Gleichberechtigung aller Juden engagierte. Daran schließt sich eine Schilderung der ersten vom Königsberger *Haupt-Grenz-Comité* (H.G.C.) organisierten jüdischen Auswanderung an, die ab 1869 in transnationaler Kooperation unter dem Dach der AIU durchgeführt wurden. Es folgt ein Überblick über die Lage der rumänischen JüdInnen bis zum Krisenjahr 1881. Dieses häufig vernachlässigte Kapitel der jüdischen Migrationsgeschichte erklärt unter anderem die für das großangelegte Auswanderungswerk essentiellen Verbindungen der *Alliance* in die USA.

Das III. Kapitel widmet sich der Formierung der antisemitischen ‚Berliner Bewegung' und ihrer Entwicklung bis zum Krisenjahr 1881. Im Kontext der Auseinandersetzungen der deutschen Juden mit der antisemitischen Bewegung werden drei wichtige Berliner Akteure vorgestellt, um das Zusammenspiel von Abwehrarbeit und gelenkter jüdischer Migration zu illustrieren. Der Arzt und Sozialstatistiker Salomon Neumann, eine der bedeutsamsten jüdischen Persönlichkeiten Berlins, war federführend an der gelenkten Auswanderung im Krisenjahr beteiligt. Während des ‚Antisemitismusstreits' setzte er sich intensiv mit der jüdischen Immigration nach Preußen auseinander und legte 1881 eine statistische Studie vor, in welcher er das antisemitische Argument einer jüdischen „Masseneinwanderung" dekonstruierte und als „Fabel" entlarvte. Der zweite Abschnitt des Kapitels behandelt den Berliner Psychologen und Philosophen Moritz Lazarus, den Initiator des D.C. Lazarus realisierte früh die Notwendigkeit einer organisierten jüdischen Abwehr gegen die antisemitische Bewegung. Seine Ausführungen zu Judentum und deutsch-jüdischer Nationalität werden ebenso vorgestellt wie die verschiedenen Arbeitsfelder des ersten jüdischen Abwehrkomitees. Besonderes Augenmerk gilt der Selbstwahrnehmung der im D.C. organisierten ‚deutschen Juden' und der Funktion des Komitees als Vorgänger des zehn Jahre später gegründeten *Centralvereins deutscher Staatsbürger jüdischen Glaubens* (CV). Im dritten Abschnitt wird Paul Nathan vorgestellt, der für den Generationenwechsel[50] innerhalb der Abwehr und der Migrationshilfe steht. 20 Jahre nach dem Krisenjahr initiierte er unter Bezug auf die Ereignisse von 1881/82 den *Hilfsverein der deutschen Juden.* Im Kapitel wird Nathans Studie *Der Prozess von Tisza-Eszlár* über den Ritualmordprozess im ungarischen Tiszaeszlár[51] vorgestellt, die er als junger Journalist im Auftrag des D.C. schrieb. Der Prozess und die bereits 1884 als Manuskript fertiggestellte Publikation prägten Nathans wissenschaftlich-aufklärerischen Journalismus und sein Engagement gegen die antisemitische Bewegung. Anschließend wird der Ritualmordprozess im Kontext der jüdischen Auswanderung sowie der transnationalen Agitation der antisemitischen Bewegungen in Ungarn und dem Deutschen Reich analysiert und dargestellt.

Das IV. Kapitel wendet sich der Organisation der russländisch-jüdischen Auswanderung zu und beleuchtet die Geschehnisse in und um Brody und auf der kontinentalen Transitstrecke im Jahr 1881/82. Im Fokus steht der organisierte jüdische Transit von Galizien durch das Deutsche Reich. Vor dem Hintergrund der sich im Frühsommer 1881 zuspitzenden Krise in Brody wird zunächst die Rolle der deutschen Hilfskomitees und ihrer Verbindungen untereinander und ins Ausland vorgestellt. Anknüpfend daran folgt eine Schilderung der Ereignisse in Brody vom Anfang der Krise bis zum Eintreffen der *Alliance*-Helfer aus Paris und Leipzig, des Arztes Heinrich Schafier (1846–1895), des AIU-Generalsekretärs Charles Netter und des Kaufmanns Hermann Magnus. Darauffolgend wird der organisatorische Ablauf des jüdischen Transits, von der Registrierung der TransmigrantInnen an der Grenze bis zur Einschiffung in Antwerpen oder Hamburg, vorgestellt. Besondere Berücksichtigung finden hier die Schilderungen der nichtstaatlichen Partner wie der Schifffahrtsgesellschaften und der Auswanderungsagenten. Der zunächst provisorische Charakter des Hilfswerks führte zu einer raschen Überlastung der Helfer und beteiligten Organisationen. Die deutschen Komitees, die für einen Großteil der

---

50 Vgl. zum Begriff und Konzept der „Generation" Lisa Sophie Gebhardt, „Die zionistische Idee im Wandel der Generationen". Strategien der Selbstgenerationalisierung im deutschen Zionismus, in: Catherine Mazellier-Lajarrige/Ina Ulrike Paul/Christina Stange-Fayos (Hgg.), Geschichte ordnen – L'Histoire mise en ordre. Interdisziplinäre Fallstudien zum Begriff „Generation" – Études de cas interdisciplinaires sur la notion de „génération" (= Zivilisationen und Geschichte Bd. 59), Berlin 2019, S. 83–93.
51 Der Name des Dorfes lautet Tiszaeszlár, in den zeitgenössischen Publikationen wird der Ort zumeist Tisza-Eszlár genannt. In dieser Arbeit wird, abgesehen von Zitationen und den Namen der zeitgenössischen Werke, die Schreibweise „Tiszaeszlár" verwendet.

kontinentalen Transitstrecke verantwortlich waren, sahen sich gezwungen, die gelenkte Emigration im Winter gegen den Willen der AIU-Zentrale fortzusetzen, um eine humanitäre Katastrophe in Brody oder in anderen Transit-Orten zu vermeiden. Zum Schluss werden die zahlreichen Schwierigkeiten und Probleme thematisiert, mit denen die *Alliance*-Akteure während der Hilfsaktion 1881 zu kämpfen hatten. Ein Ergebnis dieses Lernprozesses war die Gründung des *Deutschen Central-Comités für die russisch-jüdischen Flüchtlinge*, der ersten deutschen Zentralstelle für die jüdische Emigration. Diese Entwicklung und Professionalisierung der Migrationshilfe im Deutschen Reich ist Gegenstand des Epilogs. Vom DCC ausgehend werden abschließend die organisatorische Entwicklung bis zum *Hilfsverein*, die Wanderungsbewegungen der jüdischen EmigrantInnen unter Berücksichtigung von im Krisenjahr aufkommenden frühzionistischen Ideen, sowie die weitere Entwicklung der beteiligten Akteure skizziert. Abschließend werden die Ergebnisse der Arbeit reflektiert und zusammengefasst.

II Migration

Im 19. und frühen 20. Jahrhundert, zwischen 1815 und 1939, emigrierten insgesamt etwa 55 bis 60 Millionen Menschen aus Europa, die meisten in Richtung Nordamerika. Schätzungsweise drei Millionen von ihnen waren JüdInnen aus Mittel-, Ost- und Südosteuropa. Während der Periode der interkontinentalen Massenemigration zwischen 1881 bis 1914 wanderten circa 35 Millionen europäische EmigrantInnen nach Nordamerika aus. In diesem Zeitraum verließ mehr als ein Drittel der insgesamt etwa 5,3 Millionen jüdischen EinwohnerInnen des Zarenreichs und 75.000 JüdInnen aus Rumänien ihre Heimat, um ihr Glück in der Neuen Welt oder in Palästina zu suchen.[52] Etwa 25.000 JüdInnen gingen während der Ersten *Alija*[53] zwischen 1882 und 1904 nach Palästina, der überwiegende Teil wanderte jedoch in die USA aus, die bis zum Ersten Weltkrieg das mit Abstand wichtigste Zielland blieben Die jüdische Bevölkerung in den USA stieg von etwa 300.000 im Jahr 1880 auf

---

[52] Die Zahlenangabe zur Auswanderung schwanken aufgrund fehlender Daten gerade für die Zeit vor 1880, sowohl für die allgemeine als auch für die jüdische Überseeemigration. Oltmer schätzt 15 Millionen europäische EinwanderInnen in die Vereinigten Staaten für die Zeit zwischen den 1820er und 1880er Jahren und eine europäische Auswanderung von 55–60 Mio. Menschen zwischen 1815 und 1930, von denen etwa 34–40 Mio. in die USA emigrierten, vgl. Jochen Oltmer, Globale Migration. Geschichte und Gegenwart, S. 39–47, Brinkmann schätzt die Gesamtzahl der ImmigrantInnen in die USA zwischen 1815 und 1939 auf nur 35 Mio., vgl. Tobias Brinkmann, Migration und Transnationalität, S. 14 f.; Gerber schätzt dagegen für die Zeit zwischen 1820 und 1920 bis zu 50 Millionen, vgl. David D. Gerber, Alan M. Kraut (Hgg.), American Immigration und Ethnicity. A Reader, New York 2005, S. 3; Nugent nimmt für den Zeitraum 1871–1915 insgesamt fast 74 Millionen AuswanderInnen aus Europa an, vgl. Walter T. K. Nugent, Crossings: The Great Transatlantic Migration, 1870–1914, Bloomington 1992, S 11–26, Tab. 1 S. 12; zu den Zahlen jüdischer EmigrantInnen vgl. Yannay Spitzer, Pogroms, Networks, and Migration. The Jewish Migration from the Russian Empire to the United States 1881–1914 (online: http://eh.net/eha/wp-content/uploads/2013/11/Spitzer.pdf; 18.09.2022), S. 13 f., S. 59; Gartner vermutet allein für den Zeitraum von 1903/4 und 1914 „1,200.000 or more", für die Zeit von 1897–1905 auf etwa 610.000, vgl. Lloyd P. Gartner, The Great Jewish Migration, in: Historische Migrationsforschung (= Tel Aviver Jahrbuch für deutsche Geschichte, Band XXVII, 1998), Tel Aviv 1998, S. 107–110, zit. 110; vgl. Gerald Sorin, A Time for Building: The Third Migration, 1880–1920, Baltimore/London 1992, S. 12–37; vgl. Sabine Hering, Rette sich wer kann... Lehren aus der frühen jüdischen Flüchtlingshilfe, in: Sozial Extra 3 (2016), S. 6.; vgl. Michael Brenner, Kleine jüdische Geschichte, München 2008, S. 233; vgl. Die ostjüdische Wanderung, in: Ostjuden in Deutschland (= Schriften des Arbeiterfürsorgeamtes der Jüdischen Organisationen Deutschlands Bd. II), Berlin 1926, S. 9–13.; vgl. Simon Kuznets, Immigration of Russian Jews: Background and Structure, in: Jeffrey S. Gurock (Hg.), American Jewish History, New York 1998, S. 39.

[53] Vgl. Gur Alroey, Alija, in: Dan Diner (Hg.), Enzyklopädie jüdischer Geschichte und Kultur, Bd. 1: A-Cl, Stuttgart/Weimar 2011, S. 35–39.

mehr als 3,5 Millionen im Jahr 1920.[54] Nach den Pogromen in Bessarabien 1903 begann die zweite *Alija*. Seit 1907 wurde die jüdische Einwanderung nach Palästina vom *Hilfsverein der deutschen Juden* als Reaktion auf die verschärften Einwanderungsbestimmungen in die USA forciert. Zwischen 1904 und 1914 wanderten etwa 35.000 JüdInnen nach Palästina aus.[55]

Migration ist, wie Tobias Brinkmann prägnant formuliert, „der Normalfall in der Geschichte der Menschheit"[56]. Ein neues Phänomen im letzten Drittel des 19. Jahrhunderts war die regionale und interkontinentale Massenemigration. Im Zuge der ökonomischen und politischen Transformationsprozesse und des gesellschaftlichen Wandels im Europa des 19. Jahrhunderts wurde soziale Mobilität und damit Migration zu einem wachsenden und wesentlichen Faktor modernen Lebens.[57] Technische Innovationen, maschinelle Produktionsweisen und die rasant fortschreitende industrielle Revolution setzten einen Strukturwandel in Gang, der neue Beschäftigungsformen und damit neue Möglichkeiten zum Lebensunterhalt schuf. Die Transformationsprozesse innerhalb althergebrachter Sozialformen und traditioneller Beschäftigungsverhältnisse in Handwerk und Landwirtschaft brachten große Teile der Landbevölkerung dazu, ihre angestammten Wohn- und Arbeitsplätze aufzugeben und mit ihren Familien in die prosperierenden Städte und wachsenden Industriezentren zu ziehen. Dies geschah sowohl regional als auch national und international über Staatsgrenzen und Kontinente hinweg. Die sukzessive Zunahme der Binnen- und Überseemigration und die ab den 1880er Jahren einsetzende interkontinentale Massenmigration waren auf Innovationen und technischen Fortschritt zurückzuführen. Mit dem Ausbau und der Verdichtung der Verkehrsinfrastruktur auf dem europäischen und amerikanischen Kontinent konnten große, bislang als unüberwindbar geltende Distanzen mühelos und in kurzer Zeit zurückgelegt werden. Dies galt insbesondere für die Strecke zwischen Europa und Nordamerika, die von den meisten jüdischen EmigrantInnen eingeschlagen wurde. Von großer Bedeutung für die Ost-West-Migration war der Ausbau des Eisenbahnnetzes im Russländischen Reich und in Österreich-Ungarn, wodurch

---

54 Vgl. Total Jewish Population in the United States 1654-present (online: https://www.jewishvirtual library.org/jewish-population-in-the-united-states-nationally; 10.9.2020).; vgl. zur Entwicklung der jüdischen Einwanderung in die USA die überblickende Darstellung von Richard Worth, Immigration to the United States: Jewish Immigrants, New York 2005, S. 4–48.; vgl. Ben-Arieh, Yehoshua, The Making of Eretz Israel in the Modern Era: A Historical-Geographical Study (1799–1949), Berlin/Boston 2020, S. 213–268.
55 Vgl. Gur Alroey, Alija, S. 35–39.
56 Tobias Brinkmann, Migration und Transnationalität, S. 13.
57 Überblickend zu Migration und sozialer Mobilität vgl. Jochen Oltmer, Migration vom 19. bis zum 21. Jahrhundert (= Enzyklopädie deutscher Geschichte Band 86), herausgegeben von Lothar Gall, München 2010, S. 1–5.

eine durchgehende Eisenbahnverbindung von verschiedenen russländischen Regionen über Galizien oder Preußen bis zu den Nordseehäfen im Deutschen Reich entstand. Durch den massiv zunehmenden, transatlantischen Waren- und Personenverkehr sanken die Transportkosten beträchtlich, was die Möglichkeit zur Auswanderung für Menschen mit geringem Einkommen ebenfalls begünstigte. Die stetig verbesserten technischen Abläufe verkürzten die Reisedauer enorm. Sofern im Abfahrts- und Zielort zweier beliebiger Orte in Europa und Nordamerika Eisenbahnanschlüsse vorhanden waren und man zur Atlantiküberquerung die neuen Dampfschiffe nutzte, war die Reise, die vorher Monate in Anspruch genommen hatte, nunmehr in bis zu drei Wochen zu schaffen, auf dem Höhepunkt der transatlantischen Migration zwischen 1900 und 1914, sogar in nur zwei Wochen.[58]

Die jüdische Migration stellt im Kontext der interkontinentalen Massenauswanderung des 19. und 20. Jahrhunderts zahlenmäßig nur einen Bruchteil dar, doch dieser spezifische Teil der Migrationsgeschichte ist, wie Lloyd P. Gartner zu Recht betont, „not part of Jewish history, it is Jewish history itself".[59] Die Massenemigration von JüdInnen aus Ost- und Mitteleuropa und ihr Transit durch Westeuropa in Richtung der Amerikas und Palästina gehört zu den größten freiwilligen transnationalen Bevölkerungsbewegungen in der Geschichte und wandelte die demographischen Strukturen der jüdischen Bevölkerungen in Ost und West grundlegend.[60]

Die Ursachen für diese gewaltige Bevölkerungsbewegung und ihre Durchführung sind Gegenstand dieses Kapitels. Einleitend wird ein Blick auf die Jahre 1881/82 und deren zeitgenössische Wahrnehmung als Krise, Zäsur und Beginn einer neuen Dimension von jüdischer Emigration geworfen. Es folgt eine Schilderung der Po-

---

58 Vgl. Drew Keeling, The Business of Transatlantic Migration between Europe and the United States, 1900–1914, Zürich 2012.; vgl. Ralf Roth, Das Jahrhundert der Eisenbahn. Die Herrschaft über Raum und Zeit 1800–1914, Ostfildern 2005, S. 131–153; vgl. Jochen Oltmer, Migration, S. 44; vgl. Walter Sperling. Der Aufbruch der Provinz. Die Eisenbahn und die Neuordnung der Räume im Zarenreich, Frankfurt/New York 2011, S. 59–148; zum Eisenbahnnetz in Galizien vgl. Börries Kuzmany, Brody. Eine galizische Grenzstadt im langen 19. Jahrhundert, S. 104–111; vgl. ders., Paulus Adelsgruber, Laurie Cohen (Hgg.), Getrennt und doch verbunden. Grenzstädte zwischen Österreich und Russland 1772–1918, Wien/Köln 2011, S. 143 ff.; vgl. Alois von Czedik, Der Weg von und zu den österreichischen Staatsbahnen. Die Entwicklung der österreichischen Eisenbahnen als Privat- und Staatsbahnen 1824–1910, 1824–1854/58, 1882–1910 (Bd. 1), Leipzig 1913, S. 119–242; vgl. Katja Wüstenbecker, Von Hamburg nach Amerika, Hilfsorganisationen für jüdische Auswanderer 1880–1910 in: Zeitschrift des Vereins für Hamburgische Geschichte, Band 91, Hamburg 2005, S. 81 f.
59 Lloyd P. Gartner, The Great Jewish Migration, S. 107.
60 Vgl. Yannay Spitzer, Pogroms, Networks, and Migration, S. 3; zur Bedeutung jüdischer Immigration in die Vereinigten Staaten vgl. auch Hasir R. Diner, The Jews of the United States 1654 to 2000, London 2004.

grome im russländischen Reich, die zwar zeitlich mit dem Beginn der jüdischen Massenemigration zusammenfallen, aber nicht als deren alleinige Ursache anzusehen sind. Zur Einordnung des Phänomens der wachsenden jüdischen Auswanderung folgt eine Darstellung der komplexen politisch-sozialen Situation im Russländischen Reich und der zunehmend prekären Lage der jüdischen Bevölkerung. Daran anknüpfend folgt eine Erläuterung der Motive, die jüdische AuswanderInnen dazu brachten, ihre alte Heimat zu verlassen. Anschließend wird ein Blick auf die *Alliance Israélite Universelle* geworden, der federführenden jüdisch-philanthropischen Organisation des 19. Jahrhunderts, die ihre östlichen Glaubensgeschwister bei ihrer Auswanderung unterstützte. Besondere Berücksichtigung verdient das transnationale, „deutsch-französische Netzwerk", dem bei der Organisation des jüdischen Transits eine besondere Rolle zukam. Im Folgenden wird die jüdische Migration aus Ost- und Südosteuropa von den 1860er Jahren bis zur Gründung des *Hilfsvereins* im Jahr 1901 in einer Übersichtsdarstellung skizziert. Der Fokus liegt hierbei auf der Organisation der jüdischen Auswanderung, die von westeuropäischen und amerikanischen jüdischen Organisationen und eigens für die Auswanderung ins Leben gerufenen Hilfskomitees, geplant und durchgeführt wurde. Daran knüpfen zwei Kapitel der frühen jüdischen Migrationsgeschichte an, die große Bedeutung für das Krisenjahr 1881/82 hatten: Die Organisation der ersten gelenkten jüdischen Auswanderung aus dem Russländischen Reich ab dem Jahr 1869, und die jüdische Auswanderung aus Rumänien bis Ende der 1870er Jahre.

1 Das Krisenjahr 1881/82

Die Ereignisse der Jahre 1881/82 sind in der zeitgenössischen wie der neueren Geschichtsschreibung als Zäsur innerhalb der modernen jüdisch-europäischen Geschichte beschrieben worden[61]. Die „jüdische Flüchtlingskrise"[62] von 1881/82 unterschied sich in ihren Dimensionen wesentlich von der vorherigen russländischen

---

61 Vgl. Simon Dubnow, Die Epoche der zweiten Reaktion (1881–1914) (= Die neuste Geschichte des jüdischen Volkes, Bd. 3), Berlin 1929, S. 116 ff.; vgl. Mark Wischnitzer, to dewll in safety, S. 66; vgl. John D. Klier, Russians, Jews, and the Pogroms of 1881–1882, Cambridge 2011; vgl. Israel Bartal, Geschichte der Juden im östlichen Europa 1772–1881, S. 155 ff.; vgl. Jonathan Frankel, The Crisis of 1881–1882 as a Turning Point in Modern Jewish History, in: Berger, David (Hrsg.), The Legacy of Jewish Migration. 1881 and Its Impact, New York 1983, S. 9–22; vgl. ders., Prophecy and Politics: Socialism, Nationalism, and the Russian Jews 1862–1917, Cambridge 1981, S. 5; Zosa Szajkowski, The European Attitude, S. 127–162.
62 Vgl. Börries Kuzmany, Jüdische Pogromflüchtlinge, S. 94–125, zit. S. 101.; zum Krisenjahr vgl. auch die Darstellung von Benyamin Lukin und Olga Shraberman, Documents on the Emigration.

und rumänischen jüdischen Auswanderung. Bisher war die Organisation der jüdischen Auswanderung für die Hilfskomitees der *Alliance* überschaubar gewesen und zahlenmäßig nicht ins Gewicht gefallen. Angesichts der sich zuspitzenden Situation jenseits der Grenze im Frühjahr 1881 stieg jedoch die Anzahl der hilfebedürftigen TransmigrantInnen sprunghaft an, deren Versorgung und weiterer Transport die westeuropäischen und amerikanischen jüdischen Gemeinden vor große logistische und finanzielle Herausforderungen stellte. Die schnelle Ausbreitung der im Frühjahr ausbrechenden Pogrome im Russländischen Reich übten dabei einen katalytischen Effekt auf die Entscheidung zur Auswanderung aus. Die erste jüdische Massenauswanderung im Krisenjahr stellte die Weichen für eine im großen Stil einsetzende und bis zum Ersten Weltkrieg nie ganz abreißende, kontinuierliche Auswanderung russländischer JüdInnen nach Westen.

Grundsätzlich lehnte die *Alliance* wie später der *Hilfsverein* eine „Aufmunterung zur Auswanderung"[63] strikt ab. Stattdessen strebte sie die Emanzipation und bürgerliche Gleichstellung der JüdInnen Ost- und Südosteuropas an, was implizierte, eine Emigration langfristig überflüssig zu machen. Diese Vorgehensweise erwies sich jedoch sowohl in Rumänien als auch dem Russländischen Reich zunehmend als utopisch. Im Frühjahr 1881 wurde offenbar, dass die Strategie der kurzfristigen Katastrophenhilfe mit temporärer Unterbringung und anschließender Rückführung über die Grenze nicht mehr praktikabel war. 1881/82 wanderten in einem kürzeren Zeitraum mehr Menschen aus als bei früheren Auswanderungswellen, zum Beispiel zwischen 1869 und 1873 aus Litauen und vor 1881 aus Rumänien. Die Kapazitäten der *Alliance* gelangten schnell an ihre Grenzen. Gleichzeitig machte die Situation im Russländischen Reich eine Rückkehr im selben Jahr praktisch unmöglich. Weil sich die westeuropäischen Staaten weigerten, eine nennenswerte Anzahl jüdischer ImmigrantInnen aufzunehmen, war die AIU gezwungen, mehrere Tausend Personen kurzfristig zu versorgen, unterzubringen und die Auswanderung so vieler von ihnen wie möglich in die Wege zu leiten. Binnen kurzer Zeit und unter schwierigen Rahmenbedingungen musste eine großangelegte, nur auf Spenden basierte, internationale Kooperation ins Leben gerufen und die gelenkte Auswanderung Tausender russländischer Juden nach Übersee organisiert werden. Beteiligt an diesen Planungen waren die AIU-Zentrale in Paris, die *Anglo Jewish Association* (AJA) in London, der *Board of Delegates of American Israelits* (*Board*) in New York, die IAzW in Wien und die bis dahin autonom bzw. lokal und regional agierenden AIU-Filialen und Hilfskomitees in Deutschland.[64]

---

63 6. GdHddJ, Berlin 1907, S. 117.
64 Vgl. Brinkmann, Migration und Transnationalität, S. 69; vgl. David Hamann, Jüdische Selbstorganisation und Abwehrarbeit, S. 4f.; vgl. zur AJA Tobias Metzler, 'By the sacred ties of humanity and

Die Krise erfolgte in zwei Schüben. Während des ersten Schubes in den Sommer- und Herbstmonaten 1881 war die Lage für alle involvierten *Alliance*-Akteure völlig unübersehbar und kaum steuer- oder kontrollierbar. Mit Mühe und viel Improvisationstalent gelang es ab September, eine gelenkte Auswanderung über die Route Brody – Lemberg – Myslowitz – Breslau – Berlin – Antwerpen bzw. Hamburg zu etablieren. Während einer kurzen Atempause in den Wintermonaten konsolidierte sich das Hilfswerk, die Aufgabenteilung wurde verbessert und im April gründete sich das *Deutsche Central-Comité* als erste Dachorganisation für jüdischen Transit durch das Deutsche Reich. Im Frühjahr 1882 erfolgte mit dem erneuten Aufflammen der Pogrome der zweite Schub, die Krise kehrte mit heftiger Wucht zurück.[65] Insgesamt registrierte die AIU im Rahmen der gesamten Hilfsaktion für den Zeitraum Frühjahr 1881 – Herbst 1882 etwa 25.000 jüdische TransmigrantInnen, die aus dem Russländischen Reich nach Galizien kamen. 80 % von ihnen waren zeitweilig in der Grenzstadt Brody einquartiert. 4000 JüdInnen erreichten Brody bis zum Winter 1881, weitere 20.000 kamen im Lauf des folgenden Jahres in Galizien an.[66]

8670 Personen emigrierten mithilfe des transnationalen jüdischen Auswanderungswerks und fanden in den USA eine neue Heimat. Bis zum Juli 1882 fanden 6470 von ihnen eine Arbeit und waren damit imstande, Verwandte nachzuholen.[67] Rechnet man die etwa 1000–1500 Personen hinzu, die Aufnahme in einem der westeuropäischen Länder fanden – die meisten davon in Frankreich –, war die Bilanz der großangelegten Hilfsaktion, dass circa 10.000 Personen dauerhaft aus russländischen Gebieten emigrierten. Eine größere Anzahl jedoch, etwa 14.–15.000 Menschen, wurden nach dem Abflauen der Gewalt ins Zarenreich repatriiert.[68]

---

common decent'. The Transnationalization of Modern Jewish History and its Discontents, in: Dieter Gosewinkel, Dieter Rucht (Hgg.), Transnational struggles for Recognition: New Perspectives on Social Society since the Twentieth Century, New York/ Oxford 2017, S. 108 ff.
65 Vgl. den Überblick bei Werner Bergmann, Tumulte – Excesse – Pogrome. Kollektive Gewalt gegen Juden in Europa 1789–1900 (= Studien zu Ressentiments in Geschichte und Gegenwart, herausgegeben vom Zentrum für Antisemitismusforschung, Bd. 4), Göttingen 2020, S. 441–477.
66 Vgl. Paulus Adelsgruber, Laurie Cohen, Börries Kuzmany, Getrennt und doch verbunden, S. 203.
67 Vgl. Die russische Emigration in Amerika, in: AZJ, Jg. 46, Nr. 34 (22.8.1882), S. 558; vgl. III. Monatsbericht des Deutschen Central-Comités für die russisch-jüdischen Flüchtlinge. Juli 1882, in: SAM, 1194, opis 2, Bd. 3, Bl. 44.
68 Vgl. Börries Kuzmany, Brody. Eine Grenzstadt, S. 114 f.; vgl. ders., Jüdische ogromflüchtlinge, S. 99; Esther L. Panitz beziffert die Anzahl der vom Board versorgten jüdischen TransmigrantInnen auf „etwa 10.000", darunter auch diejenigen, die nach Europa zurückgeschickt wurden, vgl. dies., The Polarity of American Jewish Attitudes towards Immigration (1870–1891). A Chapter in American Socio-Economic History, in: *American Jewish Historical Quarterly*, Vol. 53, Nr. 2 (Dezember 1963), S. 113; vgl. die vom US-Senat und Repräsentantenhaus unter der Leitung von William P. Dillingham eingesetzte Immigration Commission bezifferte 1911 die während des Zeitraums 1.7.1881- Ende 1882

1.1 Die Pogrome von 1881/82 und ihre Wahrnehmung durch die Zeitgenossen

Die Pogrome im Frühjahr 1881, die mit dem Beginn der jüdischen Massenauswanderung zusammenfielen, wurden von den Zeitgenossen mit der Ermordung des Zaren Alexander II. durch nihilistische Attentäter am 1. März 1881[69] in Verbindung gebracht.[70] Jüngere Studien haben den bis in die 1980er Jahre reproduzierten, monokausalen Zusammenhang zwischen einer staatlich geplanten Pogrom- und Vertreibungswelle und der jüdischen Massenemigration überzeugend widerlegt und zugleich nachgewiesen, dass der russländische Staat trotz der offen antisemitischen Einstellung vieler Beamter die Pogrome von 1881/82 nicht gezielt förderte, ja zum Teil sogar um den inneren Zusammenhalt des Reiches fürchtete und bemüht war, die eskalierende Gewalt einzudämmen. Begünstigt wurden die überregionalen Pogrome von der Zuspitzung der sozioökonomischen Situation, durch eine starke jüdische Zuwanderung in die Industriegebiete in den südlichen Provinzen des Ansiedlungsrayons sowie die allgemein wachsende Judenfeindschaft, die wiederum von der staatlichen Diskriminierung indirekt begünstigt wurde.[71]

Der Beginn der Ausschreitungen datiert auf die Osterzeit, den 15. April 1881. Damit folgte sie der „traurigen Tradition" der vorherigen Jahre. Nachdem in Ekaterinoslav (heute: Dnipropetrowsk) ein erstes Pogrom losgebrochen war, breitete sich die antijüdische Gewalt binnen weniger Tage und Wochen in mehreren Wellen wie ein Lauffeuer über weite Gebiete der heutigen Ukraine aus. Allein in den Monaten April und Mai 1881 waren 110 Städte und Ortschaften betroffen, darunter auch auf die von vielen JüdInnen bewohnten Großstädte Kiew und Odessa. Insgesamt erfassten die Pogrome mehr als 160 Städte, viele davon mehrmals.[72] Dadurch

---

aus russländischen Gebieten in die USA eingewanderten Personen auf etwa 32.000, wobei die Zahl im zweiten Krisenjahr mit 21.500 ImmigrantInnen weit über dem bisherigen Durchschnitt lag, was auf die deutliche Zunahme jüdischer Immigration zurückzuführen war, vgl. Reports of the US Immigration Commission 1907–1910, Vol. 4 (Emigration Conditions in Europe), presented by Mr. Dillingham, Washington 1911, S. 280.
69 1.3.1881 nach dem julianischen, 13.3.1881 nach dem gregorianischen Kalender.
70 Vgl. Martin Philippson, Geschichte des jüdischen Volkes, Bd. 3, S. 119; vgl. Simon Dubnow, Die Epoche der zweiten Reaktion, S. 111 f.; vgl. William Paul Dillingham, Reports of the US Immigration Commission 1907–1910, Vol. 4, S. 271 ff.; vgl. Mark Wischnitzer, To Dwell in Safety, S. 38 f.
71 Vgl. die Gesamtdarstellung von John D. Klier, Russians, Jews, and the Pogroms, zur älteren jüdischen Geschichtsschreibung S. 412 f.; Einen guten Überblick über die Forschungslage zu den Pogromen geben Yannay Spitzer, Pogroms, Networks, and Migration, sowie Stefan Wiese, Pogrome im Zarenreich. Dynamiken kollektiver Gewalt, Hamburg 2016, S. 15–24, 35–88, und jüngst Werner Bergmann, Tumulte – Excesse – Pogrome, S. 426–499, für die Ursachen der Pogromwelle bes. 436 f.
72 Vgl. Vgl. Björn Siegel, Österreichisches Judentum zwischen Ost und West, S. 98; vgl. Auflistung der Pogrome bei John D. Klier, Russians, Jews and the Pogroms of 1881–1882, S. xxii-xxiv.

geriet eine große Anzahl jüdischer russländischer Untertanen kurzfristig in lebensbedrohliche Situationen und war gezwungen, teilweise Hals über Kopf, ihre angestammte Heimat zu verlassen. Die physische Bedrohungslage wirkte sowohl für die direkt betroffenen Pogromopfer als auch für viele andere Bewohner des Ansiedlungsrayons als Initialzündung und führte zu einer sprunghaft ansteigenden Emigration russländischer JüdInnen. Erfolgte diese Migrationsbewegung zum überwiegenden Teil innerhalb des Ansiedlungsrayons, emigrierten mit Ausbreitung der Gewalt auch viele jüdische Untertanen über die westlichen Grenzen.

Gleichwohl man in Westeuropa über die miserablen Lebensbedingungen der russländischen JüdInnen gut unterrichtet war, sprengten die Dimensionen der Ausschreitungen die Vorstellungskraft der westlichen Zivilgesellschaften. Diese Reaktion resultierte in erster Linie aus der umfassenden Presseberichterstattung. Schockierende Nachrichten der Korrespondenten in den von der Pogromwelle heimgesuchten Gebieten gerieten über Nacht auf die Titelseiten der nationalen und internationalen Zeitungen und rückten die Pogrome ins Zentrum der öffentlichen Aufmerksamkeit von Westeuropa bis in die Vereinigten Staaten. Die katastrophalen Lebensumstände der Juden Ost- und Südosteuropa galten der westlichen Leserschaft ohnehin bereits als ausreichender Beleg für die Existenz eines vermeintlich kulturellen ‚Gefälles' von West nach Ost, und für generell rückständige und unzivilisierte Zustände im Zarenreich. Diese negative Wahrnehmung des russländischen Reiches und seiner Institutionen wurde durch die Flut an schockierenden Berichten über die Pogrome, und den teilweisen Zusammenbruch der öffentlichen Ordnung, dies- und jenseits des Atlantiks bestätigt und verstärkt. Trotz der schrecklichen Realitäten, die in den Pogromgebieten herrschten, waren viele der Berichte übertrieben und in dramatischer und effekthascherischer Weise ausgeschmückt. Garniert mit Übertreibungen und Unwahrheiten, beschworen einige Berichterstatter geradezu apokalyptische Szenarien herauf, die zum Teil ungeprüft übernommen und abgedruckt wurden. Das wenig überraschende Echo auf diese Presseberichte im April und Mai 1881 war ein Sturm öffentlicher Empörung in Europa und Amerika.[73]

Die russländischen Behörden ihrerseits verkannten das Ausmaß und die rasche Ausbreitung der Pogrome völlig, weshalb die ergriffenen Maßnahmen zur Wiederherstellung der staatlichen Autorität, etwa die Entsendung von Militärkontingenten nach Kiew und in andere Orte, vielerorts nur langsam, unzureichend und unkoordiniert anliefen. Um die Aufstände niederzuschlagen, mussten sogar grenznahe Truppenkontingente eingesetzt werden, was die sensible Grenze zu Österreich-Ungarn und dem Osmanischen Reich an der Südwestflanke militärisch

---

[73] John D. Klier, Russians, Jews, and the Pogroms of 1881–82, S. 296–324.

entblößte und für einen Angriff verwundbar machte. Die schwerfälligen Reaktionen der zaristischen Regierung verursachte den Eindruck einer der Gewalt gegenüber zumindest gleichgültigen Staatsmacht.

Mehrere Interventionen der jüdischen Bürgerschaft in St. Petersburg unter der Leitung des einflussreichen Bankiers Baron Naphtali Herz Günzburg (1833–1909) bei Zar Alexander III. im Mai und Juli 1881 sowie im Frühjahr 1882 brachten keine Fortschritte für den Schutz der jüdischen Untertanen. Lediglich in Odessa, wo es bereits 1821, im Zuge des griechischen Aufstandes gegen die osmanische Herrschaft, sowie 1849, 1859 und 1869 Pogrome zur Osterzeit gegeben hatte[74], versuchten sich die Behörden rechtzeitig zu wappnen. Als sich Anfang April die Anzeichen für ein bevorstehendes Osterpogrom mehrten, versetzte der Gouverneur Alexander Michailowitsch Dondukow-Korsakow (1820–1893) das Militär in Alarmbereitschaft und erließ eine Verordnung, in der er allen möglichen Provokateuren drakonische Strafen androhte. Trotz dieser Maßnahmen griffen die Pogrome am 3. Mai auch auf Odessa über.[75] Die staatlichen Stellen waren teilweise über Wochen außerstande, ihre Autorität durchzusetzen und Ruhe und Ordnung wiederherzustellen. Dies lag häufig an den lokalen Polizeistationen, die zwar willens, aber personell unterbesetzt und zu schlecht ausgestattet waren, um den Ausschreitungen wirksam Einhalt gebieten zu können.[76] Kuzmany erwähnt, dass im Mai 1881 in der nahe der galizischen Grenze gelegenen Stadt Volocisk, nach Ausbruch eines Pogroms, russländische Grenzbeamte sofort versuchten, die antisemitischen Gewaltakte und Plünderungen einzudämmen, dies aber wegen zu geringer Truppenstärke erst durch das Eintreffen von Armeeeinheiten bewerkstelligt werden konnte.[77]

Während sich die Gewalt im Frühsommer 1881 daher zunächst ungehindert ausbreitete, machten parallel Äußerungen des im Mai 1881 zum russländischen Innenminister ernannten Antisemiten Nikolai Pawlowitsch Ignatjew (1832–1908) die Runde, der verlauten ließ, es sei

---

74 Vgl. zu den Pogromen in Odessa zwischen 1821 und 1880 Werner Bergmann, Tumulte – Excesse – Pogrome: Kollektive Gewalt gegen Juden in Europa 1789–1900, Berlin 2020, S. 380–388.
75 Vgl. AZJ No. 45 (7.6.1881), S. 1f.; vgl. Russisch-Juedisches Comite Berlin, Die Judenverfolgung in Rußland. Zwei Berichte des Times-Correspondenten (Artikel vom 11. und 13. Januar 1882), Berlin 1882, S. 12, 20 (ich danke Björn Siegel für den Hinweis); vgl. SAM 1194_2_9, Bl. 8 (E.M. Mandelstamm an Carl Bernstein vom 4./16.7.1881); vgl. John D. Klier, Russians, Jews and the Pogroms, S. 25; vgl. ders. u. Shlomo Lambroza, Pogroms. Anti-Jewish Violence in Modern Russian History, S. 16–19.
76 Vgl. John D. Klier, Russians, Jews and the Pogroms of 1881–1882, S. 24.
77 Vgl. Paulus Adelsgruber, Laurie Cohen, Börries Kuzmany, Getrennt und doch verbunden, S. 111, 202.

durchaus erwünscht, daß die Juden das Feld räumen und eine andere Heimath suchen; ist die Grenze im Osten ihnen verschlossen, so steht doch die Grenze im Westen für sie offen.[78]

Solche Aussagen hoher Staatsbeamter lassen es wenig überraschend erscheinen, dass bei den nach Westen emigrierenden oder fliehenden Personen, genauso wie bei Diplomaten und Zeitungskorrespondenten westlicher Staaten, die aus den betroffenen Gebieten berichteten, der Eindruck entstand, die Pogrome seien von der zaristischen Regierung inszeniert und instrumentalisiert worden, um die russländischen Juden endgültig zu vertreiben. Die stillschweigende Duldung und mancherorts sogar aktive Teilnahme lokaler Beamter an den Pogromen bekräftigte die Vermutung einer staatlichen Orchestrierung. Zar Alexander III. (1845–1894), der eine weitaus antiliberalere Judenpolitik verfolgte als sein Vater, verabschiedete 1882 die antisemitischen „Maigesetze".[79] Diese administrative Diskriminierung und Unterdrückung jüdischen Lebens nahm die judenspezifischen Erleichterungen der ‚Großen Reformen' Alexanders II. weitestgehend zurück und markiert den Beginn einer staatlichen Ausgrenzungspolitik. Gleichzeitig flammten erneut Pogrome in der Ukraine und diesmal auch in den nördlicheren polnischen Territorien auf. In den Augen vieler Zeitgenossen war diese Entwicklung ein glaubwürdiges Indiz für die staatliche Regie der gewaltsamen Vertreibung und verankerte diese Wahrnehmung im kollektiven Gedächtnis. Dadurch fand sie auch ihren Weg als These in die Geschichtsschreibung.[80]

Erst die Perspektive der kritischen Sozialgeschichte schärfte den Blick auf die Krisenjahre, vor allem auf die Zusammenhänge zwischen sozioökomischen Problemen infolge des Reform- beziehungsweise wirtschaftlichen Umwälzungsprozesses, und den Mechanismen spontaner, kollektiver ethnischer Gewalt gegen die vermeintlichen Sündenböcke – die Juden – in Städten und auf dem Land.[81] In einer 1986 vorgelegten Studie synthetisierte John D. Klier erstmals diese verschiedene Ansätze und löste die Gewaltphänomene der Jahre 1881 und 1882 detailliert aus dem Forschungskontext des 20. Jahrhunderts heraus. Dadurch vermied er die wissen-

---

78 Vgl. „Die Judenfrage in Rußland", in: Deutsches Tageblatt (12.6.1881).
79 Vgl. Yvonne Kleinmann, Artikel Maigesetze (Russland 1882), in: Wolfgang Benz (Hg.), Handbuch des Antisemitismus. Judenfeindschaft in Geschichte und Gegenwart, Bd. 4 (Ereignisse, Dekrete, Kontroversen), Berlin/Boston 2010, S. 243–245.
80 Auch jüngere Migrationsstudien gehen nach wie vor von der These einer staatlichen Orchestrierung aus, etwa Dirk Hoerder, Cultures in Contact: World Migrations in the Second Millennium, Durham & London 2002; vgl. Tobias Grill, Das Gespenst der Moderne, S. 467f.
81 Zentrale Werke hier: I. Michael Aronson, Troubled Waters. The Origins of the 1881 Anti-Jewish Pogroms in Russia, Pittsburgh 1990, und Jonathan Frankel, The crisis of 1881–1881 as a Turning Point; vgl. Stephen M. Berk, Year of Crisis, Year of Hope: Russian Jews and the Pogroms of 1881–1882, Westport/London, 1985.

schaftliche Rückprojizierung von Erkenntnissen späterer – krasserer – Pogrome auf die beiden Krisenjahre und konnte ihre Ursachen, Abläufe und Folgen detailliert herausarbeiten.[82]

Die Übertreibungen der Korrespondenten vor Ort blieben schon im Frühsommer 1881 von einigen Zeitgenossen nicht unbemerkt, und wurden durchaus kritisch kommentiert. Die Redaktion der *Jüdischen Presse* stellte am 2. Juni 1881 fest, dass der „Special-Correspondent" der *Dziennik Polski*, der am 22. Mai aus Odessa berichtet hatte, seine Darstellung „in den grellsten Farben" geschildert und eindeutig, wie die Redaktion aus anderen, nicht näher erläuterten „Originalberichten" ersehen konnte, stark übertrieben hatte. Die Behauptung dieses namentlich nicht genannten Korrespondenten, „daß die Regierung den Tumulte gleichgiltig gegenüberstehe und die Ruhestörer gewähren lasse, theilen wir nicht."[83]

Unabhängig von dem katalytischen Effekt, den die Pogrome der Jahre 1881 und 1882 zweifellos hatten, wird im Folgenden ein genauer Blick auf die grundlegenden Ursachen für die jüdische Emigration aus russländischen Gebieten zu werfen sein.

2 Die politisch-soziale Ausgangslage im Russländischen Reich 1855–1881

Zu Beginn der 1880er Jahre lebten schätzungsweise vier bis fünf Millionen JüdInnen im Russländischen Reich, der überwiegende Teil von ihnen in den Gebieten des sogenannten ‚Ansiedlungsrayons', der 15 westrussische und 10 polnische Provinzen umfasste. Ca. 2,33 Millionen von ihnen lebten in kleinen Städten oder Schtetln,

---

82 Vgl. John Doyle Klier, Russia Gathers her Jews. The origins of the „Jewish question" in Russia. 1772–1825, Cambridge 1986.; eine ähnliche Sichtweise scheint bei den Zeitgenossen hinsichtlich der Gewalt in Rumänien stattgefunden zu haben. Die rumänischen Teilfürstentümer blieben zwar nach 1881/82 ein zentrales Tätigkeitsfeld, doch zeigen Aktivitäten des Berliner Rumänischen Komitees, das am 10.5.1882 entschied, sich bis auf ein Rumpfkomitee aufzulösen, einen Großteil der restlichen Gelder dem Centralkomitee für die russischen Juden zu überlassen und keine RumänInnen in die Auswanderungslisten aufzunehmen, dass die Krise die Präferenzen der AIU kurzfristig gravierend verschob, weshalb die Auswanderungskomitees und der Hilfsverein rückblickend zuerst den ‚Schock' der Jahre von 1881/82 als Bezugspunkt für ihre Professionalisierung thematisierten, vgl. Vorschlag Motitz Lazarus an das Rumänische Comité vom 10.5.1882, in: SAM, 1194, opis 4, Bd. 8, Bl. 342 f.; dies verweist ebenfalls auf die von David Jünger kritisierte Rumänien-Forschungslücke innerhalb der jüdischen Migrationsgeschichte, vgl. David Jünger, Am Scheitelpunkt der Emanzipation, S. 19 f.
83 Vgl. Jüdische Presse Jg. 12 (2.6.1881) Zweite Beilage, S. 235 ff., zit. 235.

weitere 580.000 in Dörfern und auf dem Land.[84] Die jüdischen Untertanen genossen keine Freizügigkeit. 1791 definierte Zarin Katharina II. (1729–1796) bestimmte Siedlungsgebiete für die russländische JüdInnen in den durch die Teilungen Polens (1772, 1792, 1795) erworbenen Westprovinzen sowie am Schwarzen Meer. 1835 wurden die Grenzen des Ansiedlungsrayons durch Zar Nikolaus I. (1796–1855) um das 1812 eroberte Bessarabien erweitert und abschließend festgelegt.[85]

1804 erließ Zar Alexander I. (1777–1825) ein umfassendes Judenreglement, um die Rechte und Pflichten der jüdischen Untertanen legislativ festzuschreiben und ihre Produktivität für das Reich nutzbar zu machen. Die Schaffung des Rayons und das Reglement entsprangen der Herrschaftspraxis des aufgeklärten Absolutismus. Ursprünglich waren sie nicht als Akt der Unterdrückung gedacht, sondern als utilitaristische Maßnahme zur Eingliederung der jüdischen Untertanen in die russländische Ständegesellschaft. Die eingeschränkte Freizügigkeit und die limitierten Gewerbemöglichkeiten führten jedoch zu einer sukzessiven Verarmung der jüdischen Bevölkerung. Bis 1861 blieb der rechtliche Status der Juden weitgehend unverändert. Durch die Wegnahme der jüdischen Selbstverwaltung, des *Kahal*, durch Zar Nikolaus I. im Jahr 1844, erfuhr das Reglement eine zusätzliche Verschärfung.[86]

Die Regentschaft Zar Alexanders II. (1819–1881) wurde geprägt von den ‚Großen Reformen'. Nach der Niederlage im Krimkrieg 1856 war der junge Zar bemüht, sein feudal organisiertes Reich in ein auf industrieller Produktion fußendes, kapitalistisches Zeitalter zu führen und die Wirtschaft nach westlichem Vorbild zu modernisieren. Durch den von Alexander II. in Gang gesetzten Reformprozess fanden im gesamten Land gewaltige gesellschaftliche und ökonomische Umwälzungen statt. Die staatlich forcierte Industrialisierung unterwarf die bis dahin feudale Ständegesellschaft einem gewaltigen Transformationsprozess, um den sich radikal wandelnden sozialen Bedürfnissen der rasch zunehmenden Arbeiterschaft

---

84 Die Schätzungen zur Bevölkerung um 1880/1881 schwanken, da ein verlässlicher Zensus erst im Jahr 1897 durchgeführt wurde, nach dem 5.215.000 JüdInnen im Russländischen Reich lebten; John D. Klier nimmt eine Bevölkerung von 4.086.650 für 1881, Gartner 3.916.000 (1880) an, wovon eine Million in den polnischen Provinzen lebte, vgl. John D. Klier, Shlomq Lambroza (Hgg.), Pogroms: Anti-Jewish Violence in Modern Russian History, Cambridge 1992, S. 5; vgl. Lloyd p. Gartner, The Great Jewish Migration, S. 109; vgl. Börries Kuzmany, Jüdische Pogromflüchtlinge, S. 95 f.
85 Vgl. John D. Klier, Imperial Russia's Jewish Question, 1855–1881, S. 3 f.; vgl. Israel Bartal, Geschichte der Juden im östlichen Europa 1772–1881, Göttingen 2011, S. 33–46, 79 ff.; vgl. Tobias Grill, Gegen das Gespenst der Moderne: Antijudaismus und Antisemitismus im Zarenreich des 19. und frühen 20. Jahrhunderts, in: Dorothea Wendebourg, Andreas Stegmann, Martin Ohst (Hgg.), Protestantismus, Antijudaismus, Antisemitismus. Konvergenzen und Konfrontationen in ihren Kontexten, Tübingen 2017, S. 256 f.
86 Vgl. vgl. Israel Bartal, Geschichte der Juden im östlichen Europa, S. 73 ff.; John D. Klier, Russians, Jews and the Pogroms of 1881–1882, Cambridge 2011, S. 3 f.

in den expandierenden Großstädten und neu entstehenden Industrieregionen gewachsen zu sein.[87] Die bedeutendste und im kollektiven Gedächtnis der Zeitgenossen als revolutionär wahrgenommene Reform Alexanders II. war die Aufhebung der Leibeigenschaft im Jahr 1861. Diese beendete offiziell das jahrhundertealte Feudalsystem, schuf aber gleichzeitig neue Abhängigkeitsverhältnisse. Die ‚befreiten' russländischen Bauern und Leibeigenen bildeten ein für den ökonomischen Strukturwandel notwendiges Arbeitskräftereservoir, auf das die expandierende Industrie und der Eisenbahnbau dringend angewiesen waren. Im Rahmen dieser Transformation von einer feudal-agrarisch in eine industriell-kapitalistische Wirtschaftsordnung brach die ständische Wirtschaft rasch zusammen, was gleichermaßen russländische Bauern als auch die JüdInnen zu spüren bekamen. Die Entstehung der russländischen Industriearbeiterschaft führte zu einer starken Binnenmigration innerhalb des Reichs, an der viele JüdInnen Anteil nahmen. Jüdische Untertanen etwa, die in der traditionellen Wirtschaft des Schtetl wurzelten – als Kleinhändler, Pächter oder Handwerker –, verloren durch die neuartigen Produktionsweisen und die Konkurrenz binnen kurzer Zeit ihre Erwerbsmöglichkeit und waren gezwungen, in größere Städte und Industriezentren abzuwandern in der Hoffnung, in einer der neuen Fabriken Arbeit zu finden. Die unmittelbare Folge dieser gesellschaftlichen Entwicklung war eine jüdische Binnenwanderung der Arbeiterschaft innerhalb des Zarenreiches und eine rasch fortschreitende Verarmung der jüdischen Bevölkerung, sowohl auf dem Land, als auch in den wachsenden Massenquartieren der industriellen Zentren um Kiew oder Odessa.[88]

Die von Alexander II. beschlossenen rechtlichen Verbesserungen für die Juden waren Bestandteil der ‚Großen Reformen'. Sie entsprangen jedoch weniger aufgeklärten und emanzipationsorientierten politischen Idealen, sondern dienten der Steigerung der ökonomischen Produktivität. Am 3. April 1859 wurde erstmals die Beschränkung des Wohnrechts von Juden auf den Ansiedlungsrayon aufgehoben. Diese Freizügigkeit betraf allerdings nur einen kleinen Prozentsatz der jüdischen Bevölkerung, nämlich diejenigen mit einem Jahreseinkommen von über 50.000 Rubeln, die sich als „Kaufleute Erster Gilde" eintragen, die entsprechende Patentsteuer zahlen und fortan als Investoren im gesamten russischen Territorium wirken konnten. Eine weitere Maßnahme diente der wissenschaftlichen und medizinischen Erschließung des Landes. Am 27. November 1861 erhielten alle Juden mit einem Doktortitel in Medizin und anderer Fakultäten Freizügigkeit, 1865 folgte eine weitere Sonderregelung für exklusive Berufsgruppen wie Mechaniker und Tech-

---

[87] Vgl. ebd., S. 13 f.
[88] Vgl. Israel Bartal, Geschichte der Juden im östlichen Europa 1772–1881, Göttingen 2010, S. 113–122, Zahlen S. 115 f.; vgl. Werner Bergmann, Tumulte – Excesse – Pogrome, S. 427–431.

niker. Eine grundlegende Reform des Militärdienstes im Jahr 1874 beendete die jahrzehntelange Praxis des von Zar Nikolaus I. eingeführten und in den jüdischen Gemeinden verhassten Kantonistensystems. Die alte Regelung, nach denen jüdische Gemeinden weitaus höhere Quoten an Rekruten, nämlich das doppelte Kontingent von über 18-jährigen männlichen Personen im Vergleich zu anderen russländischen Untertanen, aufzubieten hatten, wurde abgeschafft, und stattdessen eine allgemeine, vierjährige Wehrpflicht eingeführt. Unabhängig von Herkunft oder sozialem Status war es außerdem möglich, die Dienstdauer durch schulische und universitäre Bildungsabschlüsse erheblich zu verkürzen.[89] Diese Neuerungen hatte einen Ansturm jüdischer Schüler und Studenten auf Gymnasien und Universitäten zur Folge, die Anzahl jüdischer Studenten wuchs rasch an – um das Jahr 1880 waren etwa 6,8 % aller Universitätsstudenten in Russland Juden. Wie aus einer Notiz der Deutschen Botschaft in St. Petersburg hervorgeht, waren 1879 von den Bewerbern für die Petersburger *Medizinisch-Chirurgische Akademie* 87 % jüdischen Glaubens.[90] Insgesamt profitierten von den Reformen Alexanders II. circa 60.000 Juden, was lediglich etwa 1,5 % der gesamten jüdischen Bevölkerung des Ansiedlungsrayons entsprach.

Gleich der jüdischen Bevölkerung waren auch die nichtjüdischen Untertanen im Ansiedlungsrayon, wie etwa Polen und Ukrainer, von den politischen, ökonomischen und sozialen Umwälzungen betroffen. Seit dem gescheiterten polnischen Aufstand von 1863 standen insbesondere die Polen unter starkem Druck. Die Regierung in Moskau fuhr seit der Niederschlagung des Aufstandes einen strikt repressiven, antipolnischen Kurs. Gleichzeitig gab es von Seiten der ukrainischen Bevölkerung Galiziens nationalistische Bestrebungen zur Brechung der polnischen Hegemonie in der Region. Auch jenseits der Grenze im Deutschen Reich sahen sich die polnischen EinwohnerInnen durch den einsetzenden Kulturkampf einem zunehmenden Assimilierungsdruck ausgesetzt. Diese allgegenwärtige Bedrohung der polnischen Kultur und Sprache führte in den Folgejahren zu einem Erstarken des polnischen Nationalismus im Ansiedlungsrayon. Auf der anderen Seite setzte die „Russifizierungs"-Politik der zaristischen Regierung die jüdische Bevölkerung einem enormen Anpassungs- und Assimilierungsdruck aus. Weil die jüdische Bevölkerung sich diesen Bestrebungen widersetzte, schlug das Misstrauen schnell in

---

[89] Vgl. John D. Klier, Russians, Jews, and the Pogroms of 1881–1882, S. 4–6; vgl. ders., Imperial Russia's Jewish Question, S. 332 ff.; vgl. Israel Bartal, Geschichte der Juden im östlichen Europa, S. 115–117; vgl. Werner Benecke, Die allgemeine Wehrpflicht in Russland: Zwischen militärischem Anspruch und zivilen Interessen, in: Journal of Modern European History, Vol. 5, Nr. 2 (2007), S. 250 f.; vgl. Gerald Sorin, A Time for Building: The Third Migration, 1880–1920, London 1992, S. 21.
[90] Vgl. Kaiserliche Deutsche Botschaft an AA vom 14.4.1879, in: CAHJP, HM 9518 B, K 186597.

Feindschaft um und begünstigte antisemitische Vorurteile.[91] Parallel zu diesen politischen Faktoren wurde die galoppierende Verarmung großer Teile der Landbevölkerung den Juden in die Schuhe geschoben. Der Unmut traf in erster Linie jüdische Bankiers, welche an der Finanzierung industrieller Produktionsanlagen beteiligt waren, und die jüdischen Landbesitzer in der Ukraine. Sie wurden für viele Angehörige des russländischen Proletariats zum Feindbild schlechthin erklärt und als Ursache und Nutznießer der zunehmenden Missstände ausgemacht.[92]

Verstärkt wurde diese Stimmung durch antijüdische Publikationen wie das *Buch vom Kahal* des vom Judentum zum orthodoxen Christentum übergetretenen Juden Jakov Brafman (1824–1879), in dem die bereits seit 25 Jahren abgeschaffte jüdische Gemeindeorganisation des *Kahal* als Institution zur Unterdrückung des Christentums stigmatisiert wurde. Das Buch erfreute sich bei Beamten, die sich mit der ‚Judenfrage' beschäftigten, großer Beliebtheit. Antijüdische Stereotype waren bei unteren und mittleren Beamtenrängen sowie innerhalb der russländischen Intelligenzija weit verbreitet, und bekennende Antisemiten fanden sich bis hinauf auf die Ebene der höchsten Entscheidungsträger und unter den Befürwortern einer nach außen aufklärerisch und reformorientiert wirkenden Judenpolitik.[93] Trotz des scheinbaren liberalen Frühlings der Reformen Alexanders II. – als den ihn vor allem viele Juden Westeuropas sahen – blieb die Lage des überwiegenden Teils der jüdischen EinwohnerInnen im Ansiedlungsrayon – in Polen, im Baltikums, in Weißrussland und der Ukraine – weiterhin prekär. Durch den rasch einsetzenden wirtschaftlichen Niedergang der ländlichen Regionen und die wachsende Feindschaft der russischen, polnischen und ukrainischen Nachbarn verschlechterte sie sich sogar noch weiter.

Als Reaktion auf die durch den Strukturwandel herrschenden schlechten sozioökonomischen Verhältnisse großer Teile der russländischen Bevölkerung bildeten sich sozialistische, radikalpolitische Bewegungen heraus. Die Idee einer jüdischen Emanzipation nach westlichem Vorbild erschien jüdischen Intellektuellen und vielen Arbeitern zunehmend illusorisch, sie drängten auf eine grundlegende Änderung des politischen Systems. Bartal spricht von einem „Radikalisierungs-

---

91 Vgl. Frank Golczewski, Gertrud Pickhan, Russischer Nationalismus. Die russische Idee im 19. und 20. Jahrhundert. Darstellung und Texte. Göttingen 1998, S. 19 f.; vgl. überblickend John D. Klier, Imperial Russia's Jewish Question, S. 145–284.; vgl. Theodore R. Weeks, Russians, Jews and Poles, Russification and Antisemitism 1881–1914, in: Werner Bergmann, Ulrich Wyrwa (Hgg.), Quest. Issues in Contemporary Jewish History, Issue 3 (2012) (www.quest-cdecjournal.it/focus.php?id=308; 19.10. 2020).
92 Vgl. Israel Bartal, Geschichte der Juden im östlichen Europa, S. 126 f.
93 Vgl. John D. Klier, Imperial Russia's Jewish Question, S. 262–268; vgl. Tobias Grill, Gegen das Gespenst der Moderne, S. 458 ff.

prozess" von Teilen der *Haskala*-Bewegung in den 1870er Jahren, der sich gegen die zaristische Obrigkeit richtete, aber auch innerjüdische Konflikte mit Vertretern der Orthodoxie auslöste. Zudem galten die JüdInnen den russischen, polnischen oder ukrainischen revolutionären Bewegungen häufig nicht als Teil des Proletariats, weshalb sich jüdische Sozialisten in autonomen Gruppen organisierten, die vom Staat besonders harten Verfolgungen ausgesetzt waren. Eine wachsende Zahl junger jüdischer Revolutionäre, die keine Möglichkeit zu inneren Reformen sah, strebte zur Lösung der sozialen Frage den Umsturz des zaristischen, kapitalistischen Systems an. Aus der Perspektive konservativer Gesellschaftsschichten förderte der „jüdische Nihilismus" das Anwachsen der revolutionären Bewegungen in den industriellen Zentren wie Kiew; gegen Ende der 1870er Jahre verbreitete sich die Analogie von Judentum und Nihilismus und avancierte in den jüdisch-liberalen Bevölkerungskreisen St. Petersburgs und auch Westeuropa zum Teil des ‚Problems' der russländischen ‚Judenfrage'.[94]

Bereits Mitte der 1870er Jahre mehrten sich die Anzeichen, dass sich die „Judeophilia" der frühen Reformjahre in eine „Judeophobia" wandelte und fortan restriktivere antijüdische Maßnahmen ergriffen wurden, als es vor den Reformen der Fall gewesen war.[95] Am 6. Mai 1880, ein Jahr vor Beginn der Krise, sandte der deutsche Botschafter in St. Petersburg, Hans Lothar von Schweinitz (1822–1901), einen Bericht an Otto von Bismarck, in dem er die Modalitäten der Binnensiedlung inländischer – russländischer – Juden, sowie die der Visavergabe für ausländische Juden vor dem Hintergrund der Entwicklungen der russländischen Judenpolitik schilderte. Bis etwa Mitte der 1870er Jahre seien viele der vorhandenen Vorschriften trotz ihrer Strenge „in der Praxis ziemlich milde gehandhabt worden". Davon hatten beispielsweise viele deutschsprachige Juden in St. Petersburg profitiert, die trotz des bestehenden Ansiedlungsverbotes mit Duldung der Polizei in der Stadt lebten und mit dem Glaubensbekenntnis „reformiert" ins Ortsregister eingetragen worden waren. Am 10. November 1875 gab der Stadthauptmann von St. Petersburg einen Tagesbefehl an die Polizeibezirke heraus, in dem er forderte, die Judengesetze „in Zukunft strict zur Anwendung zu bringen". Seit 1879, so von Schweinitz weiter, würden die Gesetze vor allem gegen fremde Juden „in den General-Gouvernements von Krim und Odessa mit größerer Strenge" befolgt, da viele von ihnen – insg. „7 % der Verhafteten" an nihilistischen Komplotten beteiligt seien.

In einem vertraulichen Gespräch mit von Schweinitz im Mai 1879 schilderte der russische General und Gouverneur von Charkow, Michail Tarielowitsch Loris-Me-

---

94 Vgl. Israel Bartal, Geschichte der Juden im östlichen Europa, S. 128 f.; vgl. John D. Klier, Imperial Russia's Jewish Question, S. 396–403 ff.
95 John D. Klier, Russians, Jews and the Pogroms 1881–1882, S. 6.

likow (1824–1888), der im August desselben Jahres zum russischen Innenminister ernannt wurde, dem deutschen Botschafter seine Motive zur Änderung der russischen Judenpolitik. Diese hatten mit einer Verbesserung der Lebensumstände der Juden wenig gemein. Eine Reform der Judengesetze dahingehend, „den Juden den Aufenthalt im ganzen russischen Reiche zu gestatten", sei notwendig, um die „Uebelstände, welche in der Anhäufung der Juden in den von ihnen ausgesaugten und verderbten Grenz-Districten liege, zu mildern". Vor allem in der Ukraine sei die „Animosität gegen die Juden" stark gewachsen, da viele der dort lebenden Juden „bedeutenden Grundbesitz an sich gebracht hätten, natürlich auch mit Umgehung der gesetzlichen Schranken".[96]

3 Motive für Auswanderung und Flucht

Bei der Analyse der Emigrations- oder Fluchtursachen russländischer Juden im letzten Drittel des 19. Jahrhunderts muss, wie bei der obigen Analyse der Pogrome von 1881/82 geschehen, zwischen den Aussagen zeitgenössischer Quellen – Zeitungsartikel, Berichte und Schilderungen von Seiten der AIU, Erzählungen von Augenzeugen sowie auch der älteren Geschichtsschreibung –, und den Ergebnissen jüngerer historischer Forschungen differenziert werden. Die Motive zur Emigration aus Ost- und Südosteuropa resultierten für jüdische wie nichtjüdische EmigrantInnen vorrangig aus ökonomischen Gründen. Die Auswanderung russländischer JüdInnen wurde durch die antijüdische Stimmung und die schon vor dem Krisenjahr vorhandene, „traurige Tradition" von Pogromen[97], zweifellos begünstigt, doch der mit Abstand bedeutendste Push-Faktor für die jüdischen EmigrantInnen war der Wunsch nach einer Verbesserung ihrer sozialen und wirtschaftlichen Situation.[98] Die allgegenwärtige Armut stellte für viele JüdInnen im Ansiedlungsrayons nichts Neues dar, nahm durch den galoppierenden Strukturwandel jedoch zu und

---

[96] Bericht des deutschen Botschafters Lothar von Schwiertz an Bismarck vom 6.5.1880, in: CAHJP, HM 9518 B, K 186608, K 186612, K 186609, K 186610, K 186613.
[97] Vgl. Flugblatt von Isaak Rülf aus Memel: Ein Rettungsruf zu Gunsten der russischen Juden. An alle civilisirten Völker gerichtet, vom März 1882, in: SAM, 1194, opis 4, Bd. 9, Bl. 189.
[98] Vgl. John D. Klier, Emigration Mania in Late-Imperial-Russia. In: Aubry Newman, Stephen Massil (Hgg.): Patterns of Migration 1850–1914. Proceedings of the International Academic Conference of the Jewish Historical Society of England and the Institute of Jewish Studies, University College London, London 1996, S. 21–29; vgl. Simon Kuznets, Immigration of Russian Jews to the Unites States, S. 1–90; vgl. Yannay Spitzer, Pogroms, Networks, and Migration, S. 4 f.; vgl. allg. zur Forschungslage Tobias Brinkmann, Points of passage, Reexamining Jewish Migrations from Eastern Europe after 1880, in: ders.: Points of Passage. Jewish Transmigrants from Eastern Europe in Scandinavia, Germany and Britain 1880–1914, S. 4 ff.

wurde durch rechtliche und soziale Ausgrenzung verstärkt. Die in den 1870er Jahren um sich greifende Judenfeindschaft der nichtjüdischen russländischen Mehrheitsbevölkerung intensivierte das ohnehin latent vorhandene Gefühl der Hoffnungs- und Perspektivlosigkeit jüdischer Untertanen und trug dazu bei, die Auswanderung nach Amerika als Alternative zu wirtschaftlicher Stagnation und persönlicher Unsicherheit ins Auge zu fassen. Dies war vor, während und nach der Krise von 1881/82 der Fall.

Die meisten jüdischen AuswanderInnen vor 1881 passierten entweder einzeln oder in kleinen Gruppen und oft mit eigenen Mitteln versehen die preußische oder galizische Grenze, durchquerten die Transitländer, und schifften sich anschließend, je nach monetärer Ausstattung mit oder ohne Hilfe eines Auswanderungskomitees, in einem Ost- oder Nordseehafen ein. Weil schon lange vor dem Krisenjahr eine konstante jüdische Auswanderung nach Übersee stattgefunden hatte, konnten jüdische AuswanderInnen häufig auf bestehende familiäre oder freundschaftliche Netzwerke in den Zielländern zurückgreifen, hauptsächlich in den USA. Zumeist waren das früher emigrierte Verwandte, die ihren Angehörigen Informationen vermittelten, die Schiffspassagen bezahlen sowie Wohn- und Beschäftigungsperspektiven in der neuen Heimat und damit ein Aufenthaltsrecht garantierten konnten. Viele jüdische ImmigrantInnen aus Osteuropa organisierten sich in den USA in *Landsmanshaftn* und verfügten dadurch über ein dichtes, transnationales Netzwerk, was die Emigration weiterer Familienangehöriger oder Freunde und Bekannter erleichterte.[99] Dies traf beispielsweise, wie aus Unterlagen der ostpreußischen Regionalbehörden hervorgeht, auf die Mehrheit der im Frühjahr 1882 nach Ostpreußen gelangenden AuswanderInnen aus den russländisch-polnischen Provinzen zu. Der Ober-Regierungsrat von Gumbinnen, Ludwig Ferdinand Hermann Siehr (1832–1885), schilderte diesen Umstand dem Regierungspräsidenten in Gumbinnen, Otto Ludwig Eberhard Steinmann (1831–1894), in einem Bericht über eine Reise in die Grenzstadt Eydkuhnen:

> alle Auswanderer haben die Absicht, nach Amerika zu gehen, wo schon seit längerer oder kürzerer Zeit Angehörige von ihnen wohnhaft sind. In vielen Fällen haben die Auswanderer bereits Schiffskarten für Hamburg zur Ueberfahrt zugeschickt erhalten, wenn sie ihre alte Heimath verlassen. Es ist ein Irrthum, wenn man annehmen wollte, daß die Mehrzahl der auswandernden Juden mittellos die Reise antrete: sie sind vielmehr ursprünglich in den überwiegendsten Fällen mit Reisegeld ausreichend versehen.[100]

---

99 Vgl. Daniel Soyer, Jewish Immigrant Associations and American Identity in New York, 1880–1939: Jewish Landsmanshaftn in American Culture, Michigan 2018.
100 Abschrift eines Reiseberichts des Ober-Regierungs-Raths Siehr über seine gestern erfolgte Dienstreise nach Eydkuhnen vom 18.5.1882, in: GStPK, XX. HA, Rep. 2 I, Tit. 30, Nr. 43, Bl. 4 f.

Die Rückkehrquote der russländischen, jüdischen US-ImmigrantInnen war im Vergleich zu anderen Gruppen deutlich geringer, zwischen 1881 und 1914 kehrten nur etwa 7% in ihre alte Heimat zurück, während die Quote nichtjüdischer Rückkehrer circa 32% betrug.[101]

Die Charakterisierung der jüdischen TransmigrantInnen durch die AIU-Akteure in den Transitstaaten hatte großen Einfluss auf die Wahrnehmung der gesamten ‚ostjüdischen' Emigration als Massenflucht. Einschätzungen zur Lage im Krisenjahr finden sich zahlreich in schriftlicher Form auf Flugblättern, Spendenaufrufen und in diversen Zeitungsberichten. In den für diese Arbeit verwendeten Quellen ist von „Auswanderern" und „Emigranten", weitaus häufiger aber von „nothleidenden" „Flüchtlingen" die Rede, die wahlweise als „mittellos", „hilflos" oder als „Jammergestalten" bezeichnet werden. In manchen Artikeln ist von Verletzungen als Folge von Pogromen die Rede. Der Unterton in zeitgenössischen Publikationen, welche die wachsende jüdische Migration thematisierten, war nicht selten alarmistisch und von antirussischen Stereotypen durchzogen: die AuswanderInnen wurden als Opfer von „unmenschlicher Verfolgung", mittelalterlicher „Barbarei" und russischer „Bestien" wahrgenommen. So konnte gegenüber einer uninformierten Leserschaft – und das waren zu Beginn der Krise praktisch alle: sowohl die AIU als auch die deutschen und österreichischen JüdInnen und die nichtjüdische Mehrheitsbevölkerung – leicht der Eindruck entstehen, dass im Sommer 1881 die gesamte russländische jüdische Bevölkerung, um Leib und Leben fürchtend, panisch und buchstäblich unbekleidet über die russländische Westgrenze flüchtete.[102] Dieser medial verbreitete Eindruck einer „Fluth" ‚ostjüdi-

---

[101] Vgl. Yannay Spitzer, Pogroms, Networks, and Migration, S. 19; vgl. Tobias Brinkmann, Migration und Transnationalität S. 14, 28f., 48; vgl. Tony Kushner, The Boys and Girls not from Brazil. From Russia to Rio and Back Again via Southampton and Hamburg, 1878–1880, in: Tobias Brinkmann (Hg.), Points of Passage, S. 148–162 vgl. Simon Kuznets, Immigration of Russian Jews to the United States, S. 60–70; vgl. Lloyd P. Gartner, Jewish Migrants en Route from Europe to North America: Traditions and Realities, in: Jeffrey S. Gurock, American Jewish History, S. 96f.; die Angaben zur Rückkehrer-Quote beruhen auf Statistiken des amerikanischen Zensus, der erst am 1908 erhoben wurde. Die Rückkehrquote österreichisch-ungarischer jüdischer EmigrantInnen lag etwa 1912 mit 19,7% gegenüber 7,6% EmigrantInnen aus dem Zarenreich deutlich höher. Zu den Rückkehrern vgl. den Überblick von Jonathan D. Sana, The Myth of No Return: Jewish Return Migration to Eastern Europe, 1881–1914, in: Jeffrey S. Gurock, American Jewish History, S. 169–182.

[102] Das Attribut „nothleidend" führten viele der Hilfskomitees bereits im Namen, wie das im Juni 1881 gegründete „Comié zur Unterstützung der nothleidenden Juden in Südrußland"; Flugblatt der AIU vom 24.3. 1882, in: SAM, 1194, opis 4, Bd. 8, Bl. 384.; Die russische Emigration in Amerika, a. a. O., S. 559; vgl. die Schilderungen der EmigrantInnen in Leo Goldenstein, Brody und die russisch-jüdische Emigration, 8f.; zit. S. 5; Flugblatt der Gemeinde Memel vom März 1882, in: ebd., opis 4, Bd. 9, Bl. 189; Spendenaufruf jüdischer Honoratioren aus New York vom 1.3.1882, in: ebd., Bl. 169.; zu Verletzungen vgl. In einem Bericht aus Brody, in: Tribüne Nr. 259 (24.5.1882), in: SAM, 1194, opis 1, Bd. 112, Bl. 29

scher' ImmigrantInnen, der vor allem vielen antijüdisch eingestellten Zeitgenossen den Treitschkeschen Ausspruch von „massenhaft über die Ostgrenzen strömenden (...) hosenverkaufenden Jünglingen"[103] zu bestätigen schien, erwies sich zwar als unbegründet, verfestigte jedoch als ‚gefühlte Krise' das Gefühl einer beispiellosen Kalamität und Gefahrensituation. Trotz aller Schwierigkeiten, mit denen die im Entstehen befindliche transnationale Migrationshilfe zwischen Mai 1881 und Mai 1882 zu kämpfen hatte, zählten die AIU und das *Deutsche Central-Comité* im Herbst 1882 ‚lediglich' 25.000 jüdische Personen, die seit April 1881 in Brody registriert worden waren. Das entsprach nur etwa 0,57 % der Gesamtbevölkerung des Ansiedlungsrayons und bedeutete im Vergleich mit späteren Krisenjahren einen Bruchteil der dann migrierenden JüdInnen.[104]

Bei den auf Flugblättern und in Berichten der AIU als „mittellose Flüchtlinge" betitelten Personen, ob in Brody oder anderswo, handelte es sich oft um EmigrantInnen, die zwar aufgrund ihrer bisherigen Lebensumstände arm und teilweise auch in erbärmlichem Zustand die österreichische oder preußische Grenze passierten, von denen aber nicht alle unmittelbare Pogromopfer waren.[105] Dies bestätigen die im Herbst 1881 vom Brodyer Hilfskomitee angefertigten Expeditionslisten, die zwar viele Personen aus Kiew und anderen von Pogromen heimgesuchten Orten auflisten, aber auch einige aus nicht betroffenen Gebieten.[106] Dasselbe galt im zweiten Krisenjahr für TransmigrantInnen aus litauischen und polnischen Gebieten. Im Mai 1882 beschrieb ein Polizeibericht des Grenzkommissars von Eydtkuhnen (heute: Černyševskoje) unter Verweis auf die finanzielle Lage und die geographische Herkunft der EmigrantInnen, es sei

> durchaus falsch, alle diese Auswanderer als durch Verfolgungen geschädigte Flüchtlinge zu bezeichnen (...) nur ein kleiner Theil sind wirklich geschädigte Flüchtlinge.[107]

---

103 Charles Netter an AIU-Zentrale in Paris vom 14.10.1881, in Auszügen abgedruckt in: Friedländer, Fünf Wochen, S. 15; Heinrich von Treitschke, Unsere Aussichten, in: Preußische Jahrbücher, Band 44 (1879), S. 572 f.
104 Vgl. Börries Kuzmany, Jüdische Pogromflüchtlinge, S. 101.
105 Vgl. ebd., S. 98 f.; vgl. Paul Nathan, Vorwort, in: Ostjuden in Deutschland (= Schriften des Arbeiterfürsorgeamtes der jüdischen Organisationen Deutschlands, Heft II), Berlin 1921, S. 6; vgl. Saul Stampfer The Geographical Background of East European Jewish Migration to the United States before World War I., in: Ira A. Glazier, Luigi De Rosa (Hgg.), Migration across Time and Nations: Population Mobility in Historical Contexts, New York/London 1986, S. 220–230; Simon Kuznets, Immigration of Russian Jews to the United States: Background and Structure.
106 Vgl. Liste pour départ du 5 September aus Brody, in: SAM, 1194, opis 2, Bd. 9, Bl. 46 f. und Verzeichnis der durch Wilhelm Mahler nach Amerika beförderten Personen vom 1.9.–20.11.1881, in: ebd., Bl. 136–138.
107 Bericht des Königlichen Grenzkommissars und Polizeiraths Kloss an den Königlichen Ober-Präsidenten Herrn Dr. von Schlickman vom 31.5.1882, in: GStPK, XX. HA Rep. 2, I, Tit. 30, Nr. 34, Bl. 34.

Die Fokussierung der AIU auf die zweifellos hilfsbedürftige Gruppe der Pogromflüchtlinge führte dazu, dass – bis auf wenige Ausnahmen – die zweite und deutlich größere Gruppe der Wirtschaftsflüchtlinge unter die „mittellosen Flüchtlinge" subsummiert wurde. Bei diesen handelte es sich überwiegend um mittelständische und teilweise wohlhabende Personen und Familien, deren Motive gleichfalls sozioökonomisch bedingt und deren endgültige Entscheidung zur Emigration durch die kritische Gesamtlage verursacht worden war. Ihre Anwesenheit in Brody und anderswo bleibt in den Berichten der verschiedenen Hilfskomitees für die „nothleidenden russischen Juden" oft unerwähnt, wohl auch deshalb, weil sie dank eigener Geldmittel oder familiärer Beziehungen in die Zielländer nicht oder nur teilweise auf finanzielle Unterstützung der AIU angewiesen waren.[108] Anfragen von Kaufmannsfamilien aus Kiew oder Odessa an das Berliner Hilfskomitee belegen, dass Angehörige wohlhabenderer Schichten in engem Kontakt mit Repräsentanten der AIU standen und diese ihnen auch abseits des regulären Transit-Prozederes halfen, durch Übernahme der Reisekosten den Großteil ihres Vermögens in die Vereinigten Staaten mitzunehmen. Auch findet in Korrespondenzen der deutschen Hilfskomitees die Tatsache Erwähnung, dass viele der in Gruppen reisenden EmigrantInnen einen Teil, mitunter sogar mehr als die Hälfte des gesamten Fahrtpreises für die Nordatlantikpassage selbst aufbringen konnten, weil sie für ihre Auswanderung Geld gespart oder durch den Verkauf ihrer Besitztümer erworben hatten.[109]

Die Hilfskomitees oder der AIU hatten keineswegs die Absicht, diese Tatsache in ihren Flugblättern und Spendenaufrufen zu verschweigen, um etwa die Spendenbereitschaft anzukurbeln. Erstens stellten nämlich schon die Kosten nur für die „mittellosen" Transmigranten die spendenbasierte Hilfsaktion vor eine gewaltige Aufgabe, und zweitens waren die weniger oder gar nicht „hilfsbedürftigen" Personen in vielen Fällen ebenfalls auf die organisatorischen Ressourcen der AIU angewiesen. Wie alle anderen durchliefen sie das vollständige logistische Prozedere, von der Registrierung über ihre Verköstigung und Unterbringung bis zur Fahrt mit dem Zug und später per Schiff. Beide Gruppen waren auf unterschiedliche Hilfe angewiesen; die Gruppe der Wirtschaftsflüchtlinge zählte finanziell jedoch nicht oder nur teilweise zur Klientel der Unterstützungskomitees der *Alliance*.

Als aufwändig für die AIU erwiesen sich jedoch Folgekosten für die Remigration einiger dieser Personen. AuswanderInnen, die zwar eigenes Geld für die Seepassage besaßen, aber nicht den Kriterien der US-Immigrationsbehörde entsprachen, z.B. ältere und kranke Personen, die nicht arbeiten konnten oder keine Verwandten in

---

108 Vgl. Börries Kuzmany, Jüdische Pogromflüchtlinge, S. 101f.
109 Vgl. Philipp Simon an Salomon Neumann vom 2.1.1882, in: SAM, 1194, opis 2, Bd. 10, Bl. 88f.

New York hatten, mussten auf Kosten des amerikanischen *Board* oder der AIU zurückgeschickt werden. Die IAzW erwähnt, dass während der Krise etwa 8000 Personen „auf eigene Kosten" und gegen den Rat von Hilfskomitees ausgewandert seien.[110]

Um die Größenordnung der hier geschilderten, verschiedenen Gruppen oder „Klassen" von jüdischen Auswanderern zu verstehen, ist ein Blick in die vom *Deutschen Central-Comité* in Berlin angefertigten Statistiken lohnend. Detaillierte Statistiken finden sich leider erst für das Jahr 1891, als im Zuge der Vertreibung der Moskauer Juden die Anzahl russländischer TransmigrantInnen erneut sprunghaft anstieg. Diese Zahlen können jedoch als repräsentativ gelten, um die Anzahl der mit Geld versehenen TransmigrantInnen und die Bedeutung der familiären, bekannt- und freundschaftlichen Netzwerke nach Übersee abzubilden. Zwischen Juni und Dezember 1891, auf dem Höhepunkt der jüdischen Auswanderung von 1891/92, zählte das DCC insgesamt 68.465 jüdische AuswandererInnen, die den Berliner Auswanderungsbahnhof Ruhleben bei Spandau durchliefen. Von diesen mussten allerdings lediglich 12.070 Personen bzw. 17,6 % „vollständig" versorgt werden, der Rest erhielt entweder „Zuschüsse und Verpflegung" oder lediglich „Verpflegung". Für die Schiffspassagen mussten insgesamt 683.300 Mark beziehungsweise 82,3 % der gesamten Kosten (829.800 Mark) aufgewendet werden. Diese Zahlen verdeutlichen, weshalb die spendenfinanzierten Hilfskomitees froh über jede Person waren, die ein Prepaid-Ticket eines amerikanischen Verwandten oder Bürgen vorweisen konnte.[111] Schätzungsweise kann man für den Zeitraum von 1880 bis 1914 von ca. 15 % aller jüdischen Transmigranten ausgehen, die eine „vollständige" Versorgung inklusive Seepassage, Unterkunft, Verköstigung und Bekleidung für die Reise benötigten. Die Unterstützung dieser Personen ohne bestehende Netzwerke beziehungsweise mit wenig oder gar keinem Geld und Habseligkeiten war für die Hilfskomitees und den späteren *Hilfsverein* entsprechend aufwändiger und teurer. Die in den Briefen der Hilfskomitees von 1881 überlieferten Zahlen sind daher kritisch zu betrachten, weil nicht alle dort aufgelisteten Personen eine „vollständige" Unterstützung erhielten – also keine „mittellosen Flüchtlinge" waren.

---

110 Zehnter Jahresbericht der Israelitischen Allianz zu Wien, erstattet in der zehnten ordentlichen General-Versammlung am 24. Mai 1883, Wien 1883, S. VI.
111 Vgl. Rechnungs-Anhang III b) zum Dritten Bericht des Deutschen Central-Komitee für die russischen Juden Ende März 1892, in: SAM, 1194, opis 1, Bd. 32, Bl. 205.

4 Jüdische Solidarität: Die *Alliance Israélite Universelle*

Federführend in der jüdischen philanthropischen Arbeit im Deutschen Reich war vor der Gründung des *Hilfsvereins* die *Alliance Israélite Universelle*, die gemeinsam mit ihren Partnerorganisationen in England, den USA und Österreich den Transit und die Versorgung osteuropäischer JüdInnen organisierte.

Die *Alliance* wurde am 17. Mai 1860 in Paris gegründet und bedeutete einen starken Motivationsschub für die humanitären Bestrebungen des europäischen und amerikanischen Judentums. Anstoß für die Gründung war die Damaskus-Affäre im Jahr 1840, die neue Formen diplomatischen jüdischen Handelns erforderlich machte. Nachdem ein christlicher Mönch von einem muslimischen Attentäter ermordet worden war, lenkte dieser den Verdacht auf die jüdische Bevölkerung Syriens. Dieser Ritualmordvorwurf führte zur Verhaftung und Folterung zahlreicher syrischer Juden, viele von ihnen starben. Durch Proteste in den USA und Europa bestärkt, reisten der englische Unternehmer und Philanthrop Moses Montefiori (1781–1885), der französische Orientalist Salomon Munk (1805–1867) und der Vorsitzende der *Consistoire central des israélites français* Adolphe Crémieux (1786–1880) nach Damaskus und erwirkten dort die Freilassung der jüdischen Gefangenen und die Rücknahme des Ritualmordvorwurfs. Durch diesen diplomatischen Erfolg bestärkt, machten sich führende Vertreter des europäischen Judentums daran, ihre Vorstellungen von einer nichtstaatlichen Weltorganisation zu konkretisieren, die im Falle religiöser Diskriminierung und antisemitischer Anfeindungen politisch intervenieren und die anstatt nationalstaatlicher Prinzipien – da kein jüdischer (Schutz-)Staat existierte – den Leitlinien der Aufklärung und humanistischen Prinzipien folgen sollte.[112]

Die liberale Gründergeneration der *Alliance* um ihren Präsidenten Crémieux und Charles Netter entwarf ein auf den Idealen des liberalen Bürgertums und der humanistisch-republikanischen Tradition Frankreichs beruhendes, modernes Konzept jüdischer Solidarität, das unter dem talmudischen Motto „Alle Juden bürgen füreinander" (*kol Yisra'el 'arevim ze be-ze*) zusammengefasst wurde. Dieses Konzept war für fortschrittliche, republikanische und in den westlichen Gesellschaften akkulturierte jüdische Kreise attraktiv, und ermöglichte es ferner – durch eine Verknüpfung des Solidaritätsgedankens mit dem jüdischen Konzept der „Zedakah" (Wohltätigkeit und Wohlfahrt), traditionelle und religiöse jüdische

---

[112] Vgl. Jonathan Frankel, The Damascus Affair. „Ritual Murder", Politics, and the Jews in 1840, Cambridge 1997; vgl. Markus Kirchhoff, Damaskus, in: Dan Diner (Hg.), Enzyklopädie jüdischer Geschichte und Kultur, Bd. 2, Stuttgart 2012, S. 52–60.

Kreise anzusprechen und in die moderne Philanthropie und Emanzipationsarbeit einzubinden.[113]

Entsprechend der drei klassischen Schritte der Philanthropie – Nothilfe, Vorbeugung und Erziehungsarbeit – formulierte die AIU in ihren Statuten drei grundlegende Prinzipien:

> 1. Ueberall an der Emanzipation und dem moralischen Fortschritt der Juden zu arbeiten. 2. denen, die in ihrer Eigenschaft als Juden leiden, wirksamen Beistand zu leisten. 3. jede zu diesem Zwecke dienliche Publikation zu unterstützen.[114]

Durch ihre moderne Zielsetzung gewann die *Alliance* rasch eine große Popularität, nicht nur in Frankreich, sondern in ganz Europa. Seit ihrer Gründung verstand sie sich als transnationale Organisation und stand in engem Austausch mit Partnerorganisationen in den USA. Am 12. Oktober 1843 hatten zwölf deutsche-jüdische Auswanderer unter der Führung von Henry Jones, einem ehemaligen Hamburger, in New York den *Unabhängigen Orden B'nai B'rith* (U.O.B.B.; „Söhne des Bundes") begründet, der sich als humanistisch-philanthropischer Bund „für Fürsorge und Erziehung zur modernen Kultur unter den Juden" verstand. 1880 hatte der Bund in den USA bereits 25.000 Mitglieder. Als Reaktion auf die „hasserfüllte Sturmflut" der antisemitischen Bewegung in Berlin initiierten die ehemaligen Freimaurer Julius Fenchel, Moritz Jablonski und David Wolff ab Oktober 1880 eine Deutschen Reichsloge, die im März 1882 offiziell gegründet wurde.[115] Schon zuvor hatte sich

---

113 Vgl. Ingo Haar, Jüdische In- und Exklusion, S. 304–306; vgl. Björn Siegel, Österreichisches Judentum zwischen Ost und West, S. 43 ff.; vgl. Rafael Arnold, Das nationale und internationale Engagement französischer Juden, S. 42–50; vgl. Die Alliance Israélite Universelle, in: Jeschurun: ein Monatsblatt zur Förderung jüdischen Geistes und jüdischen Lebens in Haus, Gemeinde und Schule, 10. Jg., Heft 1 (Oktober 1863), S. 23–28; vgl. Carsten L. Wilke, Das deutsch-französische Netzwerk der Alliance Israélite Universelle, 1860–1914. Eine kosmopolitische Utopie im Zeitalter der Nationalismen, in: Frankfurter Judaistische Beiträge, Heft 34, 2007/8, S. 178–180; vgl. Anna Michaelis, Strategien zur Absicherung jüdischer Existenz in Deutschland (1890–1917), Frankfurt/New York 2019, S. 45 ff.; zur Entwicklung der jüdischen Wohlfahrtspflege im Deutschen Reich vgl. Andreas Reinke, Wohltätige Hilfe im Verein. Das soziale Vereinswesen der deutsch-jüdischen Gemeinden im 19. und beginnenden 20. Jahrhundert, in: Juden und Armut in Mittel- und Osteuropa, Köln/Weimar/Wien 2000, S. 209–239.
114 Die Allgemeine Israelitische Allianz. Bericht des Central-Comités über die ersten fünfundzwanzig Jahre 1860–1885, Berlin 1885, S. 5.; vgl. Rafael Arnold, Das nationale und internationale Engagement französischer Juden, S. 53 ff.
115 Vgl. Louis Maretzki, Geschichte des Ordens Bnei Briss in Deutschland 1882–1907, Berlin 1907, S. 5–14, zit. ebd., S. 5, 6.; Rebekka Großmann, Henry-Jones-Loge. Jüdisches Selbstbewusstsein und Aufbruch in die Moderne, in: Hamburger Schlüsseldokumente zur deutsch-jüdischen Geschichte, 23.10.2017 (https://dx.doi.org/10.23691/jgo:article-167.de.v1; 23.9.2020); vgl. Anna Michaelis, Strategien zur Absicherung jüdischer Existenz in Deutschland, S. 52.

1859 in New York der *Board* als Bürgerrechtsorganisation für die amerikanischen Juden gegründet, der sich gleichfalls bei der Unterstützung jüdischer Amerikaim-migrantInnen beteiligte.[116]

Das von der AIU angestrebte ‚universale' Ziel bestand in der rechtlichen und gesellschaftlichen Emanzipation aller in der Diaspora lebenden JüdInnen. Vor allem die Glaubensgeschwister in Ost- und Südeuropa und im Orient sollten von den kulturellen und politischen Errungenschaften Westeuropas profitieren. Die Arbeit für diese kulturelle Modernisierung und Emanzipation stand unter den Schlagwörtern „Einigkeit und Fortschritt" und wurde von der AIU als eine „Arbeit an der Entwickelung der Civilisation selbst" charakterisiert.[117]

Dass die ‚Ostjuden' im Russländischen Reich und den südosteuropäischen Peripherien sowie die JüdInnen im türkischen Orient von den liberalen Eliten des westeuropäischen Judentums als rückständig und „unterentwickelt" angesehen und durch Schulprogramme moderner westlicher Prägung „zivilisiert" werden sollten, ohne unter Umständen auf lokale kulturelle Traditionen Rücksicht zu nehmen, mag heute durchaus als eurozentristische Perspektive gelten. Allerdings überwogen bei den meisten *Alliance*-Mitgliedern Solidarität und humanistische Motive, weswegen eine Analyse der AIU und des *Hilfsvereins* im Nahen Osten als rein kolonialistische Akteure, wie sie von Eli Bar-Chen unternommen wurde[118], zwar viele wichtige Aspekte benennt, jedoch zu teleologisch argumentiert.

Ungeachtet ambivalenter und paternalistischer Einstellungen westlicher AIU-Akteure gegenüber ihren östlichen Glaubensgeschwistern drückten sich im Universalitätsgedanken eine fortschrittliche, optimistische Hoffnung und der Wunsch aus, im Zuge der Emanzipation und der liberalen Reformen des 19. Jahrhunderts, als selbstbewusste und gleichberechtige Staats- und Weltbürger in den (europäischen) Nationalstaaten zu leben. Der Universalismus selbst sollte, da kein jüdischer Nationalstaat existierte, ein Bruderband für alle Juden stiften und auf diesem Wege die Diaspora geistig aufheben. Diese zentrale Funktion der Universalität als wertstiftendes Band im Selbstverständnis der *Alliance*-Mitglieder ist, wie Carsten Wilke

---

116 Vgl. Allan Tarshish, The Board of Delegates of American Israelites (1859–1878), in: Publications of the Jewish Historical Society Vol. 49, No. 1 (September 1959), S. 16–32.
117 Vgl. Wilke, Das deutsch-französische Netzwerk, S. 174 f.; Vgl. Björn Siegel, Österreichisches Judentum zwischen Ost und West, S. 45 ff.; vgl. auch: Die Allgemeine Israelitische Allianz. Bericht des Central-Comités, S. 5; zum Überblick über die Emanzipationsbestrebungen vgl. Friedrich Battenberg, Judenemanzipation im 18. und 19. Jahrhundert, in: Europäische Geschichte Online (EGO), hg. vom Institut für Europäische Geschichte (IEG), Mainz 2010–12–03. (http://www.ieg-ego.eu/battenbergf-2010-de; 2.10. 2020).
118 Vgl. Eli Bar-Chen, Weder Asiaten noch Orientale. Internationale jüdische Organisationen und die Europäisierung „rückständiger" Juden, Würzburg 2005.

dargelegt hat, in der Charakterisierung der AIU als einem „französischen" Verein, häufig vernachlässigt worden.[119] Das wiederum führte in der historischen Forschung dazu, den *Hilfsverein der deutschen Juden* zum „deutschen" Gegensatz der AIU zu erklären, der sich zwar vergleichsweise spät, aber doch als klare Reaktion auf die „französische" Ausrichtung der AIU gegründet habe.[120] Zwar gewann nach dem deutsch-französischen Krieg 1870/71 das diplomatische Gewicht der deutschen Juden an Bedeutung, und auch ein deutsch-französischer Gegensatz existierte im Jahr 1901 zweifellos – innerhalb der Gemeinschaft philanthropisch engagierter deutscher Juden in erster Linie durch die verschobenen politischen und ökonomischen Kräfteverhältnisse zugunsten des Deutschen Reiches im Orient Ende der 1890er Jahre.[121] Dennoch greift die nationalstaatliche Perspektive auf den deutsch-französischen Gegensatz zu kurz und blendet das fruchtbare gemeinsame Wirken im Sinne der geschilderten Universalität zwischen deutschen und französischen Juden zwischen 1860 und 1901 aus.[122] Diese monokausale Betrachtungsweise marginalisiert die langfristige Bedeutung der gemeinsamen AIU-Projekte in den 1870er und 1880er Jahren und übersieht, dass „nationale" Projekte deutscher Juden – wie das *Deutsche Central-Comité* von 1882 – problemlos neben und mit Unterstützung der AIU in Paris, möglich, ja sogar erwünscht waren, und gefördert wurden.

Abseits patriotisch motivierter nationaler Einzelgänge, die in der Wilhelminischen Ära für die Mehrheit der deutschen Juden an Relevanz gewannen, kommt dem „deutsch-französischen Netzwerk"[123] der *Alliance* während der 1870er und 1880er Jahre eine zentrale Bedeutung und Funktion zu. Das lässt sich an den Mitgliedszahlen messen, die von der AIU anlässlich ihres 25jährigen Jubiläums 1885 erstmals publiziert wurden. Das Zentralkomitee der *Alliance* war in Paris angesiedelt, doch hatten sich bis einschließlich 1880 56 weitere, lokale Komitees in

---

119 Vgl. Wilke, Das deutsch-französische Netzwerk, S. 181.; diese „simple" These vom deutsch-französischen Konflikt wurde insbesondere von Zosa Szajkowski in der Forschung verbreitet, vgl. ders., Conflicts in the Alliance Israélite Universelle and the Founding of the Anglo-Jewish Association, the Vienna Allianz and the Hilfsverein, in: Jewish Social Studies 19 (1957), Nr. 1–2, S. 34.; zur Kritik vgl. Carsten L. Wilke, Competitive Advocacy: The Romanian Committee of Berlin and the Alliance Israélite Universelle, 1872–1878, in: Jahrbuch des Simon-Dubnow-Instituts XV (2016), S. 134, 148 f.
120 Vgl. Steven M. Lowenstein, Die Gemeinde, in: ders., Paul Mendes-Flohr, Peter Pulzer, Monika Richarz (Hgg), Deutsch-jüdische Geschichte in der Neuzeit, Bd. 3: Umstrittene Integration 1870–1918, München 1997, S. 149.
121 Christoph Jahr, Paul Nathan, S. 25 f., 168 f.
122 Die französisch-deutsche Kooperation in der AIU funktionierte trotz des deutsch-französischen Krieges weiterhin gut, vgl. Carsten Wilke, Völkerhass und Bruderhand. Ein deutsch-französischer Briefwechsel aus dem Jahr 1871, in: Kalonymos, 11. Jg. (2008), Heft 4, S. 1–5.
123 Wilke, Das deutsch-französische Netzwerk der Alliance Israélite Universelle.

42 Ländern gebildet. Von den insgesamt 30.310 Mitgliedern im Jahr 1885 stammten lediglich 4798 oder 15,7 % aller Mitglieder aus „Frankreich und [seinen] Colonien". Demgegenüber waren 14.528 oder 43,4 % aller Mitglieder in Deutschland ansässig, wovon allein auf Preußen 8.887 bzw. 29,3 % entfielen, also doppelt so viele wie auf ganz Frankreich.[124]

Dieser auf den ersten Blick frappante Unterschied hängt damit zusammen, dass in Frankreich insgesamt weitaus weniger Juden lebten als in Preußen, und erklärt, warum bei einigen deutschen Mitgliedern durchaus früh der Wunsch bestand, als starke und selbstständige, aber gleichberechtigte nationale Filiale zu agieren. Mindestens ebenso bedeutsam für die starke Anziehungskraft der *Alliance* auf Vertreter des deutschen Judentums war allerdings die exponierte geographische Lage Preußens und seine unmittelbare Nachbarschaft zum Russländischen Reich. Preußen beziehungsweise das Deutsche Reich fungierten ebenso wie das österreichische Galizien als logistisches Scharnier für die wachsende Auswanderung russländischer und rumänischer JüdInnen nach Westen. Den jüdischen Gemeinden im deutschen Kaiserreich und Österreich-Ungarn, namentlich jenen auf der kontinentalen Transitroute zwischen Galizien und Hamburg – Brody, Lemberg, Liegnitz, Breslau, Berlin – fiel dabei ein Großteil der organisatorischen und finanziellen Belastung zu, die durch den wachsenden Transit entstanden.

Die Gründung einer eigenständigen, nationalen Filiale der AIU, wie sie 1873 auf Betreiben des liberalen Rabbiners und Gelehrten Adolf Jellinek (1820–1893) und des Philanthropen Joseph Ritter von Wertheimer (1800–1887) in Österreich-Ungarn realisiert worden war, fand in Deutschland vor der Gründung des *Hilfsvereins* im Jahr 1901 nicht statt, ein „Deutsches Büro" der *Alliance* wurde erst 1906 eröffnet.[125] Die *Israelitische Allianz zu Wien* wurde als national eigenständige Organisation von der Pariser Zentrale akzeptiert, da sie „vornehmlich die Verbesserung der Lage der Juden im eigenen Lande" zum Ziel hatte – gemeint waren hier in erster Linie die problematischen Lebensbedingungen im bitterarmen Galizien und die befürchteten Auswirkungen der judenfeindlichen Ausschreitungen im benachbarten Rumänien auf die Lebenssituation der Juden in Österreich. Weil Galizien an das Zarenreich grenzte und 1881 zum Ausgangspunkt für den geplanten organisierten jüdischen Transit von Ost nach West wurde, waren die österreichischen Juden entsprechend stark in die gelenkte jüdische Migration eingebunden. Dieses Ar-

---

124 Hierbei wurden die deutschen Einzelstaaten mitgezählt. Vgl. Die Allgemeine Israelitische Allianz. Bericht des Central-Comités, S. 10–12.
125 Vgl. Björn Siegel, Österreichisches Judentum zwischen Ost und West, S. 65 ff.; vgl. Carsten L. Wilke, Competitive Advocacy, S. 138.

beitsfeld lag in Galizien, war aber langfristig nur in transnationaler Kooperation mit der AIU und später dem *Hilfsverein* zu bewerkstelligen.[126]

Im Deutschen Reich gab es früh Bestrebungen, eine „deutsche Allianz" nach österreichischem Vorbild zu errichten, die jedoch erfolglos blieben. 1867 war mit dem Leiter des Breslauer Rabbinerseminars Zacharias Frankel (1801–1875) der erste Deutsche ins Zentralkomitee der AIU aufgenommen worden; in den folgenden Jahren wuchsen die Mitgliederzahlen in Deutschland rasch an. Im Sommer 1869 unternahmen erstmals einige deutsche Mitglieder um den liberalen Bonner Rabbiner und Gründer der *Allgemeinen Zeitung des Judenthums* Ludwig Philippson (1811–1889) auf dem ersten Gemeindetag in Leipzig 1869 den Versuch, einen „deutschen" Zweig der *Alliance* zu gründen. Diese Autonomiebestrebungen scheiterten jedoch am Widerspruch einflussreicher deutscher *Alliance*-Mitglieder. Auf dem Gemeindetag, der parallel zur ebenfalls in Leipzig tagenden ersten Synode stattfand, wurde der *Deutsch Israelitische Gemeindebund* (DIGB) gegründet, was von vielen *Alliance*-Mitgliedern in den deutschen Ländern und im europäischen Ausland als Affront und sogar als „Akt der Feindseligkeit und Spaltung" aufgefasst wurde. Der Liegnitzer Rabbiner Moritz Landsberg, eine der wichtigsten AIU-Persönlichkeiten in Deutschland, verspottete Philippson und seine Anhänger um Moritz Lazarus, den Präsidenten der Berliner AIU-Filiale, als „Sonderbündler Deutschlands".[127] In den folgenden Jahren wurden er und Lazarus zu innenpolitischen Gegenspielern; während Landsberg Lazarus' Bemühungen um einen deutschen Dachverband wiederholt kritisierte, schloss Lazarus ihn seinerseits von der Teilnahme an humanitären Projekten der Berliner AIU-Filiale aus; zum Beispiel verwehrte er ihm die Teilnahme am 1872 gegründeten *Hilfskomitee für die rumänischen Juden* und erreichte weiterhin, dass Landsberg nicht zur im gleichen Jahr stattfindenden *Alliance*-Konferenz in Brüssel eingeladen wurde.[128]

Einen zweiten Anlauf zur Gründung einer ‚deutschen Allianz' unternahm Moritz Lazarus auf der *Alliance*-Delegierten-Versammlung in Berlin am 9.–11. Dezember 1872. Dort versuchte er gemeinsam mit dem Rechtsanwalt Hermann Makower (1830–1897) – dem späteren Leiter des DCC – und dem Präsidenten des DIGB Samuel Kristeller die Gründung eines innerhalb der AIU unabhängigen aber von der Zielsetzung her identischen „Bunds der deutschen Israeliten" durchzusetzen. Der Plan scheiterte am Widerspruch der überwiegenden Mehrheit der deutschen Mitglieder, darunter Landsbergs. Darauf beschloss die AIU Generalversammlung,

---

126 Vgl. Carsten L. Wilke, Das deutsch-französische Netzwerk, S. 176.
127 Vgl. zur Leipziger Synode und dem ersten Gemeindetag in Leipzig Mathias Berek, Moritz Lazarus. Deutsch-jüdischer Idealismus im 19. Jahrhundert, S. 318–325, zit. ebd. S. 319.; vgl. Carsten Wilke, Das deutsch-französische Netzwerk, S. 182 f.; vgl. ders., Competitive Advocacy, S. 137 f.
128 Vgl. Carsten Wilke, Competitive Advocacy, S. 148–152.

keinen unabhängigen deutschen Zweig der AIU zu gestatten. Die überwiegende Mehrheit der Mitglieder in den deutschen Komitees der AIU hielten eine „bessere Organisation der Einzelverbände für sehr wünschenswerth", die aber unter dem Slogan „Theilung der Arbeit aber unter einheitlicher Leitung" erfolgen sollte und keine ‚deutsche Allianz' beinhaltete. Während der folgenden Jahre wurde der Wunsch nach einer eigenständigen deutschen Organisation von einzelnen Personen wiederholt vorgebracht, wobei neben praktischen auch „deutsch-patriotische" Argumente ins Feld geführt wurden, wie etwa 1885 von dem Dresdner Gemeindevorsitzenden und DIGB-Vorstandsmitglied Emil Lehmann (1829–1898).[129] Die Führungsriege der AIU beharrte demgegenüber jedoch auf dem Standpunkt:

> Die Trennung der allgemeinen (universellen) Allianz in nationale Allianzen (…) würde nur die Kräfte zerstückeln und zerstreuen (…) aber die Allianz findet in der Einheit allein ihre Kraft und ihre moralische Macht.[130]

Im Zuge der Krisenjahre 1881/82 entstand keine eigenständige ‚deutsche Allianz', die mit dem *Hilfsverein* von 1901 vergleichbar gewesen wäre, doch wuchsen durch die Zentralisierung der Hilfskomitees im DCC in Berlin die organisatorische Autonomie und das Selbstbewusstsein gegenüber der AIU-Zentrale in Paris. Bei den Mitgliedern der 1881 vielerorts ins Leben gerufenen Hilfskomitees für russländische JüdInnen, und denen der lokalen AIU-Filialen handelte es sich meist um dieselben Leute. Im Lauf der Krise zeigte sich, dass eine transnationale Hilfsaktion ohne eine eigenständige deutsche Dachorganisation, die spontan, kurzfristig und weitestgehend autonom agieren konnte, nicht durchführbar war. Diese zunächst pragmatische Einsicht gewann im Lauf der folgenden zwei Jahrzehnte angesichts der zunehmenden Auswanderung ost- und südosteuropäischer JüdInnen an Bedeutung, und wurde von den Gründern des *Hilfsvereins* wiederholt als Argument für die Notwendigkeit einer permanenten deutschen Zentralorganisation aufgegriffen. Nach der Gründung des *Hilfsvereins* brachte die AZJ am 31. Mai 1901 einen Beitrag auf ihrer Titelseite unter der Überschrift „Eine deutsche Allianz" und begrüßte die Gründung angesichts der jüngeren Entwicklungen in Russland und Rumänien als längst überfälliges Ergebnis.[131]

1881 und in den Jahren davor waren es jedoch die AIU-Komitees in den preußischen Grenz- und wichtigen Transit-Orten, die sich um die Emigration russländischer JüdInnen kümmerten.

---

[129] Vgl. Carsten Wilke, Das deutsch-jüdische Netzwerk, S. 186; Vgl. Israelitische Wochenschrift für die religiösen und socialen Interessen des Judenthums Nr. 24 (1885) vom 11.6.1885, S. 1.
[130] Die Allgemeine Israelitische Allianz. Bericht des Central-Comités, S. 9f.
[131] AZJ, Jg. 65, Nr. 22 (31.5.1901), S. 1.

5 Jüdische Migration und Transit und deren Organisation 1869–1901

Die mittel-, ost- und südosteuropäischen Juden nahmen wie alle anderen EinwohnerInnen Anteil an der wachsenden sozialen Mobilität. Im Deutschen Reich war die jüdische Urbanisierungsrate enorm. Sie war bedingt durch den sozialen und wirtschaftlichen Aufstieg in der zweiten Hälfte des 19. Jahrhunderts. Um 1900 lebte weniger als ein Drittel der jüdischen EinwohnerInnen auf dem Land.[132] Eine nicht geringe Zahl europäischer JüdInnen entschied sich zur Überseemigration. Bereits zwischen 1820 und 1881 hatten etwa 100.000 JüdInnen aus Deutschland, Österreich, dem Russländischen Reich, Ungarn, Rumänien und Galizien stammend, Europa in Richtung Nordamerika verlassen, die meisten von ihnen in die Vereinigten Staaten. Dort wurden sie zu AkteurInnen in Gesellschaft, Wirtschaft und Politik, übernahmen soziale Verantwortung, erschlossen Land, kauften Häuser, gründeten Geschäfte und schufen Arbeitsplätze im Banken-, Industrie- und Dienstleistungssektor. Diese Erfolgsgeschichte wirkte sich auf die Motivation weiterer ost- und südosteuropäischer Juden zur Auswanderung aus, denen in ihrer angestammten Heimat nahezu alle freien Entfaltungsmöglichkeiten versperrt blieben.[133] Gleichzeitig war, wie bereits erwähnt[134], die Auswanderung nach Übersee „keine Einbahnstraße". Manche AuswanderInnen blieben nur zeitweilig im Ausland, das dort verdiente Kapital investierten sie in ihre Herkunftsländer. Andere waren von den neuen Lebensbedingungen oder sozioökonomischen Umständen enttäuscht und entschieden sich zur Rückkehr.

Der von westeuropäischen und amerikanischen Juden für ihre ost- und südosteuropäischen Glaubensgeschwister organisierte Transit aus dem Zarenreich und Rumänien über das österreichisch-ungarische Galizien und Preußen beziehungsweise ab 1871 durch das Deutsche Reich hatte, als 1901 der *Hilfsverein der deutschen Juden* gegründet wurde, bereits eine lange Tradition, die bis in die 1860er Jahre zurückreichte. In diesem ca. 40jährigen Zeitraum zwischen 1860 und 1900 waren deutsche Juden in transnationaler Kooperation mit europäischen und nordamerikanischen jüdischen Organisationen und unter verschiedenen innen- wie außenpolitischen Umständen, an der Entwicklung und Durchführung der

---

132 Vgl. Tobias Brinkmann, Migration und Transnationalität, S. 18 f.
133 Vgl. ebd., S. 13 ff.; vgl. die ausführlichen Darstellungen über jüdische ImigrantInnen in den USA bei Andrew Godley, Jewish Immigrant Entrepreneurships in New York and London, 1880–1914. Enterprise and Culture, Basingstoke 2001, und Eli Lederhendler, Jewish Immigrants and American Capitalism 1880–1920, New York 2009; vgl. auch Mark Wischnitzer, To dewll in safety. The story of Jewish Migration, Philadelphia 1948, S. 3–8, 18–22.
134 Vgl. Anm. 101.

planmäßigen und geordneten Migration einer immer stärker wachsenden Anzahl osteuropäischer Juden beteiligt. In Preußen wurde die „Migrationshilfe" als Strategie zur Unterstützung der in Osteuropa drangsalierten Juden erstmals 1869 in einem überschaubaren Rahmen geplant und durchgeführt.[135] Weil die Politik in Deutschland und Österreich das Phänomen der jüdischen Emigration finanziell und logistisch als innerjüdische Angelegenheit betrachtete, oblag es den jüdischen Organisationen und Gemeinschaften, sich um die Emigration derjenigen Glaubensgeschwister zu kümmern, die keine eigenen Mittel besaßen.

Viele deutsche Mitglieder der *Alliance* engagierten sich in Auswanderungskomitees in Orten entlang der preußischen Ostgrenze sowie in zentralen Transitstationen wie Berlin, Breslau und Hamburg. Ende der 1860er Jahre begann sich ein transnationales Netz von der AIU nahestehenden Hilfskomitees zu etablieren. Viele Abläufe gestalteten sich anfangs noch sehr provisorisch, häufig sogar chaotisch, die Standards verbesserten sich jedoch im Lauf der folgenden Jahre. Als im Laufe der zweiten Hälfte des 19. Jahrhunderts die Anzahl russländisch-jüdischer EmigrantInnen beständig wuchs, kam das Thema der gelenkten jüdischen Migration auf die Tagesordnung der AIU und der Hilfskomitees. Die wachsende Zahl gerade mittelloser jüdischer EmigrantInnen stellte die europäischen und amerikanischen jüdischen Hilfs- und Wohltätigkeitsorganisationen vor gewaltige finanzielle und logistische Herausforderungen, die während verschiedener Krisenjahre (1881/82, 1891/92, 1903–05) zutage traten. Die Reaktion darauf war eine sukzessive Professionalisierung der jüdischen Migrationshilfe. Anfang der 1880er Jahre kam es zu einer engen Zusammenarbeit der AIU und der Hilfskomitees mit nichtstaatlichen Wirtschaftsakteuren, namentlich mit den expandierenden transatlantischen Schifffahrtsgesellschaften. Die personelle und monetäre Ausstattung der Vertrauensleute in den Häfen und Grenzorten wurden kontinuierlich verbessert. Diese Optimierungen gingen einher mit den Entwicklungen der zunehmenden Gesamtmigration, die eine Modernisierung der Infrastruktur in verkehrs-, unterbringungs- und versorgungstechnischer Hinsicht unumgänglich machte, und von der sowohl jüdische als auch alle anderen Auswanderer profitierten.[136]

---

[135] Vgl. Tobias Brinkmann, Migration und Transnationalität, S. 68f.; vgl. Ingo Haar, Jüdische Zivilgesellschaft und Flüchtlingspolitik, S. 95–97; vgl. Rafael Arnold, Das nationale und internationale Engagement französischer Juden: die Alliance Israélite Universelle, in: Ulrich Wyrwa, Einspruch und Abwehr. Die Reaktion des europäischen Judentums auf die Entstehung des Antisemitismus (1879–1914), Frankfurt/New York 2011, S. 59; vgl. Mark Wischnitzer, From Dewll to Safety, S. 28–36.
[136] Vgl. 1. Erster Geschäftsbericht des Hilfsvereins der deutschen Juden (1901–1902), erstattet der Generalversammlung am 28. Dezember 1902, Berlin 1903, S. 5–7 (im Folgenden: GdHddJ); vgl. David Hamann, Jüdische Selbstorganisation und Abwehrarbeit, S. 4f.

Der 1901 in Berlin gegründete *Hilfsverein der deutschen Juden* stellte den institutionellen Abschluss der deutsch-jüdischen Migrationsfürsorge im Deutschen Kaiserreich dar; er wurde zum zentralen, mit weitaus höheren politischen und finanziellen Ressourcen als seine Vorgänger ausgestatteten, deutschen Dachverband. Der Weg, den der *Hilfsverein* in Hinsicht auf Technik, Leitung, Organisation und Ressourcen in erstaunlich effizienter Weise beschritt, ist zweifellos als Paradigma und Erfolgsstory einer humanitären Nichtregierungsorganisation anzusehen.[137] Für diesen Erfolg waren die Erfahrungen des Krisenjahrs 1881/82 wegweisend: beim ersten größeren, gelenkten jüdischen Transit durch das Deutsche Reich wurden grundlegende Erfahrungen in Aufbau und Leitung einer nationalen, humanitären Organisation gesammelt.[138] Finanzierung, Technik, Abläufe und Arbeitsteilung wurden erprobt und Regelungen festgeschrieben. Junge Mitstreiter, die zwanzig Jahre später zu zentralen Akteuren des *Hilfsvereins* wurden, waren hieran beteiligt, die Mitglieder und Partnervereine des *Hilfsvereins* konnten auf bereits bestehende personelle Ressourcen und einen eingespielten Informationsaustausch zurückgreifen.

Die „Kalamitäten" der Jahre 1881/82 dienten dem *Hilfsverein* als wichtiger Bezugspunkt. Die „Improvisierung von Hilfscomités", schrieb Paul Nathan im Vorwort zum ersten Geschäftsbericht, habe es erschwert, „rechtzeitig und zweckmäßig vorzugehen, wie die Not geboten hätte" und habe sich langfristig als „unzulänglich" erwiesen.[139] Hirsch Hildesheimer, Verleger der *Jüdischen Presse* (JP) und Vorstandsmitglied des *Hilfsvereins*, zog 1903 Bilanz über die langjährige Entwicklung der Migrationshilfe für osteuropäische Juden in Deutschland. Unter Hinweis auf die „Schreckensjahre 1881/82 und 1891/92" bezeichnete er eine schlagkräftige, finanzstarke und effizient geführte „Zentral-Organisation in Deutschland" als strategisch unumgänglich: „Kein Einsichtiger", führte Hildesheimer aus,

> könne der Erkenntnis sich verschließen, daß die Alliance auch mit den reichen Einnahmen, über welche sie verfügt, bei aller der Einsicht, der Erfahrung und Hingebung (...), der unge-

---

137 Zur Entwicklung des Hilfsvereins vgl. David Hamann, Migration organisieren. Paul Nathan und der Hilfsverein der deutschen Juden (1881–1914/18). In: Kalonymos 19 (2016), 2, S. 6–10; vgl. zur Entwicklung anhand der GdHddJ Edmund Burkhard, „Überwindung von Armut durch Bildung". Die Geschichte des Hilfsvereins der deutschen Juden (1901–1938), Siegen/Eiserfeld 2016, S. 17–21 u. 198–223 (online publiziert unter https://dspace.ub.uni-siegen.de/bitstream/ubsi/1012/1/Dissertation_Edmund_Burkhard.pdf; 13.10.2020); vgl. Jost Delbrück, Institut für Rechtspolitik an der Universität Trier (Hgg.), Nichtregierungsorganisationen: Geschichte – Bedeutung Rechtsstatus. Trier, 2003 (Rechtspolitisches Forum 13). (online: http://nbn-resolving.de/urn:nbn:de:0168-ssoar-321699; 29.11.2018).
138 Vgl. Zosa Szajkowski, The European Attitude, S. 131 f.
139 Begründung unserer Organisation, in: 1. GdHddJ, S. 5, 6–7.; vgl. auch Paul Nathan, Der Prozess von Tisza-Eszlár, S. 9.

heuren Summe von Anforderungen, die der vielgestaltige Jammer der Gegenwart an die Gesamtjudenheit stellt und in absehbarer Zukunft stellen wird, nicht zu genügen vermag.[140]

Ausgangspunkt des Transits nach Westen im Krisenjahr 1881/82 war die österreichische Provinz Galizien, die im Zuge der Teilung Polens 1772 an die Habsburgermonarchie gefallen war. In Galizien existierte 1881 mit der ‚Karl-Ludwig-Bahn' eine zentrale Verbindung, die vom russländischen Radziwilow (heute: Radywyliw) ins galizische Brody und von dort weiter über Lemberg nach Krakau führte. Seit dem Frühjahr 1882 emigrierten russländische JüdInnen trotz strenger Grenzkontrollen auch über die preußischen Ostgrenzen. Bedeutende Grenzübergänge beziehungsweise grenznahe Ortschaften in Preußen und wichtige Transitstationen waren die Städte Eydtkuhnen, Tilsit, Memel und Lyck, auf der Transitstrecke von Galizien in Richtung Berlin und Hamburg die schlesische Hauptstadt Breslau und die grenznahen Orte Beuthen und Myslowitz.

Die Migrationshilfe deutscher (und österreichischer) jüdischer Hilfskomitees für russländische JüdInnen im Krisenjahr 1881/82 schloss die Organisation des Transits vom Grenzort bis zum Zielhafen ein. Darunter fiel die Zahlung der Bahnreise und die Ausstattung mit gültigen Schiffspassagen. Zusätzlich erhielten die TransmigrantInnen ein wenig Bargeld in landesüblicher Währung sowie schriftliche Informationen zum Zielland; eine Praxis, die der *Hilfsverein der deutschen Juden* später mit seinen *Correspondenzblättern für jüdische Auswanderung* übernahm und ausbaute.[141] Neben der Registrierung und Weiterleitung der Ankommenden beinhaltete ein wesentlicher Teil der Migrationshilfe, namentlich in Brody und anderen galizischen Grenzorten, grundlegend alltägliche Dinge wie Verpflegung, Bekleidung und Ausstattung, ärztliche und seelsorgerische Betreuung, Unterbringung in Herbergen und Bahnhöfen sowie die Bereitstellung von (koscherem) Essen.[142] Da seit dem Frühjahr 1881 vermehrt arme, hungrige, und mitunter – sofern sie Opfer von Pogromen gewesen waren – traumatisierte JüdInnen in Galizien eintrafen, waren diese alltäglichen Dinge von größter Bedeutung. Sie verschlangen einen Großteil der finanziellen Ressourcen und waren für die HelferInnen nicht selten eine starke seelische Belastung. Zur Bewältigung der vielfältigen Arbeitsfelder im Bereich der Versorgung wurden in den Grenzorten und in Orten auf der kontinentalen Transitstrecke wie Hamburg und Berlin, eigene Komitees zur Beschaffung von Kleidung und Ausrüstung gegründet und häufig

---

[140] 1. GdHddJ (1901), S. 11.
[141] Vgl. 6. GdHddJ (1907), Berlin 1908, S. 117–120.
[142] Vgl. überblickend Tobias Brinkmann, Introduction, in: ders. (Hg.), Points of Passage, S. 1–23; vgl. David Hamann, Migration organisieren, S. 6 f.

wohltätige lokale Vereine eingebunden. Viele Frauen nahmen Anteil an dieser alltäglichen Arbeit; in sogenannten ‚Damencomités' organisiert, übernahmen sie vor Ort häufig die Versorgung der TransmigrantInnen mit Bekleidung und Nahrung und organisierten Unterkünfte.[143]

Bei der Registrierung wurde entschieden, wer weiterreisen durfte und wer „repatriiert" wurde. Als Maßstab dienten die Einreisebestimmungen der US-Immigrationsbehörde. Mit Beginn der Masseneinwanderung wurden die Einreisebedingungen in die Vereinigten Staaten sukzessive verschärft, generell durch die Beschränkung auf junge, arbeitsfähige und gesunde Männer sowie spezifisch und durch xenophobe Einstellungen begünstigte Gesetze wie den 1882 erlassenen „Chinese Exclusion Act".[144]

Die Registrierung der jüdischen TransmigrantInnen erfolgte 1881/82 durch lokale Hilfskomitees oder Vertrauensleute der AIU, später übernahmen Mitarbeiter der Schifffahrtsgesellschaften *Hamburger Packet Actien Gesellschaft* (HAPAG) und des *Bremer Norddeutschen Lloyd* (NDL) die Registrierungen. Als die mit Abstand wichtigsten nichtstaatlichen Kooperationspartner der *Alliance* und des *Hilfsvereins* agierten sie als Mittler zwischen den Hilfsorganisationen und dem Staat. Da die preußischen Behörden zunehmend damit überfordert waren, den aufwändigen und teuren Grenzschutz der langen Ostgrenzen zu gewährleisten, privatisierten sie 1893 de facto die Kontrollen und ermächtigten die Schifffahrtsgesellschaften, die Grenzkontrollen von Ein- und Durchreisenden an der Ostgrenze zu übernehmen. So verschafften sie ihnen eine bedeutende Monopolstellung, weil alle TransmigrantInnen fortan ein Ticket von HAPAG oder Lloyd vorweisen oder erwerben mussten, um die Grenze zu passieren. Den Schifffahrtsgesellschaften oblag auch die Überwachung der medizinischen Untersuchungen in Kontrollstationen, die 1892 nach einer Choleraepidemie in der Lower East Side von New York obligatorisch für die Einreise wurden. Von den Grenzorten fuhren die TransmigrantInnen mit eigens dafür gemieteten Eisenbahnwaggons weiter zu den Ost- und Nordseehäfen.[145]

---

143 S. u. Kap. IV.4.b.
144 Vgl. Aristide R. Zolberg, The Great Wall against China: Responses to the First Immigration Crisis, 1885–1925, in: L. und J. Lucassen, Migration, Migration History, History, Bern 1997, S. 291–315; vgl. Auswanderung der Juden aus Russland. Wichtige Bekanntmachung des Mansion House Committee vom 2.4.1882, in: SAM, 1194, opis 4, Bd. 9, Bl. 198; vgl. Beschlüsse der Commission der Delegierten der Konferenz vom 23/24. April 1882, in: ebd., opis 2, Bd. 3, Bl. 28.
145 Vgl. Tobias Brinkmann, „Travelling with Ballin": The Impact of American Immigration Policies on Jewish Transmigration within Central Europe, 1880–1914, in: International Review of Social History, Bd. 53, Nr. 3 (Dezember 2008), S. 470 ff.; vgl. ders., Migration und Transnationalität, S. 74 f.; vgl. Nicole Kvale-Eilers, Emigrant Trains: Jewish Migration through Prussia and American Remote Control 1880–1914, in: Tobias Brinkmann (Hg.), Points of Passage, S. 47–62; vgl. Frank Caestecker, Torsten Feys, East European Jewish Migrants and Settlers in Belgium, 1880–1914: A Transatlantic

Die prosperierende Stadt Berlin wurde zu einem bedeutenden Durchgangsort und Kristallisationspunkt der Massenauswanderung aus Mittel- Ost- und Südwesteuropa, und damit auch zu einem Scharnier des jüdischen Transits. Das politische Zentrum Preußens und des aufstrebenden deutschen Kaiserreichs bildete die Heimat einer der größten und wohlhabendsten jüdischen Gemeinden Europas. Das Berliner Scheunenviertel war ein Zentrum jüdischen Lebens in Preußen und neben Leipzig einer der wenigen Orte im Reich, in denen sich parallel zum jüdischen Transit vor dem Ersten Weltkrieg JüdInnen aus Osteuropa dauerhaft niederließen.[146] Berlin, Hamburg, New York und andere Transitstädte sahen sich in der Periode der allgemeinen Massenauswanderung einer bislang unbekannten und stetig wachsenden Dimension von DurchwanderInnen gegenüber, deren Beherbergung und Beförderung eine enorme Investition in die Logistik und vorhandenen Verkehrswege erforderte. Berlin fungierte bis 1914 als zentraler Durchgangsort für den Großteil der osteuropäischen Auswanderung insgesamt: sämtliche Eisenbahnlinien, ob aus Schlesien oder Ostpreußen kommend, führten durch die deutsche Hauptstadt. Der Transit der zu Tausenden nach Westen emigrierenden osteuropäischen JüdInnen während der Jahre 1881/82 blieb der deutschen Bevölkerung daher nicht verborgen. Jüdische AuswanderInnen waren ein täglicher Anblick auf den Bahnhöfen der Transitstationen Königsberg, Breslau, Berlin und Hamburg. Da in Berlin die S-Bahn bis 1882 noch nicht durchgehend war, mussten sämtliche jüdische Auswanderer, die von Osten kommend Berlin passierten, am Schlesischen oder dem Lehrter Bahnhof aussteigen und weiter zum Hamburger Bahnhof fahren (oder zu Fuß laufen), sodass die Berliner Bevölkerung täglich mit ihrem Anblick konfrontiert wurde. Dasselbe galt für die Bahnhöfe von Breslau und Hamburg. Nach der Eröffnung der Berliner Stadtbahn 1882 fuhren die DurchwandererInnen bis zum Bahnhof Schlesisches Tor und wurden dort mit Regionalzügen in einen Vorort von Spandau gebracht, wo sie auf den Anschlusszug warten mussten, der vom Hamburger Bahnhof kommend Spandau passierte. Der *Anzeiger für das Havelland* beschrieb am 3. Juni 1882 „das Umsteigen der Auswanderer auf den hiesigen

---

Perspective, in: East European Affairs, 40, Nr. 3 (2010), S. 266 f.; vgl. Christian Reinecke, Infrastrukturen und die Ordnung der Migrationsverhältnisse im Kaiserreich, in: Jochen Oltmer (Hg.), Handbuch Staat und Migration in Deutschland seit dem 17. Jahrhundert, S. 349–253.
146 Vgl. Michael A. Meyer, Auf nach Berlin! Demographische Dichte und schöpferische Vielfalt der Juden in der deutschen Hauptstadt, in: Christina von Braun (Hg.), Was war deutsches Judentum? 1870–1933, Berlin/München/Boston 2015, S. 21–38; vgl. Anne-Christian Saß, Scheunenviertel, in: Dan Diner (Hg.), Enzyklopädie jüdischer Geschichte und Kultur, Band 5, Stuttgart/Weimar 2014, S. 352–358.

Bahnhöfen" als „eine ganz neue Erscheinung".[147] Zur besseren Koordinierung der Abläufe im Verkehrs- und Beförderungsmanagement des zentralen Durchgangsorts Berlin wurde 1891 der Auswandererbahnhof Ruhleben bei Spandau eingerichtet. Fortan blieben die TransmigrantInnen „in gehöriger Entfernung der Stadt" und verschwanden aus dem Blickfeld der Berliner Öffentlichkeit.[148] Diese alltägliche Sichtbarkeit der jüdischen Transmigration zog nicht nur freundliche oder neugierige Blicke auf sich, sondern begünstigte während des Krisenjahrs 1881/82 und in späteren Jahren maßgeblich die antisemitische Propaganda.

Die meisten Schiffe in Richtung der Neuen Welt fuhren von Bremen, Hamburg und Rotterdam, während des Krisenjahrs 1881/82 stachen viele aus Polen, Russland und dem Baltikum stammende Juden auch von Königsberg, Danzig oder Stettin aus in See. Seit Anfang der 1880er Jahre avancierten Bremen und Hamburg zu den bedeutendsten Auswanderungshäfen für EmigrantInnen aus Ost- und Südosteuropa. Mitte der 1890er Jahre stammten 85 % aller in Bremen nach Übersee eingeschifften Passagiere aus nichtdeutschen Territorien. Im Zeitraum zwischen 1880 und 1910 verließen insgesamt zwei Millionen russländische EmigrantInnen Europa über Bremen, etwa die Hälfte von ihnen waren Juden. 1892 eröffneten in Hamburg-Veddel die von der HAPAG betriebenen Auswandererbaracken am Amerika-Kai, um die immer größere Anzahl eintreffender TransmigrantInnen bewältigen zu können, 1902 wurden sie von den modernisierten Auswandererhallen ersetzt. In Bremen fuhren eigens für die EmigrantInnen reservierten Züge in die Abfertigungshallen in Bremerhaven.[149]

---

147 Zit. nach Arne Hengsbach, Station der Europamüden. Die Geschichte des Auswandererbahnhofs Ruhleben, in: Mitteilungen des Vereins für die Geschichte Berlins, 70. Jg. (1974), S. 421 (online: https://www.zlb.de/fileadmin/user_upload/berlin_portal/MVGB/MVGB_1971-1974.pdf; 19.10.2020); vgl. Steven E. Aschheim, Brothers and Strangers, S. 35.
148 Vgl. zur Geschichte des Bahnhofs Ruhleben ebd., S. 420–429; Das Centralblatt der Bauverwaltung, herausgegeben im Ministerium der öffentlichen Arbeiten, XIII. Jg. (1893), Berlin 1893, S. 142–143. (https://digital.zlb.de/viewer/readingmode/14688302_1893/154/; 01.06.2019).
149 Vgl. Nicole Kvale-Eilers, Emigrant trains, S. 73–75; vgl. David Hamann, Von Hamburg in die Welt – Jüdische Auswanderung und der Hilfsverein der deutschen Juden, in: Hamburger Schlüsseldokumente zur deutsch-jüdischen Geschichte, 22.9.2016 (online: https://dx.doi.org/10.23691/jgo:article-159.de.v1; 20.9.2020).; zur jüdischen Auswanderung aus Hamburg vgl. den Überblick von Tobias Brinkmann, Migration, in: ebd. (online: https://juedische-geschichte-online.net/thema/migration; 20.9.2020); vgl. zur Auswanderung aus Bremen auch Martin Schlutow, Das Deutsche Auswandererhaus in Bremerhaven. Abenteuer und Erlebnis als geschichtskulturelles Programm, Berlin 2008; vgl. Katja Wüstenbecker, Von Hamburg nach Amerika, S. 77–102.

6 Die Anfänge des gelenkten jüdischen Transits durch Preußen und das Deutsche Reich vor 1881

Genaue Angaben zur Anzahl der vor 1881 in die USA emigrierten russländischen JüdInnen liegen leider nicht vor. Mark Wischnitzer (1882–1955) schätzte für die Zeit zwischen 1869 bis 1880 die Zahl von ungefähr 30.000 Personen aus russländischen Gebieten. Tobias Brinkmann spricht von „kleineren Gruppen" vorrangig aus den litauischen und polnischen Provinzen. Die Korrespondenzen der *Alliance* bestätigen eine stetige und überschaubare Abwanderung nach Amerika aus den baltischen und polnischen Regionen nahe der preußischen Grenze.[150] Die Existenz von AIU-Filialen in wichtigen preußischen und galizischen Grenz- und Transitstädten seit Ende der 1860er Jahre belegt die stetige Beschäftigung der deutschen *Alliance*-Mitglieder mit den Zuständen jenseits der Grenze, zu denen auch die Auswanderung polnischer und russländischer JüdInnen zählte. Dies schilderte etwa der Leiter der Leipziger AIU-Filiale Jacob Nachod Anfang Juli 1881 gegenüber der AIU-Zentrale in Paris:

> Wir, die wir der Gränze näher, [haben] täglich an den sporadischen Einwanderungen Gelegenheit (…), die Nachtseiten im Leben dieser [polnisch-russländischen] Glaubensbrüder zu studiren.[151]

Die Rolle Leipzigs als Handels- und Messestadt und bedeutsamer regionaler Verkehrsknotenpunkt begünstigte seine Funktion als nahe der österreichischen Grenze gelegener Transit-Ort. Die von Nachod geschilderte „sporadische Einwanderung" war jedoch nur zum Teil und lediglich in der Leipziger Region eine Einwanderung. Die Stadt bildete einen kulturellen, logistischen und ökonomischen Kristallisationspunkt zwischen West und Ost. Seit dem Dreißigjährigen Krieg hatte sich Leipzig zu einer bedeutenden Messestadt und zum zentralen Umschlagplatz für Pelzwaren zwischen dem Russländischen Reich, Österreich und dem Deutschen Reich entwickelt. An diesem prosperierenden Pelzhandel hatten einflussreiche jüdische Familien aus Österreich und Polen Anteil, die sich seit dem 18. Jahrhundert dort niedergelassen hatten. Einer der zentralen Akteure der organisierten jüdischen

---

150 Vgl. Mark Wischnitzer, To dwell in safety, S. 35; Tobias Brinkmann, Migration und Transnationalität, S. 14.
151 Memorandum der Leipziger AIU Filiale an die Alliance Israélite Universelle in Paris, Anfang Juli 1881, S. 4, in: SAM, 1194, opis 4, Bd. 9, Bl. 350.

Auswanderung im Krisenjahr, Hermann Magnus (1834–1888)[152], der zunächst als Schriftleiter des Leipziger Hilfskomitees fungierte und nach dem Tod Nachods dessen Platz übernahm, war Pelzhändler und hatte seine Geburtsstadt Hamburg geschäftsbedingt in Richtung Leipzig verlassen. Weil in der Pelzindustrie die Arbeitsbedingungen äußerst hart waren, wurden häufig jüdische Arbeiter aus Polen und Galizien beschäftigt. Viele von ihnen lebten zeitweilig nahe den Produktionsstätten und waren nicht eingebürgert, aber von den Behörden geduldet. Infolgedessen fand sich im Raum Leipzig nicht nur eine der größten Ansammlungen osteuropäischer JüdInnen im Kaiserreich – 60 % der Gemeindemitglieder waren ausländische Staatsbürger –, sondern es bestanden zudem gute Verbindungen ins Russländische Reich und Österreich.[153] Jenseits dieser Beschäftigungsverhältnisse stellte die beschriebene „Einwanderung" zum überwiegenden Teil einen Transit russländischer und polnischer JüdInnen dar, die das Deutsche Reich in Richtung der Nordseehäfen durchquerten.[154]

Ab den späten 1860er Jahren begannen Akteure der *Alliance*, in zunehmendem Maß über eine gelenkte Emigration ihrer russländischen Glaubensgeschwister nachzudenken. Viele Mitglieder der AIU interpretierten die Reformen Alexanders II. zwar als einen grundlegend optimistisch stimmenden, liberalen Politikwechsel, realisierten jedoch gleichzeitig die rasante Verschlechterung der Lebensumstände sowohl in den ländlichen Gebieten des Ansiedlungsrayons als auch in den expandierenden Industriestädten. Erschwerend für die wohltätige Arbeit kam hinzu, dass die AIU im Zarenreich, anders als in Rumänien, Bulgarien und der Türkei, einem strikten Betätigungs- und Publikationsverbot unterlag. Lediglich über inoffizielle Mittelsmänner waren interne Einblicke zu bekommen, ein Aktivwerden vor Ort war praktisch unmöglich.[155]

1869 brach eine Hungersnot in den westlichen polnisch-russischen Provinzen aus, der unmittelbar eine Typhusepidemie folgte, die unter den von Hunger geschwächten jüdischen EinwohnerInnen viele Opfer forderte. Die Zustände jenseits der preußischen Grenze drohten in eine humanitäre Katastrophe zu münden, ein

---

[152] Zu den Lebensdaten Magnus' vgl. AZJ, Jg. 52, Heft 7 (16.2.1888), S. 108; für weitergehende Informationen zu Hermann Magnus und das Foto seines Grabsteins danke ich der Israelitische Religionsgemeinde Leipzig.
[153] Vgl. Brinkmann, Migration und Transnationalität, S. 65 f.
[154] Vgl. Jochen Oltmer, „Verbotswidrige Einwanderung nach Deutschland": Osteuropäische Juden im Kaiserreich und in der Weimarer Republik, in: Martha Keil, Peter Rauscher, Barbara Staudinger (Hgg.), Neuland – Migration mitteleuropäischer Juden 1850–1920 (Themenheft von Aschkenas. Zeitschrift für Geschichte und Kultur der Juden, 17. 2007, H. 1), Tübingen 2008, S. 98 f.; ders., Staat im Prozess der Aushandlung von Migration, in: ders. (Hg.), Handbuch Staat und Migration in Deutschland seit dem 17. Jahrhundert, Berlin/Boston 2016, S. 14.
[155] Vgl. Carsten L. Wilke, Das deutsch-französische Netzwerk, S. 191.

Ansteigen der jüdisch-russländischen Emigration schien unausweichlich. Schon seit 1868 hatten viele, vor allem aus den Gouvernements Kowno und Wilna stammende JüdInnen ihre Heimat verlassen und die preußische Grenze überschritten, wovon viele ostpreußische Gemeinden unvorbereitet getroffen wurden.[156] Die grenznahe, 30.000 Einwohner umfassende Stadt Memel beispielsweise war trotz ihrer exponierten Lage als Seehandelsstadt von der Ankunft vieler mittelloser, mit Nahrung und Wohnungen zu versorgenden Menschen schnell logistisch überfordert. Dies erklärt sich einerseits aus dem auch Ostpreußen erfassenden sozioökonomischen Strukturwandel. Die Abwanderung der Industrieproduktion durch die wachsende Konkurrenz der Eisenbahn hatte viele Menschen erwerbslos gemacht. Zusätzlich war es in den Jahren 1867/68 zu Versorgungsproblemen infolge einer Missernte gekommen, weshalb die zu versorgende „große Zahl Fremder" aus dem Russländischen Reich eine nicht unproblematische Belastung für die örtliche Bevölkerung darstellte.[157] Auch wusste niemand in Memel, was aus den EmigrantInnen werden sollte, denn es existierten weder Pläne für eine Ansiedlung in Ostpreußen, noch für eine Weiterreise nach Westeuropa oder in die Vereinigten Staaten. Der Memeler Rabbiner Isaak Rülf (1831–1902), der zusammen mit seinem Königsberger Kollegen Isaac Bamberger (1834–1896) bei der Etablierung der ersten Auswanderungskomitees auf preußischem Boden eine wichtige Rolle spielte, wies wiederholt auf die sozialen Missstände in Memel, als auch auf diejenigen der Juden in den an Ostpreußen grenzenden russländischen Provinzen hin. Ludwig Philippson unterstützte Rülfs Bemühungen, indem er der Debatte über die „nothleidenden Juden in Westrußland" einen prominenten Platz in der AZJ einräumte. Dadurch rief er das Thema vielen deutschen JüdInnen ins Bewusstsein und brachte es schließlich auf die Tagesordnung der AIU. Am 7. Mai 1869 publizierte die AZJ einen Brief Rülfs an den Gouverneur der russischen Provinz Kowno, Prinz Michail Alexandrowitsch Obolenski (1821–1886), in dem er die Bemühungen der ostpreußischen Juden für die jüdischen Flüchtlinge aus Russland schilderte. Das grundlegende Problem der russländischen JüdInnen bestand laut Rülf in dem großen emanzipatorischen Gefälle zwischen Preußen und dem Russländischen Reich: „Sobald man die russische Grenze überschritten und sich auf preußischem Boden befindet, ist der Zustand der Israeliten sofort ein anderer". Diese Ungleichheit sei nur durch eine langfristige und systematische Besserung der Zustände der Juden zu ändern, weshalb Rülf für politische Reformen in Gestalt der Einführung der Freizügigkeit und Gewerbefreiheit in Kowno plädierte. Darüber hinaus wandte er sich an das jüdische Hilfskomitee in

---

156 Vgl. Isaak Rülf, Die russischen Juden. Ihre Leidensgeschichte und unsere Rettungsversuche, Memel 1892, S. 14–20.
157 Vgl. ders., Aufruf! Mitbrüder, in: AZJ, 32. Jg., Nr. 6 (4.2.1868), S. 101f., Zit. S. 102.; vgl. Brinkmann, Migration und Transnationalität, S. 68f.

Kowno mit dem Vorschlag, „einen Verein zu bilden, welcher die Auswanderung der Israeliten zum Zwecke habe" – ein Vorschlag, der „mit Freude" quittiert worden sei.[158]

Rülfs Vorschlag wurde während der folgenden Wochen innerhalb von in der *Alliance* organisierten Rabbinern und Gemeindevertretern in Deutschlands sowie mit Vertretern der jüdischen Hilfskomitees in Kowno und St. Petersburg aufgegriffen und intensiv diskutiert. Die Wichtigkeit der Debatte über ein zu schaffendes Hilfswerk für die litauischen Juden zeigte sich darin, dass sie mitunter als Leitartikel in der AZJ[159] erschienen, während parallel die Vorbereitungen zur Ersten Israelitischen Synode und dem Ersten Gemeindetag in Leipzig stattfanden.

6.1 Gelenkte Auswanderung in transnationaler Kooperation: Abraham Treuenfels

Einer dieser Leitartikel beinhaltete eine ausführliche Analyse des Stettiner Rabbiners Abraham Treuenfels (1818–1879)[160], der in seinem Beitrag vom 23. Mai 1869 erstmals die gelenkte Emigration russländischer JüdInnen im größeren Stil organisatorisch und finanziell skizzierte.[161] Er bekräftigte Rülfs Idee eines Auswanderungsvereins in Kowno, ging aber noch einen Schritt weiter. Da seiner Ansicht nach wegen der bestehenden Repressionen eine Ansiedlung innerhalb des Russländischen Reiches aussichtslos war und auch Palästina, das als Zielland zwar wünschenswert erschien, aber wegen mangelnder Infrastruktur als unrealisierbar ausschied, forderte Treuenfels stattdessen, die Emigration nach Amerika zu forcieren. Diese „organisierte Auswanderung, und zwar in möglichst großem Maßstabe als das alleinige Rettungsmittel, als ein Axiom in dieser drängenden Angele-

---

158 Vgl. Wie ist den nothleidenden Juden in Westrußland zu helfen?, in: AZJ, Jg. 33, Nr. 21 (25.5.1869), S. 406f., zit. ebd.
159 Vgl. Artikelreihe „Wie ist den nothleidenden Juden in Westrußland zu helfen?" I–VI. Die Beiträge stammten (I) von Philipp Simon aus Hamburg, vgl. AZJ, Jg. 33, Nr. 20 (18.5.1869), S. 390f., (II) und (IV) von Isaak Rülf, vgl. AZJ, Jg. 33, Nr. 21 (25.5.1869), S. 407f u. Nr. 24 (15.6.1869), S. 469f., (III) von Abraham Treuenfels, vgl. AZJ, 33. Jg., Nr. 22 (1.6.1869), (V) von einem Bericht der „P.Z.": Aus Westrußland, in: ebd., S. 476, (VI) „Wie den nothleidenden Juden in Westrußland zu helfen sei?", in: AZJ, Jg. 33, S. 535–537.
160 Vgl. Artikel Treuenfels, Abraham Dr., in: Michael Brocke, Julius Carlebach (Hg.), Biographisches Handbuch der Rabbiner, Teil 1, Die Rabbiner der Emanzipationszeit in den deutschen, böhmischen und großpolnischen Ländern 1781–1871, München 2004, S. 864f. (online bereitgestellt vom Steinheim-Institut unter http://www.steinheim-institut.de:50580/cgi-bin/bhr?id=1793 (10.4.2018).
161 Vgl. Abraham Treuenfels: Wie ist den nothleidenden Juden in Westrußland zu helfen? III., in: AZJ, Jg. 33 Nr. 22 (1.6.1869), S. 425–227.

genheit" bezifferte er auf eine Größenordnung von 10.000–50.000 jüdische Personen, die nach Amerika zu bringen seien.[162] Es waren vorrangig die von ihm als katastrophal beschriebenen Zustände in seiner Heimatstadt Stettin, die Treuenfels zu dieser Einschätzung veranlassten. Als regionaler Verkehrsknotenpunkt von Ostsee-Linienschiffen und Eisenbahnen nach Westen war die pommersche Hauptstadt zum Transit-Ort für fast sämtliche russländische JüdInnen geworden, die von der Grenze kommend Ostpreußen nach Westen passierten. Die Stadt sei sogar, so Treuenfels,

> Gott verzeihe das harte Wort (...,) die Einfallpforte nach Deutschland (...) „90% aller russischen Juden, welche, von Riga bis zur Narew hinunter, also aus den Gegenden des Hungers herstammen, sich bettelnd in Deutschland herumtreiben, ziellos, oder um nach Amerika zu gelangen, sie sind zunächst und meisten von allem entblößt, nach Stettin gekommen.[163]

Die Ankunft so vieler armer russländischer AuswanderInnen war unter anderem auf Mitarbeiter der Schiffslinien zwischen Königsberg, Memel und Stettin zurückzuführen. Sie gewährten den in Memel und Königsberg ankommenden AuswanderInnen häufig für einen geringen Preis von 2–3 Talern, aus Mitleid manchmal auch umsonst, eine Passage nach Stettin und überließen sie dort ihrem Schicksal, beziehungsweise dem Wohlwollen der jüdischen Gemeinde. Dadurch, so Treuenfels, verlören die Auswanderer ihre ohnehin geringen finanziellen Mittel sinnlos, während zugleich die Ressourcen der jüdischen Gemeinden beziehungsweise der Kommunen wegen der Plan- und Perspektivlosigkeit der gestrandeten Menschen in überhöhtem Maße in Anspruch genommen würden. Daher plädierte er für eine geregelte Auswanderung: „Der eigenen Initiative der Unglücklichen dürfen wir die Auswanderung nicht überlassen (...), das ist für sie der verkehrteste, für uns der kostspieligste Weg".[164] Um ihnen für ihr späteres Leben in Amerika eine Existenzgrundlage zu schaffen, sei es außerdem notwendig, einigen Emigranten Ausbildungsmöglichkeiten zu verschaffen.

Als Route für die Auswanderung visierte Treuenfels die Strecke Königsberg – Kopenhagen – Liverpool – New York an, die mit eigens zu diesem Zweck gecharterten Segelschiffen regelmäßig befahren werden sollte. Basierend auf seinen Kenntnissen der Preise für Überseepassagen ab Stettin veranschlagte er Kosten in Höhe von 23 Talern pro Kopf bzw. 100 Talern pro Familie. Ebenso kalkuliert er produktive Synergieeffekte mit ein, d. h. die Wirkung der Kettenmigration, dass nämlich erstens die wirtschaftlichen Erfolge einzelner AuswanderInnen in den USA

---

162 Vgl. ebd., S. 425.
163 Ebd., S. 426.
164 Ebd., S. 425.

weitere in Russland verbliebene Juden zu einer organisierten Auswanderung anspornen, und zweitens die Investitionen erfolgreicher US-ImmigrantInnen in die Auswanderungsorganisation diese langfristig sichern würden.[165]

Seine skizzierte Organisation verstand Treuenfels als Diskussionsgrundlage – „Detaillierte Pläne sind jetzt noch nicht am Platze"[166]–, leistete jedoch Pionierarbeit und griff in vielen Punkten dem Aufbau und den Regularien des 1882 gegründeten *Deutschen Central-Comités* und denen des über 30 Jahre später ins Leben gerufenen *Hilfsvereins* voraus.[167] Unter internationaler Beteiligung der *Alliance* und der nationalen jüdischen Dachorganisationen in England und den USA sollten zur Durchführung des Transits durch Deutschland zwei arbeitsteilige Haupt-Komitees gebildet werden:

> 1) Es werde ein Haupt-Comité für die Auswanderung, für die Sammlung der Gelder, die Ausmittlung der geeignetsten Transportwege etc. eingesetzt. Der Sitz natürlich in einer Seestadt, am besten wäre freilich London, doch da mit den Engländern nicht so schnell fertig zu werden ist, so schlagen wir Hamburg vor.
>
> 2) Ein Haupt-Comité nahe der russischen Grenze, als Agentur für die Auswanderer. Es müßten in der Regel nur Familien befördert werden, um das schmähliche Sitzenlassen von Weib und Kind, (…) diesen Schandfleck, nicht aufkommen zu lassen. Nur gesunde Leute in kräftigem Alter dürfen angenommen werden. Die Auswanderung in gehörigen Transporten, daß Einer den Andern mitziehe; mögen die Leute ihre [gesamte Gemeinde; D.H.] mitnehmen, damit sie sich nicht verlassen fühlen, auch auf der Fahrt etwaiger Rohheiten eher erwehren können.[168]

Dieser rohe Entwurf eines transnationalen Auswanderungshilfswerks umfasst die Arbeitsteilung einer leitenden, Gelder sammelnden Zentrale und einer Gruppe an verschiedenen Orten in Lokalkomitees aktiver Freiwilliger. Die von Treuenfels ins Spiel gebrachte „Agentur für Auswanderer" wurde in dieser Form erst 35 Jahre später vom *Hilfsverein* umgesetzt, der 1904 mit dem *Centralbuerau für jüdische Auswanderungsangelegenheiten* eine dauerhafte Einrichtung schuf, die mit den spezifischen Belangen der AuswanderInnen, etwa Beratung über potentielle Zielländer und weiteren Informationen wie Reisekosten und -wege, Sprachkenntnisse und andere Belange, betraut wurde.[169]

Auch bei der Finanzierung der Organisation gingen Treuenfels' Pläne über eine auf kurze Zeit befristeten Hilfsaktion hinaus. Er forderte, auf kurzfristige Kollekten

---

165 Vgl. ebd., S. 426.
166 Ebd., S. 427.
167 Vgl. Mark Wischnitzer, To dewll in safety, S. 30.
168 Abraham Treuenfels: Wie ist den nothleidenden Juden in Westrußland zu helfen? III., S. 427.
169 Vgl. zur Gründung des Bureaus 3. GdHddJ, Berlin 1905, S. 38–41, zur detaillierten Tätigkeitsbeschreibung und verschiedenen Aufgabenfeldern 4. GdHddJ, Berlin 1906, S. 78–87.

zu verzichten; stattdessen sollten sich die großen und mittelgroßen jüdischen Gemeinden Deutschlands sowie die Komitees der AIU und die Gemeinden Englands und Hollands, zu regelmäßigen Beitragszahlungen verpflichten, um einen 3–5jährigen Etat für die Organisation zur Verfügung zu haben. Er rechnet vor, dass bei einem Beitrag eines Silbergroschen pro Kopf und Jahr insgesamt etwa 10.000 Taler Jahresetat zusammenkämen.[170]

In eine ähnliche Richtung wie Treuenfels argumentierte der Hamburger Kaufmann Philipp Simon, Leiter des Handlungshauses *Simon May & Co*, der das Hamburger *Comité zur Unterstützung der Juden in West-Rußland* ins Leben gerufen hatte und in den Krisenjahren 1881/82 Leiter der Hamburger AIU-Filiale und Gemeindesekretär war. Auch er befürwortete eine strukturierte gelenkte Auswanderung:

> Seit Jahren, ja, wir können sagen seit Jahrzehnten, lange bevor dieses Unheil in seiner ganzen Ausdehnung an's Licht getreten, haben wir immer und immer gesagt, daß nur die Auswanderung eines beträchtlichen Theiles jener Juden (...) Abhülfe für die materielle und geistige Noth derselben zu bringen vermöge.[171]

Nur eine „große und organisierte Vereinigung", deren Realisierung Simon allerdings nicht in der AIU, sondern mehr in der bevorstehenden Gründung des *Deutsch-Israelitischen Gemeindebundes* realisiert sah, an welcher er als Hamburger Vertreter im Juni 1869 beteiligt war, könne diesen Kraftakt stemmen.[172]

6.2 Die Konferenz von 1869 und das Königsberger *Haupt-Grenz-Comité*

Die Diskussionen, Überlegungen und Planungen in Richtung einer Organisation für die gelenkte Auswanderung wurden im Herbst 1869 schnell von der Realität überholt. Eine Auswanderung über die grüne Grenze war längst im Gange. Viele dieser EmigrantInnen nahmen die Unterstützung lokaler deutscher *Alliance*- oder Hilfskomitees in Anspruch. Diese verfügten jedoch häufig weder über genügend finanzielle Mittel noch waren sie ausreichend mit anderen Filialen koordiniert oder über die Gesamtlage im Bild, weshalb die Unterstützung oft kurzfristig und unkoordiniert war. Diesen Umstand beklagte der Hamburger Gemeindesekretär Philipp Si-

---

[170] Vgl. Abraham Treuenfels: Wie ist den nothleidenden Juden in Westrußland zu helfen? III., S. 427.
[171] AZJ, Jg. 33, Nr. 20 (18.5.1869), S. 390 f.,
[172] Ebd.; vgl. zu den Lebensdaten Philipp Simons den Grabstein auf dem Jüdischen Friedhof Ohlsdorf (https://billiongraves.com/grave/Philipp-Simon/6631842; 11.12.2018); vgl. AZJ, Jg. 50, H. 1 (1.1. 1886), S. 12.

mon nur kurz nach der Konferenz in einem Brief an Moritz Lazarus. Er bat dringend um 250 Mark Sofortunterstützung und beschrieb die Notlage von insgesamt 14 jungen, „westrussischen" Männern, „armen Auswanderern", die „nichts [mehr] als das nackte Leben" besäßen. Sie seien vom Leipziger Auswanderungs-Comité zu einem in Hamburg noch gar nicht existierendem „westpreußische Auswanderungs-Comittee" geleitet worden, müssten nun aber seit Wochen auf Kosten der Gemeinde versorgt werden und bei Gemeindemitgliedern wohnen, weil weder Geld für Verpflegung und Unterkunft vorhanden noch für die Weiterreise nach New York gesorgt sei.[173]

Angesichts der zunehmenden Not und einer zu erwartenden Auswanderung geriet die *Alliance* unter Zugzwang, kurzfristig realisierbare Maßnahmen zu ergreifen. Am 11. Oktober 1869 kamen vierzig Repräsentanten der *Alliance* in Berlin zu einer Krisensitzung zusammen.[174] Auf der Konferenz waren die wichtigsten Vertreter aus Frankreich und den deutschen Staaten vertreten: Neben dem vollständigen Pariser AIU-Zentralkomitee unter Führung von Crémieux waren die Vertreter der *Alliance*-Comités aus Berlin, Königsberg, Köln, Stettin, Leipzig, Memel und Liegnitz anwesend. Den Vorsitz führte der Präsident des Berliner *Alliance*-Komitees Moritz Lazarus. Die Versammlung wählte einen Ausschuss, der weitere Details erörtern sollte und dem Crémieux, Narcisse Leven (1833–1915), Lazarus und Salomon Neumann sowie die Rabbiner der Grenzstädte Memel, Liegnitz und Stettin, Isaak Rülf, Moritz Landsberg und Abraham Treuenfels angehörten.[175]

Als Ergebnis der Berliner Konferenz wurde erstmals die planmäßige Emigration nach Amerika als Prinzip der Hilfe für russländische Juden festgeschrieben und „eine Organisation der Auswanderung" geplant. Zwar bemühten sich die Teilnehmer in ihrer Abschlusserklärung, eine politische Lösung anzustreben, d. h. auf eine großzügigere Freizügigkeit für russländische jüdische Untertanen, die Einführung der allgemeinen Schulpflicht und bessere Ausbildungsmöglichkeiten hinzuwirken. Doch waren sie realistisch genug zu erkennen, dass die Möglichkeiten einer Ansiedlung außerhalb des Ansiedlungsrayons durch die russländischen Gesetze streng limitiert und kaum revidierbar war. Ebenfalls offensichtlich war, dass jeglicher angestrebte Versuch, durch Bitten oder Petitionen an die zaristische Re-

---

173 Philipp Simon an Moritz Lazarus vom 22.10.1869, in: SAM, 1194, opis 2, Bd. 4, Bl. 17.
174 Vgl. Protokoll der Sitzung in Berlin vom 11.10.1869, in: SAM, Bestand 1194, opis 2, Bd. 4, Bl. 2–9; vgl. Carsten L. Wilke, Das deutsch-französische Netzwerk, S. 183; vgl. Ismar Schorsch, Jewish Reactions to German Anti-Semitism (= Columbia University Studies in Jewish History, Culture, and Institutions 3), New York 1972, S. 25f.
175 Vgl. Protokoll der Sitzung in Berlin vom 11.10.1869/ Liste der Mitglieder der von der Versammlung gewählten Kommission, in: SAM, 1194, opis 2, Bd. 4, Bl. 4.

gierung, eine „Aufhebung oder Milderung der beschränkenden Bestimmungen zu erlangen", gering, wenn nicht utopisch war.[176]

Übrig blieb als kurzfristig realisierbare und langfristig ausbaubare Option die gelenkte Auswanderung. Unter dem Dach und mit Geldern der *Alliance* und in Kooperation mit dem amerikanischen *Board* sollte „eine kleine Anzahl russischer Familien" nach Amerika auswandern, um dort ihr Glück zu machen. Nach ihrer Niederlassung und einer zu erwartenden positiven Entwicklung, würden diese Familien wiederum als Motivation und „Anziehungspunkt" für die in Russland verbliebenen Juden fungieren. Auf diese Weise sollte langfristig eine systematische, „dauernde Auswanderung" in die USA in Gang gesetzt werden. Von amerikanischer Seite wurde dieses Vorhaben von den beiden bekannten Rechtsanwälten Simon Wolf (1836–1923) und Benjamin Franklin Peixotto (1824–1890) unterstützt. Letzterer ging ein Jahr darauf als amerikanischer Konsul nach Bukarest, wo er in engem Austausch mit der AIU stand und Pläne für die Einwanderung rumänischer Juden in die USA entwarf.[177] Mark Wischnitzer, späterer Vorsitzender des *Hilfsvereins*, bezeichnete die Berliner Konferenz von 1869 im Jahr 1948 rückblickend als den Türöffner zur gelenkten Kettenmigration.[178]

Zur Durchführung der gelenkten Auswanderung über Ostpreußen nach New York wurde unter der Leitung von Isaac Bamberger und in Königsberg das *Haupt-Grenz-Comité* ins Leben gerufen, das mit allen Fragen des jüdischen Transits durch Preußen und das Deutsche Reich betraut wurde. Dieses Komitee, das in stetigem und engem Kontakt mit dem russisch-jüdischen Provinzialkomitee in Kowno sowie den grenznahen, ostpreußischen Lokalkomitees in den Städten Memel, Tilsit und

---

176 Vgl. Plan zur Organisation der den russischen Juden zu leistenden Hilfe, dargelegt in der zu Berlin auf den 14. October 1869 anberaumten Generalversammlung der Alliance israelite universelle, in: SAM, 1194, opis 2, Bd. 4, Bl. 11; vgl. Protokoll der Sitzung in Berlin vom 11.10.1869, S. 3–4, 9, in: a. a. O., Bl. 6 f., 9. Besonders der liberale Leipziger Rabbiner Abraham Meyer Goldschmidt (1812–1889) und sein Dresdner Kollege Wolf Landau (1811–1886) sprachen sich neben der Errichtung von Elementar- und Handwerkerschulen für die Amerikaauswanderung als beste Option des Hilfswerks aus, vgl. ebd., Bl. 3.
177 Vgl. Esther L. Panitz, The Polarity of American Jewish Attitutes towards Immigration (1870–1891). A Chapter in American Socio-Economic History, in: American Jewish Historical Quaterly, Vol. 53, No. 2 (December 1963), S. 105; vgl. dies., Simon Wolf: Private Conscience and Public Image, London/Toronto 1987, S. 38–41; Die Israelitische Allianz. Bericht des Central-Comités, 1885, S. 27.
178 vgl. Mark Wischnitzer, To dwell in safety, S. 31; vgl. David L. Langenberg, The Kovno Conference in 1869, in: Landsmen. Quarterly Publication of the Suwalk-Lomza Interest Group for Jewish Genealogists 5, Nr. 2–3 (1995), S. 20–22.; zur Bedeutung der Konferenz siehe auch Ingo Haar, Jüdische Zivilgesellschaft und Flüchtlingspolitik, S. 96 f. und Carl Henrik Carlsson, Immigrants or Transmigrants) Eastern European Jews in Sweden, 1860–1914, in: Tobias Brinkmann, Points of Passage, S. 53 f.

Lyck stand, bildete den Auftakt der von deutschen Juden national und international planmäßig organisierten Emigration für russländische Juden in die Vereinigten Staaten. Bis zum März 1870 wurden 150 Personen „aus Westrussland" nach Kolberg gebracht und dort mit den „nötigen Reiseutensilien, Kleidungsstücken etc. versehen"; sie fuhren per Schiff weiter nach New York. Die Kosten für die Schiffspassage übernahm ein Hamburger Komitee unter Leitung des Rechtsanwalts John Israel (1833–1898), Philipp Simon und W.M. Wolf. Am 23. März trafen die 150 AuswanderInnen in Berlin ein und wurden dort mit einer anderen, etwa 130 Personen zählenden Gruppe vereinigt, die kurz vorher ebenfalls vom Königsberger Komitee geschickt worden war. Die von Treuenfels herausgegebene *Israelitische Wochen-Schrift für die religiösen und socialen Interessen des Judenthums* berichtete über den Aufenthalt der EmigrantInnen in der Hauptstadt:

> Sie wurden auf Veranlassung des hiesigen Comités der Alliance Israélite auf dem Bahnhofe in Empfang genommen, mit Kaffe und Brot bewirtet und nach dem Hamburger Bahnhofe befördert. Besondere Coupees waren für die Auswanderer bestellt, auch Geldspenden unter dieselben vertheilt. Herr Professor Lazarus, Herr Dr. Neumann und dessen Bruder[179] waren persönlich anwesend. Letzterer vertheilte Cigarren unter die ein neues Vaterland Suchenden.[180]

Die Transatlantikpassagen der Auswanderer wurden von der *National Steam Ship Company* (*National-Linie*) durchgeführt, die von Stettin über Liverpool nach New York fuhr. Weil in Liverpool häufig längere Wartezeiten auftraten, wurden durch den dortigen Vertreter der Linie C. Messing Vorkehrungen getroffen, „eine vollständige Koscherküche und Beköstigung auf den Schiffen einzurichten". Durch den Ausbruch des deutsch-französischen Krieges im Juli 1870 kamen diese Vorbereitungen vorerst zum Erliegen, scheinen danach allerdings wieder aufgenommen worden zu sein. Eine Notiz von 1874 berichtet von einer „Anzahl israelitischer Auswanderer, zumeist Polen", die kurz vor dem Pessachfest von Liverpool abfuhren und die Feierlichkeiten auf hoher See verbringen mussten. Daher erhielten sie in Liverpool vor der Abfahrt Mazoth und dazu das Versprechen, „daß die religiösen Vorschriften (...) auf dem Schiffe vollständig beachtet würden".[181]

Neben dem *Haupt-Grenz-Comité* in Königsberg wurden vier weitere Komitees gegründet, eines ebenfalls in Königsberg und drei weitere in Posen, Köln und dem grenznahen Memel. Diese hatten die Aufgabe, russländische Waisenkinder bei jü-

---

179 Jehuda bzw. Julius Neumann (1818–1882), Zigarrenfabrikant in Berlin.
180 Vgl. Israelitische Wochen-Schrift für die religiösen und socialen Interessen der Juden, Jg. 1, Nr. 13 (30.3.1870), S. 114, zit. ebd.; vgl. ebd. Jg. 5, Nr. 17 (23.4.1874), S. 136.
181 vgl. Israelitische Wochen-Schrift für die religiösen und socialen Interessen der Juden, Jg. 5, Nr. 19 (7.5.1874), S. 154 f., ebd.

dischen Familien in Westeuropa unterzubringen und jungen Auswanderern Ausbildungsmöglichkeiten zu eröffnen. Bamberger beschrieb den Aufbau des Hilfswerks als schwierig, weil

> es galt, die Organisation eines Werkes zu schaffen, bei dem wir ohne jegliches Vorbild und ohne alle Vorarbeiten erst an der Hand nicht immer erfreuliche Erfahrungen zur Sicherheit und Zweckmäßigkeit des einzuschlagenden Weges gelangen konnten.[182]

Ein Problem betraf die medizinische Vorsorge und die Angst vor der Einschleppung der Cholera nach Preußen. Salomon Neumann, der als Arzt und Mitglied der Berliner Stadtverordnetenversammlung gemeinsam mit dem Mediziner Rudolf Virchow (1821–1902) an Maßnahmen zur Vorbeugung von Choleraepidemien in Berlin arbeitete[183], legte dem H.G.C. nahe, dahingehend unbedingt Vorsorge zu treffen. Das H.G.C. versicherte ihm darauf, „daß bei der Einschiffung in die Waggons mit aller möglichen Vorsicht gefahren" und eine Quarantäne von 6–8 Tagen sowie „wiederholentliche Untersuchungen" für TransmigrantInnen aus Choleragebieten eingehalten werde.[184]

Bis Ende 1870 emigrierten insgesamt 675 Personen mithilfe des *Haupt-Grenz-Comités*, bis Ende Juni 1872 weitere 109, für 1873 zählte die AIU insgesamt 800 Personen, die in die USA verschifft worden waren. Die überwiegende Anzahl der EmigrantInnen gingen nach New York, einige wenige wanderten auch nach Schweden, England, Frankreich und in das Osmanische Reich aus.[185] Im Jahr 1873 wurden parallel zum gelenkten Transit 300 Waisenkinder in verschiedenen deutschen jüdischen Gemeinden oder bei Einzelpersonen untergebracht. Seit seinem Bestehen vermittelte das H.G.C. die meisten der Waisen nach Paris, Köln sowie in weitere deutsche und französische Städte. Bis in den Sommer 1870 erhielten 136 Jugendliche die Möglichkeit einer Schul- oder Berufsausbildung; die meisten von ihnen begannen Handwerkerlehren in Berlin, Memel und Königsberg, 19 nahmen ein Studium auf. Auch einige Frauen waren unter ihnen. Zwei erhielten jeweils in Memel und Königsberg eine Ausbildungsstelle in „weibl. Handarbeit", drei erlernten in Berlin den Hebammenberuf. Wie Isaak Rülf betonte, hat „selbst der deutsch-

---

[182] Erster Verwaltungsbericht des Haupt-Grenz-Comité's zu Königsberg i. Pr. für Beseitigung der Nothstände unter den Israeliten West-Rußlands, Königsberg 1870, S. 4.
[183] Zu Salomon Neumann vgl. Kapitel III, 3.
[184] Simsohn (Haupt-Grenz-Komitee) an Salomon Neumann vom 2.8.1872, in: SAM, 675, opis 1, Bd. 360, Bl. 19, 20.
[185] Die Allgemeine Israelitische Allianz. Bericht des Central-Comités, S. 27.; vgl. Erster Verwaltungsbericht des Haupt-Grenz-Comité's zu Königsberg i. Pr., S. 3 f.; vgl. Isaac Bamberger an Salomon Neumann vom 4.6.1872 und Liste „mit Vermittlung des Berliner Local-Comités befördert von hier [Königsberg; D.H.] aus", in: SAM, 675, opis 1, Bd. 360, Bl. 13 f.

französische Krieg (...) das Werk nicht unterbrochen; eine Anzahl dieser Handwerkerlehrlinge hat die Belagerung von Paris überstanden."[186] Bis Ende 1873 nahm das H.G.C. 12.592 Taler an Zuschüssen und Spenden ein, der Anteil der AIU-Zentrale daran betrug etwa ein Viertel. Auch das AIU-Komitee in Leipzig steuerte Gelder bei. Ungefähr die Hälfte des Etats wurde für die Stipendien der SchülerInnen und Handwerker ausgegeben, für die Auswanderung wurden insgesamt 1817 Taler veranschlagt.[187]

Das *Haupt-Grenz-Comité* bestand zunächst für fünf Jahre: 1874 waren die von der Pariser AIU für die Auswanderung bestimmten Gelder aufgebraucht und der Versuch, auf einer Konferenz in Berlin im April desselben Jahres den Fortbestand der Finanzierung zu sichern, scheiterte. Fortan fungierte das *Haupt-Grenz-Komitee* als eine deutsche Einrichtung der AIU in Königsberg, die mit der Hilfe der *Alliance*-Filialen in Königsberg, Berlin, Frankfurt a. M., Stettin und Memel unterhalten wurde und sich in der Hauptsache auf die Ausbildung von jüdischen EmigrantInnen aus Russland beschränkte. Die Elementar- und Handwerkerschulen in Königsberg und Memel bestanden fort.[188]

Die Konferenz von 1869 und ihre Folgen, nämlich die erstmalige international koordinierte, gelenkte jüdische Auswanderung nach Amerika, wirken im Vergleich zu späteren Hilfsaktionen der *Alliance* oder des *Hilfsvereins* sehr bescheiden. Dennoch diente diese erste transnationale Organisation der AIU im Krisenjahr 1881 als Modell für eine neue und weitaus umfangreichere Hilfsaktion: „Durch die Erfahrungen von 1869 ermutigt, entschied sich die *Alliance* dafür, die jüdischen Emigranten Russlands nach den Vereinigten Staaten zu schicken".[189]

7 Jüdische Auswanderung aus Rumänien bis 1881

Den rumänischen JüdInnen widmete die *Alliance* seit ihrer Gründung ein großes Augenmerk, da ihnen im Zuge der rumänischen Nationalstaatsbildung 1862 die

---

186 Vgl. Die Allgemeine Israelitische Allianz. Bericht des Central-Comités, a.a.O.; vgl. Erster Verwaltungsbericht des Haupt-Grenz-Comité's zu Königsberg i. Pr., S. 9f.; Isaak Rülf, Die russischen Juden, S. 20.
187 Vgl. Israelitische Wochenschrift für die religiösen und socialen Interessen des Judenthums, Jg. 5, Nr. 17, (23.4.1874), S. 136.; vgl. Bericht der Alliance Israélite Universelle (Allgemeine Israeltische Allianz) vom II. Semster 1874, Liegnitz 1874, S. 9–13.
188 Vgl. Die Allgemeine Israelitische Allianz. Bericht des Central-Comités, S. 27f.; vgl. Jüdische Volkszeitung: Wochenschrift für Freunde des Fortschritts in Gemeinde und Schule, Synagoge und Leben, Nr. 19 (12.5.1874), S. 150.
189 Die Allgemeine Israelitische Allianz. Bericht des Central-Comités, S. 29.

Bürgerrechte verwehrt blieben und sie seit 1866 unter antisemitischen Repressionen sowohl der lokalen Bevölkerung als auch unter einer judenfeindlichen Legislative litten. In Rumänien lebten schätzungsweise 200.000 JüdInnen, von denen die meisten seit Beginn des 19. Jahrhunderts aus dem Ansiedlungsrayon eingewandert waren. 1859, nach dem Krimkrieg, vereinigte Alexandru Ioan Cuza (1820–1873) die beiden Donaufürstentümer Walachei und Moldau unter seiner Herrschaft zum Fürstentum Rumänien. Mit der Vereinigung wuchsen der rumänische Nationalismus und der Wunsch nach einem Nationalstaat. Dies führte zu Diskriminierung und Ausgrenzung der als nicht rumänisch akzeptierten jüdischen Bevölkerung. 1866 übernahm der aus dem deutschen Adelshaus Hohenzollern-Sigmaringen stammende Prinz Karl (1839–1914) als König Carol I. die Regentschaft. Die europäischen Großmächte akzeptierten Carols Herrschaft über das fortan als Rumänien bezeichnete Staatsgebiet. Carol ließ eine Verfassung ausarbeiten, in welcher die Staatsbürgerschaft an ein christliches Bekenntnis geknüpft wurde. Damit wurden die rumänischen JüdInnen explizit von der Naturalisation ausgeschlossen und zu Staatenlosen erklärt. Die Drangsalierung und Ausgrenzung der jüdischen Bevölkerung nahm zu, es kam zu Berufsverboten, Verarmung, Vertreibungen und Pogromen.[190]

Als Reaktion auf die judenfeindliche Stimmung in Rumänien intensivierten die *Alliance* und ihre europäischen Partnerorganisationen ihr humanitäres und philanthropisches Engagement in der Region. Dieses Engagement der jüdischen Organisationen für die Emanzipation der ‚ostjüdischen' RumänInnen überschnitt sich dabei mit den geopolitischen Interessen der europäischen Großmächte. Die Etablierung einer modernen, liberalen Rechtsstaatlichkeit in Rumänien nach westlichem Vorbild als Garant gegenüber dem wachsenden Einfluss des als rückschrittlich empfundenen russländischen Reiches in der Balkanregion traf auf Zustimmung der englischen, französischen, deutschen und vor allem der österreichisch-ungarischen Regierung. Die rumänischen Teilfürstentümer Walachei und Moldau grenzten unmittelbar an das ungarische Siebenbürgen und die Bukowina;

---

[190] Vgl. David Jünger, Am Scheitelpunkt der Emanzipation. Die Juden Europas und der Berliner Kongress 1878, in: Arndt Engelhardt, Lutz Fiedler, Elisabeth Gallas, Natasha Grodinsky, Philipp Graf (Hgg.), Ein Paradigma der Moderne. Jüdische Geschichte in Schlüsselbegriffen. Festschrift für Dan Diner zum 70. Geburtstag, Göttingen 2016, S. 22 f.; vgl. zur Übersicht Carol Iancu, Jews in Romania 1866–1919 – From Exclusion to Emancipation, Boulder/New York 1996; vgl. Frederick Kellog, The Road to Romanian Independence, West Lafayette 1995, S. 11–61; vgl. Lloyd P. Gartner, Roumania, America, and World Jewry: Consul Peixotto in Bucharest, 1870–1767, in: American Jewish Historical Quarterly, Jg. 58, Nr. 1 (Sept 1968), S. 103; vgl. Björn Siegel, Österreichisches Judentum zwischen Ost und West, S. 55 ff.; vgl. Carsten Wilke, Competitve Advocacy, S. 131 f.; vgl. Ingo Haar, Jüdische Zivilgesellschaft und Flüchtlingspolitik, S. 95 f.

in Wien befürchteten die Akteure der *Alliance* Auswirkungen der Entwicklungen im benachbarten Rumänien auf die Ausbreitung des Antisemitismus in Österreich. Die amerikanische Außenpolitik und der *Board* blickten ebenfalls besorgt nach Europa, weil sie infolge der sich stetig verschlechternden Lebensbedingungen in Rumänien eine Masseneinwanderung der verarmten jüdischen Bevölkerung befürchteten. Das Ziel der europäischen und amerikanischen Juden war deshalb, die Ausgrenzung und Diskriminierung der rumänischen Juden durch öffentlichen politischen Druck und bildungspolitische Initiativen wie Schulgründungen zu unterbinden, und eine Stärkung der rumänischen Judenheit und schließlich deren bürgerliche Gleichstellung zu erreichen.[191]

1870 entsandte die US-Regierung den New Yorker Journalisten, Rechtsanwalt und ehemaligen Präsidenten des *Unabhängigen Ordens B'nai B'rith* Benjamin Franklin Peixotto als Konsul nach Bukarest, um die Emanzipation der rumänischen JüdInnen voranzutreiben. Die Finanzierung für seine Mission trugen die jüdischen Organisationen, weshalb Peixotto seine diplomatische Mission mit einer Reise durch die europäischen Hauptstädte begann. In London besprach er sich mit dem damals schon 86jährigen Philanthropen Moses Montefiori, dem Chief Rabbi des Commonwealth Nathan Marcus Adler (1803–1890) und Sir Francis Henry Goldsmid (1808–1878), dem Vorkämpfer für die Rechte der rumänischen Juden im englischen Parlament.[192] In Paris traf er sich mit dem Vorstand der AIU, reiste zu weiteren Gesprächen mit Baron Wilhelm von Rothschild (1828–1901) über Frankfurt und traf sich anschließend mit dem Vorstand des Berliner Lokalkomitees um Moritz Lazarus und Salomon Neumann, die versprachen, ihm „nach Kräften in seinen Bestrebungen beizustehen". Über Wien fuhr er weiter nach Budapest und initiierte dort zügig die Errichtung von Schulen in Jassy, Bacau, Galați und Botoshani.[193] Peixottos Kontakte nach Berlin waren gut. Im Jahr zuvor hatte er sich in New York für den von Treuenfels, Lazarus und anderen deutschen *Alliance*-Mitgliedern initiierten Transit litauischer JüdInnen in die USA stark gemacht und war einer der wichtigsten Verbindungsleute der europäischen Hilfsorganisationen in die USA.[194] Das Netzwerk

---

191 Vgl. Björn Siegel, Österreichisches Judentum zwischen Ost und West, S. 45–56; vgl. David Jünger, Am Scheitelpunkt der Emanzipation, S. 23 f.; vgl. auch die vom Rumänischen Komitee herausgegebene Broschüre von Heinrich Bernhard Oppenheim, Die Judenverfolgung in Rumänien, Berlin 1872.
192 Vgl. zu Peixotto und seiner Rumänien-Mission Lloyd P. Gartner, Roumenia, America, and World Jewry, S. 24–56, 59–117, bes. 53 f.; vgl. zur Biographie Peixottos The Jewish Record, No. 138 (20.1.1871); vgl. Die Allgemeine Israelitische Allianz. Bericht des Central-Comités, S. 20.
193 Vgl. Lloyd P. Gartner, Roumenia, America, and World Jewry, S. 54, 66; Extrakt aus dem Sitzungsprotokoll des Vorstandes [des Rumänischen Komitees] vom 18.1.1871, in: SAM, 1194, opis 4, Bd. 1, Bl. 55.
194 Vgl. David Jünger, Am Scheitelpunkt der Emanzipation, S. 24 f.

der europäischen jüdischen Organisationen verfügte in vielen rumänischen Orten schnell über Ansprech- und Kooperationspartner, die der bildungspolitischen Förderung der *Alliance* positiv gegenüberstanden. Zur besseren Koordinierung des Rumänienengagements in Berlin gründete sich aus dem *Alliance*-Komitee heraus und unter Lazarus' Präsidentschaft das *Rumänische Komitee* (R.C.), dem unter anderem der Bankier Julius Bleichröder (1828–1907), Salomon Neumann, der Mediziner Samuel Kristeller, der Industrielle Ferdinand Reichenheim (1817–1902) und der liberale Völkerrechtler Heinrich Bernhard Oppenheim (1819–1880) angehörten. Über Bleichröder stand das R.C. in Verbindung zu dessen Bruder, dem Bankier Gerson von Bleichröder (1822–1893), der als Bankier des Reichskanzlers Otto von Bismarck enge Kontakte in die Spitze der Reichsregierung hatte.[195] Bereits zwischen März und September 1872 schicke das R.C. insgesamt 9272 Francs an verschiedene Hilfskomitees in Rumänien, darunter in das von Pogromen heimgesuchte Ismail.[196]

Peixotto gehörte zu den stärksten Befürwortern einer gelenkten Emigration rumänischer JüdInnen in die Vereinigten Staaten, Gartner bezeichnete ihn als „crusader for a program of large-scale emigration".[197] Seit seiner Ankunft in Bukarest versuchte er die europäischen Partner für seine Pläne zu gewinnen, auch weil die Bemühungen um eine Emanzipation nach westeuropäischem Vorbild in den rumänischen Fürstentümern nur schleppend in Gang kamen.[198] Kurzfristig, so Peixotto, könnten 20.–30.000 JüdInnen in die USA emigrieren, sofern der Ablauf zwischen Europa und den Vereinigten Staaten entsprechend koordiniert würde. Dass es ihm mit seinem Plan ernst war, zeigte sich im Januar und Februar 1872, als im rumänischen Bessarabien Pogrome ausbrachen und binnen weniger Wochen Hunderte JüdInnen im amerikanischen Konsulat ihre Ausreise beantragten. Bis zum Dezember waren bereits 623 Familien oder 2216 Personen mithilfe Peixottos und des jüdisch-philanthropischen Netzwerks emigriert.[199] Diese Entwicklung stieß allerdings auf den zunehmenden Widerstand sowohl der *Alliance* und ihrer europäischen Partner als auch der US-amerikanischen Organisationen, die eine auf Bildung und diplomatischen Druck aufbauende Strategie zur Emanzipation der rumänischen JüdInnen vorzogen. Zwar hatte die *Alliance* auf der Berliner Konfe-

---

195 Vgl. ebd., S. 26; zum Rumänischen Komitee vgl. Carsten L. Wilke, Competitive Advocacy, S. 142 f.; vgl. Björn Siegel, Österreichisches Judentum zwischen Ost und West, S. 58 f.; vgl. Ingo Haar, Jüdische In- und Exklusion, S. 309–311; vgl. zur Rolle Bleichröders Fritz Stern, Gold und Eisen. Bismarck und sein Bankier Bleichröder, München 2008, S. 490–547.
196 Vgl. Ausweis über Verteilung der vom Berliner Israelit. Comité vom 17. März bis 9. September 1872 gesendeten Unterstützungs-Gelder, in: SAM, 1194, opis 4, Bd. 8, Bl. 180.
197 Lloyd P. Gartner, Roumenia, America, and World Jewry, S. 83.
198 Vgl. ebd., S. 80–85; vgl. David Jünger, Am Scheitelpunkt der Emanzipation, S. 29.
199 Vgl. Lloyd P. Gartner, Roumenia, America, and World Jewry, S. 82 f., 91, 97, 105.

renz drei Jahre zuvor ebenfalls auf Reformen der russländischen Judenpolitik gesetzt, doch gleichzeitig die Auswanderung litauischer JüdInnen in ihren Beschlüssen als langfristiges Ziel festgeschrieben und finanziell und logistisch unterstützt. Im Falle von Rumänien sei eine groß angelegte Auswanderung jedoch, wie die AZJ schrieb, „unausführbar". Weder sei sie politisch sinnvoll noch zu finanzieren. Die gelenkte Auswanderung aus dem Russländischen Reich sei erstens überschaubar gewesen, und zweitens habe der Verlust einiger Hundert armer JüdInnen aus dem Ansiedlungsrayon keine Auswirkungen auf die innere Entwicklung des Zarenreichs gehabt. In Rumänien seien die jüdischen BewohnerInnen jedoch „unentbehrlich" für die ökonomische Entwicklung des Landes, von der wiederum die rechtliche Gleichstellung aller seiner Bürger abhing.[200]

Nur wenige prominente Stimmen, darunter die Rabbiner Zwi Hirsch Kalischer (1795–1874) aus Thorn, ein früher Anhänger einer jüdischen Kolonisation in Palästina, Isaac Taubes (1837–1920) aus Berlad und Abner Kasvan aus Graieva, unterstützten die Emigrationspläne Peixottos.[201]

Vom 29.–30. Oktober 1872 beraumten die europäischen jüdischen Organisationen eine Konferenz in Brüssel an, um die Hilfsmaßnahmen für Rumänien zu besprechen und zu koordinieren. Neben politischen Optionen zur Verbesserung der Sicherheit der rumänischen JüdInnen und monetären Maßnahmen zur sukzessiven Steigerung der Bildungs- und Lebensqualität, wurde auch die Frage der Unterstützung „spontaner Auswanderungen" besprochen.[202] Vertreten waren alle großen europäischen Organisationen. Adolphe Crémieux (Paris) wurde zum Präsidenten, Moritz Lazarus (Berlin), Francis Goldsmid (London) und der österreichische Publizist Leopold Kompert (Wien) zu Vizepräsidenten der Konferenz gewählt, womit die Einheit der europäischen jüdischen Solidarität und Brüderlichkeit, aber auch der Führungsanspruch der westlichen jüdischen Gemeinden gegenüber den rumänischen JüdInnen zum Ausdruck kam.[203] Moritz Lazarus, Salomon Neumann und Julius Bleichröder warben im Vorfeld darum, einen Vertreter des amerikanischen *Board* einzuladen, weil dessen Expertise für die gemeinsame Hilfsaktion von

---

200 Die Auswanderung der Juden aus Rumänien, ein durchaus irriger Vorschlag, in: AZJ, Jg. 36, Nr. 39 (24.9.1872), S. 766, 767.
201 Vgl. ebd., S. 80 ff.; vgl. David Jünger, Am Scheitelpunkt der Emanzipation, S. 29.
202 Vgl. Entwurf der Tagesordnung für die Conferenz über die Angelegenheit der Juden in Rumänien, welche in Brüssel am 29 t und 30 t October 1872 stattfinden wird, in: SAM, 1194, opis 4, Bd. 8, Bl. 339.; in anderen Schilderungen findet sich „freiwillig" anstatt „spontan". Gemeint ist in beiden Fällen jedoch die Verhinderung sowohl einer „wilden", d.h. nicht gesteuerte Auswanderung, als auch die fehlende Bereitschaft zur (finanziellen und logistischen) Hilfe bei einer (geduldeten) Auswanderung auf eigene Faust; vgl. Gartner, Roumenia, America, and World Jewry, S. 86.
203 Vgl. Björn Siegel, Österreichisches Judentum zwischen Ost und West, S. 61.

großer Bedeutung war, der *Board* wurde jedoch von London vertreten. Die Konferenz beschloss – „einstimmig" – die rumänischen JüdInnen im Sinne moderner, liberaler Rechtsstaatlichkeit und europäischer Humanität als gleichberechtigte Staatsbürger in den rumänischen Staat zu inkludieren. Die Reformen sollten durch politischen Druck und eine öffentliche Petition vorangetrieben werden[204], der Emigration wurde in der Abschlussresolution eine klare Absage erteilt:

> Die Konferenz erklärt, eine Massen-Auswanderung der Juden Rumäniens in keiner Weise zu unterstützen. Die Konferenz ist der Überzeugung, daß die Juden Rumäniens einen solchen Grad von Patriotismus besitzen, daß sie jede Aufforderung auf Auswanderung mit Entrüstung von sich weisen würden.[205]

Zur Überwachung der Situation in Rumänien und zur Koordinierung der Hilfe wurde in Wien das *Executiv-Comité für die rumänischen Juden* eingesetzt, was die Wiener *Alliance* innerhalb der jüdischen Organisationen deutlich aufwertete, und im folgenden Jahr durch die Gründung der IAzW noch einmal unterstrichen wurde.[206] Durch den deutsch-französischen Krieg 1870/71 hatte sich das europäische Machtgefüge der jüdischen Organisationen trotz des funktionierenden deutsch-französischen Netzwerkes zu Ungunsten Frankreichs verschoben. Die Vertreter der einzelnen Länder traten 1872 deutlich eigenständiger auf als vorher. Hinsichtlich der Rumänienfrage spricht Wilke sogar von einer „Competition for Leadership among European Jewry"[207]. Seit 1871 existierte mit der *Anglo-Jewish Association* auch in Großbritannien eine eigenständige nationale jüdische Interessenorganisation. Die Gründung einer ‚deutschen Allianz' verlief indes nicht erfolgreich. Dass deren Initiatoren aus dem Umfeld des Berliner R.C. kamen, verweist jedoch weniger auf einen Konflikt der deutschen *Alliance* mit der französischen Zentrale, als eher auf eine Verstimmung gegenüber der Aufwertung der österreichischen Organisationen.[208] Die Investitionen der AIU in Rumänien führten dazu, dass dem Königs-

---

204 Vgl. Konferenz der Delegierten der europäischen und amerikanischen Komite's zum besten der Rumänischen Juden II, in: Demokratische Zeitung, Nr. 259 (5.11.1872), Beiblatt, in: SAM, 1194, opis 4, Bd. 7a, Bl. 59; vgl. Lloyd P. Gartner, Roumenia, America, and World Jewry, S. 86; vgl. Björn Siegel, Österreichisches Judentum zwischen Ost und West, S. 60 f.; vgl. Carsten Wilke, Competitive Advocacy, S. 147 f.
205 Konferenz der Delegierten der europäischen und amerikanischen Komite's zum besten der Rumänischen Juden II, a. a. O.
206 Die Israelitische Allianz. Bericht des Central-Comités, S. 21.
207 Carsten Wilke, Competitive Advocacy, S. 132.
208 Vgl. Björn Siegel, Österreichisches Judentum zwischen Ost und West, S. 61 f.; vgl. David Jünger, Am Scheitelpunkt der Emanzipation, S. 26; vgl. Carsten Wilke, Competitive Advocacy, S. 147 f.

berger *Haupt-Grenz-Comité* weniger Gelder zur Verfügung standen, was unter anderem mit dem Argument gerechtfertigt wurde, dass die Ausbildung russländischer JüdInnen auf preußischem Boden der Zielsetzung widerspreche, die Israeliten in ihren jeweiligen Heimatstaaten zu fördern.[209] Diese Argumentation wurde wie die Mittelkürzung vom H.G.C., das seine Arbeit „auch für jetzt noch als dringend geboten und verhältnismäßig recht erfolgreich" betrachtete, als Affront aufgefasst. Isaac Bamberger schrieb im Juni 1873 verbittert an Salomon Neumann, das Programm des Wiener Exekutiv-Komitees sei teuer, „kopfüber" und ohne langfristige Programmatik. In Wien werde „eine Comödie in Szene gesetzt", während in Ostpreußen das Geld für bewährte und erfolgreiche Arbeit fehle:

> Kaum genug wird die Sache machen, aber in Roumänien wird brav Brüssel und Wien weiter gepäpelt (...) Geld und nochmals Geld. Die All. isr. Univ. hat kein Geld. Das Berliner Local Comité hat kein Geld. Die Brüsseler Conferenz hat kein Geld u. die Wiener (...) wollen erst gar nichts sagen. Was haben wir (...) mit verhältnismäßig geringeren Summen gewirkt? (...) Aber ich will trotzdem nicht klein sein, ich arbeite weiter so lange es geht und dann hören wir auf.[210]

Auch das Berliner R.C. beklagte wiederholt die „notorische Unthätigkeit des Wiener Exekutions-Komittes" und überlegte sogar, eine bereits bewilligte Unterstützung von 10.000 M. zurückzufordern und einen eigenen Beobachter nach Rumänien zu entsenden. Für ihre Geldtransfers bevorzugten die Berliner eine direkte Zusammenarbeit mit Peixotto und Francis Goldsmid.[211]

Peixotto war über die Brüsseler Beschlüsse zur Emigration nicht glücklich, doch ihm blieb keine andere Wahl, als das Votum mitzutragen. Sein Einsatz für eine großangelegte Auswanderung hing vom Wohlwollen der jüdischen Organisationen ab. Drastische Mittelkürzung für die humanitäre Mission des amerikanischen Konsulats sorgte dafür, dass die Forcierung der gelenkten Emigration schließlich nahezu vollständig zurückgefahren wurde. Der *Unabhängige Orden B'nai B'rith*, einer der größten Unterstützer des Konsuls, kürzte 1874 seine bisher großzügigen Spenden auf gerade einmal 1200 $ zusammen, was noch nicht einmal ausreichte, um die Miete von Peixottos Hauses in Bukarest zu bezahlen. Die Gelder der AIU und aus dem Deutschen Reich waren für Bildungseinrichtungen in Rumänien und explizit nicht für die Auswanderung vorgesehen. Auch die deutschen Komitees unterstützten die jüdische Emigration aus Rumänien zunächst nicht. Am 10. Januar 1873 schickte das Hamburger *Alliance*-Komitee eine größere Gruppe rumänischer

---

209 Vgl. Israelitische Wochen-Schrift für die religiösen und socialen Interessen des Judenthums, 6. Jg., Nr. 4 (21.1.1875), S. 28 f., zit. S. 28; vgl. Bericht der Alliance Israélite Universelle (Allgemeine Israeltische Allianz) vom II. Semster 1874, S. 4 f.
210 Isaac Bamberger an Salomon Neumann vom 6.6.1873, in: SAM, 675, opis 1, Bd. 360, Bl. 29 f.
211 Beschlüsse der Sitzung des R.C. [vermutlich] vom 18.11.1873, in: SAM, 1194, opis 1, Bd. 13, Bl. 5.

TransmigrantInnen zurück nach Bukarest, weil diese die Seepassage nicht zahlen konnten und das Hamburger Komitee sich weigerte, das Geld aufzubringen.²¹²

Der Berlader Rabbiner Isaac Taubes äußerte sich Berlin gegenüber von den Beschlüssen der Brüsseler Konferenz zur Emigration enttäuscht:

> Der größte Theil der Juden, welche die innere Politik und jeden rumänischen Charakter (...) zu gut können [sic], behaupten einstimmig daß nur wen[n] eine Emigration stattfinden würde kann den Überbleibenden (...) allein geholfen werden, aber nicht mit einer Petition an die Kammer.²¹³

Innerhalb der jüdischen Bevölkerung Rumäniens war der Wunsch nach Auswanderung weit verbreitet, während der Plan der *Alliance*, die jüdischen Einwohner des Landes nach dem Vorbild der deutschen oder österreichischen JüdInnen ‚patriotisch' in den Staat zu inkludieren, nicht selten auf Ablehnung oder Unverständnis stieß. In den folgenden Jahren kehrte eine stetig wachsende Zahl rumänischer JüdInnen ihrer alten Heimat den Rücken, sowohl in Richtung Amerika als auch nach Palästina. Zahlreiche Auswanderungs-Komitees gründeten sich, die sich für eine Emigration ins Heilige Land beziehungsweise nach Syrien einsetzten, im April 1881 existierten bereits 65.²¹⁴ Die in diesen Komitees engagierten JüdInnen begründeten Ende der 1870er Jahre die frühzionistische Bewegung der *Chowewe Zion*. Das bereits kurz nach der Konferenz von 1872 gegründete Zentralkomitee in Galați um den dortigen AIU-Vorsitzenden und späteren Initiator der Organisation *Yishuv Eretz Yisra'el*, Samuel Pineles (1843–1928), warb bei der AIU explizit nicht um Geld, „sondern [um] Ihre moralische Unterstützung", erbat diplomatische Hilfe beim Transit durch das Osmanische Reich, und beim Schutz der zwei Kolonien Rosch-Pina und Samarin in Syrien, in denen im Januar 1883 bereits 91 Familien lebten. Der Donauhafen von Galați wurde später zu einer bedeutenden Transitstation für rumänische AuswanderInnen nach Palästina. Für AuswanderInnen, die sich für die Palästinaemigration entschieden, publizierte das Zentralkomitee Informationen über die geographischen und landwirtschaftlichen Voraussetzungen, Kosten für Ackerflächen und Wohnstätten in den syrischen Kolonien.²¹⁵

---

212 Vgl. Lloyd P. Gartner, Roumenia, America, and World Jewry, S. 97 f.
213 Isaac Taubes an Salomon Neumann vom 22.11.1872, in: SAM, 1194, opis 2, Bd. 8, Bl. 43.
214 Vgl. Erik Petry, Ländliche Kolonisation und früher Zionismus am Ende des 19. Jahrhunderts (= Reihe Jüdische Moderne, Bd. 2), Köln/Weimar/Berlin 2004, S. 90.
215 Vgl. Flugblatt des Central-Comités zur Unterstützung der Auswanderung der Israeliten aus Rumänien vom Januar 1883, in: SAM, 1194, opis 4, Bd. 8, Bl. 326, 328; vgl. Informationsblatt „Topographisches und sonstige Notizen über unsere zwei Colonien im Heiligen Lande", in: ebd., Bl. 327. In Rosch-Pina (früher Geoni) lebten 22, in Samarin bei Tantura 69 Familien.; vgl. Ivonne Meybohm, David Wolffsohn. Aufsteiger, Grenzgänger, Mediator. Eine biographische Annäherung an die Ge-

Weil sich die Lage der rumänischen JüdInnen in den Jahren nach 1872 kontinuierlich verschlechterte, blieb die Emigrationsthematik ungewollt weiter auf der Tagesordnung der *Alliance*. Die deutschen Komitees konnten die wachsende ‚freiwillige' Emigration rumänischer JüdInnen über Hamburg nicht ignorieren, und waren gezwungen, auf das Engagement der rumänischen Emigrationskomitees ihrerseits mit logistischer und finanzieller Unterstützung zu reagieren, damit die TransmigrantInnen nicht auf der kontinentalen Route strandeten. Isaac Taubes führte im Mai 1877 in Hamburg Verhandlungen mit der HAPAG zur Beförderung „mehrerer Hundert Familien" in die USA. Da er aber den Fahrtpreis nicht bezahlen konnte, setzte die HAPAG die Verhandlung später mit dem Berliner *Rumänischen Komitee* fort.[216]

Die diplomatischen Anstrengungen der AIU zur Gleichstellung der rumänischen JüdInnen, die auf einer Konferenz im Dezember 1876 noch einmal intensiviert wurden[217], schienen aus Sicht der AIU zunächst vielversprechend. Mithilfe transnationaler diplomatischer Verhandlungen gelang es der *Alliance*, auf dem Berliner Kongress 1878 erfolgreich politisch zu intervenieren, und die formale Gleichberechtigung der rumänischen Juden im Artikel 44 des Berliner Vertrages als Bedingung für die staatliche Anerkennung Rumäniens durch die Großmächte durchzusetzen. Dieses Resultat war zweifellos ein bedeutender Erfolg auf internationaler Ebene. Aufgrund der nie erfolgten realpolitischen Umsetzung vonseiten der rumänischen Regierung wurde dieser Erfolg jedoch geschmälert, und wegen fehlender Solidarität der europäischen Großmächte, die die weiterhin judenfeindliche Politik Carols I. duldeten, um einen wachsenden russländischen Einfluss auf dem Balkan zu verhindern, letztlich wirkungslos.[218] In diesem ambivalenten Ergebnis spiegeln sich der Erfolg und die Grenzen der transnationalen jüdischen Diplomatie. Der Kampf der *Alliance* für die rumänischen JüdInnen bis zum Berliner Kongress steht, wie David Jünger zutreffend zusammenfasst, für „Triumph und Tragödie der Emanzipation"[219] der europäischen Juden. Die realpolitische Erfolglosigkeit der jüdischen Diplomatie förderte langfristig den Entschluss vieler rumänischer JüdInnen zur Auswanderung und die Verbreitung zionistischer Ideen.

---

schichte der frühen Zionistischen Organisation (1897–1914), Göttingen 2013, S. 43; vgl. Yehoshua Ben-Arieh, The Making of Eretz Israel, S. 219.
216 HAPAG an Samuel Kristeller vom 10.7.1877, in: SAM, 1194, opis 2, Bd. 8, Bl. 265.
217 Vgl. Lloyd P. Gartner, Roumenia, America, and World Jewry, S. 109.
218 Vgl. David Jünger, Am Scheitelpunkt der Emanzipation, zur Forschungslage bes. S. 19–21, zit. S. 36.; vgl. Fritz Stern, Gold und Eisen, S. 539 ff.; vgl. Nathan Michael Gelber, The Intervention of German Jews at the Berlin Congress 1878, in: LBYB 5 (1960), Nr. 1, S. 221–248.
219 David Jünger, Am Scheitelpunkt der Emanzipation, S. 36.

III Akteure

Die *Alliance* und die deutschen Juden gerieten ab 1878/79 zunehmend in die Defensive. Das Ende der „liberalen Ära" und der politische Kurswechsel Bismarcks von einer nationalliberalen Konsolidierungs- und Reformpolitik hin zu einer nationalistisch-konservativen Agenda[220] entsprach dem Wunsch weiter Bevölkerungsteile. Zum Bestandteil der neu forcierten antiliberalen Politik gehörten antisemitische Forderungen nach einem Ausschluss der deutschen Juden aus öffentlichen Ämtern sowie nach einem Einwanderungsstopp für osteuropäische JüdInnen. Diese Programmatiken gewannen durch ihre zunehmende Akzeptanz in bürgerlichen Kreisen politisch zusehends an Boden.[221] Dabei war der „deutsche" Antisemitismus Bestandteil eines Phänomens, das europaweit um sich griff, und seine Feindschaft gleichermaßen gegen deutsche wie nichtdeutsche Juden richtete. ‚Das Judentum' als subjektiver, historischer Akteur, der allen Staaten und Völkern gegenüber bösartig gesinnt und daher weder zu tolerieren geschweige denn zu integrieren war, wurde von Antisemiten in ganz Europa gezielt zu einem Feindbild aufgebaut.[222]

Die in der Migrationshilfe engagierten deutschen JüdInnen standen vor einem Dilemma: ungeachtet der ambivalenten Gefühle, die viele von ihnen gegenüber ihren osteuropäischen Glaubensgeschwistern hegten, handelten sie ihnen gegenüber überwiegend solidarisch und folgten damit dem Gebot der Wohltätigkeit. Durch dieses Engagement für die jüdische Auswanderung brachten sie sich jedoch

---

[220] Vgl. Dieter Langewiesche, Liberalismus in Deutschland. Deutschland im europäischen Vergleich (= Kritische Studien zur Geschichtswissenschaft, Bd. 97), Göttingen 1988, S. 164–180; zit. ebd., S. 164; vgl. Wolther von Kiseritzky, Liberalismus und Sozialstaat. Liberale Politik in Deutschland zwischen Machtstaat und Arbeiterbewegung (1878–1893) (= Industrielle Welt. Schriftenreihe des Arbeitskreises für moderne Sozialgeschichte, Bd.62), Köln/Weimar/Wien 2002, S. 15ff.; vgl. Rüdiger vom Bruch, Björn Hoffmeister (Hgg.), Deutsche Geschichte in Quellen und Darstellung, Bd. 8 (Kaiserreich und Erster Weltkrieg 1871–1918), Stuttgart 2002, S. 10–12; vgl. Lothar Gall, Bismarck. Der weisse Revolutionär, Frankfurt am Main/Berlin/Wien 1980, S. 561–602.; zur AIU vgl. Carsten L. Wilke, Das deutsch-französische Netzwerk, S. 189–191.
[221] Vgl. Dieter Gosewinkel, „Unerwünschte Elemente" – Einwanderung und Einbürgerung von Juden in Deutschland 1848–1933, in: Dan Diner (Hg.), Historische Migrationsforschung, S. 90ff.; vgl. Ingo Haar, Jüdische In- und Exklusion, 321ff.; vgl. Massimo Ferrari Zumbini, Wurzeln des Bösen, S. 463ff.
[222] Vgl. Mareike König, Oliver Schulz (Hgg.), Antisemitismus im 19. Jahrhundert aus internationaler Perspektive; vgl. Reinhard Rürup, Emanzipation und Antisemitismus. Historische Verbindungslinien, in: Herbert A. Strauss, Norbert Kampe (Hgg.), Antisemitismus. Von der Judenfeindschaft zum Holocaust, Bonn 1985, S. 94–98; vgl. Hans-Michael Bernhardt, „Die Juden sind unser Unglück!". Strukturen eines Feindbildes im Deutschen Kaiserreich, in: Christoph Jahr, Uwe Mai, Kathrin Roller (Hgg.), Feindbilder in der deutschen Geschichte. Studien zur Vorurteilsgeschichte im 19. und 20. Jahrhundert, Berlin 1994, S. 25–55.

selber in Gefahr, weil der jüdische Transit durch das Deutsche Reich den Hass der antisemitischen Bewegung nährte und deren Demagogen die deutschen JüdInnen als Komplizen einer jüdischen Masseneinwanderung angriffen. Die jüdischen Akteure der *Alliance* in Berlin registrierten mit Sorge, dass das Szenario einer jüdischen Massenflucht über die preußischen Ostgrenzen als Katalysator für das weitere Anwachsen und die Radikalisierung des antisemitischen Hasses gegen die deutschen Juden dienen würde.[223] Die deutschen JüdInnen, von denen viele an der gelenkten jüdischen Auswanderung beteiligt waren, konnten diese politischen und gesellschaftlichen Entwicklungen nicht ignorieren, sondern waren gezwungen, eine Antwort auf die wachsende antisemitische Gefahr zu finden. Ihre Akteure versuchten auf vielerlei Weise, sich zivilgesellschaftlich zu organisieren und sich den Angriffen der antisemitischen Bewegung entgegenzustellen.[224]

Im Jahr 1881, zwölf Jahre vor der Gründung des *Centralvereins deutscher Staatsbürger jüdischen Glaubens* (C.V.), lag der Kampf gegen den Antisemitismus im Deutschen Reich in den Händen lokal engagierter Honoratioren. Sie entstammten dem großbürgerlich-liberalen Milieu der Gründergeneration und waren stark von den Idealen des deutschen Liberalismus geprägt. Individuelle staatsbürgerliche Rechte verstanden sie als hohes Gut des modernen Rechtsstaates. Staatsbürgerliches Engagement umfasste für sie soziale Verantwortung, politischen Einsatz und humanitäres Handeln und war Bestandteil des bürgerlich-liberalen Habitus.[225] In ihrer Sozialisation wie in ihrer Motivation, dem virulenten Antisemitismus etwas entgegenzusetzen, existierten keine Unterschiede zwischen ihnen und den späteren Gründern des C.V. Differenzen bestanden jedoch zwischen den Strategien der Abwehrarbeit gegen antisemitische Agitation von 1880 und 1893. Das Vorgehen früher Abwehrvereine bestand vorrangig in einer aufklärerischen Presse- und Publikationsarbeit, mit der spezifische Argumentationsmuster der antisemitischen Bewegung wissenschaftlich analysiert und falsifiziert wurden. Diese Artikel und Broschüren erreichten im Gegensatz zu späteren Kampagnen des C.V. nur ein überschaubares und zumeist gebildetes Publikum. Mit wenigen Ausnahmen im Jahr

---

223 Vgl. Jack Wertheimer, Unwelcome Strangers, S. 23–32; Aschheim: Brothers and Strangers, S. 34.; vgl. Tobias Brinkmann, Migration und Transnationalität, S. 42–44.
224 Vgl. Ulrich Wyrwa, Strategien im europäisch-jüdischen Abwehrkampf. Das Engagement der Juden in Europa gegen den entstehenden Antisemitismus (1879–1914), Graz 2013; vgl. ders., Die Reaktion des deutschen Judentums auf den Antisemitismus im Deutschen Kaiserreich: Eine Rekapitulation, in: ders. (Hg.), Einspruch und Abwehr, S. 25–42.
225 Vgl. Ulrich Sieg, Der Preis des Bildungsstrebens. Jüdische Geisteswissenschaftler im Kaiserreich, in: Andreas Gotzmann, Rainer Liedtke und Till v. Rahden (Hgg.), Juden, Bürger, Deutsche. Zur Geschichte von Vielfalt und Differenz 1800–1933, Tübingen 2001, S. 74f.; vgl. Till van Rahden, Juden und die Ambivalenzen der bürgerlichen Gesellschaft in Deutschland, in: Christina v. Braun (Hg.), Was war deutsches Judentum?, S. 253 ff.

1881 in Berlin gingen sie weitaus zurückhaltender vor als später der C.V. Viele ihrer Mitglieder befürchteten, ein offensives Vorgehen würde den im Aufwind befindlichen Antisemiten eine Angriffsfläche bieten und die mühsam errungenen Emanzipationserfolge bedrohen. Die frühen Abwehrvereine wiesen zudem eine wenig lebendige und konstante Vereinsarbeit auf. Sie reagierten zwar auf die Zyklen antisemitischer Agitation, blieben aber in der Öffentlichkeit unauffällig oder sogar unsichtbar.[226]

Im Folgenden wird einleitend ein Überblick über die antisemitische Berliner Bewegung und ihre Radikalisierung bis zum Krisenjahr gegeben. Anschließend sollen drei bedeutende Aktivisten der jüdischen Zivilgesellschaft Berlins vorgestellt werden, die sich in verschiedenen Bereichen der Bekämpfung des Antisemitismus widmeten und gleichzeitig in die Bemühungen um einen gelenkten jüdischen Transit involviert waren.

Das Argument einer „Masseneinwanderung" osteuropäischer Juden nach Deutschland wurde durch seine Omnipräsenz innerhalb antisemitischer Polemik früh zu einem zentralen Themenfeld deutsch-jüdischer Abwehrarbeit. Als bedeutendster Kämpfer auf diesem Gebiet trat der der Berliner Arzt Salomon Neumann hervor, langjähriges Mitglied der Berliner Stadtverordnetenversammlung sowie Pionier und Mitbegründer der modernen Sozialstatistik. Neben seinen wissenschaftlichen Arbeiten um die Widerlegung der antisemitischen „Fabel von der jüdischen Masseneinwanderung" wirkte er an entscheidender Stelle bei der Organisation des jüdischen Transits durch Deutschland mit.

Befeuert durch den wachsenden Hass auf jüdische Ein- und Durchwanderer wuchs die Feindschaft auch gegenüber den deutschen Juden in einem starken Maße an. Im Dezember 1880 organisierten sich führende Vertreter der jüdischen Zivilgesellschaft Berlins in einem Abwehrkomitee. Dieser erste Abwehrverein Berlins wurde maßgeblich von dem Mitbegründer der Völkerpsychologie Moritz Lazarus initiiert. Lazarus genoss als bekannter „Popularphilosoph" hohes Ansehen und lehrte an der Berliner Universität. Als stellvertretender Vorsitzender des *Deutsch-Israelitischen Gemeindebunds* und Mitglied der Repräsentanten-Versammlung der Jüdischen Gemeinde Berlins war er innerhalb der jüdischen Gemeinschaft gut vernetzt.[227] Das *Jüdische Comité vom 1. Dezember* (D.C.) startete um die Jahreswende

---

226 Vgl. Jacob Borut, Die jüdischen Abwehrvereine zu Beginn der neunziger Jahre des 19. Jahrhunderts, in: Aschkenas, Zeitschrift für Geschichte und Kultur der Juden 7/1997, Heft 2, S. 467–497; vgl. Avraham Barkai, „Wehr Dich!" Der Centralverein deutscher Staatsbürger jüdischen Glaubens 1893–1938, München 2002, S. 20–23; vgl. David Hamann, Jüdische Selbstorganisation und Abwehrarbeit.
227 Vgl. Mathias Berek, Schnittpunkt sozialer Kreise statt völkischer Verwurzelung – Die Entstehung moderner Sozialtheorie aus der deutsch-jüdischen Lebenswelt des 19. Jahrhunderts am Bei-

1880/81 sehr engagiert, seine Mitglieder bemühten sich in den ersten Monaten um öffentlichkeitswirksame Versammlungen und Aktionen, um den Antisemitismus zu bekämpfen. Auch wenn das D.C. bereits ein Jahr nach seiner Gründung nahezu unsichtbar wurde, verdienen seine Aktivitäten dennoch eine nähere Betrachtung, da von seinen Ideen, Entscheidungen und Projekten Impulse ausgingen, die für das zivilgesellschaftliche Engagement der folgenden Generation relevant waren.

Ein für die Entwicklung der jüdischen Migrationshilfe in Deutschland zentraler Vertreter dieser Generation war der im Krisenjahr 1881 erst 24jährige Journalist Paul Nathan, der durch die Ereignisse von 1881/82 nachhaltig geprägt wurde und innerhalb der Abwehr des Antisemitismus und der Migrationshilfe ab den 1890er Jahren eine Schlüsselrolle einnahm. 1883 wohnte er im Auftrag des D.C. der Gerichtsverhandlung über den jüdischen ‚Ritualmord' im ungarischen Tiszaeszlár bei und widmete sich als wissenschaftlich-aufklärerischer Journalist der Widerlegung dieser „Blutmordlegende". Dabei hob er die Bedeutung der transnationalen Zusammenarbeit der Antisemiten und ihre Instrumentalisierung des jüdischen Transits hervor. 1901 initiierte Nathan maßgeblich die Gründung des *Hilfsvereins der deutschen Juden* und schloss die Entwicklung und Professionalisierung der deutschen Auswanderungs- und Hilfskomitees hin zu einem dauerhaften deutschen Dachverband damit ab.

1 Eine Bedrohung von innen: die antisemitische Berliner Bewegung

Ende der 1870er Jahre sammelten sich antisemitische Akteure verschiedenster Couleur in der Hauptstadt in der sogenannten *Berliner Bewegung*[228]. Diese erste, hete-

---

spiel Moritz Lazarus, in: Medaon Nr. 5 (2009), S. 27–48. (https://www.medaon.de/de/artikel/schnitt punkt-sozialer-kreise-statt-voelkischer-verwurzelung-die-entstehung-moderner-sozialtheorie-aus-der-deutsch-juedischen-lebenswelt-des-19-jahrhunderts-am-beispiel-moritz-lazarus; 01.06.2019).
228 Vgl. Werner Bergmann, Völkischer Antisemitismus im Kaiserreich, in: Uwe Puschner, Walter Schmitz, Justus H. Ulbricht, Handbuch zur „Völkischen Bewegung" 1871–1918, München/New Providence/London/Paris 1996, S. 449–463; vgl. Uwe Puschner, Völkische Bewegung, in: ders., Ernst Baltrusch, Jüdische Lebenswelten. von der Antike bis zur Gegenwart, Frankfurt am Main 2016, S. 267–284; vgl. Peter Pulzer, Die Entstehung des politischen Antisemitismus in Deutschland und Österreich 1867–1914, Göttingen 2004, S. 77 ff.; vgl. Uffa Jensen, Politik und Recht, Paderborn 2014, S. 75 ff.; vgl. Massimo Ferrari Zumbini, Wurzeln des Bösen, S. 207 ff.; vgl. Werner Jochmann, Funktion und Struktur des deutschen Antisemitismus 1878–1914, in: Herbert A. Strauss, Norbert Kampe (Hgg), Antisemitismus, S. 110–116; vgl. Massimo Ferrari Zumbini, Wurzeln des Bösen, S. 207 ff.; ausführliche Darstellungen zur Berliner Bewegung finden sich bereits bei zeitgenössischen jüdischen Historikern, wie bei Ludwig Philippson, Neueste Geschichte des jüdischen Volkes, Bd. 2, Leipzig 1910,

rogene Bewegung des deutschen Antisemitismus transformierte traditionellen, christlichen Antijudaismus, indem sie dessen klassische Stereotypen mit vermeintlich „modernen" Kriterien verwob und die Juden als Verursacher und Profiteure sämtlicher sozialen Missstände charakterisierte. Ihre Vertreter argumentierten weiterhin auch religiös, doch bedienten sich zunehmend völkischer und rassistischer Paradigmen zur Konstruktion eines die als ethnisch verstandene Gemeinschaft bedrohenden Feindbildes. Der Unterschied zwischen „traditionell" christlichem und „modernem", rassistisch-völkischen Antisemitismus bestand darin, dass letzterer die „Judenfrage" als vermeintlich wissenschaftliches Theorem auffasste, mit biologistischen und sozialdarwinistischen Deutungsmustern versah und „Lösungen" vorbrachte, die nicht selten radikal oder sogar eliminatorisch argumentierten. Der Gymnasiallehrer Ernst Henrici, einer der aggressivsten Vertreter der Berliner Bewegung, erklärte im Januar 1881 den „Kern der Judenfrage" zur „Racenfrage" und forderte entsprechende „Racengesetze"[229]. Aus der Perspektive dieser „modernen" Antisemiten waren die Juden keinesfalls in die deutsche Gesellschaft zu integrieren. Für Angehörige der jüdischen Religion gab es keine Chance, wie es vorher der Fall war, die gesellschaftliche Stigmatisierung durch Konversion zum Christentum oder vollständige Assimilation zu beenden. Der in den Augen „moderner" Antisemiten einzig gangbare und konsequente Weg zur „Lösung" lag entweder in der vollständigen Vertreibung oder der Vernichtung der Juden.[230]

Die Berliner Protagonisten der ersten großen Bewegung des modernen Antisemitismus in Deutschland agierten auf vielfältige Weise. In Politik, Wissenschaft und Gesellschaft stellten sie eine heterogene Gruppe dar, deren politische Ziele sich häufig voneinander unterschieden, die in ihrem Hass auf JüdInnen aber eine

---

S. 11–32, und Leopold Auerbach, vgl. ders., Das Judenthum und seine Bekenner in Preußen und den anderen deutschen Bundesstaaten, Berlin 1890, S. 1–123; vgl. Simon M. Dubnow, Die Epoche der zweiten Reaktion, S. 3–39.

229 Vgl. Wolfgang Benz, Antisemitismus, in: Michael Fahlbusch, Ingo Haar, Alexander Pinwinkler (Hgg.), Handbuch der völkischen Wissenschaften, Band 2: Forschungskonzepte – Institutionen – Organisationen – Zeitschriften, Berlin/Boston 2017, S. 945–957; vgl. Hans-Michael Bernhardt, „Die Juden sind unser Unglück!", S. 25–55; vgl. Barbara Diestel, Was ist der Kern der Judenfrage (Ernst Henrici, 13.1.1881), in: Wolfgang Benz (Hg.), Handbuch des Antisemitismus, Bd. 6 (Publikationen), Berlin/Boston 2013, S. 753–755, zit. ebd. 753, 754.; zu ‚traditionellem'-religiösen und ‚modernem' Antisemitismus vgl. Gideon Botsch und Werner Treß, Moderner Antisemitismus und Sattelzeit. Das Beispiel Paul de Lagarde, in: Heike Behlmer, Thomas L. Gertzen und Orell Witthuhn (Hgg.), Der Nachlass Paul de Lagarde. Orientalische Netzwerke und antisemitische Verflechtungen, München 2020, S. 111–126; vgl. Thomas Graefe, Antisemitismus im deutschen Kaiserreich. Stereotypenmuster, Aktionsformen und die aktuelle Relevanz eines „klassischen" Forschungsgegenstandes, in: Sozial.Geschichte Online 25 (2019).
230 Vgl. Wolfgang Benz, Antisemitismus, S. 975.

Gemeinsamkeit fanden. Die gesellschaftliche Akzeptanz radikaler, antisemitischer Denk- und Deutungsmustermuster wurde durch einflussreiche und angesehene Persönlichkeiten aus Politik, Kultur und Wissenschaft verstärkt, die sich der Bewegung anschlossen. Zu ihren bedeutendsten Vertretern zählten der Historiker und Nationalliberale Heinrich von Treitschke (1834–1896), der den verhängnisvollen Slogan „die Juden sind unser Unglück"[231] erfand, und der Orientalist Paul de Lagarde (1827–1891)[232]. Durch ihre Publikationen und öffentliche Positionierung gegen die Juden wurden die in bildungsbürgerlichen, akademischen, kulturellen und politischen Kreisen ohnehin weit verbreiteten antisemitische Stereotype argumentativ aufgewertet und als „normaler" Bestandteil gesellschaftlicher Debatten akzeptiert und reproduziert.[233]

Auf der anderen Seite des gesellschaftlichen Spektrums, fernab von bürgerlichen Salons und universitären Hörsälen, zogen die sogenannten „Radauantisemiten" Aufmerksamkeit auf sich.[234] Obschon zunächst gering an Zahl, inszenierten sie sich rasch und medial wirkungsvoll als tatkräftige Speerspitze des antisemitischen Milieus, und formulierten ihre Forderungen nach einer Exklusion der deutschen jüdischen Bürger auf eine lautstarke, vulgäre und nicht selten aggressive Weise. So tat es beispielsweise der bereits erwähnte Ernst Henrici, der im Frühjahr 1881 als antisemitischer Wanderprediger durch Pommern ‚tourte' und Brandreden gegen die Juden hielt, in deren Folge es in den Städten Neustettin und Argenau zu Pogromen kam, die sich von denen östlich der Grenze in nichts unterschieden.[235] Die Radauantisemiten schufen eine bedrohliche und feindselige Stimmung für die preußischen und Berliner Juden, blieben jedoch gleichzeitig wegen ihrer Radikalität und Vulgarität für einen Großteil der Bürgerlichen unwählbar. Neben Vertretern

---

231 Heinrich von Treitschke, Unsere Aussichten, S. 575.
232 vgl. Ina Ulrike Paul, Paul Anton de Lagardes Rassismus, in: Rassismus in Geschichte und Gegenwart. Eine interdisziplinäre Analyse (= Zivilisationen & Geschichte Bd. 55), hrsg. v. Ina Ulrike Paul und Sylvia Schraut, Berlin u. a. (Peter Lang) 2018, S. 81–111.
233 Vgl. Shulamit Volkov, Antisemitismus als kultureller Code. Zehn Essays, München 2000; vgl. Ulrich Wyrwa, Genese und Entfaltung antisemitischer Motive in Heinrich von Treitschkes „Deutscher Geschichte im 19. Jahrhundert", in: Werner Bergmann, Ulrich Sieg (Hgg.), Antisemitische Geschichtsbilder, Essen 2009, S. 83–102; vgl. zur Biographie Ulrich Langer, Heinrich von Treitschke: Politische Biographie eines Deutschen Nationalisten, Düsseldorf 1998; zu Treitschkes Antisemitismus vgl. ausführlich Klaus Holz, Nationaler Antisemitismus, Wissenssoziologie einer Weltanschauung, Hamburg 2010, S. 165–247.
234 Vgl. Christoph Jahr, Artikel Radauantisemitismus, in: Wolfgang Benz (Hg.), Handbuch des Antisemitismus, Bd. 3 (Begriffe, Theorien, Ideologien), Berlin/Boston 2010, S. 270–273.
235 Vgl. Christhard Hoffmann, Politische Kultur und Gewalt gegen Minderheiten. Die antisemitischen Ausschreitungen in Pommern und Westpreußen, in: Wolfgang Benz (Hg.), Jahrbuch für Antisemitismusforschung 3, Berlin 1994, S. 93–120.

der christlichen Religionsgemeinschaften, Konservativen, enttäuschten Liberalen und ehemals radikaldemokratischen Alt-1848ern gab es in ihren Reihen Journalisten, Lehrer und Schriftsteller, Unternehmer und Offiziere. Zu den bekanntesten Protagonisten gehörten neben Henrici der preußische Hofprediger Adolf Stoecker (1835–1909), der Journalist Wilhelm Marr (1819–1904) – der erstmals das Wort „Antisemitismus" in Umlauf brachte –, der wegen Veruntreuung öffentlicher Gelder geschasste Volksschullehrer Hermann Ahlwardt (1846–1914), die Brüder Bernhard (1843–1889) und Paul Förster (1844–1925), die zusammen mit dem Offizier Max Liebermann von Sonnenberg (1848–1911) die *Antisemitenpetition* initiierten, und der als „hessischer Bauernkönig" bekannte völkische Agrarromantiker Otto Böckel (1859–1923).[236]

Zum einzig langfristig erfolgreichen politischen Sammelbecken der Antisemiten avancierte die *Christlich-Soziale Arbeiterpartei* (CSA) Adolf Stoeckers, welche die Wertvorstellungen konservativ-protestantischer und -katholischer Milieus bediente und sich zunehmend der im Jahr 1876 unter Anteilnahme Bismarcks gegründeten *Deutschkonservativen Partei* (DkP) annäherte. Zur Reichstagswahl 1881 verschmolz Stoeckers antisemitische Partei mit der DkP und agierte bis 1896 als eine innerparteiliche, selbstständige Gruppierung.[237] Die antisemitischen Positionen der CSA fielen innerhalb der DkP auf fruchtbaren Boden. Parteiintern erwiesen sie sich langfristig als mehrheitsfähig und waren als ‚vernünftige' antisemitische Alternative für einen Großteil des Bürgertums weitaus attraktiver als der radikale Radauantisemitismus eines Ernst Henrici. Die Amalgamierung von Konservatismus, Protestantismus und rassistisch-völkischem Antisemitismus wurde von breiten Gesellschaftsschichten als ideologisches Weltbild und als politische, zeitgemäße Strategie und Garant gegenüber einem „zersetzenden jüdischen Einfluß auf unser

---

[236] Zu Stoecker vgl. Klaus Holz, Nationaler Antisemitismus, S. 248–297 und Werner Bergmann, Artikel Adolf Stoecker, in: Wolfgang Benz (Hg.), Handbuch des Antisemitismus. Judenfeindschaft in Geschichte und Gegenwart, Bd. 2 (Personen), S. 798–802; vgl. ders., Artikel Marr, Wilhelm, in: ebd., S. 520–523; vgl. Christoph Jahr, Artikel Ahlwardt, Hermann [Pseudonym: Hermann Koniecki], in: ebd, S. 6–8; vgl. Elke Kimmel, Artikel Henrici, Carl Ernst Julius [Walther Kolmas], in: ebd., S. 350f.; vgl. Daniela Kraus, Artikel Förster, Bernhard, in: ebd., S. 236–238; vgl. dies, Artikel Förster, Paul, in: ebd., S. 238f.; vgl. Elke Kimmel, Artikel Liebermann von Sonnenberg, Max Hugo, in: ebd., S. 482f.; vgl. dies., Artikel Böckel, Otto, in: ebd., S. 92f.; vgl. auch Massimo Ferrari Zumbini, Wurzeln des Bösen, S. 231f.

[237] Vgl. Andrea Hopp, Auf Stimmenfang mit dem Vorurteil: Antisemitismus im Wahlkampf, in: Lothar Gall (Hrsg.), Regierung, Parlament und Öffentlichkeit im Zeitalter Bismarcks. Politikstile im Wandel, Paderborn 2003, S. 263–280; vgl. Michael Imhof, Einen besseren als Stoecker finden wir nicht: Diskursanalytische Studie zur christlich-sozialen Agitation im deutschen Kaiserreich, Oldenburg 1996.

Volksleben"[238] zunehmend akzeptiert und durch eine scheinbare wissenschaftliche Untermauerung angesehener Hochschullehrer legitimiert. Die politischen Überzeugungen der CSA wurden 1892 im sogenannten *Tivoli-Programm* der DkP als erstes antisemitisches Bekenntnis einer Partei des Reichstages schriftlich fixiert. Die angeprangerten Erscheinungsformen des Judentums betrafen alle als negativ, unheimlich und unbehaglich empfundene Erscheinungsformen der fortschreitenden Moderne – Landflucht, Urbanisierung und Kosmopolitismus, wachsende Rufe der unteren Klassen nach mehr Partizipation, die sich in sozialdemokratischen und sozialistischen Ideen äußerten, fortschreitende Säkularisierung und Materialismus, politischer und ökonomischer Liberalismus, Intellektualismus und Individualismus.[239] Im Zuge der konservativen Wende Bismarcks 1878/79 wurde die DkP ins Lager der neuen Regierungsmehrheit eingebunden. Nach seiner Wahl in den Reichstag 1881 war Adolf Stoecker damit unmittelbar an Gesetzgebungsprozessen beteiligt, deren Bestandteil ein rigides Grenzregime gegenüber PolInnen und JüdInnen aus den russländischen Provinzen war.[240] Es ist zu konstatieren, dass sich die seit 1879 erstarkende antisemitische Bewegung und die konservativ-nationalistische Agenda der Bismarckregierung in starkem Maße wechselseitig begünstigten.

Abgesehen vom Aufgehen der CSA in der DkP blieb die parlamentarische Wirksamkeit der antisemitischen Bewegung weitestgehend erfolglos, da sie abgesehen vom gemeinsamen Nenner Judenhass keine weiterführende Programmatik entwickeln konnten. In kollektiver Erinnerung blieben jedoch ihre Aktionen, Veranstaltungen, Vereins- und Zeitungsgründungen und Exzesse. Der Höhepunkt der antisemitischen Agitation im Sommer 1881 fiel zeitlich mit der beginnenden Krise in Brody zusammen. Die von deutschen Juden ins Leben gerufene Hilfsaktion fand unter bedrohlichen Vorzeichen statt; während sich die ersten Züge mit jüdischen EmigrantInnen in Richtung Antwerpen in Bewegung setzten, fanden gleichzeitig Pogrome in Pommern statt. Die Synagoge von Neustettin brannte, durch einen von Henrici aufgestachelten Mob in Flammen gesetzt, bis auf die Grundmauern nieder.

---

[238] Tivoli-Programm der Deutschkonservativen Partei, S. 1 (online: http://ghdi.ghi-dc.org/sub_docu ment.cfm?document_id=758&language=german; 10.9.2020).
[239] Vgl. Ulrich Sieg, Antisemitismus und Anitliberalismus im Deutschen Kaiserreich, in: Ewald Grothe, Ulrich Sieg (Hgg.), Liberalismus als Feindbild, Göttingen 2014, S. 93–112; auch Moritz Lazarus thematisierte die Ursachen des Antisemitismus, wobei er sich jedoch auf den Materialismus beschränkte, vgl. Moritz Lazarus, Was heißt national?, Berlin 1880, S. 3.
[240] Vgl. Dieter Gosewinkel, „Unerwünschte Elemente", S. 91f.; vgl. Ingo Haar, Jüdische In- und Exklusion, S. 345 ff.; vgl. Lothar Gall, Bismarck, S. 547–549; Vgl. Heinrich August Winkler, Der lange Weg nach Westen. Deutsche Geschichte 1806–1933, Bonn 2002, S. 238.; Werner Bergmann, Völkischer Antisemitismus, S. 449f.

Erst nach den Reichstagswahlen vom Oktober 1881 und dem Einschreiten des preußischen Militärs beruhigte sich die Lage allmählich. Die Ruhe war jedoch trügerisch. Werner Bergmann hat die 1880er Jahre sehr treffend als das Jahrzehnt der „Infiltration und des Einsickerns"[241] beschrieben, während dessen antisemitische Ideen und Stereotype und die mit ihnen einhergehende, sehr folgenreiche innere Überzeugung, dass die „Lösung" der sogenannten „Judenfrage" ein wirksames Mittel zur Beseitigung sämtlicher sozialer Missstände sei, sich langsam und stetig, in verschiedener Schärfe, über Parteien, Berufsvereinigungen, Genossenschaften, Sport-, Turn- und Kriegervereine, und Stammtische manifestierte und zu einem konstanten Bestandteil politischen Denkens in nahezu allen deutschen Gesellschaftsschichten entwickelte. Zur Genese des modernen deutschen Antisemitismus gehören Treitschkes „hosenverkaufende Jünglinge" daher ebenso wie die vulgäre Hetze eines Ernst Henrici. Als vermeintlich volksnaher Antisemitismus der Unter- und Mittelschicht trugen die Aktionen der Radauantisemiten in Wort und Tat dazu bei, Vorbehalte und Stereotype gegen die deutschen Juden genauso wie gegen jüdische Durchwanderer in weite Bevölkerungskreise zu tragen und ehemals als zu radikal abgelehnte Lösungswege zur ‚Judenfrage' als alternatives Politikmodell langfristig zu etablieren. Dieselbe Funktion erfüllten die bildungsbürgerlichen Antisemiten in den gehobeneren Kreisen, in Universitäten, Verlagen und Zeitungsredaktionen.

2 Die Radikalisierung der antisemitischen Bewegung bis zum Krisenjahr

Während die DkP antisemitische Positionen im Reichstag artikulierte, erhielt auch die restliche antisemitische Bewegung Aufmerksamkeit und Auftrieb. Die Auftritte von Radauantisemiten wie Henrici und dem Publizisten Julius Ruppel nahmen an Schärfe und Radikalität zu. Ihre Präsenz im öffentlichen und medialen Raum wuchs, sie fungierten als demagogische Multiplikatoren. Seit 1879 initiierte die Bewegung zahlreiche Vereine und Zeitschriften, die den Beginn einer eigenständigen antisemitischen Vereins- und Presselandschaft in Deutschland markieren. Häufig trugen diese Vereine scheinbar harmlose Namen wie *Deutscher Bürger-/Reformverein* oder *Patriotischer Verein*.[242] Schon im November 1879 hatte Wilhelm

---

241 Werner Bergmann, Geschichte des Antisemitismus, München 2002, S. 44.
242 Vgl. Werner Bergmann, Geschichte des Antisemitismus, S. 42–50; vgl. ders., Völkischer Antisemitismus, S. 451f.; vgl. Ludwig Philippson, Neueste Geschichte des jüdischen Volkes, Bd. 2, S. 21; zur Entwicklung der antisemitischen Verlags- und Presselandschaft vgl. Justus H. Ulbricht, Das völkische

Marr die *Antisemitenliga* gegründet und mit der *Deutschen Wacht* ein monatlich erscheinendes antisemitisches Magazin ins Leben gerufen.[243] Im Januar 1880 wurde, ebenfalls auf Betreiben der Liga, die Zeitschrift *Die Wahrheit. Humoristisch-satirisches Wochenblatt* gegründet, in der neben Marr auch Theodor Fritsch (1852–1933) publizierte. *Die Wahrheit* druckte regelmäßig judenfeindliche Karikaturen, Lieder und Witze und fand dank ihrer einfachen, unterhaltsamen Inhalte rege Abnahme und Verbreitung – andere Zeitungen übernahmen gern ihre Darstellungen, häufig dienten sie auch zur Vorlage für antisemitische Flugblätter.[244] 1880 schuf Julius Ruppel mit der *Berliner Ostend-Zeitung* ein weiteres publizistisches Sprachrohr der antisemitischen Bewegung, dessen Beiträge einzig die Verunglimpfung und gesellschaftliche Exklusion der deutschen Juden zum Inhalt hatten, und das die im Sommer 1880 beginnende Unterschriftensammlung für die *Antisemitenpetition* nach Kräften bewarb.[245]

Einige Artikel dieser Zeitung wurden aufgrund ihres aggressiven Tonfalls und beleidigender Inhalte schon bald Gegenstand gerichtlicher Auseinandersetzungen.[246] Von der Seite des Staates erhielten die deutschen JüdInnen keine Hilfe. Die preußische Regierung unternahm keinerlei Schritte, um ihre jüdischen Bürger zu unterstützen, im Gegenteil. Zwei Eingaben, die die Berliner jüdische Gemeinde im Oktober 1879 und April 1880 an den preußischen Innenminister Botho zu Eulenburg (1831–1912) gerichtet und in denen sie um Schutz vor den „gehässigen Agitationen" gebeten hatten, blieben unbeantwortet, ein persönliches Gespräch zwischen dem Gemeindevorsitzenden Ernst Magnus (1850–1910) und Eulenburg scheiterte am Desinteresse des Ministers. Auf eine dritte Eingabe ließ das Ministerium der Gemeinde schließlich mitteilen, diese sei nicht berechtigt, im Namen der gesamten Judenschaft Preußens zu sprechen, und gegen die Antisemiten könne man nichts tun, solange keine Gesetzesverstöße festgestellt würden.[247]

Seit dem Juli 1880 waren die *Antisemitenpetition* und damit der Antisemitismus Dauerthema in der jüdischen und nichtjüdischen Presse. Dieser Umstand beför-

---

Verlagswesen im deutschen Kaiserreich, in: Uwe Puschner, Walter Schmitz, Justus H. Ulbricht (Hgg.), Handbuch zur „Völkischen Bewegung" 1871–1918, S. 277–301.
243 Vgl. Ulrich Wyrwa, Artikel Antisemitenliga, in: Wolfgang Benz (Hg.), Handbuch des Antisemitismus. Judenfeindschaft in Geschichte und Gegenwart, Bd. 5 (Organisationen, Institutionen, Bewegungen), Berlin/Boston 2012, S. 30–33.
244 Vgl. Thomas Gräfe, Artikel Die Wahrheit, in: Wolfgang Benz (Hg.), Handbuch des Antisemitismus, Judenfeindschaft in Geschichte und Gegenwart, Bd. 6 (Publikationen), S. 752f.
245 Zu Initiierung und Ablauf der Antisemitenpetition vgl. Massimo Ferrari Zumbini, Wurzeln des Bösen, S. 194–206.
246 Vgl. Barnet Peretz Hartston, Sensationalizing the Jewish Question: Anti-Semitic Trials and the Press in the Early German Empire, Leiden/Boston 2005, S. 60.
247 vgl. Leopold Auerbach, Das Judenthum und seine Bekenner, S. S. 104–106; zit. ebd. S. 104.

Abb. 1: Der Herausgeber der Berliner Ostend-Zeitung Julius Ruppel, 1878.

derte den Zuwachs der antisemitischen Bewegung. Zwar wurden ihre Forderungen und ihr Auftreten in der überregionalen und (national-)liberalen Hauptstadtpresse überwiegend negativ wahrgenommen, doch sie entwickelten sich zum permanenten Bestandteil journalistischen Interesses und damit zum Teil gesellschaftspolitischer Debatten. Auflagenstarke konservative Blätter wie die *Kreuzzeitung* oder der *Reichsbote*, der im protestantischen Mittelstand rege Verbreitung fand, fungierten als inoffizielles Hausblatt der CSA und griffen antisemitische Themen auf, was die

2 Die Radikalisierung der antisemitischen Bewegung bis zum Krisenjahr — 87

Verbreitung zusätzlich begünstigte und diskursive Anknüpfungspunkte für antisemitisches Gedankengut im Bürgertum schuf.²⁴⁸

Angespornt von ihrer medialen Omnipräsenz versuchten die Antisemiten, die Wahlen zur Berliner Stadtverordnetenversammlung vom 2.–4. November 1880 zu ihren Gunsten zu beeinflussen. In Berlin galt das Dreiklassenwahlrecht, das wohlhabenden – in der Hauptstadt größtenteils (national)liberalen Bürgern – einen Vorteil einräumte²⁴⁹. Nur etwa 9,6 % aller Einwohner Berlins waren wahlberechtigt. Die propagandistische Beeinflussung zielte auf die dritte Wahlklasse und damit auf Angehörige der Mittelschicht ab. Die Antisemiten konzentrierten ihre Angriffe auf den populären Vorsteher der Stadtverordnetenversammlung Wolfgang Straßmann (1821–1885), Mitglied der *Deutschen Fortschrittspartei* und einer der bekanntesten jüdischen Politiker Berlins. Mit großem Aufwand wurde eine Desinformations- und Verleumdungskampagne in Gang gesetzt, die Straßmann diverse Verstrickungen in kriminelle Machenschaften vorwarf, um seine moralische Eignung als Vorsteher der Stadtverordnetenversammlung zu unterminieren. Unter anderem wurde behauptet, er habe seine leitende Funktion ausgenutzt, um Zement von öffentlichen Bauprojekten abzuzweigen. Stoecker warf ihm wiederholt kirchenkritische Äußerungen vor und unterstellte damit eine allgemeine Christenfeindschaft der Juden.²⁵⁰ Sekundiert wurden diese auf Wahlveranstaltungen und in Bierhallen verkündeten Verleumdungen von einer Hetzkampagne der *Ostend-Zeitung* und anderer Blätter und mithilfe Tausender von Flugblättern. Marr veröffentlichte eigens zu Wahlkampfzwecken das Pamphlet *Wählet keinen Juden!*²⁵¹, in dem mithilfe einer umfangreichen, aus dem Zusammenhang gerissenen Zitatensammlung aus dem Talmud und berühmter Schriftsteller und Philosophen, ein „Leitfaden" für die preußischen Wähler zusammengeschustert wurde, der rassistisch-antisemitische „Charakterbilder" lieferte. Der AIU widmete er ein eigenes Kapitel und beschrieb sie

---

248 Vgl. AZJ, Jg. 44, Nr. 49 (7.12.1880), S. 778; vgl. Dagmar Bussiek, „Das Gute gut und das Böse böse nennen". Der Reichsbote 1873–1879, in: Michel Grunwald, Uwe Puschner (Hgg), Das evangelische Intellektuellenmilieu in Deutschland, seine Presse und seine Netzwerke, Bern 2008, S. 97–120.
249 Vgl. zur Übersicht zum Berliner Wahlrecht im Kaiserreich Geert Baase, Wahlen zur Stadtverordnetenversammlung und zum Abgeordnetenhaus von Berlin 1862–2011, in: Zeitschrift für amtliche Statistik Berlin Brandenburg 1+2/2011, S. 58–60. (https://www.statistik-berlin-brandenburg.de/publikationen/aufsaetze/2012/HZ_201201-04.pdf; 20.10.2020).
250 Vgl. Barnet Peretz Hartston, Sensationalizing the Jewish Question, S. 42.; vgl. Uffa Jensen, Gebildete Doppelgänger. Bürgerliche Juden und Protestanten im 19. Jahrhundert (= Kritische Studien zur Geschichtswissenschaft Bd. 167), Göttingen 2005, S. 271.
251 Der hier genannte Titel bezeichnet die 4. Auflage, die 1880 erschien. Die Erstauflage erschien bereits 1879 unter dem vollständigen Titel: *Wählet keinen Juden! Der Weg zum Siege des Germanenthums über das Judenthum. Ein Mahnwort an die Wähler nichtjüdischen Stammes aller Confessionen. Mit einem Schlußwort: „An die Juden in Preussen."*, Berlin 1879.

als eine internationale, kosmopolitische Assoziation, die „selbsteingestanden – nach der Weltherrschaft" strebe, „reicher an Geld" sei „als alle Kaiser und Könige" und durch ihre Arbeit „Tausende von Prozenten" verdiene.[252]

Die Dauerkanonade antisemitischer Agitation traf in Teilen der Berliner Bevölkerung auf offene Ohren. „Die schmählichen Angriffe gegen die Gesammtheit der Juden", schrieb die AZJ am 18. November auf ihrer Titelseite,

> steigern sich jeden Tag; verpflanzen sich aus den Wirthshauslocalen der Stöckerschen Versammlungen in die Säle öffentlicher Vorträge und finden auch da eine zahlreiche Zuhörerschaft. Ja, in Kreisen, wo man es am wenigsten vermuthen sollte, z. B. von Actiengesellschaften, tritt diese schmachvolle und lügenhafte Verhetzung und Verfolgung einer ganzen Bevölkerungsklasse ungescheut und ungezüchtigt auf.[253]

Auf einer Wahlveranstaltung der CSA kam es am 29. Oktober zu Tumulten, die erst durch das Eingreifen der Polizei beendet werden konnten. Kurz vor und während der Stadtverordnetenwahl tauchten vielerorts, unter anderem „an allen Anschlagsäulen" Berlins, wie die AZJ schrieb, rote Plakate mit dem Marr-Slogan „Wählet keine Juden" auf, die – allerdings mit zweitätiger Verspätung – von der Polizei entfernt wurden. Ein „Extrablatt" der *Ostend-Zeitung* gleichen Inhalts blieb jedoch weiterhin erlaubt und wurde in großer Stückzahl in Berlin verteilt.[254]

Die Strategie der Antisemiten ging auf. Straßmann verlor in seinem Heimatwahlbezirk die Wahl gegen seinen Gegenkandidaten Direktor O. Bergschmidt deutlich. Dafür gewann er mit überraschender Mehrheit im Wahlkreis Luisenstadt und konnte, weil er die dortige Wahl annahm, Mitglied und Vorsteher der Stadtverordnetenversammlung bleiben.[255] Obwohl alle sonstigen Wahlkreise von Kandidaten der liberalen Parteien gewonnen wurden, hatte die antisemitische Bewegung einen wichtigen Teilerfolg errungen und sich als ernstzunehmender politischer Gegenspieler der liberalen Parteien positioniert. Der Erfolg eines von Antisemiten protegierten Kandidaten im liberal-freisinnigen Berlin war zwar im Gesamtergebnis wenig ausschlaggebend, doch schockierte er die liberale Bürgerschaft und die Berliner Juden. Die antisemitische Presse schlachtete Bergschmidts Sieg entsprechend euphorisch aus, die *Ostend-Zeitung* feierte ihn in Marr'scher Terminologie gar als „Sieg des Germanentums".[256]

---

252 Vgl. ebd., S. 29–34, zit. S. 32.
253 Berliner Zustände, in: AZJ, Jg. 44, Nr. 46 (68.11.1880), S. 721.
254 Vgl. Uffa Jensen, Gebildete Doppelgänger, S. 275.
255 Vgl. AZJ, Jg. 44, Nr. 47 (23.11.1880), S. 743 f.; vgl. Ludwig Philippson, Geschichte des jüdischen Volkes, Bd. 2, S. 21.
256 Vgl. Uffa Jensen, Gebildete Doppelgänger, S. 275, Anm. 9.

2 Die Radikalisierung der antisemitischen Bewegung bis zum Krisenjahr — 89

Kurz nach der Wahl, am 8. November, kam es zu einem folgenreichen Zwischenfall, der als *Kantorowicz-Affäre* bekannt wurde und der von vielen JüdInnen als Symbol für aktiven Widerstand gedeutet wurde.[257] Der 35jährige Spirituosenfabrikant Edmund Kantorowicz (1846–1904)[258], ein aus Posen stammender jüdischer Berliner, stieg an der Haltestelle Leipzigerstraße in die Pferdebahn in Richtung Behrendstraße ein. Zufällig saßen im selben Waggon auch die Antisemiten Carl Jungfer und Bernhard Förster, beide Lehrer am Friedrichs-Gymnasium. Von einer Veranstaltung in einem Weinlokal kommend und noch in entsprechender Stimmung, hatten sie ihre Rückfahrt in der Absicht angetreten, die anderen Fahrgäste mit judenfeindlichen Äußerungen zu provozieren. Sie redeten lautstark über den antisemitischen Erfolg bei den Wahlen und zogen dabei alle Register antisemitischer Stereotype und Beleidigungen, wetterten gegen Straßmann und schwärmten von zukünftigen „deutschen Hieben" gegen die Juden.[259] Kantorowicz stellte die beiden zur Rede, es kam zu Rangeleien in dem Waggon. Schließlich stiegen die drei aus, ein Polizist wurde gerufen. Als Kantorowicz diesen Schritt begrüßte, wurde er von Jungfer mit den Worten „Sie sind ja nur ein Jude!" darauf aufmerksam gemacht, dass er sich keine großen Hoffnungen auf einen günstigen Ausgang der Sache machen sollte. Diese Beleidigung war Kantorowicz zu viel und er ohrfeigte Jungfer in aller Öffentlichkeit, worauf dieser ihn zum Duell forderte. Doch schon am nächsten Tag erhielt Kantorowicz ein Schreiben Jungfers, in dem dieser die Aufforderung mit der vorgeschobenen Begründung zurücknahm, als Jude sei Kanntorowicz „völlig unsatisfaktionsfähig"[260], weshalb er den Weg der Zivilklage beschreiten werde. Kantorowicz, selbst militärisch ausgezeichnet, ließ dies nicht auf sich beruhen und machte den Fall öffentlich; zunächst richtete er ein Beschwerdeschreiben an den Direktor des Friedrichs-Gymnasiums, den Dienstherrn von Förster und Jung, und sandte eine ausführliche Schilderung des Vorfalls an die Redaktion des liberalen *Berliner Börsen-Couriers*. Außerdem beschwerte er sich beim Landgerichts-Bezirkskommando über den Lieutenant Förster und forderte die Einsetzung eines Ehrengerichts. Mit dem Abdruck im *Börsen-Courier*, der den Vorfall mit der gesamten antisemitischen Bewegung und den Aktivitäten Adolf Stoeckers in Zusammenhang brachte, entwickelte sich der Fall Kantorowicz binnen

---

257 Vgl. Clemens Escher, Artikel Kantorowicz-Affäre (1880), in: Wolfgang Benz (Hg.), Handbuch des Antisemitismus. Judenfeindschaft in Geschichte und Gegenwart, Bd. 4 (Ereignisse, Dekrete, Kontroversen), Berlin/Boston 2011, S. 217 f.; vgl. auch die ausführliche Darstellung der Affäre in Barnet Peretz Hartston, Sensationalizing the Jewish Question, S. 37–50.; vgl. Robert E. Lerner, Ernst Kantorowicz. Eine Biographie, Stuttgart 2020, S.
258 Vgl. Robert E. Lerner, Ernst Kantorowicz, S. 22.
259 Vgl. ebd., S. 24, zit. ebd.
260 Vgl. Clemens Escher, Artikel Kantorowicz-Affäre (1880), S. 217; zit. ebd.

Tagen zu einem Politikum. Weitere liberale Zeitungen positionierten sich zugunsten Kantorowicz', die antisemitische und konservative Presse hielt dagegen, unterstellten Kantorowicz unter anderem illegale Geschäftspraktiken und betitelten ihn als „Schnapsjuden".[261] Die linksliberale Presse wiederum brachte die Causa Kantorowicz mit einem anderen Fall in Hanau in Verbindung. Dort hatte ein Jude einen Antisemiten im Duell erschossen, was der *Börsen-Courier* als legitime und moralisch berechtigte Selbstverteidigung darstellte.[262] Während des folgenden „Zeitungssturms"[263] publizierten die verschiedenen Seiten diverse Flugschriften, Darstellungen und Broschüren, unter anderem brachte Julius Ruppel eine anonym verfasste Schrift zum Fall Kantorowicz heraus, die später von Liebermann von Sonnenberg in den Kanon antisemitischer Veröffentlichungen aufgenommen wurde.[264] Kantorowiczs Zivilcourage, sein konsequentes Vorgehen gegen die beiden Antisemiten und auch die Ohrfeige für Jungfer erfuhren in Teilen der Berliner Bevölkerung breite Zustimmung; der *Berliner Börsen-Courier* berichtete von „hunderten"[265] Solidaritätstelegrammen, die Kantorowicz von jüdischen und nichtjüdischen Lesern erhalten hatte. Dieser große Zuspruch deutscher JüdInnen auf Kantorowicz' Reaktion machte deutlich, dass erstens das Ausmaß der antisemitischen Attacken von den deutschen Juden nicht länger widerstandslos hingenommen werden konnte, und dass zweitens aktiver Widerstand erfolgreich war und Solidarisierung erzeugte.

3 Salomon Neumann und die „Fabel von der jüdischen Masseneinwanderung"

In den als ‚Berliner Antisemitismusstreit' bekannt gewordenen Auseinandersetzungen um die Zugehörigkeit der deutschen Juden zur deutschen Nation[266] zwischen 1879 und 1881 nahmen antisemitische Forderungen nach einem Immigrationsverbot russländischer und polnischer Juden sowie die Kritik an der *Alliance Israélite Universelle* und ihrer Arbeit für osteuropäische jüdische MigrantInnen

---

261 Ebd.
262 Teilweise abgedruckt in: Simplicius Simplicissimus, Der Fall Kantorowicz als Symptom unserer Zustände. Eine Neujahrsbetrachtung auf Grund harmloser Quellenstudien, Berlin 1881, S. 9 f.
263 Clemens Escher, Kantorowicz-Affäre (1880), S. 217.
264 Vgl. Simplicius Simplicissimus, Der Fall Kantorowicz als Symptom unserer Zustände., in: Max Liebermann von Sonnenberg, Beiträge zur Geschichte der antisemitischen Bewegung vom Jahre 1880–1885 bestehend in Reden, Broschüren, Gedichten, Berlin 1885, S. 43–53.
265 Barnet Peretz Hartston, Sensationalizing the Jewish Question, S. 40.
266 Vgl. Carsten Krieger, Der ‚Berliner Antisemitismusstreit' 1879–1881.

3 Salomon Neumann und die „Fabel von der jüdischen Masseneinwanderung" — 91

einen prominenten Platz ein. Gestützt auf subjektiv ausgelegte Bevölkerungsstatistiken prangerten verschiedene Akteure der Berliner Bewegung sowie Teile der ultrakonservativen Regierungsparteien eine „jüdische Masseneinwanderung" an und machten immigrationsfeindliche Polemik zu einem Bestandteil nationalkonservativer politischer Regierungspraxis.

Dies blieb von jüdischen wie nichtjüdischen liberalen Befürwortern eines pluralistischen Staates nicht unbeantwortet. Insbesondere diejenigen deutschen Juden, die sich an der Durchführung des gelenkten jüdischen Transits durch Deutschland beteiligten, versuchten die These von der jüdischen Masseneinwanderung zu entkräften, um nicht nur die jüdischen TransmigrantInnen, sondern auch sich selbst zu schützen, weil sie als vermeintliche HelfershelferInnen ins Visier der Antisemiten gerieten. Die Motive der jüdischen Solidarität und der *Zedakah*, aufgrund derer Hunderte deutscher Juden die osteuropäische jüdische Auswanderung nach Kräften unterstützten, verschmolzen aus der Notwendigkeit der eigenen körperlichen Unversehrtheit heraus, zunehmend mit denen der Abwehr des Antisemitismus.

Eine der prominentesten Figuren in dieser frühen Epoche der Abwehrarbeit war der Berliner Sozialmediziner und Statistiker Salomon Neumann, eine bekannte jüdische Persönlichkeit und Berliner *Alliance*-Vorsitzender. Er engagierte sich während des Krisenjahres 1881/82 federführend bei der Organisation des Transits osteuropäischer Juden durch Preußen. Gleichzeitig nahm er entscheidenden Anteil im Kampf gegen die antisemitische Bewegung. Innerhalb der Debatten im Antisemitismusstreit konzentrierte er seine gesamte fachliche Reputation als Statistiker darauf, die These von der jüdischen Masseneinwanderung zu dekonstruieren. Bis in die Gegenwart ist die Person Salomon Neumanns, sein 64jähriges politisches und soziales Wirken in Berlin sowie seine zentrale Rolle für die deutsch-jüdische Geschichte von der historischen Forschung mit wenigen Ausnahmen[267] nur am Rande wahrgenommen worden.

Bevor Neumanns Engagement als Migrationshelfer und -organisator in Berlin thematisiert wird, soll im Folgenden seine Rolle als Demograph, Statistiker und

---

267 Vgl. Günter Regneri, Salomon Neumann's Statistical Challenge to Treitschke; vgl. ders., Salomon Neumann: Sozialmediziner – Statistiker – Stadtverordneter, Berlin 2011; vgl. Gerhard Baader, Salomon Neumann, in: Wilhelm Treue/Rolf Winau (Hgg.), Berlinische Lebensbilder, Bd. 2: Mediziner, Berlin 1987 S. 152–174; 2019 veranstaltete die Charité Berlin eine Gedenkveranstaltung anlässlich des 200. Geburtstages von Salomon Neumann, vgl. Charité Berlin, Gedenkveranstaltung zum 200. Geburtstag von Salomon Neumann (https://www.charite.de/service/pressemitteilung/artikel/detail/gedenkveranstaltung_fuer_salomon_neumann/ und https://www.charite.de/fileadmin/user_upload/portal/charite/presse/pressemitteilungen/2019/EinladungProgramm_1_10_web.pdf; 20.10.2020); vgl. Ian Hacking, The Taming of Chance, Cambridge 2008, S. 189–199.

Abwehrkämpfer gegen die propagierte Masseneinwanderungsthese beleuchtet werden. Salomon Neumanns Position in wissenschaftlichen Kreisen der Hauptstadt und seine Bedeutung als Gegner des berühmten Treitschke zeigt im Folgenden eine kurze biographische Skizze. Anschließend werden Entstehung und Entwicklung der Masseneinwanderungsthese sowie die Auseinandersetzungen darüber näher analysiert.

3.1 Salomon Neumanns Karriere als Sozialstatistiker

Salomon Neumann wurde am 22. Oktober 1819 als Sohn eines Schuhmachers im pommerschen Pyritz (heute: Pyrzyce) geboren. Nach seinem Abitur 1838 studierte er an der Friedrich-Wilhelms-Universität in Berlin Medizin. Daneben hörte er Neuere Geschichte bei Eduard Gans (1797–1839) und Vorlesungen über die Geographie Palästinas bei Carl Ritter (1779–1859).[268] 1841 promovierte Neumann in Halle und sammelte in den folgenden Jahren Praxiserfahrungen in verschiedenen Kliniken in Paris und Wien. 1845 ließ er sich als praktizierender Arzt in Berlin nieder. Bei seiner Ernennung weigerte er sich unter Hinweis auf das Edikt vom 11. März 1812, den diskriminierenden „Judeneid" zu leisten, der in Preußen erst 1869 formal abgeschafft wurde.[269]

Mit Beginn seiner Tätigkeit als Arzt in Berlin wurde Neumann täglich mit Armut und den sozialen Problemen der rasch wachsenden Stadt konfrontiert. Im Jahr 1845 galt fast die Hälfte der ca. 400.000 Einwohner als „arm" und war gezwungen, sich bei der Berliner Armendirektion als Almosenempfänger zu registrieren. Neumann empfand das Gesundheitssystem als überholt und ungerecht und setzte sich in den folgenden Jahren intensiv mit der sozialen Frage auseinander. 1847 legte er seine erste umfassende Studie „Die öffentliche Gesundheitspflege und das Eigenthum" vor[270], in welcher er eine Reform der staatlichen Gesundheitsvorsorge forderte, die nur mithilfe einer allgemeinen Demokratisierung erreicht werden könne. Seine Abhandlungen zur „sozialen Medizin" und seine demokratischen Grundansätze brachte ihn mit den Reformmedizinern Rudolf Virchow und Rudolf Leubuscher (1821–1861) in Kontakt, an deren Zeitschrift *Medicinische Reform* er sich mit

---

268 Vgl. Reinhard Blänkner, Gerhard Göhler, Norbert Waszek (Hgg.), Eduard Gans (1797–1839). Politischer Professor zwischen Restauration und Vormärz (= Deutsch-Französische Kulturbibliothek 15), Leipzig 2001.
269 Vgl. Günter Regneri, Salomon Neumann's Statistical Challenge to Treitschke, S. 131f.; vgl. Der Israelit, Nr. 43 (18.9.1902), S. 1578.
270 Salomon Neumann, Die öffentliche Gesundheitspflege und das Eigenthum. Kritisches und Positives mit Bezug auf die preußische Medizinalverfassungs-Frage, Berlin 1847.

regem Interesse beteiligte. 1848 nahm er an den demokratischen Sitzungen der *Generalversammlung der Berliner Ärzte teil* und entwarf einen Gesetzentwurf für die öffentliche Gesundheitspflege. Von 1849 bis 1853 war er federführend an den Bemühungen des *Gesundheitspflegevereins des Berliner Bezirks der Arbeiterverbrüderung* beteiligt, der sich mit präventiven und aufklärerischen Methoden bemühte, eine Verbesserung der Lebensbedingungen der Berliner Arbeiterschaft zu erreichen.

1858 wurde Neumann in die Berliner Stadtverordnetenversammlung gewählt, der er als Vertreter der liberalen Gruppierung ohne Unterbrechung bis 1905 angehörte. Gemeinsam mit seinem Fraktionskollegen Rudolf Virchow trieb er die Errichtung öffentlicher Krankenhäuser und eine kontinuierliche Verbesserung der hygienischen Verhältnisse der Stadt Berlin voran, um den häufig auftretenden Cholera- und Typhusausbrüchen vorzubeugen. 1873 wurde mit dem Bau eines modernen Kanalisationssystems begonnen, was sich auszahlte: bei Ausbruch der Choleraepidemie von 1892 forderte die Seuche in Berlin lediglich 15 Todesopfer. In Hamburg, wo kein entsprechendes Abwassersystem existierte, starben 8.600 Menschen. 1870 wurde Neumann aufgrund seiner Verdienste um das Gesundheitswesen der Titel „Sanitätsrat" verliehen.[271]

Neumann teilte die emanzipatorischen und humanitären Bestrebungen der *Alliance*. Seit 1869 stand er ihrer Berliner Lokal-Filiale vor. 1872 wurde er in das *Alliance*-Zentralkomitee gewählt und beteiligte sich in den 1870er Jahren an den Bemühungen des *Rumänischen Comités* um eine bürgerliche Gleichstellung der rumänischen Juden. Im Krisenjahr 1881 war er federführend an der Organisation und Durchführung der gelenkten jüdischen Auswanderung und dem Transit durch Deutschland beteiligt, als Vorsitzender des *Berliner Komitees für die nothleidenden Juden Südrußlands* stand er als Schlüsselfigur in engem und regen Kontakt mit anderen an der Hilfsaktion Beteiligten in Österreich, England, den USA, den AIU-Vertretern im galizischen Brody und verhandelte mit den Vertretern der deutschen Schifffahrtsgesellschaften die Modalitäten der Beförderung russländischer TransmigrantInnen. Eine enge Freundschaft verband ihn mit dem Begründer der modernen Wissenschaft des Judentums Leopold Zunz (1794–1886), von dessen Arbeiten er sehr inspiriert wurde, wie etwa von Zunz' soziologischen Ausführungen über die „Grundlinien zu einer zukünftigen Statistik der Juden". 1864 gründete

---

[271] Vgl. Gerhard Baader, Von der sozialen Medizin und Hygiene über die Rassenhygiene zur Sozialmedizin (BRD)/Sozialhygiene (DDR), in: Udo Schagen, Sabine Schleiermacher (Hgg.), 100 Jahre Sozialhygiene, Sozialmedizin und Public Health in Deutschland, Berlin 2005, S. 4 f. (https://www.soziale-medizin.de/CD_DGSMP/PdfFiles/Texte/G_B.pdf; 20.10.2020); vgl. Günter Regneri, Salomon Neumann's Statistical Challenge to Treitschke, S. 134; vgl. ders, Salomon Neumann, Sozialmediziner – Statistiker – Stadtverordneter, S. 134.

Neumann die *Zunz-Stiftung* in Berlin, acht Jahre später begründete er zusammen mit Ludwig Philippson und Abraham Geiger die *Hochschule für die Wissenschaft des Judentums*.[272]

Seit seiner Studienzeit interessierte sich Neumann für statistische Fragestellungen und Modelle. Im Rahmen seiner langjährigen Arbeit für den *Gesundheitspflegeverein* begann er sich intensiver mit der Medizinalstatistik auseinanderzusetzen. Mit statistischen Erhebungen zum Wohnungswesen, der Sterblichkeit der Berliner Arbeiter sowie zur Prostitution gelang es ihm, wechselseitige Beziehungen zwischen monetärem Hintergrund verschiedener Gesellschaftsschichten mit deren gesundheitlichem Befinden verständlich darzustellen.[273] 1849 begann er mit der regelmäßigen und ausführlichen Erhebung von Daten, verfeinerte seine statistische Methodik, entwickelte Fragebögen für Volksbefragungen und veröffentlichte seine Ergebnisse in vierteljährlichen Berichten. Während der 1850er Jahre erwarb er sich den Ruf eines ausgezeichneten Statistikers. Als ihm der Berliner Polizeipräsident 1853 eine aussichtsreiche Karriere im neugegründeten *Statistischen Bureau* des Polizeipräsidiums anbot, lehnte Neumann ab, weil der Diensteid für das Amt mit einer Konversion zum Christentum verbunden war, wie es Artikel 14 der ‚Revidierten Verfassung' Preußens vom 31. Januar 1850 vorsah.[274]

1861 wurde Neumann mit der Organisation und Durchführung der Berliner Volkszählung beauftragt, in der erstmals die genaue Anzahl der Einwohner sowie soziale Daten zur Wohnungssituation erhoben wurden. Seine Methodik machte als „Berliner Modell" Schule und wurde zum Vorbild für viele andere preußische Städte in der Volkszählung von 1864, in der Neumann abermals die Berliner Erhebung leitete. Auf sein und Virchows Betreiben hin wurde am 8.2.1862 das *Statistische Bureau Berlin* gegründet, Neumann selbst als ständiges Mitglied in das Berliner Statistische Komitee berufen, das alle statistischen Belange und Erhebungen in Berlin begleitend überprüfte.[275]

---

272 Vgl. Leopold Zunz, Grundlinien zu einer künftigen Statistik der Juden, in: Verein für Cultur und Wissenschaft der Juden (Hg.), Zeitschrift für die Wissenschaft des Judenthums, Bd. 1, Heft 3, Berlin 1823, S. 523–532; Vgl. Günter Regneri, Salomon Neumann's Statistical Challenge to Treitschke, S. 134 f.; Neumann nennt Leopold Zunz als Vorbild und widmete ihm die 1884 erschienene Studie „Zur Statistik der Juden in Preußen von 1816 bis 1880" zu dessen 90. Geburtstag.
273 Vgl. Salomon Neumann, Zur medicinischen Statistik des preußischen Staates. Nach den Acten des statistischen Bureau's für das Jahr 1846, Berlin 1849.
274 Vgl. Reinhard Rürup, Das preußische Emanzipationsgesetz von 1812, in: Ernst Baltrusch, Uwe Puschner (Hgg.), Jüdische Lebenswelten. Von der Antike bis zur Gegenwart, Frankfurt am Main 2016, S. 146–148.
275 Vgl. Günter Regneri, Salomon Neumann's Statistical Challenge to Treitschke, S. 132 f.

3.2 Die „jüdische Masseneinwanderung" als Instrument der antisemitischen Bewegung

Die These von einer „Masseneinwanderung" russischer oder polnischer Juden nach Preußen und das Deutsche Reich gehörte seit 1879 zum Standardrepertoire der antisemitischen Bewegung. Mit propagandistischen Kampagnen wie der *Antisemitenpetition* forderten ihre Vertreter eine Rücknahme der bürgerlichen Gleichstellung der deutschen Juden und das Ende ihrer gesellschaftlichen Akkulturation und Inklusion in den Staat. Das Ahasver-Stereotyp des wurzellosen, wandernden Juden findet sich in frühen Klassikern der Berliner Bewegung. Wilhelm Marrs 1879 erschienene und vielfach aufgelegte Schrift *Der Sieg des Judenthums über das Germanenthum. Vom nicht confessionellen Standpunkt aus betrachtet* avancierte schnell zu einem Bestseller des modernen Rassenantisemitismus und erfuhr im Jahr seines Erscheinens zwölf Auflagen.[276] Marr versuchte in einer pseudowissenschaftlich konstruierten historischen Herleitung, traditionelle sowie rassistisch-antisemitische Vorurteile bei seiner deutschen Leserschaft gegenüber den jüdischen Mitbürgern zu wecken; gleichzeitig stellte seine Schrift eine Kampfansage an jegliche jüdische Migration dar. Er interpretierte die kulturgeschichtliche Entwicklung des jüdischen Lebens im Deutschen Reich als Ergebnis einer erfolgreichen Unterwanderung durch ein immigrierendes, „fremde[s] Volkselement". Jeglichen historischen Kontext ausklammernd stilisierte Marr die Diaspora beziehungsweise die jüdische Migration, und die seit der Antike in Europa entstandenen jüdischen Gemeinden, zu einem bewusst geplanten und umgesetzten Kampfmittel einer vermeintlich jüdischen Herrscherrasse:

> Das Judentum decentralisierte sich mehr und mehr (...) zerstreute sich massenhaft über Spanien und Portugal und über die slavischen Länder, bis es von dort über Holland nach Deutschland in Massen emigrirte (...) Nächst dem Slaventhum war aber das Germanenthum am unvorbereitetsten gegen die Fremdlinge.[277]

Die Juden, so Marr, hätten als geistige „Eroberer" und „erste Grossmacht des Abendlandes (...) namentlich in Deutschland" seit der Zerstörung Jerusalems ihre zersetzerischen Eigenschaften in fremde Länder „importiert", eine „Fremdherrschaft" errichtet und somit aus Deutschland ein „gelobtes Land für den Semitismus" und ein „Neu-Palästina" geformt. Dieser Zustand der Unterdrückung habe

---

[276] Vgl. Wilhelm Marr, Der Sieg des Judenthums über das Germanenthum. Vom nicht confessionellen Standpunkt aus betrachtet, Bern 1879; vgl. Wolfgang Benz, Vom Vorurteil zur Gewalt. Politische und soziale Feindbilder in Geschichte und Gegenwart, Freiburg 2020, S. 166–168.
[277] Vgl. Wilhelm Marr, Der Sieg des Judenthums über das Germanenthum, S. 11.

dank der gesellschaftlichen Liberalisierung im 19. Jahrhundert „durch die Judenemancipation seine gesetzliche Weihe" erhalten, und eine „socialpolitische Diktatur Deutschlands" errichtet, die Politik, Literatur, Zeitungen, Börsen und Theater beherrsche.[278]

Die in ihrer großen Mehrheit (national)liberalen, seit Mitte des 19. Jahrhunderts ökonomisch und sozial in die deutsche Gesellschaft integrierten deutschen Juden wurden massiv unter Druck gesetzt, ihr Selbstbewusstsein und ihre in Jahrzehnten mühsam erkämpfte Gleichberechtigung von wachsenden Teilen der deutschen Mehrheitsgesellschaft zunehmend infrage gestellt. Im gleichen Atemzug gefährdete die antisemitische Bewegung die von der *Alliance* ins Werk gesetzten Bestrebungen, eine gelenkte Auswanderung russländischer Juden über die deutsche Transitroute zu etablieren und langfristig auszubauen. Das antisemitische Lager kombinierte Fragen nach Nation und Identität stets mit einer angeblich überhandnehmenden Immigration osteuropäischer Juden in die preußischen Ostprovinzen und die Hauptstadt Berlin. Damit provozierten sie im Windschatten der Auseinandersetzung um die Zugehörigkeit der deutschen Juden zur deutschen Nation eine Einwanderungsdebatte, die Misstrauen, Ablehnung und eine wachsende Stigmatisierung ost- und südosteuropäischer jüdischer Durchwanderer hervorrief und gleichzeitig die Gleichstellung deutscher JüdInnen wegen ihrer Hilfe für die ‚ostjüdischen' EmigrantInnen infrage stellten.[279] Die vermeintliche Masseneinwanderung wurde mit den an den Bahnhöfen für Jedermann sichtbaren jüdischen TransmigrantInnen oder mit dem Hinweis auf die wachsende ‚ostjüdische' Einwohnerschaft im Berliner Scheunenviertel oder in Leipzig erklärt.[280]

Die von den Brüdern Förster, Max Liebermann von Sonnenberg, Ernst Henrici und Karl Friedrich Zöllner verfasste *Antisemitenpetition* forderte konsequenterweise an erster Stelle „Die Begrenzung der Einwanderung ausländischer Juden nach Deutschland", erst Punkt zwei und drei betrafen die Exklusion der deutschen Juden aus dem gesellschaftlichen Leben, vor allem aus dem Richterstand. Im vierten und letzten Punkt forderten die Initiatoren außerdem die „Wiederaufnahme der amtlichen Statistik über die jüdische Bevölkerung", also eine lückenlose Erfassung aller Personen jüdischen Glaubens, die sich im Deutschen Reich aufhielten und damit

---

278 Ebd., 1, 7, 11, 15, 19, 22.
279 Vgl. Björn Siegel, Österreichisches Judentum zwischen Ost und West, S. 105f.; vgl. Barbara Lüthi, Germs of Anarchy, Crime, Disease, and Degenerancy, in: Tobias, Brinkmann, Points of Passage, S. 31.; vgl. David Hamann, Jüdische Selbstorganisation und Abwehrarbeit, S. 3f.; vgl. Steven E. Aschheim, Brothers and Strangers, S. 42; vgl. Ingo Haar, Jüdische Zivilgesellschaft, S. 99; vgl. ders., Jüdische In- und Exklusion, S. 389–392.
280 Vgl. Massimo Ferrari Zumbini, Wurzeln des Bösen, S. 541.

eine Rückkehr zu den voremanzipatorischen ‚Judentabellen'.[281] Dies forderte auch Marr, der seinem *Weg zum Siege des Germanenthums über das Judenthum* eigens ein statistisches Kapitel beifügte. Darin beklagte er den Wegfall der Judentabellen aus der Statistik und bezeichnete die offiziellen Zahlen als ungenaue, „in der Neuzeit (...) verjudete Statistik". „So gebe uns", so Marr weiter,

> die Regierung das Material, damit wir uns statistisch überzeugen können, welche Anstrengungen wir zu machen, was wir zu unterlassen haben, um das christliche Element im Staate zu Ehren zu bringen.[282]

In ihrer Anti-Immigrationspropaganda nutzte die antisemitische Bewegung das in Preußen weit verbreitete Unbehagen vor einer drohenden Überfremdung durch legale wie illegale Einwanderung. Diese negative Grundstimmung fachte sie mithilfe rassistisch und antisemitisch unterfütterter Bedrohungsszenarien um einen deutschen „Bevölkerungsverlust" im Osten an und warnte vor einer „Polonisierung" der östlichen Provinzen und einer unkontrollierten jüdischen Einwanderung. Die zunehmend rassistisch assoziierten politischen Ideen und Planungen um den Schutz der preußischen Ostprovinzen rekurrierten auf die Tatsache, dass die deutschen Staaten bzw. das Deutsche Reich trotz eines starken Bevölkerungszuwachses seit der Mitte des 19. Jahrhunderts zugleich eines der europäischen Hauptauswanderungsländer waren. Die Bevölkerungszahl stieg zwischen 1849 und 1900 zwar von ca. 30. auf 56. Millionen[283] Einwohner an, doch diese Zahlen spiegeln nicht die Realität in den agrarisch geprägten Ostprovinzen Preußens wider. In Pommern, Posen, West- und Ostpreußen und in Brandenburg waren Landflucht beziehungsweise Binnenmigration in die wachsenden Städte oder Industriegebiete in Schlesien und im Ruhrgebiet in vollem Gange. Die innerdeutsche Binnenwanderung während der Hochindustrialisierung war gewaltig, zwischen 1860 und 1914 erfasste sie schätzungsweise 15 Millionen Menschen. Zugleich entschied sich eine nicht geringe Anzahl für die dauerhafte Emigration nach Übersee: in der zweiten Hälfte des 19. Jahrhunderts wanderten mehr als vier Millionen Deutsche aus, hauptsächlich in Richtung Nordamerika. Allein zwischen 1866 und 1870 stammten 78 % aller sich in Bremen einschiffenden AuswanderInnen aus deutschen Regionen. Für die Periode von 1815 bis 1930 wird die Zahl der deutschen Auswandere-

---

281 Vgl. Antisemitenpetition, in: Carsten Krieger, Der Berliner Antisemitismusstreit, S. 579–583 (online: http://germanhistorydocs.ghi-dc.org/pdf/deu/413_Antisemitempetition_114.pdf; 13.9.2020).
282 Wilhelm Marr, Wählet keinen Juden! Der Weg zum Siege des Germanenthums über das Judenthum, Berlin 1879, S. 37–39.
283 Vgl. die zusammenfassende Übersicht zur Bevölkerungsentwicklung, Binnen- und Ost-West-Wanderung im deutschen Reich und in Preußen in: Rüdiger vom Bruch, Björn Hoffmeister, Deutsche Geschichte in Quellen und Darstellung, Bd. 8, S. 114–119.

rInnen insgesamt auf 5,9 Millionen geschätzt, zwischen 1880 und 1883 verließen etwa 800.000 Menschen ihre alte Heimat.[284] Abgesehen von der prosperierenden Hauptstadt Berlin wurden alle östlichen preußischen Provinzen von Landflucht und Auswanderung erfasst. Die großen landwirtschaftlichen Güter und Anbaugebiete in Ostpreußen, Posen und Pommern wurden von dem zunehmenden Verlust einheimischer Arbeitskräfte empfindlich getroffen. Gleichzeitig gerieten die infolge dieser Entwicklung für die Ernte regelmäßig dringend benötigten polnischen Saison- und WanderarbeiterInnen als Gewinner der deutschen Abwanderung in Verruf.[285]

Heinrich von Treitschke, der 1879 mit seinem berühmt-berüchtigten antisemitischen Aufsatz *Unsere Aussichten* den Antisemitismusstreit öffentlich lostrat, und der darin wie in seinen Folgeschriften die These von der jüdischen Masseneinwanderung beständig wiederholte, nutzte ungeniert das negative Stereotyp des jüdischen osteuropäischen Einwanderers:

> über unsere Ostgrenze aber dringt Jahr für Jahr aus der unerschöpflichen polnischen Wiege eine Schaar strebsamer hosenverkaufender Jünglinge herein, deren Kinder und Kindeskinder dereinst Deutschlands Börsen und Zeitungen beherrschen sollen; die Einwanderung wächst zusehends, und immer ernster wird die Frage, wie wir dies fremde Volksthum mit dem unseren verschmelzen können.[286]

Diese vielzitierte Aussage ist sowohl für die in weiten Kreisen des liberalen Bildungsbürgertums vorherrschenden antisemitischen Stereotype charakteristisch als auch für den seit den späten 1870er Jahren wachsenden Assimilationsdruck auf die seit Generationen in Deutschland lebenden jüdischen Staatsbürger.

Im Lager der Reichsregierung und den nationalkonservativen Regierungsfraktionen des Reichstags, in der sich Vertreter der antisemitischen Bewegung fanden, kristallisierte sich als politische Lösung die Idee einer „Germanisierung" der Ostprovinzen heraus. Bestandteil dieser „Germanisierung" war die konsequente Abwehr jüdischer und polnischer Immigration. Gleichzeitig wurden Gesetze und Verordnungen erlassen, die sich gegen die polnische Minderheit und gegen

---

[284] Vgl. Tobias Brinkmann, Migration und Transnationalität, S. 69.; vgl. Jochen Oltmer, Globale Migration, S. 41.; vgl. zusammenfassend zur deutschen Amerikaauswanderung Martin Schlutow, Das Deutsche Auswandererhaus in Bremerhaven. Abenteuer und Erlebnis als geschichtskulturelles Programm (= Zeitgeschichte – Zeitverständnis Bd. 19), Berlin 2008, S. 23–35.; vgl. Massimo Ferrari Zumbini, Wurzeln des Bösen, S. 472 f.; vgl. Überblick bei Wolther von Kiseritzky, Liberalismus und Sozialstaat, S. 19 f.

[285] Vgl. Klaus J. Bade, ‚Kulturkampf' auf dem Arbeitsmarkt: Bismarcks ‚Polenpolitik' 1885–1890, in: ders. (Hg.), Sozialhistorische Migrationsforschung, S. 159–184; vgl. Brinkmann, Migration und Transnatinalität, S 14; vgl. Jochen Oltmer, Migration, S. 41.; Vgl. Nicole Kvale Eilers, Emigrant trains, S. 65.

[286] Heinrich von Treitschke, Unsere Aussichten, S. 572 f.

Juden richteten. Zu den ergriffenen politischen Maßnahmen gehörte die antipolnische „Nationalisierung" im Sprachen- und Schulrecht, die eine zunehmende Einschränkung der polnischen zugunsten der deutschen Sprache festschrieb. Diese Vorgehensweise war schon während der „Kulturkampfzeit" angewandt worden. 1876 wurde Deutsch als Geschäfts-, 1877 als Amts-, und Gerichtssprache verpflichtend. Forciert wurde außerdem die „innere Kolonisation" deutschstämmiger Siedler in Posen und Ostpreußen, was 1886 zur Gründung der *Königlich Preußischen Ansiedlungskommission* in Posen führte. Diese mit 100 Millionen Mark subventionierte Kommission kaufte verschuldete polnische Höfe und Immobilien auf und vergab sie günstig an deutsche Siedler[287].

Ein weiterer Bestandteil der neuen Regierungspraxis betraf die Ausweitung der Sicherungsmaßnahmen an der östlichen Grenze. Das Deutsche Reich und der Staat Preußen waren seit der Reichsgründung darum bemüht, insbesondere mittellose Personen und Obdachlose, die eine finanzielle Belastung des Staates bedeutet hätten, abzuweisen. Schon im November 1871 wurden ergänzende Regelungen zur „Behandlung und Ueberwachung der Einwanderer aus Rußland" erlassen. Die Oberpräsidenten von Preußen, Posen und Schlesien wurden angewiesen, die Grenzkontrollen dahingehend zu verschärfen, den Übertritt derjenigen russischen und polnischen Personen, „welche sich als Bettler, Vagabunden oder sonst als lästige, bezw. gefährliche Personen charakterisieren (…) mit allen zulässigen Mitteln entgegenzutreten" und unmittelbar nach einem nicht genehmigten Grenzübertritt wieder auszuweisen.[288]

Charakteristisch für die im Zuge der jüdischen Flüchtlingskrise von 1881/82 veranlassten Änderungen in der Einwanderungs- und Einbürgerungspolitik durch die Regierung Bismarck war jedoch die Härte der Bestimmungen, die sich auch in der Personalie des im Krisenjahr ernannten preußischen Innenministers Robert Viktor von Puttkamer (1828–1900) widerspiegelte. Am 18. Juni 1881 trat Puttkamer das Amt des Innenministers an, im September desselben Jahres wurde er zum Vizepräsidenten des preußischen Staatsrates ernannt. Als ehemaliger Regierungspräsident des Kreises Gumbinnen und Oberpräsident von Schlesien war Puttkamer vertraut mit der Situation an den preußischen Ostgrenzen, vertrat als Mitglied der DkP jedoch ultrakonservative und antiliberale politische Positionen. In seinen

---

[287] Christopher Clark, Preußen. Aufstieg und Niedergang 1600–1947, München 2006, S. 661f.; vgl. Dieter Gosewinkel, Einbürgern und Ausschließen. die Nationalisierung der Staatsangehörigkeit vom Deutschen Bund bis zur Bundesrepublik Deutschland (= Kritische Studien zur Geschichtswissenschaft Bd. 150), Göttingen 2001, S. 211–214.

[288] Abschrift der Weisung des Ministers des Innern Graf zu Eulenburg An den Königlichen Oberpräsidenten, Herrn Grafen von Königsmarck Hochgeboren zu Posen vom 11.12.1871, in: PA AA, HM 9518 B, K 186766–186772, zit. 186763 u. 186769.

Augen stellte die potenzielle Ansiedelung russisch-polnischer Personen und insbesondere die Einwanderung russländischer Juden eine existentielle Gefahr für Preußen und das Deutsche Reich als deutschen Nationalstaat dar. Vor dem Hintergrund der zu Beginn der 1880er Jahre ansteigenden osteuropäischen – und deutschen – Überseeauswanderung wuchsen die Vorbehalte der Puttkamer'schen Innenbehörden gegenüber russländischen – in erster Linie polnischen – Auswanderern und deren möglicher Ansiedlung auf preußischem Staatsgebiet. Bedenken wurden zunächst hinsichtlich der ohnehin knappen Ressourcen der dünn besiedelten Ostgebiete geäußert, die aber zunehmend mit diskriminierenden, rassistischen Stereotypen verknüpft wurden. So wurde beispielsweise behauptet, polnische Einwanderer würden gefährliche Krankheiten einschleppen. „Schon jetzt", berichtete Puttkamer etwa auf der Sitzung des Staatsministeriums vom 22. Mai 1882,

> habe man in den Grenz-Distrikten mit Pocken und Flecktyphus zu kämpfen und die russisch-polnische jüdische Bevölkerung sei Trägerin der gefährlichsten ansteckenden Krankheiten aller Art.[289]

Weiterhin nahmen die preußische und die Reichsregierung an, dass durch eine russisch-polnische Einwanderung eine Vielzahl Krimineller in das Reich geschleust würde.[290] Diese Annahme beruhte auf der Tatsache, dass sämtlichen Einwanderungsbestimmungen zum Trotz die langen preußischen Ostgrenzen zu keiner Zeit lückenlos zu kontrollieren waren. Infolgedessen herrschte dort ein reger Schwarzhandel – mehr als in Galizien – und viele Auswanderer aus dem Russländischen Reich kamen mithilfe von Schmugglern über die grüne Grenze. Die zaristische Regierung ihrerseits tat wenig, um diese illegalen Grenzübertritte zu vereiteln und blieb trotz einiger Bemühungen auch bei der Eindämmung des florierenden Schwarzhandels erfolglos.[291]

Als im April und Mai 1881 die bedrückende Lage der Juden im Ansiedlungsrayon unübersehbar wurde und die Reporte der deutschen Botschaft in St. Petersburg und den Konsulaten in Kiew und Odessa eine Eskalation der Situation schilderten, unternahm die Regierung Bismarck keinerlei Anstalten, humanitäre Maßnahmen zu ergreifen und den russländischen Juden Zuflucht zu gewähren. Im Gegenteil verlangte das Reichskanzleramt aufgrund der Berichte aus Russland am

---

[289] Sitzung des Königlichen Staatsministeriums, Berlin, den 22. Mai 1882 (Abschrift), S. 3, in: CAHJP, HM 9518 A, Bl. K 187165.
[290] Vgl. Nicole Kvale-Eilers, Emigrant trains, S. 66.
[291] Vgl. Tobias Brinkmann, „Mit Ballin unterwegs – Erfahrung eines russischen Auswanderers (online: https://juedische-geschichte-online.net/beitrag/brinkmann-ballin, 19.11.2018); vgl. Börries Kuzmany, Brody. Eine galizische Grenzstadt, S. 253–258.

17. Mai vom Innenministerium eine harte Gangart gegenüber jüdischen EmigrantInnen: Den Neuigkeiten sei zu entnehmen, dass die preußischen Grenzprovinzen „einen starken Andrang jüdischer Einwanderung zu erwarten" hätten, und, da die Mehrzahl aus polnischen Gebieten stammten, man außerdem auf „eine ungebührliche Vermehrung des polnischen Elements gefaßt sein müssen". Die preußische Regierung sei demnach in der Pflicht, so Bismarck, „eine bestimmte Praxis der jüdischen Einwanderung aus Rußland (...) festzustellen, um dieselbe zu hindern".[292] Am 22. Mai 1881 bekräftigte er diese Position auf der Besprechung des Preußischen Staatsministeriums: die „Einwanderung aus Rußland, speziell die von Juden nach den russischen Judenverfolgungen, ist (...) unerwünscht"[293]. Der auf der Besprechung anwesende Puttkamer teilte diese Ansicht. Am 28. Mai 1881 ordnete er an, erstens „Russischen Staatsangehörigen die Naturalisation in der Regel zu versagen" und zweitens „den Uebertritt von Ausländern aus Rußland (...) sorgfältig zu überwachen und solchen fremden Personen, die nach ihrer Erscheinung von vorneherein als lästig anzusehen sind, den Eintritt nach Preußen zu verwehren". In den Jahren 1879 und 1880 war für alle Einreisende aus russländischen Gebieten bereits die Passpflicht eingeführt worden, was die Abweisung von „Unerwünschten" bei Grenzkontrollen vereinfachte. Eine Ausnahme betraf diejenigen, „welche ihren Unterhalt als ländlicher Arbeiter suchen", also die für die Ostprovinzen dringend benötigten landwirtschaftlichen Arbeitskräfte.[294]

Die jüdischen Ein- bzw. Durchwanderer, die aus dem Ansiedlungsrayon kamen, galten jedoch durchweg als ‚unerwünscht'. Ungeachtet der eskalierenden Gewalt und „ohne jede innen- oder außenpolitische Not" ließ die Reichsregierung auf dem Höhepunkt der Krise kurzerhand die östlichen Grenzen für Flüchtende schließen. Diese im Krisenjahr 1881 getroffenen Anordnungen blieben bis 1918 in Kraft und markieren den Beginn eines strengen Grenzregimes und der gezielten Abwehr jüdischer und polnischer Immigration durch den preußischen Staat.[295]

---

[292] Reichskanzleramt an Innenminister Puttkamer vom 17.5.1881, in: PA AA HM 9518 B, K 18665 f.
[293] Vgl. Besprechung des Staatsministeriums in der Amtswohnung des Reichskanzlers am 22. Mai 1881, in: Jürgen Kocka, Wolfgang Neugebaur (Hg.), Die Protokolle des Preußischen Staatsministeriums 1817–1934/38, Bd. 7 (8. Januar 1879–19. März 1890) (= Acta Borussica Neue Folge, 1. Reihe: Die Protokolle des Preußischen Staatsministeriums 1817–1934/38, hrsg. von der Berlin-Brandenburgischen Akademie der Wissenschaften (vormals Preußische Akademie der Wissenschaften), Hildesheim/Zürich/New York 1999, S. 85.
[294] Innenminister Puttkamer an den Königlichen Ober-Präsidenten Wirklichen Geheimen Rath, Herrn Günther Exzellenz zu Posen vom 28.5.1882, in: CAHJP, HM 9518 B, K186773–186776, zit. K186774.
[295] Vgl. Dieter Gosewinkel, Einbürgern und Ausschließen, S. 265 f.; Ingo Haar, Jüdische In- und Exklusion, S. 345.

3.3 Völkisch-rassistische Statistik und antisemitische Politikberatung: Das *Königlich Preußische Statistische Bureau*

In ihrem immigrationsfeindlichen Kurs bediente sich die Regierung antisemitischer Denkmuster und wurde dabei von der *Deutschkonservativen Partei* unterstützt. Eine weitere komfortable, wissenschaftliche Legitimierung bot eine im Hintergrund agierende staatliche preußische Institution, deren Rolle als objektiver Berater der Regierung zu keinem Zeitpunkt in Abrede stand: das *Königlich Preußische Statistische Bureau*. Dieses Büro lieferte Daten, Tabellen und Übersichten zur demographischen und sozialpolitischen Entwicklung des Staates und damit Zahlengrundlagen für die Planbarkeit und Untermauerung von Verordnungen, Gesetzen und politischen Richtungsentscheidungen.[296]

1805 per Kabinettsordre von König Friedrich Wilhelm III. gegründet, widmete sich das *Statistische Bureau* anfangs der Sammlung von Verwaltungsakten und ihrem Übertrag in anschauliche Tabellen. Erster Leiter war der Statistiker und Nationalökonom Leopold Krug (1770–1843). 1810 und 1843 führte das Büro erstmals Volkszählungen durch; zur Erfassung von Personaldaten dienten dabei größtenteils Dokumente der Polizeibehörden. In den Jahrzehnten nach der Steinschen Städteordnung von 1809 differenzierten sich die preußischen Verwaltungen auf staatlicher und kommunaler Ebene erheblich aus, was den Stellenwert und den Bedarf statistischer Daten als Grundlage politischer Entscheidungen erhöhte. Die Stadt Berlin erhielt den Status einer selbstverwalteten politischen Körperschaft. Bis zur Gründung eines *Statistischen Bureaus* für Berlin im Jahr 1862 oblag ein Großteil der praktischen Datenerhebungen in der Stadt dem Polizeipräsidenten, der indes dem Innenministerium und nicht dem Magistrat unterstand. 1852 wurde zu diesem Zweck ein eigenes *Statistisches Bureau* im Polizeipräsidium eingerichtet.[297] Im Zuge des politischen Machtzuwachses Preußens und seinen territorialen Erweiterungen gewann die wissenschaftliche Expertise und Beratungsfunktion des *Statistischen Bureaus* für die Regierung an Bedeutung. Unter seinem 1860 berufenen Direktor, dem Sozialökonomen und Statistiker Ernst Engel (1821–1896), erlebte die Institution eine Blütezeit. Engel legte ein umfassendes Reformprogramm für eine Neuausrichtung und Verwissenschaftlichung der amtlichen preußischen Statistik vor, stellte zur Erhebung sozialstatistischer Daten neue Mitarbeiter ein und definierte

---

[296] Einen Überblick über die Entwicklung amtlicher Statistik in Deutschland gibt Alexander Pinwinkler, Amtliche Statistik, Bevölkerung und staatliche Politik in Westeuropa, ca. 1850–1950, in: Peter Collin, Thomas Horstmann (Hgg.), Das Wissen des Staates. Geschichte, Theorie und Praxis, Baden-Baden 2004, S. 195–215.
[297] Vgl. Peter Lohauß, 150 Jahre amtliche Statistik in Berlin, in: Zeitschrift für amtliche Statistik Berlin Brandenburg, 1+2/ 2002, S. 4–6.

die Aufgaben des Bureaus gegenüber den verschiedenen staatlichen Ressorts neu.[298] Nach der Reichsgründung wurde 1872 das *Kaiserliche Statistische Reichsamt* gegründet, die Aufgaben der statistischen Ämter der einzelnen Bundesstaaten und Kommunen unterlagen zunehmend den Bestimmungen der Zentralbehörden. In dieser bis in die Gegenwart beibehaltenen föderativen Form der Statistik nahmen die Statistischen Landesämter weiterhin ihre traditionellen Aufgaben wahr, führten Volkszählungen, Wanderstatistiken und Viehzählungen durch und gaben die Ergebnisse an das Reichsamt weiter.[299] Außerdem gab das *Statistische Bureau* eigene Schriftenreihen heraus, in denen sie spezifische Zählungen und Datenerhebungen um Kommentare und Erläuterungen ergänzte.[300]

Die publizierten Zahlen zur jüdischen Bevölkerungsentwicklung aus den Volkszählungen von 1871, 1875 und 1880, in welche neben konfessionellen Daten auch solche aus der „Statistik der controllirten Wanderung" einflossen, also jenen Daten zur Ein- und Auswanderung aus Preußen, besaßen eine kaum infrage zu stellende Autorität. Sie galten allgemein als objektiv und glaubwürdig. Die von den Befürwortern der Masseneinwanderungsthese vorgetragenen Argumente beriefen sich auf diese Daten, blieben dabei allerdings einseitig auf die absoluten Zahlen und ein daraus abgeleitetes „überdurchschnittliches Wachstum" der jüdischen Bevölkerung beschränkt. Bevorzugt wurde die Entwicklung der jüdischen Bevölkerung Berlins herangezogen, die sich zwischen den Volkszählungen von 1855 und 1871 nahezu verdreifacht hatte – hauptsächlich durch eine vom *Statistischen Bureau* berechnete „Mehreinwanderung" von 19.012 Personen verursacht. Weitergehende Fakten jedoch, wie etwa die jüdische Auswanderung aus oder die Binnenwanderung innerhalb Preußens, die aus den erhobenen Daten ebenfalls ableitbar waren, wurden zurückgehalten oder verschwiegen. Auf dem Höhepunkt des Antisemitismusstreits 1880 wurden die offiziellen Statistiken von Treitschke und anderen antisemitischen Akteuren als Beweis für eine „jüdische Masseneinwanderung" herangezogen. 1881 legitimierten sie die Grenzschließung und die Verschärfung der Einwanderungsbestimmungen der nationalkonservativen Reichsre-

---

298 Vgl. Michael Schneider, Wissensproduktion im Staat. Das königlich preußische statistische Bureau 1860–1914, Frankfurt/New York 2013, S. 70 ff.; Vgl. Artikel Engel, Christian Lorenz Ernst, in: Eckhard Hansen und Florian Tennstedt (Hgg.), Biographisches Lexikon zur Geschichte der deutschen Sozialpolitik 1871–1945, Bd. 1 (Sozialpolitiker im Deutschen Kaiserreich), Kassel 2010, S. 41 f. (http://www.uni-kassel.de/upress/online/frei/978-3-86219-038-6.volltext.frei.pdf; 20.10.2020).
299 Vgl. Peter Lohauß, 150 Jahre amtliche Statistik in Berlin, S. 5.
300 Hierzu gehörten die Zeitschrift Preussische Statistik, herausgegeben in zwanglosen Heften vom Königlich Preussischen Statistischen Bureau, die erstmals 1860 erschien, das ab 1874 herausgegebene Berliner Städtische Jahrbuch für Volkswirthschaft und Statistik. Außerdem wurden verschiedene Einzelstudien zu statistischen Fragen publiziert.

gierung. Die einseitig ausgelegten preußischen Bevölkerungsstatistiken dienten somit der Untermauerung und Festigung antisemitischer Stereotype und Gerüchte, schürten kulturelles Unbehagen gegenüber „Fremdbürtigen" und wurden wirksam zur Abwehr von ImmigrantInnen und TransmigrantInnen aus dem Osten instrumentalisiert.[301]

Diese Instrumentalisierung einer jüdischen Masseneinwanderung und die ihr folgende Einwanderungsdebatte war für die Befürworter eines homogenen deutschen Nationalstaates unter Ausschluss all derjenigen, die wahlweise kulturell, religiös und zunehmend rassentheoretisch als „Fremde" und „Andere" betrachtet wurden, durchaus relevant. Aus ihrer Perspektive war die Postulierung der Abwehr jeglicher Immigration logisch. Treitschkes polnisch-jüdische „hosenverkaufenden Jünglinge" und die aus ihrem vorausgesehenen Erfolg abgeleitete angestrebte Herrschaft des Judentums über Deutschland, harmonierten mit den politischen Vorstellungen antisemitischer und nationalkonservativer Akteure von einem völkisch-rassistisch interpretierten deutschen Nationalstaat.

Die Annahme einer übermäßigen jüdischen Einwanderung nach Deutschland wurde lange vor Treitschkes „Unsere Aussichten" in breiten Teilen des Bürgertums geteilt, doch dank der Publikation durch einen der renommiertesten deutschen Historiker konnte sie sich binnen eines Jahres zu einem von wissenschaftlicher Seite doppelt autorisierten Argument mausern – einmal durch die fachliche Autorität des Wissenschaftlers und einmal durch die als objektiv anerkannte Arbeit des *Statistischen Bureaus*. Infolgedessen entwickelte sich die These von der jüdischen Masseneinwanderung zu einem populären und permanenten Bestandteil des antisemitischen Stereotypenkanons, der bis in die NS-Zeit kontinuierlich reproduziert wurde. Wie sehr Treitschke davon ausging, dem antisemitischen Zeitgeist zu entsprechen, zeigt sich daran, dass er sich bei der Veröffentlichung von „Unsere Aussichten" im November 1879 nicht einmal die Mühe machte, seine Stereotype mit irgendwelchen statistischen Angaben zu belegen.

Als Reaktion auf die wachsende Anfeindung und zum Teil physische Bedrohung durch die antisemitische Bewegung begannen nach dem Erscheinen von „Unsere Aussichten", jüdische Persönlichkeiten inner- und außerhalb Berlins, gegen Treitschkes pauschalisierenden Antisemitismus und seine postulierte „Masseneinwanderung" mit Artikeln und Flugschriften Einspruch zu erheben. Dieser publizistische Widerstand war zunächst weniger organisiert als die Aktionen des ein Jahr später gegründeten *Jüdischen Comités vom 1. December* oder gar des *Centralvereins* im Jahr 1893, doch stellten diese Anti-Treitschke-Reaktionen eine wichtige, milieu- und

---

[301] Vgl. Anhang, Tabelle C in: Salomon Neumann, Die Fabel von der jüdischen Masseneinwanderung, Berlin 1880.

regionalübergreifende, medial- und öffentlichkeitswirksame Abwehrarbeit des deutsch-jüdischen liberalen Bildungsbürgertums dar. Kennzeichnend dafür sind die hohen Auflagen der von den Gegner Treitschkes publizierten Druckschriften.[302] Bezeichnenderweise kamen bis in den Sommer 1880 die Gegenstimmen mit sehr wenigen Ausnahmen von Seiten jüdischer Wissenschaftler, Rabbiner und Politiker, was einmal mehr verdeutlicht, wie antisemitische Positionen von Seiten der nichtjüdischen Deutschen akzeptiert und geteilt wurden.[303] Die bürgerliche, christlich-konservativ bis christlich-liberale Mehrheitsgesellschaft schwieg monatelang.

Folgt man der Chronologie des Antisemitismusstreits[304], fällt schon in dessen „erster Phase" – zwischen der Veröffentlichung von „Unsere Aussichten" und dem Sommer 1880 – auf, dass sich Treitschke und seine Opponenten zunehmend bemühten, die „Masseneinwanderung" mit statistischen Argumenten zu be- und widerlegen.

Der Rabbiner Manuel Joël (1826–1890) warf Treitschke in einem offenen Brief vor, maßlos zu übertreiben, und verwies auf die große Anzahl polnisch-jüdischer TransmigrantInnen, die ihm aus seiner Wirkungsstätte Breslau – einem wichtigen Transit-Ort zwischen Galizien und Berlin – wohlbekannt gewesen sein dürften:

> Ich weiß nicht, aus welchem statistischen Material Sie diese Masseneinwanderung östlicher Juden geschöpft (...) Die Zunahme der jüdischen Bevölkerung in Deutschland ist durchaus nicht so massenhaft, wie Sie es schildern. Der polnische Jude, wenn er geht, geht mindestens ebenso häufig nach England, nach Frankreich, nach Amerika.[305]

Wie Uffa Jensen schildert, erreichte Joëls Brief „mindestens sieben" Auflagen.[306] Moritz Lazarus, Professor für Philosophie an der Wilhelms-Universität, hielt am 2. Dezember 1879 einen vielbeachteten Vortrag an der *Hochschule für die Wissenschaft des Judentums*. In seinen Ausführungen mit dem Titel *Was heißt national?* plädierte Lazarus für ein pluralistisches, heterogenes Gesellschaftsmodell anstatt einer den Antisemiten vorschwebenden homogenen Gemeinschaft. Als identifizierende Merkmale hob er Sprache, Kultur und vor allem die Bereitschaft zur Zuge-

---

302 Vgl. Uffa Jensen, Gebildete Doppelgänger, S. 161–167.
303 Vgl. ebd., S. 220–241; vgl. Karsten Krieger, Der „Berliner Antisemitismusstreit", Einleitung S. XXII.
304 Vgl. zur kurzen Übersicht des „Antisemitismusstreits" Uffa Jensen, „Die Juden sind unser Unglück", in: Die ZEIT (13.6.2002, ed. 27.12.2011).
305 Manuel Joël, Offener Brief an Herrn Professor Heinrich von Treitschke, Breslau 1879, S. 8.
306 Vgl. Uffa Jensen, „Die Juden sind unser Unglück", a.a.O.

hörigkeit und aktiven Teilnahme an der Gesellschaft hervor.[307] Im Frühjahr 1880 publizierte Lazarus seinen Vortrag und fügte ihm einen statistischen Anhang bei, in welchem er auf die „hosenverkaufenden Jünglinge" und die Masseneinwanderungsthese einging und anhand der offiziellen Statistiken sowie des bereits 1859 veröffentlichten „Kalenders und Jahrbuch für die jüdischen Gemeinden Preußens" nachwies, dass zwischen 1843 und 1855 statt einer Einwanderung eine jüdische Mehrauswanderung aus Preußen von insgesamt 10.476 Personen stattgefunden habe. Für die Zeit nach 1855 vermutetet er eine ähnliche Entwicklung, da „genügend Daten" vorlägen, „welche unzweifelhaft beweisen, daß auch später eine Mehrauswanderung stattgefunden" habe. Außerdem ergab sich Lazarus zufolge, ein leichtes Absinken des prozentualen Anteils von Juden an der preußischen Gesamtbevölkerung von 1,361 % im Jahr 1855 auf 1,322 % im Jahr 1875. Dennoch musste er zugeben, dass „für die Zeit von 1855 bis jetzt [1879; D.H.] (...) eine vollständige [statistische] Untersuchung nicht vor[liegt]".[308]

Ludwig Philippson, Herausgeber der AZJ, veröffentlichte nur einen Tag nach Lazarus' Vortrag eine „Antwort an Professor Dr. v. Treitschke" als Leitartikel in seiner Zeitung, in welcher er diesem vorwarf, hinsichtlich der jüdischen Immigration fehlerhafte Zahlen zu verwenden:

> Unrichtigkeit läßt er [Treitschke: D.H.] sich zu Schulden kommen, wenn er die deutschen Juden einen „polnischen Judenstamm" nennt und fortwährend eine starke Einwanderung polnischer Juden nach Deutschland bejammert. Dagegen spricht die Geschichte und die Statistik. (...) Die Vermehrung der Juden in Deutschland übersteigt die der Christen nur um eine äußerst geringen Procentsatz, der (...) aus dem Ueberschuß der Geburten über die Sterblichkeit, nicht aber aus der äußerst schwachen Einwanderung entspringt.[309]

Ludwig Bamberger (1823–1899), nationalliberaler Reichstagsabgeordneter, sah sich verpflichtet, den Angriffen seines ehemaligen Fraktionskollegen mit einer Replik in der Monatsschrift *Unsere Zeit* zu begegnen. Er charakterisierte Treitschkes Antisemitismus als grundsätzlichen Angriff auf die Errungenschaften des deutschen Liberalismus, zu denen die Emanzipation und bürgerliche Gleichstellung der deutschen Juden gehörten, und entgegnete auf die Masseneinwanderungspolemik sarkastisch: „Man denkt bei seiner [Treitschkes; D.H.] Schilderung an eine herein-

---

307 Vgl. Moritz Lazarus, Was heißt national?, Berlin 1880; vgl. Mathias Berek, Neglected German-Jewish Visions for a Pluralistic Society: Moritz Lazarus, in: LBYB, Vol. 60 (2015), S. 54–56.
308 Moritz Lazarus, Was heißt national?, Anhang, S. 1–3, zit. S. 1 f.; Treitschke, der in *Noch einige Bemerkungen zur Judenfrage*, in: Preußische Jahrbücher, Bd. 45 (1880), S. 85–95, auf Lazarus eingeht, ignoriert dessen statistische Argumente jedoch vollkommen, er bezieht jedoch amtliche Statistiken über die jüdische Bevölkerungszahl in Frankreich mit ein, vgl. ebd, S. 86;
309 Ludwig Philippson, Antwort an Professor Dr. v. Treitschke, in: AZJ Nr. 43 (9.12.1879), S. 786.

dringende Flut, etwa wie die der Chinesen in Kalifornien. Möchte er uns nicht einige statistische Zahlen darüber aus den letzten Jahren geben?" Ebenso kritisierte Bamberger die „gar leicht generalisierende[n] Darstellungsweise" und verwies zutreffend auf die innerpreußische Binnenmigration von Ost nach West: „Und ist es gewiß, daß diese ‚Polen' aus Russisch- und nicht aus Preußisch-Polen kommen? Wenn aus dem Preußischen, mit welchem Recht behandelt [Treitschke; D.H.] (...) die Bewohner der Provinz Posen als Ausländer?"[310]

Auf eine weitere scharfe Kritik des Breslauer Historikers Heinrich Graetz (1817–1891), der Treitschke in einer historischen Streitschrift über die Geschichte der Juden in Deutschland mit dem Argument begegnete, dass die offiziellen Statistiken keinerlei Masseneinwanderung polnischer oder galizischer Juden belegten, zog nun auch Treitschke erstmals öffentlich die vom *Statistischen Bureau* veröffentlichten Zahlen zu Rate und konterte Graetz mit dem „unverhältnismäßig schnellen" Wachstum der jüdischen Bevölkerung in Deutschland. Die absoluten Zahlen vergleichend rechnete Treitschke vor, dass sich von 1816 bis 1871 die im Vergleich zu anderen westeuropäischen Ländern ohnehin große jüdische Bevölkerung mehr als verdreifacht habe. Dabei verschwieg er jedoch die Tatsache, dass Preußen seit 1815 enorme Territorial- und damit Bevölkerungszugewinne zu verzeichnen hatte – die Einverleibung Hessens, Hannovers und Schleswig-Holsteins hatte die jüdische Bevölkerung Preußens um etwa 50.000 Personen anwachsen lassen. Stattdessen kombinierte er, die absoluten Zahlen der jüdischen Bevölkerungsentwicklung seien „nur verständlich, wenn man das Vorhandensein einer starken jüdischen Einwanderung annimmt".[311]

Eine interessante Anmerkung zu Treitschkes antisemitischem Stereotyp der polnischen Juden machte im Februar 1880 Isaak Rülf aus Memel, der seit 1869 half, die jüdische Auswanderung durch Ostpreußen zu koordinieren. Er schrieb in einer Kolumne in der AZJ, Treitschke habe im Sommer 1879 während einer Reise durch Ostpreußen auch die grenznahe Stadt Memel besucht, eine der wichtigsten Transitstädte für Auswanderer aus den nordwestlichen russischen Provinzen. Wie Rülf schilderte,

---

310 Vgl. Ludwig Bamberger, Deutschthum und Judenthum, in: Gesammelte Schriften von Ludwig Bamberger, Band V: Politische Schriften von 1879 bis 1892, herausgegeben von Paul Nathan, Berlin 1897.
311 Vgl. Heinrich Graetz, Erwiderung an Herrn v. Treitschke, 7.12.1879, in: Karsten Krieger, Der Berliner Antisemitismusstreit, S. 96 – 101; zit. S. 98; vgl. Heinrich von Treitschke, Herr Graetz und sein Judenthum, in: Preußische Jahrbücher, Bd. 44 (1879), S. 660–670, zit. S. 661, 662; vgl. Günter Regneri, Salomon Neumann's Statistical Challenge to Treitschke, S. 137.

hatte er [Treitschke; D.H] dann Gelegenheit das Leben und Treiben unserer russischen Glaubensgenossen von Grund auf kennen zu lernen; ihr Kommen und Gehen, ihr Handeln und Wandeln theils selbst zu beobachten, theils sich darüber berichten zu lassen. Da mag ihm denn auch mancher Trödelkram, manch ‚abgetragener' Kleiderhändler – wie es deren hier recht viele giebt, in die Augen gefallen sein, (...) Ist das nun auch Alles wahr und richtig, so soll dann doch sofort klar werden, wie selbst das scharfe Auge des quasi Historikers sich irren kann. (...) Unser Fenchel, der dort seinen Trödelkram aufgeschlagen, hat bereits seine ‚Diamant-Hochzeit' gefeiert (...) [und] hat seit seiner Naturalisation in seinen Kindern und Enkeln dem Staate schon über ein halbes Dutzend tüchtiger Soldaten aller Waffengattungen, besonders aber wackre Reiter gestellt (...) Ich muß das besser wissen wie Herr v. Treitschke, denn ein ziemlich erhebliches Bruchtheil dieser auswandernden Jünglinge nimmt ihren Weg durch mein Arbeitszimmer (...) Und wohin geht der Zug dieser Jünglinge? Manche wandern nach Deutschland; aber ganz sicher eben so viele nach jedem anderen Landen wie Schweden, England, Frankreich, Amerika.[312]

3.4 Neumanns Dekonstruktion der These von der jüdischen Masseneinwanderung

Als Salomon Neumann im Dezember 1879 *Unsere Aussichten* las, war er über die Ausführungen zur jüdischen Masseneinwanderung entsetzt. Gleichzeitig registrierte er die populäre Durchschlagskraft des bevölkerungsstatistischen Arguments. Unmittelbar nach seiner Lektüre begann er mit der Arbeit an einer demographischen Studie über die jüdische Ein- und Auswanderung in Preußen, die er im August 1880 als *Die Fabel von der jüdischen Masseneinwanderung. Ein Kapitel aus der preußischen Statistik* veröffentlichte. Auf 34 Seiten, ergänzt um einen Anhang mit fünf erläuternden Tabellen, dekonstruierte und entkräftete er die Masseneinwanderungsthese als „große Unwahrheit" und charakterisierte sie als ein antisemitisch aufgebauschtes „Schreckgespenst".[313] Seine Studie gliederte Neumann neben einem kurzen Vor- und umfangreichen Nachwort in sechs Kapitel, in denen er sich jeweils ausführlich mit verschiedenen Aspekten der jüdischen Migration und Demographie auseinandersetzte.[314] Diese Themenbereiche umfassten für den Zeitraum 1822 – 1871:
- die jüdische Ein- bzw. Auswanderung aus Preußen,
- die jüdische Binnenwanderung innerhalb Preußens und ihre Auswanderung nach Übersee,
- die jüdische Einwanderung über die preußische Ostgrenze,

---

312 Isaak Rülf, Auch eine Kleinigkeit in Sachen Treitschke et Compe., in: AZJ, Nr. 44 (17.2.1880), S. 108.
313 Vgl. Salomon Neumann, Die Fabel von der jüdischen Masseneinwanderung. Ein Kapitel aus der preußischen Statistik, Berlin 1880, zit. S. 3, 4.
314 Eine genaue Übersicht über die statistische Herangehensweise Neumanns in den einzelnen Kapiteln gibt Günter Regneri, Salomon Neumann's Challenge, S. 138–144.

- eine Untersuchung der „Hypothese von der jüd. Masseneinwanderung über die Ostgrenze",
- eine Übersicht über die Konfessionen der nicht in Preußen Geborenen und fremden
- Staatsangehörigen,
- das Wachstum der jüdischen Bevölkerung in Preußen.

Im November 1880 wurde die „Fabel" zum zweiten Mal aufgelegt, im Frühjahr 1881 um eine „Nachschrift" erweitert, die Neumanns Antworten auf die Kritiken, die er bis dahin erhalten hatte, sowie eine sechste erläuternde Tabelle über den Stand der jüdischen Bevölkerung von 1871 und 1875 enthielt.[315] In der im Sommer 1881 publizierten dritten Auflage wurden beide Teile zusammengefasst. 1884 vervollständigte Neumann seine Studie in einer dritten Veröffentlichung um die Ergebnisse der Volkszählungsperiode von 1872–1880.[316]

Als Statistiker verzichtete Neumann weitestgehend auf historische, kulturelle oder religiöse Erörterungen, sondern widmete sich ausschließlich der Kritik an der propagierten Masseneinwanderung osteuropäischer Juden. Dabei ging er durchaus klug zu Werk und stützte sich auf die offiziellen Zahlen, die vom *Statistischen Bureau* im Rahmen der Volkszählungen zwischen 1822 und 1880 und für die „Statistik der controllirten Wanderung" erhoben und veröffentlicht worden waren. Indem er deren Objektivität und Autorität als korrekt anerkannte, verschaffte er den Datengrundlagen seiner Studie eine hohe Glaubwürdigkeit und betonte: „Allein gegen die subjective Methode ist unsere Reclamation gerichtet". Bei der Auswertung bezog er zudem Ergebnisse früherer namhafter Statistiker mit ein. Wiederholt führte er Belege von Johann Gottfried Hoffmann (1765–1847) und Carl Friedrich Dieterici (1790–1859) an, die vor Ernst Engel Direktoren des *Preußischen Statistischen Bureaus* gewesen waren. Neumann hatte Dieterici persönlich gekannt und 1859 an einer Statistischen Studie mitgearbeitet, die sich mit jüdischen Wanderungsbewegungen in Preußen beschäftigte und auf die Moritz Lazarus in seiner Treitschkekritik bereits zurückgegriffen hatte. Hoffmann und Dieterici hatten anhand der von ihnen erhobenen Daten bereits für die Zeit von 1822 bis 1855 eine jüdische Mehrauswanderung aus Preußen von ca. 37.000 Menschen errechnet. „Sicherlich", zitiert

---

315 Vgl. Salomon Neumann, Nachschrift zur Fabel von der jüdischen Masseneinwanderung, Berlin 1881.
316 Vgl. Salomon Neumann, Zur Statistik der Juden in Preussen von 1816–1880. Zweiter Beitrag aus den amtlichen Veröffentlichungen, Berlin 1884.

Neumann Dieterici, „haben die Juden keinen besonderen Grund, die Statistik zu fürchten".[317]

In seiner Studie schaffte es Neumann, obwohl er zur Beweisführung komplizierte Berechnungen durchführte, die jüdische Masseneinwanderung mit relativ einfachen Erklärungen als „Fabel" zu entlarven. Wiederholt und deutlich kritisierte er die antisemitischen Prämissen als falsch, unwissenschaftlich, unwahr, dreist und als bloßes Material zur Agitation gegen die Juden:

> Man hat inzwischen ‚die jüdische Masseneinwanderung über die Ostgrenze des deutschen Reichs' einfach zu einem statistischem Axiom erhoben und als hauptsächliches Agitationsmittel verwerthet, für die großen Massen als Schreckgespenst, und nicht weniger für die höhere Gesellschaft, ja sogar für die gelehrte Welt, der es als wissenschaftliches Problem in volkswirthschaftlichem oder ethnologischem Gewande, oder in ähnlicher Verkleidung präsentiert worden ist.[318]

Neumann bewies, dass es sich bei der propagierten „Masseneinwanderung" um einen nahezu vollständigen Transit russländischer Juden in die Vereinigten Staaten handelte.[319] Darüber hinaus bestätigte er die Annahme von Moritz Lazarus, dass die jüdische Auswanderung sich nicht auf die russländischen Territorien beschränkte, sondern seit 1848 auch eine kontinuierliche Mehrauswanderung deutscher Juden nach Übersee stattgefunden hatte. Der überwiegende Teil dieser deutschen jüdischen Auswanderer stammte aus den preußischen Ostprovinzen, namentlich aus der Provinz Posen: von 1834 bis 1871 emigrierten allein von dort 49.205 Juden, von denen ein Großteil nach Amerika ging.[320] Im selben Zeitraum wanderten auch aus anderen deutschen Ländern viele Juden nach Amerika aus, allein aus Bayern ca. 25.000.[321] Zwischen 1856 und 1871 bezifferte Neumann die jüdische Auswanderung aus sämtlichen preußischen Provinzen auf insgesamt 42.000 Personen, von denen 2/3 beziehungsweise 26.000 aus Posen stammten. Entscheidend für die Beweisführung war Neumanns Differenzierung zwischen Binnen- und Überseemigration. Hierzu zog er Erhebungen von Geburtsort und Religion der Berliner Zuzügler und die US-Zensusberichte zu Rate und außerdem frühere Berechnung des Statistikers und Leiter des *Berliner Statistischen Bureaus* Richard Böckh (1824 –

---

317 Vgl. Salomon Neumann, Die Fabel von der jüdischen Masseneinwanderung, S. 4, 5, 9, 28, 29, zit. S. 4.
318 Vgl. ebd. S. 22, 32, zit. S. 4; bei dem Werk handelt es sich um Ph. Wertheim (Hg.), Kalender und Jahrbuch für die jüdischen Gemeinden Preußens, III. Jg. (1859), S. 159 ff., vgl. Moritz Lazarus, Was heißt national?, Anhang S. 1.
319 Vgl. Salomon Neumann, Die Fabel von der jüdischen Masseneinwanderung, S. 5–10, 13, 15.
320 Vgl. ebd., S. 10 f.
321 Vgl. ebd., S. 13.; Neumann schätzt „20.000–25.000".

1907). Außerdem griff er auf die „Statistik der controllirten Wanderung" zurück, die seit 1844 erhoben wurde und sämtliche Ein- und Auswanderungen in Preußen erfasste, soweit sie dem Statistischen Bureau bekannt waren. Diese Statistik berücksichtigte jedoch nicht die Konfession der Ein- und Auswanderer, weshalb in Neumanns Beweisführung die berechneten Zahlen zur Binnenmigration in Preußen einen wichtigen Stellenwert einnahmen. Von den aufgeführten 42.000 Juden, die ihre Wohnsitze in Preußen aufgaben, emigrierten 23.000 nach Nordamerika, 19.000 hingegen wechselten nur ihren Wohnort innerhalb Preußens. Von Letzteren gingen nahezu alle ins prosperierende und nahe gelegene Berlin:

> Berlin (...) hat mithin von 1856–1871 durch Zuzug oder Mehreinwanderung 19.012 [jüdische Bewohner, D.H.] gewonnen. Es stammen diese 19.012 Einwanderer so gut wie ausnahmslos aus den Provinzen des Preußischen Staates.[322]

Mit dieser Kalkulation widerlegte Neumann das antisemitische Paradigma von einer Masseneinwanderung russländischer Juden nach Berlin. In seiner Nachschrift von 1884 ergänzte er, dass auch der Anteil der seit 1875 nach Berlin zugezogenen fremden Staatsangehörigen aus Osteuropa insgesamt „nur mit Bruchtheilen an der Bevölkerung participir[t]en": 1700 Personen stammten aus dem Russländischen Reich und 1800 aus Österreich-Ungarn. Daraus ließ sich ableiten, dass zwischen 1871 und 1875 lediglich etwa 150 jüdische Personen mit der Staatsangehörigen dieser Länder nach Berlin gezogen waren.[323]

Neumann, der wegen des ernsten Themas und als Wissenschaftler sichtlich um Objektivität bemüht war, musste angesichts der offenkundigen Inkorrektheit der antisemischen These jedoch feststellen: „Bei der Klage über die Vermehrung der Juden und wegen der deßhalb gegen die Juden gerichteten Anklage – ist es schwer, der Satyre auszuweichen"[324]. Die beständig reproduzierte Behauptung, dass der jüdischen Auswanderung doch automatisch eine größere jüdische Einwanderung gegenüberstehen müsse, charakterisiert er als konstruiertes

> Phantasiegebilde (...), dessen künstlerischer Werth allerdings – das darf billigerweise nicht verschwiegen werden – durch die darauf verwendete Detailmalerei, kein geringer sein mag. Dort, über die langgedehnte Ostgrenze des preußischen Staates brechen die jüdischen Einwanderer – ob mit Gewalt oder List; ist auf dem Bilde nicht zu unterscheiden – in Massen herein; hier, hart an der Grenze, im Posenschen, im Bromberger und Oppelner Bezirke, fassen diese cultur- und besitzlosen Massen alsbald Fuß, bauen Hütten, sammeln Schätze, und in der ersten oder zweiten Generation schon werden die Hütten wieder abgebrochen. Mit den

---

322 Ebd., S. 12 u. Anhang Tabelle D.
323 Vgl. Salomon Neumann, Nachschrift zur Fabel von der jüdischen Masseneinwanderung, S. 5.
324 Salomon Neumann, Die Fabel von der jüdischen Masseneinwanderung, S. 34.

Schätzen beladen wandern die Glücklichen weiter westlich, freiwillig oder gedrängt von neuen, einströmenden Massen. Neben einer solchen kunstreichen und lebensvollen Völkerwanderung würde für die Statistik nichts übrig bleiben als stumme Resignation.[325]

Insbesondere die Herleitung der jüdischen Masseneinwanderung durch die Konstruktion eines Zusammenhanges zwischen der Anzahl jüdischer Einwohner und fremden Staatsangehörigen in den Preußischen Landkreisen empfand Neumann als haarsträubend. Anhand der Statistik zur Konfession der „ortsanwesenden Personen", in der auch Juden aufgeführt waren, wies Neumann nach, dass in jedem der insg. 150 Kreise Preußens auf 10.000 Einwohner durchschnittlich 245 „Fremdbürtige" entfielen. Nur in 17 Kreisen lag dieser Anteil darüber, allerdings fanden sich bloß in 8 dieser 17 Kreise überhaupt und nur sehr wenige Juden. In Posen und Schlesien stammte außerdem nur jeder 149. bzw. 103. Einwohner aus „nichtdeutschen" Staaten, weitaus weniger als es in den westlichen Provinzen der Fall war. Die statistische Überprüfung einer Überfremdung durch Einwanderung sei nach Neumann eine „gänzliche[r] Erfolglosigkeit". Ironisch schloss er diese Überprüfung mit der Feststellung: „Wie diese Fabel entstanden, was etwa ihre moralische und intellectuelle Ursache sei – das zu erklären, mag Sache der Psychologie sein!"[326]

Als Neumanns Studie im August 1880 erschien, verstand er sie als Werkzeug für den Kampf gegen die antisemitische Bewegung, vorrangig gegen die Initiatoren der *Antisemitenpetition*. „Sicher war es", wie Neumann wenig später schrieb, „für Hrn. H. v. Treitschke kein geringer Triumph, daß die Antisemitenpetition (...) die Masseneinwanderung zu oberst gestellt hatte"[327]. Neumann setzte folglich auf einen positiven Effekt und Nutzen für diejenigen jüdischen Persönlichkeiten, die sich seit Dezember 1879 im Kampf gegen den Antisemitismus engagierten. Er plädierte grundsätzlich dafür, „daß die Juden der Statistik ein größeres Interesse widmen, welches sich auch noch anders, als blos für die Abwehr als heilsam bewähren möchte".[328] Für ein breites Lesepublikum jenseits gebildeter Kreise war die Studie jedoch zu speziell und auch nicht vorgesehen. Sie erfuhr insgesamt drei Auflagen.

Neumann galt, wie eingangs geschildert, als Mitbegründer einer modernen Sozial- und Medizinstatistik und als Autorität auf dem Gebiet der Darstellung komplexer sozialer Zusammenhänge. Weder Treitschke noch andere Personen aus dem Umfeld der antisemitischen Bewegung, die sich bisher an dem Streit beteiligt hatten, waren auf dem Gebiet der Statistik bewandert und daher nicht in der Lage, Neumanns Analyse mit einer fachkundlichen Erwiderung zu begegnen. Dieselbe

---

325 Ebd., S. 14.
326 Vgl. Ebd., S. 17, 20–22, zit. S. 22.
327 Salomon Neumann, Nachschrift zur Fabel von der jüdischen Masseneinwanderung, S. 11 f.
328 Vgl. Salomon Neumann, Die Fabel von der jüdischen Masseneinwanderung, S. 33.

Unkenntnis galt in anderer Richtung allerdings auch für die Kontrahenten Treitschkes, von denen lediglich Moritz Lazarus eine knappe und unvollständige statistische Anmerkung vorgelegt hatte. Neumann merkte an, dass „doch sogar unter im Kreise der Juden von dem wahren Sachverhältniß eine klare und sichere Vorstellung nicht vorhanden" und „Noch von Keinem der hervorragenden Kämpfer aus diesem Kreise selbst (…) die jüdische Masseneinwanderung, dieses erschreckendste Argument der Agitation, mit der entschiedensten Ueberzeugung seiner ganzen Unwahrheit zurückgewiesen worden"[329] sei.

Neumanns Beitrag diente somit als ‚Faktencheck', erreichte dank seines knappen, fundierten und gleichermaßen satirisch-spitzzüngigen Stils in der kommenden Auseinandersetzung um die „Antisemitenpetition" im Sommer und Herbst 1880 landesweit Berühmtheit und „macht[e] überall den besten Eindruck".[330] Die „Fabel" hatte Einfluss auf die Positionierung liberaler jüdischer und nichtjüdischer Persönlichkeiten aus Gesellschaft und Politik. Liberale und fortschrittliche Abgeordnete nutzten sie während Parlamentsdebatten als wissenschaftliche Expertise. Am 20. November 1880 verlangte der freisinnige Staatsrechtler und Abgeordnete Albert Friedrich Hänel (1833–1918) im Preußischen Abgeordnetenhaus von der preußischen Regierung eine Stellungnahme zu der eingebrachten *Antisemitenpetition* und wie sie sich gegenüber den deutschen Juden zu verhalten gedachte. Der äußerst knappen und ausweichenden Antwort des preußischen Vizekanzlers Otto zu Stolberg-Wernigerode (1837–1896) folgte eine zweitägige leidenschaftliche Debatte, die Ingo Haar zu Recht als eine „Sternstunde in der politischen Kultur des Parlamentarismus" bezeichnet hat.[331] In der Diskussion wurde Neumanns Studie von Hänel und Rudolf Virchov zitiert und als Beleg für die Lügen der antisemitischen Bewegung herangezogen. Virchow, der Salomon Neumann über mehr als drei Jahrzehnte als seriösen Wissenschaftler und Mediziner kannte, sagte in Richtung der Konservativen und der Zentrumspartei:

> meine Herren, [Sie erhitzen; D.H.] sich über einen Gegenstand, der gar nicht existirt (…) trotzdem fahren Sie fort, den Massen gegenüber fortwährend damit zu agitiren; da ist eine furchtbare Einwanderung, wir werden überschwemmt, wir können uns unseres Lebens nicht mehr erwehren, weil immer wieder neue hungrige Semiten aus der russischen Steppe hervorbrechen (…) Wenn man sie aber sucht, so sind sie nicht zu finden.[332]

---

329 Ebd., S. 33.
330 Vgl. AZJ, 44. Jg, Nr. 38 (21.9.1880), S. 598; vgl. ebd., Die Masseneinwanderung der Juden – eine Fabel, S. 594 f.
331 Ingo Haar, Jüdische In- und Exklusion, S. 330.
332 Die Judenfrage vor dem Preußischen Landtage, Berlin 1880, S. 28.

Auch Alexander Meyer (1832–1908), der kurz zuvor von den Nationalliberalen zur *Liberalen Vereinigung* übergetreten war, erwähnte Neumanns Studie. Er verwies auf dessen „anerkannten Ruf" als Statistiker und verteidigte die Ergebnisse der Studie als plausibel und glaubwürdig.[333] Am 12. November waren Theodor Mommsen (1817–1903) und 74 andere bekannte Wissenschaftler, Politiker und Unternehmer mit einer „Notablen-Erklärung" an die Öffentlichkeit getreten und hatten die Ziele der antisemitischen Bewegung ausdrücklich und als Schmach für das Vaterland verurteilt. Am selben Tag fand Neumanns Studie in der *Vossischen Zeitung* Erwähnung – sie habe einen „Grundstein" der *Antisemitenpetition* zerstört.[334]

Theodor Mommsen, der mit der Initiierung der Notablen-Erklärung aktiv in die Auseinandersetzungen des Antisemitismusstreits eintrat, erkannte Neumanns Arbeit ebenfalls als glaubwürdigen und wichtigen Beweis an:

> Daß die jüdische Masseneinwanderung über die Ostgrenze, welche Hr. v. Treitschke an die Spitze seiner Judenartikel gestellt hat, eine reine Erfindung ist, hat Hr. Neumann bekanntlich an der Hand der Statistik in schlagender Weise dargethan.[335]

Die Würdigung seiner Studie durch Mommsen, die Interpellation Hänels und nicht zuletzt Treitschkes widerstrebendes Anerkennen seiner Berechnungen waren für Salomon Neumann eine Genugtuung. Charakteristisch für die gesamte Auseinandersetzung war bisher Treitschkes selektive Reaktion auf seine Kritiker gewesen.[336] In *Noch einige Bemerkungen zur Judenfrage* hatte er sich zwar intensiv Lazarus Ausführungen zu Identität und Nation der Juden gewidmet, dessen statistische Argumentation jedoch vollkommen ignoriert. Er versuchte auch die „Fabel" beharrlich zu ignorieren und entgegnete Mommsen, als dieser ihn auf die Widerlegung der Masseneinwanderungsthese durch Neumann aufmerksam machte, daß er „das (...) empfohlene Neumannsche Buch nicht kenne". Außerdem habe die Masseneinwanderung „mit dem Kerne der Streitfrage wenig zu thun".[337] Ironisch schrieb Neumann in seiner Nachschrift: „War Hrn. H. v. T. die ihm durch die verdammte „Fabel" bereitete Situation klar geworden?"[338]. Im Januar 1881 publizierte Treitschke in den Preußischen Jahrbüchern die kurz gehaltene Rechtfertigungsschrift *Die jüdische Einwanderung in Deutschland*, in der er sich gegen Mommsens

---

333 Ebd., S. 45.
334 Vossische Zeitung Nr. 315 (12.11.1880); vgl. Günter Regneri, Salomon Neumann's Statistical Challenge, S. 146.
335 Theodor Mommsen, Auch ein Wort über unser Judenthum, Berlin 1880, S. 5.
336 Vgl. Günter Regneri, Salomon Neumann's Statistical Challenge to Treitschke, S. 138.
337 Heinrich von Treitschke, Erwiderung an Herrn Th. Mommsen, in: Preußische Jahrbücher, Nr. 46 (1880), S. 662.
338 Salomon Neumann, Nachschrift zur Fabel von der jüdischen Masseneinwanderung, S. 12.

Vorwurf der Nichtbeachtung von Neumanns Studie wehrte und gleichzeitig versuchte, die These der Masseneinwanderung zu retten. Dabei bezog er sich auf die Ergebnisse einer ebenfalls als Replik auf Neumann erschienenen Publikation des *Königlich Statistischen Bureaus*, die eindeutig antisemitischen Charakter trug. Unter Verweis auf durch die amtliche Statistik bedingten Zahlenlücken – die Neumann jedoch in seiner Studie berücksichtigt und angesprochen hatte – und mit dem Argument, dass nur kurzweilig sich im Deutschen Reich aufhaltende jüdische Personen „am wenigsten geneigt sein werden sich zu germanisieren" und dadurch eine anhaltende Gefahr für die „socialen Verhältnisse" darstellten, blieb er beinahe trotzig bei seiner Behauptung einer jüdischen Mehreinwanderung.[339]

Nachdem Mommsen Treitschke bereits Mitte Dezember aufgefordert hatte, sich von der von ihm bislang unterstützten ‚Studentenpetition' – die zum Zeichnen der *Antisemitenpetiton* aufrief – öffentlich zu distanzieren, kam Treitschke dem nach, wenn auch kleinlaut. Mommsens Vorwurf im Vorwort zur dritten Auflage von *Auch ein Wort über Judenthum*, Treitschke habe durch seine Unterstützung des Antisemitismus Mitbürger „gemißhandelt", ließ Treitschke mangels weiterer Argumente unbeantwortet; damit war er in den Augen der Öffentlichkeit der Verlierer im Antisemitismusstreit.[340]

3.5 Streit der Statistiker

Als langjährigem und erfahrenen Statistiker war Neumann bewusst, dass die antisemitische Bewegung so einfach von den statistischen Daten profitieren konnte, weil bisher weder andere Statistiker noch das *Königliche Statistische Bureau* Widerspruch gegen die Konstruktion der „jüdischen Masseneinwanderung" erhoben hatten. Im Gegenteil hatten sich namhafte Forscher wie der Ökonom, Statistiker und Mitherausgeber der *Zeitschrift für die Gesamte Staatswissenschaft* Adolph Wagner (1835–1917) der Berliner Bewegung längst angenähert. Aus diesem Kontext heraus griff Neumann nicht nur den omnipräsenten Treitschke und die Initiatoren der *Antisemitenpetition* an, sondern ging noch einen entscheidenden Schritt weiter. Er nutzte das Nachwort seiner Studie, um eine ausführliche und scharf formulierte Kritik am *Königlich Statistischen Bureau* und ihrem amtlichen Quellenwerk – der „Preußischen Statistik" – zu üben.

---

339 Vgl. Heinrich von Treitschke, Die jüdische Einwanderung in Deutschland, in: Karsten Krieger, Der Berliner Antisemitismusstreit, S. 800–802, zit. S. 801.
340 Vgl. Theodor Mommsen, Nachwort zur dritten Auflage von Auch ein Wort über unser Judenthum vom 15.12.1880, in: Karsten Krieger, S. 750 f.; vgl. Heinrich von Treitschke an Theodor Mommsen vom 15.12.1880, in: ebd., S. 752 f.

Die „Preußische Statistik", herausgegeben von dem Direktor des Bureaus Ernst Engel, enthielt neben den in Tabellenform aufbereiteten Daten der Volkszählungen und der „controllirten Wanderung" begleitende Aufsätze, in denen die Ergebnisse der Erhebungen besprochen und erläutert wurden. Im 1879 erschienen Band 48 A[341], der „Die Bewegung der Bevölkerung im preussischen Staat von 1816 bis 1874" zum Thema hatte, wies Neumann eine Vielzahl sich widersprechender Erklärungen sowie antisemitischer Stereotype nach, mit denen die demographische Entwicklung der jüdischen Bevölkerung als zur „deutschen" andersartig dargestellt wurde. Neumann charakterisierte diese als „subjectiven Urtheile der amtlichen Statistik, welche ihrem eignen objectiven, thatsächlichen Zeugnisse [d. h. den erhobenen Daten] über die jüdische Masseneinwanderung widersprechen"[342]. Um die jüdische Masseneinwanderung zu begründen, führt die „Preußische Statistik" als Ursache für die verminderte Geburtsziffer der Juden beispielsweise an, dass „ein Theil" der jüdischen Neugeborenen, vor allem Jungen, schnell nach der Geburt getauft und christlich registriert würden. Die kleinere Heiratsziffer erkläre sich, weil „bei den Juden die Ehen in ziemlich geschäftlicher Weise durch dritte Personen vermittelt zu werden pflegen". Die geringe Anzahl an Totgeburten bei jüdischen Frauen wurde mit Arbeitsscheu vor schweren Tätigkeiten erklärt: „Nach dem Vorgang der jüdischen Männer auch die Jüdinnen fast ausschließlich eine Berufsthätigkeit [wählen], welche ohne erhebliche körperliche Anstrengungen verrichtet werden kann". Die geringe Kindersterblichkeit wurde schließlich klassisch antisemitisch

> dem hochgestiegenen Wohlstande der Juden zu[geschrieben], der eine weitgehende Fürsorge in Bezug auf Kinderpflege und Schonung der Mütter ermöglicht hat, welche bei der christlichen Bevölkerung bis jetzt mangels der erforderlichen Mittel nur in seltenen Fällen in gleichem Umfange gewährt werden kann![343]

Abgesehen davon, dass die sozialen Realitäten in der jüdischen Bevölkerung grundlegend anders waren, betrachtete Neumann die axiomatische Verwendung des „hochgestiegenen Wohlstandes" der Juden als ebenso problematisches Stereotyp wie die Masseneinwanderung.[344]

---

341 Vgl. Preußische Statistik (Amtliches Quellenwerk.). Herausgegeben in zwanglosen Heften vom Königlichen Statistischen Bureau in Berlin, Nr. 48 A, Berlin 1879 (online: https://babel.hathitrust.org/cgi/pt?id=uc1.c100401475&view=1up&seq=37&size=125; 14.9.2020).
342 Salomon Neumann, Die Fabel von der jüdischen Masseneinwanderung, S. 26.
343 Zitate aus der „Preußischen Statistik, Nr. 48 A, zitiert nach Salomon Neumann, Die Fabel von der jüdischen Masseneinwanderung, S. 28 f.
344 Ebd., S. 29.

Mit seiner Kritik an der antisemitischen Argumentation des *Statistischen Bureaus* verwies Neumann auf eine allgemeine Tendenz, die im Zuge der Popularität antisemitischer Denkmuster nicht nur in der Statistik, sondern in allen Wissenschaftszweigen um sich griff. Die Annäherung an kollektive Erklärungs- und Ordnungsmodelle machte nicht bei exponierten Judenfeinden oder den Bierzelten der Radauantisemiten halt, sondern fand sich gleichermaßen in Wissenschaftskreisen und bei hochrangigen Staatsbeamten. Wie alle anderen Wissenschaften wurde auch die Statistik und mit ihr das *Statistische Bureau* zunehmend von biologistisch-rassistischen und völkischen Paradigmen erfasst. Der Direktor des *Königlich Preußischen Statistischen Bureaus* Ernst Engel und der Statistiker Adolph Wagner folgten in ihrer Interpretation von „Bevölkerung" zunehmend den Erklärungsmodellen der aufkommenden biologischen und anthropologischen Rassenforschung. Die Vertreter der preußischen Statistik begannen, „Volk" und „Nation" nicht wie vorher von sprachlichen Gemeinsamkeiten, sondern von einer abstammungsbiologischen Perspektive aus zu betrachten. Diese Transformation von linguistischen zu biologistischen Prämissen war eine Zäsur, die sich nachhaltig auf die Methodik der statistischen Konstruktion von Staat, Volk und Nation, auf die Definition der Staatsbürgerschaft und auf die Herausbildung der ‚Volkskörpertheorie' und der modernen „Bevölkerungspolitik" auswirkte.[345] In der preußischen Statistik wurden rassistisch interpretierte Kategorie zur Erfassung sozialer Daten erstmals im Jahr 1880 verwendet. Wie Ernst Engel schon 1879 hervorhob, würden die seit 1875 zur Volkszählung verwendeten neuen Zählkarten

> jede wünschenswerth erscheinende Combination zwischen Zahl, Vitalität, Geschlecht und Familienstand der Geborenen mit Stand und Religionsbekenntnis sowohl des Vaters wie der Mutter ermöglichen und uns daher namentlich für die durch das Glaubensbekenntnis auch bezüglich der Rasse charakterisierte jüdische Bevölkerung mancherlei neue, in ethnographischer und anthropologischer Hinsicht werthvolle Aufschlüsse in Aussicht stellen.[346]

---

345 Vgl. Torsten Leuschner, Richard Böckh (1824–1907), Sprachenstreit zwischen Nationalitätsprinzip und Nationalstaat, in: Historiographica Linguistica 31 (2004), S. 385–417, va. S. 410 ff.; vgl. Sybille Nikolow, Die Nation als statistisches Kollektiv: Bevölkerungskonstruktionen im Kaiserreich und in der Weimarer Republik, in: Ralf Jessen u. Jacob Vogel (Hgg.), Wissenschaft und Nation in der europäischen Geschichte, Frankfurt/M. 2002, S. 235–259.; zur Genese rassistischer Differenzkonstruktionen vgl. Alexander Pinwinkler, Historische Bevölkerungsforschungen. Deutschland und Österreich im 20. Jahrhundert, Göttingen 2014, S. 28–47; vgl. ders., Amtliche Statistik, Bevölkerung und staatliche Politik in Westeuropa, S. 200; vgl. Michael C. Schneider, Wissensproduktion im Staat, S. 178 ff.; vgl. zum Überblick über die ethnische Umdeutung der Staatsbürgerschaft seit den 1880er Jahren Andreas Fahrmeir, Citizenship. The Rise and Fall of a Modern Concept, New Haven/London 2007, S. 89–123.
346 Rückblick auf die Bewegung der Bevölkerung innerhalb des preußischen Staates während des Zeitraumes vom Jahre 1816 bis zum Jahre 1874, in: Preußische Statistik (Amtliches Quellenwerk).

Neumann waren diese rassistisch konstruierten Differenzierungen fremd. Das Jiddische zählte er zur deutschen Sprachgruppe, weshalb eine künstliche Trennung in „polnische" und „deutsche" Juden in seinen Augen keinen Sinn ergab. Die „ethnographische[e] Statistik"[347] Wagners dagegen führe, wie er in seiner Kritik nachwies, konsequent zu einer Konstruktion „nichtdeutscher" Feindbilder. Im Kontext der Bedrohung durch potentielle Zuwanderung wurden vor allem PolInnen und JüdInnen aus Ost- und Südosteuropa als fremd und nicht integrierbar definiert, eine Klassifizierung, die in Bismarcks „unerwünschten Elementen"[348] deutlich zum Ausdruck kam. Die „Fabel von der jüdischen Masseneinwanderung" konnte als Bedrohungsszenario für den deutschen Nationalstaat ihre Wirkung nur innerhalb eines völkisch-rassistischen Gesellschaftsdiskurses entfalten.

Neumann und auch Moritz Lazarus kritisierten diesen Paradigmenwechsel vom sprachlichen zum rassentheoretischen Volksbegriff als bewusst herbeigeführten Gegensatz zwischen „Deutsch" und „Jüdisch":

> zum ersten Male wird hier in der preußischen Statistik die jüdische Race der deutschen gegenübergestellt[349]

Die offizielle Interpretation des Bureaus stellten daher keineswegs eine methodisch-objektive Analyse der vorliegenden Fakten dar, sondern verschwiegen „unliebsame[n] Wahrheiten" und beruhten einzig und allein auf subjektiven, rassistisch gefärbten Urteilen gegenüber jüdischen Ein- und DurchwanderInnen.[350] Die Widersprüche, die sich durch diesen Paradigmenwechsel im „Rückblick" des Bureaus ergeben, erläutert Neumann abschließend in einem anekdotischen Beispiel:

> [Karl, D.H.] Brämer, dessen „Statistik der Nationalitäten im preußischen Staate" für die Racenunterscheidung des „Rückblicks" die Quelle bildet, weist darauf hin, wie durch die Auswanderung der Juden aus dem Posen'schen das deutsche Element daselbst vermindert wird. Wodurch allerdings das Curiosum sich ereignet, daß dieselben Juden, welche bei Brämer durch ihre Auswanderung aus der Provinz Posen das deutsche Element daselbst herabmindern – im Rückblick – eben dieselbe Wirkung in Berlin durch ihre Einwanderung herbeiführen.[351]

Herausgegeben in zwanglosen Heften vom Königlichen Statistischen Bureau in Berlin, Nr. 48A, Berlin 1879, S. 26 f.
347 Salomon Neumann, Die Fabel von der jüdischen Masseneinwanderung, S. 14.
348 Vgl. hierzu Dieter Gosewinkel, „Unerwünschte Elemente".
349 Salomon Neumann, Die Fabel von der jüdischen Masseneinwanderung, S. 30 f.; vgl. Moritz Lazarus, Was heißt national?, S. 7.
350 Salomon Neumann, Die Fabel von der jüdischen Masseneinwanderung, S. 3.
351 Ebd. S. 31.

3 Salomon Neumann und die „Fabel von der jüdischen Masseneinwanderung" — 119

Mit seiner Kritik an Engels und Wagners Methodik griff Neumann die wissenschaftliche Reputation und Autorität des *Königlich Preußischen Bureaus* an, um sie zu einer öffentlichen Antwort zu provozieren. Im Februar 1881 druckte das *Bureau* in seiner Zeitschrift einen Artikel über die „Fremdbürtigen im preußischen Staate", in dem aber nur ausweichend auf Neumanns Studie eingegangen wurde. Als Grundlage für den Artikel gab das *Bureau* an, durch die „Judenfrage" und die „Antisemitenbewegung" hervorgerufen, seien „endlose Fragen an das Bureau gerichtet worden, unter anderem (…) über die Zahl der jüdischen Einwanderer". Obwohl, wie das Bureau eingestand, weder Judentabellen existierten und es „eine confessionelle Einwandererstatistik (…) niemals gegeben" habe, dem *Bureau* also keine verlässlichen Zahlengrundlagen zur Verfügung standen, wurde unter Bezug auf „unpartheyische Berichte der Landräthe" aus Posen, und die Ergebnisse einer unvollständigen, stichprobenartigen Erhebung aus dem Jahr 1871 die These einer Masseneinwanderung aufrechterhalten. Die Stichprobe bezog lediglich 130.000 Menschen aus fünf Städten, einer Gemeinde und einem Amt sowie 260.000 Menschen aus sechs Landkreisen und zwei Stadtbezirken, also nur einen Bruchteil der Gesamtbevölkerung mit ein, dennoch bezeichnete der Artikel die Ergebnisse der Stichprobe als typisch für Gesamtpreußen. Neumanns Studie wurde als Angriff gegen die amtliche Statistik bezeichnet und ihre Ergebnisse auf Anweisung von Ernst Engel ignoriert.[352]

Auch Adolph Wagner stürzte sich auf Neumanns Studie und publizierte eine ausführliche Rezension. Trotz seiner grundsätzlichen Befürwortung einer ethnographischen Methodik musste Wagner eingestehen, dass Neumanns Beweisführung von kleinen technischen Details abgesehen korrekt war. Infolgedessen rückte er von der statistischen Begründung einer jüdischen Masseneinwanderung ab, konstatierte stattdessen aber eine kulturell begründete und ungenau definierte „örtliche Verschiebung des jüdischen Elements überhaupt und vollends die Zuwanderung des polnischen Judenthums in die Hauptsitze der deutschen Cultur- und Wirthschaftsbewegungen". Diese Aussage war zwar ein Eingeständnis als Statistiker, aber, wie Neumann trocken anmerkte, zweifellos dem „antisemitischen Bekenntnisse seines Urhebers" geschuldet. Dennoch respektierte er Wagners öffentliches Nachgeben, indem er ihn als seinen „einzigen ehrlichen und zugleich sachverständigen Gegner" bezeichnete.[353]

---

[352] Vgl. Salomon Neumann, Nachschrift zur Fabel von der jüdischen Masseneinwanderung, S. 15–19, zit. S. 15, 16. 1
[353] Adolph Wagner, Dr. S. Neumann, „Die Fabel von der jüdischen Masseneinwanderung", in: Zeitschrift für die gesamte Staatswissenschaft, Jg. 38, Heft 4 (1880), S. 777–783; Salomon Neumann, Nachschrift zur Fabel von der jüdischen Masseneinwanderung, S. 9, 1.; Adolph Wagner bekräftigte die Richtigkeit von Neumanns Studie sogar auf einer Wahlversammlung am 16.8.1881, wo er als

Eine ähnliche, aber gezieltere kulturhistorische Strategie wandte Eugen von Bergmann (1857–1919) an, Historiker an der Universität Posen und überzeugter Antisemit. Er verwischte die Unterschiede zwischen „preußischen" und „russischen" Juden dahingehend, dass er beide Gruppen konsequent als „polnische Juden" klassifizierte und so versuchte die These von der jüdischen Masseneinwanderung argumentativ zu retten.[354]

Einen wertvollen Verbündeten hatte Neumann in Richard Böckh (1824–1907), Geheimer Regierungsrat, Leiter des *Berliner Statistischen Bureaus* und einer der angesehensten Statistiker seiner Zeit. Böckh verteidigte Neumanns „Fabel" in den *Statistischen Jahrbüchern der Stadt Berlin* als berechtigt und wissenschaftlich fundiert:

> Eine Kritik, wie sie vor kurzem ein hochverdienter städtischer Statistiker [A. Wagner; D.H.] gegenüber der fleißigen Arbeit eines gewissenhaften Jüngers der Statistik [S. Neumann; D.H.] geübt hat, würde, verallgemeinert, weit größere Mängel, Schäden und Fehler herausstellen, als der Kritiker glauben mag; sie würde eine Masse der neueren statistischen Producte geradezu auf das Niveau des Werthlosen zurückführen.[355]

Neumann dankte ihm ausdrücklich im Vorwort zur dritten Auflage der „Fabel". Höchstwahrscheinlich durch Böckhs Fürsprache konnte Neumanns Studie im *Leonhard Simion* Verlag erscheinen, der auch die Statistischen Jahrbücher der Stadt Berlin herausgab.[356] Damit stand Neumanns „Fabel" an prominenter Stelle in einer Reihe mit den statistischen Publikationen der Stadt Berlin.

Böckh warnte ebenso wie Neumann vor dem Missbrauch und der Fälschung statistischer Ergebnisse durch antisemitisch motivierte Personenkreise. Er sei nicht willens, die „rein objective Statistik" zu einer „Dienerin der Tagespolemik" zu machen und eine „Geringschätzung der Wissenschaft" oder gar eine „Mißhandlung der Statistik" zu dulden.[357] Wie Neumann war Böckh ein klarer Verfechter der Definition von „Nation" anhand sprachlicher Gemeinsamkeiten, wie Neumann klassifizierte er das Jiddisch der aschkenasischen Juden in Osteuropa grundsätzlich als „rheinfränkischen Dialekt" und damit als Teil der deutschen Sprachgruppe. Boe-

---

Wahlkreiskandidat für die Antisemiten/Konservativen vor einem antisemitischen Publikum auftrat und mit der Aussage, dass die jüdische Einwanderung eine „sehr geringe" sei, für Irritationen sorgte, vgl. AZJ (16.8.1881), S. 541.
354 Vgl. Jack Wertheimer, Unwelcome Strangers, S. 29.
355 Richard Böckh, Vorwort zum VII. Statistischen Jahrbuch der Stadt Berlin (1879), Berlin 1881, S. IV.; vgl. Leuschner, Richard Böckh, S. 411f.
356 Vgl. Salomon Neumann, Nachschrift zur Fabel von der jüdischen Masseneinwanderung, S. 2; vgl. Günter Regneri, Salomon Neumann's Statistical Challenge, S. 138.
357 Richard Böckh, Vorwort zum VII. Statistischen Jahrbuch der Stadt Berlin (1879), S. IVf.

ckhs Forschungen wurden auch von Moritz Lazarus eine prominente Rolle bei der Definition des Nationalbegriffs eingeräumt.³⁵⁸

Nach seiner deutlichen Stellungnahme und der Verteidigung Neumanns wurde Böckh von Ernst Engel öffentlich zurechtgewiesen und aufgefordert, sich aus der Tagespolitik herauszuhalten und sich auf seine wissenschaftliche Beratungsaufgabe als Statistiker zu beschränken.³⁵⁹ Auch die antisemitische Bewegung und ihre Sympathisanten attackierten Böckh. Unter Bezug auf die anonym publizierte antisemitische Schrift *Der Juden Antheil am Verbrechen* warf ihm der Dorpater Theologe Alexander von Oettingen (1827–1905) vor, in den Statistischen Jahrbüchern Berlins „die Juden in besonders günstigem Lichte erscheinen" zu lassen.³⁶⁰ Die von Oettingen als „sensationelle Broschüre" bezeichnete Schrift, wies unter Rückgriff auf zahlreiche antisemitische Stereotype nach, dass

> ihre [der Juden] Betheiligung bei allen Verbrechen [wächst; D.H.], welche eine gewisse Hinterlist voraussetzen und welche, wie jeder Praktiker weiß, am schwierigsten zu beweisen sind. Hierher gehören wissentlicher Meineid, Betrug, Urkundenfälschung, vorsätzliche Brandstiftung und betrügerischer Bankrott, welch' letzterer die eigentliche Domane des jüdischen Verbrecherthums zu sein scheint.³⁶¹

Insgesamt seien die Juden an Verbrechen dieser Kategorien 16-mal, in allen anderen Kategorien immerhin viermal so stark beteiligt wie Christen. Wie die anonymen Herausgeber am Schluss schrieben, sei ihnen die Veröffentlichung der Schrift „zur Pflicht" geworden, „als wir Kenntniß erhielten, daß der Statistiker der Stadt Berlin, Dr. Boeckh, im Jahrgang 1878 des Jahrbuchs der Stadt Berlin ausdrücklich hervorhob, wie außerordentlich gering der Juden Antheil am Verbrechen sei".³⁶² Diesen „frechen Angriff" widerlegte Boeckh im folgenden Statistischen Jahrbuch mithilfe ausführlicher Kriminalstatistiken und warf Oettingen vor, wider besseres Wissen die pauschalisierenden Aussagen einer antisemitischen Hetzschrift in eine „ange-

---

358 Vgl. Torsten Leuschner, Richard Böckh (1824–1907), Sprachenstreit zwischen Nationalitätsprinzip und Nationalstaat, va. S. 410 ff.; vgl. Richard Boeckh, Die statistische Bedeutung der Volkssprache als Kennzeichen der Nationalität, in: Zeitschrift für Völkerpsychologie und Sprachwissenschaft 4 (1866), Berlin 1866, S. 259–402.
359 Vgl. Ian Hacking, The Taming of Chance, S. 197.
360 Richard Böckh, Vorwort zum VIII. Statistischen Jahrbuch der Stadt Berlin (1880), Berlin 1882, S. 236, 240, zit. S. 236.
361 Ebd., S. 240; Anonymus, Der Juden Antheil am Verbrechen. Auf Grund der amtlichen Statistik über die Thätigkeit der Schwurgerichte, in vergleichender Darstellung mit den christlichen Confessionen, Berlin 1881, S. 12. (https://www.digi-hub.de/viewer/image/BV041140190/3/; 10.1.2020).
362 Richard Böckh, Vorwort zum VIII. Statistischen Jahrbuch der Stadt Berlin (1880), 240; Anonymus, Der Juden Antheil am Verbrechen, S. 19.

sehene Zeitschrift zu übertragen". Trotz der überwiegend positiven Reaktionen auf seine Vorgehensweise sah sich Boeckh genötigt, in

> Wahrung der Berliner Statistik noch weiter gehen und auch solchen Veröffentlichungen entgegentreten zu sollen, in denen die Berliner Verhältnisse in einer nicht zutreffenden und zu unrichtiger Auffassung verleitenden Weise behandelt sind.[363]

3.6 Statistische Expertise und das preußische Grenzregime

Diese Auseinandersetzungen über die vorurteilsbehaftete Auslegung der staatlichen Statistiken nahmen keinerlei Einfluss auf die politischen Richtungsentscheidungen zu Ungunsten der Juden. Im Gegenteil dienten die vom *Preußischen Statistischen Bureau* erhobenen, amtlichen Zahlen und Erklärungstexte der preußischen und der Reichsregierung als Expertise, als im Mai 1881 die Pogrome im Russländischen Reich losbrachen. Nach dem Eintreffen der ersten Nachrichten über Ausschreitungen gegen Juden in Elisabethgrad (heute: Kropywnyzkyj) am 27. April 1881 war die vordringlichste Sorge Bismarcks ein Anwachsen der russländischen, vor allem polnischen und jüdischen Immigration nach Deutschland. Um einen Überblick über die Bevölkerungszusammensetzung der Ostprovinzen zu bekommen, wies Bismarck seinen Innenminister Puttkamer in einer geheimen Mitteilung an, eine „Statistik der Einwanderung des polnischen Elementes aus Rußland" anzufertigen, die bis ins Jahr 1848 zurückreichen und auch die „Naturalisation fremder Juden" in Preußen beinhalten sollte. Die bürgerliche Gleichstellung von Juden und Christen in der preußischen Verfassung von 1848 hatte auch die Einbürgerung jüdischer Personen erleichtert. Diese emanzipatorische Errungenschaft wurde durch die pauschalisierende Verdächtigung der naturalisierten preußischen Juden von der Regierung Bismarck nun zur Disposition gestellt.[364] Puttkamer beauftragte das *Preußische Statistische Bureau* mit der Anfertigung einer entsprechenden Statistik über die Einbürgerung von Personen aus dem Russländischen Reich unter besonderer Berücksichtigung der polnischen und jüdischen Einwanderung nach Preußen.[365] Die Beschaffung dieser Daten verursachte dem Bureau jedoch Schwierigkeiten, weil, wie oben bereits erwähnt, die Statistiken zur Einwanderung die Religionszugehörigkeit von Ausländern grundsätzlich nicht berücksichtigten und außerdem die neuen Daten der Volkszäh-

---

363 Richard Böckh, Vorwort zum VIII. Statistischen Jahrbuch der Stadt Berlin, S. IV, 196 f., 240.
364 Reichskanzleramt an Innenminister Robert Viktor v. Puttkamer vom 11.5.1881, in: CAHJP, HM 9518 B, K 186630 f.; vgl. Dieter Gosewinkel, „Unerwünschte Elemente", S. 85 f.
365 Vgl. Innenminister Robert Viktor v. Puttkamer an den Direktor des Kgl. Statistischen Büreaus Dr. Engel vom 21.5.1881, in: GStAPK, I Ha. Rep 77, Tit 1176, Nr. 2a, Bl. 8; vgl. Innenminister Puttkamer an Bismarck vom 28.5.1881, in: CAHJP, HM 9518 B, K186762 f.

3 Salomon Neumann und die „Fabel von der jüdischen Masseneinwanderung" — 123

lung vom 1. Dezember 1880 noch nicht vorlagen.[366] Somit konnte Puttkamer vorerst keine aktuellen Daten liefern, sondern lediglich eine Auflistung über die in den Volkszählungen von 1867 und 1871 erfassten, in Preußen ortsanwesenden Staatsangehörigen aus dem Russländischen Reich übermitteln, in welcher die Juden überhaupt nicht separat erfasst waren.[367]

Erst Ende Oktober, fünf Monate später, erhielt Bismarck eine detaillierte, nach Kreisen und Provinzen geordnete Aufstellung aller seit 1848 erfassten Naturalisationen russischer Staatsbürger in Preußen. Wie Ernst Engel Puttkamer gegenüber einräumen musste, war auch diese Statistik nicht ganz exakt, da man aufgrund fehlender Herkunftsdaten nicht zwischen dem Herkunftsland „Königreich Polen" und „übriges Rußland" unterscheiden könne. Das resultierte unter anderem daraus, dass die verwendeten Zählkarten der Einwanderungsstatistik „zum Theil nur unvollständig" ausgefüllt worden waren. Allerdings, so Engel weiter, verweise der „verhältnismäßig viel zu hohe Procentsatz der römisch-katholischen und jüdischen Bevölkerung" darauf, dass der Großteil aus Polen stammen müsse. Die Herkunft der Einwanderer sei außerdem „ohne Werth", es komme „lediglich darauf an, welcher Confession die Einwanderer angehören".[368]

Pikant an Engels statistischer Aufstellung war, dass sie, obwohl zur Bestätigung der „Masseneinwanderung" russländischer Juden nach Preußen erstellt, im Gegenteil Neumanns Angaben aus der „Fabel" bestätigte, dass nämlich die Zahl der nach Preußen eingewanderten Juden aus dem russländischen Reich im Vergleich zur Binnenwanderung innerhalb Preußens vergleichsweise gering war. So erfasste Engels Statistik vom Oktober 1881 genau 3036 russländische Juden, die im 31jährigen Zeitraum von 1849 bis 1880 in Preußen naturalisiert worden waren, das entsprach weniger als 100 pro Jahr. Von diesen 3036 Naturalisationen entfielen ganze 150 auf Berlin. Die ergänzend hinzugezogenen Daten der Volkszählung vom 1.12.1880 be-

---

366 Vgl. Innenminister Robert Viktor v. Puttkamer an Bismarck vom 27.10.1882, in: ebd., K186877 f.
367 Vgl. Tabelle „Für die Jahre 1867 und 1871 wurden in Preußen als ortsanwesend gezählt" vom 28.5.1881, in: ebd., K 186765.
368 Vgl. Innenminister Robert Viktor v. Puttkamer an Bismarck vom 27.10.1881, in: ebd, K186877 f., zit. K 186878; vgl. Notiz Ernst Engel zur „anliegenden Nachweisung" vom 2.11.1881, in: ebd., K. 186879.; die Daten mussten von den einzelnen Regierungsbezirken beschafft werden, was bis in den späten Sommer hinein dauerte, vgl. verschiedene Statistiken der Regierungsbezirke in: GStPK, I HA. Rep 77, Tit. 1176, Nr. 2a, Bl. 58–136.; Puttkamer erhielt die auf den Daten der Volkszählung vom 1.12.1880 beruhende Aufstellung am 22.9.1881, musste zur Vervollständigung aber noch auf Material aus den Regierungsbezirken warten; vgl. Königlich Preussisches Statistisches Bureau an Innenminister Puttkamer vom 22.9.1881, in: ebd., Bl. 136 f.

zifferte die russländischen Staatsangehörigen in Preußen auf insgesamt 10.814 Personen, von denen 4535 bzw. 41,9 % jüdischen Glaubens waren.[369]

Ungeachtet dieser Zahlen, die eine jüdische Masseneinwanderung klar widerlegten, ließ Puttkamer im Mai 1881 die Grenzen schließen. Des Weiteren wurden Modifikationen bei den Erhebungen des *Statistischen Bureaus* verfügt. Bei künftigen Staatsangehörigkeitserhebungen war fortan die Konfession von Einwanderern und „Ortsfremden" grundsätzlich mit zu erfassen. Diese Neuerung stellte eine unmittelbare Reaktion auf die Krise jenseits der Grenzen dar und diente weniger dem Schutz des Staates als konsequenterweise der Diskriminierung und Abwehr jüdischer und polnischer ImmigrantInnen.[370]

Die politische Praxis im Krisenjahr 1881 verdeutlicht, dass die Regierung Bismarck sowie große Teile des seit 1878 installierten konservativen Beamtenapparates, die antisemitische Karte bewusst und vorsätzlich spielten. Wider besseres Wissen wurde die These von der Masseneinwanderung osteuropäischer Juden gezielt aufgebauscht und als innenpolitische Strategie instrumentalisiert, um mit liberalen Traditionen zu brechen und nationalkonservative Reformen und ein strenges Grenzregime umsetzen zu können. Dieser Wechsel hatte langfristig gravierende Folgen, sowohl für die preußischen Juden, ob mit oder ohne ‚Migrationshintergrund', als auch für die grundsätzliche Wahrnehmung jüdischer Menschen durch die nichtjüdische deutsche Mehrheitsgesellschaft. Zwar hatte sich die Regierung Bismarck den Forderungen der *Antisemitenpetition* gegenüber nicht ablehnend, aber immerhin öffentlich verhalten gezeigt. Ihre Beschlüsse zur Grenzschließung und zur rassistischen Modifikation in der offiziellen Statistik entsprangen jedoch eindeutig antisemitischen Überzeugungen und erfüllten den Wunsch der antisemitischen Bewegung nach einer Beschränkung jüdischer Einwanderung und nach einer spezifischen Statistik für die jüdische Bevölkerung.

In der „Preußischen Statistik" von 1880[371], die die Ergebnisse der Volkszählung vom 1. Dezember 1880 zusammenfasste, wurde die jüdische Masseneinwanderung als wissenschaftliches Theorem in der Statistik fixiert. Mithilfe einer „prominent platzierten", bewusst aus dem Zusammenhang gelösten neuen Tabelle zur „Bilanz der jüdischen Bevölkerung"[372] wurde, wie Neumann in seiner ergänzenden Studie von 1884 erklärte, „in aller Form eine neue Judentabelle in der preussischen

---

369 Vgl. Nachweisung über die an Einwanderer aus Rußland ertheilten Naturalisations-Urkunden und Vertheilung der am 1. December 1880 in Preußen als ortsanwesend gezählten russischen Staatsangehörigen auf die einzelnen Religionsbekenntnisse vom 27.10.1881 in: CAHJP, HM 9518 B, K 186880 f.
370 Vgl. Dieter Gosewinkel, „Unerwünschte Elemente", S. 78.
371 Preußische Statistik, Vol. 66 (1880), Berlin 1883.
372 Die Tabelle ist abgedruckt in: Salomon Neumann, Zur Statistik der Juden in Preußen, S. 33.

Statistik constituirt"[373], welche die Juden als „unerwünschte Elemente" stigmatisierte und rassistisch als Nicht-Deutsche klassifizierte. Dadurch reaktivierte der preußische Staat faktisch Bestimmungen aus der antiemanzipatorischen, judenfeindlichen Gesetzgebung von 1847. Die wissenschaftliche Expertise des *Preußischen Statistischen Bureaus* entwickelte sich zum Bestandteil der politischen Exklusion jüdischer ImmigrantInnen. 1882 publizierte das Bureau erstmals Zahlen zur Religionszugehörigkeit der preußischen Bevölkerung. Während der Jahre 1883–1887 wurden außerdem – das erste und einzige Mal vor der nationalsozialistischen Machtübernahme – Zahlen zur jüdischen Einbürgerung als Bestandteil der Staatsangehörigkeitsstatistik veröffentlicht. Russländischen und galizischen Juden wurde die Einbürgerung deutlich erschwert. Im Zuge der Formalisierung und Vereinheitlichung der deutschen Staatsbürgerschaft und der Ausweispapiere, entfiel bei der Einbürgerungsüberprüfung das Mitspracherecht der kommunalen Verwaltungsstellen, die häufig zugunsten der Antragsteller entschieden hatten. Die Entscheidung über eine Einbürgerung oblag nun allein den Beamten des neu geschaffenen Reichsamts des Innern, deren größtenteils judenfeindliche Einstellung die Einbürgerung osteuropäischer JüdInnen drastisch erschwerte. Eine öffentliche Debatte darüber wurde durch die Geheimhaltung der Bestimmungen umgangen. Die schärferen Grenzkontrollen von Einwanderern und die ebenfalls verfügte „sorgfältige Überprüfung" der grenznahen, in den Ostprovinzen lebenden russländischen Staatsangehörigen erleichterten fortan die Ausweisung polnischer und jüdischer Ausländer. Als Folge dieser Maßnahmen wurden bis 1886 schätzungsweise 32.000 Personen russländischer oder österreichisch-ungarischer Nationalität aus Preußen ausgewiesen, etwa ein Drittel von ihnen Juden.[374]

Dass infolge dieser Änderungen das Misstrauen preußischer Staatsbürger gegenüber Polen und Juden in starkem Maße befeuert wurde, ganz gleich, ob es sich um SaisonarbeiterInnen, TransmigrantInnen oder um deutsche Staatsangehörige handelte, nahmen Bismarck und Puttkamer billigend in Kauf. Das langfristig sehr wirksame antisemitische „Schreckgespenst"[375] der jüdischen Masseneinwanderung ist im Rückblick daher mitnichten als alleiniges Produkt antisemitischer Radikaler zu bezeichnen, sondern als Staatsräson des Kabinetts Bismarck im Zuge der „zweiten Reichsgründung".[376] Die Etablierung einer rassistisch-ethnographischen Statistik in Preußen diente als Legitimation und als methodisches Fundament zur

---

373 Ebd., S. 5.
374 Vgl. Dieter Gosewinkel, Einbürgern und Ausschließen, S. 233–239; vgl. ders., „Unerwünschte Elemente", S. 90 ff.; vgl. Jack Wertheimer, Unwelcome Strangers, S. 44 f.
375 Salomon Neumann, Die Fabel von der jüdischen Masseneinwanderung, S. 3.
376 Vgl. Dieter Langewiesche, Liberalismus in Deutschland, S. 174 ff.; hierauf verweist bereits Simon Dubnow, Die Epoche der zweiten Reaktion, S. 19.

Ausgrenzung rassistisch interpretierter ‚nichtdeutscher' Bevölkerungsteile. Sie war der erste Schritt zur knapp 40 Jahre später durchgeführten „restlosen Erfassung"[377] der jüdischen Bevölkerung im Dritten Reich.

3.7 Ausblick

Das hier beschriebene „Kapitel aus der preußischen Statistik" ist heute nahezu vergessen. Blieb es einerseits politisch ohne Folgen, bildete Neumanns Widerspruch gegen die Masseneinwanderungsthese andererseits einen der bedeutendsten Beiträge des Berliner Antisemitismusstreits und im Kampf gegen die antisemitische Bewegung insgesamt. Der gesellschaftliche Erfolg der Gegner Treitschkes spiegelte sich kurzfristig in den Wahlen von 1881 wider, in denen die Liberalen die antisemitischen Berliner Kandidaten überragend schlugen. Der entscheidende Anteil an diesem zivilgesellschaftlichen Erfolg gegenüber den Antisemiten wurde indes schon von den Zeitgenossen auf die öffentliche Zurechtweisung Treitschkes durch Theodor Mommsen zurückgeführt, während der schon ein Jahr vor Mommsens Einstieg in den Streit öffentliche und wachsende Einspruch der deutsch-jüdisch-liberalen Gesellschaft fast vollständig ausgeblendet wurde. Das hat in erster Linie damit zu tun, dass die Debatte um die deutschen Juden und die deutsche Nation nach Treitschkes Zurückrudern schließlich für abgeschlossen und Treitschke zum Verlierer erklärt wurde. Parallel dazu setzte sich langfristig die vom *Statistischen Bureau* verwissenschaftliche und von der Regierung sowie großer Teile der (liberal) konservativen deutschen Gesellschaft propagierten und von auflagenstarken Zeitungen wiederholt reproduzierten, antisemitische Lesart der jüdischen Masseneinwanderung über die Ostgrenze durch. Schon während der 1880er Jahre, in denen antisemitische Denkmuster in großen Gesellschaftsschichten zum Mainstream avancierten, geriet die Auseinandersetzung zwischen Treitschke und Neumann über die jüdische Migration fast in Vergessenheit. Nach 1884 wurde Neumanns Studie nicht mehr neu aufgelegt.

Wie eingehend geschildert, fand aller Stichhaltigkeit und Klarheit von Neumanns Beweisen zum Trotz, die ‚Fabel von der jüdischen Masseneinwanderung' ihren Weg als Axiom schnell in die statistische- und Bevölkerungsforschung.[378] Daran änderten auch spätere positive Bezüge namhafter jüdischer Publizisten und Statistiker auf Neumann nur wenig. Neumanns Ansatz folgend, versuchten etwa

---

377 Vgl. Götz Aly, Karl Heinz Roth. Die restlose Erfassung. Volkszählen, Identifizieren, Aussondern im Nationalsozialismus, Berlin 1984.
378 Vgl. überblickend Alexander Pinwinkler, Historische Bevölkerungsforschungen.

Paul Nathan und Willy Bambus (1862–1904) während der 1890er Jahre mithilfe statistischer Publikationen antisemitische Stereotype gegenüber den Juden zu zerstreuen. Im Auftrag des *Comités zur Abwehr antisemitischer Angriffe in Berlin* publizierten sie zwei Studien, die sich an Neumanns „Fabel" orientierten und in denen sie die Vorwürfe der Feigheit jüdischer Soldaten während der Einigungskriege und die überproportionale Kriminalitätsrate jüdischer Bürger statistisch widerlegten.[379]

Auch der bekannte Statistiker und Direktor des *Bureaus für Statistik der Juden* Jacob Segall (1883–1959) betonte die Bedeutung der Neumannschen Studie zur jüdischen Einwanderung als bedeutsam für die statistische Forschung insgesamt[380]. Als Reaktion auf die im November 1916 vom preußischen Kriegsministerium angeordneten „Judenzählung" im deutschen Heer legte Segall 1921 eine statistische Studie vor, um die vom Ministerium und der Heeresleitung erhobenen Vorwürfe, die Juden hätten sich überproportional vor dem Wehrdienst gedrückt, zu widerlegen.[381]

Wie wirkmächtig die Fabel von der jüdischen Masseneinwanderung auf die statistische Forschung insgesamt war, zeigte sich sogar in Artikeln der *Zeitschrift für Demographie und Statistik der Juden*. In einem Artikel über „Die ostjüdische Einwanderungsbevölkerung der Stadt Berlin" der Statistikerin Klara Eschenbacher aus dem Jahr 1920 musste die Autorin in ihrem „Historischen Überblick" zugeben, dass sie nach der Lektüre von Neumanns Studie „überrascht" darüber gewesen sei, „wie gering die Zahlen der russisch-polnischen und österreichisch-ungarischen Juden unter der jüdischen Bevölkerung Preußens" waren[382].

---

379 Vgl. Comité zur Abwehr antisemitischer Angriffe in Berlin (Hg.), Die Juden in Deutschland I. Die Kriminalität der Juden in Deutschland, Berlin 1896; vgl. Comité zur Abwehr antisemitischer Angriffe in Berlin (Hg.), Die Juden in Deutschland II. Die Juden als Soldaten, Berlin 1897. Beide Studien wurden maßgeblich von den Komiteemitgliedern Paul Nathan und Willy Bambus verfasst.
380 Vgl. Jacob Segall, Die Entwicklung der Juden in Preussen während der letzten hundert Jahre, in: Zeitschrift für Demographie und Statistik der Juden, 8 Jg., Heft 6 (Juni 1912), S. 81–86.
381 Vgl. Jacob Segall, Die deutschen Juden als Soldaten im Kriege, Berlin 1921; vgl. Oliver Janz, Der große Krieg, Bonn 2013, S. 271 f.
382 Vgl. Klara Eschenbacher, Die ostjüdische Einwanderungsbevölkerung der Stadt Berlin (Teil I), in: Zeitschrift für Demographie und Statistik der Juden, 16 Jg., Heft 1–6 (Januar bis Juni 1920), S. 1–24; zit. S. 5.

4 Moritz Lazarus und das *Jüdische Comité vom 1. December*

4.1 Deutsches Judentum und deutsche Nationalität: Moritz Lazarus

Moritz Lazarus (1824–1903), Professor für Philosophie, Psychologie und Völkerspychologie an der philosophischen Fakultät der Berliner Wilhelms-Universität, beobachtete die Radikalisierung der antisemitischen Bewegung und ihre immer unverhohleneren Angriffe auf die deutschen Juden mit wachsender Sorge. Seit Treitschke mit *Unsere Aussichten* den Antisemitismusstreit entfacht hatte, setzte Lazarus verstärkt auf aktive Abwehr gegen antisemitische Verleumdungen durch die Betroffenen. Es sei, stellte Lazarus fest, die staatsbürgerliche Pflicht der deutschen Juden, sich als souveräne, selbstbewusste und emanzipierte Bürger der antisemitischen Bewegung entgegenzustellen.[383]

Um über die Gefahren der antisemitischen Bewegung aufzuklären und die deutschen JüdInnen zu einer wirksamen Gegenreaktion zu motivieren, nutzte er seine prominente Stellung in der Wissenschaft und der deutsch-jüdischen Gesellschaft.[384] Als Mitbegründer der Völkerpsychologie und als weit über die Grenzen bekannter Wissenschaftler genoss er hohes Ansehen. Seit 1869 war Lazarus im DIGB aktiv, leitete seit 1872 der Berliner Filiale der AIU und engagierte sich in der Berliner Jüdischen Gemeinde.[385]

Am 2. Dezember 1879 lud er im Zuge der Generalversammlung der *Hochschule für die Wissenschaft des Judentums* zu einem vielbeachteten Vortrag mit dem Titel *Was heißt national?* ein,[386] mit dem er eine deutsch-jüdische Antwort auf den deutschen Nationalismus gab. Er verteidigte die deutschen JüdInnen gegen den antisemitischen Vorwurf, eine „besondere, von der deutschen verschiedene, Nationalität"[387] zu sein. Seine Rede war zugleich ein leidenschaftliches Plädoyer für die Synthese von Deutsch- und Jüdischsein und für eine moderne, pluralistische Gesellschaft.[388]

Den ersten Teil[389] von *Was heißt national?* widmete Lazarus einer eingehenden Analyse des Nationsbegriffs, wobei er sich in weiten Teilen auf die Volksdefinition Gustav von Rümelins (1815–1889) und die statistischen Arbeiten Richard Boekhs zu

---

383 AZJ, 20.1.80, S. 36, zit. ebd.
384 Vgl. Mathias Berek, Neglected German-Jewish Visions, S. 49 f.
385 Vgl. zu Moritz Lazarus die jüngst erschienene wissenschaftliche Biographie von Mathias Berek, Moritz Lazarus: Deutsch-jüdischer Idealismus im 19. Jahrhundert.
386 Vgl. Moritz Lazarus, Was heißt national?, Berlin 1880, S. 3.
387 Moritz Lazarus, Was heißt national?, S. 6.
388 Vgl. Mathias Berek, Moritz Lazarus: Deutsch-jüdischer Idealismus, S. 409–434.
389 Vgl. Moritz Lazarus, Was heißt national?, S. 1–19.

Volkssprache und Nation bezog. Auf der Basis dieser Überlegungen thematisierte Lazarus im zweiten Teil[390] die Nationalität der deutschen Juden und die Rolle des Judentums innerhalb der deutschen Nation. Viele Passagen des Vortrags sind Boeckhs Werk und dem Abdruck einer Rede Rümelins entnommen.[391]

Die Nationszugehörigkeit wird nach Lazarus nur indirekt durch kulturelle, territoriale, religiöse oder ethnische Prinzipien definiert; das primäre – und übrigens sehr ‚deutsche' – „Charaktermerkmal der Nationalität" sah er in der Sprachgemeinschaft, dem „wichtigste[n] objective[n] Element zur Bildung der nationalen Einheit".[392] Hier stand Lazarus in der Tradition der Staatsnationstheorie, die im 19. Jahrhundert stark an Popularität und Einfluss gewann, und die bereits im 18. Jahrhundert Gegenstand von Überlegungen zur deutschen Nation war.[393] Wie Lazarus ausführt, werden sämtliche theoretischen Modelle des Begriffs „Volk" auf geistiger Ebene gebildet und mittels der Sprache als „das Wesen der Nationalität" ausgedrückt. Auf diese Weise werden Wesen und „Grenzen der Nationen"[394] bestimmt und verbalisiert. Sprache dient der Ausbildung des Selbstbewusstseins: erst die gesprochenen individuellen Gedanken innerhalb einer Sprachgemeinschaft ermöglichen nach Lazarus die Äußerung des Wunsches nach Zusammenhalt.[395] Dadurch wird die nächste, auf freier Entscheidung gründende Stufe zum Nationalitätsbekenntnis erreicht:

> was ein Volk zu eben diesem macht, liegt wesentlich nicht sowohl in gewissen objectiven Verhältnissen wie Abstammung, Sprache u. s. w. an sich als solcher, als vielmehr bloß in der subjectiven Ansicht der Glieder des Volks, welche sich alle zusammen als Volk ansehen. Der

---

390 Vgl. ebd., S. 19–58.
391 Vgl. Moritz Lazarus, Was heißt national?, S. 7, 15; vgl. Mathias Berek, Moritz Lazarus, S. 236.
  Die Zitationen sind entnommen aus: (1) Richard Boeckh, Die statistische Bedeutung der Volkssprache als Kennzeichen der Nationalität und (2) Gustav Rümelin, Über den Begriff des Volks (1872), in: ders., Reden und Aufsätze, Freiburg 1875, S. 88–117.
392 Vgl. Moritz Lazarus, Was heißt national?, S. 7–12, zit. 10 f., 11 f.
393 Vgl. zum Überblick Andreas Gardt, Sprachnationalismus zwischen 1850 und 1945, in: ders. (Hg.), Nation und Sprache. Die Diskussion ihres Verhältnisses in Geschichte und Gegenwart, Berlin 2000, S. 247–272.; zur wissenschaftlichen Begründung von Trennlinien zwischen dem ‚Eigenen' und dem ‚Fremden' wurde die
  die Idee der Sprachnation auch von frühen antisemitischen Denkern verfochten, z. B. von Ernst Moritz Arndt, der die Sprache als Identifikations- und Abgrenzungsmerkmal gegenüber der französischen und amerikanischen politischen Kategorie der Staatsbürgerschaft und der territorialen Grenzen, vgl. hierzu Christian Jansen, Johann Gottfried Herder, in: Fahlbusch, Haar, Pinwinkler (Hgg.), Handbuch der völkischen Wissenschaften. Akteure, Netzwerke, Forschungsprogramme, Band I (Biographien), S. 294–298, bes. 297 f.
394 Moritz Lazarus, Was heißt national?, S. 11, 12.
395 Vgl. Mathias Berek, Moritz Lazarus: Deutsch-jüdischer Idealismus, S. 79–81.

> Begriff Volk beruht auf der subjektiven Ansicht der Glieder des Volkes selbst von sich selbst, von ihrer Gleichheit und Zusammengehörigkeit.[396]

Das Volk repräsentiert durch den Wunsch nach Gemeinschaft „ein geistiges Erzeugniß der Einzelnen", die „ihre Vereinzelung aufheben". Diese „unaufhörlich[e]" Transformation des Individuellen in das Gemeinsame stellt nach Lazarus den „Volksgeist" dar, der die Vorstellung von Volk und damit auch das Volk selbst erschafft.[397]

„Der springende Punkt" bei diesem Vorgang ist „jener subjective, freie Act der Selbsterfassung als ein Ganzes und als ein Volk", also der selbstbestimmte Wunsch aller Individuen innerhalb einer Sprachgemeinschaft, sich zu einer Nation zusammenzuschließen, für sie und durch sie zu wirken. Das subjektive Bekenntnis zur Nation und der Wunsch zur Partizipation wird durch historische Ereignisse motiviert, durch welche die Individuen miteinander verbunden sind.[398] Als Inbegriff für die Nationsbildung führt Lazarus die deutsche Reichsgründung von 1871 an, während derer verschiedene Stämme mit nicht selten widerstrebenden Interessen durch den Kampf gegen einen gemeinsamen Feind – bei dem auch die deutschen Juden tatkräftig mitwirkten – ihre Differenzen über Bord warfen und durch „subjective Empfindung" den Willen fanden, sich zu einer Nation zusammenzuschließen: „Mein Volk sind diejenigen, die ich als mein Volk ansehe, die ich die Meinen nenne, denen ich mich verbunden weiß durch unlösbare Bande".[399]

Nach dieser Definition von selbstbestimmter Nationalität stellt Lazarus die – rhetorische – Frage, welcher Nation die Juden in Deutschland angehörten und gibt die Antwort:

> wir sind Deutsche, nichts als Deutsche, wenn vom Begriff der Nationalität die Rede ist, wir gehören nur einer Nation an, der deutschen. (...) wir sind's, wollen, können auch nichts anderes seyn. Und nicht die Sprache allein macht uns zu Deutschen. Das Land, das wir bewohnen, der Staat, dem wir dienen, das Gesetz, dem wir gehorsam, die Wissenschaft, die uns belehrt, die Bildung, die uns erleuchtet, die Kunst, die uns erhebt, sie sind alle deutsch. Muttersprache und Vaterland sind deutsch.[400]

In der semitischen Abstammung erkennt Lazarus eine andere, ursprüngliche Abstammung zwar an, relativiert und widerlegt die Bedeutung des Prinzips Herkunft jedoch durch zahlreiche Hinweise auf Wanderungen sowie die prägende Funktion

---

396 Moritz Lazarus, Was heißt national?, S. 13.
397 Ebd.
398 Vgl. ebd., S. 14–17, zit. 14.
399 Ebd., 15, 17; zur Rolle der Juden vgl. S. 25.
400 Ebd., S. 18 f.

der Wahlheimat und die selbstbestimmte Identität – das freiwillige Bekenntnis zu Deutschland habe für die Hugenotten genauso gegolten wie für Kant, der schottischer Abstammung gewesen sei, und gelte eben in gleichem Maße auch gegenwärtig für die Juden, von denen die meisten in Deutschland geboren seien. Bedingt durch die Diaspora hätten die Juden zwar „keine eigene Nationalität mehr", doch eben deshalb „schöpfen sie nothwendig aus allen Volksgeistern, deren Theile sie geworden sind und wirken auf dieselben zurück".[401] Im Übrigen sei es das Recht der Juden, als Angehörige eines kleinen Stammes, der den Aufstieg und den Fall von Imperien über Jahrtausende hinweg überdauert habe und an vielen literarischen und kulturellen Errungenschaften Anteil hatte, stolz auf ihre Tradition zu sein. Dies mache sie jedoch nicht zu einem Staat im Staate, sondern im Gegenteil zu aufrechten „Weltbürgern", deren „universeller und internationaler Charakter" stets ethische und humanistische Prinzipien betone und daher ein Gewinn für die vollendete Ausbildung der deutschen Nation sei:

> In voller Uebereinstimmung mit uns selbst können und sollen wir, wir deutschen Juden, zur Erfüllung dieses höchsten Ideales deutscher Nationalität beitragen. Wir dürfen nicht bloß, wir müssen, um vollkommen, im höchsten Maße leistungsfähige Deutsche zu seyn, Juden seyn und bleiben.[402]

Die Religion, ob christlich oder jüdisch, ist Sache des Individuums und als Privatangelegenheit ohne Einfluss auf das Zugehörigkeitsgefühl und die Treue zur Nation. Abgesehen davon nennt Lazarus den an die Juden gerichteten Vorwurf der Christenfeindschaft haltlos, denn immerhin sei das Christentum „Geist von Geist" des Judentums.[403] Hier bezieht sich Lazarus unter anderem auf den französischen Orientalisten, Historiker und Religionswissenschaftler Ernest Renan (1823–1892), der die Bedeutung der jüdischen Sittenlehre als Ursprung des Christentums in seinem Hauptwerk *Die Geschichte der Ursprünge des Christentums* deutlich anerkannt habe.[404]

Völkische, rassistische, auf Blut und Territorium beruhende Volksdefinitionen dagegen lehnte Lazarus entschieden ab: „das Blut bedeutet mir blutwenig, der Geist und geschichtliche Ausbildung bedeutet mir fast Alles, wenn es sich um den Werth und die Würde des Menschen, der Einzelnen oder eines Stammes handelt!". Anti-

---

401 Vgl. ebd, S. 19 f., 39; zit. S. 43.
402 Vgl. ebd., S. 39 f.; zit. S. 38.
403 Vgl. ebd., S. 25 f.; zit. S. 34.
404 Vgl. Moritz Lazarus, Was heißt national?, S. 49, 54; vgl. Ernest Renan, Vie de Jésus, Paris 1863.

semitismus sei nichts als unpatriotischer Egoismus und „die tiefste Wurzel der Intoleranz". Dagegen liege „die wahre Cultur (...) in der Mannigfaltigkeit".[405]

Unfähig zur Differenzierung, folge die antisemitische Bewegung der „barbarischen Logik" des Pauschalurteils. Aus diesem theoretischen „Gefängnis" heraus sei ihnen die Anerkennung oder gar Akzeptanz anderer Meinungen, zu denen das Streben des jüdischen Stammes nach dem Deutschtum gehöre, unmöglich.[406]

Die Ursachen für die Entstehung rassistischer und antisemitischer Denkmuster erkannte Lazarus in primitiven Auswüchsen des Materialismus, die der Nation als einem geistigen Plebiszit diametral gegenüberstünden:

> Übrigens ist die ganze Blut- und Racentheorie ein Ausfluß des grobsinnlichen Materialismus der Welt- und Lebensanschauung überhaupt (...) Eine Folge, zuweilen wohl auch Ursache, immer also Begleiterin dieses Materialismus, ist die Erregung des niedrigsten und gemeinsten Widerwillens unter den Menschen, die Erregung des Racen- und Stammeshasses.[407]

Der auf Intoleranz und Pauschalisierung gedeihenden antisemitischen Gefahr müssten die Juden als Deutsche entschieden begegnen und den Kampf gegen die von unbelehrbaren Autoren stets neu belebte „Hydra des Judenhasses" aufnehmen.[408]

Zu den einflussreichsten Autoren im antisemitischen Kanon gehörten der Heidelberger Professor für hebräische Sprache Johann Andreas Eisenmenger (1654–1704), ein Wegbereiter des modernen Antisemitismus[409], und August Rohling (1839–1931), Professor für katholische Theologie in Prag, der in seinem 1871 veröffentlichten Buch *Der Talmudjude* Eisenmengers Thesen reproduzierte und zu einem der zentralen Stichwortgeber der antisemitischen Bewegung avancierte.[410] Im Kampf gegen den Antisemitismus gelte es daher, so Lazarus, jüdische Literatur und Tradition zu studieren, dadurch die eigene Identität zu festigen und als selbstbewusste Deutsche antisemitische Unwahrheiten und Unrecht zu benennen und Recht einzufordern. Die Abschlusserklärung der Leipziger Synode von 1869 und die von Jacob Auerbach eingebrachte Resolution der Augsburger Synagoge 1871 aufgreifend – an ersterer hatte Lazarus selbst entschiedenen Anteil gehabt– führte er

---

405 Moritz Lazarus, Was heißt national?, S. 22, 41.
406 Ebd., S. 35, 36.
407 Ebd., S. 21, 22.
408 Vgl. ebd., S. 49 f., zit. S. 49.
409 Vgl. Bjoern Weigel, Artikel Johann Andreas Eisenmenger, in: Wolfgang Benz (Hg.), Handbuch des Antisemitismus. Judenfeindschaft in Geschichte und Gegenwart, Bd. 2 (Personen), Berlin 2009, S. 200–202.
410 Vgl. Peter Pulzer, Die Entstehung des politischen Antisemitismus in Deutschland und Österreich, S. 194

aus, dass diese Aufgabe sämtlichen deutschen JüdInnen zukomme, weltlichen wie Liberalen, und besonders den Orthodoxen, die mit dem Studium jüdischer Literatur und Religion am meisten vertraut seien.[411] Und, wie Lazarus schon fast am Schluss seiner Ausführungen betonte, auch den Frauen:

> es sollten nicht bloß die Männer, sondern namentlich auch die Frauen wissen, wie die Vergangenheit unsres jüdischen Geisteslebens gewesen ist; sie sollten wissen, daß es einmal viel glänzender bei uns ausgesehen hat, als in der Gegenwart.[412]

Bei dieser Aussage dürfte es sich jedoch weniger um einen Aufruf zur Frauenemanzipation handeln als vielmehr um eine Aufforderung an die jüdischen Mütter, bei der Erziehung ihrer Kinder humanistische Bildung und die Vermittlung von Grundkenntnissen der jüdischen Geschichte nicht zu kurz kommen zu lassen.

Lazarus' Text, der Identität und Nationalität der deutschen Juden zum Thema hatte, fand ein positives Echo in den deutsch-jüdischen Blättern.[413] Interessanterweise bestand zwischen dem Inhalt von *Was heißt national?* und dem am 11.3.1882 von Ernest Renan an der Sorbonne gehaltenen, berühmten Vortrag *Qu'est-ce qu'une nation?* und dessen These von der Nation als einem „täglichen Plebsizit"[414], eine enge Verwandtschaft. Lazarus hatte Renans Wirken seit der Lektüre von *Vie de Jèsus* verfolgt und großes Interesse an seiner Arbeit gezeigt. Durch seinen Neffen in Paris ließ er Renan im Januar 1880 ein Exemplar von *Was heißt national?*, kurz nach dessen Veröffentlichung, persönlich überreichen. Als er zwei Jahre darauf seinerseits ein Exemplar von *Qu'est-ce qu'une nation?* erhielt, war er nicht nur erfreut über den Inhalt, sondern gleichermaßen erstaunt über die Ähnlichkeit von Renans Ausführungen mit *Was heißt national?*. Dass Renan Lazarus' Vortrag von 1879 als Vor- oder Grundlage genommen oder zumindest stark von ihm beeinflusst worden war, darf zweifelsfrei angenommen werden.[415] Obwohl Lazarus Renan „erst im Jahre 1884 näher" kennenlernte, gab sich rückblickend wohlwollend und beschei-

---

411 Vgl. ebd., S. 45 f., 53.
412 Ebd., S. 51.
413 Vgl. die Darstellung in Mathias Berek, Moritz Lazarus: Deutsch-jüdischer Idealismus, S. 425–428.
414 Zu Ernest Renan vgl. Richard M. Chadbourne, Ernest Renan, Washington 1968; vgl. Ernest Renans Vortrag Qu'est-ce qu'une nation? als Volltext: https://www.zeit.de/reden/die_historische_re de/200109_historisch_renan (19.5.2020).
415 Vgl. Moritz Lazarus' Lebenserinnerungen, bearbeitet von Nahida Lazarus und Alfred Leicht, Berlin 1906, S. 261; vgl. Manfred Voigts, Ernest Renan und Moritz Lazarus, 2008 (online: https://publis hup.uni-potsdam.de/opus4-ubp/frontdoor/deliver/index/docId/2114/file/pardes_08_a4_Mis03.pdf; 21.9.2022).

den und erklärte, sei er so glücklich über die Verbreitung seiner Ideen unter Renans Namen, dass er auf eine Namensnennung gern verzichte.[416]

Tatsächlich war die Ähnlichkeit der Gedanken Lazarus' und Renans schon Diskussionsstoff der Zeitgenossen. Die Frage nach der geistigen Urheberschaft des „Plebiszits"[417] ist jedoch, wie Mathias Berek betont, „falsch gestellt"[418]. Renan, der 1879 Mitglied der *Académie française* wurde, befasste sich seit den 1860er Jahren mit statistischen und sozialwissenschaftlichen Theorien und forschte damit auf einem ähnlichen Feld wie Lazarus und der Statistiker Richard Boekh. Nach Bereks wissenschaftshistorischer Analyse bestanden enge Verbindungen zwischen Lazarus Nationsverständnis und seinem durch sprachwissenschaftlich-statistische Ansätze untermauerten Idealismus, die auch Renan, einem begeisterten Anhänger des deutschen Idealismus, zweifellos bekannt waren.[419] Unabhängig davon kommt *Was heißt national?* als einem zentralen Beitrag zur modernen Staatstheorie eine europäische Dimension zu.

4.2 Vergebliche Bemühungen um eine koordinierte Abwehr

Lazarus' Sorgen um die Juden in Deutschland waren begründet. Die politisch-gesellschaftlichen Ereignisse des Jahres 1880 ließen die Notwendigkeit eines vereinten jüdischen Vorgehens gegen die antisemitische Agitation dringlich erscheinen, auch deshalb, weil ein allgemeiner Aufschrei der nichtjüdischen deutschen Mehrheitsgesellschaft ausblieb. Es „trat", wie die AZJ in ihrem Jahresrückblick auf das Jahr 1880 schrieb,

> zum Beginn dieses Jahres (…) die Wendung zum Schlimmeren ein, daß die Angriffe auf die Juden aus den immer noch vereinzelten und niederen Kreisen eines Marr, Stöcker u. a., auf ein höheres und weiteres Terrain gelangten.[420]

Trotz dieser Entwicklungen verhielten sich die führenden jüdischen Repräsentanten in Politik, Wissenschaft, Kultur und Wirtschaft sowie die jüdischen Gemeinden zurückhaltend. Die kritischen Anti-Treitschke- und Stoecker-Schriften einiger jüdischer Honoratioren erfüllten zwar die Funktion einer landesweiten, publizistischen

---

416 Moritz Lazarus' Lebenserinnerungen, S. 261; vgl. Mathias Berek, Neglected German-Jewish Visions, S. 55.
417 Vgl. Alfred Leicht, Lazarus und Renan, in: AZJ (13.5.1910), S. 220–222.
418 Mathias Berek, Moritz Lazarus: Deutsch-jüdischer Idealismus, S. 33.
419 Vgl. ebd., S. 429–433.
420 AZJ (28.12.1880), S. 818.

jüdischen Abwehr, doch beschränkte sich deren Einfluss auf das liberale bildungsbürgerliche Milieu; in der breiteren Öffentlichkeit blieben sie praktisch unbemerkt. Der DIGB versandte im Dezember 1880 eine Art Leitfaden an sämtliche Gemeinden, der eine „Reihe von Lehren" darüber enthielt, wie sich die Juden gegenüber antisemitischer Agitation am besten verhalten sollten; diese Ratschläge waren jedoch mehr erbaulicher Natur als eine Aufforderung zur Abwehr.[421]

Ansätze zur Gründung eines Abwehrvereins waren bisher erfolglos geblieben. Im Dezember 1879 war ein erster Versuch gescheitert, eine öffentlich präsentere jüdische Gegenwehr in Berlin zu mobilisieren. Im Anschluss an Lazarus' Vortrag *Was heißt national?*, hatte sich „eine Anzahl von Männern (…) im kleinen Kreise" zusammengefunden, um zu beraten, „ob und was etwa auf unserer Seite in Bezug auf die Agitation zu geschehen hätte". Diese Treffen verliefen wegen Meinungsverschiedenheiten über das gemeinsame Vorgehen erfolglos, weshalb viele der Teilnehmer bald das Interesse verloren. Lazarus berichtete ernüchtert:

> Die Erinnerung an den Gang jener Verhandlungen ist schmerzlich für mich. Die in der einen Woche da gewesen, sind in der nächsten Woche nicht oder nicht alle wiedergekommen; denn jeder hatte eine andere Meinung (…) und in Folge dessen blieb es schließlich dabei, daß nichts geschehen ist.[422]

Der nächste Versuch wurde von Salomon Neumann im März 1879 unternommen. Der Auslöser für Neumanns Initiative war vermutlich die großangekündigte Veröffentlichung von Marrs *Der Sieg des Germanenthums* Anfang des Monats. Auf Einladung Neumanns traf sich eine jüdische Notablenversammlung in Berlin, in Lazarus' Erinnerung „etwa 25 Männer", die jedoch, wie die AZJ es sarkastisch kommentierte, nach fruchtloser Debatte mit dem Ergebnis „Nichtsthun sei das Beste"[423] auseinandergingen. Bis Anfang April kristallisierten sich auf diesen Treffen zwei Gruppen mit divergierenden Meinungen über ein wirksames Vorgehen heraus, deren Unvereinbarkeit jede realistische Planung zunichtemachte. Die Majorität, zu der Neumann zählte, zog es vor, hinter den Kulissen zu wirken und ein offensives Vorgehen zu vermeiden, um die Agitation der Antisemiten nicht noch weiter anzustacheln; die Minorität forderte dagegen, durch öffentliches Auftreten breitere Kreise für die Abwehr zu mobilisieren. Lazarus war der Überzeugung, dass

---

[421] Vgl. ebd., S. 99 f.; vgl. Jacob Borut, The Rise of Jewish Defence Agitation in Germany, 1890–1895: A Pre-History of the C.V.?, in: LBYB, Vol. 36 (1991), S. 62.; Leopold Auerbach, Das Judenthum und seine Bekenner, S. 108.
[422] Moritz Lazarus, Unser Standpunkt. Zwei Reden an seine Religionsgenossen am 1. und 16. December 1880, Berlin 1881, S. 4.
[423] Vgl. AZJ (14.12.1880), S. 789; Moritz Lazarus, Unser Standpunkt, S. 4.

Geheimtreffen und ein Handeln im Hintergrund weder einen Nutzen im Kampf gegen den Antisemitismus haben noch eine nennenswerte Anzahl von durchaus zur Aktion gewillten jüdischen Bürgern zusammenbringen könne. Sich selbst rechnete er der Seite zu, die „auch die Öffentlichkeit nicht scheuen würde"[424]. Um einen Kompromiss auszuhandeln, lud Lazarus Vertreter beider Seiten zu sich nach Hause ein – und blieb ohne Erfolg:

> Damals meinte man, durch irgend eine Gegenwirkung von unserer Seite würde vielleicht die Agitation noch geschürt und erweitert. Heute wissen wir, daß man vom Februar bis Dezember [1880, D.H.] auf unserer Seite schlechthin nichts gethan hat, und daß die Agitation gleichwohl viel weiter gegangen ist.[425]

Das Fehlen einer Antwort des jüdisch-deutschen Bürgertums auf die Angriffe der Antisemiten sorgte in Teilen der jüdischen Bevölkerung für Enttäuschung, mitunter sogar für Furcht. Der Schriftsteller Berthold Auerbach (1812–1882) schrieb am 11. November 1880 an einen Freund: „Ich habe die ganze Nacht kaum eine Stunde geschlafen. Das gestrige Abendblatt der National-Zeitung enthält den Text der Petition an Bismarck gegen die Juden. Das also müssen wir noch erleben". Auerbach berichtete außerdem, ähnlich wie Moritz Lazarus, von vergeblichen Bemühungen, Freunde und Gleichgesinnte zu einer Gegenreaktion bewegt haben zu können:

> Ich sah es kommen, ich habe mehrfach gewarnt und gemahnt. Ich wollte, als ich im Januar hierher [nach Berlin; D.H.] zurückkehrte, eine große Versammlung veranstalten, zu welcher (…) die angesehensten Männer aus der Wissenschaft, aus der Bürgerschaft und soweit es ging, aus dem Beamtenthum, eingeladen werden sollten, um die neu aufgeworfene sogenannte Judenfrage auf einmal energisch abzuthun, bevor das Uebel weiterfraß, und bevor diese Aufwiegelungen in die niederen Kreise, die Bierstuben hinabträufelten, von wo sie schwer mehr herauszuholen sind. Ich wurde theils ausgelacht, theils als Schwärmer und Phantast angesehen. (…) Ich habe endlich davon abgelassen (…) aber mitten in meine Arbeit hinein (…) spukte es wie ein Gespenst (…) und ich kenne die Welt genugsam, ich weiß, wie im Casino zu Rastatt und in der Weinstube in Bingen und im Bierkeller in München das alles mit Jubel aufgenommen wird. Was ist da zu thun? Müssen wir in unserem Alter unthätig und stillduldend zusehen, wie das Unheil immer größer wird und was die Kinder in den Schulen leiden von Lehrern und Mitschülern? Ich sehe in die trübste Zukunft hinein.[426]

---

424 Moritz Lazarus, Unser Standpunkt, S. 4, 5.
425 Vgl. Ismar Schorsch, Jewish Recations, S. 62; vgl. Sanford Ragins, Jewish Responses to Anti-Semitism in Germany, 1870–1914: A Study in the History of Ideas, Cincinnati 1980, S. 33.
426 Berthold Auerbach an Jakob Auerbach vom 11.11.1880, in: Hans Otto Horch (Hrsg.), Berthold Auerbach. Briefe an seinen Freund Jakob Auerbach. Neuedition der Ausgabe von 1884 mit Kommentaren und Indices. Teilband II (1870–1882), Berlin/München/Boston 2015, S. 438 f.

Auch Ludwig Philippson berichtete, er habe im Sommer 1880 vergeblich versucht, die vier größten jüdischen Gemeinden Berlin, Hamburg, Frankfurt am Main und Breslau zu einer gemeinsamen Abwehr zu überzeugen. Lediglich Hamburg habe eine positive Antwort gesandt, von Berlin kam überhaupt keine Reaktion.[427]

Die Enttäuschung und Empörung vieler deutscher Juden über diese Passivität fand im November 1880, als die antisemitische Bewegung nach der Stadtverordnetenwahl einen weiteren Höhepunkt erreichte, ihren Ausdruck in einer vernichtenden Kritik der AZJ. Die Redaktion um Philippson empfand das gänzliche Fehlen einer effektiven, geschweige denn sichtbaren jüdischen Abwehr – abgesehen von den Anti-Treitschke-Schriften – als skandalös. Einen „trefflich geschriebenen Artikel" des *Berliner Börsen Couriers* zur *Kantorowicz-Affäre* aufgreifend[428] fragte sie:

> Und endlich die Berliner Juden? Sie haben nichts gethan; sie haben sich ruhig den Sturm über den Kopf wachsen lassen (...) Man hat unseren jüdischen Mitbürgern – und zwar aus ihren eigenen Reihen heraus – gerathen, sie möchten sich den bestehenden Verhältnissen accommodiren, sie möchten sich (...) beugen, bis der Sturm verbraust ist; (...) sie möchten sich doch hübsch von jeder politischen Opposition fernhalten, um nicht die Aufmerksamkeit auf sich zu lenken; sie möchten in socialer Beziehung doch hübsch zurücktreten, damit man sie nicht sieht und nicht von ihnen spricht (...) sie möchten das Mäuschen sein, das kein Geräusch von sich macht, wenn es Verfolger wittert (...) Wenn sich den jüdischen Mitbürgern ein Vorwurf machen läßt in diesem Kampfe, soweit er sie betrifft, so ist es der, nicht auf der Stelle scharf und schneidig aufgetreten zu sein.[429]

Die antisemitische Hetze rund um die Stadtverordnetenwahl und die *Affäre Kantorowicz* führten schließlich zu einer öffentlichen Gegenreaktion, die jedoch nicht von jüdischer Seite ausging. Der *Notablenerklärung* vom 12. November, in der sich 75 nichtjüdische Persönlichkeiten aus Wissenschaft, Politik und Wirtschaft gegen die antisemitische Bewegung positionierten, folgten die Verhandlungen zur Interpellation Albert Friedrich Hänels, die am 20. und 22. November Thema die an-

---

427 Vgl. Berliner Zustände I, in: AZJ (16.11.1881), S. 723.
428 Der Artikel erschien am 11. November im Berliner Börsen-Courier und stellte die Reaktion von Edmund Kantorowicz gegen Bernhard Förster und Carl Jungfer als Zivilcourage heraus. Der Artikel ist teilweise abgedruckt in: Simplicimus Simplicissimus, Der Fall Kantorowicz als Symptom unserer Zustände, S. 9 f.; Der von der AZJ nur teilweise zitierte Abschnitt geht weiter wie folgt: „Bisher ist von einem wirklichen Kampf nicht die Rede gewesen, sondern nur von einem Geplänkel. Gelüstet es nach einem wirklichen Strauß, heraus mit eurem Flederwisch! Was Intelligenz, Liberalismus und Humanität heißt, wird parieren!", vgl. ebd. S. 10.
429 AZJ (16.11.1880), S. 722.

tisemitische Bewegung im preußischen Abgeordnetenhaus auf die Tagesordnung brachten.[430]

Die Berliner Juden um Lazarus und Neumann begrüßten die solidarischen Reaktionen der christlich-liberalen Honoratioren, Auerbach sah mit dem Eintreten der Christen für die Juden das Problem gar vorerst als erledigt an und bemerkte erleichtert: „Man kann nun wieder ruhig arbeiten und weiterleben"[431]. Doch blieb die Forderung nach einer Abwehr des Antisemitismus vonseiten vieler direkt von Hass und Hetze betroffenen Juden weiterhin akut. Lazarus realisierte, dass eine koordinierte jüdische Reaktion ebenfalls und möglichst schnell erfolgen musste, wollten die Berliner Juden ihren christlichen Unterstützern gegenüber nicht bloß als Hilfs- und Schutzbedürftige, sondern als ebenbürtige und souveräne Staatsbürger erscheinen.

4.3 Eine Zentralstelle für die Abwehr: *Das Jüdische Comité vom 1. December*

Diese Chance ergriff er am 1. Dezember 1880. Er lud 200 jüdische Berliner Honoratioren zu einer öffentlichen Vorlesung[432] in den Saal des *Brüder-Vereins* ein, um sie von der wachsenden Dringlichkeit einer Gegenreaktion zu überzeugen und die Grundzüge eines Abwehrvereins zu skizzieren.[433] In seiner Ansprache betonte Lazarus, die Abwehr des Antisemitismus müsse von den betroffenen Jüdinnen und Juden ausgehen. Dies bedeute jedoch keine spezifisch „jüdische" und damit von der Mehrheitsgesellschaft separierte Aktion, sondern verkörpere eine „deutsche" Antwort von gleichberechtigten, emanzipierten und selbstbewussten Staatsbürgern: „Die Versammlung ist eine jüdische Versammlung, aber wir stehen hier wie immer auf dem Boden deutscher Gesinnung, als patriotisch begeisterte Söhne des deutschen Vaterlandes".[434]

Wie er im Jahr zuvor in *Was heißt national?* erläutert hatte, begründete er die staatsbürgerliche Verpflichtung zu einer Gegenreaktion mit dem freiwilligen Bekenntnis der deutschen Juden zur deutschen Nation. Den 1871 gegründeten Staat

---

430 Vgl. Manifest der Berliner Notabeln gegen den Antisemitismus vom 12.11.1880 in: Karsten Krieger, Der Berliner Antisemitismusstreit, S. 551–554; vgl. Die Judenfrage vor dem preußischen Landtage.
431 Berthold Auerbach an Jakob Auerbach vom 11.11.1880, in: Hans Otto Horch (Hrsg.), Berthold Auerbach. Briefe an seinen Freund Jakob Auerbach. Teilband II (1870–1882), S. 440.
432 Der Vortrag ist abgedruckt in Moritz Lazarus, Unser Standpunkt, S. 1–15.; vgl. zur Veranstaltung auch den Bericht in der AZJ (14.12.1880), S. 789.
433 Vgl. Sanford Ragins, Jewish Responses, S. 34f.
434 Moritz Lazarus, Unser Standpunkt, S. 3.

interpretierte er als patriotische, liberale Gemeinschaft, deren auf Einigung, Verfassung und modernem Staatsbürgertum basierendes politisches System pluralistischen und integrierenden Grundsätzen folgen müsse. Daraus ergab sich die Notwendigkeit, gegen jede diesen Prinzipien zuwiderlaufende Ungerechtigkeit Einspruch zu erheben und Gerechtigkeit vom Staat einzufordern. Dabei dürfe nie nachgelassen werden, denn die „selbstverständliche Vertheidigung muß so lange wiederholt werden, wie die ungerechte Klage immer wieder erhoben wird"[435]. Die so genannte ‚Judenfrage' verkörperte eine ungerechte Anklage, weil ihr eine gesellschaftliche Spaltung innewohnte, die aus Sicht der Befürworter des deutschen Nationalstaates als staatsgefährdend angesehen werden musste. Waren Einigkeit und das Bekenntnis zur deutschen Nation die staatsbürgerliche Pflicht sämtlicher Bürger des Deutschen Reiches, so bedeutete die antisemitisch konstruierte Sonderstellung und angestrebte Exklusion der Juden folgerichtig die größte „Schmach" der nationalen Einigung:

> die Thatsache, daß man darüber diskutiert, die ist mehr als eine Gefahr, sie ist ein tiefes Leiden (...) Nicht welche Antwort man auf die Judenfrage geben wird, kümmert uns; daß die Judenfrage existiert, ist ein schweres Leid für die Judenschaft in Deutschland, ein schwereres für die deutsche Nation.[436]

Die unhaltbaren Zustände vor Augen, stellte sich für die „stolzen und hohen und zu gleicher Zeit trägen Juden" die zentrale Frage: „Was kann man thun?"[437]. Zweifellos sei jede weitere Untätigkeit hinsichtlich einer jüdischen Abwehr ausgeschlossen. Denn ungeachtet des aus Vorsicht vor einem weiteren Erstarken der Antisemiten passiven Verhaltens der deutschen Juden sei die Agitation dennoch „mit ungeheuren Schritten vorwärts gegangen". Daher trügen die Juden „keine Schuld sie durch unsere Thätigkeit geschürt zu haben".[438] Indirekt den Fall Kantorowicz aufgreifend, konstatierte Lazarus, dass in der jüdischen Bevölkerung sowohl der Wunsch als auch das Potential einer organisierten jüdischen Abwehr vorhanden seien. Darin lägen Chance und Gefahr zugleich: die Chance, eine fraglos hohe Erwartungshaltung in Zuspruch und aktives Engagement zu kanalisieren, und die Gefahr, dass ohne eine zentrale Organisation die Aktionen Einzelner leicht aus dem Ruder laufen, gewalttätige Züge annehmen, und von der Gegenseite wirksam instrumentalisiert werden könnten:

---

[435] Ebd., S. 14.
[436] Vgl. AZJ (14.12.1880), S. 789; Moritz Lazarus, Unser Standpunkt. S. 7.
[437] Moritz Lazarus, Unser Standpunkt, S. 7.
[438] Ebd., S. 8.

> Der größte Schaden dessen, daß Nichts von Seiten der Juden geschieht, daß man in Berlin und draußen in ganz Deutschland weiß, daß Nichts geschieht, ist, daß infolge dessen sporadisch unbesonnene Schritte geschehen, weil dem Einzelnen, derb ausgesprochen, die Galle überläuft.[439]

Die deutschen Juden seien demnach in der Pflicht, dem breiten Wunsch nach Abwehr zu entsprechen und gleichzeitig den Druck von der Straße zu nehmen, um möglichen Gewalttaten vorzubeugen. Dies dürfe keinesfalls „im Geheimen", sondern nur öffentlich und mit Legitimation der Betroffenen geschehen:

> Ich will nur, was durch die öffentliche Kraft, was durch das offene, feste Zusammenstehen hervorgeht (...) Verfahren wir geheim, so wird für die Betheiligten draußen nur wie für unmündige Kinder etwas gethan. Und warum sollten wir es geheim machen? Wir wollen ja Niemand angreifen, Niemand befeinden, wir wollen ja nur uns vertheidigen. Und auch in der Vertheidigung fordern wir zwar Energie, aber Besonnenheit, Maß.[440]

Zur Realisierung seiner Vorschläge skizzierte Lazarus den Anwesenden die Gründung einer deutschen Zentralstelle für Aufklärung und Koordinierung der Abwehr, die gewählt und unabhängig von städtischen Gemeindestrukturen agieren müsse. Hinsichtlich seiner Berliner Zuhörerschaft relativierte er die Idee an späterer Stelle dahingehend, dass er nicht etwa verlange eine „weitverzweigte Organisation" zu schaffen, sondern zunächst lediglich ein Komitee in Berlin:

> Sie müssen sich ein Organ schaffen, welches für Sie thätig ist, welches beräth und handelt (...) Was also geschaffen werden muß, ist dieses, daß wir zusammenstehen, gemeinsame Kenntniß von einander haben, wie von den Dingen, welche vor sich gehen; eine Gemeinsamkeit, welche einen Mittelpunkt hat, der sie vertritt, eine Adresse bildet, an welche sich die Thatsachen, die Beobachtungen, die Rathschläge für Hilfsmittel wenden können; denn nichts von alledem haben wir.[441]

Die Gemeinden dagegen seien „durch die Grenzen ihrer Befugnisse beschränkt", verfügten nur über „geringe persönlich-moralische Wirkung nach außen" und außerdem sei ihnen „jede auch nur mittelbare litterarische Wirksamkeit (...) unmöglich".[442] Das Komitee dagegen solle als „Centralpunkt" wirken, „wahrhaft patriotisch" die „geistige Arbeit" aufnehmen „und nach allen Seiten hin aufklärend

---

439 Ebd.
440 Ebd., S. 8 f.
441 Ebd., S. 10.
442 Ebd.

und belehrend spielen lassen".[443] Als Aufgaben eines künftigen Komitees umriss Lazarus zwei Bereiche:

> 1. Abwehr der Agitation, welche gegen uns und gegen Toleranz und Humanität geführt wird.
> 2. Hebung des Judenthums in fremden und in den eigenen Augen.[444]

Seinem pluralistischen Ansatz folgend, ging Lazarus im ersten Punkt über die rein jüdischen Belange hinaus und verknüpfte die Verteidigung der Juden mit der des Individuums im modernen Rechtsstaat. Im zweiten Punkt thematisierte er zwei konkrete Aufgabenbereiche für die deutschen Juden innerhalb ihrer Gemeinden. Die „Hebung" in „fremden", also nicht-jüdischen Augen sollte aufklärerische Aufgabe aller deutschen Juden sein und meinte, Wesen und Inhalt des Judentums sowie seine Ausdifferenzierungen in Kultur und Religion den christlichen Nachbarn zu erklären und dadurch in einen offenen Diskurs zu treten, welcher die bestehenden Vorurteile langfristig abbauen würde. Dies, so Lazarus, gestaltete sich allerdings schwierig, weil vielen, gerade weltlichen Juden grundlegende historische, kulturelle und religiöse Kenntnisse fehlten:

> Das Judenthum ist vielen seiner Bekenner etwas fremd geworden, sie sind nicht gewappnet, um Bescheid geben zu können über den spezifischen Werth, über die besonderen Vorzüge, über die eigenthümlichen, geistigen Schätze des Judenthums.[445]

Eine der elementaren Aufgabe der Abwehr sah Lazarus deshalb in der Aufklärung innerhalb der jüdischen Gemeinden. Ob Anhänger des Reformjudentums oder streng Orthodoxe, sie alle seien in der Pflicht, im Dienst der Abwehr des Antisemitismus das Studium jüdischer Traditionen (und ihrer modernen Ausdifferenzierungen) zu betreiben, um durch die Besinnung auf die eigene kulturelle Herkunft und Identität selbstbewusst in den pluralistischen Diskurs eintreten zu können. Angesprochen waren auch all diejenigen, die „blos geborene Juden" seien, also bereits vollständig akkulturiert waren und sich für das Judentum und seine Traditionen nur wenig interessierten. Diese Personen wurden durch die Angriffe der antisemitischen Bewegung nun genötigt, sich mit ihrer jüdischen Identität auseinanderzusetzen:

---

[443] Ebd., S. 14.
[444] Ebd., S. 11.
[445] Ebd.

> Sie fühlen sich jetzt so empört, denn sie fühlen sich so unschuldig bei dieser ganzen Agitation; sie waren so gar nicht Juden, du jetzt sollen sie es sein, und sollen sogar dafür leiden! Sie sind Juden von Stoecker's Gnaden.[446]

Lazarus' starke Bezüge auf die Wissenschaft des Judentums und deren Verbreitung unter den Juden hatten in Kampf um die jüdische Emanzipation und bürgerliche Gleichstellung eine lange Tradition. Schon in dem von Leopold Zunz und Eduard Gans 1819 initiierten *Verein für die Wissenschaft und Cultur der Juden* wurde eine kulturelle Angleichung durch Bildung gefordert, was in erster Linie von den im Verein organisierten liberalen und akkulturierten Anhängern des Reformjudentums vorgeschlagen wurde. Die Grundidee der Befürworter einer „Hebung" war, jüdischen Kindern moderne, weltliche Schulbildung jenseits der hebräischen Religionsschulen zu ermöglichen; sie stattdessen in Hochdeutsch und weltlichen Fächer zu unterrichten, um auf diesem Wege langfristig die sichtbaren Differenzen zwischen jüdischer und nichtjüdischer Lebenswelt zu minimieren. So sollte ein Grad gesellschaftlicher Integration erreicht werden, in der die jüdische Herkunft keine Rolle mehr spielte.[447] Diese Philosophie verfolgten liberale Juden in Deutschland genauso wie in Österreich-Ungarn, wo sich die IAzW um die Juden Galiziens bemühte.[448] Die Befürworter einer „Hebung" legten besonders großen Wert auf eine langfristige Veränderung der Berufsstruktur der jüdischen Bevölkerung. Berufliche Ungleichheiten resultierten, wie Lazarus hervorhob, nicht aus einer selbstgewählten Sonderstellung, sondern entsprangen der diskriminierenden Gesetzgebung der voremanzipatorischen Zeit, in welcher die sogenannten „Judenordnungen" die Bürgerrechte der Juden stark eingeschränkt und ihre Berufswahl streng limitiert hatten, vom landwirtschaftlichen über den handwerklichen bis in den universitären Bereich. Schon 1812 war die *Gesellschaft zur Verbreitung des Handwerks und des Ackerbaus unter den Juden* (GfdV) gegründet worden. Seitdem hatten es sich zahlreiche von jüdischen Gemeinden geförderte *Vereine zur Förderung von Ackerbau und Handwerk unter den Juden* zur Aufgabe gemacht, jüdischen Lehrlingen prak-

---

446 Ebd.
447 vgl. Monika Richarz, Jüdische Akademiker und Ärzte. Behinderte Emanzipation und berufliche Orientierung, in: Christina von Braun (Hg), Was war deutsches Judentum, S. 167–179; vgl Hanns Reissner, Eduard Gans, Ein Leben im Vormärz, Tübingen 1956; vgl. Werner Treß, Osteuropäisches Judentum zwischen akademischer Judenfeindschaft und Wissenschaft des Judentums im 19. Jahrhundert, in: Kerstin Schoor, Werner Treß, Annette Werberger Annette (Hgg.): Juden und ihre Nachbarn. Wissenschaft des Judentums im Kontext von Diaspora und Migration, Berlin/Boston 2022, S, 47–66.
448 Vgl. Björn Siegel, Österreichisches Judentum zwischen Ost und West, S. 110 ff.

tische Berufe nahezubringen und so die Berufsstruktur der jüdischen an die der nichtjüdischen Bevölkerung anzugleichen.[449]

Folgten diese Bestrebungen einerseits aufklärerischen Traditionen und dem reformzeitlichen Wunsch nach Gleichheit durch Anpassung, verwiesen sie andererseits auf konfliktreiche Diskussionen und Ambivalenzen innerhalb des deutschen Judentums. Der Vorschlag, vermeintlich rückständige Erscheinungsformen beziehungsweise traditionelle Denkmuster und Lebensweisen kulturell zu nivellieren, die gebildeten und zumeist akkulturierten jüdischen Milieus und einem Großteil der christlichen Mehrheitsgesellschaft fremd, rückschrittlich oder sogar unangenehm erschienen, stieß nicht überall auf Gegenliebe. Die „Hebung der Juden" beinhaltete die elementare Frage, was eine erfolgreiche Akkulturation sei und wie weit diese zu gehen habe: ob sie schließlich in eine vollständige Assimilation inklusive Konversion zum Christentum münden oder ob die jüdische Identität durch das Studium und die Rückbesinnung gestärkt werden solle.[450] Die Befürworter einer „Hebung" handelten dahingehend ambivalent, dass ihre Idee ein Schuldeingeständnis einschloss, indem sie antisemitische Stereotype indirekt akzeptierten und internalisierten. „Unsere Fehler", unterstrich Lazarus bereits in *Was heißt national?*, „brauche ich nicht hervorzuheben, mehr als unsere Vorzüge liegen sie offen zu Tage"[451]. Diese Selbstcharakterisierung warf wiederum die berechtigte Frage auf, inwieweit das geforderte freiwillige, individuelle Bekenntnis zum deutschen Staat bei parallelem Angleichungs- und Assimilationsdruck auch wirklich freiwillig war. Lazarus, der diese Problematik klar erkannte und die „Hebung" als „etwas heikler" als die Hebung des Judentums insgesamt[452] charakterisierte, war dennoch selbst in dieser Ambivalenz gefangen. Als Pionier des modernen Pluralismus war er kein Verfechter der vollständigen Assimilation. Er trat für kulturelle Vielfalt ein und merkte an, dass „jede Gemeinschaft zum sittlichen Segen für sich und für das größere Ganze, dem sie eingeordnet ist" wird – also für den Staat, dem diese Gemeinschaft auf eigenen Wunsch angehört. Gleichzeitig plädierte er als ‚Deutscher' und überzeugter Anhänger des Reformjudentums für die größtmögliche

---

[449] Vgl. Monika Richarz, Der Eintritt der Juden in die akademischen Berufe. Jüdische Studenten und Akademiker in Deutschland 1678–1848, Tübingen 1974, S. 86 f.; vgl. Tanja Rückert, Produktivierungsbemühungen im Rahmen der jüdischen Emanzipationsbewegung (1780–1871): Preußen, Frankfurt am Main und Hamburg im Vergleich, Münster 2005, S. 100 f.; vgl. Moritz Lazarus, Was heißt national?, S. 27–29.

[450] Vgl. zu den Begriffen Assimilation und Akkulturation den prägnanten Exkurs von Erik Petry, Ländliche Kolonisation, S. 4–8, sowie zur Debatte um den Assimilationsbegriff Till van Rahden, Vielheit. Jüdische Geschichte und die Ambivalenzen des Universalismus, Hamburg 2022, S. 121–144.

[451] Moritz Lazarus, Was heißt national?, S. 56.

[452] Moritz Lazarus, Unser Standunkt, S. 27.

Akkulturation und räumte der „Hebung der Juden" eine prominente Rolle ein. Zunächst sei sie Bestandteil ethischen Handelns jedes Individuums, das sich zum Staat bekennen wolle, unabhängig von der Vergangenheit des jüdischen Stammes. Weiterhin sei sie „zur Abwehr und zur Aufklärung" elementar, weil die durch sie ermöglichte kulturelle Angleichung die Angriffsfläche der Antisemiten verringern könne.[453]

Seine Ausführungen beendete Lazarus mit einem Appell zum Mitmachen an die Anwesenden, warb um „originelle Gedanken" und eine lebhafte und ergebnisreiche Debatte. Er stellte allerdings klar, dass sich ausschließlich Leute zur Wahl in ein Abwehrkomitee stellen sollten, „welche wirklich arbeiten wollen, welche die Zeit und die Neigung dazu haben". Ein erneuter Fehlschlag sei nicht hinnehmbar.[454] Im Anschluss gründeten die Anwesenden nach, wie die AZJ vermerkte, „längerer und trotz der Erregtheit der Gemüther anerkennend maßvoller Berathung", das erste jüdische Komitee gegen Antisemitismus in Berlin. Es wurde nach seinem Gründungsdatum *Jüdisches Comité vom 1. December* genannt, in den Sitzungsprotokollen und im täglichen Umgang verwendeten die Mitglieder auch die Bezeichnung *December-Comité*.[455]

Aus den Reihen der Anwesenden wurden 28 Mitglieder ins D.C. gewählt, die ausnahmslos dem großbürgerlichen liberalen Berliner Milieu entstammten.[456] Unter ihnen befanden sich Vertreter aus Politik, Wissenschaft, Kultur und Wirtschaft sowie Repräsentanten der jüdischen Gemeinde. Neben Moritz Lazarus als Vorsitzendem und dem Kommerzienrat Salomon Lachmann als Schatzmeister wurden Salomon Neumann, der Schriftsteller Berthold Auerbach, die Bankiers Julius Bleichröder, Leopold Friedländer (1832–1896) und [Julius] Hermann (1856–1920?), die Professoren Jacob Barth (1851–1914), Harry Bresslau (1848–1926), Emil Breslauer (1836–1899), Julius Hirschberg (1843–1925), Heymann Steinthal (1823–1899), der Gynäkologe und spätere Präsident des DIGB Samuel Kristeller (1820–1903), der Unternehmer und Reichstagsabgeordnete Ludwig Loewe (1837–1886), der Verleger Rudolf Mosse (1843–1920), der Psychiater und Reichstagsabgeordnete Emanuel Mendel (1839–1909), der Vorsitzende der Berliner Stadtverordnetenversammlung Wolfgang Straßmann, der Chemiker und Abgeordneter des preußischen Landtages Otto Burg (1813–1884), der Berliner Kaufmann und Stadtrat Herberth

---

453 Vgl. Mathias Berek, Moritz Lazarus. Deutsch-jüdischer Idealismus, S. 313–342; vgl. Moritz Lazarus, Unser Standpunkt, S. 12.
454 Moritz Lazarus, Unser Standpunkt, S. 14.
455 Vgl. Sanford Ragins, Jewish Responses, S. 35; vgl. Protokoll des D.C. vom 7.12.1880, in: SAM, 1194, opis 1, Bd. 16, Bl. 6; vgl. Moritz Lazarus, Unser Standpunkt, S. 16 Anmerkung*.
456 Vgl. Liste der Mitglieder in: Moritz Lazarus, Unser Standpunkt, S. 16.

Alexander Wolff (1823–1888)[457], der Kommerzienrat und Stadtverordnete der Fortschrittspartei Isaac Simon (1816–1890)[458], die Sanitätsräte Adolf Kalischer (1833–1893) und Moritz Kirstein (1830–1896), Dr. Herrlich, Moritz Gottschalk Lewy (1816–1893)[459], der portugiesische Generalkonsul Raphael Eisenmann (1821–1893), H. Goldschmidt, der Druckerei- und Verlagsbesitzer Wolf Hagelberg (1825–1896) sowie Rechtsanwalt Hermann Stern I. (1852–1904)[460] ins Komitee gewählt.

4.4 Die Versammlung vom 16. Dezember 1880

Vier Tage später fanden sich die Komiteemitglieder in Moritz Lazarus' Wohnung erstmals zusammen, um das weitere Vorgehen zu diskutieren. Neben organisatorischen Fragen wie der Arbeitsteilung und der Vorbereitung einer offiziellen Konstituierung, lag die Kernaufgabe des Treffens in dem von Lazarus in seinem Vortrag ausgesprochenem Vorschlag, kurzfristig „neue" und „größere" „Versammlungen nach Art derjenigen vom 1. d. Monats" in die Wege zu leiten, um öffentlich in Erscheinung zu treten.[461] Die Idee wurde zwar von den meisten Anwesenden positiv aufgenommen, doch die Frage, wie konfrontativ man den Antisemiten öffentlich gegenübertreten sollte, blieb eine wiederkehrende Kontroverse.

Wortführer der auseinandersetzungsfreudigeren Fraktion war der Konsul Raphael Eisenmann, der in sich den Sitzungen stets für ein energisches Vorgehen aussprach. Auch Samuel Kristeller und Otto Burg plädierten anfangs für eine öffentlich sichtbare Abwehr. Kristeller stellte beim ersten Treffen den Antrag, für die kommenden Wochen gleich zwei Veranstaltungen zu planen.[462] Otto Burg forderte einen schleunigen „Eintritt in die Action" und die rasche Aufnahme neuer Mit-

---

457 Vgl. zu H.A. Wolff Christina Herbst (Hg.), Hedwig Pringsheim, Tagebücher Bd. 1 (1885–1891), Göttingen 2013, S. 56, 249, vgl. Namensliste der Komiteemitglieder in: Moritz Lazarus, Unser Standpunkt, S. 16 Anm. *; vgl. Mitgliederliste des geschäftsführenden Ausschusses, in: SAM, 1194, opis 3, Bd. 1, Bl. 21; vgl. Mitgliederverzeichnis des D.C., in: Archiv des Centrum Judaicum (CJA), 1C KO 1, Nr. 1, #12505, Bl. 2.
458 Vgl. Olaf Matthes, James Simon. Mäzen im Wilhelminischen Zeitalter, Berlin 2000; vgl. ders, „Simon, James" in: Neue Deutsche Biographie 24 (2010), S. 436–438 [Online-Version]; URL: https://www.deutsche-biographie.de/pnd117392634.html#ndbcontent (5.7.2020).
459 Vgl. zu M.G. Lewy The Central Archives for the History of the Jewish People in Jerusalem (CAHJP), Sammlung Familie Moritz Moses Gottschalk Lewy – P 253 (http://cahjp.nli.org.il/content/lewy-moritz-gottschalk; 26.5.2020).
460 Vgl. zu Hermann Stern I. Der Gemeindebote. Beilage zur AZJ (28.7.1905), S. 1.
461 Vgl. Moritz Lazarus, Unser Standpunkt, S. 13; vgl. Protokoll der Sitzung des D.C. vom 5.12.1880, in: SAM, 1194, opis 1, Bd. 16, Bl. 1.
462 Vgl. Protokoll des D.C. vom 5.12.1880, SAM, 1194, opis 1, Bd. 16, Bl. 1.

glieder, um den Aktionsradius des Komitees zu vergrößern.[463] Harry Bresslau, der wie Lazarus eine mittlere Position einnahm, betonte die Notwendigkeit, die von den 28 Mitgliedern definierten Aufgaben und Arbeitsmethoden auf einer Versammlung zur Abstimmung zu stellen, um als zentrale Abwehrstelle über öffentliche Legitimation und Rückhalt zu verfügen.[464]

Skeptisch gegenüber einem öffentlichen Aktionismus zeigte sich in erster Linie Wolfgang Straßmann, der von Herberth Alexander Wolff, H. Goldschmidt und Salomon Neumann unterstützt wurde. Sie warnten vor einer lauten Protestform, die zweifellos eine Gegenreaktion hervorrufen müsse, und plädierten stattdessen für Zurückhaltung und Arbeit im Hintergrund. Straßmann, der während der Stadtverordnetenwahlen vier Wochen zuvor persönlich zur Zielscheibe der Antisemiten geworden war und auch weiterhin eine prominente Rolle in der antisemitischen Presse spielte, war verständlicherweise wenig geneigt, sich weiteren Angriffen auszusetzen, und sprach sich grundsätzlich gegen öffentliche Versammlungen aus. Neumann wiederum stellte die Abhaltung öffentlicher Versammlungen nicht generell infrage, riet jedoch, „denselben nicht den Hauptzweig der Werbung zu geben". Er empfand es zweckmäßiger, die Ergebnisse der Sitzung vom 1. Dezember in schriftlicher Form zu verkünden, schloss sich Breslaus Vorschlag einer öffentlichen Legitimation jedoch schließlich an.[465]

Am 7. Dezember trafen sich die Gründungsmitglieder zur konstituierenden Sitzung im Bibliothekssaal der *Jüdischen Hochschule*. Nach einem einleitenden Referat von Moritz Lazarus gründete sich das Komitee offiziell, legitimiert durch das „Mandat der Versammlung vom 1. December 1880".[466] Anschließend wurde über die Form der geplanten Kundgebung und den Inhalt der „Aussprache an die Glaubensgenossen" diskutiert, die am 16. Dezember abends im Saal der *Gesellschaft der Freunde* stattfinden sollte.[467] In der Debatte traten Raphael Eisenmann, Otto Burg und Heymann Steinthal als stärkste Befürworter einer deutlichen Botschaft ein, auch Neumann schlug sich schließlich auf die Seiten der Befürworter und regte sogar an, statt einer gleich „mehrere Veranstaltungen" zu planen. Lediglich Wolfgang Straßmann blieb bei seiner ablehnenden Haltung, unterstützt von Wolff, der warnte, eine öffentliche Versammlung „werde die Gegensätze nur verschärfen"[468]. Sie stimmten als Einzige gegen die Veranstaltung.

---

463 Antrag Otto Burg, in: ebd., Bl. 2.
464 Vgl. Protokoll des D.C. vom 5.12.1880, SAM, 1194, opis 1, Bd. 16, Bl. 1.
465 Ebd.
466 Protokoll des D.C. vom 7.12.1880, SAM, 1194, opis 1, Bd. 16, Bl. 6.
467 Ebd., Bl. 6, 8.
468 Ebd., Bl. 8.

Bei ihren Kontroversen über Intensität und ‚Lautstärke' der Abwehr standen die Mitglieder des Komitees durch die hohe Erwartungshaltung der jüdischen Öffentlichkeit zusätzlich unter Druck. In den ersten zwei Wochen seines Bestehens erhielt das Komitee „Hunderte und aber Hunderte"[469] von Briefen jüdischer BürgerInnen, die ihren Zuspruch bekundeten und gleichzeitig verschiedenste Ideen zur konkreten Umsetzung der Abwehr unterbreiteten. Viele dieser Zuschriften enthielten nach Lazarus Schilderung „die sonderbarsten Vorschläge dessen (...) was wir alles thun sollten, gegründet auf die sonderbarsten Vorstellungen von den Zuständen, in denen wir uns befinden"[470]. Damit spielte er auf diejenigen Vorschläge an, die auch direkte Konfrontationen mit Antisemiten nicht ausschlossen. „Hätte", so Lazarus rückblickend, „alles, was an mich gelangt ist, andere Wege gesucht, um seinen guten Willen mit seiner thörichten Meinung doch an den Mann zu bringen; es wäre uns keine Freude und keine Ehre gewesen"[471]. Das Komitee sah sich also einer nicht unerheblichen Anzahl motivierter Leute gegenüber, die ihre Erwartungen an eine effektive Abwehr durch Vorschläge untermauerten, welche unter den 28 Mitgliedern keineswegs mehrheitsfähig waren. Daher galt es, innerhalb kurzer Zeit einen praktikablen Mittelweg zu finden, um ein erneutes Scheitern an gegensätzliche Positionen und internen Konflikten zu vermeiden. Harry Bresslau, der fürchtete, der Streit um die Abwehrstrategie könnte sich auf die Veranstaltung übertragen und eine Legitimierung durch die Öffentlichkeit zunichtemachen, schlug sogar vor, „es möge die Debatte in der zu veranstaltenden Versammlung ausgeschlossen sein", erhielt jedoch keine Mehrheit.[472]

Schließlich verständigten sich die Mitglieder darauf, Sinn und Notwendigkeit öffentlicher Veranstaltungen grundsätzlich anzuerkennen und als Komitee zu befürworten. Dieser Einigung folgten jedoch umgehend Auseinandersetzungen über den Inhalt der Ansprache, die auf der Versammlung im Namen des Komitees gehalten werden sollte. Ein erster Entwurf, von Lazarus, Auerbach, Bresslau und Kristeller geschrieben, erregte nach seiner Verlesung auf dem dritten Treffen am 9.12. das Missfallen vieler Komiteemitglieder.[473] Leider ist dieser Entwurf in den Protokollbüchern des D.C. nicht überliefert, doch ist naheliegend, dass Inhalt und Ton für die eher vorsichtigen Mitglieder um Straßmann, Wolff und Neumann, inakzeptabel waren und sie heftige Gegenattacken der antisemitischen Bewegung fürchteten, die in keinem Verhältnis zum Erfolg der Veranstaltung stünden. Kristeller und Eisenmann dagegen traten vehement für den Entwurf ein. Die Gegner

---

469 Moritz Lazarus, Unser Standpunkt, S. 16.
470 Ebd., S. 17.
471 Ebd.
472 Protkoll des D.C. vom 9.12.1880, in: SAM, 1194, opis 1, Bd. 16, Bl. 6.
473 Vgl. ebd., Bl. 8.

und Befürworter teilten sich in gleich große Gruppen, die Positionen verhärteten sich, es entstand eine Pattsituation. Schließlich blieb Lazarus, der als Vorsitzender die entscheidende Stimme hatte, nichts anderes übrig, als seinen eigenen Entwurf abzulehnen, um die geplante Versammlung zu retten.[474] Im Anschluss verfasste er eine überarbeitete, entschärfte Ansprache für den 16.12., die vom Komitee akzeptiert wurde. Die Ansprache wurde im Februar 1881 zusammen mit der Rede vom 1. Dezember unter dem Titel *Unser Standpunkt* veröffentlicht.[475]

Die Versammlung am 16. Dezember wurde zu einem Erfolg für das junge Komitee. Etwa 600 jüdische Bürger waren der Einladung gefolgt und hatten sich im Saal der *Gesellschaft der Freunde* zusammengefunden, um der öffentlichen Konstituierung des ersten Berliner Abwehrvereins beizuwohnen.[476] Lazarus' Vortrag stellte inhaltlich eine programmatische Präzisierung der Ausführungen vom 1. Dezember dar. Konkret benannte er als Aufgaben des Komitees drei Punkte:

> 1. Abwehr. Verfechtung des Standpunktes der Staatseinheit aller Bürger; Festhaltung der gesellschaftlichen Toleranz und Humanität gegen Trennung wegen Abstammung oder Konfession.
> 2. Hebung des Judenthums, Darlegung seines ethischen Standpunktes vor den Augen der Nichtjuden und der Juden.
> 3. Hebung der Juden (...): genaue Prüfung und Versuche, die wirklich vorhandenen Mängel, sei es des Charakters, sei es der Umstände der Juden, zu beseitigen oder zu vermindern.[477]

Die vorgestellte Abwehrstrategie trug den Positionen von Straßmann, Wolff und Neumann deutlich Rechnung. Schon in den einleitenden Sätzen machte Lazarus deutlich:

> Die Einsetzung [des Komitees; D.H.] hat auf den ersten Blick den Anschein erweckt, als ob gegenüber einer vorhandenen Agitation eine Gegenagitation stattfinden sollte, gegenüber einem Kampf, der auf einer anderen Seite begonnen ist, von unserer Seite gekämpft werden solle. M.H., wir wollen keine Agitation treiben und wir wollen keinen Kampf kämpfen, sondern wir wollen einzig und allein unsere Schuldigkeit thun, da nicht zu schweigen, wo auch wir reden, und da nicht zu ruhen, wo auch wir thätig sein müssen.[478]

---

474 Vgl. ebd.
475 Vgl. Moritz Lazarus, Unser Standpunkt, die zweite Rede vom 16.12. s. S. 16–40.; zum Datum der Publikation vgl. Protokoll des D.C. vom 1.3.1881, in: SAM, 1194, opis 1, Bd. 16, Bl. 13.
476 Vgl. Protokoll des D.C. vom 7.12.1880, a.a.O., Bl. 6; vgl. AZJ (28.12.1880), S. 825f.; Ismar Schorsch: Jewish Reactions to Anti-Semitism, 1870–1914, Philadelphia 1972, S. 61–62.
477 Vgl. Moritz Lazarus, Unser Standpunkt, S. 19, 26, 27f.
478 Moritz Lazarus, Unser Standpunkt, S. 17.

4 Moritz Lazarus und das *Jüdische Comité vom 1. December* — 149

Die Zuschriften an das Komitee aufgreifend stellte er klar,

> zu sorgen dafür, daß alles, was etwa geschehen soll, nach reiflicher Ueberlegung mit Besonnenheit geschehe, daß alles, was geschehen soll, nicht zersplittert und vereinzelt, sondern gesammelt und zusammengenommen geschehe, das ist der Hauptzweck Ihres Comités.[479]

Die 600 Anwesenden brachten dem Komitee durch ihre Zustimmung die gewünschte öffentliche Legitimierung. In der zur Abstimmung gebrachten Resolution wurde der „Einspruch der deutschen Juden"

> 1. gegen den in der Agitation der sogenannten Antisemiten immer wieder gemachte Versuch, die Gesammtheit der deutschen Juden für Taktlosigkeiten und Vergehen Einzelner verantwortlich zu machen;
> 2. gegen das unwürdige Bestreben, die deutschen Juden als eine außerhalb der Gesammtheit des deutschen Volkes stehende nationale Besonderheit hinzustellen[480]

bekräftigt.

Einen Großteil seiner Redezeit widmete Lazarus erneut der ‚doppelten/zweifachen' Nationalität der deutschen Juden. Dazu griff er die aktuellen Entwicklungen im Kampf gegen den Antisemitismus auf und unternahm eine kritische Analyse zentraler Aussagen von Theodor Mommsens wenige Tage zuvor veröffentlichter Treitschke-Replik *Auch ein Wort über unser Judenthum*. Diese Schrift hatte in der Woche vor dem 16. Dezember bereits drei Auflagen erreicht und einen entscheidenden Wendepunkt im Antisemitismusstreit eingeläutet.[481] Lazarus zollte Mommsen Respekt für dessen Klarstellung, dass die deutschen Juden Deutsche seien, für seine öffentliche Zurechtweisung Treitschkes als Beförderer des Antisemitismus und für die klare Verurteilung der gesamten antisemitischen Bewegung als einer „Mißgeburt des nationalen Gefühls"[482]. Doch richtete er seinen Blick darüber hinaus auf widersprüchliche, hinsichtlich der Gleichheit von Deutschen und Juden problematische Passagen in Mommsens Text. Beispielsweise konstatierte Mommsen, dass die Verantwortung für den stereotypisierten Hass der Antisemiten grundsätzlich von den Juden selbst ausausging. Diese Schuldumkehr begründete er mit einer ungleichen historischen Entwicklung, die eine „Sonderstellung" der Juden verursacht und „Sondereigenschaften" bei ihnen hervorgerufen habe, die von den

---

479 Ebd.
480 Ebd., S. 40.
481 Vgl. Karsten Krieger, Der „Berliner Antisemitismusstreit", S. XXVf.; vgl. Theodor Mommsen, Auch ein Wort über unser Judenthum, Berlin 1880; vgl. Stefan Rebenich, Theodor Mommsen. Eine Biographie, München 2002 S. 170–172.
482 Theodor Mommsen, Auch ein Wort über unser Judenthum, S. 7, 12; zit. S. 4.

nichtjüdischen Deutschen „weitaus schärfer empfunden werden als die anderer Stämme oder sogar Nationen".[483] Mit einer Definition dieser ‚judenspezifischen' Eigenschaften tat sich Mommsen jedoch schwer. Einerseits behauptete er, sie

> seien von Haus aus bestimmter ausgeprägt und durch die beiden Theilen gleich verderbliche tausendjährige Unterdrückung der deutschen Semiten durch die deutschen Christen in künstlicher und zum Theil grauenvoller Weise gesteigert.[484]

An anderer Stelle bezeichnete er sie als den Juden „als Schicksal auf die Welt mitgegebene Eigenartigkeit", die sich „im Guten wie im Bösen" äußern könne.[485] Positiv war für Mommsen der „verständige Jude", der sich der Sondereigenschaften bewusst ist und auf ihre Überwindung hinarbeitet; als negatives Stereotyp führte er den jüdischen Wucherer an.[486] Auch stünden die Juden „außerhalb" der „Schranken" der „Christenheit", die den „Charakter der heutigen internationalen Civilisation zusammenfaßt".[487] Mommsen akzeptierte die Zugehörigkeit zum Judentum aus Gewissensgründen als einen möglichen Weg in die Nation, der jedoch „schwer und gefahrvoll" sei. Dagegen trete die jüdische Sonderart bei all denen hervor, die nicht aus Gewissensgründen, sondern „lediglich durch ganz andere Gefühle, die ich begreifen aber nicht billigen kann", dem Judentum treu blieben. Diese „Gefühle" als Bestandteil der jüdischen „Sonderart" werden von Mommsen nicht weiter erläutert, meinen jedoch spezifische jüdische Lebenswelten, die sich in der Existenz „specifisch jüdische[r] Vereine" zeigten.[488] Nach Mommsens Auffassung war die völlige Gleichstellung beziehungsweise „nationale Dekomposition"[489] der jüdischen Bevölkerung folgerichtig nur durch vollständige Assimilation und durch Ablegen der jüdischen Kultur und Identität zu erreichen. Ihre „Sonderart" müssten die Juden, um „alle Schranken zwischen sich und den übrigen deutschen Mitbürgern" abzubauen, „nach bestem Vermögen von sich thun."[490]. Diese Position verteidigte weniger die Gesamtheit der Juden als die durch die antisemitische Bewegung gleichfalls gefährdeten Errungenschaften des Liberalismus.

Mommsens Aussagen zur Assimilation deuteten in eine ähnliche Richtung wie die von Lazarus zur „Hebung" der Juden durch Akkulturation. Allerdings inkludierte die vollständige Negierung der „jüdischen" Identität zugunsten einer –

---

483 Ebd., S. 12, 8.
484 Ebd., S. 8
485 Ebd., S. 12.
486 Vgl. ebd., S. 13, zit. ebd.
487 Ebd., S. 15.
488 Ebd.
489 Ebd., S. 9.
490 Ebd., S. 16.

christlich konnotierten – „deutschen" ein Gesellschaftsmodell, das nicht mit Lazarus Vision vom emanzipierten, selbstbewussten jüdischen Staatsbürger in einem pluralistischen Gemeinwesen kompatibel war. Im Gegenteil, so Lazarus, bringe das stolze Bekenntnis zum Judentum und die Akzeptanz jüdischer Identitäten als Teil der deutschen Gesellschaft einen Gewinn für den Staat:

> Treue ist die Wurzel unserer Religion, wie unsere Religion die Wurzel unserer Treue ist. Die Vorsehung hat uns als Juden geboren werden lassen, die erste Forderung an jeden Ehrenmann ist bei der Fahne zu bleiben (...) und es haftet kein Makel an dieser Fahne; Blut genug, aber unser eigenes! (...) es wächst durch diese Gemeinschaft und durch diese Treue des Festhaltens etwas zu für den sittlichen Menschen, was sonst nicht ersetzlich ist: jeder Einzelne als Einzelner um des Gewissens willen (...) wenn er Mitglied einer Familie ist, dann hat er auch Rücksicht auf diese Familie, und ist er Mitglied eines Standes, die Rücksicht auf den Stand, auch auf die Stadt, den Staat, die Nation, schließlich Religion.[491]

Mommsens Bemerkungen über die jüdische „Sonderart" offenbaren eine Haltung zum Judentum, der antisemitische Klischees nicht völlig fremd waren. Tatsächlich unterscheiden sich seine Ausführungen darüber inhaltlich wenig von denen eines Paul de Lagarde, dessen Charakterisierung der Juden als ein eigenständiges Volk im Volk von rassistischen und antisemitischen Ablehnungstendenzen durchzogen war, und das Ziel verfolgte, die Juden als grundsätzlich nicht integrierbare Gruppe aus dem ‚deutschen Volk' auszuschließen.[492]

So gestand Mommsen Treitschke sogar zu, trotz seiner Hetze nichts grundsätzlich Falsches angesprochen zu haben:

„Gewiß waren sie [Treitschkes Argumente gegen die Juden; D.H.] sehr wohlgemeint; gewiß liegt den einzelnen Klagen, die dort erhoben werden, vielfach Wahres zu Grunde; gewiß sind härtere Anklagen gegen die Juden tausendmal ungehört verhallt". Und während er die These von der jüdischen Masseneinwanderung als Unwahrheit brandmarkte, schrieb er gleichzeitig ganz offen: „Der jüdische Wucher ist keine Fabel".[493]

Obwohl Mommsen die Relevanz der jahrhundertelangen Unterdrückung der Juden erkannte, relativierte er mit dieser indirekten Kollektivbeschuldigung die historische Verantwortung der nichtjüdischen Mehrheitsgesellschaft für die von ihm kritisierte „Sonderart" der Juden. Für Mommsen und für den überwiegenden

---

491 Moritz Lazarus, Unser Standpunkt, S. 35.
492 Vgl. hierzu Ina Ulrike Paul, Paul Anton de Lagardes Rassismus.
493 Theodor Mommsen, Auch ein Wort über unser Judenthum, S. 11, 13.

Teil der deutschen Liberalen war klar, dass Integration ohne vollständige Assimilation und Verzicht auf die ‚jüdische Identität' nicht funktionierte.[494]

Lazarus missbilligte diese Aussagen zwar, fasste sie jedoch nicht als Angriff gegen die deutschen Juden auf, obwohl er in *Was ist national?* betont hatte, dass es „Unrecht" sei, in den berufsspezifischen Unterschieden vor allem hinsichtlich Landwirtschaft und Handwerk einen „selbstverschuldeten Fehler des jüdischen Stammes zu sehen"[495]. Stattdessen akzeptierte er Mommsens Aussage als konstruktive Kritik und als Bestätigung für eine notwendige „Hebung" der Juden, welche die „wirklich vorhandenen Mängel" zu beseitigen und langfristig eine integrative Wirkung zu entfalten habe.[496] Diese von Lazarus und anderen „deutschen Juden" freiwillige Internalisierung der Ambivalenzen des deutschen Liberalismus folgten dem in *Was heißt national?* vorgestellten Nationalitätsprinzip und verdeutlichen das hohe Niveau des gesellschaftlich akzeptierten Antisemitismus. Durch die Fixierung auf den deutschen Staat und die Akzeptanz der Schuldumkehr zogen sie gleichzeitig Grenzen zu anderen jüdischen Lebensentwürfen und Identitäten, sei es zu Anhängern der Orthodoxie oder des Zionismus. Im Dezember 1880 entsprachen Lazarus' Pläne durchaus den Vorstellungen des überwiegenden Teils des jüdischen Berliner Bürgertums. Die hier zutage tretenden ideologischen Grundsätze verstärkten die Fokussierung des Komitees auf eine „Hebung" der Juden und begründeten eine aus Rücksicht auf die öffentliche Meinung abgeleitete, ‚besonnene' Abwehrarbeit. Diese Strategie wurde auch vom Berliner Gemeindevorstand verfolgt.[497] Eine der grundlegenden Intentionen des Komitees, die von der AZJ und der *Vossischen Zeitung* in ihren Berichten über das Treffen vom 16. Dezember betont und lobend herausgestellt wurde, bestand daher darin, keinesfalls als „besonderer Verein zur Wahrung jüdischer Interessen" und damit als Teil der „Sonderart" wahrgenommen werden zu wollen, sondern als Garant für die Toleranz und Einheit aller Staatsbürger.[498]

---

494 Vgl. Massimo Ferrari Zumbini, Die Wurzeln des Bösen, S. 79, 191–194; vgl. Erik Petry, Ländliche Kolonisation, S. 10 f.
495 Moritz Lazarus, Was heißt national?, S. 27.
496 Theodor Mommsen, Auch ein Wort über unser Judenthum, S. 28.
497 Vgl. Avraham Barkai, Wehr dich!, S. 20 f.
498 AZJ, Jg. 44, Nr. 52 (28.12.1880), S. 825.

4.5 Arbeitsweise und Methoden des Comités

4.5.1 Das *Litterarische Bureau*

Nicht institutionell, aber durch einige Gründungsmitglieder personell und ideologisch eng verbunden, stand das Komitee in der Tradition des *Deutsch-Israelitischen Gemeindebundes* und dessen Selbstverständnis als nationaler Vertretung aller deutschen jüdischen Gemeinden. Der DIGB hatte schon 1875 beschlossen, als deutsch-jüdisches Gesamtorgan gegen judenfeindliche Verleumdungen in der Presse vorzugehen, doch agierte er dabei sehr zurückhaltend. Bis 1880 intervenierte er lediglich in einem Fall juristisch und riet ansonsten, die Behörden um Hilfe zu bitten.[499]

Das Komitee verstand sich gleichermaßen als Informations-, Beschwerde- und Beratungsstelle für jüdische Gemeinden und für von antisemitischer Agitation betroffenen Einzelpersonen. Es solle, so Lazarus, diejenige Stelle sein, „an die man sich mit seinem beschwerten Herzen wenden, (…) wohin man die Thatsachen zusammenbringen kann".[500] Berichte über antisemitische Ausschreitungen aus der Presse und persönlichen Zuschriften sollten aus dem ganzen Reich zentral in einem Archiv gesammelt, aufgearbeitet und bewertet werden, um darauf basierend strategische Ratschläge beziehungsweise finanzielle, logistische oder publizistische Hilfestellung an die betroffenen Personen oder Gemeinden zu geben. Schon früh versandte das D.C. kostenlos oder für einen Unkostenpreis Broschüren, Flugblätter und anderes Informationsmaterial an alle jüdische Gemeinden, die daran interessiert waren, im Januar 1881 unter anderem an die Gemeinde Salzkotten sowie die Synagogen-Gemeinden Neuenburg, Lissa und Graudenz.[501] Die Gemeinde Neustettin fungierte im Frühjahr als Verteilungsstelle für Broschüren des D.C., die von dort aus in die Gemeinden Hammerstein, Bärwalde, Radzebuhr und Landek weiterverteilt wurden.[502] Die Ansprechpartner in den Gemeinden galten als ‚Vertrauensmänner' des D.C.

Seit der Jahreswende 1880/81 erhielt das D.C. Zuschriften aus fast allen deutschen Gemeinden, in denen diese um Informationsmaterial oder sonstige Unterstützung baten und häufig Auskunft über die Stärke der antisemitischen Bewegung in den jeweiligen Städten gaben. Hermann Samuel van Biema (1828–1903(?)) aus

---

[499] vgl. Schorsch, Jewish Reactions, S. 30; 39–42; vgl. Leopold Auerbach, Das Judenthum und seine Bekenner, S. 107f.
[500] Moritz Lazarus, Unser Standpunkt, S. 17.
[501] B. Rosenberg an das D.C. vom 23.1.1881; E. Ohm an Samuel Kristeller vom 24.1.1881; Joseph Moll an Samuel Kristeller vom 24.1.1881; Joseph Herzfeld an Samuel Kristeller vom 24.1.1881 in: CJA, 1 C, KO 1, Nr. 1, Bl. 94, 99, 105, 110.
[502] Vgl. Nathan Hoffmann an Samuel Kristeller vom 25.1.1881, in: CJA, 1 C, KO 1, Nr. 1, #12505, Bl. 135.

Hannover etwa konnte Anfang 1881 berichten, „daß in unserer Provinz die feindlichen Bestrebungen verhältnismäßig sehr wenig Anklang finden".[503] Das D.C. führte seit seiner Gründung eine „Städteliste", in der die einlaufenden Informationen festgehalten wurden. Darüber hinaus verfügte es durch die verschiedenen Gemeinden über Adressen evangelischer und katholischer Geistlicher, denen zum Zweck der Abwehr aufklärerische Broschüren oder Zeitungsartikel zugesendet werden sollten.[504]

Als im Frühjahr 1881 die antisemitische Gewalt in Preußen ihren Höhepunkt erreichte und in mehreren Städten Pommerns und Westpreußens Pogrome ausbrachen[505], verschickte das Komitee Fragebögen an alle preußischen jüdischen Gemeinden, um einen Überblick über die Lage in den Provinzen zu bekommen. Der Fragebogen, der in dem Briefwechsel zwischen dem Komitee und dem Neustettiner Rabbiner Nathan Hoffmann (1847–1895) überliefert ist, beschränkte sich nicht nur auf die „momentan angerichteten monetären Schäden", sondern bezog auch das alltägliche „Verkehrsleben sowohl in geschäftlicher als auch socialer Beziehung" unter besonderer Berücksichtigung des „verderblichen Einfluß[es] auf die Schulen", den „confessionellen Frieden" und die „Ehre" der jüdischen Bürger mit ein.[506] Insgesamt 17 Fragen thematisierten die Größe der Gemeinde, ihre Alters- und Berufsstruktur, ihre Repräsentation in öffentlichen Ämtern, die von jüdischen Kindern besuchten Schulen, das gegenwärtige und frühere Verhältnis jüdischer und christlicher Einwohner zueinander, Vorkommnisse antisemitischer Agitation an den Schulen und deren Ursache – ob etwa durch Mitschüler oder Lehrer hervorgerufen – und die generelle Einstellung der städtischen Beamtenschaft im Hinblick auf den Antisemitismus. Handschriftlich ergänzt waren Fragen nach aktuellen „antisemitischen Störungen der öffentlichen Ordnung". Die Ergebnisse dieser „aus der Provinz eingelaufenen Stimmungsberichte", über die Lazarus dem Komitee am 1. März 1881 Bericht erstattete, sollten zu einer Denkschrift ausgearbeitet und den Regierungspräsidenten der Provinzen, dem Innenministerium sowie dem Preußischen Abgeordnetenhaus zugänglich gemacht werden.[507]

---

503 H.S. van Biema an Moritz Lazarus vom 9.1.1881, in: CJA, 1 C, KO 1, Nr. 1, #12505, Bl. 52 f., zit. ebd., Bl. 52.
504 Lehrer I. Rosenfeld aus Werl an Samuel Kristeller vom 25.1.1881; Rosenfeld empfiehlt Kristeller die Aufnahme mehrerer „kleine[r] Städte Westfalens" in die „Städteliste" des Komitees: Arnsberg, Neheim, Hüsten, Gesecke, Rüthen, Warstein, Meschede, Limburg, Olpe und Wittgenstein, vgl. CJA, 1 C, KO 1, Nr. 1, #12505, Bl. 143 f.; vgl. beispielsweise für Neuenburg E. Ohm an Otto Burg vom [21.] 4. 1881, in: ebd., Nr. 2, Bl. 125–127; vgl. beispielsweise zu den Adressen der Geistlichen Vorstand der Synagogen-Gemeinde Liegnitz an Otto Burg vom 10.4.1881, in: ebd., Nr. 2, Bl. 143.
505 S. u. Kap. Agitation und Pogrome in der Provinz.
506 Fragebogen des D.C. an die jüdischen Gemeinden Preußens, in: SAM, 1194, opis 4, Bd. 3, Bl. 70.
507 Ebd., Bl. 71; vgl. Protokoll des D.C. vom 1.3.1881, in: SAM, 1194, opis 1, Bd. 16, Bl. 13.

Zur Koordinierung der täglichen Komitee-Arbeit wurde am 5. Dezember 1880 auf Antrag von Samuel Kristeller „die Bildung eines litterarischen Bureaus zur Überwachung von Zeitungen, Flugschriften und öffentlichen Versammlungen" beschlossen.[508] Als Leiter des Büros fungierte Otto Burg, Mitglied im Berliner Synagogenvorstand und liberaler Landtagsabgeordneter; als Mitglieder des Büros gewählt wurden außerdem Lazarus, Neumann, Kristeller, Steinthal und Hermann Stern.[509] Das Bureau, bei seiner Gründung zu Sammlungs- und Recherchezwecken vorgesehen, entwickelte sich im Zuge der Ausdifferenzierung der täglichen Arbeit schnell zur zentralen Institution des D.C. und wurde am 11. Januar 1881 „zu selbstständigem Handeln im Sinne der Abwehr" ermächtigt[510], ohne Rücksprache mit dem Komitee führen zu müssen. Zu den Verantwortlichkeiten des *Bureaus* zählte neben dem Einholen der „Stimmungsberichte" die allgemeine Korrespondenz – ausgenommen diejenigen mit „persönlicher Beziehung" zu einzelnen Komiteemitgliedern –, ein eigenes Kooptationsrecht und, auf Antrag von Lazarus, „behufs des Beirathes in zweifelhaften Rechtsfragen mit geeigneten juristischen Kräften außerhalb des Comités in Verbindung zu treten", also das Einholen von Rechtsgutachten oder anwaltlichem Beistand in gerichtlichen Auseinandersetzungen.[511]

Zur allgemeinen Überwachung der Presse abonnierte das Bureau diverse Tageszeitungen unter besonderer Berücksichtigung der konservativen und antisemitischen Blätter. Leider ist keine Liste mit den Verlagen und Zeitungen überliefert; aus den Protokollen des D.C. geht jedoch hervor, dass zu den beobachteten Zeitungen der *Hallesche Thor-Bote*, die *Ostend-Zeitung* und die *Norddeutsche Allgemeine Zeitung* gehörten. Am 22. Dezember 1880 schickte Samuel Kristeller ein Verzeichnis an Otto Burg, das die folgenden Zeitungen enthielt: „Norddeutsche Allgemeine Zeitung, Neue Preussische Zeitung, Germania, Wahrheit, Vaterland, Patriotische Zeitung (Liegnitz), Ostendzeitung (Berlin), Deutsche Landeszeitung, Staatsbürgerzeitung, Börsencourier".[512] In einigen Fällen wurden auf Vorschlag des Bureaus Probeabonnements für alle 28 Komiteemitglieder abgeschlossen, die nach der Lektüre dann entschieden, ob die entsprechende Zeitung vom Büro überwacht werden sollte. Dieses Verfahren wurde im Februar 1881 bei der Zeitung *Täglichen*

---

508 Vgl. Antrag II Samuel Kristeller vom 5.12.1880, in: SAM, 1194, opis 1, Bd. 16, Bl. 6; Protokoll des D.C. vom 7.12.1880, in: ebd., Bl. 6.
509 Vgl. ebd., Bl. 7.
510 Protokoll des D.C. vom 11.1.1881, in: ebd., Bl. 11.
511 Vgl. Protokoll des D.C. vom 20.12.1880, in: ebd., Bl. 9, 10, zit. Bl. 9.
512 Vgl. Samuel Kristeller an Otto Burg vom 22.12.1880 und Liste mit Zeitungen, in: CJA, 1 C KO 1, Nr. 1, #12505, Bl. 24 f.

Neuigkeiten angewandt und einen Monat später für das *Deutsche Reichs-Blatt*.[513] Ebenfalls erhielt das Bureau Zeitungen und Broschüren aus verschiedenen jüdischen Gemeinden geschickt, insbesondere wenn diese unter antisemitischen Agitatoren zu leiden hatten.

Ein bisher wenig bekanntes und doch zentrales Aufgabengebiet der Abwehrarbeit des D.C. stellte die unter der Regie des *Litterarischen Bureaus* durchgeführte Beobachtung des antisemitischen Zeitungs- und Vereinslebens dar. Wie aus mehreren erhaltenen Zuschriften an das D.C. hervorgeht, beschäftigte das *Bureau* Informanten, die inkognito antisemitische Versammlungen besuchten und dem Komitee gegen Honorar regelmäßig Berichte zugehen ließen. Von einem dieser Informanten, einem Magistratssekretär namens Ulrich Horn, sind Notizen aus dem Zeitraum Juni bis November 1881 überliefert, die einen guten Eindruck von der Bedeutung investigativer Arbeit für das D.C. vermitteln. Horns Recherchen, die er für das *Bureau* durchführte, verwendete er später teilweise für eigene Zeitungsartikel. Die wertvollen Informationen Horns und anderer lieferten dem D.C. frühe interne Einblicke in die antisemitische Bewegung, bevor diese in der Presse erschienen und ermöglichten es, rechtzeitig Gegendarstellungen zu lancieren.[514] Besonderes Augenmerk widmete Horn der *Antisemitenliga*, die von internen Streitigkeiten geplagt, im Januar 1881 einen Neuanfang wagte. Im Jahr zuvor hatte der Vorsitzende Richard Polenz den Vorsitz niedergelegt und Wilhelm Marr sich öffentlich von der Liga distanziert – „Humbug und Schwindel" hätten sich eingeschlichen und die Liga sei nicht mehr wert als ihr Name. Um dem drohenden Bedeutungsverlust vorzubeugen – die Mitgliederanzahl war bis Ende 1880 auf 24 Personen zurückgegangen –, versuchte der neue Vorsitzende Rudolf Bitterlich, die Liga durch neue Statuten und Mitglieder wiederzubeleben. Der medienwirksame Beitritt der drei prominenten Antisemiten Ernst Henrici, Max Liebermann von Sonnenberg und Bernhard Förster, den Initiatoren der *Antisemitenpetition*, schien Bitterlichs Bemühungen Rechnung zu tragen, wenngleich sich die drei zu keiner Zeit am Vereinsleben der Liga beteiligten.[515]

Das D.C. war durch Bitterlichs Aktivitäten alarmiert und beauftragte Horn, die Vereinsentwicklungen der Liga genauer zu beobachten. Am 28. Juni 1881 sandte

---

513 Vgl. Protokoll des D.C. vom 5.2.1881, in: ebd., Bl. 12.; vgl. Otto Burg an die Mitglieder des Litterarischen Bureaus vom 1.4.1881, in: CJA, 1 C KO 1, Nr. 1, #12505, Bl. 88.
514 Vgl. Ulrich Horn an D.C. (vermutl. an Otto Burg als Vorsitzender des Litterarischen Bureaus) vom 20.11.1881, in: SAM, opis 4, Bd. 8, Bl. 82; vgl. Berliner Adreß-Buch für das Jahr 1881. Unter Benutzung amtlicher Quellen, redigiert von A. Ludwig, Berlin 1881, S. 393; Horn war als Diätar beim Magistrat beschäftigt, vgl. Ulrich Horn an Otto Burg vom 20. Februar 1881, in: CJA, 1C, KO 1, #12505, Nr. 1, Bl. 283.
515 Vgl. Ulrich Wyrwa, Antisemitenliga, S. 32.

Horn einige „kleine Mitteilungen"[516] an Otto Burg, in denen er ein Vereinstreffen der Liga „bei Bachmann"[517] schilderte, auf dem es zu Auseinandersetzungen zwischen Alt- und Neumitgliedern gekommen war. Von den Altmitgliedern hob er einen Herrn Astudin hervor, der gekommen war, weil er „eine große Anzahl bei ihm bestellter Bilder zum Aufkleben abgeben wollte". Diese Bilder, die „außerhalb Berlins fabricirt" worden waren, hatten ihn 300 Mark gekostet und er fühlte sich durch den Umgang der Neumitglieder derart beleidigt, dass er „nur mit Mühen" beruhigt werden konnte. Horn, der Astudin von den Treffen persönlich kannte, erwähnte dessen Pläne, aus Frust über die „dummen Jungs" einen eigenen Zweig der Liga zu gründen.[518] Über das Altmitglied „Brandt"[519] wusste Horn zu berichten, dass dieser jüngst einen eigenen Verein aus 30 Personen initiiert hatte, die aus Sicherheitsgründen nur telegraphisch miteinander verkehrten und „es sich zur Aufgabe [gemacht hätten], liberale Versammlungen zu sprengen"[520]. Außerdem habe Brandt Streit mit Henrici, weil dieser ihn wegen Diebstahls von Vereinsgeldern der Kassenführung des *Deutschen Volksvereins* enthoben und stattdessen Liebermann von Sonnenberg damit beauftragt habe. Im weiteren Verlauf der Sitzung wurde wiederum Sonnenberg von Brandt beschuldigt, die Vereinsgelder zur Begleichung eigener Schulden zu verwenden.[521] In einer späteren Mitteilung übersendete Horn dem D.C. eine Namensliste mit 12 Ausschussmitgliedern sowie eine weitere mit „Freunden" und ausgeschiedenen Mitgliedern der Liga, welche Namen, Stand und Adressen enthielten.[522] Über den Ablauf des „Stiftungsfestes" der *Antisemitenliga* am 15. Oktober 1881 schrieb Horn dem Bureau:

> Es waren noch nicht 80 Personen erschienen. Der Saal war reichlich mit Fahnen und Guirlanden geschmückt. Die Capelle des 3ten Garde-Regiments spielte versteckt hinter Bäumen u. Sträuchern. Stöcker hat der Liga sein Bildnis geschenkt, welches umkränzt wurde. Es waren zugegen: Stöcker, Liebermann v. Sonnenberg, [Christoph Joseph; D.H.] Cremer, und Dr. Förster, welche sämmtlich ziemlich spät erschienen, da sie aus Versammlungen kamen. Julius Schultze,

---

516 Vgl. Ulrich Horn an D.C.: Kleine Mitteilungen vom 28.6.1881, in: SAM, 1194, opis 4, Bd. 8, Bl. 47–49.
517 Bachmann war Wirt des Berliner Restaurants „Zum Obelisken" in der Hohenzollernstraße 27, das Treffen fand möglicherweise dort statt; ab 1882 betrieb Bachmann ebenfalls ein Restaurant im Vereinshaus der Christlich-sozialen Partei, das sich in den Räumlichkeiten der Berliner Stadtmission am Johannistisch in Kreuzberg befand.; vgl. Nachricht Horn an D.C., o.D. [1882], in: ebd., Bl. 56.; vgl. Paul Göhre, Die evangelisch-soziale Bewegung, ihre Geschichte und Ziele, Leipzig 1896, S. 136.
518 Ulrich Horn an D.C.: Kleine Mitteilungen vom 28.6.1881, in: SAM, 1194, opis 4, Bd. 8, Bl, Bl. 47f.
519 Hierbei handelt es sich höchstwahrscheinlich um den Redakteur der *Deutschen Wacht*, C. von Brandt, der am 2.2.1880 „Herr von Treitschke und der Kladderadatsch" publizierte; abgedruckt in Karsten Krieger, Der Berliner Antisemitismusstreit, S. 388–391.
520 Horn an D.C., in: SAM, 1194, opis 4, Bd. 8, Bl. 47.
521 Vgl. ebd., Bl. 48f.
522 Vgl. Namensliste der Antisemiten-Liga sowie Freunde der Liga, in: ebd., Bl. 87.

einige Vertreter des Deutschen Reform-Vereines aus Dresden, desgl. der Antisemiten-Liga von Ratzeburg/Pommern. Festrede folgte auf Festrede und ein Toast folgte dem anderen[523].

Zum früheren Vorsitzenden der Liga Richard Polenz hatte Horn allem Anschein ein gutes Verhältnis aufbauen können, denn dieser plauderte mit ihm ganz ungeniert über diverse Vereinsinterna, den Kassenbestand und die Spendentätigkeit. Weiter erzählte Polenz, dass der Schriftsteller Hector de Groussiliers (1842–1899)[524], mit Marr ursprünglicher Initiator der *Antisemitenliga*, eine Affäre mit der Frau des Mitinhabers der Zeitung *Die Wahrheit*, Julius Schultze (1836–1888)[525] gehabt hatte, und dass Schultze „aus Gram darüber verstorben" sei.[526]

Horn war nicht der einzige ‚Maulwurf' in der Liga und das D.C. nicht der einzige Verein, der Interna der antisemitischen Bewegung bezog. Ein aufschlussreiches Zeugnis über investigative Journalistenarbeit im Milieu der antisemitischen Bewegung bietet ein vermutlich aus dem September oder Oktober 1881 stammender Bericht von Horn, in dem er über seinen zweiten Versuch berichtet, der Liga offiziell beizutreten:

> Ich begab mich gegen 8 Uhr nach dem Vereinslokal, und zwar in Begleitung eines Collegen, der von einem Freunde der Liga eingeführt werden sollte. Diese Gelegenheit, ebenfalls wieder eingeführt zu werden war mir, da Müller[527] gerade nicht anwesend, sehr willkommen. Der College verbürgte sich für mich und wir wurden eingeführt. Knauer[528] war noch nicht anwesend, nur Bitterlich, der Kassenführer u. der H. Zesset, welcher die Bücher führt. Wir wurden nun von H. Bitterlich als Freunde begrüßt und auch in ein Buch eingetragen und zwar:
> Namen, Stand, Wohnung, monatl. Beitrag ?
> No: der Marke und eingeführt durch: ?
> Sodann erhielten wir unsere Marken, zahlten unsere Beiträge und die Sache war abgemacht. Gegen 9 Uhr kam Knauer [der Horn als Journalisten erkannte und ihm mitteilte; D.H.]

---

523 Vgl. Bericht „15.10.1881. Stiftungsfest der Antisemiten Liga", in: ebd., Bl. 81.
524 Vgl. Mario Wenzel, Artikel Groussilliers, Hector de, in: Wolfgang Benz (Hg.), Handbuch des Antisemitismus, Bd. 2 (Personen), S. 313 f.
525 Laut AZJ, Jg. 45, Nr. 40 (4.10.1881), S. 657, arbeitete Julius Schultze als „Hilfsarbeiter im Reichsamt des Innern"; 1882 war er an der Ausarbeitung von Berufsstatistiken beteiligt, vgl. Hansjoachim Hennning, Florian Tennstedt (Hgg), Quellensammlung zur Geschichte der deutschen Sozialpolitik 1867 bis 1914. Von der kaiserlichen Sozialbotschaft bis zu den Februarerlassen Wilhelms II. (1881–1890), 1. Band. Grundlagen der Sozialpolitik. Die Diskussion der Arbeiterfrage auf Regierungsseite und in der Öffentlichkeit, Mainz 2003, S. 113, Anm. 14 u. S. 115 Anm. 27.; die von Henning und Tennstedt angegebenen Lebensdaten stimmen jedoch nicht mit der Aussage Horns überein, s. Anm. 551.
526 Ulrich Horn an D.C. vom 21.10.1881, in: ebd, Bl. 84.
527 „Müller, Ingenieur, Figendorffstr. 8 I", Mitglied im Ausschuss der Antisemitenliga, vgl. Mitgliederliste Antisemiten-Liga, in: 1194, opis 4, Bd. 8, Bl. 87.
528 „stellv. Obmann Albert Knauer, Köpnickerstr. 123", vgl. ebd.

daß ich deshalb abgelehnt worden sei, weil man vermuthtet habe, daß ich einen Artikel betr. Dr. Förster in einer Zeitung veröffentlicht habe. Er inquirierte mich sodann auf das Peinlichste, ob ich solchen Artikel geschrieben habe. Nachdem ich entschieden mich dagegen verwahrt (ich habe ja auch in der That einen solchen Artikel weder verfaßt, noch veröffentlicht), ging ich zum Vorsitzenden, gab demselben (…) die Versicherung ab, daß ich unschuldig sei, worauf dieser die Sache als erledigt ansah. Dies theilte ich dann noch Knauer mit, welcher mir jedoch sagte, ich hätte bei der Abstimmung 2 schwarze Kugeln gehabt und er sehe die Sache durchaus noch nicht für erledigt an. Um die Sache in Ordnung zu bringen, habe ich gestern meinen Collegen veranlaßt, zu Bitterlich, Lindenstr. 57, zu gehen, und für mich Fürsprache einzulegen, was demselben auch vollständig gelungen ist. H. Bitterlich hat gesagt (…) nur leeres Gewäsch und nur haltlose Annahmen (…) die Sache wäre vollständig beigelegt. Sollte der Knauer (…) noch einmal auf die Sache zurückkommen, so erkläre ich den Herrn (…) in der Liga für einen Schurken. Meinem Collegen gefällt der Knauer auch nicht und da wir nun noch einen anderen Collegen zum Freund der Liga angeworben haben, sodaß wir also schon drei im Bunde sind, so haben wir uns vorgenommen, den Knauer auf jede nur denkbare Weise zu chicaniren etc.[529]

Dieser Bericht verdeutlicht, wie risikoreich die Tätigkeit für Horn war, da stets die Gefahr einer Enttarnung drohte. Deshalb konnten sowohl Horn als auch das D.C. nur einen Teil seiner Notizen publizistisch verwenden, da „eine Veröffentlichung in unseren Blättern" zum falschen Zeitpunkt ihn „sehr exponieren"[530] hätte können. Mitunter verfasste Horn seine Berichte noch während der Versammlungen oder direkt im Anschluss daran in den öffentlichen Verkehrsmitteln. Dann schrieb er „,auf den Knien', da mein Vis-a-Vis nichts mit einsehen soll".[531]

Neben der *Antisemitenliga* forschte Horn im personellen Umfeld des *Halleschen Thor-Boten* und der *Ostend-Zeitung*, um Hintergrundinformationen und belastendes Material über Herausgeber und Journalisten zu finden, was einerseits der „Überwachung" durch das D.C. diente, aber auch für redaktionelle Zwecke oder in eventuellen Verleumdungsprozessen gegen diese Zeitungen verwendet werden konnte. So berichtete Horn dem D.C. beispielsweise, dass Julius Ruppel nicht, wie allgemein behauptet, von Adolf Brecher (1836–1901)[532], Antisemit und Professor an der Berliner Kriegsakademie, sondern vom *Conservativen Central Comitee* (CCC) 4800 Mark erhalten hatte, um den am 10. März 1881 in 100.000 Exemplaren gratis an die Berliner Bevölkerung verteilten Nachdruck einer Rede Bismarcks gegen die Juden zu finanzieren.[533] Am 4. August 1882 wusste Horn dem Komitee mitzuteilen, dass ein offiziell im *Lehmann Verlag* gedrucktes Flugblatt, das den jüdischen Ver-

---

529 Bericht Ulrich Horn „Über meine stattgefundene Ablehnung liegt Folgendes vor", o.D., in: SAM, opis 4, Bd. 8, Bl. 79–80.
530 Ulrich Horn an D.C., o.D., in: ebd., Bl. 91.
531 Ulrich Horn an D.C. vom 4.8.1882: in: ebd, Bl. 91.
532 Vgl. Karsten Krieger, Der „Berliner Antisemitismusstreit", S. 880.
533 Ulrich Horn an D.C., o.D., in: SAM, 1194, opis 4, Bd. 8, Bl. 83; zur Rede Bismarcks vgl. u. S. 180.

leger Rudolf Mosse als habgierigen „König Moses" verleumdete, in Wahrheit aus Ruppels Druckerei stammte. Damit, so Horn, könne man eine „neue Allianz" im antisemitischen Publikationsbetrieb offenlegen.[534] Ebenfalls gelang es Horn durch Einsicht in ein internes Verzeichnis herauszufinden, dass die *Ostend-Zeitung* mit Stand vom 20. November 1881 genau 2175 Abonnenten hatte.[535]

Für seine Recherchen zum *Halleschen Thor-Boten* traf sich Horn regelmäßig mit zwei von dessen Redakteuren, Wald und Wasinski.[536] Diese seien zwar eine „ganz unzuverlässige Clique, doch darf man mit ihnen nicht brechen". Im selben Bericht schilderte Horn resigniert diese Unzuverlässigkeit: „So trieb ich mich den ganzen Nachmittag in antisemitischen Kneipen herum, ohne etwas Positives leisten zu können.".[537] Wasinski bezog als Redakteur des *Halleschen Thor-Boten* 50 Mark pro Woche, wurde jedoch im Juni 1881 von C. Nolda, dem Verleger des *Halleschen Thor-Boten*[538], gefeuert, weil er sich „viel in den Kneipen herumgetrieben" habe[539]. Außerdem hatte sich Wasinski in Abwesenheit von Nolda einem potentiellen Teilhaber des *Halleschen Thor-Boten* gegenüber ebenfalls als Teilhaber aufgespielt und den nicht näher bezeichneten Interessenten dadurch vergrault. Nach seinem Rauswurf verbreitete Wasinski dann das Gerücht, der *Hallesche Thor-Bote* sei an die *Deutsche Fortschrittspartei* verkauft worden.[540] Mitunter stießen auch Redakteure der *Kreuzzeitung* und Mitglieder der *Antisemitenliga* zu den vertraulichen Zusammenkünften. In einem Bericht aus dem Sommer 1882 schildert Horn ein Kneipentreffen mit verschiedenen Liga-Mitgliedern, darunter der Mitorganisator des ersten Antisemitenkongresses in Dresden im September 1882, Wilhelm Pickenbach (1850–1903):

> Das Leben von seiner [Pickenbachs; D.H.] Rente ist nur Faselei (…) Er selbst braucht und borgt viel Geld – gestern bezahlte er u. a. die ganze 10 Mark betragende Zeche für uns: Matthias (Kreuzzeitg), Wasinski, Wald, Gerhardt[541], Bergschmidt[542] und UHo (mich).[543]

---

534 Ulrich Horn an D.C. vom 4.8.1882, in: ebd., Bl. 91, 93; Flugblatt „König Moses" Bl. 92.
535 Ulrich Horn an D.C. vom 20.11.1881, in: ebd., Bl. 82.
536 Ulrich Horn an D.C. vom 28.6.1881, in: ebd., Bl. 49; in der AZJ wird „Wasinsky" als zentrale Figur der antisemitischen Bewegung beschrieben, vgl. AZJ, Jg. 45, Nr. 45 (8.11.1881), S. 742.
537 Ulrich Horn an D.C. vom 4.8.1882, in: ebd, Bl. 91.
538 Vgl. Berliner Adreßbuch für das Jahr 1881. Unter Benutzung amtlicher Quellen redigiert von. A. Ludwig, Berlin 1881, S. 687. (https://digital.zlb.de/viewer/image/34115512_1881/14/; 5.7.2020)
539 Ulrich Horn an D.C. vom 28.6.1881, in: ebd., Bl. 49.
540 Ebd.
541 Nicht näher bezeichneter Informant, der u. a. kompromittierende Dokumente der antisemitischen Bewegung zum Verkauf anbot; „derselbe besitzt viel Material u. a. auch Briefe von Stöcker, die er für die Wahlcampagne – natürlich gegen eine kleine Entschädigung …. zur Disposition stellen will", Bericht Ulrich Horn an D.C. vom 6.8.1882, in: SAM, 1194, opis 4, Bd. 11, Bl. 1.

Neben Interna über antisemitische Redakteure gelangte Horn ebenfalls an sensible Informationen über Pläne zur öffentlichen Schmähung jüdischer Politiker. Im Juli gelang es ihm, Pläne zu einer öffentlichen Erniedrigung des Stadtverordnetenvorstehers und D.C.-Mitglieds Straßmann zu besorgen, der seit den Wahlen vom November 1880 eine Zielscheibe antisemitischer Verleumdungen war. Die Mitteilung, die Horn dem D.C. am 7. Juli 1881 schickte, verrät gleichzeitig viel über die Strategie antisemitischer Desinformationskampagnen, in denen zuerst mithilfe gefälschter Beweise eine skandalöse Nachricht konstruiert und dann zeitgleich von allen Publikationsorganen verbreitet werden sollte:

> In einer vertraulichen Versammlung im Osten der Stadt (bei Neuhaus, Müncheberger Str. 19) wurde Folgendes mitgetheilt. Man beabsichtigt dem Märkischen Museum in einer Kiste verpackt einen Strohsack zu übersenden mit einem Anschreiben, in dem gesagt ist, daß dies der Strohsack wäre, in dem Straßmann 1848 gesteckt habe. Der betr. Sack soll noch mit Fäkalstoffen beschmutzt sein, welche Straßmann aus Angst vor den Kugeln von sich gegeben. Die Besorgung des Strohsacks hat ein Herr definitiv übernommen. Sobald die Kiste abgesandt ist, wird allen antisemitischen Zeitungen hiervon Kenntniß gegeben werden.[544]

Horn war nicht der einzige Informant des D.C. In den Unterlagen Komitees finden sich Zuschriften einer weiteren Person, die für das Komitee antisemitische Veranstaltungen besuchte. Deren überlieferten Dokumente, die weitaus weniger zahlreich sind als die Horns, beinhalten die Mitschrift einer Versammlung des *Deutschen Vereins* am 17. Februar 1881 mit etwa 1500 Leuten, dessen Höhepunkt eine Rede Henricis war.[545]

Die wachsende Recherche- und Informationstätigkeit des *Litterarischen Bureaus* beanspruchte erhebliche personelle und finanzielle Ressourcen. Das Komitee war dabei vollständig auf Spenden angewiesen, die entweder unter den Mitgliedern oder im Umfeld der TeilnehmerInnen der Veranstaltungen vom 1. und 16. Dezember gesammelt wurden.[546] Spenden erhielt das D.C. von Privatpersonen und von

---

542 Wahrscheinlich Direktor Otto Bergschmidt, der Gegenkandidat von Straßmann bei der Wahl zur Berliner Stadtverordnetenversammlung im November 1880.
543 Ulrich Horn an D.C. vom 6.8.1882, in: SAM, 1194, opis 4, Bd. 11, Bl. 2.; vgl. Ulrich Wyrwa, Antisemitenliga, S. 32.; vgl. Irina Nowak, Pickenbach, Wilhelm, in: Wolfgang Benz (Hg.), Handbuch des Antisemitismus. Judenfeindschaft in Geschichte und Gegenwart, Bd. 2 (Personen), Berlin 2008, S. 638f.
544 Ulrich Horn an D.C. vom 2.7.1881, in: SAM, 1194, opis4, Bd. 8, Bl. 50.
545 Vgl. Bericht und Mitschrift einer Rede Ernst Henricis vom 17.02.1881, in: SAM, 1194, 4, Bd. 3, Bl. 31–42.
546 Vgl. Protokoll des D.C. vom 11.1.1881, in: SAM, 1194, opis 1, Bd. 16, Bl. 11.

Vereinen, im Dezember 1880 etwa vom *Christlich-Liberalen Verein*.[547] Auf Rundschreiben oder Spendenaufrufe, wie sie etwa von der AIU oder dem *Berliner Hilfskomitee für die nothleidenden Juden Südrußlands* regelmäßig verschickt wurden, verzichtete das D.C. vollständig.[548] Stattdessen wurden unter der Leitung des Schatzmeisters Salomon Lachmann „geeignete Mitglieder" auf Geldsammlungen geschickt, die „sowohl in Berlin als auch an geeigneten auswärtigen Orten" durchgeführt wurden, etwa in der jüdischen Gemeinde Leobschütz, die dem Komitee 340 Mark spendete.[549] Die mit den Sammlungen betrauten Mitglieder bildeten später eine eigene Finanzkommission innerhalb des D.C.[550]

Das *Litterarische Bureau* wurde im Januar 1881 um vier Mitglieder erweitert – die Wahl fiel auf Julius Hirschberg, Adolf Kalischer, Ludwig Loewe und Emanuel Mendel. Für das Jahr 1882 erhielt Otto Burg vom D.C. allein zum Zweck der „Überwachung der Presse" einen Etat von insgesamt 2000 Mark.[551] Zusätzlich dazu wurden jeweils vierteljährlich Mittel für „Preßübersetzungen" bereitgestellt, erstmals im Zuge der Beschaffung ungarischer Artikel und Informationen über den Ritualmordprozess von Tiszaeszlár.[552]

Dem *Bureau* unterstand weiterhin die Förderung von (links)liberalen Zeitungen, die entweder in Orten ansässig waren, in denen es im Frühjahr 1881 Pogrome gegeben hatte, oder die überregional erschienen und sich gegen die antisemitische Bewegung aussprachen. Im Frühjahr 1882 beschloss das Komitee, der wegen Abonnementverlusten kriselnden *Tribüne*, die als Tageszeitung der linksliberalen *Sezession* fungierte, unter die Arme zu greifen. Die *Tribüne* hatte über die Judenverfolgungen in Russland und wohlwollend über die Hilfsaktion der AIU berichtet. Insgesamt kaufte das D.C. vier Aktien der *Tribüne*-Aktiengesellschaft zu je 500 Mark.[553]

Von den Presse-Etats unabhängig waren die Gelder für die Anschaffung und Vervielfältigung von Flugschriften und Broschüren, die zur Aufklärung der Bevölkerung dienen sollten. Dafür war zwar auch das *Bureau* zuständig, die Auswahl und Finanzierung wurde jedoch auf den Komiteesitzungen separat beraten. Interes-

---

547 Vgl. S. Herrlich an Moritz Lazarus vom 23.12.1880, in: CJA, 1 C KO 1, #12505, Nr. 1, Bl. 30 f.; dieser wollte seine Spende jedoch als „von einem Christen" deklariert wissen, ebd. Bl. 30.
548 Vgl. Protokoll des D.C. vom 31.3.1881, in: ebd., Bl. 17.
549 Ebd; vgl. Protokoll des D.C. vom 5.10.1881, in: ebd., Bl. 20.
550 Vgl. Protokoll des D.C. vom 31.3.1881, in: ebd., Bl. 17.
551 Vgl. Protokoll des D.C. vom 31.1.1882, in: ebd, Bl. 23.
552 Protokoll des D.C. vom 24.9.1882, in: SAM, opis 3, Bd. 1, Bl. 28.
553 Vgl. Protokoll des D.C. vom 24.9.1882, in: 1194, opis 3, Bd. 1, Bl. 28; vgl. Monica Cioli, Pragmatismus und Ideologie. Organisationsformen des Deutschen Liberalismus zur Zeit der zweiten Reichsgründung (1878–1884), Berlin 2003, S. 186.

santerweise finden sich in den Protokollen des D.C. keinerlei Verweise auf umfangreiche Publikationen, die vom *Bureau* eigenständig und im Namen des Komitees herausgegeben wurden. Stattdessen wurden bereits publizierte Druckschriften sowohl christlicher als auch jüdischer Gelehrter angekauft, die sich aus unterschiedlichen Perspektiven mit der „Judenfrage" und der Dekonstruktion antisemitischer Stereotype beschäftigten. Dazu zählte etwa die vom DIGB herausgegebene Broschüre *Hat das Judenthum dem Wucher Vorschub geleistet?*, von der im Januar 20.000 Exemplare gekauft und durch die Vertrauensmänner in den Gemeinden verteilt wurden.[554] Zu denen in großer Zahl an „Christen gebildeter Stände, wie Bürgermeister, Richter, Pastoren, Gymnasiallehrer" sowie jüdische Gemeinden und Honoratioren verschickten Druckschriften zählten außerdem Theodor Mommsens *Auch ein Wort über unser Judenthum* sowie die Replik des protestantischen Theologen Franz Delitzsch (1813–1890) auf August Rohlings *Talmudjuden*, der *Anti-Rohling*.[555] Im Januar 1881 bestellte das D.C. bei der Buchdruckerei der *Volks-Zeitung* 9000 Sonderdrucke der Broschüre *Gegen die Judenhetze!*[556] und im März zu Aufklärungszwecken 500 Exemplare der gedruckten Version von Albert Kalthoffs (1850–1906) Vortrag *Die neueste Maßregel zur Bekämpfung des Judenthums*.[557] Als Aufklärungsmaterial in den Gemeinden sollten diese Broschüren unter den Juden, aber auch „besonders (…) christlichen Mitbürgern zugängig gemacht werden", um eine langfristig immunisierende Wirkung gegen antisemitische Agitation in der nichtjüdischen Bevölkerung zu erzielen.[558] Die Anschaffung und Verbreitung der von vielen Gemeinden sehr gefragten Broschüre *Unser Standpunkt*, immerhin das Gründungsmanifest des D.C., wurde auf Vorschlag von Harry Breslau und gegen den Wunsch von Moritz Lazarus beschlossen. Welche Gründe Lazarus zu seiner Ablehnung veranlassten, ist nicht überliefert; denkbar ist, dass er sich zwar als Initiator des jüdischen Abwehrkomitees sah, aber nicht als Leitfigur im Vordergrund stehen wollte. Auch wollte er durch den Verkauf von Abwehrpublikation keinesfalls finanziell profitieren. Er verbot dem *Bureau* den Ankauf und setzte durch, dass die Kosten für den Versand direkt von der Buchhandlung bzw. dem Verlag aus vom D.C.

---

554 Vgl. Protokoll des D.C. vom 11.1.18801, in: SAM, 1194, opis 1, Bd. 16, Bl. 11, zit. ebd.; darüber hinaus überließ der DIGB dem D.C. das Verlagsrecht an dieser Broschüre, vgl. Jacob Nachod an Samuel Kristeller vom 25.1.1881, in: CJA, 1 C KO 1, Nr. 1, #12505, Bl. 124.
555 Vgl. Mathias Berek, Moritz Lazarus, Deutsch-jüdischer Idealismus, S. 435 f., zitiert nach ebd, Anm. 193.; vgl. Franz Delitzsch, Rohling's Talmudjude beleuchtet, Leipzig 1881.
556 Vgl. C. Probst (Buchdruckerei der Volks-Zeitung) an Otto Burg vom 27.1.1881, in: CJA, 1 C, KO 1, Nr. 1, # 12505, Bl. 171; Die Broschüre war ein Seperatabdruck von 2 Artikeln aus der AZJ, vgl. Gegen die Judenhetze I und II, in: AZJ, Jg. 44, Nr. 47 (23.11.1880), S. 737–743 und 48 (30.11.1880), S. 753–757.
557 Vgl. Albert Kalthoff, Die neueste Maßregel zur Bekämpfung des Judenthums, Berlin 1880.
558 Vertrauliches Rundschreiben des D.C. an die deutschen jüdischen Gemeinden vom Januar 1881, in: CJA, 1 C, KO 1, Nr. 1, #12505, Bl. 207.

übernommen wurden.[559] Als zentraler Text deutsch-jüdischen Selbstverständnisses wurde *Unser Standpunkt* unter den deutschen Juden jedoch milieuübergreifend verteilt, vom DIGB bis hin zum Neo-Orthodoxen Esriel Hildesheimer (1820–1899), der sich in einem Rundschreiben für die Verbreitung einsetzte.[560] Am 9. Februar teilte Otto Burg den Komiteemitgliedern mit, dass bis zu diesem Zeitpunkt insgesamt 52.400 Exemplare „Broschüren und Flugblätter" vom *Litterarischen Bureau* versandt und verteilt worden waren.[561]

Weiterhin finanzierte das D.C. Buchprojekte, die der Abwehr oder der „Hebung" der Juden dienten. Dazu zählten eine Anfang 1880 anvisierte, von einem nicht näher genannten „jungen jüdischen Gelehrten" zu verfassende Geschichte des Judentums für die jüngere Generation[562] und eine von Paul Nathan geschriebene „literarische Abhandlung" über den Prozess von Tiszaeszlár[563]. Die indirekte Publikationstätigkeit war Teil der allgemein zurückhaltenden Abwehr-Strategie. Auf diese Weise wurde eine aufklärerische Publikationstätigkeit sichergestellt und zugleich vermieden, genau wie Lazarus es gewünscht hatte, dass das D.C. als rein jüdischer Interessenverein in Erscheinung trat. Zugute kamen dem Komitee hierbei enge Beziehungen einzelner Mitglieder zu (links)liberalen Redaktionen, die beispielsweise für eine kritische Berichterstattung über den Prozess von Tiszaeszlár gewonnen wurden[564], Journalisten wie dem Informanten Horn, der für das *Littera-*

---

559 Vgl. Protokoll des D.C. vom 1.3.1881, in: ebd., Bl. 13.; diverse Gemeinden fragten explizit nach Lazarus' Schrift, darunter die Gemeinde Frankfurt am Main, vgl. Elias Ullmann/Der Vorstand der israelitischen Gemeinde Frankfurt am Main an Otto Burg vom 27.1.1881, in: CJA, 1 C, KO 1, Nr. 1, #12505, Bl. 179.; vgl. Stuhr'sche Buch- und Kunsthandlung an Otto Burg vom 19.1.1881, in: ebd., Bl. 188.
560 Vgl. Mathias Berek, Moritz Lazarus: Deutsch-jüdischer Idealismus, S. 436.
561 Vgl. Otto Burg an die Mitglieder des D.C. vom 9.2.1881. Burg nennt 20.000 Exemplar, die allein durch „die Vertrauensmänner" verteilt worden seien, danach zählt er weitere Broschüren, die vom oder im Auftrag des Litterarischen Bureaus versandt oder in Berlin verteilt wurden: 30.000 Exemplare von Anonym, Die Stellung der Arbeiter zur Judenfrage, Berlin 1881 (Niederschrift einer sozialdemokratischen Arbeiterversammlung vom 11.1.1881, in welcher der Antisemitismus verurteilt wurde); 300 Exemplare von Emil Lehmann, Höre Israel!: Aufruf an die deutschen Glaubensgenossen, Dresden 1869; 500 Exemplare von Hermann Makower, Unsere Gemeinde: Vortrag zum Besten der Hochschule für die Wissenschaft des Judenthums, gehalten zu Berlin am 10. Januar 1881, Berlin 1881; 800 Exemplare von Franz Delitzsch, Rohling's Talmudjude beleuchtet, Leipzig 1881; 800 Exemplare von Samuel Löwenfeld, Die Wahrheit über der Juden Antheil am Verbrechen, Berlin 1881.
562 Protokoll des D.C. vom 11.1.1881, in: ebd., Bl. 11.; der Weitergang dieses Projekts ist in den Akten des D.C. nicht überliefert.
563 Vgl. Protokoll des D.C. vom 18.7.1883, in: SAM, 1194, opis 3, Bd. 1, Bl. 33; vgl. Paul Nathan an Moritz Lazarus vom 1.5.1884, in: ebd., Bl. 14–18; zu Paul Nathan und dem Prozess von Tiszaeszlár vgl. Kap. III, 5.
564 Vgl. Protokoll des D.C. vom 6.6.1883, in: SAM, opis 3, Bd. 1, Bl. 33.

rische Bureau Informationen beschaffte und Artikel in dessen Sinn veröffentlichte, und jungen Redakteuren wie Paul Nathan, der von 1881–1883 für die *Tribüne* schrieb und sich mit spezifischen Themen zum Antisemitismus wie Blutmordlegenden und dem Prozess von Tiszlarészlar beschäftigte.[565] Auch gab es Kontakte ins europäische Ausland, darunter zu Dr. Julius Frei in Budapest, einem ehemaligen Studenten von Lazarus, der für das *Pester Journal* und als Korrespondent für den Londoner *Standard* arbeitete, und zu Julius Gronau von der Synagogen-Gemeinde in Belgrad, der Kristeller im Februar über die kaum verbreitete Judenfeindschaft gegenüber seiner Gemeinde berichtete und zu Informationszwecken um eine Auswahl an vom D.C. verteilten Broschüren bat.[566]

Der DIGB als enger Kooperationspartner des D.C. wurde mehrmals mit Geldmitteln unterstützt. Das geschah sowohl durch den Ankauf von vom DIGB publizierten Schriften als auch durch zwei Überweisungen in Höhe von insgesamt 2500 Mark.[567] Im Gegenzug übernahm der DIGB die Verteilung der vom D.C. subventionierten Schriften, im Januar 1881 etwa in den Gemeinden des Königreichs Sachsen.[568]

4.5.2 ‚Hebung' der Juden

Das D.C. ernannte im Dezember 1880 zwei Kommissionen, um Möglichkeiten auszuloten, inwieweit das Komitee die so genannte Hebung des Judentums und der Juden generell befördern könne.[569] Dabei kristallisierten sich zwei thematische Schwerpunkte heraus: die allgemeine Aufklärung und Beseitigung des „jüdischen Wuchers" sowie die Motivation unter jüdischen Lehrlingen für landwirtschaftliche, handwerkliche und technische Berufe zu fördern. Dennoch blieben die von Lazarus angekündigten Bemühungen um die „Hebung" der Juden hinter den eigenen Erwartungen zurück; das Plenum des D.C. diskutierte zwar oft und ausführlich über verschiedene Möglichkeiten, doch abseits der Unterstützung bereits bestehender Vereine oder dem Ankauf entsprechender Literatur wurden keine weiteren Initiativen unternommen.

Stattdessen setzte das Komitee auf eine gemeinsame Aufklärungsarbeit mit der Berliner *Gesellschaft für die Verbreitung des Handwerks und des Ackerbaus*

---

565 Vgl. Protokoll des D.C. vom 6.6.1883, in: ebd., Bl. 32.
566 Vgl. Julius Frei an Moritz Lazarus vom 26.12.1880, in: CJA, 1C KO 1, Nr. 1, #12505, Bl. 38 f.; vgl. Julius Gronau an Samuel Kristeller vom 10.2.1881, in: ebd., Bl. 246.
567 Vgl. Protokoll des D.C. vom 5.2.1881, in: SAM, 1194, opis 1, Bl. 16, Bl. 12; vgl. Protokoll des D.C. vom 2.5.1881, in: ebd., Bl. 15.
568 Vgl. Jacob Nachod an Samuel Kristeller vom 21.1.1881, in: CJA, 1C KO 1, Nr. 1, #12505, Bl. 84.
569 Vgl. Protokoll des D.C. vom 11.1.1881, in: ebd., Bl. 11.

unter den Juden, zu der es sukzessive seine Beziehungen ausbaute. Wichtigster Überschneidungspunkt des D.C. und der GfdV waren Projekte hinsichtlich der Änderung jüdischer Berufsstrukturen. Zu diesem Zweck wurde eine Broschüre des in Breslau lehrenden Philosophen Jacob Freudenthal (1839–1907) angekauft, um sie gemeinsam mit der GfdV unter Interessierten zu verteilen.[570] Zeitgleich wandten sich Ludwig Loewe und Alexander Wolff im Namen des Komitees an die Direktoren der *Statistischen Bureaus* Preußens und Berlins, Ernst Engel und Richard Boeckh, um eine offizielle Berufsstatistik der jüdischen Bevölkerung anzuregen.[571] Samuel Kristeller sah in der Änderung der jüdischen Berufsstruktur gar die eigentliche Kernaufgabe des D.C. und schlug vor, eine entsprechende „Organisation über ganz Deutschland auszudehnen".[572] Diese Idee wurde durch die zunehmend engen Verbindungen zur GfdV jedoch obsolet. Anfang Januar 1882 erfolgte dann der geschlossene Beitritt sämtlicher Führungsmitglieder des D.C. zur GfdV.[573] Eine weitergehende, eigenständige Wirkung entfaltete das D.C. in dieser Richtung nicht.

Ähnlich verhielt es sich mit den Bemühungen zur Beseitigung des ‚jüdischen Wuchers'. Im Mai 1881 mahnte Otto Burg an, die Arbeit der beiden Komitee-Kommissionen müsse praktisch „auf Beseitigung des Wuchers unter den Juden energisch hinwirken". Alternativ sei die „Bildung eines selbstständigen Vereins zu diesem Zwecke"[574] in Erwägung zu ziehen. Burgs Antrag, einen auf die „Bekämpfung des Wuchers gerichteten interconfessionellen Verein" zu gründen, fand jedoch keine Mehrheit. Salomon Neumann unterstützte zwar generell Burgs Vorhaben, da ein Verein durch „praeventive und repressive Thätigkeit" eine „heilsame" Wirkung entfalten könne. Doch dürfe, insistierte er, „die Bildung eines solchen Vereins u. sein Ursprung" keinesfalls „auf eine Anregung des Comitees zurückgeführt" werden.[575] In der Diskussion schlug Adolf Kalischer vor, von einer Vereinsgründung vorerst abzusehen und zunächst theoretische Vorarbeit zu leisten. Das *Litterarische Bureau* solle eine Erhebung über die Thematik durchführen und in den jüdischen Gemeinden um „statistische Daten über die Verbreitung des Wuchers unter den Juden" bitten. Am Ende der Diskussion erhielten weder Burgs noch Kalischers Antrag eine Mehrheit, es wurde lediglich vage beschlossen, eine Beteiligung des D.C. an

---

570 Vgl. Protokoll des geschäftsführenden Ausschusses des D.C. vom 29.11.1881. u. vom 12.12.1881, in: SAM, 1194, opis 3, Bd. 1, Bl. 22 u. 23.
571 Vgl. ebd., Bl. 22.
572 Vgl. Protokoll des D.C. vom 29.11.1881, in: SAM, 1194, opis 1, Bd. 16, Bl. 21.
573 Vgl. Protokoll des geschäftsführenden Ausschusses des D.C. vom 4.1.1882, in: SAM, 1194, opis 3, Bd. 1, Bl. 24.
574 Vgl. Vgl. Protokoll des D.C. vom 2.5.1881, in: SAM, 1194, opis 1, Bd. 16, Bl. 15.
575 Vgl. Protokoll des D.C. vom 11.5.1881, in: ebd., Bl. 16; vgl. Antrag Salomon Neumann zur Sitzung vom 11.5.1881, in: ebd., Bl. 16.

einer „Erziehung jüdischer Kinder auf dem platten Lande" in Erwägung zu ziehen.[576] Danach verschwand das Thema von den Tagesordnungen. Am 25. November 1881, also fast ein Jahr nach der Gründung der zwei Arbeitskommissionen, erinnerte Moritz Gottschalk Lewy seine Mitstreiter noch einmal daran, „nunmehr die Verwirklichung (...) des Programms: Förderung der Kenntniß des Judenthums (...) in die Hand zu nehmen". Seine Vorschläge, das D.C. könne zu diesem Zweck entsprechende Schriften verfassen und Vorträge veranstalten, verliefen jedoch im Sand.[577]

4.6 Abwehrarbeit

In der praktischen Abwehr engagierte sich das D.C. zwischen dem 16. Dezember 1880 und den Reichstagswahlen von 1881 in unterschiedlichen Bereichen. Während dieser kurzen aktiven Periode des Komitees erreichten die antisemitischen Ausschreitungen in Preußen ihren Höhepunkt. Am 17. Dezember 1880 hielt Ernst Henrici in den Berliner Reichshallen vor 3000 Personen eine Hetzrede gegen die Juden, während derer es zu Schlägereien unter den Zuschauern kam, unter denen sich auch viele Juden befanden. Unter den Augen des Versammlungsleiters Julius Ruppel, unter stürmischem Beifall und „Juden raus"-Rufen wurden jüdische Anwesende aus dem Saal geprügelt. Die Rede bildete den Auftakt einer Reihe antisemitischer Vorträge Henricis.[578] Seiner nächsten Hetzrede, der sog. „Bockversammlung" am 30. Dezember, folgten antisemitische Krawalle in Berlin. In der Silvesternacht 1880/81 stürmte eine Gruppe von Leuten, großenteils antisemitische Studenten, mit dem Schlachtruf „Hie Antisemiten, nieder mit den Juden!" die Cafés *Bauer* und *National* in der Friedrichstraße und begannen eine Schlägerei mit den Gästen – unter denen sich zwar keine Juden, aber eine anti-antisemitische Studentengruppe befanden – und der kurz darauf eintreffenden Polizei, die die Friedrichstraße vollständig sperren musste. Der Versuch einer antisemitischen „Volkserhebung" scheiterte, doch konnte die Ruhe erst am Neujahrstag wieder hergestellt werden.[579]

---

576 Protokolle des D.C. vom 2.5.1881 und 11.5.1881, in: ebd., Bl. 15, 16.
577 Vgl. Moritz Gottschalk Lewy an Samuel Kristeller vom 25.11.1881, „Die fernere Thätigkeit des Comités betreffend", in: ebd., Bl. 22, zit. ebd.
578 Vgl. Barbara Distel, Reichshallen-Rede (Ernst Henrici, 17.12.1880), in: Wolfgang Benz (Hg.), Handbuch des Antisemitismus, Bd. 6, S. 588–590, zit. S. 589; vgl. Dr. Ernst Henrici's Reichshallen-Rede vom 17.12.1880, Berlin 1880 (https://www.gehove.de/antisem/texte/henrici_reichshalle.pdf; 25.5.2020).
579 Vgl. Bergmann, Tumulte – Ecxesse – Pogrome, S. 500.

4.6.1 Agitation und Pogrome in der Provinz

Als Folge der vom Staat anscheinend geduldeten Aktionen der Antisemiten kam es ab Februar zu Pogromen in Pommern und Westpreußen, die Synagoge in Neustettin wurde niedergebrannt. Ab Mitte Juli begannen erneut heftige Ausschreitungen gegen Juden in Neustettin. Von dort ausgehend breitete sich die Gewalt ringförmig auf die umliegenden Gemeinden und Dörfer aus und folgte damit einer ähnlichen Dynamik wie die Pogromwelle in der Ukraine. Für die Eskalation waren weniger wirtschaftlich-soziale Faktoren verantwortlich als vielmehr gut lancierte Propaganda und der gute Kontakt der Berliner zur lokalen antisemitischen Bewegung. So zirkuliert eine große Anzahl antisemitischer Zeitungen wie die *Ostend-Zeitung* Ruppels in der Region, die Kontakte ins Berliner Milieu waren gut.[580] Als eifriger Agitator für die Bewegung in den Provinzen betätigte sich der Berliner Buchdrucker H. Weber, Mitglied im Vorstand der *Antisemitenliga*, der Druckaufträge auswärtiger antisemitischer Vereine annahm und Schulungen durchführte. So „organisierte" Weber 1881 etwa das *Conservative Wahlkomitee* in Cottbus.[581]

Von Seiten der preußischen Behörden geschah hinsichtlich der gewalttätigen Radikalisierung zunächst wenig. Innenminister Robert Viktor von Puttkamer tat die Übergriffe als dumme-Jungs-Streiche und Taten eines Pöbels ab, der durch den ‚grassierenden jüdischen Wucher' – in seinen Augen waren die Juden selbst schuld – zu unbedachten Taten angespornt worden sei. Auch der Oberpräsident von Pommern, Ferdinand Carl Wilhelm August von Münchhausen (1810–1882), der am 30. August zu den Ausschreitungen in seiner Provinz Stellung nahm, sah die Schuld für die Pogrome nicht nur bei den Antisemiten, sondern vorrangig in der „tiefen Verbitterung" des Mittelstandes und kleiner Unternehmer, die sich durch den jüdischen „Wucher" sowie das „provozierende Auftreten vieler Juden sowie die Agitation und vielfach Dreistigkeit der jüdischen Presse" benachteiligt gefühlt hätten.[582] Politisch wurde die Verantwortung ignoriert und auf die örtlichen Polizeidienststellen abgeschoben. Erst Ende August rang sich Puttkamer zum Entsenden des Militärs durch, das eine weitere Ausbreitung der Aufstände gewaltsam beendete.[583]

---

580 Vgl. Christhard Hoffmann, Politische Kultur und Gewalt, S. 95–98.
581 Vgl. Mitgliederliste Antisemiten-Liga o. D., in: SAM, 1194, opis 4, Bd. 8, Bl. 87; vgl. ebd., Ulrich Horn an D.C. o. D. [verm. Sommer 1881, vor der Wahl], Bl. 89.
582 Der Oberpräsident von Pommern an Innenminister Robert Viktor von Puttkamer vom 20.9. 1881, in: GStPK I. HA, Rep 89, Nr. 23691, Bl. 179.
583 Vgl. Bergmann, Tumulte – Excesse – Pogrome, S. 511f.; Christhard Hoffmann, Politische Kultur und Gewalt, S. 110–112.; vgl. Barnet Peretz Hartston, Sensationalizing the Jewish question, S. 108f.

4.6.2 Neustettin

„Die Vorgänge in Pommern" blieben vom Frühjahr bis in den Sommer 1881 ein Schwerpunkt der Arbeit des D.C.[584] Von den Entwicklungen in der Provinz, die aus den ab Februar eintreffenden „Stimmungsberichten" hervorgingen, waren die Komiteemitglieder erschüttert, vor allem der Synagogenbrand in Neustettin versinnbildlichte die Gefahr, die von der antisemitischen Bewegung ausging. Nach einem von vielen Neustettiner Bürgern besuchten Auftritt Henricis in der Stadt war es am 18. Februar zu judenfeindlichen Ausschreitungen gekommen, in deren Folge die Synagoge Feuer fing und bis auf die Grundmauern niederbrannte. Wenige Tage später sandte der Neustettiner Rabbiner Nathan Hoffmann dem D.C. Auszüge aus der *Norddeutschen Presse*, einer konservativen Neustettiner Zeitung mit deutlich antisemitischer Tendenz[585], in welcher die Neustettiner Reden Henricis vom 13./14. Februar abgedruckt waren.[586] Im selben Schreiben schilderte Hoffmann, dass die Synagoge infolge von Ausschreitungen nach der Rede Henricis von Antisemiten angezündet worden sei.[587] Am 5. April 1881 wohnte Hoffmann einer Sitzung des Komitees bei und berichtet über „die zu Neu-Stettin gegen die dortigen Juden ins Werk gesetzte Agitation" und den Brand vom 18. Februar. Weiterhin stellte er „Namens und im Auftrage des Vorstandes seiner Gemeinde das Gesuch, um Gewährung der Unterstützung des Comités zur Wiedererrichtung des Synagogengebäudes".[588] Der Vorschlag Moritz Kirsteins, einen Wiederaufbaufond für die Synagoge ins Leben zu rufen und mit einem Startkapital von 1000 Mark auszustatten, fand keine Mehrheit, stattdessen wurde es auf Vorschlag von Kommerzienrat Isaac Simon den Mitgliedern anheimgestellt, sich „privatim" an Sammlungen für Neustettin zu beteiligen.[589] Außerdem stelle das D.C. der jüdischen Gemeinde Informationsmaterial zur kostenlosen Verteilung zur Verfügung.[590] Darüber hinaus sicherte das Komitee der *Neustettiner Tageszeitung*, dem liberalen Gegenspieler der *Norddeutschen Presse*, Anfang April eine Förderung von 1500 Mark zu. Vier Wochen später bat Hoffmann um eine weitere Subvention.[591]

---

584 Vgl. Otto Burg, Einladung zur Sitzung des Jüd. Comités vom 1.12.1880 zu Montag, den 15.8.1881; Tagesordnung „Die Vorgänge in Pommern", in: CJA, 1C, KO 1, Nr. 3, Bl. 57.
585 Vgl. Christhard Hoffmann, Politische Kultur und Gewalt, S. 98.
586 Vgl. Nathan Hoffmann an das D.C. vom 21.2.1881, in: SAM, 1194, opis 4, Bd. 3, Bl. 68.; zum Pogrom in Neustettin und den Folgen vgl. vgl. Christhard Hoffmann, Politische Kultur und Gewalt, S. 103 ff.; vgl. Werner Bergmann, Tumulte – Ecxesse – Pogrome, S. 500 ff.
587 Vgl. Nathan Hoffmann an D.C. vom 21.02.1881, in: SAM, 1194, opis 4, Bd. 3, Bl. 68–69.
588 Protokoll des D.C. vom 5.4.1881, in: SAM, 1194, opis 1, Bd. 16, Bl. 14.
589 Protokoll des D.C. vom 5.4.1881, in: ebd., Bl. 14.
590 Vgl. Christhard Hoffmann, Politische Kultur und Gewalt, S. 104.
591 Vgl. ebd.; Protokoll des D.C. vom 2.5.1881, in: ebd., Bl. 15.

Von langfristigem Erfolg waren die Bemühungen des Komitees in dem auf den Brand folgenden Rechtsstreit. Das polizeiliche Ermittlungsverfahren blendete die antisemitische Beteiligung weitestgehend aus, stattdessen richteten sich die Untersuchungen gegen jüdische Gemeindemitglieder, von denen fünf angeklagt wurden, die Synagoge selbst angezündet zu haben, um die Versicherungssumme zu kassieren. Der Fall wurde vom 18. bis 21. Oktober 1883 vor dem Schwurgericht in Köslin (heute: Koszalin) verhandelt.[592] Vor der Hauptverhandlung war Hoffmann erneut zu Gast beim D.C. und berichtete über den schlechten Stand der Angeklagten. Aufgrund der Schwere der Anschuldigungen fürchtete er einen ungünstigen Ausgang und bat um Unterstützung bei der Prozessfortführung. Das Komitee beauftragte daraufhin den bekannten Rechtsanwalt Erich Sello (1852–1912) mit der Verteidigung und übernahm die Kosten für den Hauptprozess.[593] Sello erreichte, dass die Angeklagten vom Vorwurf der Brandstiftung freigesprochen wurden, dennoch wurden zwei von ihnen wegen unterlassener Hilfeleistung zu drei und sechs Monaten Haft verurteilt.[594] Für die angestrebte Revision des Urteils vor dem Schwurgericht in Konitz (heute: Chojnice) beauftragte das D.C. Sello im Dezember erneut und sagte ihm für seine Ermittlungen ein Honorar von insgesamt 3500 Mark nebst Geldern „für einen Detectiven" zu.[595] Die Arbeit der Verteidigung wurde jedoch durch die antisemitische Bewegung empfindlich gestört, die in Neustettin erfolgreich Stimmung gegen die jüdischen Einwohner schürte. Der Wunsch der Neustettiner Gemeinde nach einem Berliner Rechtsanwalt wurde vom Innenministerium zunächst negativ beschieden. Erst auf ausdrücklichen Wunsch der Verteidigung um Erich Sello konnte das D.C. schließlich zwei zusätzliche Juristen engagieren: den Berliner Justizrat Hermann Makower, den Vorsitzenden des *Deutschen Zentralkomitees für die russisch-jüdischen Flüchtlinge*, und den Konitzer Anwalt und ehemaligen preußischen Landtagsabgeordneten Adolf Gustav Meibauer (1821–1897). Außerdem arbeitete der Neustettiner Rechtsanwalt Scheunemann im

---

592 Christoph Jahr, Antisemitismus vor Gericht. Debatten über die juristische Ahndung judenfeindlicher Agitation in Deutschland (1879–1960), Frankfurt/New York 2011, S. 122
593 Vgl. Protokoll des D.C. vom 6.6.1883, in: SAM, 1194, opis 3, Bd. 1, Bl. 32.
594 Vgl. Christoph Jahr, Antisemitismus vor Gericht, S. 122.; vgl. Hugo Friedländer, Der Brand der Neustettiner Synagoge vor den Schwurgerichten zu Köslin und Konitz, in: (ders.), Interessante Kriminal-Prozesse von kulturhistorischer Bedeutung. Darstellung merkwürdiger Strafrechtsfälle aus Gegenwart und Jüngstvergangenheit, Nach eigenen Erlebnissen von Hugo Friedländer, Gerichtsberichterstatter. Eingeleitet von Justizrat Dr. Sello, (Bd. 9), Berlin 1913, S. 13–135.
595 Vgl. Protokoll des D.C. vom 25.12.1883, in: SAM, 1194, opis 3, Bd. 1, Bl. 34, zit. ebd.; vgl. Protokoll des D.C. vom 13.1.1881, in: ebd., Bl. 35.

Team der Verteidiger.[596] In der Revisionsverhandlung erreichte die Verteidigung schließlich den Freispruch aller Angeklagten.

4.6.3 Argenau

Anfang Mai 1881 erreichte ein Hilferuf aus dem posenschen Argenau (heute: Gniewkowo) das Komitee. In der Stadt waren Unruhen ausgebrochen, die sich binnen zwei Tagen zu einem Pogrom ausgewachsen hatten. In den Wochen vorher waren antijüdische Plakate im Ort aufgetaucht und mehrere Beerdigungen auf dem jüdischen Friedhof mit Steinwürfen gestört worden. Ab dem 27. April kam es zu Schlägereien und Plünderungen, die Scheiben von 17 Häusern und Läden wurden zerstört, Feuerwerk in die Wohnungen der Juden geworfen, auch Schüsse fielen. Nach Augenzeugenberichten standen der Bürgermeister und die Polizisten des Ortes auf dem Marktplatz und sahen dem Treiben zu, anstatt einzuschreiten.[597] Die jüdische Gemeinde bezeichnete einen „Abgesandten [des D.C.; D.H.] als dringend erwünscht", um die Schäden zu begutachten[598]. Das D.C. sah daraufhin von seinem ursprünglichen Plan, ein Mitglied der Jüdischen Gemeinde aus Inowratzlaw (heute: Inowrocław), der Argenau nächstgelegenen Stadt, zu beordern und beschloss, ein in den Protokollen nicht näher benanntes Mitglied des Berliner Komitees „mit absoluter Vollmacht, auch in Bezug auf die Geldbewilligungen ausgerüstet", zu entsenden.[599] Durch den in der *Antisemitenliga* platzierten Horn erhielt das D.C. Nachrichten über die Mitgliederentwicklung der antisemitischen Bewegung in der Provinz. Für Argenau wusste das D.C. über einen Bäckermeister Weiß Bescheid, der für die Liga in der Stadt aktiv war.[600]

4.6.4 Anzeigen und Gerichtsprozesse gegen antisemitische Agitatoren

Wie die Vorgänge um den Neustettiner Synagogenbrand zeigen, betraf ein früher und wichtiger Bestandteil der Abwehrarbeit die Ausschöpfung juristischer Mittel gegen die Verleumdungen und Angriffe antisemitischer Agitatoren und Zeitschriften.[601] Die Verurteilung von antisemitischen Hetzern und Gewalttätern brachte den

---

596 Vgl. Protokoll des D.C. 13.01.1884, in: SAM, 1194, 1, Bd. 3, Bl. 35.; vgl. Christhard Hoffmann, Politische Kultur und Gewalt, S. 117 Anm. 47; vgl. Bergmann, Tumulte – Excesse – Pogrome, S. 506.; vgl. Barnet Peretz Hartston, Sensationalizing the Jewish Question, S. 110.
597 Vgl. Bergmann, Krawalle – Excesse – Pogrome, S. 501–503; vgl. AZJ, Jg. 45, Nr. 18 (3.5.1881), S. 292.; vgl. ebd. Nr. 19 (10.5.1881), S. 308.
598 Protokoll des D.C. vom 2.5.1881, in: SAM, 1194, opis 1, Bd. 16, Bl. 15.
599 Vgl. ebd.
600 Horn an D.C. vom 20.11.1881, in: SAM, 1194, opis 4, Bd. 8, Bl. 85.
601 Vgl. zusammenfassend zu dieser Thematik: Christoph Jahr, Antisemitismus vor Gericht.

Betroffenen moralische Gerechtigkeit und gegebenenfalls finanzielle Entschädigung. Grundsätzlich lag es im Interesse der jüdischen Abwehr, dass die Staatsanwaltschaften die Rechtsverstöße der Antisemiten als gegen die Gesellschaftsordnung gerichtet interpretierten und einem Strafantrag ein „öffentliches Interesse" im Sinne von § 160 der Strafprozessordnung (StPO) von 1877 attestierten. Der juristische Sieg über einen Antisemiten in einer öffentlichen Gerichtsverhandlung bedeutete gleichzeitig die gesellschaftliche Sanktionierung der antisemitischen Agitation insgesamt. In einer öffentlichen Verhandlung konnten jüdische Betroffene zudem als Nebenkläger auftreten, während Privatklagen finanziell sehr risikobehaftet waren – noch vor Prozessbeginn musste der Kläger die geschätzten Gesamtkosten des Prozesses beim Gericht als Sicherheit hinterlegen.[602] Als Rechtsgrundlage für Anklagen gegen Antisemiten dienten häufig die Paragraphen 130 („Aufreizung zum Klassenhass"), 166 („Gotteslästerung bzw. Religionsbeschimpfung") und 185 f. („Beleidigung") des Reichsstrafgesetzbuches (StGB) von 1871. Hinzu kamen für die Prozessformalia die bereits erwähnte StPO und das Gerichtsverfassungsgesetz von 1877.[603]

Durch die anhaltenden Ausschreitungen in der Provinz aufgeschreckt realisierten auch die Behörden allmählich die Gefahr, die von einer ungebremsten antisemitischen Agitation für die öffentliche Ordnung ausging. Die ergriffenen Maßnahmen beschränkten sich dabei gegen Vertreter des radikalen antisemitischen Flügels; mit Erlass vom 9. August 1881 an die Regierungspräsidenten von Köslin und Marienwerder wurden durch antisemitische Agitation verursache, als „Ruhestörungen" charakterisierte Ausschreitungen, durch strenge Auslegung des Vereins- und Versammlungsrechts unterbunden, ein geplanter Auftritt Henricis in Hammerstein wurde verboten.[604] Es bleibt jedoch festzuhalten, dass die Gerichtsprozesse, die 1881 gegen Anführer und Beteiligte an verschiedenen Pogromen in Pommern und Westpreußen angestrengt wurden, trotz weitergehender Forderungen der Staatsanwaltschaften zumeist mit geringen Haftstrafen für die Angeklagten endeten, die durch die Untersuchungshaft zudem häufig schon verbüßt waren. Diese milden Urteile spiegeln einen in der Beamtenschaft und dem Justizapparat latent verbreiteten Antisemitismus wider, der durch die antiliberale und antisozialdemokratische Personalpolitik seit dem Amtsantritt des Robert Viktor von Puttkamers deutlich verschärft worden war. Begleitet wurde diese strukturelle Verschiebung von einer von Antisemiten und Teilen der Konservativen betriebenen Opfer-Täter-Umkehr, die sich in Presseartikeln und in Äußerungen führender Politiker spiegelte.

---

602 Vgl. ebd., S. 65.
603 Vgl. ebd., S. 71 ff.
604 Vgl. Erlaß I A. 6515 Robert Viktor von Puttkamer an die königlichen Regierungspräsidenten von Coeslin und Marienwerder, in: GStPK, I. HA Rep. 89, Nr. 23691, Bl. 174 f.; vgl. Werner Bergmann, Tumulte – Excesse – Pogrome, S. 521.

So verteidigte Puttkamer beispielsweise 1884 im Preußischen Abgeordnetenhaus erneute antisemitischen Ausschreitungen in Neustettin, die nach der Rückkehr der im Revisionsprozess in Konitz freigesprochenen jüdischen Angeklagten ausgebrochen waren damit, die Provokationen seien von den Juden ausgegangen.[605]

Das D.C. sah öffentliche Prozesse gegen Antisemiten seit seiner Gründung als staatsbürgerliche Notwehr und wirksames Mittel der Abwehr an. Mehrfach verklagte das D.C. den als antisemitischen Demagogen tätigen Henrici. Schon am 20. Dezember 1880, kurz nach dessen hetzerischer „Reichshallenrede", beauftragte das D.C. den Stadtverordnetenvorsteher Straßmann damit, eine erste Strafanzeige gegen Henrici zu stellen. Ebenfalls wurde beschlossen, „gegen diejenigen Polizeibeamten, welche in der Versammlung die Aufsicht führten, bei der vorgesetzten Dienstbehörde mit Beschwerde" vorzugehen.[606]

Gleichzeitig bemühten sich Moritz Lazarus, Harry Bresslau und der Anwalt des Komitees, Hermann Stern, darum, „an geeigneter Stelle ein Disziplinarverfahren" gegen Henrici anzustrengen und ihn seines Amtes als Gymnasiallehrer entheben zu lassen. Disziplinarverfahren gegen Vertreter des „Radauantisemitismus" zeigten häufig Wirkung. Bereits im November 1880 war die antisemitische Bewegung von den linksliberalen Stadtverordneten Otto Hermes (1838–1910) und Paul Langerhans (1820–1909) mit scharfen Worten verurteilt und die Aktivitäten der beiden Gymnasiallehrer Bernhard Förster und Carl Jungfer beziehungsweise ihre Schlägerei mit Edmund Kantorowicz, als unvereinbar mit dem Berufstand des Lehrers bezeichnet worden:

> wie ist es möglich, daß zwei Lehrer von so großer Bildung auf einer so niedrigen sittlichen Höhe stehen und als Bildner der Jugend an einer höheren Lehranstalt unterrichten können?[607]

Die Schulbehörde leitete Disziplinarverfahren gegen Förster, Jungfer, später auch gegen Henrici ein.[608] Henrici wurde bereits im Januar 1881 suspendiert, Förster und Jungfer wurden nach Beendigung des von Kantorowicz angestrengten Berufungsverfahrens ihres Dienstes enthoben, Förster verlor zusätzlich seinen Offiziersrang.[609]

---

605 Vgl. ebd., S. 122–124.
606 Vgl. Protokoll des D.C. vom 20.12.1880, in: SAM, 1194, opis 1, Bd. 16, Bl. 10, zit. Bl. 9.
607 Stenographische Berichte über die öffentlichen Sitzungen der Stadtverordnetenversammlung der Haupt- und Residenzstadt Berlin, Nr. 7 (1880), Berlin 1880, S. 458.
608 Vgl. Uffa Jensen, Gebildete Doppelgänger, S. 297 ff.; Vgl. Barnet Peretz Hartston, Sensationalizing the Jewish Question, S. 42–45.
609 Vgl. Christhard Hoffmann, Ernst Henrici, in: Richard S. Levy (Hg.), Antisemitism: A Historical Encyclopedia of Prejudice and Persecution, Band 1, Santa Barbara 2005, S. 296.; vgl. AZJ, Jg. 45, Nr. 3 (18.1.1881), S. 39.; vgl. Clemens Escher, Kantorowicz-Affäre (1880), S. 218.

Leider sind die Akten zu den vom D.C. angestrengten Prozessen fragmentarisch, doch geht aus ihnen hervor, dass Lazarus und seine Mitstreiter in den Jahren 1881/82 einige Klagen gegen die antisemitische Bewegung initiierten. Im September 1882 stellte das D.C. abermals Strafanzeige gegen Henrici, die allerdings erfolglos blieb. Die V. Strafkammer des Berliner Landgerichts I. wies die Klage wegen „Vergehens gegen die öffentliche Ordnung" nach § 166 ab, da Henricis Reden als „nicht hinreichend verdächtig" eingestuft wurden.[610] Auch gegen andere Vertreter der antisemitischen Bewegung ging das D.C. juristisch vor. Im November 1881 stellte Rechtsanwalt Hermann Stern im Namen des D.C. und auf Antrag Harry Bresslaus Strafanzeige gegen Julius Ruppel. Leider sind weitere Details zu diesem Fall nicht überliefert, doch wurde Ruppel mehrfach wegen verunglimpfenden und aufwiegelnden Artikeln im „Judenspiegel" der *Ostend-Zeitung* angeklagt und zu Geldstrafen verurteilt.[611] Im Juni 1882 strengten Otto Burg, Salomon Neumann und Ludwig Loewe einen öffentlichen Prozess beim Berliner Kammergericht gegen den Berliner Verlag *Luckhardt* an, der das konservativ-antisemitische *Deutsche Tageblatt* druckte, und gegen den für das *Tageblatt* arbeitenden Redakteur Otto Hammann (1852–1928).[612] Weiterhin ermunterte das D.C. liberale Abgeordnete, antisemitische Beleidigungen nicht zu ignorieren oder auf sich sitzen zu lassen, sondern konsequent Strafanzeige zu stellen. Im September bot das Komitee Otto Hermes, mittlerweile Reichstagsabgeordneter der *Fortschrittspartei*, eine Prozesshilfe an. Hermes war seit seinem Auftritt in der Stadtverordnetenversammlung im November 1880 wiederholt zum Ziel von Verleumdungsartikeln der antisemitischen Presse geworden. Das D.C., das die antisemitische Zeitungslandschaft regelmäßig überwachte, bot Hermes im August 1882 an, einen Redakteur zu verklagen, der sich in besonders herablassender Weise über ihn ausgelassen hatte. Hermes lehnte zunächst ab und betonte, „derartige Äußerungen" grundsätzlich zu ignorieren, „wenn sie in so obscuren Blättern erscheinen". Schließlich stimmte er jedoch zu, den Redakteur juristisch „verdonnert zu sehen".[613] Die Prozessvollmacht übersandte er

---

610 Vgl. Staatsanwaltschaft bei dem Königlichen Kammergericht I an Otto Burg vom 24.11.1882, in: SAM, 1194, opis 4, Bd. 8, Bl. 61, zit. ebd.; vgl. Jahr, Antisemitismus vor Gericht, S. 152.
611 Vgl. Protokoll des D.C. vom 29.11.1882, in: SAM, opis 3, Bd. 1, Bl. 22.; Vgl. AZJ (14.2.1882), S. 106f.; vgl. AZJ (28.3.1882), S. 210.
612 Vgl. Straf-Senat des Königlichen Kammergerichts Berlin an D.C. vom 9.9.1882, in: SAM, 1194, opis 4, Bd. 8, Bl. 71–73; Otto Hammann wurde 1893 Pressereferent im Auswärtigen Amt, vgl. Dominik Geppert, Pressekriege. Öffentlichkeit und Diplomatie in den deutsch-britischen Beziehungen (1896–1912), München 2007, S. 52f.
613 Vgl. Otto Hermes an [vermutl. Moritz Lazarus] vom 16 [August] 1882, in: ACJ, 1, 75 C Ko, 1, Nr. 1, 11284, Bl. 268.

"widerstrebend" und ergänzte, er setze "eine Verurtheilung unzweifelhaft" voraus, da er im Falle eines Freispruchs fürchtete, in eine "peinliche Situation" zu geraten. Genau diese Situation scheint jedoch eingetreten zu sein, denn im November 1882 lehnte Hermes eine "neue Klage" als aussichtslos ab.[614]

4.6.5 Jüdische Soldaten

In Berlin wandten sich Anfang März 1881 Vertreter jüdischer Soldaten und Kriegsveteranen von 1870/71 an das Komitee. Sie fühlten sich durch die antisemitische Behauptung, die Henrici häufig in seinen Tiraden äußerte, dass nämlich die Juden sich vor dem Militärdienst drückten, und sich im Einigungskrieg, sofern sie überhaupt an ihm teilgenommen hatten, nur als "Schreiber" und hinter der Front eingesetzt worden waren, in ihrer Ehre gekränkt und herabgewürdigt. Sie wünschten die Einberufung einer großen Veranstaltung, um die Angriffe öffentlich zurückzuweisen, und baten das D.C. um Solidarität und Unterstützung. Geplant wurde die Kundgebung gemeinsam vom Komitee und mehreren jüdischen Veteranen, genannt sind in den Protokollen "Ingenieur Wolfsberg und Gen."[615], eine Gruppe, die vermutlich in einem Kriegerverein organisiert waren. Wie aus dem Bericht der AZJ über die Veranstaltung hervorgeht, gehörten neben dem Vorsitzenden Wolfsberg noch zwei Redakteure, Karfunkel und Klaußner, sowie ein Veteran namens Hoffstaedt zum Organisationsteam der Soldaten.[616] Die Veranstaltung fand am 1. April 1881 im Reichshallentheater in der Leipziger Straße statt. Sie war zugleich der größte und letzte öffentliche Auftritt, an dem sich das D.C. beteiligte. Zum Eintritt zugelassen waren nur Personen, die als Soldaten oder Zivilangehörige des Militärs "ihrer Dienstpflicht genügt" hatten. Der Zuspruch war enorm, etwa 2000 jüdische Soldaten und Veteranen erschienen, "darunter Viele, deren Brust mit Kriegsdenkmünzen und mit dem Eisernen Kreuze geschmückt war".[617] Nach der Begrüßung durch Wolfsberg hielt Karfunkel ein Referat, in dem er von seinen Erfahrungen als Frontsoldat im 10. Grenadier-Regiment während des Krieges von 1870 berichtete und die Behauptungen Henricis von der Feigheit der Juden zurückwies. Abschließend legte er der Versammlung eine Resolution vor, in der die Verleumdungen der Antisemiten "mit Entschiedenheit" zurückgewiesen wurde. "Einig in der Liebe zu Kaiser und Reich", so weiter, seien die Anwesenden sich ihrer treuen

---

614 Vgl. Otto Hermes an [vermutl. Moritz Lazarus] vom 12.9.1882, in: ebd., Bl.270; vgl. von Hermes unterschriebene Proceß-Vollmacht, o.D., in: ebd., Bl. 273; Otto Hermes an [vermutl. Moritz Lazarus] vom 3.11.1882, in: ebd., Bl. 276.
615 Protokoll vom 1.3.1881, in: SAM, 1194, opis 1, Bd. 16, Bl. 13.
616 Vgl. AZJ, Jg. 45, Nr. 15 (12.4.1881), S. 239 f.
617 Ebd., S. 239.

Pflichterfüllung bewusst und zu einer neuen Pflichterfüllung jederzeit bereit. Die anschließende Diskussion verlief kontrovers, weil viele der Anwesenden dem jüdischen Gemeindevorstand „wiederholt die bisherige Unthätigkeit" gegenüber der antisemitischen Bewegung vorwarfen. Daraufhin kreiste die Debatte lange Zeit um die Frage, „ob es überhaupt opportun sei, jene schmutzigen Angriffe einer Antwort zu würdigen".[618] Zur Verteidigung der Passivität des Gemeindevorstandes erwiderte der für das D.C. anwesende Gemeindeälteste und Stellvertretender Gemeindevorstand, Justizrat Siegmund Joel Meyer (1830–1903)[619] den Kritikern, dass der Vorstand erstens nicht auf öffentliche Unterstützung gezählt und zweitens damit gerechnet habe, dass sich „das Uebel von selbst richten werde". Darüber hinaus hielt er den Anwesenden vor, dass sich doch der Preußische Landtag und die Presse für die Juden eingesetzt und eine Resolution wie die vorgeschlagene gar keinen Sinn habe. Außerdem sei die ganze Sache heikel, weil es nach dem Militärstrafgesetzbuch verboten sei, wenn sich Soldaten mit politischen Dingen beschäftigten.[620] Der ebenfalls anwesende Hermann Makower lehnte die Resolution gleichfalls ab, begründete dies aber damit, dass die Angriffe sich nicht ausschließlich gegen jüdische Soldaten, sondern gegen alle Juden richteten: „Die Versammelten [haben] kein Recht, hier eine Sonderstellung einzunehmen".[621] Die beiden Organisatoren Klaußner und Hoffstaedt sprachen sich dagegen „sehr nachdrücklich" für die Annahme der Resolution aus. Am Ende der Debatte brach sich die Enttäuschung über die zurückhaltenden Positionen Meyers und Makowers in einer Bemerkung Hoffstaedts Bahn, die von der AZJ als „Sensation" zitiert wurde:

> Es nützt gar Nichts, so führte derselbe [Hoffstaedt; D.H.] aus, daß Jeder für seine persönliche Ehre seinen Mann steht. Ich habe schon vor 2 ½ Jahren Herrn Dr. Bernhardt Förster (…) auf Pistolen gefordert und hier (einen Brief hochhaltend) ist die Abbitte des tapferen Herrn Förster. Zeugen sind ferner im Saale, welche bekunden können, daß ich auch in diesem Jahre einen Herrn aus Lehrerkreisen [gemeint ist verm. Henrici; D.H.] fordern mußte und im Besitz einer schmählichen, von mir dictirten Revocation des Herrn bin.

---

618 Ebd.
619 Meyer wurde am 9.12.1880 in das D.C. aufgenommen, vgl. Protokoll des D.C. vom 9.12.1880, in: SAM, 1194, opis, Bd. 16, Bl. 8.; vgl. Justizrat Siegmund Meyer, in: AZJ, Jg. 67, Nr. 11 (13. 3.1903), S. 123–125.
620 Vgl. Reichs-Militärgesetz vom 2.5.1874, §. 49: „Die Theilnahme an politischen Vereinen und Versammlungen ist den zum aktiven Heere gehörigen Militärpersonen untersagt." (Volltext des Gesetzes unter https://de.wikisource.org/wiki/Reichs-Militärgesetz; 5.7.2020).
621 AZJ, Jg. 45, Nr. 15 (12.4.1881), S. 240; wenige Tage später, vermutlich durch die Berichterstattung über die Versammlung aufgeschreckt, sandte Bernhard Förster ein Schreiben an die Norddeutsche Allgemeine Zeitung und behauptete, Hoffstaedt und nicht er habe die Duellforderung zurückgezogen. Als unmittelbare Reaktion darauf schickte Hoffstaedt den Originalbrief Försters an die Zeitung, die daraufhin genötigt war, den Sachverhalt richtig zu stellen; vgl. AZJ, Jg. 45, Nr. 16 (19.4.1881), S. 257.

Am Schluss der Veranstaltung wurde die Resolution von der Mehrheit der Anwesenden abgelehnt und „zur Tagesordnung" übergegangen.[622]

4.6.6 Die Berliner Wilhelms-Universität

Seit seiner Gründung widmete das D.C. den Geschehnissen an der Berliner Universität große Aufmerksamkeit. In Berlin und an vielen anderen Hochschulen waren die Unterschriftensammlungen für die *Antisemitenpetition* ab September 1880 besonders erfolgreich verlaufen und hatten eine breite Akzeptanz antisemitischen Gedankenguts unter den Studierenden offengelegt. Von den insgesamt 265.000 Unterschriften stammten zwar nur 4000 von Studierenden, aber diese bildeten bei Weitem die größte Unterzeichnergruppe. Etwa 19 % aller deutschen Studierenden hatten die Petition unterschrieben. Die Berliner Wilhelms-Universität, die zugleich Wirkungsstätte Heinrichs von Treitschke und der Komiteemitglieder Moritz Lazarus, Jacob Barth, Harry Bresslau und anderen war, entwickelte sich zu einem Kristallisationspunkt der antisemitischen Studentenbewegung, die Antisemiten hatten hier besonders großen Rückhalt. Im Sommer 1880 gründeten Jurastudenten den antisemitischen *Akademisch Rechtswissenschaftlichen Verein*, aus dem 1881 die *Vereine Deutscher Studenten* (VDSt) hervorgingen.[623] Mit der Billigung ihres Vorbildes und Förderers Treitschke initiierten sie im November eine *Studentenpetition*, die zum Zeichnen der *Antisemitenpetition* aufrief, und in deren Folge beinahe die Hälfte aller Immatrikulierten der Wilhelms-Universität unterschrieben. Die Aktionen der antisemitischen Studentenschaft verursachten an der Universität Störungen des „akademischen Friedens", mitunter kam es zu handgreiflichen Auseinandersetzungen zwischen Befürwortern und Gegnern der Petition.[624] Die Bemühungen um eine studentische Defensive gegen den populären VDSt führten im Juli 1881 zur Gründung der liberalen *Freien Wissenschaftlichen Vereinigung* (FWV), dem „ersten Bündnispartner" der jüdischen Studierenden, die im-

---

622 Ebd.
623 Vgl. Norbert Kampe, Studenten und „Judenfrage" im deutschen Kaiserreich. Die Entstehung einer akademischen Trägerschicht des Antisemitismus, Göttingen 1988, S. 23–51, zur Gründung antisemitischer Studentenkorporationen S. 33 f.; vgl. Melanie Jacobs, Studentischer Antisemitismus im Deutschen Kaiserreich, in: Peter Hayes, Jean El Gammal (Hgg.), Universitätskulturen/L'Université en perspective/The Future of the University, Bielefeld 2012, S. 103–126; Zumbini verweist auf die schwankenden Angaben der Unterschriften zwischen 225.000 und 265.000, vgl. Zumbini, Wurzeln des Bösen, S. 198 f., bes. Anm. 137.
624 Vgl. ebd., S. 24–30; vgl. Peter Pulzer, Die Entstehung des politischen Antisemitismus in Deutschland und Österreich, S. 268; vgl. zu den Kontroversen an der Wilhelms-Universität Uffa Jensen, Gebildete Doppelgänger, S. 292 ff.; vgl. Carsten Krieger, Der „Berliner Antisemitismusstreit", S. XXIV.

merhin etwa 18 % aller Immatrikulierten ausmachten.[625] Alternative Möglichkeiten zur Mitgestaltung der Hochschulpolitik boten die traditionell liberal geprägten „Lesehallen", in denen Studierende über die Anschaffung von Literatur berieten, und die im Zuge der antisemitischen Agitation verstärkt von jüdischen Studierenden und Mitgliedern der FWV frequentiert wurden.[626] In Berlin bot die 1881 aus dem FWV hervorgehende *Freie Studentische Vereinigung* (FSV), die eine klar antiantisemitsche Haltung vertrat, jüdischen Studierenden eine weitere Möglichkeit zur Selbstorganisation. Alle diese Institutionen wurden im Lauf des Jahres 1881 vom D.C. mit Geldmitteln bedacht. Kurz nach seiner Gründung erhielt die FWV einen „nach Möglichkeit" zurückzuzahlenden Betrag von 300 Mark.[627] Die Lesehalle und die FSV erhielten im November eine Unterstützung von insgesamt 1000 Mark.[628] Ende 1881 war das D.C. im Besitz mehrerer Anstecker der FWV, die von Samuel Kristeller verwahrt wurden.[629] Das Komitee stand mit einem Studenten namens Hancke in Verbindung, von dem es Information aus der Studierendenschaft erhielt. Im November 1882 übergab das Komitee Hancke 300 Mark für „studentische Zwecke".[630] Weitere Abwehraktivitäten des D.C. an der Wilhelms-Universität sind nicht dokumentiert. Zwei Vorschläge Jacob Barths, das Rektorat der Wilhelms-Universität zu einem energischeren Eingreifen gegen die antisemitischen Studierenden zu veranlassen und das Verteilen liberaler Zeitungen in der Universität zu fördern, wurden vom D.C. jedoch verworfen.[631] Enge Beziehungen bestanden jedoch über den *Hilfsverein für jüdische Studierende in Berlin* zu Teilen der jüdischen Studierendenschaft. Der Verein vergab Stipendien an jüdische Studierende, zwischen 1881 und 1885 bezogen 286 Studierende Unterstützung in verschiedener Höhe. Durch den Präsidenten Moritz Lazarus war der Hilfsverein mit dem Komitee faktisch in Personalunion verbunden.[632]

---

625 Vgl. Norbert Kampe, Studenten und „Judenfrage", S. 30 f.
626 Vgl. Melanie Jacobs, Studentischer Antisemitismus, S. 119 f.
627 Vgl. Protokoll des D.C. vom 14.7.1881, in: SAM, 1194, opis 1, Bd. 16, Bl. 19.
628 Vgl. Protokoll des D.C. vom 29.11.1881, in: ebd., Bl. 21.
629 Vgl. Protokoll des D.C. vom 31.1.1882, in: ebd., Bl. 23.
630 Vgl. Protokoll des D.C. vom 11.11.1882, in: SAM, opis 3, Bd. 1, Bl. 31, zit. ebd.
631 Vgl. Anlage I zum Protokoll des D.C. vom 20.12.1880 (Antrag Barth), in: SAM, 1194, opis 1, Bd. 16, Bl. 10; vgl. Protokoll vom 31.1.1881, in: ebd., Bl. 23.
632 Vgl. Salomon Neumann, Der Hilfsverein für jüdische Studierende in Berlin von 1841 bis 1891. Ein Bericht über seine 50jährige Wirksamkeit erstattet im Auftrage des Vorstandes unter Mitwirkung des Schriftführers Dr. Abraham, Berlin 1891, zur Anzahl der Stipendien vgl. S. 16–19; vgl. Protokoll des D.C. vom 29.1.1882, in: SAM, 1194, opis 3, Bd. 1, Bl. 25.

4.6.7 Unterstützung liberaler Reichstagskandidaten

Die Radikalisierung der antisemitischen Bewegung und die Pogrome in der preußischen Provinz im Frühjahr 1881 fanden parallel zum Reichstagswahlkampf statt. Die Wahl zum 5. Deutschen Reichstag am 27. Oktober 1881 stand kurz bevor. Bismarck plante, seinen 1878 eingeleiteten politischen Kurswechsel parlamentarisch zu zementieren und den linksliberalen Parteien eine empfindliche Niederlage beizubringen. Die Vorzeichen dafür standen günstig. Die *Nationalliberale Partei*, seit 1871 Bismarcks Bündnispartner und stärkste Reichstagsfraktion, hatte sich über divergierende Meinungen zur Verabschiedung des Sozialistengesetzes, der Dauer der Etatbewilligung und der von Bismarck forcierten Schutzzollpolitik in zwei gegnerische Lager gespalten. Während der rechte Flügel Bismarcks neuen Kurs mittrug, gründeten Abgeordnete des linken Flügels im August 1880 die *Liberale Vereinigung* (LV), auch *Sezession* genannt, eine neue liberale Partei, die sich politisch zwischen den *Nationalliberalen* und Eugen Richters (1838–1906) *Fortschrittspartei* verortete.[633] LV und *Fortschrittspartei* traten als Gegenspieler der zunehmend nationalistischen Agenda der Reichsregierung auf; auf die Unterstützung der nationalliberalen Fraktion konnte sich Bismarck dagegen verlassen. Der fragmentierte und uneinige liberale Block auf der einen, und die Sozialdemokraten, die durch das Sozialistengesetz in ihrer Wahlkampagne stark beeinträchtigt waren, auf der anderen Seite, boten eine gute Ausgangsposition für Bismarcks Plan, eine starke national-konservative Mehrheit im Parlament zu erhalten[634]

Bismarck war kein bekennender Antisemit, er unterhielt sogar enge Verbindungen zu jüdischen Persönlichkeiten, etwa zu seinem Bankier Gerson von Bleichröder, dessen Bruder Julius Gründungsmitglied des D.C. war. Dennoch instrumentalisierte Bismarck machtpolitisch die antisemitische Bewegung, die sich als scharfer Gegner seiner größten innenpolitischen liberalen Kontrahenten im Reichstag, Eugen Richter, Ludwig Bamberger und Eduard Lasker, in Szene setzte.[635] Er erhielt diverse Zuschriften der antisemitischen Bewegung, unter anderem des Dresdner *Reform-Vereins*, hinter dem sich die *Antisemitenliga* verbarg, und ließ ihnen wohlmeinende Antworttelegramme zugehen. Die Kampagnen und Aktionen der Bewegung, von der *Antisemitenpetition* bis zu den Hetzreden Henricis, Ruppels

---

633 Vgl. Wolther v. Kiseritzky, Liberalismus und Sozialstaat, S. 179–220; Konstanze Wegner, Theodor Barth und die Freisinnige Vereinigung. Studien zur Geschichte des Linksliberalismus im wilhelminischen Deutschland, Tübingen 1968.
634 Vgl. Monica Cioli, Pragmatismus und Ideologie, S. 148–188; vgl. Dieter Langewiesche, Liberalismus in Deutschland, S. 178–180.
635 Vgl. Peter Pulzer, Die Entstehung des politischen Antisemitismus in Deutschland, S. 142 f.; vgl. Ingo Haar, Jüdische In- und Exklusion, S. 340 f.; vgl. Massimo Ferrari Zumbini, Wurzeln des Bösen, S. 216 f.

und anderer, die tätliche Übergriffe auf deutsche JüdInnen zur Folge hatten, blieben dagegen unkommentiert und wurden somit – indirekt – geduldet. Im Herbst 1880, „zur Zeit, als die Antisemiten ihren Winterfeldzug arrangirten", waren außerdem Bismarcks Parlamentsreden von 1847 bis 1851 veröffentlicht worden. Diese Zusammenstellung enthielt Reden, in denen sich Bismarck gegen die Emanzipation und bürgerliche Gleichstellung der Juden aussprach; ein Umstand, den die antisemitische Bewegung ausnutzte. Wie bereits erwähnt, ließ Julius Ruppel am 10. März 100.000 Exemplare einer dieser Reden nachdrucken und kostenlos verteilen, wozu er Geld vom *Conservativen Central-Comité* erhielt. Eine zusätzliche öffentlichkeitswirksame und damit wahlkampftaugliche Unterstützung für die antisemitische Bewegung war die von insgesamt 265.000 Personen unterschriebene *Antisemitenpetition*, die Bismarck am 13. April entgegennahm. Der starke Bezug der antisemitischen Bewegung auf Bismarck vor und während des Frühjahrs 1881 traf also zu einem gewissen Maße zu und wurde von diesem durch „wohlwollende Neutralität" toleriert.[636]

Die Mitglieder des D.C. waren eng mit dem politischen Linksliberalismus verflochten, einige waren selbst politisch aktiv und als Abgeordnete auf lokaler oder nationaler Ebene engagiert. Wolfgang Straßmann und Salomon Neumann saßen für die fortschrittliche Fraktion in der Berliner Stadtverordnetenversammlung, Herbert Alexander Wolff war Mitglied des Berliner Magistrats, Otto Burg war bis 1879 Abgeordneter im preußischen Abgeordnetenhaus gewesen, Emanuel Mendel und Ludwig Loewe waren Reichstagsabgeordnete der *Fortschrittspartei* und traten 1881 erneut zur Wahl an.[637] Die Aufstellung der Reichstagskandidaten oblag in den einzelnen Wahlkreisen Wahlkomitees oder -vereinen der verschiedenen Parteien; diese Komitees waren auch für die Durchführung des Wahlkampfes verantwortlich.[638] Wahlkampfauftritte wurden von Wahlkomitees organisiert, zur Finanzierung des Wahlkampfs wurden Spenden von Parteimitgliedern und Unterstützern gesammelt, um Flugblätter und Broschüren zu drucken oder Räumlichkeiten für Veranstaltungen anzumieten. In Berlin, das insgesamt sechs Abgeordnete in den Reichstag entsandte, profitierte die antisemitische Bewegung stark von der Nähe zur DkP und der Unterstützung des CCC, das für die Aufstellung der konservativen

---

[636] Vgl. Christhard Hoffmann, Politische Kultur und Gewalt, S. 101f.; vgl. Bergmann, Tumulte – Excesse – Pogrome, S. 502f.; vgl. Fürst Bismarck und die Antisemiten, in: AZJ, Jg. 45, Heft 9 (1.3.1881), S. 135, zit. ebd.; Eugen Richter, Im alten Reichstag. Erinnerungen, Bd. II (Januar 1877 bis November 1881), Berlin 1896, S. 183.
[637] Vgl. Wolther von Kiseritzky, Liberalismus und Sozialstaat, S. 510; vgl. Deutscher Parlaments-Almanach, Bd. 14 (Nov. 1881), Leipzig 1881, S. 178; vgl. ebd., Bd. 13 (Sept. 1878), Leipzig 1878, S. 192.
[638] Vgl. Bernhard Vogel, Dieter Nohlen, Rainer-Olaf Schultze (Hgg), Wahlen in Deutschland. Theorie – Geschichte – Dokumente. 1848–1970, Berlin/New York 1971, S. 105f.

Kandidaten verantwortlich war. Um, wie Bismarck es ausdrückte, den „Berliner Fortschrittsring"[639] zu zerschlagen und die fünf amtierenden Berliner Abgeordneten der *Fortschrittspartei* und den Sozialdemokraten Friedrich Wilhelm Fritzsche (1825–1905) aus dem Parlament zu drängen, stellte das CCC als Gegenkandidaten sechs prominente Berliner Antisemiten für die Konservativen auf: den Mitinitiator der *Antisemitenpetition* Max Liebermann von Sonnenberg, den Vorsitzenden der CSA Adolf Stoecker, den Herausgeber der antisemitischen *Wahrheit* Julius Schultze, den Wirtschaftswissenschaftler und Statistiker Adolph Wagner, den Redakteur der *Germania* Christoph Joseph Cremer (1840–1898) und Obermeister Meyer.[640] Das CCC war für den Wahlkampf finanziell gut ausgestattet. Wie das D.C. von seinem Informanten Horn erfuhr, spendete etwa der Berliner Unternehmer Rudolf Hertzog (1815–1894) Anfang September für Wahlkampfveranstaltungen des CCC in allen sechs Berliner Wahlkreisen einen Betrag von 60.000 Mark. Den Besuchern der Veranstaltungen wurden unter anderem kostenlose Theatervorführungen geboten. Außerdem wurden von Hertzogs Spende 12.000 Mark zur Tilgung privater Schulden von Max Liebermann von Sonnenberg aufgebracht. Hertzog war ein überzeugter Anhänger der antisemitischen Bewegung und schon im Januar 1879 durch judenfeindliche Beleidigungen auf einer Hochzeitsfeier aufgefallen.[641]

Die Mitglieder des D.C., durch die zunehmenden Ausschreitungen gegen Juden in Berlin und die Pogrome in der Provinz erschüttert, betrachtete die Kooperation der antisemitischen Bewegung mit dem CCC als realistische Gefahr für die Emanzipationserfolge der Juden in Deutschland. In einem Rundschreiben, das Otto Burg Mitte September an die Besucher der beiden Dezemberversammlungen versandte, betonte er die Bedeutung der anstehenden Wahlen:

---

639 Berliner Reichstags-Candidaturen, in: Neue Freie Presse (NFP) Nr. 6061 (13.7.1881), Abendblatt S. 2.
640 Vgl. ebd.; vgl. AZJ, Jg. 45, Nr. 45 (8.11.1881), S. 737 f.; vgl. Werner Bergmann, Christlich-soziale Partei (Deutschland), in: Wolfgang Benz (Hg.), Handbuch des Antisemitismus, Bd. 5 (Organisationen, Institutionen, Bewegungen), S. 102 f.; vgl. Peter Pulzer, Die Entstehung des politischen Antisemitismus in Deutschland und Österreich, S. 143; vgl. Armine Haase, Katholische Presse und die Judenfrage. Inhaltsanalyse katholischer Periodika am Ende des 19. Jahrhunderts, München 1975, S. 61 u. 201 Anm. 24.; vgl. zum Wahlkampf der Antisemiten Massimo Ferrari Zumbini, Wurzeln des Bösen, S. 231–236.
641 Vgl. Ulrich Horn an D.C. vom 27.8.1881, in: SAM, 1194, opis 4, Bd. 8, Bl. 45.; vgl. AZJ (26.1.1879), S. 1286.

> Von dem Ausgang [der Wahl; D.H.] hängt unzweifelhaft (...) das Wohl (...) der deutschen jüdischen Religion ab. Ihre durch Verfassung und Gesetz verbürgte politische und bürgerliche Gleichberechtigung soll angetastet werden.[642]

Seit Juli bemühte sich das D.C. daher um die Unterstützung der liberalen Wahlkreiskomitees und -kandidaten in Berlin. Bereits im Juli hatte das Komitee beschlossen, jeweils 1500 Mark an die Wahlkomitees der beiden fortschrittlichen Kandidaten Emanuel Mendel und Eduard Lasker zu überweisen, die Zahlungen erfolgten Anfang Oktober, zur Hochphase des Wahlkampfes.[643] Zur Beschaffung dieser „Geldmittel zur Bekämpfung der antisemitischen Candidaturen" initiierte das D.C. Sammlungen in Berlin und konnte außerdem auf Spenden „einer Reihe jüdischer Gemeinden" von außerhalb Berlins zählen. Neben der Bitte um finanzielle Unterstützung rief das D.C. die Berliner Juden mit deutlichen Worten zur Stimmabgabe auf:

> Es ist die Ehrenpflicht eines jeden Deutschen Juden (...) in so schwerer Zeit, von dem ihm zustehenden höchsten politischen Recht Gebrauch zu machen und am Wahltage seine Stimme, unbeirrt durch äußere Rücksichten in die Wagschaale zu werfen.[644]

Der Wahlkampf verlief für die fortschrittlichen Kandidaten hart und turbulent. Wie Eugen Richter, der Vorsitzende der *Deutschen Fortschrittspartei*, in seinen Erinnerungen schildert, verhielt sich die Berliner Polizei gegenüber antisemitischen Störungen im Wahlkampf häufig passiv,[645] weshalb die Aktionen antisemitischer Gruppen wie die des oben erwähnten Liga-Mitgliedes „Brandt", die sich gegen Wahlkampfauftritte der liberalen Parteien richteten, oft erfolgreich waren. Das Ziel der Antisemiten war, liberale Veranstaltungen so intensiv zu stören, dass sie unter- oder gar abgebrochen werden mussten. Mitte April beschrieb die AZJ diese Störer als

> eine Rotte von 100–150 junger Leute (...), welche sich bei jeder öffentlichen Versammlung (...) der Fortschrittspartei (...) einfinden und solchen Skandal mit Schreien und Prügeln hervorrufen, daß die Polizei die Versammlung auflösen muß.[646]

---

[642] Otto Burg an die Mitglieder der Dezemberversammlungen, 15.9.1881, in: CJA, 1 C Ko 1, Nr. 1, #12505, Bl. 108.
[643] Vgl. Protokoll des D.C. vom 14.7.1881 und vom 5.10.1881, in: SAM 1194, opis 4, Bd. 8, Bl.19 f.
[644] Otto Burg an die Mitglieder der beiden Dezemberversammlungen, 15.9.1881, a. a. O.
[645] Vgl. Eugen Richter, Im alten Reichstag. Erinnerungen, Bd. II, S. 178.
[646] Vgl. AZJ, Jg. 45, Nr. 16 (19.4.1881), S. 257.

Nicht selten wurden, wie aus der Zeitungsnotiz hervorgeht, die Störer aggressiv, vorrangig dann, wenn die Kandidaten Juden waren. Als Ludwig Loewe am 29. März gemeinsam mit Rudolf Virchow eine Wahlkampfveranstaltung mit ca. 6000 Gästen im Saal der Tivoli-Brauerei veranstaltete, kam es zu handfesten Auseinandersetzungen mit antisemitischen Störern. Wie der Informant Horn kurz vorher herausgefunden und dem D.C. mitgeteilt hatte, sollte die Loewe-Veranstaltung von einer antisemitischen Gruppe „planmäßig gestört" werden. Die Antisemiten hatten sich Eintrittskarten besorgt, aus Sicherheitsgründen beim Kauf aber auf die Angabe ihrer Adressen verzichtet – ein Umstand, der sie beim Einlass leicht identifizierbar gemacht hätte. Treffpunkt der Gruppe war das nahe der Tivoli-Brauerei gelegenen Kreuzberger Restaurant *Kaisersteig*. Ob Horns Warnung nicht beherzigt wurde oder ob sich neben der Gruppe aus dem *Kaisersteig* weitere Störer unter den Gästen befanden, ist nicht überliefert. Während der Rede Rudolf Virchows kam es jedoch zu lauten Zwischenrufen, mehrfach musste er aussetzen, „bis etliche [der Zwischenrufer; D.H.] vor die Thüre gesetzt waren".[647] Nach Virchow sprach Ludwig Loewe zunächst ungestört und erntete nach Beendigung seiner Rede „brausende[n] Beifall". Unmittelbar darauf, so berichtet die AZJ, „brachen die Gegner los und machten sich in antisemitischen Ausrufen Luft." 100 bis 150 Personen begannen das zum antisemitischen Kampflied erklärte Lied „Deutschland, Deutschland über alles" zu singen und anwesende Zuhörer zu beleidigen. Es kam zu verbalen Auseinandersetzungen und schließlich zu Schlägereien in der überfüllten Halle. Die Polizei musste die Veranstaltung auflösen, sodass die geplante Aussprache mit den beiden Kandidaten nicht mehr zustande kam.[648]

Am 7. Oktober versuchte eine Gruppe Antisemiten eine Veranstaltung des Komiteemitglieds und Kandidaten Emanuel Mendel in Reinickendorf zu sprengen. Die AZJ berichtete:

> von den Antisemiten [waren] alle möglichen Mittel angewendet worden, um die liberalen Wähler ihrem bisherigen Abgeordneten abspenstig zu machen. Karrikaturen und Placate schwirrten durch die Luft. Henrici hielt eine Rede, und einige junge Anhänger desselben suchten die Wählerversammlung zu stören.[649]

Das Wahlergebnis brachte Bismarck und den Konservativen nicht den gewünschten Erfolg. Mit 23,2 % wurde erstmals das *Zentrum* stärkste Reichstagsfraktion. Die Nationalliberalen, die konservative *Deutsche Reichspartei* und die DkP, Bismarcks

---

[647] Vgl. Horn an D.C. o.D. [kurz vor der Versammlung], in: SAM, 1194, opis 4, Bd. 8, Bl. 88; vgl. AZJ, Jg. 45, Nr. 15 (12.4.1881), S. 238.
[648] Vgl. Ebd.; vgl. Vossische Zeitung Nr. 150 (30.3.1881), Abendausgabe, S. 2.
[649] Vgl. AZJ, Jg. 45, Nr. 43 (25.10.1881), S. 711.

parlamentarische Regierungsfraktionen, verloren zusammen insgesamt 90 Mandate, allein die nationalliberale Fraktion büßte durch ihre Spaltung mehr als die Hälfte ihrer Sitze ein; die konservativ-antisemitische DkP konnte zwar ihren absoluten Stimmenanteil um 3,5% leicht verbessern, verlor aber aufgrund der gesunkenen Wahlbeteiligung ebenfalls 9 Mandate gegenüber 1878. Als Sieger gingen die *Fortschrittspartei* und die LV aus der Wahl hervor, die gemeinsam 80 Mandate hinzugewannen.[650] Emanuel Mendel verlor jedoch seinen Wahlkreis Niederbarnim an den freikonservativen Kandidaten Arnold Lohren (1836–1901).[651] In Berlin siegten die Kandidaten der *Fortschrittspartei* in allen sechs Wahlkreisen. Das Berliner Wahlergebnis, das von den Zeitgenossen mit Erleichterung aufgenommen wurde, darf jedoch nicht darüber hinwegtäuschen, dass die Antisemiten durchaus Achtungserfolge erzielt und ihre Fähigkeit bewiesen hatten, die Verleumdung von Juden in Wählerstimmen zu verwandeln. So kamen die Kandidaten Adolf Stoecker und Max Liebermann von Sonnenberg im 1. bzw. 2. Wahlkreis auf 41,2% beziehungsweise 35% der Stimmen[652], ein Ergebnis, das dafür zu sprechen scheint, dass konservative Wählerschichten für den Antisemitismus gewonnen wurden. Der Analyse von Andrea Hopp, die die Wahl von 1881 als erfolgreichen Testlauf für antisemitische Wahlagitation wertet[653], ist daher zuzustimmen; einschränkend muss allerdings festgestellt werden, dass sowohl die verschiedenen antisemitischen Politiker als auch die antisemitische Bewegung insgesamt aufgrund innerer Streitigkeiten nicht fähig waren, ihren Erfolg langfristig in einer Sammelpartei zu bündeln und auszubauen.

4.7 Das D.C. – Vorbild des Centralvereins?

Der Enthusiasmus für eine starke und sichtbare jüdische Abwehr, der die Gründung des Komitees und die Versammlungen vom 1. und 16. Dezember begleitet hatte, und der sich bei der Aprilversammlung der jüdischen Veteranen noch einmal gezeigt hatte, blieb nicht von langer Dauer. Verliefen die konkreten – meist monetären –

---

650 Vgl. Die Wahlen zum deutschen Reichstage I–IV in: AZJ, Jg. 45, Nr. 45 (8.11.1881), S. 373f., AZJ, Jg. 45, Nr. 46 (15.11.1881), S. 753–756, AZJ, Jg. 45, Nr. 47 (22.11.1881), S. 769–771, AZJ, Jg. 45, Nr. 48 (29.11.1881), S. 789f.; vgl. https://www.wahlen-in-deutschland.de/krtw.htm (3.7.2020), vgl. Wolther von Kiseritzky, Liberalismus und Sozialstaat, S. 233ff.; vgl. Massimo Ferrari Zumbini, Wurzeln des Bösen, S. 236–238.
651 Vgl. Deutscher Parlaments-Almanach, Bd. 14, S. 178.
652 Vgl. die Zusammenfassung der Berliner Wahlergebnisse auf http://freisinnige-zeitung.de/archives/6097 (3.7.2020).
653 Vgl. Andrea Hopp, Auf Stimmenfang mit dem Vorurteil.

Maßnahmen und die wenigen eigenen Initiativen schon seit der Gründung abseits und unbemerkt von der Öffentlichkeit, blieben die weiteren Aktivitäten des D.C. nach der Niederlage der antisemitischen Kandidaten bei der Reichstagswahl im Oktober 1881 völlig unsichtbar. Die Regelmäßigkeit der Zusammenkünfte nahm im Vergleich zum Frühjahr und Sommer 1881 deutlich ab. Um das Komitee arbeitsfähig zu halten, fand Ende November 1881 eine organisatorische Umstrukturierung statt. Die Mitglieder des inneren Kreises fungierten fortan als Geschäftsführender Ausschuss „mit eigener Initiative und Verantwortlichkeit"; das „Gesammtcomité" trat nach diesem Beschluss insgesamt nur noch viermal zusammen.[654] Unabhängig von dieser Umstrukturierung wurden weiterhin Beschlüsse im Dienst der Abwehr gefasst, von denen die juristische Hilfe für die angeklagten Neustettiner Juden mit Sicherheit die nachhaltigste war. Ab 1883 wurden die Treffen abermals sporadischer, regelmäßige Zusammenkünfte fanden praktisch nicht mehr statt. Laut den vorliegenden Protokollen fand von 1885–1887 jeweils nur eine jährliche Zusammenkunft statt. Das letzte Protokoll datiert vom 30. Juni 1887 und enthält einen Beschluss über eine Unterstützung von 1.500 Mark für die Opfer des Pogroms in der nahe dem ungarischen Preßburg (heute: Bratislava) gelegenen Stadt Dunaszerdahely.[655] Die letzte überlieferte Aktion im Sinne der Abwehr datiert vom Jahr 1889 und behandelt die judenfeindliche Einstellung von Marie Boretius, Leiterin einer höheren Töchterschule in der Potsdamer Str. 113 in Berlin, die sich weigerte, Kinder jüdischer Eltern in ihrer Schule aufzunehmen.[656]

Seit seiner Gründung hatten Diskussionen über die ‚Lautstärke' und Intensität der Abwehr das D.C. begleitet und in den Sitzungen häufig dafür gesorgt, dass von vielen Ideen nur wenig in die Tat umgesetzt wurde. Die zurückhaltende Haltung des überwiegenden Teils der Komiteemitglieder verdankte sich vorrangig der Sorge um die öffentliche Wahrnehmung durch die nichtjüdische Mehrheitsgesellschaft, was etwa aus der Perspektive Salomon Neumanns durchaus berechtigt war. Neumanns Dekonstruktion der „Fabel von der jüdischen Masseneinwanderung" konnte nur dann schlüssig bleiben, wenn sich so wenig jüdische TransmigantInnen wie möglich länger – und für die Öffentlichkeit sichtbar – in Deutschland aufhielten. Dies war im Sommer 1880 der Fall, als Neumann die „Fabel" publizierte. Im Spätsommer 1881 allerdings, als die antisemitische Bewegung in Deutschland ihren Zenit er-

---

654 Vgl. Protokoll des D.C. vom 29.11.1881, in: SAM, 1194, opis 1, Bd. 16, Bl. 21; die letzten Treffen des „Gesammtcomités" fanden am 31.1.1882, 20.6.1882, 9.12.1882 und 3.4.1884 statt, vgl. ebd. Bl. 23–26.; der Geschäftsführende Ausschuss des D.C. wird im Folgenden, da er faktisch als Gesamtkomitee fungierte, ebenfalls als „D.C." bezeichnet.
655 Vgl. Protokoll des D.C. vom 30.06.1887, in: SAM, 1194, 3, Bd. 1, Bl. 38.
656 Vgl. Circular des D.C. vom 18.10.1889, in: SAM, 1194, opis 1, Bd. 33, Bl. 28 AZJ Jg. 53, Nr. 40 (3.10. 1889), S. 625f.

reichte und sich parallel die Emigrationskrise in Galizien und den deutschen Transitstädten zuzuspitzen begann, war dies völlig anders. Neumann wusste, dass sich die Stimmung jederzeit ändern konnte; daher galt ein Großteil seines Augenmerks der öffentlichen Meinung über die jüdische Auswanderung und die Arbeit der AIU. Hinsichtlich der Unterstützung jüdischer TransmigrantInnen verhielt sich das D.C. sehr zurückhaltend. Personell war man zwar aufs Engste mit dem Berliner *Comité für die nothleidenden Juden in Südrußland* verbunden – 11 der Gründungsmitglieder des D.C. engagierten sich dort[657] – doch abgesehen von einer Beitrittsempfehlung an die Mitglieder des Geschäftsführenden Ausschusses zum Hilfskomitee und der Verbreitung von dessen Publikationen ist keine Eigeninitiative zur Unterstützung jüdischer EmigrantInnen während der Krise von 1881/82 festzustellen.[658]

Hinsichtlich der Definition von ‚Abwehr des Antisemitismus' gab es durchaus Differenzen. Neumanns Kampf gegen die antisemitische Bewegung unterschied sich eklatant von dem etwa des jüdischen Veteranen Hoffstaedt, der Henrici und Förster öffentlich zum Pistolenduell forderte, und auch von dem des Unternehmers Kantorowicz. Als Wissenschaftler und Diplomat der AIU agierte Neumann im Hintergrund und mied direkte Konfrontationen. „Seine" Abwehr vollzog sich für die meisten preußischen Juden unbemerkt. Moritz Lazarus wiederum plädierte zwar deutlicher für eine sichtbare Abwehr, die er als Beitrag im Kampf um die öffentliche Meinung verstand. Gleichzeitig erkannte er jedoch pauschale antisemitische Vorurteile wie den von Mommsen vorgebrachten jüdischen Wucher an, und begriff die Abwehr des Antisemitismus als Aufgabe, die zu einem großen Teil „Mängel" innerhalb des Judentums zu beseitigen habe. Das Dilemma „deutscher Juden" wie Moritz Lazarus und vieler anderer, die im D.C. wirkten, bestand darin, die von Nichtjuden artikulierten Ambivalenzen gegenüber jüdischen Lebenswelten anzuerkennen und im gleichen Atemzug größtmögliche Pluralität und Akkulturation zu fordern. Dieses Lavieren zwischen Deutschnationalismus und der Forderung nach einer pluralistischen Gesellschaft, in der jüdische Identitäten ihren gleichberechtigten Platz finden müssten, hemmte eine offensive pro-jüdische Positionierung. Gleichzeitig förderte es ohne Frage die Beziehungen zu den links stehenden liberalen Parteien, deren Programmatiken dem deutsch-jüdischen Bürgertum die günstigsten Entfaltungsmöglichkeiten eröffneten, und die als Partner im Kampf gegen die antisemitische Bewegung engagiert waren. Dasselbe galt für die Sozialdemokratie, deren Engagement gegen die antisemitische Bewegung schon von

---

657 Vgl. Mitgliederliste des Geschäftsführenden Ausschusses des D.C., o.D. [Dezember 1880], in: SAM, 1194, opis 1, Nr. 16, Bl. 5, vgl. Aufruf des Berliner Hilfskomitees für die nothleidenden russischen Juden, in: IV. Bericht der IAzW, September 1881, in: ebd., opis 4, Bd. 9, Bl. 26.
658 Vgl. Protokoll des D.C. vom 07.04.1882, in: SAM, 1194, 3, Bd. 1, Bl. 26.

Martin Philippson hervorgehoben wurde. Am 11. Januar 1881 fand eine Versammlung von mehr als 3000 Berliner Arbeitern und Sozialdemokraten in den *Reichshallen* statt, die in einer Resolution den Antisemitismus scharf verurteilten Am 12. Januar folgte am selben Ort eine Zusammenkunft der ca. 2500 zumeist liberalen Wahlmänner aller Wahlkreise Berlins, unter ihnen Rudolf Virchow, Eugen Richter und andere prominente Linksliberale, die sich für die Rechtsgleichheit aller religiösen Bekenntnisse aussprachen und sich gegen die antisemitische Bewegung positionierten.[659] Die Sympathien und Verbindungen der ‚deutschen Juden' ins linksliberale und sozialdemokratische Milieu nährten ihrerseits wiederum den antisemitischen Mythos der jüdischen Urheberschaft von Liberalismus und Sozialismus und der jüdischen Schuld an allen negativ empfundenen Erscheinungen und sozialen Problemen der Moderne.

Die von Lazarus philosophisch und staatstheoretisch idealisierte und von ihm und seinen Komiteekollegen gelebte Figur des liberalen ‚deutschen Juden' als jüdische Antwort auf den deutschen Nationalismus entsprach 1881 der Mehrheitsmeinung in der jüdischen Bevölkerung, was beispielhaft an der Reichshallenversammlung der jüdischen Soldaten deutlich wird. Dennoch war dieses Modell deutsch-jüdischer Identität langfristig ungeeignet, andere Ausprägungen jüdischer Identität und Lebenswelten zu inkludieren, was in den kommenden Jahrzehnten zu innerjüdischen Verwerfungen zum Beispiel mit Vertretern der Orthodoxie oder Anhängern der zionistischen Bewegung führte. Aus zionistischer Perspektive wirkten die ‚deutschen Juden' häufig deutschnationaler als die Deutschen, eine ‚Heimstätte Palästina' war für sie eine undenkbare Forderung. Die Bereitschaft vieler ‚deutscher Juden', sich kulturell vom ‚Ostjudentum' zu distanzieren, antisemitischer Stereotype zu internalisieren und vermeintliche „Mängel" mit betontem Deutschnationalismus zu überwinden, wurde zu einem Auslöser für ihre in den

---

[659] Vgl. Martin Philippson, Geschichte des Jüdischen Volkes, Bd. 2, S. 21; vgl. Der Umschwung in Berlin, in: AZJ, Jg. 45, Nr. 4 (25.1.1881), S. 51f.; vgl. Eugen Richter, Im alten Reichstag. Erinnerungen, Bd. II, S. 181; Auf Anregung von Moritz Lazarus wurden insg. 1000 Exemplare einer Broschüre mit den auf der Wahlmännerversammlung vom 12.1. gehaltenen Reden erstellt und über das Litterarische Bureau verteilt, vgl. Moritz Lazarus an Otto Burg vom 13.1.1881, in: CJA, 1C KO 1, Nr. 1, #12505, Bl. 55.; desgleichen wurden, auf Anregung Salomon Neumanns, 3000 Exemplare der Broschüre Anonym, Die Stellung der Arbeiter zur Judenfrage, Berlin 1881, welche die Reden der Arbeiterversammlung vom 11.1. enthielt, vom Bureau bestellt und verteilt, vgl. Vgl. Max [Hurch] (Anwaltschaft der Deutschen Gewerkvereine) an Otto Burg vom 18.1.1881, in: ebd., Bl. 76; Otto Burg nennt auf seinem Rundschreiben an die Mitglieder des D.C. vom 9.2.1881 30.000 Exemplare von Die Stellung der Arbeiter zur Judenfrage, die versandt worden seien, vgl. ebd., Bl. 240.

1890er Jahren wachsende Kluft zu Anhängern verschiedener Zionismen[660]. In Anlehnung an einen Ausdruck Theodor Lessings (1872–1933) hat Sander L. Gilman (*1944) diese Bereitschaft der ‚deutschen Juden', antisemitische Stereotypisierungen der Mehrheitsgesellschaft anzuerkennen und dabei die positiven Stereotype auf sich und die negativen auf eine Untergruppe der eigenen Gruppe zu beziehen, als „jüdischen Selbsthass" definiert.[661] Diese pauschale Charakterisierung ist problematisch, weil sie ‚deutschen Juden' wie Moritz Lazarus fälschlicherweise eine Verweigerung, ja eine Abscheu vor der eigenen – jüdischen – Identität unterstellt, und dabei die jahrzehntelangen Bemühungen des deutschen Judentums um eine Inklusion in die deutsche Gesellschaft ausklammert. Die innere Zerrissenheit vieler Juden in Deutschland, die sich nach Kräften der nichtjüdischen Mehrheitsgesellschaft anzunähern versuchten und dennoch zurückgewiesen wurden, weil sie trotz bereitwilliger und weitestgehender Akkulturation das Stigma des „Jüdischseins" trugen, wirkte demoralisierend und kräftezehrend, führte jedoch keineswegs zu einem automatischen „Hass" auf die eigene Gruppe. Die komplizierten Ausführungen von Moritz Lazarus zu Nationalität und Pluralismus, sein symbiotisches Verständnis von Deutsch- und Judentum und nicht zuletzt das weit verbreitete soziale und philanthropische ‚überconfessionelle' Engagement unter den „deutschen Juden" verdeutlicht, wie groß der Wunsch nach Inklusion und einer vollständigen, unvoreingenommen Akzeptanz durch die nichtjüdische Mehrheitsgesellschaft trotz aller Schwierigkeiten und Hindernisse war.[662] Bei aller begründeten Kritik daran verweist der überspitzte Terminus des ‚jüdischen Selbsthasses' dennoch auf reale Bruchlinien innerhalb des deutschen Judentums. Die Bereitschaft der ‚deutschen Juden', für gesellschaftliche Akzeptanz antisemitische Vorurteile zu internalisieren und die eigenen Andersartigkeit indirekt anzuerkennen, zuweilen auch antisemitische Termini zu verwenden – wie etwa bei Aussagen zum ‚jüdischen Wucher' oder über die Eigenschaften der ‚Ostjuden' – wirkte auf Anhänger der Orthodoxie oder des Zionismus mitunter befremdlich, gleichsam wie eine Unter-

---

660 Vgl. Lisa Sophie Gebhard, David Hamann (Hgg.), Deutschsprachige Zionismen. Verfechter, Kritiker und Gegner, Organisationen und Medien (1890–1938), Berlin 2019; vgl. Gertud Pickhan, „Ostjudentum", S. 53f.
661 Vgl. Sander L. Gilman, Jüdischer Selbsthaß. Antisemitismus und verborgene Sprache der Juden, Frankfurt am Min 1993; vgl. Theodor Lessing, Der jüdische Selbsthaß, Berlin 1930.; vgl. Steven M. Lowenstein, Paul Mendes-Flohr, Peter Pulzer, Monika Richarz (Hgg.), Deutsch-jüdische Geschichte in der Neuzeit: Umstrittene Integration 1871–1918, München 1997, S. 284–287.
662 Vgl. W.M.L. Finlay, Pathologizing dissent: Identity politics, Zionism and the 'self-hating Jew', in: British Journal of Social Psychology (2005), 44, S. 206; vgl. Johannes Hofinger, Jüdischer „Selbsthass", in: Handbuch Jüdische Kulturgeschichte (http://hbjk.sbg.ac.at/kapitel/juedischer-selbsthass/; 29.6. 2020).

werfung oder Anbiederung an die Antisemiten.⁶⁶³ Auch die Bemühungen zur „Hebung" der Juden konnten, abhängig von der Perspektive, durchaus als Werkzeug zur Transformation von der jüdischen in eine deutsche Identität verstanden werden; obwohl entsprechende Vereine zur Verbreitung von Handwerk und Landwirtschaft unter den Juden andererseits auch rein praktischen und sozialen Problemen folgten und versuchten, jungen jüdischen Lehrlingen einen Ausbildungsplatz zu verschaffen.

Die divergierenden Auffassungen von Jüdischsein und die daraus resultierenden Strategien des Umgangs und der Reaktion auf die wachsende Ablehnung der Mehrheitsgesellschaft provozierten daher Uneinigkeit, gegenseitige Abneigung und Streit, das Verhalten der ‚deutschen Juden' wurde mitunter als Verrat am Judentum⁶⁶⁴ aufgefasst.

Paradigmatisch für den innerjüdischen Zwist zur Zeit des Deutschen Kaiserreichs steht der *Sprachenstreit* von 1913/14. Nach Jahren fruchtbarer und relativ harmonischer Zusammenarbeit zwischen den im *Hilfsverein der deutschen Juden* organisierten liberalen deutschen Juden und der *Zionistischen Vereinigung für Deutschland* (ZVfD) um eine Erschließung Palästinas als Einwanderungsland für osteuropäische Juden, geriet man über die Einführung der hebräischen Sprache als alleinige Unterrichtssprache am *Technikum* in Haifa in Streit. Sahen die zionistischen Vertreter die hebräische Sprache als wesentliches, nationales Identitätsmerkmal einer künftigen jüdischen ‚Heimstätte Palästinas' an, stellte Hebräisch für den *Hilfsverein* zwar die zu fördernde Landessprache dar, aber keinesfalls einen gleichwertigen Ersatz für Deutsch als internationale Wissenschaftssprache. Im darüber eskalierenden Streit prallten die divergierenden Identitätskonzepte mit einer solchen Härte aufeinander, dass infolgedessen *Hilfsverein* und ZVfD als unversöhnliche Gegner auseinandergingen.⁶⁶⁵

Das D.C. stand am Beginn dieser langen Entwicklungen, doch sind erste Spuren künftiger Divergenzen auszumachen. So lehnte Carl Bernstein, ein früher Chowewe Zion und Freund von Max Emanuel Mandelstamm (1839–1912) in Kiew, die Auf-

---

663 Vgl. Olaf Kistenmacher, Latente Erinnerung – latenter Antisemitismus, in: Hans-Joachim Hahn, Olaf Kistenmacher (Hgg), Beschreibungsversuche der Judenfeindschaft II. Antisemitismus in Text und Bild – zwischen Kritik, Reflexion und Ambivalenz (= Europäisch-jüdische Studien Bd. 37), Berlin/Boston 2019, S. 172.
664 Vgl. Tilmann Gempp-Friedrich, Gemeinsame Brüche. Centralverein und Zionistische Vereinigung vor dem Ersten Weltkrieg. In: Lisa Sophie Gebhard, David Hamann (Hgg.), Deutschsprachige Zionismen. S. 59–73.
665 Vgl. David Hamann, „Hand in Hand" in gegenseitiger Abneigung. Zum ambivalenten Verhältnis des Hilfsvereins der deutschen Juden zur zionistischen Bewegung vor dem Ersten Weltkrieg, in: ders., Lisa Sophie Gebhard (Hgg.), Deutschsprachige Zionismen, S. 43–58.

nahme in das Komitee ab[666], Moritz Gottschalk Lewy, ebenfalls ein Zionsfreund und in engem Kontakt mit Gesinnungsgenossen in Warschau, konnte dagegen problemlos im D.C. mitarbeiten.[667] Jenseits ideologischer Differenzen waren längst nicht alle Mitglieder mit der vorsichtigen und wenig effektiven Strategie der Abwehr einverstanden. Im Mai 1881 kam es im Komitee zu einem Schlagabtausch mit Raphael Eisenmann. Eisenmann warf seinen Mitstreitern vor, das „Endziel, den Ausschreitungen einer den Juden feindlichen Agitation in wirksamer Weise entgegenzutreten, sei bisher nur mangelhaft erreicht worden". Außer den beiden Dezemberveranstaltungen, dem Sammeln einer Geldsumme und der Bildung des *Litterarischen Bureaus* habe es keine Anstrengungen gegeben, um wirksam in Erscheinung zu treten. Es müsse im Interesse des Komitees liegen, dass jene „Personen, die Geld hergeben, um der Aktion eine Aktion entgegenzustellen, auch berechtigt sind, die Erfüllung (...) durch positive Thaten in die Erscheinung treten zu sehen". Sein Antrag, den Reichskanzler und Innenminister an ihre Pflichten zu erinnern, „die versäumte Unterdrückung der stattgehabten Aufreizungen" nachzuholen, wurde jedoch von der Vorstandsmehrheit abgelehnt. Kurz darauf trat Eisenmann aus dem D.C. aus.[668] Mit Ausnahme von Eisenmann herrschte darüber Einigkeit, nur „in Notwehr" zu handeln und die Abwehr auf publizistisch-aufklärerische und rechtsstaatliche Mittel zu beschränken, ohne dabei stark in die Öffentlichkeit zu treten. Die auf den ersten Blick divergierende Position Eisenmanns lag dabei dennoch weitaus näher an der Position von Lazarus als etwa an der von Raphael Löwenfeld (1854–1910), dessen 1893 anonym publizierte Schrift *Schutzjuden oder Staatsbürger?* als Gründungsmanifest des C.V. gilt. Trotz seiner Befürwortung einer härteren Gangart agierte Eisenmann weniger „radikal" als Löwenfeld, der einen deutlich selbstbewussteren und effektiveren Kampf für die staatsbürgerliche Gleichberechtigung forderte. Vorschläge, die Eisenmann in seinem Antrag für ein energischeres Vorgehen gegenüber seinen Komiteekollegen vertrat, nämlich sich in der Hoffnung auf Verständnis des Staates in letzter Konsequenz „an das landesväterliche Herz Sr. Maj." zu wenden, bezeichnete Löwenfeld als rückwärtsgewandte Verwirrung in den Köpfen.[669] Einen letzten und vergeblichen Versuch zur öffentlichen Wiederbelebung des Komitees machte Adolf Salomon am 5. Oktober 1881. Er beantragte, „behufs kräftiger Verwirklichung der

---

666 Vgl. Protokoll des D.C. vom 9.12.1880, in: SAM, 1194, opis, Bd. 16, Bl. 8.
667 Vgl. Marlies Bilz, Hovevei Zion in der Ära Leo Pinsker, Hamburg 2007, S. 58.
668 Vgl. Antrag Raphael Eisenmann an das D.C. vom 11.05.1881, in: SAM, 1194, 1, Bd. 16, Bl. 18–19, zit. ebd.; nach dieser Sitzung findet sich sein Name nicht mehr in den Protokollen.
669 Vgl. Antrag Rafael Eisenmann vom 11.5.1881, in: ebd.: Bl. 18–19; vgl. Raphael Löwenfeld, Schutzjuden oder Staatsbürger. Von einem jüdischen Staatsbürger, Berlin 1893, S. 6.

Zwecke des Comités" eine Vereinigung „im größeren Kreise" zu gründen und „eine geeignete öffentliche Kundgebung zu erlassen".[670]

Der von Salomon geäußerte Wunsch eines „größere[n] Kreise[s]" ist nachvollziehbar. Jenseits des Führungszirkels wurden im D.C. keine Vereinsstrukturen aufgebaut, die Mitgliederaktivität blieb auf lediglich ein paar Dutzend Honoratioren beschränkt. Im Gegenteil verkleinerte sich das D.C. im Winter 1881 auf den Geschäftsführenden Ausschuss. Das ausbleibende Vereinsleben etwa in der Form von Ortsgruppen mit milieuübergreifender Mitgliederstruktur, verhinderte ein (über-)regionales Wachstum und eine kontinuierliche inhaltliche Weiterentwicklung, weshalb das Wirken des D.C. nur schwer mit der massenwirksamen Arbeit des späteren C.V. vergleichbar ist. Hinzu kommt, dass Lazarus als Initiator des D.C. den Antisemitismus nur als „eine vorübergehende Strömung" ansah[671], er also gar nicht plante, einen langfristig aktiven Verein zu etablieren. Schon nach der Reichstagswahl 1881 wurden die Treffen sporadischer, im Dezember 1882 stellte Lazarus eine mögliche Auflösung des Komitees zur Diskussion.[672] Von Seiten des Komitees gab es keinerlei Interesse, dass die Beschlüsse im Dienst der Abwehr an die Öffentlichkeit drangen, im Gegenteil: Ende November 1883 sandte Hermann Stern, der seit Gründung des D.C. als Protokollführer tätig gewesen war, Moritz Lazarus die Protokolle der Treffen vom Dezember 1880 bis November 1883 zu. In einen beigefügten Brief riet er: „Die möglichst secrete Behandlung des Protokollbuchs brauche ich wohl nicht erst anzuempfehlen. Es wird zu erwägen sein, ob es nicht zweckmäßig ist, dasselbe zu vernichten".[673]

Die klassische Honoratiorenpolitik früher Abwehrvereine, ihre öffentliche Unsichtbarkeit und im Vergleich zum C.V. deutliche Ineffektivität ist schon von den Zeitgenossen kritisiert worden. Im spezifischen Fall des D.C. kommt hinzu, dass viele Kritiker das Komitee aufgrund seiner mangelhaften Öffentlichkeitsarbeit schon kurz nach seiner Gründung als nutzlos ansahen, vor allem, weil sie keinerlei Informationen über dessen Tätigkeiten bekamen. Auf dem Höhepunkt des Wahlkampfes von 1881 schrieb die AZJ verbittert über die Ineffektivität des Komitees:

> Dagegen sieht man noch heute auch nicht den geringsten Schritt zu irgend welcher energischen Abwehr aus der Mitte der Juden thun. Bekanntlich hatte sich zu derartigem Zwecke ein Comité gebildet. Aber dasselbe hat nichts geleistet, was als Thatsächliches dem Publikum bekannt geworden, noch dazu da in keinerlei Beziehung ein Rechenschaftsbericht abgegeben worden. Dafür hat man aber verhindert, was zu einem Resultat hätte führen können.[674]

---

670 Protokoll des D.C. vom 5.10.1881, in: ebd., Bl. 20.
671 Vgl. Moritz Lazarus, Unser Standpunkt, S. 9.
672 Vgl. Protokoll des D.C. vom 9.12.1882, in: SAM, 1194, opis 1, Bd. 16, Bl. 24.
673 Hermann Stern an Moritz Lazarus vom 30.11.1883, in: SAM 1194, opis 1, Bd. 16, Bl. 28.
674 AZJ, Jg. 45, Nr. 41 (11.10.1881), S. 675.

Berichte wie diese trugen wenig dazu bei, dass die Zeitgenossen das D.C. als ersten deutschen jüdischen Abwehrverein positiv in Erinnerung behielten. Trotz seiner nachweisbaren verschiedenen Aktivitäten marginalisierte sich das D.C. durch seine Zurückhaltung und fehlende Öffentlichkeitsarbeit selbst. Nach der Gründung des C.V. 1893 blieb das Komitee eine Fußnote in der langen Geschichte des Kampfes der deutschen Juden gegen den Antisemitismus. Hinzu kam, dass es ausschließlich die Person Moritz Lazarus war, die in der Öffentlichkeit mit dem Komitee in Verbindung gebracht wurde, während die restlichen Mitglieder schon während der aktiven Zeit des D.C. kaum Erwähnung fanden. Aus diesem Grund hatte Lazarus' Entscheidung, sich im Frühjahr 1887 während der Debatte um das Septennat – des siebenjährigen Budgets für das Militär – auf die Seite von Bismarck und gegen *Fortschrittspartei* und LV zu schlagen, langfristige Auswirkung auf die öffentliche Meinung über das Komitee. Weil Lazarus seine Entscheidung mit der Freiheit der deutschen Juden begründete und in seiner Rechtfertigungsschrift[675] nicht unbescheiden auf seine prominente Rolle im Kampf für die Sache der deutschen Juden verwies, wurde sein Engagement gegen den Antisemitismus und damit auch das D.C., von verschiedenen Rezensenten kritisch hinterfragt. Lazarus' politische Positionierung rief harsche Reaktionen in der jüdischen und liberalen Presse hervor, die seine aktive Rolle bei der Bekämpfung des Antisemitismus in Frage stellten.[676] Unter anderem warfen ihm die *Berliner Zeitung* und die *Israelitische Wochenschrift* vor, nie ein Mann der Tat gewesen zu sein, was man an der fehlenden Wirksamkeit des von ihm gegründeten Komitees merke, das mehr gebremst als geholfen habe.[677] Diese Spiegelung der Missbilligung von Lazarus' politischer Positionierung auf das angeblich ganz und gar untätige D.C. bekräftigte Ludwig Philippson wenig später in einer kritischen Rezension der von Lazarus herausgegebenen Schrift *Treu und Frei*, einer Sammlung von dessen Reden zu Deutsch- und Judentum.[678] Philippson bemerkte, dass es Lazarus' politischer Positionierung folgend wenig überraschend sei, dass auch das von ihm 1880 gegründete Komitee gegen den Antisemitismus über mehrere Jahre „kein Lebenszeichen von sich" gegeben habe.[679]

Eine retrospektive Betrachtung des D.C. wird im Vergleich mit der ausdifferenzierten und schlagkräftigen Organisation des C.V. unzweifelhaft Mängel in Aufbau, Öffentlichkeitsarbeit und Wirksamkeit feststellen. In der jüdisch-zionistisch

---

675 Vgl. Moritz Lazarus, An die deutschen Juden, Berlin 1887.
676 Zur Septennatsdebatte und den Reaktionen auf Moritz Lazarus vgl. Mathias Berek, Moritz Lazarus: Deutsch-jüdischer Idealismus, S. 450–470.
677 Vgl. ebd., S. 438 f.
678 Vgl. Moritz Lazarus, Treu und frei. Gesammelte Reden und Vorträge über Juden und Judenthum, Leipzig 1887.
679 AZJ, Jg. 51, Nr. 31 (4.8.1887), S. 491 f., zit. S. 491.

geprägten Geschichtsschreibung nach dem Holocaust und der Gründung des Staates Israel wurden die Integrationsbemühungen der ‚deutschen Juden' im Kaiserreich retrospektiv als eine folgenschwere Fehleinschätzung interpretiert, infolgedessen auch das D.C. als Einrichtung der ‚deutschen Juden' als wenig effektiv dargestellt wurde. Tatsächlich wurden die Aussagen Philippsons und anderer Zeitgenossen von der Geschichtsschreibung teilweise übernommen und fanden Eingang in Standardwerke über die frühe jüdische Abwehr.[680] Lediglich Ismar Schorsch (*1935) widmete dem Engagement des D.C. eine mehrseitige, etwas differenziertere Untersuchung.[681] Eine einseitige und in weiten Teilen negativ gefärbte Betrachtung übersieht jedoch, dass die vom D.C. erdachten Methoden Pionierarbeit auf dem Feld der Abwehr darstellen und vom C.V. größtenteils als praktikabel anerkannt und übernommen wurden. Aufklärerische Öffentlichkeits- und Pressearbeit, juristische Hilfestellung bei Prozessen gegen Antisemiten, die Erhebung bevölkerungs- und berufsspezifischer Daten, die Verbreitung von Flugschriften und Broschüren zur Dekonstruktion antisemitischer Stereotype gehörten zur Standardarbeit des C.V..[682] Als bedeutsam muss die bislang wenig bekannte intensive Sammel- und Recherchetätigkeit des *Litterarischen Bureaus* hervorgehoben werden. Die Leistungen des D.C. wurden entgegen der allgemein negativen Meinung über die Arbeit des Komitees vom C.V. durchaus gewürdigt, wenn auch in verhaltener Form. Eugen Fuchs (1856–1923), der spätere Vorsitzende des C.V., schilderte die Gründung des D.C. als „schüchterne[n] Versuch einer gemeinsamen Aktion", die jedoch immerhin eine „umfangreiche Tätigkeit in aller Stille entfaltet" habe.[683] Die Gründung des D.C. und die von Fuchs erwähnte, vielschichtige Arbeit des D.C. sind als erste organisierte Form jüdischer Abwehr in Deutschland durchaus zu würdigen.[684] Das D.C. fungierte

---

680 Vgl. Jacob Toury, Anti-Anti 1889/1892, in: LBYB, Vol. 36 (1991), S. 47; vgl. Avraham Barkai, „Wehr Dich!", S. 20; vgl. Peter Pulzer, Die Wiederkehr des alten Hasses, in: Steven M. Lowenstein, Paul Mendes-Flohr, Peter Pulzer, Monika Richarz (Hgg.), Deutsch-jüdische Geschichte in der Neuzeit: Umstrittene Integration 1871–1914, S. 214.; vgl. Franziska Krah, „Ein Ungeheuer, daß wenigstens theoretisch besiegt sein muß". Pioniere der Antisemitismusforschung in Deutschland, Frankfurt am Main 2016, S. 12; vgl. Jacob Borut, The Rise of Jewish Defence, S. 61 f.; ders., Die jüdischen Abwehrvereine, S. 468 f.
681 Vgl. Ismar Schorsch, Jewish Reactions, S. 59–65.
682 Vgl. die ausführliche Darstellung der Entwicklung des C.V. in Avraham Barkai, Wehr dich!; Vgl. Isabel Enzenbach, „Kennwort: Gummi". Der Centralverein deutscher Staatsbürger jüdischen Glaubens im Kampf um den öffentlichen Raum von 1893 bis zum Ende der Weimarer Republik. In: Christina von Braun (Hrsg.): Was war deutsches Judentum?. 1870–1933. Berlin / München / Boston 2015, S. 203–220; vgl. Christoph Jahr: Antisemitismus vor Gericht.
683 Eugen Fuchs, Um Deutschtum und Judentum. Gesammelte Reden und Aufsätze, Frankfurt a. M., 1919, S. 90.
684 Zurecht verweist darauf Uffa Jensen in: Gebildete Doppelgänger, S. 262 f.

genau wie sein direkter Nachfolger, das *Komitee zur Abwehr antisemitischer Angriffe in Berlin*, als Blaupause und Vorbild für die professionelle Abwehrarbeit der deutschen Juden im C.V..[685]

5 Paul Nathan und der Ritualmordprozess von Tiszaeszlár

Die antisemitische Bewegung im Deutschen Reich hatte in den Reichstagswahlen im Oktober 1881 einen empfindlichen Dämpfer erlitten; gleichzeitig wurden die von der antisemitischen Bewegung geschürten antijüdischen Ausschreitungen in Pommern durch das preußische Militär beendet. In den Augen der Berliner Juden, die sich gegen den Antisemitismus und für die Emigration ihrer Glaubensgeschwister aus dem Russländischen Reich engagierten, schien nach dem turbulent verlaufenden Jahr 1881 allmählich eine Normalisierung einzutreten. Diese erwies sich jedoch schnell als brüchig. Eine neue Welle antisemitischer Agitation im Jahr 1882 erhielt durch einen Vorfall in Ungarn erheblichen Auftrieb. Im sogenannten Ritualmordprozess von Tiszaeszlár[686] von 1882–1883 wurden mehrere Juden beschuldigt, das 14-jährige christliche Mädchen Eszther Solymosi (1869–1882) ermordet zu haben, um ihr Blut zu rituellen Zwecken während des Pessach-Festes zu verwenden[687]. Die untersuchungsrichterlichen Ermittlungen zu diesem Vermisstenfall basierten auf haltlosen Gerüchten, der ‚Aussage' des viereinhalbjährigen Sohnes des Tiszaeszlárer Tempeldieners Jozsef Scharf (1842–1905) und einem unter dubiosen Umständen abgelegten Geständnis von dessen zweitem 14-jährigen Sohn Moritz (1868–1929). Zugelassen wurde die Anklage gegen die Juden durch Ferenc Kornis (1835–1922), den Gerichtspräsidenten des Königlichen Gerichtshofes in Níregyháza, der Haupt-

---

685 Vgl. zur Entwicklung der jüdischen Abwehr in Berlin vor 1893 David Hamann, Jüdische Selbstorganisation und Abwehrarbeit.
686 Der Name des Dorfes lautet Tiszaeszlár, in den zeitgenössischen Publikationen wird zumeist die Schreibweise Tisza-Eszlár verwendet.
687 Vgl. Hillel J. Kieval, „Tiszaeszlár Blood Libel," in Gershon D. Hundert (ed.), The YIVO Encyclopedia of Jews in Eastern Europe, vol. 2, New Haven 2008, 1883–1885; vgl. Edith Stern, The Glorious Victory of Truth: The Tiszaeszlár Blood Libel Trial 1882–83. A Historical Legal Medical Research. Jerusalem/Rubin Massachusetts 1998; vgl. Barnet Peretz Hartstone, Sensationalizing the Jewish Question, S. 136 ff.; zum Zusammenhang von Tiszaezlár und der Entwicklung des ungarischen Antisemitismus vgl. Rolf Fischer, Entwicklungsstufen des Antisemitismus in Ungarn 1867–1939. Die Zerstörung der magyarisch-jüdischen Symbiose, München 1988, S. 42–56; vgl. Werner Bergmann, Tumulte – Excesse – Pogrome, S. 546–565; vgl. Stefan Lehr, Antisemitismus – religiöse Motive im sozialen Vorurteil. aus der Frühgeschichte des Antisemitismus in Deutschland 1870–1914, München 1974S. 88–107; vgl. Paul Nathan, Der Proceß von Tisza-Eszlár.

stadt des Szalbocser Komitats, in dem Tiszaeszlár lag. Der „jüdische Blutmord"[688], eine längst umfassend widerlegte Legende aus dem Mittelalter, die in Form eines ordentlichen Gerichtsprozesses auf die politische Bühne zurückkehrte, war ein Schock für die Juden im vermeintlich liberalen und aufgeklärten Europa. Seit der Mitte des 16. Jahrhunderts hatte es westlich der polnischen beziehungsweise russländischen Grenzen keinen solchen Prozess mehr gegeben[689], entsprechend groß war die Sensation und die internationale Aufmerksamkeit, die Presse und Öffentlichkeit den Untersuchungen und der Gerichtsverhandlung widmeten, die insgesamt 14 Monate dauerten. Die Voruntersuchungen begannen im Mai 1882, der Prozess im Juni des folgenden Jahres. Obgleich sämtliche Angeklagten im August 1883 freigesprochen wurden, verfing das „Blutmärchen" von Tiszaeszlár in den Köpfen vieler alter und neuer Antisemiten. Der Prozess bildete den Auftakt zur Rückkehr der Ritualmordbeschuldigung in West- und Mitteleuropa, bei denen Juden aufgrund ungeklärter Fälle von Mord, Selbstmord, Vermisstenanzeigen oder ähnlichem eines „Ritualmords" beschuldigt wurden.[690] Genaue Fallzahlen sind schwer zu ermitteln, weil viele lokale Vorkommnisse noch nicht ausreichend erforscht sind. Stefan Lehr schätzte schon 1974 die Anzahl der Fälle in West- und Mitteleuropa auf 74 allein bis 1900, hier sind weitere Fälle, die bis zum Ersten Weltkrieg auftraten, noch nicht berücksichtig.[691] Johannes Groß beziffert die im Deutschen Reich bekannten Fälle bis 1914 auf mindestens 17, viele davon im katholisch geprägten Rheinland und in Franken. Zu den bekanntesten Fällen im Deutschen Reich zählen die „Ritualmorde" in Skurz bei Danzig (1885), Xanten am Niederrhein (1892) und im westpreußischen Konitz (1900).[692] Im Zusammenhang mit der wachsenden Popularität des Ritualmordvorwurfs durch den aufsehenerregenden Prozess von Tiszaeszlár verweist Hillel J. Kieval zu Recht auf die Modernisierung des traditionellen religiösen Antijudaismus innerhalb der sich ausdifferenzierenden Wissenschaftsgesellschaft: der Ritualmord, eine Legende, wurde mithilfe eines modernen Gerichtsprozesses untersucht und dadurch zum Wissens-

---

688 Paul Nathan, der Proceß von Tisza-Eszlár, Vorrede S. V.
689 Vgl. Johannes T. Groß, Ritualmordbeschuldigungen, S. 26; zur Entstehung der Ritualmordprozesse im Mittelalter vgl. ebd., S. 11–25.
690 Vgl. Hillel J. Kieval, Yahrzeits, Condolences, and other close Encounters. Neighbourly Relations and Ritual Murder Trials in Germany and Austria-Hungary, in: Eugene M. Avrutin, Ritual Murder in Russia, Eastern Europe, and Beyond, Bloomington 2017, S. 110–129.
691 Vgl. Stefan Lehr, Antisemitismus – religiöse Motive im sozialen Vorurteil, S. 239–243; vgl. Werner Bergmann, Tumulte – Excesse – Pogrome, S. 544–546.
692 Vgl. Johannes T. Groß, Ritualmordbeschuldigungen gegen Juden im Deutschen Kaiserreich (1871–1914), Berlin 2002, S. 28; vgl. Werner Bergmann, Tumulte – Excesse – Pogrome, S. 600 ff.; vgl. Paul Nathan, Xanten-Cleve, Betrachtungen zum Prozeß Buschhof. Separat-Abdruck aus: Die Nation, Wochenschrift für Politik, Volkswirtschaft und Literatur, Berlin 1892.

gegenstand für eine breite Öffentlichkeit, der sich in Form von Anklageschriften, Verteidigungsschriften, Polizeiberichten, medizinischen und kriminaltechnischen Gutachten widerspiegelte. Gerade die häufig stark divergierenden Auffassungen der Verteidigung und der Anklage bei den medizinischen und pathologischen Berichten, die durch eine ausführliche und häufig internationale Berichterstattung und diversen Broschüren intensiviert und verbreitet wurden, legten die Grundlagen für Spekulationen und Verschwörungstheorien innerhalb von den Juden skeptisch gegenüberstehenden Bevölkerungsteilen.[693]

Die ersten umfassenden Schilderungen über Tiszaeszlár, die noch vor Beginn der Hauptverhandlung von antisemitischer Seite herausgegeben wurden, versuchten den rituellen Mord an dem verschwundenen Christenmädchen als historische Tatsache darzustellen, die Anklage gegen die Juden wurde mithilfe gängiger antisemitischer Stereotype und einer Anzahl vermeintlicher ‚belegter' Ritualmorde aus dem Mittelalter und der frühen Neuzeit untermauert und mit den im Umlauf befindlichen Gerüchten zu einer modernen Gruselgeschichte verwoben. Die Autoren bemühten sich, Ritualmorde als ein verschwiegenes, alltägliches Phänomen im christlichen Europa darzustellen, wofür diverse ungelöste Mord- und Entführungsfälle herangezogen wurden. Der Freispruch der Angeklagten in Tiszaeszlár wurde von der antisemitischen Presse wenig überraschend als durch jüdischen Einfluss gelenktes Fehlurteil interpretiert[694], die objektivere und kritischere Berichterstattung in anderen Zeitungen als ein mit dem „Schächtermesser der jüdischen Journalistik rituell beschnittene[r] Thatbestand"[695] charakterisiert. In der deutschen antisemitischen Presse erschienen seit Mai 1882 zahlreiche Artikel über Tiszaeszlár, viele davon in der *Ostend-Zeitung* Julius Ruppels – der mit den ungarischen Antisemiten bestens vernetzt war –, aber auch in der radikalkatholischen *Germania*, die antisemitische und antiliberale Rhetorik miteinander verband und als historisches Vorbild unter anderem die Damaskusaffäre von 1840 bemühte[696]. Diese effektheischenden Artikel hatten hauptsächlich die Verbreitung des „Blutmärchens" in der Bevölkerung zum Ziel, der Prozess wurde dabei als von Juden

---

693 Vgl. Hillel J. Kieval, The Rules of the Game: Forensic Medicine and the Language of Science in the Structuring of Modern Ritual Murder Trials: in Jewish History 26 (2012), S 287–307.
694 Die ausführlichsten Schilderungen gehen auf Personen zurück, die von Anfang an in die Skandalisierung des des Prozesses involviert waren, vgl. Géza von Ònody, Tisza-Eszlár in der Vergangenheit und Gegenwart – Ueber die Juden im Allgemeinen – Jüdische Glaubensmysterien – Rituelle Mordthaten und Blutopfer – der Tisza-Eszlárer Fall, Budapest 1883; vgl. Georg von Marciány, Esther Solymosi, oder der jüdisch-rituelle Jungfrauenmord in Tisza-Eszlár, Berlin 1882.
695 Georg von Marciány, Esther Solymosi, S. 43.
696 Vgl. Paul Nathan, Der Gebrauch von Christenblut im Cultus der Juden und die „Germania". Zeitung für das Deutsche Volk" I und II, in: Tribüne Nr. 326 und 330 vom 30.6. und 2.7.1882; ders, Die „Germania" und „jüdische Christenmorde", in: Tribüne Nr. 331 (3.7.1882).

gesteuerte Farce stilisiert. Das verschwundene Mädchen wurde als junge, reine und unschuldige Heilige dar- und als christliche Märtyrerin den blutrünstigen jüdischen Tätern gegenübergestellt.[697]

Die ungarischen Juden, die seit dem Ausgleich zwischen Österreich und Ungarn 1867 den christlichen Untertanen gleichgestellt waren, reagierten auf die Entwicklungen in Tiszaeszlár mit wachsender Besorgnis. Bereits im Sommer 1882 veröffentlichte der in Budapest wirkende liberale Rabbiner Meyer Kayserling (1829–1905) eine aufklärerische Broschüre, in der er die tendenziösen Hintergründe der Blutbeschuldigung offenlegte und entschieden zurückwies. Um jegliche Zweifel an der Schuldzuweisung zu zerstreuen und die Bereitschaft zur Mithilfe bei der Aufklärung des Vermisstenfalls zu demonstrieren, lobte die Israelitische Landeskanzlei zudem im Juni eine Belohnung von 5000 Fl. für Hinweise auf Eszthers Verbleib aus.[698]

Die liberale Presse bemühte sich in aufklärerischen Artikeln und Darstellungen, die von der antisemitischen Bewegung aufgebauschten und skandalisierten Geschehnisse der „Affaire von Tisza-Eszlar" kritisch zu widerlegen und die Blutbeschuldigung ad absurdum zu führen. Schon frühen Gesamtdarstellungen galt der Prozess als „schrecklichste Ausgeburt der antisemitischen Bewegung" und als vom Anfang bis zum Ende zugespitzten „Tendenzproceß"[699]. Zudem ließen die Ereignisse in Tiszaeszlár Zweifel an der Funktionalität des ungarischen Justiz- und Gerichtswesens aufkommen.[700] Neben den häufigen, von Skandalen begleiteten Personalwechseln in der Verteidigung und der Staatsanwaltschaft war es offenkundig, dass schon während der langen Voruntersuchung interne Verhörprotokolle und Zeugenaussagen sowie weitere vertrauliche Gerichtsdokumente an die antisemitische ungarische Presse durchgestochen wurden. Diese wurden, wie die Mitschriften der anschließenden Gerichtsverhandlung in der österreichisch-ungarischen und auch deutschen Presse abgedruckt. Daher konnten sich zunächst die antisemitischen, später auch die anti-antisemitischen Veröffentlichungen auf umfangreiches Gerichts- und Aktenmaterial stützen, noch bevor die Hauptverhandlung überhaupt begann; der überwiegende Teil der in Buchform erschienenen Darstellungen besteht aus (Teil)abdrucken oder Zusammenfassungen der protokollierten Gerichts-

---

697 Vgl. Barnet Peretz Hartston, Sensationalizing the Jewish Question, S. 139f.
698 Vgl. Meyer Kayserling, Die Blutbeschuldigung von Tisza-Eszlár Beleuchtet, Budapest 1882; vgl. AZJ, Jg. 46, Nr. 26 (27.6.1882), S. 427f.
699 Der Proceß von Tisza-Eszlar (Verhandelt in Níregyháza im Jahre 1883. Eine genaue Darstellung der Anklage, der Zeugenverhöre, der Vertheidigung und des Urtheils (= A. Hartleben's Chronik der Zeit, Siebentes Buch), Wien 1883, S. 5, 6.
700 Vgl. István Stipta, Rituelle Blutanklage in Ungarn im Jahre 1883, in: Journal on European History of Law, Vol. VI, No. 2 (2015), S. 12–23.

verhandlung und den Verhör- und Untersuchungsprotokollen.[701] Dies und jenseits des Atlantiks war das Interesse am Prozess groß. Eine umfangreiche kritische Darstellung erschien bereits 1883 in New York. Herausgegeben wurde sie vom Verlag *Schnitzer Bros.*, der auch die *Österreichisch-Amerikanische Zeitung* herausbrachte, ein Organ für „die Interessen der Österreicher, Ungarn & Böhmen in den Vereinigten Staaten", das also von deutschsprachigen EmigrantInnen aus der Habsburgermonarchie gelesen wurde.[702] In der deutsch-jüdischen Presse berichtete zuerst *Der Israelit* über den Fall, wenig später auch die AZJ; letztere berichtete vom Juni 1882 bis Juli 1883 ausführlich über die Entwicklungen der Untersuchungen und über den folgenden Prozesses.[703]

5.1 Aufklärerischer Journalismus im Dienst der Abwehr des Antisemitismus: Paul Nathan

Innerhalb der liberalen Berliner Hauptstadtpresse widmete sich die *Tribüne*, das Publikationsorgan der linksliberalen *Sezession*, früh und intensiv den Ereignissen in Ungarn[704]. Verantwortlich für die Berichterstattung über die Ermittlungen gegen die jüdischen Einwohner Tiszaeszlárs war der damals 25jährige Journalist Paul Nathan, der spätere Gründer des *Hilfsvereins der deutschen Juden*. Nathan, seit Februar 1882 bei der *Tribüne* angestellt[705], wurde schnell ein einflussreiches Mitglied des Redaktionsteams und brachte parallel zur regulären Berichterstattung umfangreiche wissenschaftlich-aufklärerische Hintergrundartikel, um den Vorwurf des Ritualmords als haltlose Legende und die Berichterstattung der radikal-

---

[701] Die Protokolle des Prozesses wurden seit Prozessbeginn am 19.6.1883 als „tägliche Mitteilungen" in Nyíregháza veröffentlicht; vgl. Tisza-Eszlár: napi értesítő a tiszaeszlári bűnper végtárgyalása alkalmából (Nyíregyháza, Jóba, 1883) (online: https://library.hungaricana.hu/hu/view/MEGY_SZSZ_HE LYRITK_1883_Tiszaeszlar/?pg=0&layout=s; 8.9.2020)
[702] Der Blut-Prozeß von Tisza Eszlár in Ungarn. Vorgeschichte der Anklage und vollständiger Bericht über die Prozeß-Verhandlungen vor dem Gerichte in Níregyháza. Nach den amtlichen, stenographischen Protokollen aus dem Ungarischen übertragen, New York 1883; zur Österreichisch-Amerikanischen Zeitung ebd, Anhang S. 226.
[703] Vgl. Der Israelit. 23 Jg. (31.5.1882), S. 536; vgl. AZJ 26 Jg. (27.6.1882), S. 427; vgl. außerdem die Nummern vom 4.7., 8.8., 29.8., 12.9., 7.11., 21.11., 21.11., 28.11., 5.12., 12.12., 19.12. (1882) und 30.1., 1.5., 8.5., 22.5., 3.7., 10.7., 17.7., 24.7., 31.7. (1883).
[704] Vgl. Tribüne Nr. 264 (27.5.1882), S. 1. In den folgenden Monaten wurde Tiszaeszlár häufig und mitunter in ausgiebigen Hintergrundartikeln thematisiert.
[705] Vgl. Christoph Jahr, Paul Nathan, S. 83.

katholischen Zeitung *Germania* als antisemitisch zu entlarven.⁷⁰⁶ Er hatte sich schon früher mit der aufstrebenden antisemitischen Bewegung beschäftigt. 1878 begann er als politischer Journalist zu arbeiten, zunächst bei der *Berliner Bürger-Zeitung*, dann beim liberalen *Berliner Börsen-Courier*, für den er erstmals über eine Wahlversammlung von Stoeckers CSA berichtete.⁷⁰⁷ Parallel besuchte er als Gasthörer Vorlesungen in Volkswirtschaft, Geschichte, Recht, Französisch und Englisch an der Wilhelms-Universität. Da der journalistische Durchbruch zunächst ausblieb, entschloss sich Nathan seine literarischen und historischen Interessen durch weitere Studien zu vertiefen und schrieb sich zum Sommersemester 1878 als ordentlicher Student an der Wilhelms-Universität ein. Dort hörte er unter anderem Preußisches Staatsrecht bei Rudolf von Gneist (1816–1895), Rechtsphilosophie bei Eduard Zeller (1814–1908) und im Sommersemester 1879 die Vorlesung „Kritik und Geschichte des Parlamentarismus" bei Heinrich von Treitschke, der nur wenige Monate später seine offene Judenfeindschaft durch die Publikation von „Unsere Aussichten" zum Ausdruck brachte. Wie Christoph Jahr treffend anmerkt, war gerade der Besuch dieser Veranstaltung hinsichtlich Nathans journalistischer und politischer Laufbahn bemerkenswert; Paul Nathan wurde als Student sprichwörtlich zum „Zeitzeuge[n] des Entstehens einer neuen Form von Judenfeindschaft".⁷⁰⁸ Zum Wintersemester 1880/81 wechselte Nathan nach Heidelberg und promovierte dort am 19. Mai 1881 über den französischen Dichter und Humanisten François Rabelais (1483/1494–1553).⁷⁰⁹

Im Frühjahr 1881, auf dem Höhepunkt der antisemitischen Agitation in Preußen, kehrte er nach Berlin zurück und kam schnell mit Vertretern des politischen Linksliberalismus in Kontakt. Als wegweisend erwiesen sich die Bekanntschaften mit dem prominenten Eduard Lasker, dem Mitbegründer der *Sezession*, der Nathan für den anstehenden Wahlkampf der fortschrittlichen Kandidaten gewann, sowie mit dessen Fraktionskollegen Ludwig Bamberger und Theodor Barth (1849–1909). In dem 35 Jahre älteren Bamberger, einem der bedeutendsten Vertreter des parlamentarischen Linksliberalismus der Gründerzeit und entschiedenem Gegner der antisemitischen Bewegung, fand Nathan einen Mentor und Freund, der seine

---

706 Vgl. Paul Nathan, Der Gebrauch von Christenblut im Cultus der Juden und die „Germania. Zeitung für das Deutsche Volk" I und II.
707 Vgl. Ernst Feder, Paul Nathan. Ein Lebensbild, Berlin 1929, S. 16 f.
708 Vgl. Anmeldungs-Buch des Studierenden Paul Nathan aus Berlin 1878–1879, in: SAM, 628, opis 1, Nr. 1, Bl. 6–8; vgl. Christoph Jahr, Paul Nathan, S. 39, zit. ebd., S. 99.
709 Vgl. Promotionsurkunde Paul Nathan, in: SAM, 628, opis 1, Bd. 1, Bl. 23; vgl. Christoph Jahr, Paul Nathan, S. 40.

Abb. 2: Paul Nathan (um 1897).

journalistischen Talente förderte und ihn ins Redaktionsteam der von der *Sezession* gekauften Tageszeitung *Tribüne* brachte.[710]

Die Formierung der *Berliner Bewegung* und des modernen Antisemitismus prägten den jungen Nathan sehr, weil die zunehmend aggressiv auftretenden Antisemiten nicht nur die von ihm verinnerlichten liberalen Ideen der Gründungsära und die jüdischen Emanzipationserfolge allgemein negierten, sondern seine persönliche Integrität als jüdischer Staatsbürger ganz konkret bedrohten. Als Reaktion

---

[710] Vgl. Christoph Jahr, Paul Nathan, S. 54 ff., 83 f.; vgl. Benedikt Köhler, Ludwig Bamberger. Revolutionär und Bankier, Stuttgart 1999, S. 237.

auf diese Bedrohung jüdischen Lebens entwickelte Nathan, überzeugt von der Synthese von Deutsch- und Jüdischsein und in keiner Weise religiös, eine starke pro-jüdische Positionierung, die er rückblickend mit den Worten beschrieb: „[Ich bin] ohne juedische Tradition. Fuer die Juden habe ich mich erst als Erwachsener interessiert, als ich sah, dass sie verfolgt wurden".[711] Die intensive Beschäftigung mit Tiszaeszlár und der Aufarbeitung historischer und wissenschaftlicher Hintergründe des Ritualmordvorwurfs in der *Tribüne* prägten den für Nathan charakteristischen journalistischen Stil, der akribische Recherchen und Wissenschaftlichkeit mit Aufklärung und einer nicht selten scharfzüngigen Polemik verband. Über den gesamten Zeitraum des Untersuchungs- und Gerichtsverfahrens verfolgte er die Entwicklungen in Tiszaeszlár genau und war 1883 bei den Verhandlungen in Níregyháza selbst anwesend.[712]

1892 veröffentlichte Paul Nathan eine Studie, die bis heute zu den detailliertesten Schilderungen über den Prozess gehört und in welcher die transnationale Kooperation der antisemitischen Bewegung im Deutschen Reich und Ungarn als zentraler Aspekt hervorgehoben wird.[713] In seinem Buch verwob Nathan die Ereignisse um die Ermittlungen und den folgenden Prozess mit einer kulturgeschichtlichen Betrachtung des modernen Antisemitismus. Tiszaeszlár galt Nathan gerade aufgrund seiner europäischen Dimension als Zäsur, als „einzig umfassende" und „grösste That des Antisemitismus"[714] im modernen Europa. Die Entwicklungen im Fall des verschwundenen Christenmädchens charakterisierte er als choreographierte Skandalisierung und propagandistische Dauerkanonade antisemitischer Agitation – heute würde man von ‚alternativen Fakten' sprechen –, die einzig dem Zweck dienten, die Anschuldigung gegen die Juden im Kontext der jüdischen Migration aus dem Russländischen Reich öffentlich zu einer „cause célèbre"[715] zu stilisieren. Dem Prozess in der ungarischen Provinz maß er einen bedeutenderen und langfristigeren Effekt bei als den Aktionen des deutschen „Radau-Antisemitismus" im Jahr zuvor, die zwar aufsehenerregend gewesen, aber „ziellos in Verhetzung und Skandalsucht" verpufft seien.[716] Das verbindende Element zwischen den Pogromen in der pommerschen Provinz und den Geschehnissen in Ungarn ergab sich für Nathan aus der Signalwirkung, die der „Musterprozess" von Tiszaeszlár auf ähnliche Prozesse ausübte, zunächst auf den nur wenige Monate später folgenden

---

711 Alfred Wiener, Paul Nathan – Darstellung und Deutung, in: ARJ Information, April 1957.
712 Vgl. Paul Nathan, Der Prozess von Tisza-Eszlár, Vorrede, S. V.
713 Vgl. Paul Natan, der Prozess von Tisza-Eszlár.
714 Ebd., S. 6, 371.
715 Ebd., S. 17.
716 Ebd., S. 370.

Prozess um den Neustettiner Synagogenbrand, aber auch auf spätere wie den 1892 geführten Prozess in Konitz.[717]

Nathans intensive Beschäftigung mit dem Tiszaeszlárer Fall führte zu einer Reihe journalistischer Texte in der *Tribüne*, in denen er die ‚Blutlegende' in historischen ‚Faktenchecks' dekonstruierte und deren Rezeption in der antisemitischen Presse einer kritischen Bewertung unterzog. Dies machte ihn innerhalb der Kreise, die sich der Abwehr des Antisemitismus widmeten, schnell bekannt. Nathan publizierte seine Schrift im Jahr 1892; geschrieben hatte er den größten Teil des Manuskripts jedoch bereits nach dem Ende der Hauptverhandlung in Níregyháza und sein Manuskript bis Anfang April 1884 fertiggestellt.[718]

Die späte Publikation der Studie resultierte aus logistischen und finanziellen Verzögerungen auf Seiten des Auftraggebers, des December-Comités. Das D.C. wurde vermutlich schon während des Wahlkampfs 1881 (spätestens aber im Mai 1882) im Rahmen der Zeitungsrecherchen des *Litterarischen Bureaus*, auf Nathan aufmerksam. Im Juni 1883, kurz vor dem Beginn der Hauptverhandlung in Níregyháza, traf sich Nathan mit Salomon Neumann, dessen „Fabel von der jüdischen Masseneinwanderung" ihn, den wissenschaftlich arbeitenden Journalisten, fraglos sehr beeindruckt hatte. Sie diente ihm als Vorlage für eigene Abwehrpublikationen, die er in den 1890er Jahren veröffentlichte[719] Das Gespräch der beiden kam darauf, „daß es im Interesse der Bekämpfung des Antisemitismus wünschenswert sei, den „Proceß von Tisza-Eszlár" literarisch zu behandeln". Nathan schlug vor, „eine Broschüre und ein umfassendes Buch" zu schreiben. Die „ganz knapp gehaltene, nur informirende" Broschüre sollte sich an die „weniger gebildeten Schichten, die der antisemitischen Partei nicht angehören" richten, und als Informationsflyer im anstehenden Wahlkampf um die Stadtverordnetenversammlung am 18. Oktober 1883 Verwendung finden.[720] Durch eine Neueinteilung der Wahlkreise Berlins wurden sämtliche 126 Mitglieder der Stadtverordnetenversammlung neu gewählt, weshalb die Wahl auch als berlinweiter Stimmungstest hinsichtlich der Akzeptanz antisemitischer Politiker galt. Insgesamt waren in ganz Berlin 185.184 beziehungsweise 14 % der Einwohner wahlberechtigt und zur Stimmabgabe aufgerufen, mehr als bei jeder anderen Stadtverordnetenwahl zwischen 1866 und 1913.[721] Am 18. Juli 1883

---

717 Vgl. ebd., S. 371.; Abschrift Exposé Dr. Nathan an Moritz Lazarus vom 1. Mai 1884, in: SAM, 1194, opis 3, Bd. 1, Bl. 20.
718 Vgl. Paul Nathan an Moritz Lazarus vom 1.5.1884, in: SAM, 1194, opis 3, Bd. 1, Bl. 17 f.
719 Vgl. Anm. 379, S. 127.
720 Abschrift Exposé Dr. Nathan an Moritz Lazarus vom 1. Mai 1884, a.a.O., Bl. 14, 19, 16 f.
721 Vgl. Geert Baase, Wahlen zur Stadtverordnetenversammlung und zum Abgeordnetenhaus von Berlin 1862–2011, S. 60, berechnet aus der Anzahl der Einwohner Berlins 1885 und den Wahlberechtigten 1883.

entschied das D.C. „Herrn Dr. Nathan mit der Ausarbeitung einer den Proceß betreffenden Streitschrift zu beauftragen und ihn zu diesem Zweck die Mittel zur Reise an Ort und Stelle zu gewährleisten".[722] Obwohl Neumann ihm die Monographie und eine Reise nach Ungarn bereits indirekt zugesagt hatte, wartete Nathan noch Mitte Juli auf die endgültige Entscheidung des D.C., ihn als Prozessbeobachter zu entsenden. Diese Verzögerung erklärte sich dadurch, dass dem D.C. zwischenzeitlich Zweifel gekommen waren, ob der junge Nathan die richtige Person für diese Aufgabe war. Noch am 18. Juli überlegte das D.C. entgegen Neumanns Zusicherung an Nathan, den renommierten Münchner Juristen Franz von Holtzendorff (1829–1889) mit der „wissenschaftlichen Bearbeitung des Prozeßstoffes" zu beauftragen und Nathan lediglich die Abfassung einer „Streitschrift" zu überlassen. Neumann teilte Nathan Mitte Juli außerdem mit, dass das D.C. überlegte, anstatt ihm einen nicht näher bezeichneten „Herren aus Wien" nach Nyriegháza zu entsenden, der jedoch abgesagt habe.[723] Erst kurz darauf fuhr Nathan nach Ungarn. Bedingt durch diese Verzögerung wohnte er den Verhandlungen also nicht von Beginn an bei, sondern erst ab Mitte Juli. Er besaß zwar viele eigene Notizen und Mitschriften über die Verhandlung, benötigte jedoch zusätzliche Informationen über die ersten Verhandlungstage und außerdem die Abschriften sämtlicher offiziellen Originaldokumente wie der Verhörprotokolle und medizinischen Gutachten. Diese beschaffte ihm nach Prozessende der Leiter des *Litterarischen Bureaus* Otto Burg, über den Nathan alle „nothwendigen Materialien" für sein Buch bezog, darunter viele mit eigens dafür bewilligten Mitteln des D.C. aus dem Ungarischen übersetzten Artikeln des *Pester Lloyd*, „der einzig die nöthigen Materialien über den Proceß enthielt". Die Besorgung sämtlicher Unterlagen nahm jedoch mehr Zeit in Anspruch als erwartet, weswegen Nathan die Papiere erst Mitte Oktober bekam, kurz nach dem Wahltag, womit die Herausgabe einer Wahlkampfbroschüre ins Wasser fiel.[724] Die Wahl selbst verlief äußerst günstig für die fortschrittlichen Kandidaten, die 109 Sitze eroberten, während die Liste aus Konservativen und Antisemiten nur auf 12, die Sozialdemokraten auf fünf kamen.[725] Für Nathan blieb nunmehr „nur noch das Buch" zu schreiben. Mit Moritz Lazarus traf er die Vereinbarung, das Buch „unmittelbar" nach Verkündigung des Urteils in dritter Instanz zu veröffentlichen, die am 4. April 1884 erfolgte und den Freispruch der Angeklagten bestätigte. Unmittelbar darauf teilte Nathan Lazarus mit, dass seine Arbeit abgeschlossen sei und er für die letzten Seiten nur noch auf die schriftliche Urteilsbegründung wartete. Diese

---

722 Vgl. Protokoll des D.C. vom 18.7.1883, in: SAM, 1194, opis 3, Bd. 1, Bl. 33.
723 Paul Nathan an Moritz Lazarus vom 1.5.1884, in: ebd., Bl. 15.
724 Vgl. ebd., Bl. 16 f., zit. Bl. 16.
725 Vgl. Geert Baase, Wahlen zur Stadtverordnetenversammlung und zum Abgeordnetenhaus von Berlin 1862–2011, S. 60.

erhielt er wenig später von Otto Burg, stellte das Manuskript fertig und schickte es am 1. Mai 1884 zusammen mit der Abschrift eines Exposés an Lazarus, damit das Buch, wie vereinbart, „auf Kosten des Comités" gedruckt werden konnte.[726] Das D.C. lehnte eine sofortige Druckfreigabe jedoch zunächst ab und verlangte von Lazarus ein „Gutachten über den Werth der in Frage stehenden Arbeit"; der Grund dafür war, dass Lazarus parallel noch immer Verhandlungen mit Holtzendorff führte, der jedoch schließlich absagte.[727] Nathan, der in nur „sechsmonatiger Arbeit" den komplizierten Gerichtsstoff und sämtliches Zeitungsmaterial durchgearbeitet und ein an die 400 Seiten umfassendes Manuskript fertiggestellt hatte, zeigte sich wenig später enttäuscht, dass sich die Sache „nunmehr bereits seit vier Wochen in der Schwebe" befand.[728] Das D.C. behielt sich jedoch auch weiterhin die Publikation des Werkes vor und traf in Ermangelung weiterer regelmäßiger Zusammenkünfte auch später keine endgültige Entscheidung. Erst im Februar 1885, zehn Monate später, zahlte das D.C. Nathan 1200 Mark „zur Erledigung seiner gesammten Ansprüche" und legte die Publikation auf Eis, das Manuskript wurde zu den Akten gelegt.[729] Nathan schreibt im Vorwort, die frühe Veröffentlichung „unterblieb auf Grund einer falschen Erwägung, die ich persönlich freilich nicht theilte". Lazarus und weitere Mitglieder des D.C., sahen 1884 die Gefahr des Antisemitismus bereits als gebannt an, sie nahmen an, so Nathan, „dass die Antisemiten die rituelle Blutverleumdung nicht ferner gegen die Juden benützen würden".[730] Lediglich Salomon Neumann scheint eine spätere Veröffentlichung zumindest in Erwägung gezogen zu haben. Kurz nachdem er Ende 1886 zum Vorsitzenden des D.C. gewählt worden war, stellte er Erkundigungen nach Nathans Arbeit an, die sich jedoch weder in den Akten des Komitees noch in den Privatsammlungen seiner Mitglieder finden ließ.[731] Paul Nathan, seit 1883 bei der von Theodor Barth herausgegebenen *Nation*, war als liberaler politischer Journalist mittlerweile weit über die Grenzen Berlins hinaus bekannt und hatte sich einen Namen als Publizist gemacht, der als „unermüdlicher literarischer Kämpfer gegen antisemitische Tendenzlügen" anschrieb.[732]

Im Folgenden werden die Entwicklungen in Tiszaeszlár im Kontext der von Nathan behandelten transnationalen Kooperation deutscher und ungarischer An-

---

[726] Paul Nathan an Moritz Lazarus vom 1.5.1884, a.a.O., Bl. 17, 18.
[727] Vgl. Protokoll des D.C. vom 7.5.1884, in: SAM, 1194, opis 3, Bd. 1, Bl. 36.
[728] Paul Nathan an Moritz Lazarus, a.a.O., Bl. 18.
[729] Protokoll des D.C. vom 23.6.1884, in: SAM, 1194, opis 3, Bd. 1, Bl. 37.
[730] Paul Nathan, Der Prozess von Tisza-Eszlár, S. VIf.
[731] Vgl. Hermann Stern an Salomon Neumann vom 5.1.1887, in: SAM, 1194, opis 1, Bd. 33, Bl. 2; vgl. Samuel Kristeller an Salomon Neumann vom 6.1.1887, in: ebd., Bl. 3.
[732] Christoph Jahr, Paul Nathan, S. 99–115.; vgl. Die Neuzeit. Wochenschrift für politische, religiöse und Cultur-Interessen, 34 Jg. Nr. 26 (29.6.1894), S. 265.

tisemiten dargestellt, wobei der Kontext der jüdischen Migration bzw. das bereits oben behandelte Schlagwort von der jüdischen Masseneinwanderung berücksichtigt werden.

5.2 Ein verschwundenes Mädchen und die Anklage gegen die Juden

Am 1. April 1882 verschwand in dem an der Theiß gelegenen ungarischen Dorf Tiszaeszlár die 14-jährige calvinistische Dienstmagd Eszther Solymosi. An besagtem Tag wurde sie von ihrer Dienstherrin Andreásne Hury ans andere Ende des weitläufigen Dorfes geschickt, um Farbe beim Krämer Kohlmeier zu kaufen, und kehrte von diesem Ausflug nicht zurück. Mehrere Leute einschließlich des Krämers bestätigten, dass Eszther sich nach dem Kauf auf den Rückweg gemacht habe. Jenseits der nahegelegenen Mühle von Josef Papp verlor sich ihre Spur. Auf ihrem Weg vom Krämerladen passierte sie, sofern sie nicht den Damm entlang der Theiß, sondern den kürzeren Weg auf der Dorfstraße benutzt hatte – zwangsläufig die etwa in der Mitte des Dorfes gelegene Synagoge, neben der sich das Wohnhaus des jüdischen Tempeldieners Joszef Scharf und seiner Familie befand. Die Synagoge befand sich ein Stück südwestlich der Papp-Mühle, also genau in dem Bereich des Dorfes, an dem Eszther zum letzten Mal gesehen wurde.

Die Kunde vom Verschwinden Eszthers machte im Dorf schnell die Runde; Eszthers Mutter und Tante suchten stundenlang vergeblich nach ihr, fragten bei fast allen Dorfbewohnern nach und kamen schließlich auch zur Synagoge, wo sie zuerst mit Scharfs Ehefrau und dann mit Joszef Scharf selbst sprachen. Die beiden wussten nichts vom Verschwinden Eszthers, erwähnten jedoch nebenbei, wahrscheinlich aus Sorge vor einer Verdächtigung, dass dies nicht die Schuld der Juden gewesen sein könne, und erzählten Eszthers Mutter von einem ähnlichen Vermisstenfall – in Nánás, Scharfs Heimatdorf, sei ein Christenmädchen verschwunden und man habe dort ebenfalls den Juden die Schuld gegeben. Tragischerweise war es eben diese Aussage, welche die Familie Scharf in den Augen der Suchenden zuerst verdächtig machte.[733] In den folgenden Tagen verbreitete sich das Gerücht einer Entführung Eszthers durch die Juden in Windeseile, die ursprünglich harmonische Stimmung im Dorf war vergiftet. Es herrschte Unruhe und manche Dorfbewohner sprachen lautstark darüber, „dass man die Juden verjagen werde".[734]

Am 3. April erschien Eszthers Mutter vor dem Dorfrichter Gabriel Fárkas, und meldete das Verschwinden ihrer Tochter. Außerdem forderte sie eine Durchsu-

---

[733] Vgl. Paul Nathan, der Prozess von Tisza-Eszlár, S. 101f.
[734] Ebd., S. 109.

chung der Synagoge, wozu sich Fárkas aber nicht zuständig sah und sie an die nächsthöhere Instanz, den Bezirksrichter Eugen Jármy verwies. Weil sie diesen nicht persönlich kannte, hielt sie sich jedoch mit Anschuldigungen gegen die Juden zurück, weshalb Jármy bezüglich des vermissten Mädchens lediglich ein Rundschreiben an die örtlichen Polizeidienststellen verfasste und es dabei beließ.[735] Als verhängnisvoll für die spätere Anklage gegen die Juden erwiesen sich die im Dorf umlaufenden Gerüchte, die auch von dem 4-jährigen Samuel Scharf, dem jüngsten Sohn von Joszef Scharf, gehört wurden. Wie aus verschiedenen Zeugenaussagen hervorgeht, begann Samuel Gruselgeschichten über einen Mord an Eszther in der Synagoge zu spinnen und anderen Kindern zu erzählen, die dies wiederum ihren Eltern berichteten. Diese Geschichten waren in keiner Weise konsistent, sondern unvollständig und widersprüchlich, zudem war Samuel kurz zuvor Zeuge einer Gänseschlachtung gewesen, was seine Phantasie ebenfalls angeregt haben dürfte. Doch zwei Frauen, die von der Schuld des Tempeldieners bereits überzeugt waren, bestachen den kleinen Samuel mit Süßigkeiten und ließen sich seine Geschichte erzählen, die sie vermutlich mit Suggestivfragen aus ihm hervorlockten. Anschließend berichteten sie davon Eszthers Mutter.[736] Die Erzählung Samuels besagte in verschiedenen Varianten, dass der Tempeldiener Joszef Scharf zusammen mit seinem Sohn Moritz, dem bei der jüdischen Gemeinde gastierenden Schächter Salamon Schwarz (1845–1905), dem zufällig anwesenden Bettler Hermann Wollner und mehreren anderen Gemeindemitgliedern, Eszther in die Synagoge gezerrt, ihr dort den Hals aufgeschnitten und ihr Blut in einem Teller aufgefangen hätte.[737] Diese ‚Aussage' bildete den Basis für das Aktivwerden der Staatsanwaltschaft. Am 6. Mai stellte Eszthers Mutter erneut Anzeige beim Bezirksrichter Jármy, der daraufhin Fárkas mit einer Zeugenbefragung all derjenigen Einwohner von Tiszaeszlár beauftragte, die etwas über die Geschichte des kleinen Samuel wussten. Die Protokolle dieser Befragungen wurden am 7. Mai zusammen mit einem Bericht von Fárkas an den Königlichen Gerichtshof in Níregyháza, der Hauptstadt des Komitats Szabolcs, übersandt und dem Gerichtspräsidenten Ferenc Kornis vorgelegt. Kornis standen normalerweise zwei Untersuchungsrichter zur Verfügung, von denen jedoch einer krank und einer beurlaubt war. Anhand der ihm vorliegenden Akten maß Kornis dem Fall keine besondere Bedeutung zu und beging damit eine folgenreiche Fehleinschätzung. Statt einen ordentlichen Untersuchungsrichter mit dem Fall zu beauftragen – wie es das Gesetz vorschrieb – entsandte er den 20-jährigen Gerichts-

---

[735] Ebd., S. 111 f.
[736] Vgl. ebd., S. 113–117.
[737] Es finden sich verschiedenste Varianten der Aussage Samuels in den Gerichtsprotokollen, vgl. Paul Nathan, Der Prozess von Tisza-Eszlár, S. 114–117; 123 f.; vgl. Barnet Peretz Hartstone, Sensationalizing the Jewish Question, S. 137).

referendar József Báry (1858–1915) nach Tiszaezlár, um die Untersuchung zu leiten und die Verdächtigen zu verhören.⁷³⁸ Als der Fall nur wenig später Wellen in der ungarischen und internationalen Presse schlug und aus dem Ruder zu laufen drohte, musste Kornis, um die Autorität des Königlichen Gerichts zu wahren, die Personalie Báry vom ungarischen Justizminister Tivadar Pauler (1816–1886) nachträglich legitimieren lassen. Um weitere Formfehler auszuschließen, übernahm das Justizministerium daraufhin vom Nyiregyházer Gerichtshof die Aufsicht über den Fall.⁷³⁹ Dieser Umstand wog im weiteren Untersuchungs- und Prozessverlauf umso schwerer, weil Báry sich schnell als willfähriger Helfer der antisemitischen Bewegung entpuppte, der seine Untersuchungen voreingenommen gegen die Juden führte, die Blutbeschuldigung zu beweisen suchte und andere Möglichkeiten von Eszthers Verschwinden ignorierte oder unterdrückte. Dennoch blieb Kornis, auch um sein eigenes Gesicht zu wahren, nichts anderes übrig, als seine schützende Hand weiterhin über Báry zu halten.⁷⁴⁰

Mit dem Erscheinen des Untersuchungsrichters Báry in Tiszaeszlár begann, wie Paul Nathan konstatierte, die eigentliche „Aktion des Antisemitismus"⁷⁴¹, die sich in einer Welle von Repressionen und Einschüchterungen der Tatverdächtigen und ortsansässiger ZeugInnen zeigte.

Unmittelbar nach seiner Ankunft erließ Báry Haftbefehle gegen diejenigen Juden Tiszaeszlárs, die nach der ‚Aussage' des 4-jährigen Samuel Scharf des Ritualmordes verdächtig waren. Der Wunsch zur Offenlegung einer jüdischen Kollektivschuld geht unter anderem aus der Beweisführung hervor: im Verlauf der insgesamt 14-monatigen Voruntersuchungen wurde ein Großteil der männlichen jüdischen Bevölkerung zeitweilig verhaftet, auch wenn es sich nur um ZeugInnen handelte. Zwischenzeitlich waren bis zu 72 Personen eingekerkert, von denen einige bis zum Prozessende im Gefängnis saßen. Weil weder die Umstände von Eszthers Verschwinden noch der Mord anhand von Indizien, ZeugInnenberichten oder Beweisen erhärtbar waren, wurde der Tathergang aus Gerüchten und fragwürdigen, sich wiedersprechenden Aussagen konstruiert, der die Tiszaeszlárer Juden beschuldigte, Eszther aus religiösen Motiven getötet und an einer anschließenden Vertuschung mitgewirkt zu haben.

Zum Kronzeugen Bárys wurde der 14-jährige Sohn des Tempeldieners, Moritz Scharf, der schon am 19. Mai verhaftet wurde. Am 20. Mai stritt er gegenüber Báry jede Kenntnis oder gar Beteiligung der Scharfs oder anderer Juden an einem Verbrechen ab und leugnete, Eszther näher gekannt zu haben. Báry überließ die

---

738 Vgl. Paul Nathan, Der Prozess von Tisza-Eszlár, S. 119–121.
739 Vgl. Hillel J. Kieval, „Tiszaeszlár Blood Libel", S. 1884.
740 Vgl. ebd., S. 119–121, 58.
741 Paul Nathan, Der Prozess von Tisza-Eszlár, S. 16, vgl. ebd, S.17f.

weitere Befragung daraufhin den beiden verhörerprobten Gerichtsbeamten Koloman Péczely und Andreas Recsky, die Moritz in Recskys weit außerhalb des Dorfes gelegene Wohnung brachten und dort intensiv und bis tief in die Nacht verhörten. Am 22. Mai lag ein umfassendes Geständnis vor, welches die Grundlage für Bárys Anklage bildete. Er habe, sagte Moritz aus, durch das Schlüsselloch der Synagoge beobachtet, wie der Gemeindeschächter Salamon Schwarz im Beisein von sieben anderen Juden Eszther den Hals aufschnitt. Damit bestätigte er die Angaben seines Bruders. Wie im späteren Verlauf des Prozesses ans Licht kam, gingen Péczely und Recsky bei ihrer Befragung nicht zimperlich vor – Moritz litt an Schlafentzug, legte sein Geständnis nach mehreren Ohrfeigen, der Androhung von lebenslanger Haft und aus Angst vor weiterer Folter ab. Obwohl er ein Zeuge und kein Verdächtiger war, blieb er weiterhin und widerrechtlich in Haft.[742] Ähnliche Erfahrungen machten andere Angeklagte und einige der insgesamt 138 ZeugInnen. Der angeklagte Schächter Salamon Schwarz etwa gestand erst unter Folter seine Beteiligung am Mord an Eszther, die er vor Gericht jedoch widerrief.[743]

Etwa einen Monat nach Beginn der Untersuchungen erfuhr der Fall eine dramatische Wendung. Im Ort Tiszadada, etwa 20 Kilometer flussabwärts von Tiszaeszlár gelegen, fischten mehrere Flößer am 18. Juni 1882 eine stark verweste Frauenleiche aus der Theiss. Erste Untersuchungen des Bezirksarztes ergaben, dass die an der Leiche befindlichen Kleidungsreste denen Eszthers ähnelten oder sogar mit diesen identisch waren, und außerdem das geschätzte Alter und die Größe der Leiche mit denen Eszthers übereinstimmten. Es lag nahe, dass es sich bei der Toten um Eszther Solymosi handelte.[744] Allerdings fanden sich keinerlei Spuren äußerer Verletzungen, weder am Hals noch an den Handgelenken, die bei einem Mord durch vorsätzliche Blutentnahme trotz der fortgeschrittenen Verwesung sichtbar gewesen wären.[745] Eine Identifikation der Toten als Eszther hätte demnach die Anklage wegen rituellen Mordes gegen die Juden bereits im Juni 1882 in sich zusammenfallen lassen. Statt dieser offensichtlichen Spur nachzugehen, hielt Báry die Anklage wegen rituellen Mordes aufrecht und beschuldigte die Juden Tiszaeszlárs, die echte Eszther vergraben und ihre Kleider einer anderen Toten, einer etwas älteren jüdischen Frau, angezogen zu haben. Diese zweite Tote hätten sich die Verdächtigen

---

742 Vgl. Der Proceß von Tisza-Eszlár (verhandelt in Níregyháza im Jahre 1883), S. 12–14; vgl. Paul Nathan, der Prozess von Tisza-Eszlár, S. 184 ff., 201; Die Folterbeschuldigung richtete sich vorrangig gegen Recsky, der schon in vorherigen Fällen durch Gewaltanwendung gegenüber Zeugen aufgefallen war und der überdies mehrere Jahre zuvor wegen eine Gewaltverbrechens 12 Jahre selbst in Haft gesessen hatte, vgl. ebd., 206 ff.
743 Vgl. Barnet Peretz Hartston, Sensationalizung the Jewish Question, S. 138.
744 Vgl. Paul Nathan, Der Prozess von Tisza-Eszlár, S. 335 f.
745 Vgl. ebd., S. 288.

auf dunklen Wegen besorgt und mehrere Wochen nach dem Mord in einer Nacht- und-Nebel-Aktion durch jüdische Mittelsmänner flussabwärts in die Theiss werfen lassen, um den Verdacht von sich abzulenken. Diese Theorie, die als „Leichenschmuggel" in die „Affaire" einging[746], bestätigte nicht nur den Vorwurf des rituellen Mordes gegen die lokalen Angeklagten, sondern warf ihnen zugleich Beihilfe zu einer Verschwörung vor. Außerdem wurde behauptet, die Beschaffung einer so gut präparierten Leiche könne nur mit Hilfe von auswärtigen, wohlhabenden Juden beziehungsweise einem „sehr angesehenen jüdischen Arzt" bewerkstelligt worden sein. Damit erweiterte sich der Täter- und Komplizenkreis auf sämtliche wohlhabende Juden Ungarns und auf solche, die entweder Mediziner waren oder Kontakt zu Medizinern oder Krankenhäusern hatten. Letztlich standen, wie Paul Nathan sarkastisch anmerkte, sämtliche „reichen Juden der ganzen Welt" unter Verdacht.[747] Die Theorie vom Leichenschmuggel wurde durch eine erste Obduktion, die von den vom Nyiregházer Gericht hinzugezogenen lokalen Ärzte Dr. Horváth, Dr. Trajtler und dem Bezirksarzt Eugen Kis vorgenommen wurde, weitestgehend bestätigt. Als unmittelbare Todesursache wurde nicht Ertrinken, sondern „Blutarmuth" festgestellt, zudem könne die Leiche nicht länger als 3–4 Tage im Wasser gelegen haben und das Alter schätzten die Ärzte auf mindestens 18 Jahre, deutlich älter als Eszther. Außerdem wurde ein „Fleischverlust am Arme" dadurch erklärt, dass die Leiche mithilfe eines Seiles geschleift worden sei.[748] Wie erst Monate später durch externe Gutachter bewiesen werden konnte, war die erste Obduktion sehr fehlerhaft und im Sinne der Anklage durchaus als tendenziös zu bezeichnen.

Um die Leichenschmuggel-Theorie und damit die Ritualmordbeschuldigung aufrechterhalten zu können, verzögerte Báry weitere Untersuchungen zur Identifikation der Toten. Weder wurden Fotos von der Leiche am Fundort angefertigt noch eine exakte Personenbeschreibung veröffentlicht.[749] Bei zwei anberaumten öffentlichen Leichenschauen am 19. und 20. Juni wurden weder die Juden Tiszaeszlárs noch deren Verteidigung zugelassen und auch andere Personen, die Eszther gut gekannt und nähere Auskunft hätten geben können, wurden entweder ausgeschlossen oder ihre Aussagen verfälscht oder aus dem Protokoll gestrichen. Als problematisch erwies sich außerdem der Zustand der Leiche, die nur oberflächlich gereinigt und mit Wasser übergossen worden war. Ihre rasch fortschreitende Ver-

---

746 Vgl. zu den weiteren Entwicklungen nach dem Leichenfund ebd., S. 314 ff., 353, 361 f.; vgl. Hillel J Kieval, Tiszaeszlár Blood Libel, S. 1884; vgl. Der Proceß von Tisza-Eszlár. (Verhandelt in Nyiregháza im Jahre 1883), S. 15 f.
747 Paul Nathan, Der Prozess von Tisza-Eszlár, S. 317.
748 Vgl. ebd., S. 353 f.; vgl. Dr. Samuel Trajtler, Dr. Eugen Kiss, Ladislaus Horváth, Aerztliches Obductions-Protokoll vom 20. Juni 1882, in ebd., S. 374–381.
749 Vgl. ebd., S. 361.

wesung verursachte laut Protokollaussagen einen ekelerregenden Gestank und war für viele der Anwesenden nur schwer erträglich, was die Identifizierung zusätzlich erschwerte. Anschließend wurde die Leiche trotz Widerspruch des Verteidigers Dr. Ignác Heumann (1845–1896), der auf eine zweite Obduktion bestand, bestattet, und erst mehrere Monate später erneut untersucht.[750]

Dem Leichenfund folgte eine zweite Verhaftungswelle. 14 Flößer, die am Fund der Leiche beteiligt waren sowie vermeintliche Mitwisser und Komplizen wurden festgenommen und verhört; wie bei den vorherigen Angeklagten wurden einige der ‚Geständnisse' in nächtlichen Verhören unter Anwendung von Gewalt erzwungen. Während der späteren Gerichtsverhandlung kam ans Licht, dass Angeklagte wie Verdächtige vom Sicherheitskommissar des Szalbocser Komitats Georg Vay und einem Gefängniswärter namens Karancsay gefoltert worden waren. Der Flößer David Hersko wurde mehrfach mit einem Stock verprügelt und auf den Kopf geschlagen, sein Kollege Jankel Smilovics gestand aus Angst vor Gewalt alles, was Vay hören wollte und beschuldigte einen dritten, Vogel; dieser wurde anschließend so lange gezwungen Wasser zu trinken, bis er sich einnässte, anschließend rissen ihm der betrunkene Vay und Karancsay die Schläfenlocken heraus.[751]

Am 29. Juli 1882 verlas Báry den Angeklagten erstmals die auf diesen Prozeduren beruhende Anklageschrift, die er anschließend an den Gerichtshof in Nyíregyháza sandte. Die finale Version lag am 14. April 1883 vor. Angeklagt wurden die folgenden Personen: Salamon Schwarz, Ábrahám Buxbaum, Leopold Braun und Hermann Wollner wegen Mordes an Eszther Solymosi; József Scharf, Adolf Junger, Ábrahám Braun, Sámuel Lustig, Lázár Weißstein und Emánuel Taub wegen Beihilfe zum Mord; Jankel Smilovics, David Hersko und Amsel Vogel, die drei jüdischen Flößer, wegen Unterstützung einer Verschwörung.[752]

---

[750] Zum Vorgang der Leichenschauen vgl. ebd., S. 337–352, 354, zur Streichung von Zeugenaussagen aus den Protokollen S. 346 f.; vgl. zu Heumann Támas Ágnes, A tiszaeszlári vérvád és nyíregyházi per az élclapok hasábjain, S. 163 Anm. 26.
[751] Vgl. ebd., S. 320–328.
[752] Vgl. Der Proceß von Tisza-Eszlár. (Verhandelt in Nyiregyháza im Jahre 1883), S. 11.; vgl. Paul Nathan, Der Prozess von Tisza-Eszlár, S. 262 f.; vgl. Abschrift des ersten Gerichts-Bescheids vom 29.7. 1882, in: Georg von Marcziányi, Esther Solymosi, S. 34–36, hier wird auch die Frau von Joszef Scharf, Lina, der Beihilfe zum Mord beschuldigt. Hermann Wollner taucht in dieser frühen Anklage noch nicht auf, da er erst später verhaftet wurde;

5.3 Die transnationale Eskalation des Prozesses durch die antisemitische Bewegung in Ungarn und im Deutschen Reich

Schon den Zeitgenossen war klar, dass die Konstruktion des rituellen Mordes nicht allein auf der Autorität eines 20-jährigen Gerichtsreferendars beruhen konnte. „Es gab", schrieb Paul Nathan, „niemals ein feingesponnenes Gewebe, dessen einzelne Fäden der Untersuchungsrichter allein in der Hand hielt". Vielmehr verweist er darauf, dass Báry aufgrund seiner zweifellos antisemitischen Einstellungen „in den Kreisen, die das Szabolcser Komitat für ihre politische Privatdomäne erachteten, als genügend Vertrauen erweckend" erschien, seine antijüdischen Ermittlungen also aus Überzeugung und Opportunismus durchführte, weil er auf Unterstützung und Förderung einflussreicher Antisemiten zählen und auf einen Karriereschub hoffen konnte.[753] Seit dem Aufkommen der Gerüchte um Eszthers durch die Juden herbeigeführten Tod bemühten sich Akteure der antisemitischen Bewegung, die Ermittlungen zu ihren Gunsten zu beeinflussen und die Strategie der Verteidigung als jüdische Einflussnahme auf einen fairen Gerichtsprozess darzustellen. Sie manipulierten und eskalierten den provinziellen Kriminalfall über einen Zeitraum von mehr als einem Jahr. Dies geschah zunächst in Tiszaeszlár und im Gericht von Níregyháza. Die jüdischen Angeklagten und die ZeugInnen in Tiszaeszlár wurden seit dem Beginn von Bárys Ermittlungen eingeschüchtert, bedroht und teilweise gefoltert, sowohl von den Beamten des Gerichtshofs als auch von lokalen Antisemiten. Ebenso gerieten die Verteidiger der Angeklagten und diejenigen Teile der Staatsanwaltschaft unter Druck, die sich um eine neutrale Beweisaufnahme und einen fairen Prozess bemühten.[754]

Die während der Ermittlungen und des Prozesses zutage tretende, bestens koordinierte Presse- und Agitationsarbeit ungarischer und deutscher Antisemiten in Kombination mit der „tendenziösen" Ermittlungsarbeit Bárys und begleitet von zahlreichen Ausschreitungen und Pogromen in Ungarn[755], bezeichnete Nathan als maßgebendes Phänomen der „Affaire" und charakterisierte sie schon im Buchtitel als „antisemitisches Culturbild". „Die Antisemiten von Pest und Berlin", stellte er zusammenfassend fest, „kämpfen Schulter an Schulter"[756]. Dadurch wurde die „Affaire von Tiszá-Eszlár" zum „Ausgangspunkt des ungarischen Antisemitismus der 1880er Jahre"[757], zum Schlüsselmoment für die transnationale Vernetzung

---

753 Paul Nathan, Der Prozess von Tisza-Eszlar, S. 121, 16.
754 Vgl. ebd., S. 45–66, 93.
755 Vgl. Robert Nemes, Hungary's Antisemitic Provinces: Violence and Ritual Murder in the 1880s, in: Slavic Review, Jg. 66, Nr. 1, Cambridge 2007, S. 20–44.
756 Paul Nathan, Der Prozess von Tisza-Eszlár, S. 371.
757 Werner Bergmann, Tumulte – Excesse – Pogrome, S. 551.

deutscher und ungarischer Antisemiten und der Begründung einer europäischen antisemitischen Bewegung[758].

Als Initiator und Schlüsselfigur dieser fruchtbaren Zusammenarbeit fungierte der Jurist und Parlamentsabgeordnete Géza Ónody (1848–1923)[759], ein einflussreicher Vertreter der antisemitischen Bewegung in Ungarn. 1881 wurde er für die während der Revolution von 1848 begründete und im linken Parteienspektrum angesiedelte *Unabhängigkeitspartei* (Függetlenségi és Negyvennyolcas Párt) ins Parlament gewählt. Dort schloss er sich Győző Istóczy (1842–1915) an, dem Begründer des modernen Antisemitismus in Ungarn. Istóczy, Mitglied der Liberalen Partei (*Szabadelvű Párt*), agitierte seit 1875 gegen die Juden, gründete judenfeindliche Zeitschriften und brachte ab 1878 vermehrt entsprechende Pamphlete in Umlauf. Regelmäßig schlug er dem Parlament antijüdische Maßnahmen vor, die jedoch auf Ablehnung und Spott stießen. Vor der „Affaire" in Tiszaeszlár verfügte die antisemitische Bewegung in Ungarn nur über wenige Anhänger und besaß keinen nennenswerten politischen Einfluss.[760]

Seit April 1882 choreographierte Ónody die Emotionalisierung und Skandalisierung des Vermisstenfalls direkt vom Ort des Geschehens aus. Tiszaeszlár befand sich in seinem Wahlkreis, ein wenig außerhalb des Dorfes gelegen besaß er ein großes Gut, von wo er die Ereignisse im Dorf und dem Gerichtshof in Níregyháza aus unmittelbarer Nähe beobachten, beeinflussen und manipulieren konnte. Als gebürtiger Tiszaeszlárer, einflussreicher Grundbesitzer und Reichstagsabgeordneter war Ónody eine der höchsten Autoritäten des Szabolcser Komitats und profitierte von seiner ortsansässigen Klientel und seiner nahezu unangreifbaren ge-

---

758 Vgl. Ulrich Wyrwa (Hg.), Einspruch und Abwehr. Die Reaktionen des europäischen Judentums auf die Entstehung des Antisemitismus; vgl. Rolf Fischer, Entwicklungslinien, S. 46 f.; in einer jüngeren Publikation wird dieser Aspekt hinsichtlich Tisza-Eszlár deutlicher in den Blick genommen, vgl. Daniel Véri, The Tiszaeszlar Blood Libel: Image and Propaganda, in: Mareike König/ Oliver Schulz (Hg.), Antisemitismus im 19. Jahrhundert aus internationaler Perspektive, Göttingen 2019, S. 263–290.; vgl. Ulrich Wyrwa, Die Internationalen Antijüdischen Kongresse von 1882 und 1883 in Dresden und Chemnitz Zum Antisemitismus als europäischer Bewegung, in: Themenportal Europäische Geschichte, 2009, (www.europa.clio-online.de/essay/id/fdae-1481; 20.10.2020), S. 3; die Bedeutung der deutsch-ungarischen Antisemitenkooperation wird auch von Lucien Wolf hervorgehoben, vgl. den historischen Überblick in: Lucien Wolf, Anti-Semitism, in: The Encyclopaedia Britannica, New York 1910, S. 136 f.
759 Vgl. Franz Sz. Horváth, Ónody, Géza, in: Wolfgang Benz (Hg), Handbuch des Antisemitismus, Bd. 2 (Personen), S. 600.
760 Vgl. Fischer, Entwicklungsstufen, S. 37 ff.; vgl. zum Überblick Miklós Konrád, Jews and politics in Hungary in the Dualist era, 1867–1914, in: East European Jewish Affairs, Vol. 39, No. 2 (August 2009), S. 167–186; vgl. Franz Sz. Horváth, Istóczy, Artikel Győző, in: Wolfgang Benz (Hg), Handbuch des Antisemitismus, Bd. 2 (Personen), S. 401 f.; vgl. Brigitte Mihok, Artikel Ungarn, in: Wolfgang Benz (Hg), Handbuch des Antisemitismus, Bd. 1 (Länder und Regionen), S. 390.

sellschaftlichen Stellung – „Jener Mann, der in Pest einflusslos war, war in Níregyháza eine Macht und in Tisza-Eszlár ein Gott"[761]. Als Ónody im April die ersten Gerüchte über Eszthers Verschwinden zu Ohren kamen realisierte er, dass dieses Ereignis mit der richtigen Strategie der antisemitischen Bewegung von Nutzen sein konnte. Zweifellos waren ihm die propagandistischen Aktivitäten der Berliner Bewegung und die seiner Bekannten Julius Ruppel und Ernst Henrici aus dem vergangenen Jahr bekannt, auf deren Strategie der maximalen Eskalation er aufbaute. Dabei half ihm sein enger Verbündeter, der Publizist György Marcziányi (1844–1898), der während Bárys Ermittlungen als Korrespondent für Ruppels *Ostend-Zeitung* schrieb und als Erster schon im Sommer 1882 eine Darstellung der Anklage wegen Ritualmordes veröffentlichte. Die Publikation war größtenteils aus seinen eigenen Zeitungsbeiträgen zusammengestellt und mit einer Vielzahl spätmittelalterlicher und frühneuzeitlicher Schauergeschichten garniert. Sie trug den Charakter eines aufklärerischen Gruselromans.[762] Als Übersetzter fungierte Marcziányi als „Vermittler zwischen den ungarischen und deutschen Antisemiten"[763]. Ónody verfasste nur kurz darauf selbst eine Broschüre, die von Marcziányi eilig übersetzt schon im Dezember 1882 auf Deutsch erschien und in weiten Teilen mit dessen eigener Publikation identisch war. Ónody verfügte über zahlreiche wietere enge Verbindungen in die ungarische antisemitische Presselandschaft, allen voran zur Zeitung *Függetlenség* („Unabhängigkeit") des antisemitischen ungarischen Reichstagsabgeordneten Gyula Verhovay (1848/49–1906)[764]. Neben Ónody und dem Untersuchungsrichter Báry nennt Paul Nathan Verhovay als wichtigsten Initiator und Stütze des Prozesses.[765] Wie Marcziányi am 22. Juli 1882 in einem Bericht in der *Ostend-Zeitung* erwähnte, stammten die seit Beginn der offiziellen Ermittlungen Bárys im *Függetlenség* abgedruckten „Originalberichte" aus „der Feder des in Tisza-Eszlár auf seinem Rittergut wohnenden Abgeordneten Ónody"; die sensiblen Inhalte für seine Berichte erhielt Ónody über Mittelsmänner, Vertraute, möglicherweise auch von Báry selbst, direkt aus dem Gerichtshof in Nyriegháza. Paul Nathan schildert:

> In Ónodys Buch finden wie dann sogar den wortgenauen Abdruck von Protocollen aus der Voruntersuchung, sogar mit Angabe des Actenzeichens und bis in alle Einzelheiten (...) Ónody schöpfte also aus den besten Quellen und versorgte den Függetlenség[766]

---

761 Paul Nathan, Der Prozess von Tisza-Eszlár, S. 70.
762 Vgl. ebd., S. 316–318; vgl. Georg von Marcianyi, Esther Solymosi.
763 Paul Nathan, Der Prozess von Tisza-Eszlár, S. 26.
764 Vgl. Daniel, Véri, The Tiszaeszlár Blood Libel: Image and Propaganda, S. 274.; vgl. Paul Nathan, der Prozess von Tisza-Eszlár, S. 26 ff., 51.
765 Vgl. ebd., S. 78.
766 Ebd., S. 27 f.

Dank dieser exklusiven und von Marcziányi ins Deutsche übersetzten Verschlussdokumente erhielten Ruppels *Ostend-Zeitung* und andere Blätter exklusiven Zugang zu Interna aus Tiszaeszlár und waren dadurch publizistisch im Vorteil gegenüber der jüdischen und liberalen Presse.[767]

Die „enge[n] und vielgestaltige[n]" Verbindungen zwischen deutschen und ungarischen Antisemiten[768] erwiesen sich als äußerst förderlich für die Inszenierung der deutsch-ungarischen Medienkampagne. Die Ereignisse in Tiszaeszlár wurden für eine breite Öffentlichkeit zu einer Schauergeschichte aufgebauscht, um die öffentliche Wahrnehmung von JüdInnen in Mittel- und Westeuropa in ein negatives Licht zu rücken. Die Aktion entfachte eine Flut an Artikeln in der ungarischen Presse, Gerüchte, Verschwörungstheorien, durch neue Zeugenaussagen angereicherte Enthüllungsstorys waren in aller Munde, mitunter wurde sogar gemutmaßt, Eszther sei noch am Leben und würde versteckt.[769] Die Berliner Bewegung griff das Thema dankbar auf, um Aufmerksamkeit auf sich zu ziehen und Boden gutzumachen. Ruppel, Henrici und andere Berliner Akteure waren stets über die neuesten Entwicklungen auf dem Laufenden und konnten die propagandistische Hilfe aus Ungarn gut gebrauchen. Sie begannen den vermeintlichen Ritualmord ab Juni 1882 verstärkt zu thematisieren. Wie Paul Nathan feststellte, verschwand auch im deutschen Reich „die Rubrik „Das Geheimnis von Tisza-Eszlár" (...) aus den antisemitischen Blättern nicht mehr".[770] Die antisemitischen Wortführer in Berlin behandelten Tiszaeszlár ausgiebig auf diversen Veranstaltungen, unter anderem im von Henrici gegründeten *Socialen Reichsverein*. Am 4. Juni rief Henrici dort seinen Zuhörern dort zu, „dieser kleine Ort [Tiszaeszlór; D.H.] wird vielleicht das Ende für Israel werden", was vom Publikum mit „Das walte Gott" quittiert wurde. Nur zwei Wochen später kommentierte er einen ebenfalls im *Reichsverein* gehaltenen Vortrag Adolf Stoeckers über den Ritualmord mit den Worten „Es hat lange kein Jude gebaumelt, dort wird vielleicht ein größerer Galgen erforderlich sein, um eine Collection aus dem Stamme Israel baumeln zu lassen" und erntete dafür „ungeheuren Beifall" und „Bravo!"-Rufe der Anwesenden. Im Anschluss wurden Spenden für Julius Ruppel gesammelt, der 50.000 Exemplare eines Extrablatts der *Ostend-Zeitung* über den Fall Eszther Solymosi drucken und in Berlin kostenlos verteilen wollte.[771] Zeitgleich zur laufenden Zeitungskampagne tauchten seit Ende Juli in Berlin, „vielfach an Firmenschildern", Stempel mit den Aufschriften „Juden Raus!", „Kauft nur bei Christen!" und ähnlichen Aussagen auf, „zum Theil

---

[767] Vgl. ebd, S. 26f., zit. S. 27.
[768] Ebd., S. 2.
[769] Barnet Peretz Hartston, Sensationalizing the Jewish Question, S. 138.
[770] Vgl. Paul Nathan, Der Prozess von Tisza-Eszlár, S. 18ff., zit. ebd. S. 18.
[771] Ebd., S. 21, 22.

auch mit einem Todtenkopf versehen".⁷⁷² Parallel bemühte sich die antisemitische Bewegung, ihre Mild- und Wohltätigkeit gegenüber den von Juden bedrohten christlichen Familien zu inszenieren. In Ungarn und dem Deutschen Reich wurden Sammlungen für Eszthers Mutter veranstaltet; 18.000 Mark gelangten aus dem deutschen Reich nach Ungarn, die allerdings, wie Paul Nathan feststellte, nie bei Frau Solymosi ankamen, sondern stattdessen für propagandistisches Material verwendet wurden.⁷⁷³

5.4 Tiszaeszlár im Kontext der jüdischen Emigration

Die Ablehnung ‚ostjüdischer' Immigration aus Galizien und russländischen Gebieten spielte in der Demagogie ungarischer Antisemiten eine ebenso bedeutende Rolle wie im Deutschen Reich. Wie dort wurde die Furcht vor einer unkontrollierten jüdischen Einwanderung als Katalysator für die antisemitische Bewegung genutzt und geschürt. Am 23. Mai, nur einen Tag nach dem Geständnis von Moritz Scharf, fand im ungarischen Parlament die Generaldebatte über die „Pacifications-Credits" statt; verhandelt wurde die Bewilligung von Geldmitteln für Bosnien und die Herzegowina, die im Zuge der neu gezogenen Grenzen auf dem Berliner Kongress 1878 von Österreich-Ungarn besetzt worden waren.⁷⁷⁴ Ónody meldete sich zu Wort und lehnte die Kredite in wenigen Sätzen ab. Dann wechselte er überraschend das Thema und begann über die Judenverfolgungen in Russland und die dort lebenden orthodoxen Juden zu sprechen. Auf die Ermahnung des Parlamentsvorsitzenden „die orthodoxen russischen Juden und den Talmud in die Debatte" nicht hineinzuziehen, entgegnete Ónody, die Geschehnisse in Russland stünden mit einem Ereignis in seinem Wahlbezirk in engem Zusammenhang, und fuhr fort, vom Verschwinden Eszther Solymosis zu erzählen. „Angeblich", so Ónody,

---

772 Beilage der Tribüne, Nr. 382 (30.7.1882), S. 2.
773 Vgl. Paul Nathan, Der Prozess von Tisza-Eszlár, S. 105 ff.; Esthers Mutter leugnete vor Gericht Geldspenden erhalten zu haben; wie Paul Nathan weiter bemerkt hätten sich die Lebensbedingungen der ehemals „blutarm[en]" Frau jedoch erheblich gebessert. Dies sei vermutlich auf persönliche Zuwendungen „von Seiten dritter Personen" zurückzuführen, möglicherweise, damit sie ihre Anschuldigungen gegenüber den Juden Tisza-Eszlárs „mit einer gewissen Scrupellosigkeit" aufrechterhielt; vgl. ebd. S. 105, 106.
774 Vgl. Artikel 25 des Berliner Vertrages vom 13.7.1878 (online: https://de.wikisource.org/wiki/Vertrag_zwischen_Deutschland,_Österreich-Ungarn,_Frankreich,_Großbritannien,_Italien,_Rußland_und_der_Türkei._(Berliner_Vertrag; 12.8.2020).

wurde [das Kind; D.H.] ermordet, um sein Blut zu nehmen, und dasselbe aus Anlass des Backens der Osterbrote unter die orthodoxen Juden zu vertheilen. Dieses hat das eigene Kind des Schächters erzählt.[775]

Der einleitende Verweis auf die Judenverfolgung im Zarenreich verknüpfte die Not der russländischen Juden mit der auch in Ungarn weit verbreiteten Sorge vor der Folge dieser Not: der jüdischen Emigration nach Westen. Wie Paul Nathan unter Rückgriff auf Salomon Neumanns ‚Fabel' zutreffend und pointiert schildert, hatte

> Ónody (…) für diese Zwecke mit seiner Rede gut vorgearbeitet. Er hatte die Fabel von der jüdischen Einwanderung vorgebracht und dieselbe mit dem angeblichen Mord von Tisza-Eszlár verknüpft. Die Nutzanwendung war leicht; sie lautete für das Volk: Wir wollen überhaupt keine Juden, und wenn die Juden solche bluttrinkenden Karaiben sind, so wollen wir sie gewiss nicht.[776]

Ónody erntete für seine Rede im Reichstag größtenteils Ablehnung und Spott, seine Ausführungen wirkten jedoch als populistischer Multiplikator, der die beiden Themen Ritualmord und jüdische Einwanderung miteinander verwob. Seine Aussage war ein erster und wohldurchdachter Schritt zur folgenden Politik- und Medienkampagne, der sich weitere Parlamentsdebatten anschlossen. Der zweite Schritt bestand darin, „ein Todtschweigen der Sache unmöglich"[777] zu machen. Tags darauf richtete Istóczy, der im Parlament mehr Autorität besaß als Ónody, eine Interpellation an Ministerpräsident Kálmán Tisza (1830–1902), der gleichzeitig Innenminister war, und Justizminister Tivadar Pauler. Darin forderte er sie auf, den Fall Eszther Solymosi von höchster Stelle im Auge zu behalten. Zur Untermauerung seiner Forderungen verlas Istóczy einen langen Brief voller Falschbehauptungen. Der anonyme, nicht genannte Schreiber bezog sich auf einen Leserbrief im *Magyar Allam*, in dem eine „angesehene" Person aus Tiszaeszlár den angeblichen Ritualmord geschildert hatte. Bei dieser Person handelte es sich möglicherweise um den katholischen Ortsgeistlichen. Dieser stritt seine Urheberschaft zwar in einem weiteren Leserbrief ab, stand jedoch im weiteren Verlauf der Voruntersuchungen Ónody und den lokalen Antisemiten sehr nahe. Wie Paul Nathan aus der Länge der Reisedauer zwischen Pest und Tiszaeszlár schloss, konnten weder Ónodys, Istóczys noch die zitierten Aussagen des anonymen Briefschreibers auf dem erst am Vortag

---

775 Vgl. Paul Nathan, Der Prozess von Tisza-Eszlár, S. 7 f., zit. ebd., S. 8; Die Presse, 35. Jg., Nr. 142 (24. 5. 1882), Erstes Abendblatt, S. 1.
776 Paul Nathan, Der Prozess von Tisza-Eszlár, S. 10.; vgl. Werner Bergmann, Tumulte – Excesse – Pogrome, S. 548.
777 Paul Nathan, Der Prozess von Tisza-Eszlár, S. 45.

erfolgten Geständnis von Moritz Scharf beruhen, sondern allein auf der im Umlauf befindlichen Geschichte des 4-jährigen Samuel Scharf.[778]

Unabhängig vom Wahrheitsgehalt ihrer Ausführungen entfalteten Ónodys und Istóczys Auftritte im Parlament eine für die Antisemiten vorteilhafte Dynamik. Justizminister Pauler versprach, von Istóczy auf die schleppende Reaktion des Dorf- und des Bezirksrichters gegenüber Eszthers Mutter hingewiesen, vom Gerichtspräsidenten Kornis einen umfassenden Bericht anzufordern. Der Anklage wegen Ritualmord wurde dadurch von höchster Seite Aufmerksamkeit zuteil.[779] Die in der liberalen Presse häufigen Verweise auf die politische Unbedeutsamkeit der wenigen antisemitischen Abgeordneten und auf die harsche und ablehnende Reaktion eines Großteils der Parlamentarier und des Ministerpräsidenten Kálmán Tisza[780] waren schon aus Sicht vieler Zeitgenossen wenig geeignet, die eigentliche, wie die AZJ es formulierte, „Blamage im ungarischen Abgeordnetenhause" zu verbergen, dass nämlich die „dem finstersten Mittelalter angehörende teuflische Fabel von dem Gebrauche von Christenblut Seitens der Juden" überhaupt in einem Parlament debattiert und durch diese Debatte ins Zentrum der politischen Aufmerksamkeit gerückt werden konnte.[781] Wie groß der Einfluss der antisemitischen Einflüsterungen insbesondere auf den Justizminister waren, zeigte sich nach dem Fund der Leiche und der Mutmaßung, nur reiche Juden aus Pest könnten einen solchen Leichenschmuggel bewerkstelligt haben. Pauler, der durch das Fahrt aufnehmende Medienspektakel als oberster Hüter der ungarischen Justiz unter Druck stand, wurde „mit dem Ansinnen bestürmt, ohne Zögern die einflussreichsten Juden verhaften zu lassen" um zur Auflösung des Falles beizutragen, was er tatsächlich kurzzeitig erwog. Erst auf persönliche und „energische" Intervention des Ministerpräsidenten sah er von dieser Maßnahme ab.[782] Die AZJ bescheinigte Pauler, insgesamt eine „höchst schwächliche" Figur abzugeben, weil er sich in seinen Entscheidungen von den Antisemiten durchaus beeinflussen und manipulieren ließ.[783]

All diesen antisemitischen Parlamentsauftritten war gemein, dass ein Zusammenhang zwischen einer vermeintlichen Tradition der „Orthodox-Juden" – das

---

778 Vgl. ebd., S. 10 ff.; 15, 16., zur Rolle des katholischen Geistlichen S. 324; vgl. Werner Bergmann, Tumulte – Excesse – Pogrome, S. 548.
779 Vgl. Paul Nathan, Der Prozess von Tisza-Eszlár, S. 366.
780 Vgl. ebd., S. 8, 14, 17 f.; vgl. Fischer, Entwicklungsstufen, S. 45.
781 Vgl. Eine Blamage im ungarischen Abgeordnetenhause, in: AZJ, Jg. 46, Nr. 23 (6.6.1882), S. 371 f., zit. S. 371.
782 Vgl. Paul Nathan, Der Prozess von Tisza-Eszlár, S. 317 f., zit. S. 318.
783 Das Ungarische Abgeordnetenhaus I, in: AZJ Jg. 46, Heft 43 (24.10.1882), S. 701; zur Rolle des Justizministers Pauler vgl. Paul Nathan, Der Prozess von Tisza-Eszlár, S. 14, 62 f.

seit Jahrhunderten praktizierte „rituelle Schächten von Christenjungfrauen" – und der Anwesenheit einiger ortsfremder Schächter in Tiszaeszlár, die nach Zeugenaussagen teilweise oder alle „aus dem Kronland Galizien zugereiste" gewesen seien, konstruiert wurde.[784] Auch in Marczianays wenige Wochen später veröffentlichter Broschüre wurde der angeklagte Bettler Hermann Wollner zum „jüdischen Bettler aus Galizien" stilisiert, obwohl er Ungar war und aus dem Szatmárer Komitat stammte.[785] Mithilfe von Bildern wurde die Verbreitung der Legende von im Land umherstreifenden, blutrünstigen ‚Ostjuden' ebenfalls gefördert. Auf zeitgenössischen antisemitischen Karikaturen, die den Mord an Eszther darstellten und in verschiedenen Zeitungen und Broschüren abgedruckt und vielfach in Umlauf gebracht wurden, finden sich entsprechende Stereotype, die eine Mittäterschaft orthodoxer galizischer oder russländischer Juden konstatieren: Eine populäre Zeichnung aus dem Jahr 1882 zeigt die typische Karikatur eines ‚Ostjuden' mit Kaftan und Schläfenlocken, der während der rituellen ‚Schächtung' mit einem Krug das Blut Eszthers auffängt. Am 11. Oktober verteilte Ónody Kopien dieser Karikatur im Parlament.[786]

Die rasch eskalierende Dynamik der Ritualmordbeschuldigung wurde durch die Entwicklungen in Galizien zusätzlich begünstigt. Um 1880 lebten von den insgesamt 1.643.708 JüdInnen der Habsburgermonarchie 638.314 in Ungarn und 686.696 im östlich an Ungarn grenzenden Galizien.[787] Seit Mitte des 18. Jahrhunderts hatte eine stetige Einwanderung galizischer Juden nach Ungarn, vorrangig in die an Galizien grenzenden Komitate stattgefunden. Gleichzeitig fand eine kontinuierliche jüdische Binnenwanderung von den Grenzgebieten ins Landesinnere und von den ländlichen in die urbanen Regionen statt.[788] 1881/82 lag Ungarn dem logistischen Zentrum der organisierten jüdischen Emigration zwar nahe, doch hatte die Krise in Brody keine nennenswerte jüdische Immigration dorthin ausgelöst. Das lag vor allem daran, dass die Regierungen der Habsburgermonarchie und des Deutschen Reiches zusammen mit vielen anderen westeuropäischen Ländern kaum oder keine

---

784 Georg von Marczianyi, Esther Solymosi, S. 4, 13.; Istóczy erwähnte unter Berufung auf einen nicht genannten Augenzeugen „mehrere fremde Schächter" in seiner Interpellation vom 24. Mai 1882, vgl. Paul Nathan, Der Prozess von Tisza-Eszlár, S. 12.; tatsächlich befanden sich im April einige fremde Schächter im Ort, weil die jüdische Gemeinde Tisza-Eszlár einen weiteren Schächter suchte, vgl. Barnet Peretz Hartston, Sensationalizing the Jewish Question, S. 137. Die Namen der beiden angeklagten ortsfremden Schächter waren Ábrahám Buxbaum und Leopold Braun.
785 Georg von Marczianyi, Esther Solymosi, S. 21; vgl. Paul Nathan, Der Prozess von Tisza-Eszlár, S. 290.
786 Vgl. Daniel Véri, The Tiszaeszlár Blood Libel: Image and Propaganda, S. 273 f.
787 Vgl. Steven M. Lowenstein, Deutsch-Jüdische Geschichte in der Neuzeit: Umstrittene Integration 1871–1918, S. 169.
788 Vgl. Fischer, Entwicklungslinien, S. 32–34.

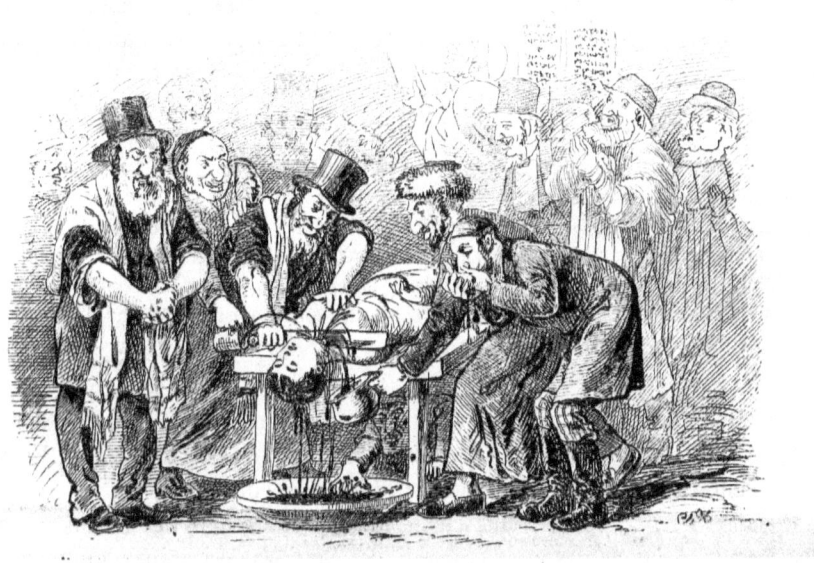

Abb. 3: Zoltán Csörgey, The Ritual Murder of Eszter Solymosi, 1882, drawing.

jüdischen Immigranten aufnahmen und der Transit zum überwiegenden Teil über die Kontinentalstrecke in Richtung der Nordseehäfen verlief.[789] Dennoch existierte bereits 1882 eine Eisenbahnverbindung, die vom galizischen Lemberg über Przemysl und Lisko verlief, die ungarische Grenze kurz vor Vidrány (Komitat Zemplén) überquerte, und dann südlich Richtung Sátoralj Ujhely, Miskolcz und anschließend bis Budapest und von dort nach Triest weiterführte. Diese Bahnstrecke führte nahe an Tiszaeszlár vorbei. Der Bahnhof Zombor (heute: Mezőzombor), von dem aus eine Eisenbahnlinie nach Níregyháza führte, lag nur etwa 30 Kilometer nordwestlich von Tiszaeszlar; der auf der Linie Níregyháza-Zombor befindliche Bahnhof Királytelek war ebenfalls nur wenige Kilometer entfernt.[790] Die russländischen EmigrantInnen hielten sich jedoch entweder in Galizien auf oder fuhren mit der Bahn in Richtung Hamburg, Bremen und Antwerpen, um sich dort nach Amerika einzuschiffen.

Entscheidend für den Erfolg der antisemitischen Agitation war die Tatsache, dass der Beginn von Bárys Ermittlungen in Tiszaeszlár, Ónodys Parlamentsrede und Istóczys Interpellation mit der erneuten Zunahme jüdischer EmigrantInnen aus

---

789 Vgl. dazu Kapitel IV, 5.
790 Vgl. Theodor von Bomsdorff, Eisenbahn-Karte Oesterreich-Ungarn, Verlag von Karl Prochaska, Wien und Teschen 1883.

russländischen Gebieten in Galizien zusammenfielen, was der „Fabel von der jüdischen Masseneinwanderung" in Ungarn großen Auftrieb verschaffte. Paul Nathan beschrieb diese verhängnisvollen Parallelen als entscheidend für den Erfolg der ungarischen antisemitischen Bewegung:

> Der Auszug der russischen Juden über die westliche Grenze ihres Vaterlandes war eine Kalamität. Diese besitzlosen, von allen festen Beziehungen losgelösten Elemente, konnte kein europäischer Staat in sein Gebiet aufnehmen. Kein Jude, kein aufgeklärt denkender Mensch hat dies damals verlangt oder auch nur für denkbar erklärt. Aber einzig schon eine solche Möglichkeit beängstigte die Einwohner jener Gegenden, die von der Einwanderung zunächst hätten betroffen werden können. Hier setzte der Antisemitismus ein, und hieraus zog er speciell in Ungarn neue Lebenskraft.[791]

Diese zunehmende Vitalität der ungarischen antisemitischen Bewegung äußerte sich in antijüdisch motivierten politischen Initiativen, die Ónodys und Istóczys parlamentarischen Forderungen folgten. Im Mai mehrten sich die Forderungen nach einer Beschränkung der jüdischen Zuwanderung. Anfang des Monats initiierte das Komitat Szatmár, das westlich an das Komitat Szabolcs grenzte und nahe bei Tiszáeszlar lag, eine Petition „gegen die Einwanderung der russischen Juden". Die Petition, der sich schnell weitere Komitate anschlossen, verlangte ein „Gesetz gegen die Niederlassung russischer Juden in Ungarn" sowie eine „Kopfsteuer" für jeden in Ungarn eintreffenden jüdischen Immigranten.[792] Am 5. Juni berieten sich Ministerpräsident Tisza und die Mitglieder der regierenden Liberalen Partei, der auch Istóczy angehörte, über die Petition. Der Abgeordnete Albert Berzeviczy (1853–1936) hielt den Initiatoren vor, die Petition sei ganz und gar überflüssig, da seit 1876 ein Gesetz existierte, dass es Immigranten und auch innerhalb Ungarn umziehende Personen verbot, den sie aufnehmenden Gemeinden finanziell zur Last zu fallen. Einen entschiedenen Gegner fanden Istóczy und seine Mitstreiter in Moritz Wahrmann (1831–1892)[793], der schon 1869 als erster jüdischer Abgeordneter ins ungarische Parlament gewählt worden war. Er führte in einer Rede aus, dass sich die Initiatoren der Petition von „religiösem Fanatismus und Rassenhaß" leiten ließen und ergänzte Berzeviczys Anmerkungen durch eine Darstellung der momentanen jüdischen Auswanderung. Dabei bezog er sich auf einen kurz vorher erfolgten Besuch des Bankiers und Philanthropen Samuel Montague (1832–1922) und des Mediziners Dr. Asher Asher (1837–1889) von der AJA, die im Anschluss an ihre Reise

---

791 Paul Nathan, Der Prozess von Tisza-Eszlár, S. 9f.
792 Vgl. Die Einwanderungsfrage im ungarischen Abgeordnetenhaus I, in: AZJ, Jg. 46, Nr. 25 (20.6. 1882), S. 405ff.
793 Vgl. zur Biographie http://www.jewishencyclopedia.com/articles/14757-wahrmann-moritz (25.8. 2020).

nach Brody auch das ungarische Parlament besucht und über den Stand der Hilfsaktion unterrichtet hatten. Weder habe seit 1881 eine nennenswerte Einwanderung nach Ungarn stattgefunden, noch sei eine solche geplant. Im Gegenteil seien die europaweiten Geldsammlungen „zur Beförderung der russischen Juden nach Amerika bestimmt", was von Montague und Asher „aufs bestimmteste erklärt" worden sei. Eine Einwanderung russländischer Juden nach Ungarn war, wie es auch der Ministerpräsident betonte, weder gewünscht noch geplant. Der Ausschuss schlug vor, die Petition zurückzuweisen[794] Vom 7. bis zum 9. Juni wurden die Petition und die Empfehlungen der Ausschusssitzung im Parlament verhandelt. Dort sprach Ónody erneut von der „Schlechtigkeit der Juden" und den angeblichen Ritualmord von Tiszaeszlár, wobei er eine Vielzahl antisemitischer Stereotype vorbrachte und sich mehrere Rügen und den Vorwurf des Ministerpräsidenten einhandelte, mit seinen Aussagen der Reputation Ungarns zu schaden.[795] Am 9. Juni kam es dann zu einem denkwürdigen Schlagabtausch zwischen Istóczy und Wahrmann. Nach einer „giftgeschwängerten" Rede Istóczys, in der er forderte, „die Juden [müssten] entweder sämmtlich nach Palästina geschafft oder todtgeschlagen werden", wiederholte Wahrmann seine Aussagen vom 5. Juni, verwies Istóczys Zitate aus Rohlings *Talmudjuden* und dem *Antichrist* ins Reich der Lügen und erläuterte dem Parlament die Hintergründe der internationalen Hilfsaktion der *Alliance*. Nach seiner Rede verließ Wahrmann den Plenarsaal und traf in einem der angrenzenden Parlamentskorridore auf Istóczy und Ónody. Istóczy warf ihm Beleidigung vor und forderte Wahrmann zum Duell, was dieser jedoch „lachend" ablehnte. Kurz darauf suchte Istóczy Wahrmann erneut auf und beleidigte ihn als Feigling, woraufhin sich ein lautstarker Streit entwickelte. Istóczy versetzte Wahrmann einen Schlag, dieser wehrte sich, eine Prügelei der Beiden konnte nur von zufällig anwesenden Abgeordneten verhindert werden. Als Reaktion beschloss die Liberale Fraktion, Istóczy auszuschließen, dem dieser jedoch durch seinen Austritt zuvorkam.[796] Obwohl in dieser skandalträchtigen Sitzung des ungarischen Abgeordnetenhauses die Petition mit großer Mehrheit abgelehnt wurden, war es Ónody und Istóczy erneut gelungen, die wachsende antijüdische Stimmung zu kanalisieren und eine Verbindung zwischen dem Mord an Eszther und der jüdischen Einwanderung herzustellen.

---

794 Die Einwanderungsfrage im ungarischen Abgeordnetenhause I, 406.
795 Vgl. Die Einwanderungsfrage im ungarischen Abgeordnetenhause II, in: AZJ Jg. 46, Nr. 26 (27.6. 1882), S. 423 f., zit. S. 424.
796 Vgl. ebd., S. 425–427, zit. 425; vgl. Die Einwanderungsfrage im ungarischen Abgeordnetenhause I, S. 407.

5.5 Wachsende Judenfeindschaft und Pogrome in Ungarn

Ónodys und Istóczys demagogische Inszenierung des Prozesses trug schnell Früchte. Schon am 15. Juni 1882 verkündete Ónody in einem Leserbrief im *Deutschen Tageblatt*:

> Heute stehe ich nicht mehr allein mit der Ansicht, dass hier eine niederträchtige, rituelle Sünde durch die aus russisch Galizien herströmenden orthodoxen Juden verübt worden ist, welche That ihre Erklärung in dem aus dem XIII. Jahrhundert stammenden finsteren Fanatismus findet; sodann selbst die ungarische Gerechtigkeits-Bedienung, der sämmtliche Glaube und die heimathliche Presse stehen mir zur Seite.[797]

Waren mit „Gerechtigkeits-Bedienung" die zu Ónodys Gunsten verlaufenden Untersuchungen Bárys und mit der „heimathlichen Presse" die kooperierenden antisemitischen Zeitungen gemeint, ist der Verweis auf den „sämmtlichen Glauben" ein wichtiges Indiz für die wachsende Unterstützung von Seiten der ungarischen katholischen Geistlichkeit und des politischen Katholizismus, die anstelle des wenig erfolgreichen parlamentarischen Antisemitismus einen großen Beitrag zur wachsenden Popularität des Antisemitismus leisteten.[798] In diesem Kontext gewann die massenhafte Verbreitung antisemitischer Schriften und die Ikonisierung Eszther Solymosis als eine den Juden zum Opfer gefallene christliche Märtyrerin erheblich an propagandistischem Gewicht. Am selben Tag, an dem Ónodys Leserbrief erschien, sah sich das ungarische Innenministerium veranlasst, der wachsenden Judenfeindschaft im Land durch eine „Circular-Verordnung betreffs Hintanhaltung etwaiger Ausschreitungen gegen die Juden" entgegenzutreten. Ministerpräsident Tisza betonte, der Prozess in Níregyháza dürfe nicht den Zielen der antisemitischen Bewegung dienen. Ungeachtet dessen kam es ab Juli 1882 vermehrt zu antijüdischen Ausschreitungen und Pogromen in Ungarn[799], zuerst am 3. Juli im Bezirk Veszprém.

---

797 Ebd., S. 20.
798 Vgl. Miloslav Szabó, Gegen die „weltvergiftende Idee des Antisemitismus": Publizistik als Gegenwehr. Jüdische Reaktionen auf den Antisemitismus in der ungarischen Provinz um 1900, in: Ulrich Wyrwa (Hg.), Einspruch und Abwehr, S. 215–229; im verabschiedeten „Manifest" des Antisemitenkongresses von Dresden wurde trotz aller inhaltlichen Differenzen diese Traditionalität des modernen Antisemitismus hervorgehoben. Die christlichen Akteure wie Stoecker, de le Roi und andere sowie die ungarischen Gäste Ónody und Istóczy, die eigens ihre Esther Solymosi-Ikone mitgebracht hatten, bezeichneten die „christliche Religion" als „die mächtigste Reaktion gegen die jüdische Weltherrschaft", vgl. Manifest an die Regierungen und Völker der durch das Judenthum gefährdeten christlichen Staaten laut Beschlusses des Ersten Internationalen Antijüdischen Kongresses zu Dresden am 11. und 12. September 1882, Chemnitz 1882, S. 4.
799 vgl. Robert Nemes, Hungary's Antisemitic Provinces, S. 32 ff.; vgl. Werner Bergmann, Tumulte – Excesse – Pogrome, S. 552 ff., s. auch Karte S. 551.

Dort waren mehrere junge Juden mit einer Gruppe christlicher Handwerksgesellen aneinandergeraten, die daraufhin in drei aufeinanderfolgenden Nächten die Fenster jüdischer Häuser und der Synagoge einwarfen, sich prügelten, in Wohnungen eindrangen und einige jüdische EinwohnerInnen misshandelten.[800] Zu einem der größten Pogrome des Jahres 1882 kam es ab dem 27. September in der mehrheitlich von Deutschen bewohnten Stadt Preßburg, die zugleich ein Zentrum der jüdischen Orthodoxie war. Am 27. hatte eine große Anzahl Jugendlicher und Lehrlinge den Auftritt einer Militärkapelle zu Ehren verdienter Stadthonoratioren mit „Eljen Istóczy" und „Eljen Ónody"-Rufen begleitet, im Glauben die Geehrten seien Antisemiten. Nachdem dieses Missverständnis durch energisches Einschreiten mehrerer Bürger und zweier Kommissäre geklärt worden war, wuchs sich die antijüdische Stimmung zwei Tage später zu einem Pogrom aus, dessen TeilnehmerInnen laut Presseberichten „gering gerechnet auf ein volles Tausend" geschätzt wurden. Eine aufgebrachte, Fackeln und Steine tragende Menge, die Hochs auf Istóczy und Ónody brüllte, versammelte sich auf dem König-Ludwigplatz, von wo sie zunächst ungehindert durch die Straßen zog und die Fenster sämtlicher jüdischen Häuser, Geschäfte und der Synagoge einwarfen. Wie die *Neue Freie Presse* (NFP) schrieb, wurden das jüdische Wirtshaus *Zum weißen Ochsen* und das Spirituosengeschäft *J. Fischer* völlig ausgeplündert und demoliert. Der Stadthauptmann und seine wenigen Beamten waren nicht in der Lage, die aufgebrachte Menge zu stoppen und gerieten selbst in gefährliche Bedrängnis. Erst als das Militär „in vollem Aufmarsche" und mit gefällten Bajonetten einschritt, konnten die „von Menschen vollgepfropften" Straßen allmählich geräumt werden. Zur Aufrechterhaltung der Ordnung musste in Preßburg kurzfristig das Standrecht verhängt werden.[801] Das Pogrom von Preßburg und die Entwicklungen der Ermittlungen in Tiszaeszlár standen auf dem Programm einer für den 10. und 11. Oktober 1882 anberaumten Parlamentsdebatte. Während Iván von Simonyi (1838–1904) mit Unterstützung der äußersten Linken die Ausschreitungen gegen die Preßburger Juden als unbedeutend verharmloste und ihre Ursprünge sowie die wachsende Judenfeindschaft insgesamt auf sozialpolitisches Versagen der liberalen Regierung Tisza zurückführte, bezeichnete Ónody den Oberstaatsanwalt Sándor Kozma (1825–1897) als inkompetent, weil dieser persönlich nach Níregyháza gereist, sich über den Stand der Ermittlungen informiert und anschließend offene Kritik an Báry geäußert hatte.[802]

---

800 Vgl. ebd, S. 550.
801 NFP Nr. 6499 (29.9.1882), S. 3; vgl. Werner Bergmann, Tumulte – Excesse – Pogrome, S. 559f.
802 Vgl. Das ungarische Abgeordnetenhaus, in: AZJ, Jg. 46, Nr. 46 (20.10.1882), S. 700–702; vgl. Paul Nathan, Der Prozess von Tisza-Eszlár, S. 58–61.; zu Simonyi vgl. Rolf Fischer, Entwicklungslinien, S. 64ff.

In Tiszaeszlár und Níregyháza kam es zwar nicht zu einem Pogrom, doch wuchs die Judenfeindschaft seit den Gerüchten um Eszthers Verschwinden in bedrohlichem Maße an. Paul Nathan, der das Szabolcser Komitat 1883 bereiste, beschrieb die Stimmung gegenüber den Juden als ambivalent. Die ärmeren Schichten, Bauern und Tagelöhner, verhielten sich ihren jüdischen Nachbarn gegenüber eher gleichgültig als feindselig, weil sich ihr Misstrauen hauptsächlich gegen Gutsbesitzer und „hochvermögende Herren" richtete, die sie für ihre prekären Lebensumstände verantwortlich machten. „Anders", so Paul Nathan weiter, war „die Stimmung des Mittelstandes in Níregyháza". Die Juden waren zwar „durchaus nicht verhasst", doch die Abhängigkeit des mittelständischen Bürgertums vom Wohlwollen einflussreicher Persönlichkeiten wie Ónody ließ sie häufig zuungunsten der Juden Partei ergreifen. Hinzu kamen die tägliche Propaganda der antisemitischen Presse und die öffentliche Fokussierung auf den Prozess.[803]

Unter den Juden Tiszaeszlárs hingegen herrschte „die bleiche Furcht". Das Wohnhaus der Familie Scharf und die Synagoge wurden geplündert und zerstört, in der Synagoge „beschmierte man noch alles mit Koth". Die jüdische Gemeinde wagte nicht, die Synagoge wieder zu benutzen aus Angst vor Racheakten ihrer christlichen Nachbarn. Schon während der Ermittlungen tauchten antisemitische Plakate im Ort auf, die im Namen der Regierung oder des Königs zum Verprügeln, Foltern und Ermorden der Juden aufriefen.[804]

5.6 Eszther Solymosi und der Antisemitenkongress in Dresden

Große Relevanz hatte der Prozess für den am 11. und 12. September 1882 anberaumten *Ersten Internationalen Antijüdischen Kongress* in Dresden, auf dem die Stärke und die Einigkeit der antisemitischen Bewegung demonstriert werden sollte. Federführend bei der Planung dieses Zusammentreffens waren Alexander Pinkert (1847–1918), der Gründer des antisemitischen *Deutschen Reformvereins* in Sachsen, und Ónodys Parlamentskollege Győző Istóczy. Im August stieß noch der Berliner Wilhelm Pickenbach von der *Antisemitenliga* zum Organisationsteam. Das Ziel der Veranstalter war, mit einer internationalen besetzten Teilnehmer- und Gästeliste das Interesse der Öffentlichkeit auf den Kongress zu lenken und gleichzeitig den Impuls zum Aufbau einer europäischen, politischen antisemitischen Bewegung zu geben. Schon vor der Eröffnung des Kongresses wurde jedoch klar, dass dieser Anspruch nicht eingelöst werden konnte. In den antisemitischen und liberalen

---

803 Vgl. ebd., S. 93–95, zit. S. 94.
804 Vgl. ebd., S. 90, 91.

Zeitungen wurde der europäische Aspekt kaum oder gar nicht thematisiert, hinzu kamen inhaltliche Konflikte und Streitigkeiten der verschiedenen antisemitischen Gruppierungen, die die Diskussionen auf dem Kongress dominierten und jeglichen Anschein von Einigkeit und Stärke zunichtemachten. Etwa 300 Personen reisten nach Dresden, allerdings keine der aus Frankreich und anderen westeuropäischen Ländern geladenen Gäste; die Teilnehmer kamen größtenteils aus dem Deutschen Reich, aus Ungarn, Österreich und einige wenige aus dem Russländischen Reich.[805] Der Prozess von Tiszaeszlár als Medienereignis von europäischer Dimension diente daher umso mehr als symbolkräftiges Bindeglied zwischen den konkurrierenden Fraktionen des Kongresses. Jenseits aller Differenzen waren sich die Teilnehmer einig, dass Eszther Solymosi den Juden zum Opfer gefallen war und die antisemitische Bewegung sich als Bewahrer des christlichen Europas und rechtsstaatlicher Werte propagandistisch in Szene setzen konnte. Dies wurde in einer gemeinsamen Resolution festgehalten:

> [Die Teilnehmer; D.H.] sind vollkommen überzeugt von der Unparteilichkeit des ungarischen Richterstandes und sprechen ihre feste Ueberzeugung dahin aus, dass derselbe in der Tisza-Eszlarer Affaire, die von der gesammten nichtjüdischen Welt mit grösster Aufmerksamkeit verfolgt wird, trotz der gewaltigen Macht und des verderblichen Einflusses des Judenthums seinem hohen Berufe vollkommen entsprechen wird.[806]

Die ungarischen Teilnehmer Ónody, Istóczy und der ebenfalls anwesende Parlamentsabgeordnete Iván von Simonyi spielten eine dem Tiszaeszlárer Medienspektakel entsprechend prominente Rolle. Sie standen im Mittelpunkt des Interesses, ihre Ansprachen bildeten die Höhepunkte der Veranstaltung. Dieser Umstand wurde hinsichtlich der schwächelnden deutschen antisemitischen Bewegung von der liberalen Presse mitunter spöttisch zur Kenntnis genommen. Die *Wiener Allgemeine Zeitung* fragte ironisch:

> Wo wären die Herren [die deutschen Antisemiten; D.H.], ohne das Blut der Esther Solymossy? Welchen kläglichen Verlauf hätte ihr Congreß in Dresden genommen, ohne die Episode von Tisza-Eszlar, ohne die „freundliche Mitwirkung" der ungarischen Gäste Istoczy, Ónody und Simonyi?[807]

---

805 Vgl. Ulrich Wyrwa, Die Internationalen Antijüdischen Kongresse, S. 3–5; ders., Antisemitenliga, in: Wolfgang Benz (Hg.), Handbuch des Antisemitismus, Bd. 5, S. 32.; eingeladen hatten insgesamt 14 Personen, darunter Adolf Stoecker, Ernst Henrici und Wilhelm Pickenbach, für Ungarn zeichneten Victor von Istóczy und Geza von Ónody, für Österreich das Vorstandsmitglied des Österreichischen Reformvereins in Wien, Ritter Carl von Zerboni di Sposetti, vgl. Liste in: Manifest an die Regierungen und Völker, S. 11 f.
806 Manifest an die Regierungen und Völker, S. 15.
807 Wiener Allgemeine Zeitung Nr. 918 (17.9.1882), Morgenblatt, S. 1.

Die *Neuzeit* fasste die Bedeutung der ungarischen Delegation dahingehend zusammen,

> daß in Dresden die Dreifaltigkeit Istóczy – Ónody – Simonyi den Ton angab. Und darin liegt der einzige Ersatz für die flache Langweiligkeit des Kongresses, über welchen Europa achselzuckend zur Tagesordnung übergeht.[808]

Diese und ähnliche Bemerkungen über die Erfolglosigkeit des Dresdner Kongresses fanden sich zuhauf in der deutschsprachigen Presselandschaft. Doch obwohl die Begründung einer europäischen Bewegung scheiterte, förderten die ungarischen Propagandaauftritte die langfristige Verbreitung der Blutmordlegende auch im Deutschen Reich. Zum einen galt gerade der am Ort des Geschehens sesshafte Ónody innerhalb der antisemitischen Bewegung als jemand, „der in innigster Beziehung zu dem Prozesse stand", also als ernst zu nehmender Kronzeuge, der als Abgeordneter des ungarischen Reichstags zusätzliche Glaubwürdigkeit und Autorität genoss.[809] Diesem Umstand kam im August noch ein folgenreicher Zufall zu Hilfe. Kurz vor seiner Reise nach Dresden hatte Ónody auf gut Glück ein Porträt Eszther Solymosis erstanden. Dieses Bild wurde, wie Daniel Véri pointiert schildert, zur Ikone der antisemitischen Bewegung in Ungarn.[810]

Der Maler des Bildes, Lajos Ábrányi (1849–1901), war Herausgeber einer Tageszeitung in Nyíregyháza. Ábrányi hatte in München und Paris Kunst studiert und versprach sich angesichts des Aufsehens, das die Ermittlungen erregten, einen guten Preis dafür. Er schuf das Bild „durch den lebenden Geist der Erinnerung"[811] – mithilfe der in verschiedenen Zeitungen erschienenen Personenbeschreibungen Eszthers, vervollständigte sie mit Skizzen von Eszthers Schwester und Beschreibungen von weiteren Verwandten. Gegen Ende August war die Arbeit abgeschlossen und Ábrányi inserierte das Gemälde in seiner Zeitung, um es an einen ungarischen oder internationalen Kunsthändler zu verkaufen.[812] Die Darstellung Eszthers wirkte von den Gesichtszügen und der Kleidung her authentisch, das Inbild eines jungen, unschuldigen Mädchens. Im Hintergrund sind die Synagoge Tiszaeszlárs und das Wohnhaus der Familie Scharf zu sehen, also der vermeintliche Tatort.[813]

---

808 Die Neuzeit. Wochenschrift für politische, religiöse und Cultur-Interessen, Nr. 38 (22.9.1882), S. 321.
809 Vgl. Paul Nathan, Der Prozess von Tisza-Eszlár, S. 42.
810 Vgl. Daniel Véri, The Tiszaeszlár Blood Libel: Image and Propaganda.
811 Paul Nathan, Der Prozess von Tisza-Eszlár, S. 39.
812 Vgl. ebd., S. 265 f.; vgl. Paul Nathan, Der Prozess von Tisza-Eszlár, S. 39 f., zit. ebd., S. 39; Paul Nathan schreibt, bei dem Gemälde habe es sich um „das Porträt einer Níregyházaer Schönen", einer „Hure" namens Ludowika Marossek gehandelt, vgl. ebd., S. 39 f., zit. 39.
813 Vgl. Daniel Véri, The Tiszaeszlár Blood Libel: Image and Propaganda, S. 266.

Abb. 4: Zoltan Csörgey, Eszter Solymosi, 1882, Zeichnung nach Lajos Ábrányi, in Géza Ónody, Tißa-Eßlár in der Vergangenheit und Gegenwart, Budapest 1883.

Auf dem Antisemitenkongress, der in *Helbigs Etablissement* in Dresden stattfand, erhielt das Gemälde einen prominenten Platz. Im Großen Saal wurde es zwischen die Gemälde des deutschen und österreichischen Kaisers und des sächsischen Königs gehängt. Daneben befand sich ein gerahmtes Dankestelegramm Bismarcks an den *Deutschen Reformverein* in Dresden.[814] Ónody hielt seine Ansprache vor dem Gemälde Eszthers und nutzte dessen emotionale Wirkung auf die Zuschauer. Mit sentimentalen Worten beschrieb er die Lebensechtheit der Darstellung und die Unschuld des aus dem Leben gerissenen Kindes, sprach von der Mutter, die bei dem Anblick des Bildes in Tränen ausgebrochen sei und kombinierte seine Ausführungen stets mit dem grausamen Blutdurst der Juden.[815] In Ónodys kurz darauf veröffentlichten Buch über den Prozess sind nach Paul Nathan Teile von dessen Dresdner Rede enthalten, die einen guten Eindruck von dem theatralischen Auftritt geben:

> Hier vor uns steht es, jenes Mädchen, das den letzten Seufzer ihrer unschuldigen Seele im Kreise der im finsteren Verbrecherwahn nach Rache schnaubenden rituellen Mord-Schächter ausgehaucht hat, jenes arme Mädchen, dessen Leiche weder der Priester ihres Glaubens, noch die Liebe der Angehörigen folgen konnte, jenes unschuldige Wesen, dessen Leichnam der semitische Fanatismus vielleicht grausam zerstückelte.[816]

Angeblich weinten einige Anwesende „bittere Thränen" der Rührung.[817] Ónody verhielt sich, wie Véri zutreffend charakterisiert, in seinen Auftritten wie ein „Bänkelsänger" auf einem Jahrmarkt.[818]

Zur Vervollständigung der Bühnenshow hatte Ónody einen weiteren Gegenstand im Gepäck. Während seiner Rede schwang er, wie die *Wiener Allgemeine Zeitung* berichtete, „die Opferschale, in welcher der Schächter Scharf das Blut der Esther Solymosi aufgefangen haben soll (...) hoch empor unter dem Jubel"[819] der Zuschauer und verwob die Sensationslust der Anwesenden mit der Trauer um das tote Mädchen und mit der Wut auf die Juden. Dass diese Auftritte gut ankamen und „der Antisemitismus wieder oben schwamm"[820] zeigte sich daran, dass Ónody und Istóczy im Anschluss an den Kongress zusammen mit Ernst Henrici nach Berlin weiterreisten, wo am 14. September eine große Versammlung in der *Bockbrauerei* stattfand, und das Eszther-Gemälde „auf der Rednertribüne, dicht neben dem Platze des Vorsitzenden prangte".[821] Ca. 6–700 Personen erschienen, der Eintritt zu dieser

---

814 Vgl. ebd; vgl. Barnet Peretz Hartston, S. 139; vgl. Paul Nathan, Der Prozess von Tisza-Eszlár, S. 41.
815 Vgl. Daniel Véri, The Tiszaeszlár Blood Libel: Image and Propaganda, S. 267 f.; NFP (16.9.1882), S. 4.
816 Abgedruckt in: Paul Nathan, Der Prozess von Tisza-Eszlár, S. 40.
817 Ónody war jedoch der deutschen Sprache nur „unvollkommen mächtig", daher war möglicherweise ein Dolmetscher zugegen, vgl. AZJ, Jg. 46, Nr. 40 (3.10.1882), S. 655.
818 Daniel Véri, The Tiszaeszlár Blood Libel: Image and Propaganda, S. 269.
819 Wiener Allgemeine Zeitung Nr. 918 (17.9.1882), Morgenblatt, S. 1.
820 Paul Nathan, Der Prozess von Tisza-Eszlár, S. 42.
821 AZJ, Jg. 46, Nr. 40 (3.10.1882), S. 655.

„great attraction" kostete 50 Pfennig. „Minutenlange Hochs" auf Ónody ertönten, der daraufhin in „den düstersten Farben" das „Treiben der Juden in Ungarn" schilderte, „die aus dem Centralmagazin des Semitismus, aus Galizien nach Ungarn hereinfielen". Abschließend versprach Henrici den Anwesenden, dass er das Gemälde Eszthers, „um die Juden zu ärgern"[822], vervielfältigen und verkaufen lassen wolle.

Wie Daniel Véri vermutet, wurde das Gemälde kurz darauf auch in Hamburg gezeigt. Die Eintrittsgelder von Ónodys Eszther-‚Tournee' verwaltete Henrici. Ende des Jahres gelangte das Bild zurück nach Ungarn und war vom 18. Dezember für 30 Kreuzer Eintritt im Restaurant des Hotels *Pannonia* ausgestellt. Im Januar nahm der Restaurantbesitzer das Bild als Ersatz für die ausgebliebene Ausstellungsmiete in Besitz. Der weitere Verbleib ist ungeklärt.

5.7 Die Entwicklung des Prozesses bis zum Freispruch der Angeklagten

Durch sein rücksichtsloses Agieren in Tiszaeszlár und dem Gerichtshof setzte Ónody sämtliche Beteiligten der „Affaire" unter Druck. Die von Nathan als „Kampf zur Vernichtung der Angeklagten"[823] beschriebene Agitation dauerte von Mai 1882 bis in den Juli 1883 hinein und manifestierte sich durch die Bedrohung, Einschüchterung und Folterung von ZeugInnen und Angeklagten. Zur Aufrechterhaltung der konstruierten Anklage wurden potentielle BelastungszeugInnen angehalten, ihre Aussagen keinesfalls abzuändern oder zu revidieren. Die kleine Anzahl der EntlastungszeugInnen wurden erheblich unter Druck gesetzt, beleidigt und bedroht. Während der Gerichtsverhandlung, die am 19. Juni 1883 begann, ließ Báry zu Einschüchterungszwecken Gendarmen vor den Häusern wichtiger ZeugInnen postieren, Im Gerichtssaal saß er prominent platziert im Saal und schüchterte die aussagenden ZeugInnen ein. Um kritische Stimmen zu unterdrücken, verbot er während seiner neuen Befragungen im Juni 1883 auswärtigen Pressevertretern, Tiszaeszlár zu betreten und über die Ermittlungen zu berichten.[824]

Parallel zeigte sich eine permanente Drangsalierung der am Protest beteiligten Juristen, was zu häufigen, skandalumwitterten Personalwechseln im Gerichtshof von Níregyháza führte:

> jeder Faktor der Untersuchung mit Ausnahme des Untersuchungsrichters Báry wurde der antisemitischen Tendenz geopfert. Vertheidigung, Staatsanwaltschaft, medicinische Sachver-

---

822 Ebd., S. 656.
823 Paul Nathan, Der Prozess von Tisza-Eszlár, S. 3.
824 Vgl. ebd., S. 89–93

ständige wurden verleumdet, unmöglich gemacht, gestürzt, nur Báry blieb von Anfang bis zu Ende als ein Heiliger aufrecht stehen.[825]

Das Ziel der Antisemiten war, das Verfahren durch die Kompromittierung der Beteiligten, trotz aller offensichtlichen Fehler und Widersprüche in der Beweisaufnahme, lange genug am Laufen zu halten, um die Blutbeschuldigung als Anklage vor einem ordentlichen Gericht verhandelt zu sehen und – bestenfalls – selbst einen minimalen Schuldspruch gegen die Angeklagten zu erreichen, um dadurch die jüdische Religion öffentlich als kriminell und gefährlich zu desavouiren. Durch die monatelange Untersuchung standen sowohl Staatsanwaltschaft als auch Verteidigung vor einem Dilemma:

> Nachdem es der antisemitischen Partei Ungarns und Deutschlands gelungen war, Tausende über den wahren Sachverhalt irre zu führen, konnte sich auch die Staatsanwaltschaft, gleichwie die Verteidigung, in diesem Tendenz-Prozesse nicht der Pflicht entziehen, der Oeffentlichkeit selbst das Material zu einem gerechteren Richterspruch zu liefern.[826]

Aus diesem Grund versuchte Báry, eine Aufklärung des Falles, etwa durch ein schnelles Identifizieren der Leiche, nach Kräften zu verzögern und vor allem die Eingaben der Verteidigung zu behindern. Allein sieben Monate zog er den Untersuchungszeitraum und damit die Konstruktion der Anklage mit einem simplen Verfahrenstrick in die Länge: die Ermittlungen konnten erst mit der Verhaftung und Befragung aller Angeklagten offiziell abgeschlossen werden, doch zog sich die Festnahme des beschuldigten Bettlers Hermann Wollner, der nach der Aussage Samuels ebenfalls an dem Mord beteiligt gewesen war, absichtlich in die Länge. Obwohl Wollner die Gegend von Tiszaeszlár nicht verließ, wurde er erst sieben Monate später – auf Hinweise eigener Familienmitglieder – verhaftet, auch deshalb, weil Báry es unterließ, steckbrieflich nach ihm fahnden zu lassen.[827]

Um den Einfluss der Antisemiten und die für Angeklagte, ZeugInnen und Verteidigung bedrohliche Atmosphäre, die im Gerichtshof von Níregyháza herrschte, zu veranschaulichen, zitierte Nathan Artikel Presseartikel, die er als Augenzeuge des Prozesses als glaubhaft charakterisierte:

> Gleich auf einer der ersten Bänke sitzen Ónody und Verhovya neben einander. Aber sie sitzen nicht lange. Kaum beginnt die Verhandlung, stehen sie auf und messen das Publikum, das Gericht und die Angeklagten mit triumphirenden Blicken. (…) Ihre Bemerkungen machen sie laut; sie zögern nicht, zeitweilig spöttisch zu lachen, namentlich über die Vertheidiger (…) Sie

---

825 Vgl. ebd., S. 45–55; zit. S. 46.
826 Ebd., S. 64.
827 Vgl. ebd., S. 88, 90–93.

dirigieren quasi das Publikum ein seinen Beifalls- und Missfallensbezeugungen; der Fremde der eintritt, sieht sofort, dass sie, obgleich extra dominum, eine Rolle in diesem Prozess spielen. (...) man soufflirt den Zeugen das entscheidende wort und hält den Angeklagten fest, wenn er sich zu einer Bemerkung von seinem Platz erheben will. In jeder Bewegung, in jeder Miene sucht man zum Ausdruck zu bringen, dass man sich als den Herrn fühle.[828]

Als erster Verteidiger der Angeklagten fungierte der aus Níregyháza stammende Anwalt Ignác Heumann, der, wie Paul Nathan schildert, trotz der fortdauernden Schwierigkeiten „eine seltene Begabung" zugunsten der Angeklagten entwickelte. Während der Konstruktion der Leichenschmuggeltheorie insistierte Heumann mehrfach auf eine zweite Obduktion und externe Gutachter, was ihm von Seiten des *Függetlenség* den Vorwurf einbrachte, selbst an dem Schmuggel beteiligt gewesen zu sein und seine Mandanten gedeckt zu haben. Aufgrund fortwährender Bedrohungen gegen ihn und seine Familie, trat Heumann am 28. Juni von der Verteidigung zurück, was er mit „den Verdächtigungen einzelner Blätter sowie mit der Erfolglosigkeit [seiner; D.H.] bisherigen gesetzlichen Schritte" begründete.[829] Der jüdischen Gemeinde in Pest, die den Verlauf der Untersuchung genau verfolgte und von diesem Etappensieg der Antisemiten alarmiert war, gelang es, drei namhafte Juristen als Ersatz für die Verteidigung zu gewinnen: die liberalen Parlamentsabgeordneten Dr. Károly Eötvös (1842–1916) und Nándor Horánszky (1838–1902) sowie den ehemaligen Abgeordneten Sándor Funták (1822–1898). Sie übernahmen am 3. Juli die Verteidigung der zu diesem Zeitpunkt insgesamt 42 Verhafteten.[830] Eötvös, der leitende Verteidiger, war zuvor Staatsanwalt des Komitats Vezprém gewesen. Seit 1872 war er Mitglied des Parlaments, wurde 1878 als Abgeordneter für die Unabhängigkeitspartei wiedergewählt, siedelte im selben Jahr nach Budapest über und gründete dort eine Anwaltskanzlei.[831] Um sein Mandat zu übernehmen, war Eötvös gezwungen, nach Níregyháza umzuziehen. Báry, der aus formalen Gründen Eötös' „bleibende Anwesenheit" verlangte, hoffte, der bekannte Jurist würde sich auf diese Weise von der Amtsübernahme abhalten lassen – vergeblich. Daraufhin schoss sich der *Függetlenség* auf Eötvös und Horánszky ein und bezeichnete das neue Team der Verteidiger als von Juden gekauft; der Aufenthalt von Eötvös in Níregyháza diene lediglich dazu, ZeugInnen mit Judengeld zu bestechen. Horánszky sah sich zusätzlichen Angriffen ausgesetzt, die Antisemiten diskreditierten ihn in

---

828 Ebd., S. 71. Der erste Teil des Zitats bis „in diesem Prozess spielen" stammt laut Nathan aus der antisemitischen Zeitung *Budapesti Hirlap*, o.D., vermutlich von Mitte Juli 1883.
829 Ebd., S. 47, 48.
830 Vgl. ebd., S. 49.
831 Vgl. ebd, S. 50 f.; vgl. Hedvig Ujvári, Artikel Eötvös, Károly in: Wolfgang Benz (Hg.), Handbuch des Antisemitismus, Bd. 2 (Biographien), S. 212 f.

seinem Wahlkreis, der Stadt Gran, als „jüdischen Antichristen" und verleumdeten ihn in offenen Briefen an seine Wählerschaft. Horánszky und Eötvös wurden während ihres Mandats zu Duellen gefordert, von Ónody und Verhovay, dem Herausgeber des *Függetlenség*, gegen dessen Verleumdungen sich Eötvös publizistisch und juristisch zur Wehr setzte.[832] Am 11. Februar 1883 trat Horánszky von seinem Mandat zurück.

Funták wiederum war, wie Nathan es schildert, von „liebenswürdigsten" und „jovialen" Formen und suchte in den Auseinandersetzungen stets einen „menschlich versöhnlichen Standpunkt" einzunehmen. Das machte ihn weniger empfänglich für die Verleumdungsattacken, jedoch ist überliefert, dass während seiner Auftritte im Gerichtssaal „ein halbes Dutzend Antisemiten unter den Zuhörern die Hände erhob, um (...) möglichst sichtbar die Geste des Geldzählens zu machen"[833]. Trotz aller Widrigkeiten behaupteten sich die beiden verbliebenen Verteidiger und konnten ihr Team im Frühjahr 1883 noch vergrößern. Ermutigt durch die prominente Unterstützung nahm im Februar Ignác Heumann sein Amt wieder auf, am 18. März und 15. Mai 1883 stießen noch die beiden Anwälte Max Székely (1854–1922) und Bernát Friedmann (1843–1925) aus Budapest zum Team der Verteidiger.[834]

Die Staatsanwaltschaft hatte gleichfalls unter Diffamierungen und Verleumdung zu leiden, sofern sie Zweifel an der Beweisaufnahme und den ihnen vorliegenden ‚Beweisen' gegen die Juden äußerte. Durch einen unglücklichen Zwischenfall hatte die Staatsanwaltschaft schon kurz nach Aufnahme der offiziellen Untersuchungen einen denkbar schlechten Stand. Anfang Juni 1882 beging der Ankläger Melchior Both Selbstmord, als herauskam, dass er einen erheblichen Betrag aus der Gerichtskasse gestohlen hatte. Der Suizid wurde in der antisemitischen Presse als Folge von Bedrohungen durch einflussreiche jüdische Unterstützer der Angeklagten ausgeschlachtet.[835] Nachfolger Boths wurde Ladislaus Egressy-Nagy, der sich zunächst unvoreingenommen gab, dem aber die Vorgehensweise des Untersuchungsrichters zunehmend missfiel, vor allem die nächtlichen Verhöre, die Báry ohne sein Wissen durchführte, sowie die Inhaftierung von ZeugInnen. Als die Verteidigung die Freilassung des Kronzeugen Moritz Scharf forderte, entließ Nagy, nach Rücksprache mit dem ungarischen Oberstaatsanwalt Sándor Kozma, Scharf aus dem Gefängnis. Daraufhin kam es zum Streit zwischen Báry und Nagy, während sich Kozma einer Verleumdungskampagne der antisemitischen Presse ausgesetzt sah. Mithilfe des Journalisten und Präsidenten des ungarischen Schriftstellerver-

---

832 Vgl. Paul Nathan, Der Prozess von Tisza-Eszlár, S. 51–53.
833 Ebd., S. 50.
834 Vgl. ebd., S. 54.
835 Vgl. ebd., S. 55 f.

bandes Mór Jókai (1825–1904) setzte sich der Oberstaatsanwalt zwar relativ erfolgreich gegen die Antisemiten zur Wehr, konnte Nagy jedoch nicht weiter stützen, da dessen Konflikt mit dem Untersuchungsrichter ebenfalls in der Presse ausgetragen wurde und dieser Umstand die öffentliche Wahrnehmung der Objektivität des Gerichtsprozesses unterlief – zudem stand Báry weiterhin unter dem Schutz des Gerichtspräsidenten Kornis.[836] Nagys Nachfolger Emerich Havas, der Anfang September in Níregyháza eintraf, ereilte ein ähnliches Schicksal. Nachdem er durch mehrere ZeugInnen und Beamte des Gerichtshofs von Bedrohungen und Folterungen erfuhr und dies meldete, beschuldigten ihn die Antisemiten wegen „Anwerbung falscher Zeugen und Missbrauchs der Amtsgewalt". Über den Justizminister inszenierten sie ein Disziplinarverfahren, dass ausgerechnet vor dem antisemitisch infiltrierten Gerichtshof von Níregyháza verhandelt wurde und in dessen Folge Havas sein Mandat im Dezember niederlegen musste. Ihm folgte der Vertreter des Oberstaatsanwalts Ede Szeyffert (1831–1907), der bis zum Ende des Prozesses am 3. August 1883 amtierte. Szeyffert war skeptisch gegenüber der Blutlegende, misstraute Bárys Ermittlungen und der Beweisführung und bezweifelte, dass ein Mord überhaupt würde nachgewiesen werden können. Gleichzeitig erwies er sich als unempfänglich gegenüber Provokationen in der Presse, die ihn als gekauft und korrupt darstellten, und gegenüber persönlichen Beleidigungen, die einen öffentlichen Skandal hätten herbeiführen und ihn so diskreditieren sollten.[837] Ebenso war Szeyffert schnell bewusst, dass Ónody sämtliche Fäden in der Hand hielt. Aufgrund einer Äußerung, die Ónody über die in der Theiss gefundene Leiche gemacht hatte – sie sei gewiss nicht Eszther aber ein „lüderliches Frauenzimmer"[838] gewesen – stellte er am 19. Juli 1883 den Antrag, Ónody als Zeugen zu befragen. Ónody fasste dies als Verdächtigung und Beleidigung auf. In der halbstündigen Mittagspause, die auf Szeyfferts Antrag folgte, fing Ónody den Staatsanwalt an einer Seitenpforte des Gerichts ab „und wollte sich auf ihn stürzen. (...) mit den Worten: ‚Mich wird der Herr nicht kompromittieren; wenn Sie tausend Seelen haben, zerschmettre ich sie auch; ich vernichte Dich, wenn's hundert Leben kostet!' (...) Anschließend „überschüttete Ónody [Szeyffert; D.H.] mit gemeinen, pöbelhaften Ausdrücken"[839]. Ónodys Pech war nun, dass diese Auseinandersetzung von „zahlreichen" ZeugInnen gesehen und gehört wurde, darunter ein Beamter der Staatsanwaltschaft und, wie Nathan hervorhebt, einige der anwesenden Pressevertreter. Durch seinen Wutanfall und die Bedrohung eines hohen Staatsbeamten vor einem

---

836 Vgl. ebd., S. 56–61.
837 Vgl. ebd., S. 62–65.
838 Ebd., S. 344, 362.
839 Ebd., S. 69. Das Zitat stammt laut Nathan aus dem Pester Lloyd vom 20.7.1883.

Justizgebäude war Ónodys Autorität binnen Tagen durch die Berichterstattung untergraben, er verlor sein Aktions- und Steuerungsmoment über den Prozess; der Gerichtspräsident gab ihm zu verstehen, er werde ihn „durch die bewaffnete Macht aus dem Sitzungssaal entfernen lassen, falls er sich unangemessen betrage".[840] Ungewollt hatte sich Ónody auf dieselbe Weise entmachtet, wie es zuvor mit den Verteidigern und Staatsanwälten geschehen war. Am Beispiel dieses selbst verschuldeten Skandals betont Paul Nathan die Bedeutung und Macht der freien Presse als Aufklärungsorgan:

> Diese kleinstädtischen Trotzköpfe hatten gemeint jeder Macht spotten zu können, und sie sahen plötzlich, dass die unfassbarste von allen Mächten, dass die öffentliche Meinung der civilisirten Welt der Zuchtlosigkeit in Níregyháza Handschellen anzulegen vermochte. Man hielt dort die Karbatsche für die mächtigste der Waffen, und man erfuhr, dass die Feder noch mächtiger war.[841]

Unabhängig von diesem für die antisemitische Bewegung unangenehmen Zwischenfall kamen die Hintergründe der tendenziösen Ermittlungen zum Ritualmordvorwurf im Verlauf der 34 Verhandlungstage schnell ans Licht. Die Verteidigung konnte mit einer simplen Ortsbegehung in Tiszaeszlár am 17. Juli 1883 zahlreiche Widersprüche in den Aussagen von Moritz Scharf nachweisen, unter anderem war es unmöglich, durch das Schlüsselloch die Tempelvorhalle, den Tatort, zu sehen.[842] Weiterhin hielt auch das erste medizinische Gutachten über die Frauenleiche der Überprüfung durch externe Gutachter nicht stand. Eine am 7. Dezember 1882 vorgenommene zweite Obduktion durch drei namhafte Budapester Professoren, den Anatomen Géza Mihálkovics (1844–1899), den Pathologen Gustav Scheuthauer (1832–1894) und Johann Belki verwies die Theorie vom Leichenschmuggel ins Reich der Legende, außerdem wurde konstatiert, dass es sich bei der Leiche durchaus um Eszther Solymosi handeln könnte[843]. Derselben Meinung schloss sich der ebenfalls hinzugezogene Rudolf Virchow an, der in einem Gutachten schrieb, die Ergebnisse der ersten Obduktion seien „so unvollständig,

---

840 Ebd., S. 77.
841 Ebd., S. 73.
842 Vgl. ebd., S. 305–310.
843 Vgl. Protokoll aufgenommen in Tisza-Eszlár am 7. December 1882 über die daselbst am genannten Tage ehumirte sogenannte Tisza-Dadaer Leiche, und Gutachten der durch Beschluss des Níregyházaer kön. Gerichtshofes zur Ergänzungs-Untersuchung der Tisza-Dadaer Leiche berufenen Experten der Universitäts-Professoren: Dr. Gustav Scheuthauer, Dr. Géza Mihálkovics und Dr. Johann Belki, in: Paul Nathan, Der Prozess von Tisza-Eszlár, S. 381–385 u. 390–415., vgl. ebd., S. 354 f.

dass ein sachverständiges Urtheil über die Todesursache nicht abgeleitet werden kann"[844].

Am 30. Juli 1883 fand der letzte Verhandlungstag statt. Eötvös hielt ein siebenstündiges Abschlussplädoyer, worauf am 3. August der Freispruch aller Angeklagten erfolgte, der am 4. April 1884 in letzter Instanz bestätigt wurde.[845]

5.8 Ausblick

Mit dem Freispruch der Angeklagten endete der Prozess, doch zeigten sich die antisemitischen Akteure von dem Urteil weder beeindruckt noch besänftigt. Im Gegenteil folgte der Urteilsverkündung eine Welle antijüdischer Ausschreitungen in den ungarischen Provinzen. In 32 der insgesamt 63 Komitate kam es seit August 1883 zu gewalttätigen Unruhen und Pogromen, sowohl auf dem Land als auch in einer Vielzahl kleiner und größerer Städte, darunter in Budapest und in Preßburg. Die Spitzen der christlichen Kirchen verurteilten zwar die antijüdische Gewalt, doch wurden die Ausschreitungen auf dem Land häufig von lokalen calvinistischen und katholischen Geistlichen unterstützt.[846] Symbolisch für die um sich greifende antijüdische Stimmung und die Bedrohung jüdischen Lebens in Ungarn steht das weitere Schicksal der Familie Scharf. Obwohl vom Gericht freigesprochen, waren sie durch die monatelange Presseberichterstattung europaweit bekannt und galten der antisemitischen Bewegung weiterhin als Sündenböcke. Ihre Nachbarn mieden sie, ihre Wohnung in Tiszaeszlár und die Synagoge waren zerstört, die dafür Verantwortlichen wurden nie zur Rechenschaft gezogen.[847] Schon kurz nach der Urteilsverkündigung mussten sie zu ihrem eigenen Schutz mit Hilfe der Israelitischen Landeskanzlei nach Budapest übersiedeln, wo Joszef Aussicht auf eine Anstellung in einer Synagoge bekommen hatte. Provisorisch wurden sie im Gasthaus *Zum weißen Schwan* einquartiert. Nachdem ihre Anwesenheit bekannt wurde, kam es zu spontanen antisemitischen Ausschreitungen, die zehn Tage lang andauerten und in deren Folge der *Schwan* sowie viele jüdische Häuser und Geschäfte beschädigt oder geplündert wurden.[848] Gerüchte über eine Flucht der Scharfs kursierten. Die *Breslauer Zeitung* verbreitete das auf falschen Informationen beruhende Gerücht, die Scharfs planten über Berlin nach Amerika auszuwandern, worauf spontan

---

844 Ebd., S. 359.
845 Vgl. Hedvig Ujvári, Eötvös, Károly, S. 213.
846 Vgl. Werner Bergmann, Tumulte – Excesse – Pogrome, S. 562 ff.
847 Vgl. Paul Nathan, Der Prozess von Tisza-Eszlár, S. 90.
848 Vgl. AZJ, Jg. 48, Nr. 29 (15.7.1884), S. 461.

„viele Neugierige" am Breslauer Hauptbahnhof zusammenströmten, um die berühmte Familie bei ihrer Durchreise zu sehen.[849]

In ständiger Furcht und in prekären Verhältnissen lebten die Scharfs weiterhin in Budapest. Die AZJ veranstaltete im Herbst 1883 Spendensammlungen „für die Opfer von Tisza-Eszlár", um ihnen die Gründung eines kleinen Geschäfts zu ermöglichen; insgesamt wurden bis November 400 Mark überwiesen. Doch blieb der Familie schließlich nichts anderes übrig, als Ungarn zu verlassen; mit Hilfe des Barons Max von Springer (1808–1885) emigrierten sie 1885 nach Amsterdam, wo Moritz eine Lehre als Diamantenschleifer begann.[850] Jahre später kehrten sie nach Budapest zurück, wo Joszef eine Stelle als Maschgiach fand und 1905 starb. Seine Frau starb „hochbetagt" 1930.[851] Nach dem Tod des Vaters ging Moritz allein zurück nach Holland. Von dem „Monsterprozess" in Tiszaeszlár psychisch und körperlich gebrochen, lebte er „in stiller Zurückgezogenheit". Ein Nachruf auf ihn trug den Titel „Ein trauriger Held". In einem anderen heißt es:

> Ein ganz unbedeutender, untalentierter Mensch, auch körperlich nicht ganz gesund, lebte er unbeachtet, vergessen und zumeist in Not und Kümmernis das Leben eines jüdischen Arbeiters. Er sprach nicht gerne über diese traurige Episode seines Lebens. Er schämte sich ihrer und litt viele, viele Jahre darunter.

Einsam und verarmt starb Moritz 1929 mit 60 Jahren in Amsterdam.[852]

Das Schicksal seines jüngeren Bruders Samuel ist unbekannt.

Károly Eötvös wurde bei den Wahlen von 1884 aufgrund antisemitischer Hetzkampagnen nicht als Abgeordneter wiedergewählt, kehrte jedoch später ins Parlament zurück, wo er Vorsitzender der Unabhängigkeitspartei wurde. 1904 veröffentlichte er das Buch *Der große Prozess*, in dem er seine Erfahrungen als Verteidiger von Tiszaeszlár schilderte.[853]

---

849 Jüdische Presse, Jg. 14, Nr. 35 (23.8.1883), S. 407.
850 Vgl. AZJ, Jg. 47, Nr. 47 (20.11.1883), S. 770, zit. ebd.; vgl. AZJ, Jg. 57, Nr. 1 (17.3.1893), S. 3; vgl. Der Israelit, Jg. 26, Nr. 33 (27.4.1885), S. 770.
851 Vgl. Daily News Bulletin (Cable and Nail Despatches), Issued by the Jewish Telegraphic Agency, Vol. XIII, No. 82 (2.4.1932), S. 4; vgl. AZJ, Jg. 69, Nr. 22 (2.6.1905), S. 4.; Der Israelit, Jg. 71, Nr. 24 (12.6.1930), S. 5.
852 Vgl. Der Israelit, Jg. 70, Nr. 17 (14.4.1929), S. 4; vgl. Ein trauriger Held, in: Die Wahrheit, Jg. 45, Nr. 16 (19.4.1929), S. 3 f.; Der Kronzeuge von Tisza-Eszlar, in: Das jüdische Echo, Jg. 16, Nr. 17 (26.4.1929), S. 260 f.; vgl. auch Der „Held" des Tisza-Eszlárer Ritualmordprozesses, Moritz Scharf ist in Amsterdam in Armut gestorben", in: Der Tag, Nr. 2263 (12.4.1929), S. 3.
853 Vgl. Károly Eötvös, A nagy per, mely ezer éve folyik s még sincs vége (Der große Prozess, der seit 1000 Jahren im Gange ist und immer noch kein Ende hat), Budapest 1904.

Der Untersuchungsrichter József Báry machte nach dem Prozess schnell Karriere. Er brachte es bis zum Gerichtspräsidenten am Gerichtshof von Nagyvárad (heute: Oradea). 1912 schrieb er ein Buch über den Prozess, das nach seiner Pensionierung erscheinen sollte. Weil er 1915 überraschend starb, wurde das Buch erst 18 Jahre später von Bárys Angehörigen anlässlich des 50. Jahrestages des Prozesses herausgegeben. Wie die Familie im Vorwort schreibt, sollte dadurch das Andenken ihres Vorfahren reingewaschen und die Lügen der Liberalen, insbesondere des Verteidigers Eötvös, bloßgestellt werden.[854]

Géza Ónodys Idee einer erfolgreichen antisemitischen Partei erfüllte sich nicht. Zwar wurde er Fraktionsvorsitzender der im Anschluss an den Prozess im Oktober 1883 gegründeten *Nationalen Antisemitenpartei* (Országos Antiszemita Párt), doch die Partei errang bei den Wahlen 1884 nur 17 Mandate. Auch in der Folgezeit wenig erfolgreich, löste sie sich 1892 schließlich auf. 1896 schied Ónody aus dem Parlament aus, danach wurde es still um ihn. 1909 amtierte er als Vorsitzender einer „Nationalen Christlichen Liga", 1917 ernannte ihn das Finanzministerium zum Steuerkommissar in Níregyháza. 1923 starb er in Budapest an Kehlkopfkrebs.[855]

Georg Vay, der die jüdischen Flößer gefoltert hatte, forderte nach Prozessende den Verteidiger Ignác Heumann zum Duell, der annahm. Vay erlitt während des Duells eine schwere Schussverletzung, an deren Folgen er zwei Jahre später starb. Koloman Péczely, einer der Beamten, die das belastende Geständnis aus Moritz Scharf herausgepresst hatten, beging nach dem Prozess Selbstmord. Sein Kollege Andreas Recsky wurde 1888 „wahnsinnig" in eine psychiatrische Klinik eingeliefert und nahm sich kurz darauf ebenfalls das Leben.[856]

Ábrányis Gemälde von Eszther Solymosi gilt als verschollen, doch wurde es in den Jahrzehnten nach dem Prozess in verschiedenen Formen reproduziert; zunächst verstärkt in den 1930er und 1940er Jahren und erneut nach dem Ende der kommunistischen Herrschaft. In den 2000er Jahren wurde Eszther häufig als christliche Märtyrerin im byzantinischen Stil dargestellt. Bis heute dient Eszther Solymosi als Kult- und Identifikationsfigur und ihr Grab in Tiszaeszlár als Pilgerstätte der extremen Rechten in Ungarn.[857]

Paul Nathan widmete sich in den Jahren nach dem Prozess weiterhin dem journalistischen Kampf gegen den Antisemitismus. 1891/92 geriet ein „jüdischen Ritualmord" in Xanten in die Schlagzeilen, den Nathan in der *Nation* ausführlich

---

[854] Vgl. A Tiszaeszlári Bünper, herausgegeben von der Familie Báry, Budapest 1933, Vorwort S. 1f.
[855] Vgl. Franz Sz. Horváth, Ónody, Géza; vgl. „Ónody Géza", in: Budapesti Hírlap (26. 2. 1917), S. 8; vgl. Reggeli Hírlap (25.1.1923), S. 3–4.
[856] Vgl. Dr. Bloch's oesterreichische Wochenschrift. Centralorgan für die gesammten Interessen des Judenthums, Jg. 9, Nr. 26 (24. 6. 1892), S. 449.
[857] Daniel Véri, The Tiszaeszlár Blood Libel: Image and Propaganda, S. 268 ff.

thematisierte. In diesem Fall, auch als ‚Prozess Buschhoff'[858] bezeichnet, wurde der ehemalige Gemeindeschächter Xantens Adolf Wolff Buschhoff (1840–1912) beschuldigt, einen fünfjährigen Jungen getötet zu haben. Der eklatante „Parallelismus" dieses und ähnlicher Fälle mit dem Fall von Tiszaeszlár veranlassten Nathan, sein 1883 niedergeschriebenes Manuskript, ergänzt um ein aktualisiertes Vorwort, herauszugeben. Hauptakteur des „antisemitisch-parlamentarischen Kulturbildes" war 1892 der Abgeordnete der DkP im Preußischen Abgeordnetenhaus, Otto Freiherr von Wackerbarth-Linderode (1823–1904), weshalb Nathan seine Veröffentlichung einer aufsehenerregenden Parlamentsdebatte vom 19. März 1892 folgen ließ. In dieser hatte Wackerbarth-Linderode dem Wortführer der *Deutschen Freisinnigen Partei* Heinrich Rickert (1833–1902) an den Kopf geworfen, der jüdische Ritualmord in Xanten sei ein Fakt, und dafür mehr oder weniger offen Zustimmung von Seiten der *Zentrumspartei* erhalten, während Rickert der Vorwurf entgegenschlug, „in judenfreundlicher Weise Stimmung" zu machen.[859] Durch die detaillierte Schilderung des ungarischen Falls wollte Nathan die in allen Ritualmordprozessen wiederkehrende „abstossende Corruption, die grenzenlose Verlogenheit, den blinden Hass, die thurmhohe Frivolität" aufzeigen, die allen Ritualmordanklagen gemein waren – „dem Leser wird sich die Aehnlichkeit von selbst aufdrängen".[860]

Paul Nathans Studie fand großen Anklang und wurde von vielen Seiten als wichtiger Beitrag im Kampf gegen den Antisemitismus gelobt. *Bloch's Oesterreichische Wochenzeitung* würdigte das Buch in einer langen Rezension als „Streitschrift ersten Ranges, ausgestattet mit allen Vorzügen, welche Begabung und Wissen, fleißiges und sorgsames Studium gepaart mit ernster Sittlichkeit einem Werke zu verleihen vermögen".[861] Der *Verein zur Abwehr des Antisemitismus* lobte die „klare und anschauliche Darstellung" und hob sowohl die Fokussierung Nathans auf die Entwicklung der antisemitischen Bewegung als auch das Vorwort hervor, in welcher der „Verfasser (…) gründlich mit Herrn von Wackerbarth abrechnet".[862]

---

858 Vgl. Paul Nathan, Xanten-Cleve. Betrachtungen zum Prozeß Buschhoff; eine bekannte Schilderung dieses Falls legte auch Hugo Friedländer vor, vgl. ders., Der Knabenmord in Xanten vor dem Schwurgericht zu Cleve vom 4. bis 14. Juli 1892, Cleve 1892.
859 Vgl. Olaf Blaschke, Katholizismus und Antisemitismus im Deutschen Kaiserreich, Göttingen 1999, S. 294 f., zit. S. 294.
860 Paul Nathan, Der Prozess von Tisza-Eszlár, Vorwort S. VII; Das Vorwort des Buches, in dem sich Nathan ausführlich die antisemitischen Auslassungen Wackerbarths dekonstruiert, wurde gleichzeitig als Separatabdruck herausgegeben, vgl. Paul Nathan, Der jüdische Blutmord und der Freiherr von Wackerbarth-Linderode, Mitglied des preussischen Abgeordneten-Hauses. Ein antisemitisch-parlamentarisches Kulturbild, Berlin 1892.
861 Vgl. Dr. Bloch's oesterreichische Wochenschrift, 9. Jg, Nr. 26 (24.6.1892), S. 447–449, zit. S. 447.
862 Mittheilungen aus dem Verein zur Abwehr des Antisemitismus, 2. Jg., Nr. 27 (3.7.1892), S. 229, 230.

Als zwanzig Jahre später der Beamte Menachem Mendel Beilis (1874–1934) in Kiew beschuldigt wurde, den Jungen Andrej Justschinski ermordet zu haben, und von 1911 bis 1913 im Gefängnis saß, organisierte Paul Nathan eine internationale Solidaritäts- und Pressekampagne für den Angeklagten. Nathan, zu dieser Zeit prominenter Geschäftsführer des *Hilfsvereins der deutschen Juden* mit besten Beziehungen zu Journalisten und Philanthropen in Europa und den Vereinigten Staaten, initiierte 1912 einen Aufruf mit den Unterschriften von mehr als 300 Persönlichkeiten, darunter Politiker, Wissenschaftler, Künstler und Intellektuelle. Er selbst agierte dabei Hintergrund, veröffentlichte jedoch 1913 eine Dokumentensammlung zu dem Fall, in der er abermals auf die Absurdität des Ritualmordvorwurfs und die antisemitische Unterwanderung der Gerichtsverhandlung hinwies.[863] Wie dreißig Jahre zuvor im Prozess von Tiszaeszlár geschehen, wurde Beilis wegen einem offensichtlichen Mangel an Beweisen und der Unhaltbarkeit der Vorwürfe gegen ihn freigesprochen.[864]

Abschließend soll kurz auf die Rezeption von Nathans Studie im nationalsozialistischen Deutschland eingegangen werden. Im Jahr 1943 wurde *Der Prozess von Tisza-Eszlár* Gegenstand einer antisemitischen Monographie von Hellmut Schramm[865], der aus dem Umfeld des *Instituts zur Erforschung der Judenfrage* in Frankfurt am Main stammte. Das im *Theodor Fritsch Verlag* publizierte und Alfred Rosenberg gewidmete Buch beanspruchte, wie Wolfgang Benz ausführt, „den Rang einer historischen Untersuchung" wider alle Regeln der Wissenschaftlichkeit. Auf mehreren hundert Seiten hatte Schramm Auszüge aus antisemitischen Traktaten und anderen Schriften über „Ritualmorde" zusammenkopiert und kompiliert, und Tiszaeszlár dabei einen prominenten Platz eingeräumt.[866] Nathans Studie bezeichnete Schramm ganz in NS-Manier als „sophistisch-talmudische Meisterleistung" und Nathan selbst als „jüdischen Verneblungskünstler".[867] Trotz eines lobenden Vorwortes von Johann von Leers (1902–1965) wurde das Buch 1944 selbst von dem *Stürmer*-Mitarbeiter Hans Jonak von Freyenwald (1878–1953) in einer Rezension für die *Nationalsozialistischen Monatshefte* als oberflächlich und unwissenschaftlich verrissen. Mehr Interesse an Schramms Machwerk zeigte der Reichsführer SS Heinrich Himmler. Am 19. Mai 1943 teilte er dem Chef des Reichs- und Sicherheitshauptamtes Ernst Kaltenbrunner mit, er werde Ausgaben des Buchs an die höheren SS-Dienstränge verteilen lassen. Außerdem wolle er Kaltenbrunner

---

863 Vgl. Paul Nathan, Der Fall Justschinski. Offizielle Dokumente und private Gutachten, Berlin 1913.
864 Vgl. Christoph Jahr, Paul Nathan, S. 113 f.
865 Vgl. Hellmut Schramm, Der Jüdische Ritualmord. Eine historische Untersuchung, Berlin 1943.
866 Wolfgang Benz, Der jüdische Ritualmord (Hellmut Schramm, 1943), in: ders. (Hg.), Handbuch des Antisemitismus, Judenfeindschaft in Geschichte und Gegenwart, Bd. 6 (Publikationen), S. 378.
867 Hellmut Schramm, Der Jüdische Ritualmord, S. 71.

„mehrere 100 Stück" zukommen lassen, „damit Sie diese an Ihre Einsatz-Kommandos, vor allem aber an die Männer, die mit der Judenfrage zu tun haben, verteilen können". Gemeinsam mit Schramm sollte Kaltenbrunner Pläne ausarbeiten, den Ritualmord propagandistisch zu nutzen.[868] Schramms Buch erfreut sich bis in die Gegenwart großer Beliebtheit in rechtsradikalen Kreisen. 2017 wurde es von den Betreibern der Neonazihomepage JrbooksOnline.com ins Englische übersetzt, neu aufgelegt, und der Beitrag über Tiszaeszlár um eine antisemitische Karikatur Paul Nathans erweitert. Eine deutsche Version des Buches wird seit 2019 vom neonazistischen Verlag *Der Schelm* angeboten.[869]

---

[868] Vgl. Wolfgang Benz, Der Jüdische Ritualmord; vgl. Der Reichsführer SS an den Chef der Sicherheitspolizei und des SD, SS-Gruppenführer Dr. Kaltenbrunner vom 19.5.1943 (online: https://www.ns-archiv.de/verfolgung/antisemitismus/stuermer/ritualmord.php; 12.9.2020).
[869] Vgl. Hellmut Schramm, Jewish Ritual Murder. A historical investigation, 2017 New Revised Edition, Translation from German by R. Belser, hg. von JRBooksOnline.com 2017; die Karikatur Paul Nathans befindet sich auf S. 150.; vgl. https://derschelm.com/gambio/vorankuendigungen-2019-jetzt-vorbestellen/sommer-2020/schramm-dr-phil-hellmut-der-juedische-ritualmord.html (12.9.2020); laut Impressum befindet sich der Verlag in Thailand).

IV Transit und Organisation

1 Eine neue Dimension jüdischer Auswanderung

Der Beginn der jüdischen Flüchtlingskrise in Galizien 1881 fiel zeitlich mit dem Höhepunkt der antisemitischen Ausschreitungen in Pommern und Westpreußen zusammen. Das December-Komitee, das sich seit mehreren Monaten auf die Koordinierung des Kampfes gegen die antisemitische Bewegung konzentrierte, wurde seit dem Beginn der Pogromwelle in der Ukraine mit einer sprunghaft ansteigenden jüdischen Emigration konfrontiert. Viele der D.C.-Mitglieder waren in der *Alliance* und im *Rumänischen Komitee* aktiv oder hatten sich seit 1869 bei der gelenkten Auswanderung litauischer JüdInnen engagiert. Aufgrund ihrer langjährigen Erfahrungen wurde den Berliner *Alliance*-Mitgliedern spätestens im Mai 1881 klar, dass es sich um eine neue Dimension russländisch-jüdischer Auswanderung handelte, für deren Bewältigung sämtliche Ressourcen der deutschen *Alliance* und der jüdischen Gemeinden erforderlich sein würden. Die ursprüngliche Arbeit des D.C. wurde von dem kurzfristigen Engagement für russländische TransmigrantInnen beeinträchtigt, in Berlin ebenso wie in den grenznahen Städten. Am 12. August meldete die jüdische Gemeinde Lyck dem D.C., dass „wir [...] jetzt stark für die russischen Beraubten in Anspruch genommen" werden.[870] Der Druck auf die in lokalen *Alliance*-Komitees und in Berlin zivilgesellschaftlich engagierten deutschen JüdInnen stieg während des Hochsommers 1881 von zwei Seiten: einerseits durch den auf den Höhepunkt zusteuernden Reichstagswahlkampf und die polarisierenden, aggressiv agierenden Antisemiten, andererseits durch die Notwendigkeit, dieser Agitation durch eine professionelle und möglichst unauffällige Organisation des jüdischen Transits die Möglichkeit zu nehmen, die vermeintlich ‚ostjüdische' Masseneinwanderung als populären Wahlkampfschlager einzusetzen und die Bedrohung der deutschen JüdInnen dadurch zu vergrößern.

Die *Alliance* wurde vom Ausmaß der hereinbrechenden Krise zweifellos überrumpelt. Allerdings kam weder die Frage nach einer gelenkten Emigration russländischer JüdInnen, noch die Tatsache, dass diese Emigration größer sein würde als die Vorherigen, völlig überraschend auf die Tagesordnung. Schon im Jahr zuvor hatten sich die Anzeichen gemehrt, dass eine stetig wachsende Anzahl russländischer JüdInnen eine Auswanderung in die USA ins Auge fasste. Im Mai 1880 erreichte die *Israelitische Allianz zu Wien* ein Hilferuf aus der östlich der galizischen Stadt Tarnopol (heute: Ternopil) gelegenen russischen Grenzstadt

---

870 Jüdische Gemeinde Lyck an das D.C. vom 12.8.1881, in: CJA, 1 C Ko 1, Nr. 3, #12507, Bl. 83.

Podwołoczyska (heute: Pidwolotschysk), in die sich „hunderte misshandelter russischer Juden geflüchtet hatten". Um Abhilfe zu schaffen, sandte die IAzW drei Vertreter aus Tarnopol, den Filialleiter Josef Weisstein und die beiden Filialmitglieder Parnass und Saphir, nach *Podwołoczyska*, um die Betreuung und Versorgung der Geflüchteten vor Ort sicherzustellen. Eine organisierte Auswanderung war als Hilfsstrategie nicht vorgesehen, eine eigenmächtige Auswanderung der JüdInnen in *Podwołoczyska* wurde so weit wie möglich unterbunden. Mit finanzieller Unterstützung gelang es der IAzW, die Hilfesuchenden zur Rückkehr in ihre Heimat zu bewegen, auch deshalb, weil sich die Lage dort zwischenzeitlich wieder beruhigt hatte. Diese Methode entsprach der bis dahin übliche Strategie.[871]

Auch weiter nördlich, jenseits der preußischen Grenzen in Litauen und Polen, wurden Juden regelmäßig Opfer gewalttätiger Übergriffe. So beschrieb der Memeler Rabbiner Isaak Rülf das Phänomen der Osterpogrome als eine „traurige Tradition", der die russländischen Juden regelmäßig und schutzlos ausgeliefert seien.[872] Die Situation der russländischen JüdInnen war bereits vor dem Krisenjahr prekär und gefährlich, dennoch beschränkte sich die von der AIU betreute Auswanderung bis 1881 auf eine handhabbare Anzahl von Personen, die an verschiedenen Orten die Grenzen passierten und von denen die meisten mit eigenen Mitteln versehen waren. Um dieses überschaubare Szenario aufrechtzuerhalten, waren die *Alliance* und ihre Dependancen bemüht, Gelder nach Russland zu transferieren, die zur Unterstützung der Juden in von Gewalt heimgesuchten Ort verwendet wurden, und gleichermaßen dem Zweck dienten, eine wachsende Auswanderung zu verhindern.

Daran hatte vor allem der *Board* in New York Interesse. Zwischen den Auffassungen der amerikanischen und westeuropäischen jüdischen Organisationen beziehungsweise zwischen der AIU und dem *Board*, sowie auch innerhalb der AIU bestanden im Frühling und Sommer 1881 hinsichtlich der zu realisierenden Dimension einer gelenkten jüdischen Auswanderung, teilweise erhebliche Differenzen. Die Leipziger AIU-Filiale forderte schon früh und vehement, eine Massenauswanderung russländischer JüdInnen langfristig und stärker zu fokussieren:

> Nordamerika kann Hunderttausende unserer unglücklichen Glaubensbrüder aus Polen & Russland verdauen und cultiviren (...) [mehr] als irgend ein anderes Land.[873]

Um solchen aktionistischen und optimistischen Auffassungen entgegenzutreten, mahnte die AIU-Zentrale in Paris am 21. Juli in einem Rundschreiben die kurzfristige Realisierbarkeit einer organisierten Auswanderung an und stellte fest:

---

871 Vgl. 9. Jahresbericht der IAzW, Wien 1882, S. 3f.
872 Flugblatt von Isaak Rülf aus Memel: Ein Rettungsruf zu Gunsten der russischen Juden.
873 Jacob Nachod an Salomon Neumann vom 1.7.1881, in: SAM, 1194, opis 4, Bd. 11, Bl. 67.

„nurmehr Ackerbauern können auswandern um anderswo das Feld zu bestellen, wozu fast überall Geldmittel nötig sind". Die Auffassung, „daß ein jeder, obschon er nicht die geringste Vorbereitung dazu besitzt [auswandern könne,] ist durchaus falsch".[874]

Die Immigration in die Vereinigten Staaten oblag einerseits den Bestimmungen der US-Immigrationsbehörde, andererseits den Aufnahmekapazitäten des *Board* und seiner Partnerorganisationen in New York. Seit Mitte der 1870er Jahre hatte eine wachsende Anzahl rumänischer JüdInnen, teilweise mit Unterstützung der *Alliance*, Überseepassagen nach New York genommen, und das ohne eine vorherige Überprüfung von für die Einreise erforderlichen Qualifikationen. Dies war für die Behörden zunächst zwar kein Problem, doch viele ImmigrantInnen strandeten in New York und lebten dort in Armut. Um diese lockere, wenig organisierte Praxis zu beenden, hatte der Vertreter des *Board* und Präsident der *Hebrew Benevolent and Orphan Society*, H. Myer Stern, im Zuge der Pläne für die Emigration rumänischer JüdInnen 1878 die *Alliance* in Paris aufgesucht und die Bedingungen vorgestellt, „unter denen er die Emigration unterstützen könnte". Bei dieser Gelegenheit habe er sich „lebhaft" darüber beklagt, „daß verschiedene europäische Gemeinden greise, gebrechliche, schwächliche und arbeitsunfähige Personen nach Amerika schickten". Nach Sterns Einschätzung lebten bereits ohne potentielle neue EinwanderInnen etwa 10.000 jüdische Personen in New York von Almosen, daher müsse die AIU entsprechende Maßnahmen ergreifen. Nur diejenigen Auswanderer seien nach Amerika zu schicken, „die den Gemeinden nicht zur Last fallen und dem amerikanischen Judenthum nicht durch Bettelei und Vagabondage zur Schande gereichen".[875] Diese Meinung teilten zentrale Akteure der *Alliance* in Österreich wie der Präsidenten der IAzW Joseph Ritter von Wertheimer. In der Realität sei es, schrieb er schon im März 1881, „völlig unpraktisch an einen Exodus in Masse zu denken"[876].

Aufgrund der sich überschlagenden Ereignisse im Frühjahr 1881 wurden die Hilferufe aus dem Russländischen Reich um Unterstützung bei der allgemeinen Auswanderung lauter.[877]

---

874 Rundschreiben der Alliance Israélite Universelle vom 21. Juli 1881, in: SAM, 1194, opis 4, Bd. 11, Bl. 94.; vgl. Michael Just, Ost- und südosteuropäische Amerikaauswanderung, S. 172.
875 Die Auswanderung II, in: AZJ, Jg. 45, Nr. 45 (8.11.1881), S. 738 ff., zit. S. 739.; vgl. Esther L. Panitz, The Polarity of American Jewish Attitudes towards Immigration, S. 109 f.; zu H. M. Stern vgl. Isaac Markens, The Hebrews in America. A Series of Historical and Biographical Sketches, New York 1888, S. 312.
876 Joseph Ritter von Wertheimer, Zur Emancipation unserer Glaubensgenossen, Excurs, in: 9. Jahresbericht der IAzW (1881), Wien 1882, S. 97.
877 Vgl. 8. Jahresbericht der IAzW (1880), Wien 1881, S. 4.

Im Juni besuchte eine aus jüdischen Honoratioren bestehende Delegation aus dem bereits von Pogromen heimgesuchten Elisabethgrad die IAzW und ersuchte um Hilfe bei der Emigration von 30 russländisch-jüdischen Familien.[878] Dies nahm die IAzW zum Anlass, mit der AIU, der AJA und dem DIGB Verbindung aufzunehmen, um

> ein gemeinsames Vorgehen in dieser so wichtigen für die russischen Juden so bedeutungsvollen Angelegenheit erzielen und eine Auswanderung im grossen Massstabe ermöglichen zu können.[879]

Zeitgleich wurde die Dringlichkeit der Angelegenheit innerhalb der jüdischen Presse thematisiert und rückte die Auswanderungsfrage ins Bewusstsein der jüdischen Öffentlichkeit. Die AZJ publizierte mehrseitige Artikelreihen über die „Judenverfolgungen in Rußland"; daneben erschienen ausführliche Leitartikel und die wöchentlich erscheinenden „Petersburger Briefe", welche die zunehmend eskalierende Situation im Russländischen Reich und die fruchtlosen Anstrengungen der jüdischen Gemeinde in St. Petersburg um eine politische Lösung thematisierten.[880] Die Spendenbereitschaft der westeuropäischen jüdischen Gemeinden war sehr groß, doch war den beteiligten Personen klar, dass die praktische Umsetzung einer organisierten Auswanderung im großen Stil nicht nur enorme Geldmittel erforderte. Zunächst standen „eingehende Berathungen, gründliche Studien und vor allem eine Verständigung mit Amerika" auf dem Programm. Die USA als das präferierte Zielland sollte die TransmigrantInnen schließlich aufnehmen und langfristig integrieren.

Im Juni 1881 verhandelten die *Alliance* und die AJA mit den Hilfsorganisationen in New York über organisatorische Modalitäten und Ansiedlungsmöglichkeiten für jüdische ImmigrantInnen in den USA. Vom 12. bis 14. Juli 1881 organisierten die *United Hebrew Charities* (UHC) eine Konferenz der Vereinigung der israelitischen Gemeinden Amerikas in New York. Um die Einwanderung der russländischen GlaubensgenossInnen, die „von so hoher Bedeutung werden möge, wie der Auszug aus Aegypten" zu fördern, verabredete die Konferenz große Spendensammlungen und sagte zu, jedem jüdischen Immigranten 100 ha Ackerland in Nebraska oder Kansas auf sieben Jahre zu verpachten und „für den erforderlichen Viehbestand etc." zu sorgen.[881]

---

878 Vgl. Leo Goldenstein, Brody, S. 3; vgl. Friedländer, Fünf Wochen, S. 3.
879 IV. Mittheilungen der Israelitischen Allianz zu Wien, ausgegeben im September 1881, S. 2.
880 Vgl. Petersburger Briefe IX-XVI, in den Jahrgängen 45 und 46 (1881–1882) der AZJ.
881 Vgl. IV. Mittheilungen der Israelitischen Allianz zu Wien, S. 1–3, zit. S. 2.

Weil entsprechend den Planungen bis zum Beginn der ersten Transporte von Galizien über das Deutsche Reich nach New York zweifellos „eine geraume Zeit verstreichen" würde, erhielt zunächst die kurzfristige Versorgung der in Galizien täglich eintreffenden russländischen AuswanderInnen Priorität.[882] Seit dem Frühjahr wurden Geldsammlungen in den westeuropäischen Ländern initiiert, Flugblätter gedruckt und Zeitungsanzeigen geschaltet. Im Mai und Juni 1881 passierten täglich mehr jüdische Menschen die österreichischen Grenzen. Gleichzeitig machten die andauernden Gewaltexzesse im Süden Russlands eine geordnete Repatriierung im selben Jahr praktisch unmöglich. In ihren „langfristigen und sorgfältigen" Planungen von der Realität längst überholt, wurde den Verantwortlichen in Paris, Wien und London klar, dass „die Emigration (…) nicht mehr zurückzuweisen war"[883].

2 Die Rolle der deutschen Hilfskomitees

Diese Einschätzung teilten einflussreiche AIU-Filialen im Deutschen Reich. Zwischen deutschen, in erster Linie preußischen und sächsischen *Alliance*-Mitgliedern und Vertretern russländischer jüdischer Gemeinden, hatten seit Jahrzehnten enge Kontakte bestanden, die zu Beginn der Krise aktiviert wurden. Näher zum Russländischen Reich beziehungsweise Galizien gelegen, fungierten die Komitees in Berlin und Leipzig als Schnittstelle zwischen den betroffenen russländischen Gemeinden und der AIU-Zentrale in Paris. Die deutschen Filialen waren häufig schnell und detailliert über die Geschehnisse jenseits der Grenzen unterrichtet. Wie aus dem Ablauf der Hilfsaktion der ersten Monate hervorgeht, funktionierte die Kommunikation zwischen der Zentrale und den betroffenen Gebieten bis zum Herbst 1881 unzureichend. Die Vernetzung zwischen den jüdischen Gemeinden in Odessa, Kiew und Elisabethgrad mit den Repräsentanten der AIU in Leipzig und Berlin erwies sich daher als Segen für die Bestrebungen der *Alliance*, eine europäische, transnationale Lösung in der komplexen Auswanderungsfrage voranzutreiben.

Mit Ausbruch der ersten Pogromwelle im April intensivierte sich die Diskussion zwischen den russländischen und deutschen Hilfskomitees um die Durchführbarkeit der jüdischen Emigration. Unmittelbar nach dem Eintreffen der ersten Nachrichten über die Pogrome gründeten sich in zahlreichen Städten Deutschlands Unterstützungskomitees, die damit begannen, Geldsammlungen für die Opfer zu veranstalteten. Diese Komitees waren personell zumeist mit den örtlichen Filialen

---

[882] Vgl. 9. Jahresbericht der Israelitischen Allianz zu Wien (1881), S. 2–6.
[883] Ebd., S. 3.

der AIU identisch, viele ihrer Mitglieder, lokale jüdische Honoratioren, entstammten dem gehobenen Bildungsbürgertum. Am 10. Juni 1881 gründete sich in Berlin unter Federführung von Salomon Neumann, Moritz Lazarus und Salomon Lachmann das *Comité zur Unterstützung der nothleidenden Juden in Südrußland*, das als AIU-nahe, aber eigenständige und ‚überkonfessionelle' Einrichtung operierte.

Dem Komitee gehörten liberale großbürgerliche Honoratioren Berlins an. Neben prominenten AIU-Mitgliedern wie dem Linksliberalen Eduard Lasker waren zahlreiche weitere liberale, auch nichtjüdische Persönlichkeiten im Komitee vertreten, darunter der Berliner Oberbürgermeister Maximilian Franz August von Forckenbeck (1821–1892), der Reichstagsabgeordnete Heinrich Rickert und der Rektor der Friedrich-Wilhelms-Universität August Wilhelm Hofmann (1818–1892).[884] Schon zwei Tage zuvor hatte der orthodoxe Rabbiner und Herausgeber der *Jüdischen Presse* Esriel Hildesheimer, selbst Gründungsmitglied des Berliner Hilfskomitees, einen Aufruf an alle jüdischen Gemeinden in Deutschland entworfen, in der er sie aufforderte, ebenfalls Hilfskomitees ins Leben zu rufen, um der geplanten Aktion „zu einer Organisation zu verhelfen".[885] Zeitgleich rief auch die Redaktion der AZJ um Ludwig Philippson auf ihrer Titelseite zu Spenden für die sich gründenden Hilfskomitees auf[886]. Binnen weniger Wochen gründeten sich in Dutzenden deutschen Städten Hilfskomitees für die russländischen JüdInnen, darunter in Breslau, Beuthen, Köln, Düsseldorf, Frankfurt am Main, Halle, Hamburg, Hildesheim, Hannover, Leipzig, Liegnitz, Memel, München, Oppeln und Stettin.[887]

Bis Ende Juni sammelte allein das Berliner Hilfskomitee 47.771 Mark für die Hilfsaktion in Galizien, das entspricht gegenwärtig etwa 358.282 Euro.[888]

Die aus dem Russländischen Reich beziehungsweise aus den von Pogromen betroffenen Gebieten an deutsche *Alliance*-Mitglieder und Hilfskomitees gerichteten und mitunter emotional verfassten Briefe und Augenzeugenberichte veran-

---

884 Vgl. Salomon Naumann an Max E. Mandelstamm vom 10. August 1881, in: SAM, Bestand 1194, opis 2, Bd. 9, Bl. 25; vgl. AZJ Jg. 45, Nr. 25 (21.6.1881), S. 407; der Aufruf zur Gründung des Berliner Komitees erschien am 3.6.1881, abgedruckt wurde er in verschiedenen Tageszeitungen, etwa in der Colberger Zeitung für Pommern, 7. Jg., Nr. 147 (28.6.1881), in: SAM, 1194, opis 4, Bd. 11, Bl. 65; sowie in den IV. Mittheilungen der Israelitischen Allianz zu Wien, S. 4f.
885 Vgl. vertraulichen Entwurf „P.P." Esriel Hildesheimers vom 1.6.1881, in: SAM, 1194, 4, 9, Bl. 160.
886 Dieser Aufruf stammt vom 29.5.1881, wurde aber erst am 7.6. gedruckt, vgl. Aufruf Sammlungen für die südrussischen Juden der Redaction der Allgemeinen Zeitung des Judenthums vom 29. Mai 1881, in: AZJ, 45 Jg. (7.6.1881), S. 367.
887 Vgl. z. B. Aufruf des Leipziger Comité vom Juni 1881, in: SAM, 1194, opis 4, Bd. 11, Bl. 50; vom Münchner Comité vom 15.6.1881, in: ebd., Bl. 55; vom Kasseler Comité vom 14.6.1881, in: ebd., Bl. 56.
888 Vgl. AZJ, Jg. 45, Nr. 29 (19.7.1881), S. 481; Währungsumrechnung Stand Januar 2022, vgl. https://www.bundesbank.de/resource/blob/615162/13c8ab8e09d802ff.cf2e5a8ae509829c/mL/kaufkraftaequivalente-historischer-betraege-in-deutschen-waehrungen-data.pdf (27.9.2022).

lassten die Akteure in Berlin, Leipzig und anderswo, ihrerseits Apelle und Denkschriften über die Notwendigkeit und Dringlichkeit einer organisierten Auswanderung zu verfassen und an die Pariser Zentrale zu schicken.

Einen wichtigen Anteil hieran hatte die Leipziger AIU-Filiale, die früh begann, Appelle für eine großangelegte, langfristig organisierte Auswanderung russländischer Juden in die USA zu formulieren. Leiter der Leipziger AIU war bei Ausbruch der Krise Jacob Nachod, amtierender Präsident des 1867 in Leipzig gegründeten DIGB.[889] Als sich die Anzeichen für ein Heraufziehen einer Krise im Frühjahr 1881 mehrten, waren die Leipziger schnell im Bilde über die Lage. Anfang Juli sandte Jacob Nachod eine mehrseitige Denkschrift an die Zentrale in Paris und mahnte dieser gegenüber an, der Wahlspruch der *Alliance*

> ‚Alle Juden sind füreinander verantwortlich' habe sich ganz zweifellos in der „Organisation der Auswanderung russischer Juden (...) aufs Neue zu bewähren.[890]

Gegenüber Salomon Neumann, dem eine Abschrift der Denkschrift vorlag, betonte Nachod am 1. Juli 1881, dass man „für die Auswanderung aus Russland soviel wie möglich Propaganda machen und Geld reservieren" müsse.[891] Auch die IAzW wurde von Nachod aufgefordert, „die Auswanderung russischer Glaubensgenossen energisch zu fördern", was allerdings mit dem Hinweis auf das im Zarenreich geltende Betätigungsverbot für Auswanderungsvereine jeder Art, von Wien abschlägig beschieden wurde.[892] Über die Notwendigkeit einer gelenkten Emigration waren sich die deutschen Komitees früh einig. Das Berliner Komitee sprach sich zwar gegen eine Massenauswanderung aus – „ein sehr gefährlicher Zudrang" könne die „Sache scheitern machen" –, betonte aber gegenüber Paris, dass die Emigration eine wichtige Option zur Unterstützung der russländischen JüdInnen sei. Alternativ bliebe nur die kurzfristige „Linderung des Elends" in den Pogromgebieten, was die Auswanderung aber nicht aufhalten werde. „Aus der großen Zahl" Emigrationswilliger dürfe man aber „nur die tüchtigsten u. geeignetesten unterstützen", sowohl aus finanziellen wie aus logistischen Gründen. Realisieren ließe sich eine gelenkte Auswanderung, wie Neumann gegenüber dem Sekretär der Pariser AIU Isidore Loeb (1839–1892) versicherte, durch die „Erfahrung" der deutschen jüdischen Gemeinden mit der Emigrationsthematik:

---

889 Vgl. Gedenkblätter an Jacob Nachod, geb. 22. März 1814, gest. 11. April 1882, herausgegeben vom deutsch-israelitischen Gemeindebunde, Berlin 1882.
890 Denkschrift des Leipziger Komitees an die AIU-Zentrale in Paris von Anfang Juli 1881, in: SAM, 1194, opis 4, Bd. 9, Bl. 349.
891 Jacob Nachod an Salomon Neumann vom 1.7.1881, in: ebd., Bl. 67f.
892 IAzW an Jacob Nachod vom 19.7.1881, in: SAM, 675, opis 1, Bd. 144, Bl. 198.

aus unserer Provinz Posen sind in den letzten Jahrzehnten (seit etwa 1855) 20–25.000 Juden nach Amerika ausgewandert; denn von Amerika allein kann die Rede sein.[893]

Die Auswanderung der Posener Juden nach Amerika sei ein Paradebeispiel gelungener jüdischer Kettenemigration gewesen, weil sie stetig und überschaubar und auf wachsenden familiären und freundschaftlichen Netzwerken in Übersee beruht habe. Dieselbe Taktik hatte, wie Neumann ergänzte, das auch das Königsberger *Haupt-Grenz-Comité* 1869 angewandt:

> Nur wenn die ersten Auswanderer reüssieren, geschieht es, daß die Familienmitglieder, Verwandte u. Bekannte nachfolgen: so hat sich in der That die Auswanderung aus Posen vollzogen. Die Juden aus Posen sind nicht maßenhaft auf einmal ausgezogen, sondern allmählich (...) u. ohne Unterstützung! u. die ihrigen sind gefolgt![894]

Ein wesentlicher Nachteil für die Etablierung eines Hilfswerks im deutschen Reich bestand jedoch darin, dass die Komitees zwar personell und finanziell gut aufgestellt waren, aber im Gegensatz zu England, Frankreich und Österreich keine nationale Dachorganisation existierte, um eine wirkungsvolle Steuerung des wachsenden jüdischen Transits durch Preußen und das Deutsche Reich zu gewährleisten. Bis zur Gründung des *Deutschen Central Comités* in Berlin am 23/24. April 1882 agierten die größeren Komitees in Berlin, Hamburg, Leipzig und Frankfurt weitgehend autonom, die Organisationsstruktur im Deutschen Reich war während des ersten Krisenschubs fragmentiert. Daher agierten sie oft in kurzfristigen und häufig unkoordinierten Absprachen. Lediglich in den Einflussgebieten größerer Gemeinden hatte sich eine regionale Gliederung dahingehend etabliert, dass kleinere Komitees oder AIU-Filialen ihre Spendensammlungen an die größeren Komitees in den regionalen Zentren überwiesen, die ihrerseits die Gelder an die AIU weiterleiteten. Am erfolgreichsten war hierbei das *Alliance*-Komitee in Frankfurt am Main. Dort existierte bereits die *Centralstelle für die Geldsammlungen in Süd- und Mitteldeutschland*, der sich die Gemeinden Bruchsal, Kassel, Darmstadt, Fürth, Hanau, Heidelberg, Homburg, Mainz, Mannheim, Nürnberg, Stuttgart, Wiesbaden, Worms, Augsburg und Karlsruhe angeschlossen hatten.[895]

In den Herbst- und Wintermonaten 1881, in denen Tausende jüdischer Personen von Brody aus durch das Deutsche Reich geschickt, und für einen reibungslosen

---

893 Salomon Neumann an Isidor Loeb vom 25.6.1881, in: SAM, 1194, opis 4, Bd. 11, Bl. 82, 83.
894 Ebd., Bl. 83.
895 Vgl. Präsenzliste der in den Sitzungen vom 23./24. April 1882 anwesend gewesenen Delegierten, in: SAM, 1194, opis 2, Bd. 3, Bl. 27; vgl. 1. Monats-Bericht des Deutschen Central-Comités für die russisch-jüdischen Flüchtlinge. Mai 1882, S. 3, in: ebd., Bl. 35.

Ablauf detaillierte Planungen, und kurzfristige Änderungen nötig wurden, erwies sich die fehlende Leitung als Nachteil. Einzelne Komitees in wichtigen Transitstationen waren nur unzureichend, verspätet oder gar nicht über die Aktivitäten der anderen deutschen Komitees im Bilde. Auch die Gesamtstrategie – entweder ein von deutschen Komitees organisierter Transit oder eine Aktion unter dem Dach der AIU-Zentrale in Paris – war zu Beginn der Krise zunächst offen. Während die Berliner auf engere Absprachen mit Paris setzten, waren die Leipziger mehr an einer kurzfristigen, eigenständigen und von deutschen Juden geleiteten Hilfsaktion interessiert: „Von einem Anschluß an Paris war hier nie die Rede – da läge uns doch Berlin näher", schrieb Nachod Anfang Juli an Neumann. „Die engen Beziehungen unserer Stadt nach Russland durch Handel, persönliche Beziehungen & Einwanderung", führte er aus, „machen uns eine gewisse selbstständige Action zur Pflicht". Leipzigs Rolle als Grenzstadt sah er realistischerweise darin, dass im Sinne praktischer Arbeitsteilung „hier (...) die Anforderungen flüchtiger Juden zur Unterstützung nach America" begännen. Die Aufgabe Neumanns und der Berliner hingegen müsse optimalerweise die Förderung eigenständiger Hilfsaktionen sein sowie „eine Vereinigung sämtlicher deutschen Comités (...), die in dringenden Fällen eine selbstständige Action gestattet". Unter diesen Voraussetzungen seien die „leitenden Principien [des Berliner Komitees; D.H.] für uns annehmbar".[896]

Die Hauptstadt Berlin avancierte früh zu einer wichtigen Schaltstelle zwischen dem Russländischen Reich und Paris. Ein bedeutender Verbindungsmann in Berlin war seit den 1870er Jahren der an der Wilhelms-Universität lehrende Rechtsprofessor Carl Bernstein. Aus Odessa stammend, hatte Bernstein in den 1860er Jahren in Berlin promoviert und war aufgrund mangelnder Jobperspektiven in seiner alten Heimat in Berlin geblieben. Zusammen mit seiner aus St. Petersburg stammenden Frau Felicie (1852–1908) lud er mittwochs zu einem literarischen Salon in sein elegantes Haus Unter den Zelten 23. Hier verkehrten Max Liebermann (1847–1935), Theodor Mommsen, Adolph von Menzel (1815–1905), Georg Brandes (1842–1927) und viele andere Intellektuelle und Künstler Berlins. Auch als Sammler französischer impressionistischer Werke machte sich das Ehepaar Bernstein einen Namen.[897] Als Mitglied der Berliner AIU engagierte sich Bernstein im Frühjahr 1881 gemeinsam mit Salomon Neumann, Salomon Lachmann und Moritz Lazarus bei der materiellen und logistischen Unterstützung der Juden in den von der Gewaltwelle heimgesuchten Gebieten. Im April fungierte er als Kontaktmann zwischen dem Berliner Hilfskomitee und den Vertretern der jüdischen Gemeinde Kiew, na-

---

896 Vgl. Jacob Nachod an Salomon Neumann vom 5.7.1881, in: SAM, 1194, opis 4, Bd. 11, Bl. 72–73, zit. Bl. 72.
897 Vgl. Petra Wilhelmy, Der Berliner Salon im 19. Jahrhundert (1780–1914), Berlin/New York 1989, S. 612 ff.

mentlich zu dem Vorsitzenden des dortigen Hilfskomitees, dem Physiker Max Emmanuel Mandelstamm. Mandelstamm, ein früher Chowewe Zion, engagierte sich seit Anfang der 1880er Jahre gemeinsam mit Bernstein in der Organisation *Am Olam*, welche die jüdisch-russländische Emigration nach Übersee forcierte und sich für die Gründung von Ackerbaukolonien in den USA einsetzte.[898] Enge Verbindungen nach Kiew besaß auch Moritz Kirschstein (1826–1900)[899], Gründer und Leiter der Religionsschule der Jüdischen Gemeinde Berlins und ein bekannter Schüler von Leopold Zunz.[900] Weiterhin zählten hohe politische Funktionsträger zu den Adressaten von Hilfsgesuchen aus dem Russländischen Reich. Im August 1881 wandte sich der jüdische Geschäftsführer der südrussischen Eisenbahnen in Kiew L. Aronson an den linksliberalen Reichstagsabgeordneten Eduard Lasker, das wohl prominenteste Berliner Komiteemitglied. In fester Überzeugung, dass Lasker als „Judenpatriot" alle Hebel in Bewegung zu setzen vermochte, um auswanderungswillige JüdInnen zu helfen, bat Aronson, „bevollmächtigt von vielen [seiner] Glaubensgenossen", um „schleunigste und genaueste Antwort" darüber, ob es bereits Komitees in Berlin gebe, welche die Auswanderung mittelloser russländischer JüdInnen leiteten und finanzierten. Über die genauen Umstände in seiner Heimat Kiew würde er gerne genauer Auskunft geben, „wenn es nicht mit Gefahr verbunden wäre (...) wir preisen den lieben Gott für jeden Tag, welchen wir hier ohne Blutvergießen überleben".[901] Lasker blieb in seiner Antwort auf die Frage nach unbeschränkter Auswanderungsförderung jedoch vage und verwies auf die Bemühungen des Hilfskomitees um Neumann und Bernstein sowie der *Alliance* in Paris.

Um Mitte Mai 1881 bat Bernstein Mandelstamm um detaillierte Informationen über die Vorgänge in Kiew und die nach den Pogromen am 26/27. April von der dortigen jüdischen Gemeinde eingeleiteten Hilfsmaßnahmen, um in Berlin entsprechende Unterstützung zu mobilisieren und die Pogrome in Westeuropa publik zu machen. Anfang Juli schickte ihm Mandelstamm einen mehrseitigen Bericht zusammen mit einem deutschsprachigen Spendenaufruf des von der jüdischen Gemeinde gegründeten Unterstützungskomitees in Kiew. Er schilderte Bernstein die schwierige Versorgung von etwa 5000 durch die Pogrome obdachlos gewordenen Menschen nahe der Kiewer Festung, von denen ca. 3000, größtenteils Frauen und

---

898 Vgl. Jeffrey S. Gurock, American Jewish History, Vol. 3, East European Jews in America 1880–1920: immigration and adaptation, New York 1998, S. 17–21. (vgl. auch: https://oregonencyclopedia.org/articles/am_olam/#V6l03PmAOko; 9.11.2018).
899 Vgl. Der Gemeindebote. Beilage zur AZJ vom 21.12.1900, S. 2, in: AZJ, Jg. 64, Nr. 51 (21.12.1900).
900 Max Mandelstamm an Salomon Neumann vom 7./15.7.1881, in: SAM, 1194, opis 2, Bd. 9, Bl. 10.
901 L Aronson (Kiew) an Eduard Lasker vom 16.8.1881, in: SAM, 1194, opis 1, Bd. 112, Bl. 33f.; das Berliner Comite erhielt den Brief von Lasker am 10.9.1881.

Kinder, in 17 großen Armeezelten untergebracht worden waren[902]. Ein noch ausführlicherer Bericht über die „Zahl der Geplünderten" aus Kiew „zur Veröffentlichung in den gelesensten Blättern Berlins" sowie eine „besondere Broschure (deutsch, russisch, französisch)" seien in Arbeit[903]. Weiter berichtete Mandelstamm von erfolgreichen Geldsammlungen in Kiew und in anderen größeren russländischen jüdischen Gemeinden. Die Spendengelder aus dem Ausland liefen seit Beginn der Krise in der St. Petersburger Bank des Philanthropen Naphtali Herz Günzburg zusammen und wurden von dort an die verschiedenen Hilfskomitees angewiesen.

Unmittelbar nach den ersten Berichten über die Pogrome wurde in Berlin ein Spendenkonto bei der *Berliner Produkten & Handelsbank* eingerichtet, auf Empfehlung des Memeler Rabbiners Isaak Rülf beteiligte sich zeitgleich die Bank *Platho & Wolf* an Spendensammlungen für Pogromopfer in Elisabethgrad[904]. Bis August sammelte das Berliner Komitee 15.000 Mark für den Russischen Hilfsfonds der Bank Günzburgs in Petersburg, wovon 2000 Rubel nach Odessa bzw. Elisabethgrad und 3700 Mark direkt an das Kiewer Komitee beziehungsweise an Mandelstamm flossen.[905]

Bei aller Dankbarkeit für die Solidarität und monetäre Unterstützung aus dem Deutschen Reich kritisierte Mandelstamm jedoch die altbewährte Methode der Katastrophenhilfe als unzureichend – „Von temporären Geldsendungen halte ich Nichts, das hilft palliativ oder gar nicht". Es gelte vielmehr die „brennendste Frage" der schätzungsweise 4 Millionen Juden im Russländischen Reich ernsthaft anzugehen, nämlich deren gewünschte Auswanderung nach Amerika:

> Die Emigrationsfrage kommt uns nicht mehr aus dem Sinn (…) in allen Fällen würde eine Emigration das beste Ventil abgeben für die Judenbevölkerung dieser Gegend.

Grundsätzlich bestünden

> nur 2 Radicalcuren für die Unglücklichen (…): Auswanderung oder Einwanderung nach ganz Rußland, selbstverständlich mit Gleichberechtigung, oder noch besser: sowohl Emigration als auch Immigration.[906]

---

[902] Vgl. Max Mandelstamm an Salomon Neumann vom 4./16.7.1881, in: SAM, 1194, opis 2, Bd. 9, Bl. 6–9.
[903] M. Mandelstamm an Salomon Neumann vom 8/20.8.1881, in: SAM, 1194, opis 2, Bd. 9, Bl. 23.
[904] Hilfscomité Elisabethgrad an Berliner Bank Platho & Wolf vom 12/24.6.1881, in: SAM, 1194, opis 2, Bd. 9, Bl.14.; vgl. Max Mandelstamm an Salomon Neumann vom 4./16.7.1881, in: ebd., Bl. 7f.
[905] Vgl. Salomon Neumann an Max Mandelstamm vom 10.8.1881, in: SAM, 1194, opis 2, Bd. 9, Bl. 25–26; vgl. A.M. Brodsky (Hilfscomité Odessa) an Salomon Neumann vom 15.8.1881, in: ebd., Bl. 11; vgl. Max Mandelstamm an Salomon Neumann vom 8.8.1881, in: ebd., Bl. 23f.
[906] Max Mandelstamm an Salomon Neumann vom 4./16.7.1881, in: ebd., Bl. 9, 8.

An die Idee von Gleichberechtigung sei aber „unter gegebenen Verhältnissen nicht zu denken"[907], weshalb als einzige durchführbare Option die Emigration in die Vereinigten Staaten bliebe. Zur selben Schlussfolgerung kam Anfang Juli 1881 das Hilfskomitee in Leipzig, das in einer an die AIU-Zentrale in Paris gerichteten Denkschrift die „ernste Prüfung der Frage (…) der Auswanderung der Russischen Juden" forderte, welche die einzige Alternative zur derzeit unmöglichen „Organisation der Freizügigkeit" darstelle.[908]

Gegenüber Neumann verdeutlichte Mandelstamm Mitte Juli, dass bei allen zu ergreifenden Maßnahmen von Seiten der *Alliance* bedacht werden müsse, dass die Emigration keine theoretische Überlegung mehr sei, sondern für viele Kiewer Juden längst beschlossene Sache:

> Es unterliegt keinem Zweifel, daß Emigration von Personen und Familien gewünscht wird, hier melden sich täglich Männer verschiedenen Standes bei uns, worunter viele mit Geldmitteln ausgestattet, die in die Ferne ziehen wollen, falls man ihnen nur Schutz und Hilfe zusichert. Hier liegt alles brach nieder, weil man fürchtet, etwas Neues zu beginnen.[909]

Neben den Schilderungen aus den Pogromgebieten thematisieren die Briefe an Bernstein und Neumann grundlegende Schwierigkeiten, welche die kurzfristige Umsetzung einer offiziell organisierten Auswanderung so gut wie unmöglich machten. Erstens unterlag die AIU nach wie vor einem Betätigungs- und Publikationsverbot im Zarenreich. Zweitens war es, wie das Hilfskomitee in Elisabethgrad Neumann im September schilderte,

> nach den bisherigen russischen Gesetzen nicht erlaubt, für die Auswanderung aus diesem Lande Propaganda zu machen und Gelder zu diesem Zweck öffentlich zu vertheilen.

Somit blieb die Hoffnung, gemeinsam mit der AIU „Emigrationsbureaus" einrichten zu dürfen[910], vorerst illusorisch. Möglich blieb nur die illegale Arbeit „im Geheimen", die aber für die meisten Beteiligten aus Angst vor harten Strafen nicht infrage kam. Daher, so Mandelstamm, seien den russländischen Gemeinden die Hände gebunden und jetzt vorrangig die „Freunde im Ausland" gefragt.[911]

---

907 Max Mandelstamm an Salomon Neumann vom vom 8.8.1881, in: ebd., Bl. 23.
908 Denkschrift des Leipziger Hilf-Comités an die AIU in Paris von Anfang Juli 1881, a.a.O., Bl. 349.
909 Max Mandelstamm an Salomon Neumann vom 4./16.7.1881, in: ebd., Bl. 8 f.
910 E.M. Mandelstamm privatim an Carl Bernstein vom 27.7.1881, in: SAM, 1194, opis 2, Bd. 9, Bl. 15; Hilfskomitee Elisabethgrad an Salomon Neumann vom 2.9.1881, in: ebd., Bl. 37.
911 E.M. Mandelstamm an Carl Bernstein vom 4./16.7.1881, in: SAM, 1194, opis 2, Bd. 9, Bl. 6–9, zit. ebd., Bl. 8–9.

3 Im „Brennpunkt der Emigration": Die Ausgangslage in Brody 1881

Ein Großteil der vor den Pogromen flüchtenden Personen, etwa drei Viertel[912], suchte Schutz im nahe westlich der Ukraine gelegenen Galizien. Die weiter nordwestlich liegenden preußischen oder die nahe südlich liegenden rumänischen Grenzen stellten im Mai 1881 keine Option dar: die preußischen Ostgrenzen waren auf Weisung Bismarcks den aus dem Russländischen Reich Emigrierenden verschlossen. Auch Rumänien, dessen Regierung einen streng judenfeindlichen Kurs verfolgte, war keine sichere Option.[913] So wurde ab Mitte Mai 1881 das österreichische Kronland Galizien, das nördlich an Preußen, südlich an Rumänien grenzte, namentlich die nahe der russländischen Grenze gelegene Stadt Brody, zum provisorischen Ziel- und Transit-Ort Tausender russländischer JüdInnen, und zum Ausgangs- und Kristallisationspunkt der im Sommer desselben Jahres anlaufenden Hilfsaktion der AIU und ihrer Partner.[914]

Die Stadt Brody gehörte seit der ersten Teilung Polens von 1772 zur österreichischen Provinz Galizien und zählte Anfang der 1880er Jahre 20.378 Einwohner. Wie in den meisten galizischen Ortschaften war der Anteil der jüdischen Bevölkerung in Brody sehr hoch; in diesem Fall betrug der Anteil der jüdischen Personen an der Gesamtbevölkerung 76,3 % bzw. 15.316 Personen. Im 18. Jahrhundert war Brody eine bedeutende Handelsstadt und ein Zentrum der galizischen Haskala gewesen, einige bedeutende jüdische Aufklärer hatten ihren Wohnsitz in der Stadt. Als Mittelpunkt jüdischer Bildung und Philosophie übte Brody eine starke Anziehungskraft auf viele ländliche JüdInnen der Umgebung aus; die 1815 gegründete jüdische Realschule avancierte zu einer einflussreichen jüdischen Kultureinrichtung in der Region. Dank seiner Grenzlage profitierte Brody bis ins erste Drittel des 19. Jahrhunderts von den florierenden Zolleinnahmen des Handels zwischen Österreich und dem Russländischen Reich.[915]

Im Krisenjahr 1881 befand sich die altehrwürdige Stadt bereits in der Phase eines langsamen wirtschaftlichen Niedergangs. Im Gegensatz zu anderen Städten Galiziens wie Krakau, Lemberg und Przemyśl, die seit der Mitte des 19. Jahrhunderts im Zuge der Industrialisierung wuchsen und einen wirtschaftlichen Aufschwung

---

912 Vgl. Börries Kuzmany, Brody. Eine galizische Grenzstadt, S. 237.
913 AZJ, Jg. 45, Nr. 23 (7.6.1881), S. 374 f.
914 Moritz Friedländer und Leo Goldenstein bezeichneten die Stadt Brody als „Brennpunkt der Emigration", vgl. Friedländer, Fünf Wochen, S. 4, und Goldenstein, Brody, S. 7.
915 Vgl. Börries Kuzmany, Brody. Eine galizische Grenzstadt, S. 47–71, 188–212, 341, 345.; zur Entwicklung der jüdischen Gesellschaft in Galizien im 19 Jh. vgl. Israel Bartal, Geschichte der Juden im östlichen Europa, S. 79–91, 135–144; vgl. Michael Brenner, Kleine jüdische Geschichte, S. 224 f.

durchlebten, hatte Brody wichtige Modernisierungen verschlafen; lange Zeit verfügte die Stadt über keinen eigenen Eisenbahnanschluss, Fabriken schlossen, Arbeiter verloren ihre Jobs, und Investitionen gingen zurück. Erdrückend kam 1879 der Verlust des Freihandelsprivilegs hinzu, welches die Stadt wirtschaftlich lange Jahre, vor allem seit einem verheerenden Großbrand im Jahr 1859, über Wasser gehalten hatte, und infolge dessen Wegfalls wichtige Kaufleute der Stadt den Rücken kehrten.[916] Der Wiener Religionshistoriker und IAzW-Sekretär Moritz Friedländer (1842/45–1919)[917], der Ende Oktober 1881 den *Alliance*-Abgesandten in Brody zu Hilfe eilte und fünf Wochen dort blieb, veröffentlichte im Frühjahr 1882 einen Bericht über seinen Aufenthalt während der Wintermonate in Brody[918]. In seiner Schilderung über die dortige Situation schwingt die Klage über den schleichenden Verfall einer ganzen Region mit, der sich vor allem in der Armut der meisten jüdischen Einwohner manifestierte. So leitet Friedländer seine Schrift mit dem zeitgenössischen und populären galizischen Sprichwort „Verfallen wie in Brody" ein, das den Niedergang der Stadt zusammenfasste. Für die wirtschaftlich-soziale Gesamtsituation in Brody wählt er pessimistische und sarkastischen Worte:

> Gewiß, Brody an und für sich ist trotz des boshaften Sprichworts nicht besser und nicht schlechter als jede andere an der russischen Grenze gelegene Stadt, in der man bei Regenwetter bis an die Knie in Koth versinkt, dem man verfallen wie in Brody bleibt. Nein, Brody ist nicht schlimmer, als jede andere Stadt, die ca. 25.000 Einwohner hat, von denen etwa 18.000 blutarm sind, und zu denen sich noch einige tausend nothleidende Russen gesellen, welche noch obendrein von der Angst, verfallen wie in Brody zu bleiben, geplagt sind.[919]

Seit Jahrzehnten hatten generell schlechte Lebensbedingungen für die jüdische Bevölkerung in Galizien geherrscht, welche durch die stetige Zuwanderung mittelloser russländischer JüdInnen noch verstärkt wurden. Viele ehemalige Bewohner des Ansiedlungsrayons hatten sich über die Jahre in Galizien niedergelassen und lebten zumeist in bitterer Not.

Obgleich die österreichischen Juden seit 1867 allen anderen österreichischen Bürgern formal rechtlich gleichgestellt waren, gestaltete sich die wirtschaftliche und soziale Realität der galizischen Juden bescheiden bis schlecht, wenn auch nicht so katastrophal und lebensbedrohlich wie jenseits der nahen russländischen

---

[916] Ebd., S. 74–124; vgl. zur Geschichte Brodys auch: ders./Paulus Adelsgruber/Laurie Cohen (Hgg.), Getrennt und doch verbunden, S. 29–37.
[917] Unterschiedliche Angaben zum Geburtsdatum; vgl. zur Biographie Moritz Friedländers Kenneth H. Ober, Die Ghettogeschichte: Entstehung und Entwicklung einer Gattung, Göttingen 2001, S. 102 und http://www.jewishencyclopedia.com/articles/6381-friedlander-moritz (4.1.2019).
[918] Moritz Friedländer, Fünf Wochen.
[919] Ebd., S. 1f.

Grenze. Allerdings herrschten Spannungen zwischen der katholisch-polnischen und der jüdischen Bevölkerung. Faktisch oblag die lokale Verwaltung den polnischen Adeligen, welche die Juden häufig drangsalierten. Für die Regierung in Wien waren die sozialen Probleme in Galizien, und besonders diejenigen der galizischen JüdInnen, weit weg.

Anders verhielt es sich mit dem 1872 gegründeten Ableger der AIU in Österreich, der IAzW. Sie war mit dem Bestreben ins Leben gerufen worden, die von der AIU international repräsentierte und geforderte jüdische Solidarität gleichermaßen zur Verbesserung der Lebensumstände der jüdischen Bürger im eigenen Land zu nutzen, was im österreichischen Falle vorrangig auf die jüdischen Lebenswelten in Galizien zutraf. Mittellose russländische JüdInnen in den galizischen Grenzorten waren für die IAzW nichts Neues, sondern ein alltäglicher Anblick.

Seit den frühen 1870er Jahren hatten sich in vielen Städten und Gemeinden Galiziens Filialen der IAzW etabliert. Auch in Brody existierte seit 1878 eine Filiale mit insgesamt 67 Mitgliedern, deren Leitung in den Händen angesehener jüdischer Bürger lag. Als Filialleiter fungierte der Brodyer Kaufmann und Bankier Heinrich Nirenstein, die drei weiteren Vorstandsmitglieder waren der Direktor der Israelitischen Knaben- und Mädchenhauptschule in Brody Dr. Leopold Herzel (1867–1911), der jüdische Aufklärer Jakob Werber (1859–1890), der die beiden Brodyer Zeitungen *Ivri anochi* und *Halvri* herausgab, und Lazer Bloch.[920]

Brody befand sich bei der Ankunft der ersten russländischen Geflüchteten im Mai 1881 in einer ähnlichen, vermutlich sogar schlechteren Situation, als es 1869 Memel gewesen war, nur dass in diesem Fall die Anzahl der Geflüchteten und anderer TransmigrantInnen noch weitaus höher war. Die ersten 250 Personen, die vor den Pogromen flüchteten, erreichten Galizien am 15. Mai 1881. Auf dem Höhepunkt der Krise im Sommer 1882 hielten sich verschiedenen Quellen zufolge, zwischenzeitlich etwa 12.500 bis 15.000 Personen in Brody auf, das entsprach fast ¾ der Gesamtbevölkerung der Stadt. Insgesamt betrug die Anzahl der 1881–82 in Österreich Schutz suchenden Juden ca. 25.000. Daher ist es wenig überraschend, dass die Infrastruktur der Stadt Brody trotz der Hilfsbereitschaft vieler ihrer EinwohnerInnen schon Ende Mai unter der rasch wachsenden Zahl Schutzsuchender zusammenbrach. Auch andere galizische Grenzorte, viele davon kleine Ortschaften oder Dörfer, wurden zum vorübergehenden Aufenthaltsort von russländischen

---

920 Vgl. 9. Jahresbericht der IAzW (1881), S. 23 f., 74 (Mitgliederzahl Stand 1881); die offizielle Gründung der IAzW-Filiale (die personell mit der AIU-Filiale identisch war) fand am 17.7.1880 statt, das „Subcomitee" der AIU, existierte bereits seit 1878, vgl. Björn Siegel, Österreichisches Judentum zwischen Ost und West, S. 211 und Börries Kuzmany, Brody. Eine galizische Grenzstadt, S. 205, 237, 394, 405 f.; zu Leopold Herzel vgl. Dr. Bloch's oesterreichische Wochenschrift, 18. Jg., Nr. 43 (27.10.1911), S. 713.

TransmigrantInnen. In der Stadt Podwołoczyska, in der gerade einmal 2000 Menschen lebten, waren im Mai 1882 etwa 200, im Hochsommer zeitweise bis zu 1500 Geflüchtete und TransmigrantInnen untergebracht.[921]

Die meisten der aus den weiter entfernt liegenden, südrussländischen ländlichen Regionen stammenden Personen gelangten mit der Eisenbahn bis in die russischen Grenzstädte Voloçisk oder Radziwilow, von denen die Eisenbahnlinien in die galizischen Städte Podwołoczyska beziehungsweise über Tarnopol nach Brody weiterführten. Andere, die aus Richtung der bessarabischen Schwarzmeerküste kamen, gelangten über das moldawische Jassy nach Galizien. Der Großteil der Personen, die mit der Bahn in Richtung Radziwilow ankamen, verließ die Bahnhöfe auf russländischer Seite und schlug sich über die grüne Grenze nach Galizien durch, vor allem durch die dichten Wälder zwischen Radziwilow und Brody. Nur etwa ein Viertel nutzte die offiziellen Grenzübergänge. Häufig wurde der Grenzübertritt illegal mit Hilfe von lokalen Schmugglern bewerkstelligt; dies galt sowohl für jüdische wie nichtjüdische TransmigrantInnen, häufig Deserteure der zaristischen Armee. Die auf legalem Wege ankommenden TransmigrantInnen wurden von den österreichischen Grenzbeamten zunächst anstandslos durchgewunken, obwohl es formal strenge Kontrollen gab[922]. Einer der Gründe dafür waren die von der russländischen Regierung zu Schleuderpreisen verkauften Ausreisepapiere. Entgegen aller offiziell ergangenen Verbote der russländischen Regierung an die jüdischen Hilfskomitees in den von den Pogromen heimgesuchten Städten, zur Organisation einer jüdischen Auswanderung beizutragen, sei, nach einem zeitgenössischen Bericht,

> gegenwärtig [nur zu sehen], daß den massenhaft in's Ausland reisenden Juden bei Ertheilung zeitweiliger Reisepäße von der Regierung keinerlei Hindernisse in den Weg gestellt werden.[923]

Der jüdische Auswanderer Moshe Tarzik schilderte in einem Brief an das Berliner Hilfskomitee im November 1881, dass „Legitimationspapiere (...) sehr leicht, oft auch Unwürdigen gegeben werden".[924] Obwohl den TransmigrantInnen in Brody und anderen Orten offiziell jederzeit die Abschiebung drohte, gab es von Seiten der Polizei eine Reihe von Ausnahmen. Sofern eine Person beziehungsweise mehrere

---

921 Vgl. Börries Kuzmany, Jüdische Pogromflüchtlinge, S. 108.
922 Vgl. Benyamin Lukin, Olga Shrabermann, Documents on the Emigration, S. 103.; vgl. Vossische Zeitung Nr. 383 (19.8.1881), in: SAM, 1194, opis 1, Bl. 112.
923 Vgl. Börries Kuzmany, Jüdische Pogromflüchtlinge, S. 96 f.; Hilfskomitee Elisabethgrad an Carl Bernstein, 11./22. Juli 1881, in: SAM, 1194, opis 2, Bd. 9, Bl. 13; vgl. Moritz Friedländer, Fünf Wochen, S. 22.; vgl. Paulus Adelsgruber/Laurie Cohen/Börries Kuzmany (Hgg.), Getrennt und doch verbunden, S. 127 f., 172 f.
924 Moshe Tarzik an Salomon Lachmann vom 6.11.1881, in: SAM, 1194, opis 2, Bd. 9, Bl. 95.

Personen eines Familienverbandes über Geldmittel verfügten oder einen Erwerb zum Lebensunterhalt vorweisen konnten, sah die Polizei von Abschiebungen ab. Dasselbe galt für InhaberInnen gültiger Pässe.[925]

Die k.u.k. Regierung blieb angesichts der Tatsache, dass Tausende russländischer StaatsbürgerInnen österreichisches Territorium betraten, während des Jahres 1881 erstaunlich untätig – sieht man von moralischem Protest ab. Der österreichisch Außenminister Baron Heinrich von Haymerle (1828–1881) traf sich in Wien zwar mit dem russländischen Botschafter Paul von Oubril (1818–1896) und betonte, „ein massenhaftes Zurückströmen des jüdischen Elements nach Oesterreich-Ungarn" sei „sehr ungern gesehen"[926], aber konkrete Maßnahmen wurden keine ergriffen. Erst während des Frühjahrs 1882, als die Krise erneut über Galizien hereinbrach, nahm der österreichische Botschafter in St. Petersburg, Anton von Wolkenstein-Trostburg (1832–1913), Fühlung mit der russländischen Regierung auf, was jedoch keine Auswirkungen auf eine Eindämmung der illegalen Grenzübertschritte hatte.[927]

3.1 Erste Maßnahmen der *Alliance*. Das Brodyer Lokalkomitee und Heinrich Schafiers Reise nach Galizien

Um der sich zuspitzenden Situation in Brody Herr zu werden, gründeten Nirenstein und sechs weitere Mitglieder der jüdischen Gemeinde im Mai 1881 ein spezielles Hilfskomitee für die Erstversorgung russländischer JüdInnen. Dieses erschien allerdings nach den Worten des aus Wien nach Brody geschickten IAzW-Abgesandten Leo Goldenstein zu Beginn „kaum organisiert", und sah sich der schier unlösbaren „Herculesaufgabe" gegenüber, die täglich wachsende Anzahl, größtenteils mittellos nach Brody gekommener Personen mit Essen, Wohnungen, medizinischer Versorgung und bestenfalls einer Möglichkeit zur Weiterreise zu versorgen. Im Lauf des Jahres wuchs das Komitee auf 40 Personen an und wurde während der Krisenmonate zu einem „keystone" des Hilfswerks.[928] Weitreichende Pläne der AIU oder IAzW für die Emigration von Hunderten mittellosen Personen existierten im Mai 1881 noch nicht, weshalb die TransmigrantInnen zunächst in Galizien strandeten, viele von ihnen monatelang. Während der Monate Juni und Juli wuchs deren Zahl täglich, bis sich schließlich mehrere Tausend Personen in Brody aufhielten. Die

---

925 Vgl. Ingo Haar, Jüdische Zivilgesellschaft und Flüchtlingspolitik, S. 101.
926 Auswärtiges Amt an Otto v. Bismarck vom 21.5.1881, in: GStPK, I. HA, Rep 77, Tit 1176, Nr. 2a, Bl. 30.
927 Vgl. Börries Kuzmany, Jüdische Pogromflüchtlinge, S. 102.
928 Vgl. Leo Goldenstein, Brody, S. 18, zit. S. 6.; Benyamin Lukin, Olga Shraberman, Documents on the Emigration, S. 109.

Situation drohte völlig außer Kontrolle zu geraten. Man hatte den Eindruck, beschrieb Goldenstein später, „Russland wolle seine ganze Judenheit nach Brody ausspeien"[929]. Die Helfer vor Ort konnten kaum mehr tun, als die Ankömmlinge mit dem Nötigsten zu versorgen und gleichzeitig um Hilfe bei der AIU in Paris, bei der IAzW und beim Berliner Komitee zu ersuchen.

Im Juli 1881 realisierten die *Alliance*-Vertretungen in Paris, London, Wien und Berlin, dass eine Emigration russländischer JüdInnen in bisher unbekanntem Ausmaß bevorstand und die Lage in Galizien in eine humanitäre Katastrophe zu münden drohte. Die verzweifelten Berichte des Brodyer Hilfskomitees sowie die detaillierten, zum Teil drastischen Schilderungen der russländischen Komitees und Gemeinden aus den von den Pogromen betroffenen Regionen, zu denen sich eine wachsende Flut von Zeitungsartikeln gesellten, ließen in der Pariser Zentrale die Alarmglocken schrillen. Um die binnen weniger Wochen explodierenden Versorgungs- und Unterbringungskosten zu decken und Nahrungsmittel, Bekleidung und andere notwendige Hilfsmittel kurzfristig nach Brody senden zu können, sprang der Unternehmer und Philanthrop Baron Maurice de Hirsch (1831–1896) ein, ein langjähriger Förderer der *Alliance* und Mitglied im Zentralkomitee, und spendete umgehend eine Million Francs.[930]

Wie schnell die Realität der Sommermonate 1881 die „sorgsamen Planungen" der *Alliance* überholte und wie schleppend die Kommunikation noch im Juni und Juli verlief, wird aus den Briefen Mandelstamms an das Berliner Komitee ersichtlich. Mandelstamm schrieb am 8. August an Neumann, die AIU in Paris habe dem Kiewer Komitee gegenüber zwar längst versichert,

> uns materiell und moralisch bei der Emigration zu unterstützen, (...) aber wie wird die Sache aussehen? (...) Die Alliance Israelit (sic) hat uns seit langer Zeit den Besuch zweier Herren angekündigt, die aber nun noch nicht eingetroffen sind.[931]

Neumann antwortete postwendend, dass die Unterstützung einer organisierten Auswanderung russländischer Juden nach Amerika „zu der [vom Berliner Komitee; D.H.] besonders protegierten Aufgabe" gehöre, konnte zum aktuellen Stand der *Alliance*-Beratungen allerdings nur vage und etwas verlegen antworten: „So weit wir wissen, wird das Pariser Comite Delegierte nach Russland schicken".[932]

---

[929] Ebd., S. 13.
[930] Vgl. Moritz Friedländer, Fünf Wochen, S. 3 f.
[931] Max Mandelstamm an Salomon Neumann vom 4./16.7.1881, in: SAM, 1194, opis 2, Bd. 9, Bl. 9.
[932] Max Mandelstamm an Salomon Neumann vom 8/20.8.1881, in: ebd., Bl. 23 f., zit. Bl. 24; vgl. Salomon Neumann an E.M. Mandelstamm vom 10.8.1881, in: ebd., Bl. 25 f., zit. Bl. 26.

Delegierter war zum Zeitpunkt dieses Briefwechsels zwischen Neumann und Mandelstamm bereits auf dem Weg. Zeitgleich mit der Entsendung der Delegation nach Amerika im Juni 1881 hatte die *Alliance* einen weiteren Abgesandten für eine Mission in Osteuropa ausersehen. Da man in Paris keinen Überblick über die tatsächliche Lage hatte, sollte dieser Abgesandte im Russländischen Reich „an Ort und Stelle die Lage der Juden prüfen, die augenblickliche Noth lindern und die Auswanderung von dort durch der Alliance zu machende Vorschläge fördern"[933]. Die Wahl der *Alliance* fiel auf den Mediziner Heinrich Schafier, der als junger Mann selbst aus dem Russländischen Reich ausgewandert war. Auf Empfehlung des Liegnitzer Rabbiners Moritz Landsberg war Schafier über Preußen nach Paris gekommen, wo sich der Rechtsanwalt und spätere Präsident der AIU Salomon Hayum Goldschmidt (1814–1898) seiner annahm und ihm das Studium der Medizin ermöglichte. Schafier brachte die besten Voraussetzungen für die ihm von der *Alliance* zugedachte Aufgabe mit: er hatte als Emigrant selbst die Erfahrung der russländisch-jüdischen EmigrantInnen geteilt, sprach fließend Russisch, Französisch und Deutsch, und besaß als Mediziner das notwendige Wissen, um gegebenenfalls Anzeichen von Unterernährung, Seuchen etc. unter den gestrandeten TransmigrantInnen erkennen und Maßnahmen einleiten zu können. Humanistisch gebildet und von den Idealen der *Alliance* überzeugt, besaß Schafier laut Friedländer eine „nicht zu erschütternde Geduld", war jung und verfügte über eine „kräftige Constitution".[934]

Im Juni erhielt die AIU in Paris Kenntnis von 200 in Brody gestrandeten Personen und änderte kurzerhand den ursprünglichen Plan. Schafier sollte zunächst Brody besuchen, dort eine geordnete Registrierung der eintreffenden TransmigrantInnen vornehmen und Listen mit Personen für die Expedierung nach Amerika anfertigen. Anschließend sollte er über Lodz und Warschau weiter bis nach Kiew reisen, um sich mit Mandelstamm über generelle Fragen zur Auswanderung aus dem Russländischen Reich zu besprechen. Dieser zweite Teil der Reise sollte über Umwege und „incognito" geschehen, einerseits um das Betätigungsverbot für die *Alliance* zu umgehen, andererseits um bei den österreichischen Grenzbeamten nicht den Verdacht aufkommen zu lassen, die Anwesenheit eines hochrangigen *Alliance*-Vertreters in Kiew müsse zwangsläufig noch mehr russländische JüdInnen zur Auswanderung animieren.[935] Dieser Plan kam wegen der sich überschlagenden Ereignisse in Galizien allerdings nicht über die erste Etappe hinaus.

---

[933] Vgl. Moritz Friedländer, Fünf Wochen, S. 4ff., zit. S. 4.
[934] Vgl. ebd., S. 5; vgl. Leo Goldenstein, Brody, S. 7f.; Zum Leben Heinrich Schafiers vgl. Von Nah und Fern, in: AZJ Jg. 59, Nr. 17 (26.4.1895), S. 4 und Dr. Heinrich Schafier, in: Oesterreichische Wochenschrift. Centralorgan für die gesammten Interessen des Judenthums, Jg. 12, Nr. 16 (19.4.1895), S. 294f.
[935] Vgl. Heinrich Schafier an S. Neumann vom 10.9.1881, in: SAM, 1194, opis 2, Bd. 9, Bl. 55.

Friedländer datiert Schafiers Abreise aus Paris auf Juni, dieser traf aber erst am 27. August 1881 in Brody ein, wie aus der Korrespondenz zwischen ihm und Salomon Neumann rekonstruiert werden kann.[936] Vor seiner Fahrt nach Galizien besuchte er zunächst das Berliner Hilfskomitee, um mit Neumann Absprachen über die Transporte zu treffen, die von Galizien via Schlesien über Berlin nach Hamburg und Antwerpen gehen sollten, und versprach, Neumann die entsprechenden Passagierlisten von Brody aus zu schicken.[937] Als Neumann am 10. August an Mandelstamm schrieb, er wisse über die Pläne der *Alliance* noch nichts Genaueres[938], befand sich Schafier noch in Paris. Erst am 16. August schrieb Loeb an das Berliner Komitee, dass Schafier „mit instructionen nach Rußland" unterwegs und auf dem Weg nach Berlin sei. Zu diesem Zeitpunkt rechnete die Pariser Zentrale mit 500 Personen in Brody, die in „ungefähr 6 Wochen nach Amerika zu befördern" seien.[939] Die *Alliance* wurde in Galizien also nicht im Früh-, sondern erst im Hochsommer 1881 aktiv.

Eine gewisse Konfusion herrschte nach wie vor unter den deutschen Komitees. Noch am 11. September bat Hermann Magnus im Namen des Leipziger Komitees Neumann um die Bestätigung einer Nachricht aus Brody, dass das Berliner Komitee der AIU 60.000 Mark überwiesen habe. Angesichts der großen Aufgabe sei es, so Magnus, „der Wunsch unsers Comité's möglichst in Uebereinstimmung mit Ihren [Neumanns; D.H.] Dispositionen zu agieren", wozu „die Kenntniß Ihrer Beziehungen zu der Alliance I.U. besonders nothwendig und wünschenswerth" erschiene. Dem stimmte Neumann grundsätzlich zu, berichtete Magnus über das Verhältnis der Berliner zur AIU in Paris und dass er „mit dem Delegierten derselben, welcher angebl. in Br[ody] weilt, persönlich conferirt habe u. auch von ihm Berichte erhalten" habe.[940]

Als Schafier Ende August Brody erreichte, fand er dort nicht die von ihm erwarteten 200, sondern die zehnfache Anzahl von gestrandeten Personen vor. Es

---

[936] Schafier schrieb Neumann am 1.9.1881, er habe ihm „direkt nach meiner Ankunft telegraphiert" und nach den Beförderungsmodalitäten von Schiffscompagnien erkundigt; das besagte Telegramm datiert auf den 27.8.1881 um 13:12 Nachmittags, vgl: Telegramm Heinrich Schafier an Salomon Neumann vom 27.8.1881 u. Brief Heinrich Schafier an Salomon Neumann vom 1.9.1881, in: SAM, 1194, opis 2, Bd. 9, Bl. 40 u. 41–42; bestätigt wird dies durch das Abreisedatum Schafiers am 28.12.1881 sowie die Angabe Friedländers, Schafier sei nach seiner Ankunft 17 Wochen in Brody geblieben, vgl. Friedländer S. 1, vgl. Heinrich Schafier an Salomon Neumann vom 22.12.1881, in: SAM, 1194, opis 2, Bd. 9, Bl. 163.
[937] Heinrich Schafier an Saomon Neumann vom 1.9.1881, in: ebd., Bl. 43.
[938] S. o. Anm. 931.
[939] Isidor Loeb an Salomon Neumann vom 16.81882, in: SAM, 1194, opis 4, Bd. 11, Bl. 105.
[940] Hermann Magnus an Salomon Neumann vom 11.9.1882, in SAM, 1194, 2, 9, Bl. 57 und Skizze des Antwortschreibens Salomon Neumann an Hermann Magnus, o. D., in: ebd.

handelte sich um „850 Familien, welche alle auszuwandern wünschen (...) Das Elend unter diesen Unglücklichen ist unbeschreiblich", schrieb er an Neumann.[941] Noch am Tag seiner Ankunft hatte Schafier 5000 Francs von der IAzW erhalten und für weitere 15.000 Francs zur „unmittelbaren Stütze" der für die Auswanderung vorgesehen Personen an die Pariser Zentrale telegraphiert. Unterstützung erhielt er zusätzlich vom Brodyer Hilfskomitee, das ihm die Leitung und Organisation der Registrierung übertrug, und sich hauptsächlich auf die Grundversorgung mit Lebensmitteln und Kleidung konzentrierte.[942] Hinsichtlich der Planung einer organisierten Emigration war Schafier anfangs noch optimistisch. Zwar sei die „Aufnahme der Auswanderer [in Brody] ungeheuer schwierig gewesen", doch war schon für den 4. September 1881 der erste Transport mit insgesamt 100 Personen nach Antwerpen geplant, von wo aus die Weiterreise nach New York in „drei Wellen" erfolgen sollte, „um dem amerikanischen Comité die Zeit zu lassen die Ersten unterzubringen bevor die Anderen ankommen". Insgesamt fuhren zwischen September und Dezember 1881 neun Zugtransporte mit ca. 1800 Personen zu den Nordseehäfen Antwerpen und Hamburg.[943]

Schafier nahm sich vor, kurzfristig in Brody auszuhelfen und seine Abreise Richtung Russländisches Reich um „acht Tage"[944] zu verschieben, bis das Nötigste geregelt sei. Angesichts der Schwere der Krise wurde er jedoch unabkömmlich und war gezwungen, insgesamt über 17 Wochen in Brody zu bleiben und seine Reise nach Kiew abzusagen. Nur sechs Tage nach seiner ersten optimistischen Einschätzung äußerte er sich gegenüber Neumann weitaus beunruhigter:

> Das Elend der russischen Juden in Brody ist so groß, daß es buchstäblich unmöglich ist, sich hievon eine Vorstellung zu machen, wenn man es nicht selbst angeschaut. Diese Unglücklichen sind ohne Brod, schlecht gekleidet und liegen Nachts auf der Straße, daß es ein Jammer anzusehen ist, bei dieser Jahreszeit, wo die Nächte schon so kalt sind. Diese Woche habe ich an einem Tage 1500 Pfund Brod gegeben, aber das war wie ein Tropfen Wasser im Meere.[945]

Trotz dieser Misere sah er für die Ankömmlinge keine Alternative zur Auswanderung und schilderte Neumann, was dieser bereits in ähnlicher Form von Mandelstamm erfahren hatte, nämlich die Perspektivlosigkeit der russländischen JüdInnen in ihrer Heimat:

---

941 Heinrich Schafier an Salomon Neumann vom 1.9.1881, in: ebd., opis 2, Bd. 9, Bl. 43.
942 Vgl. Leo Goldenstein, Brody, S. 9; vgl. Börries Kuzmany, Jüdische Pogromflüchtlinge, S. 109.
943 Vgl. zum ersten Transport aus Brody Volks-Zeitung vom 10.9.1881; Heinrich Schafier an Salomon Neumann vom 1.9.1881, a.a.O.; vgl. Börries Kuzmany, Jüdische Pogromflüchtlinge, S. 106; vgl. Leo Goldenstein, Brody, S. 14.
944 Vgl. Heinrich Schafier an Salomon Neumann vom 1.9.1881, a.a.O., Bl. 42f., zit. Bl. 43.
945 Heinrich Schafier an Salomon Neumann vom 7.9.1881, in: SAM, 1194, 2, 9, Bl. 51.

> Aus den Nachrichten die ich habe (...) glaube ich schließen zu dürfen, daß die Auswanderung allein die Lage der russischen Juden zu ändern im Stande sein kann; alle andere Stütze die man ihnen zukommen läßt, ist bloß Momentum und hat keinen Zweck (...) Übrigens verlangen die Leute gar keine momentane Stütze, besonders diejenigen die eine Profession haben, sie verlangen nur, daß man sie nach Amerika schicken soll; man könnte fast sagen, daß alle Juden Rußlands von einer Auswanderungssucht ergriffen sind. – nicht etwa, daß die Leute sich Illusionen über ihren materiellen Zustand in Amerika machen, im Gegentheil, sie stellen sich ihre Existenz in Amerika viel schwieriger vor, als sie wirklich ist, aber alle ohne Ausnahme sind fest entschlossen in Amerika lieber das Schlimmste zu ertragen, als in Rußland zu bleiben.[946]

Schafier, der mit vielen jüdischen EmigrantInnen persönlich sprach, folgte in dieser Beobachtung interessanterweise nicht der den EmigrantInnen häufig zugeschriebenen Ansicht – die u. a. auch Goldenstein verwendet – von Amerika als einem Land, „in dem Milch und Honig fließen"[947], sondern zeichnete im Gegenteil die Selbsteinschätzung der EmigrantInnen auf ihre Zukunftsperspektive weitaus realistischer, geradezu pessimistisch.

Im September begann er fieberhaft mit dem Aufbau eines provisorischen Auswanderungsbüros, das von dem wachsenden Andrang allerdings dauerhaft überfordert war:

> Die Emigration nahm immer größere Dimensionen an und das Arbeitsmaterial des Brodyer Localcomité häufte sich zusehends zu einem fast unerklimmbaren Berge auf.[948]

Die Registrierung lief viel zu langsam, die Weiterfahrt von Brody zu den Nordseehäfen stockte, Wohnraum und Verpflegung wurden knapp, zu allem Übel nahte zusätzlich der Winter. Täglich trafen in der Stadt Neuankömmlinge in zum Teil schrecklicher Verfassung ein, die vom Komitee versorgt und untergebracht werden mussten. Dies überforderte die ohnehin begrenzten Kapazitäten und verlangsamte die Bemühungen um eine Registrierung und zügige Weiterreise beträchtlich. Im letzten Septemberdrittel musste Schafier schließlich vor der erdrückenden Belastung kapitulieren und bat in Paris verzweifelt um Verstärkung. Daraufhin sandte die *Alliance* ihren erfahrenen Generalsekretär Charles Netter höchstpersönlich nach Brody, der am 5. Oktober dort ankam und umgehend die Leitung übernahm.[949] Nur fünf Tage später traf zur Überraschung und Freude der Pariser Delegierten mit Hermann Magnus ein dritter *Alliance*-Vertreter ein. Magnus, der Schriftführer und spätere Leiter der Leipziger AIU-Filiale sowie Gründer des dortigen Hilfskomitees,

---

946 Ebd.
947 Goldenstein, Brody, S. 6.
948 Ebd., Brody, S. 8,9.
949 Vgl. ebd., 10 f.; vgl. Friedländer, Fünf Wochen, S. 8 f.

hatte sich auf eigene Faust von Leipzig auf den Weg nach Galizien gemacht, um die Bemühungen der *Alliance* vor Ort zu unterstützen. Zusammen mit ihm, Schafier und dem Brodyer Komitee um Nirenstein richtete Netter ein arbeitsteiliges Büro ein, das kurzfristig Ordnung in die chaotisch ablaufende Registrierung bringen konnte.[950]

4 Erste Etappe. Ankunft. Registrierung, Regulierung und Versorgung

4.1 Aufbau und Durchführung der Registrierung

Der von der *Alliance* initiierte, gelenkte Transit begann unabhängig von vorhandenen oder nicht vorhandenen Mitteln der EmigrantInnen mit der Registrierung der Ankömmlinge. Wie am Beispiel Brodys geschildert, gelangte der Großteil der EmigrantInnen illegal über die grüne Grenze, das war sowohl in Galizien wie auch in Preußen der Fall. Viele der TransmigrantInnen verfügten weder über Ausreisepapiere noch über (gültige) Pässe oder Geld, und fielen, sofern sich kein Unterstützungskomitee fand, um die weiteren Reisekosten zu übernehmen, den grenznahen jüdischen Gemeinde schnell zur Last. Da sowohl in Österreich als auch in Preußen die jüdische Auswanderung zunächst als eine innerjüdische Angelegenheit betrachtete wurde, oblag es den jüdischen Gemeinden und der *Alliance*, sich um die EmigrantInnen zu kümmern und Sorge für den weiteren Transit zu tragen. In Preußen verschärfte sich im Mai 1881 die Lage, als die Regierung Bismarck die Grenzen schließen und JüdInnen abweisen ließ.[951]

Um eine grobe Übersicht über die Anzahl der eintreffenden Menschen zu bekommen, führte die *Alliance* 1881, zunächst sehr provisorisch, lückenhaft und mit gravierenden logistischen wie personellen Startschwierigkeiten, Registrierungen in grenznahen Orten entlang der galizischen Ostgrenze ein. Für die weitere Planung des Transits von Ost nach West wurden diese Registrierungen unumgänglich – jede Person, die mithilfe der AIU emigrieren wollte, musste registriert werden. Das Prozedere blieb seit 1881, in den 1890er Jahren um wichtige Modifikationen ergänzt[952], vom *Hilfsverein* ab 1904 weiter optimiert und zum Teil in Büros in die

---

950 Vgl. Die Tribüne vom 12.10.1881, in: SAM, 1194, opis 1, Bd. 112.
951 Vgl. Tobias Brinkmann, Travelling with Ballin, S. 466 f.
952 Zur Übersicht vgl. Nicole Kvale Eilers, Emigrant trains, a.a.O.; vgl. Keeling, The business, S. 26–29; vgl. Brinkmann, Migration und Transnationalität, S. 73–78.

Herkunftsländer verlagert[953], bis zum Ausbruch des Ersten Weltkriegs als erster, grundlegender Schritt des organisierten Transits bestehen.

Im Registrierungsvorgang der 1881 in Brody ankommenden Personen entschied die AIU darüber, wer für die weitere Emigration, also die Bahnfahrt nach Antwerpen oder Hamburg ausgewählt werden konnte, und wer kurz- oder mittelfristig in seine Heimat zurückgeschickt werden musste. Seit dem Herbst 1881 waren bei der Registrierung strenge Regularien einzuhalten, die auf Vorgaben der US-Immigrationsbehörde basierten. Dadurch sollte gewährleistet werden, dass die Zahl der in New York eintreffenden jüdischen ImmigrantInnen überschaubar blieb und teure Rückführungen all derjenigen Personen, die in den USA als ‚nicht einwanderungstauglich' galten, vermieden werden. Die Reichweite dieser von den Vereinigten Staaten vorgegebenen Regularien war enorm, sie dienten als Entscheidungskriterien schon bei der Registrierung an den Ostgrenzen Preußens und Österreichs. Das bedeutete, dass letzten Endes die US-Behörden bestimmten, wer etwa in Galizien oder Ostpreußen die Grenze passieren und weiterfahren durfte, und wer aufgrund von Alter, Krankheit oder Erwerbslosigkeit „repatriiert" wurde.[954]

Im Hochsommer 1881 war die Motivation der europäischen und amerikanischen Akteure groß, die logistische Vorarbeit für eine geregelte Immigration in die Vereinigten Staaten aber noch wenig fortgeschritten. In New York waren der *Board* beziehungsweise die im November 1881 ins Leben gerufene *Hebrew Immigrant Aid Society* (HIAS) federführend bei der Unterbringung und Weitervermittlung der jüdischen ImmigrantInnen innerhalb der Vereinigten Staaten beteiligt. Während des Krisenjahres 1881/82 entstanden eine Reihe von Organisationen und Unterorganisationen von *Board* und HIAS, um die Ansiedlung einer stetig wachsenden Zahl jüdischer ImmigrantInnen bewältigen zu können. Sie fungierten in New York gemeinsam als *United Hebrew Charities*.[955] Ihre Arbeit, die alle Bereiche vom Empfang der ImmigrantInnen, ihrer Versorgung, Beratung und der Beschaffung von Landparzellen zur Aufnahme einer landwirtschaftlichen Tätigkeit umfasste, wurde

---

953 Vgl. Die Organisation der jüdischen Auswanderung aus Osteuropa, in: 3. GdHddJ (1904), Berlin 1905, S. 33–41, bes. S. 35–37.
954 Vgl. Aristide R. Zolberg, A Nation by Design: Immigration Policy in the Fashioning of America, Cambridge 2006, S. 264–67.
955 Vgl. Gilbert Osofsky, The Hebrew Emigrant Aid Society of the United States (1881–1883), in: George E. Pozzetta, Immigrant Institutions: The Organization of Immigrant Life (= Volume 5 of American Immigration & Ethnicity), New York/London 1991, S. 225–239; vgl. Jonathan Frankel, Prophecy and Politics, S. 65 f.; zur Integration der ImmigrantInnen in New York vgl. Hadassa Kosak, Cultures of Opposition: Jewish Immigrant Workers, New York City, 1881–1905, New York 2000, S. 39 ff.

durch Spenden finanziert und von der AIU in Paris, der AJA in London und ab 1882 vom *Deutschen Central-Comité* finanziell gefördert. Bei sämtlichen ihrer Bemühungen hatten der *Board* und die HIAS grundsätzlich den Richtlinien der amerikanischen Einwanderungsbehörde zu folgen, die ausschließlich junge arbeitsfähige Personen beziehungswese Familienverbände als einwanderungstauglich akzeptierte, soweit sie ihren Lebensunterhalt selbst bestreiten konnten. Dieser Umstand verdeutlicht die Bedeutung der Kettenmigration und unterstreicht die Wichtigkeit familiärer oder freundschaftlicher Netzwerke in die USA als Garantie für eine möglichst rasche Integration im Zielland. Die Einwanderungsregelungen, die im Lauf der folgenden zwei Jahrzehnte weitere Verschärfungen erfuhren,[956] dienten vorrangig dazu, die lang- und kostspielige Versorgung hunderter zusätzlicher Arbeits- und Obdachloser in den amerikanischen Kommunen auszuschließen. Dies galt vorrangig für die Metropole New York, die bedeutendste amerikanische Transitstation, in der die jüdische Gemeinde beziehungsweise *Board* und HIAS für die Belange der wachsenden jüdischen Bevölkerung und die eintreffenden ImmigrantInnen verantwortlich waren.[957] Dennoch gelangten trotz Bitten der New Yorker Hilfsorganisationen und verschiedener daran anschließender Weisungen der AIU-Zentrale im Sommer 1881 viele Personen nach New York, die nicht den Immigrationskriterien entsprachen. Diese Personen, die entweder bei der Registrierung Glück gehabt oder auf eigene Faust einen Nordseehafen angesteuert hatten, mussten nach Brody zurückgeschickt werden, was den New Yorker Hilfsorganisationen und der AIU große logistische und finanzielle Probleme bereitete.

Ab Anfang Herbst sahen sich die Beteiligten in New York zunehmend überlastet. Sie stellten wiederholt und deutlich klar, dass an eine allgemeine Masseneinwanderung russländischer JüdInnen, wie sie etwa der Leipziger Filiale vorschwebte, nicht gedacht werden könne. Der am 14. September 1881 gegründete *Russian Emigrant Relief Fund* (RERF) stellte Ende Oktober unmissverständlich fest, dass an eine permanente Ansiedlung russländisch-jüdischer ImmigrantInnen wesentliche Bedingungen geknüpft waren:

> we cannot agree with you, that emigration to America is the great panacea for the woes of the Russian Jews. The number of persons whose conditions can be bettered in this way is very small.[958]

---

956 Vgl. Esther L. Panitz, The Polarity of American Jewish Attitudes towards Immigration (1870–1891), S. 110–113; vgl. Keeling, The business, S. 153; vgl. Börries Kuzmany, Jüdische Pogromflüchtlinge, s. 106; vgl. Tobias Brinkmann, Points of passage, S. 9f.
957 Vgl. Michael Just, Ost- und südosteuropäische Amerikaauswanderung, S. 172f.
958 Rundschreiben des Russian Emigrant Relief Fund an die AIU vom 31.10.1881, in: LBI Archive, Emigration Collection, AR 1989, 1, 7.

Dieser Einschätzung schloss sich die AIU in Paris am 27. Oktober zwar grundsätzlich an: „ohne Zweifel [wird] die Zahl der nach Amerika transportierten Personen im Verhältnis zu der hilfsbedürftigen Bevölkerung, die zurückbleiben muß, schwach sein", hob im gleichen Atemzug aber die langfristige Bedeutung der Kettenmigration für das gesamte Auswanderungswerk hervor:

> Die sowohl von der Alliance selbst, i. J. 1869, als von Auswanderergesellschaften früher gemachten Erfahrungen beweisen, daß jeder arbeitsfähige Auswanderer gewöhnlich nach einer gewissen Zeit Angehörige oder Freunde nach sich zieht und eine Art von Anziehungscentrum wird, welches die Auswanderung verlängert und die Wirkungen derselben vervielfältigt.[959]

Aufgrund der Probleme in New York sah sich die AIU gezwungen, eine Notiz des *Board* in der AZJ abdrucken zu lassen, in der darauf verwiesen wurde, dass die USA „nur eine beschränkte (...) Anzahl von Auswanderern aufnehmen" könne, und dass all diejenigen „Auswanderer, die nicht durch das Centralcomité der ‚Alliance Isr. Univ.'" ausgewählt worden seien, das heißt nicht die offizielle Registrierung durchlaufen hatten, „auf ihre eigenen Kräfte angewiesen und (...) zurückgeschickt werden [können]".[960]

Die Registrierungsmaßnahmen der AIU in Brody waren jedoch erst im Laufe des Oktober 1881 weit genug fortgeschritten, um die Kriterien und Regularien der US-Behörde umsetzen zu können. Eine vollständige Erfassung aller TransmigrantInnen und eine flächendeckende Kontrolle der langen galizischen und preußischen Ostgrenzen waren während des Krisenjahrs zu keinem Zeitpunkt möglich und konnte auch während der späteren Ägide des *Hilfsvereins* nicht erreicht werden.[961] Ab April 1882 gingen die Komitees deshalb dazu über, die Durchreisenden während ihres Zwischenstopps in einer der größeren Transitstationen ein zweites Mal zu überprüfen. In Berlin existierte ab dem Frühjahr 1882 eine „Beförderungs-Commission", die bestimmte, „wer nach Westen und wer nach Osten befördert werden soll". Auch in Liverpool, der letzten europäischen Transitstation in England für Reisende, die von Antwerpen aus fuhren, überprüfte das dortige AJA-Komitee die TransmigrantInnen und schickte nur arbeitskräftige Leute weiter.[962]

Da sich 1881, trotz des von der AIU eingeleiteten Transits in die Neue Welt, eine gelenkte Massenauswanderung in ihrer praktischen Ausführung als illusorisch

---

959 Vgl. Auswanderung II, in: AZJ, Jg. 45, Nr. 45 (8.11.1881), S. 738–740, zit. S. 739.
960 Ebd., Mitteilung des Board, S. 740.
961 Vgl. Tobias Brinkmann, Migration und Transnationalität, S. 71.
962 Vgl. II. Monats-Bericht des Deutschen Central-Comités für die russisch-jüdischen Flüchtlinge. Juni 1882, S. 3, in: SAM, 1194, opis 2, Bd. 3, Bl. 41; vgl. Die Lage der russischen Juden in Brody, in: Vossische Zeitung Nr. 237 (24.5.1882), Morgenausgabe, S. 4.

erwies, wandelte sich das ursprüngliche Vorhaben seit dem Herbst 1881 dahingehend, die Immigration in die USA auf ein möglichst kleines, für den *Board* und die HIAS praktikables Maß zu reduzieren. Eine Ansiedlung der TransmigrantInnen in Europa blieb ebenfalls illusorisch. Weil sich die westeuropäischen Länder, allen voran das Deutsche Reich und Österreich weigerten, eine nennenswerte Anzahl jüdische Flüchtlinge dauerhaft aufzunehmen[963], schied diese Option der Ansiedlung schon frühzeitig aus. Bis Ende November konnten lediglich 350 Personen in verschiedenen Ländern Westeuropas untergebracht werden. Der Großteil von ihnen ging nach Paris, wo der Bankier Alphonse de Rothschild (1827–1905) ihnen Räumlichkeiten am Fuß von Montmartre für 45.000 Francs anmietete, und jeder Person für die Dauer eines Jahres beziehungsweise bis zur Aufnahme einer geregelten Arbeit in der französischen Hauptstadt sieben bis acht Francs wöchentlich zusicherte.[964]

Die geringe Aufnahmebereitschaft Westeuropas einerseits, und die 1881 – im Vergleich zu späteren Jahren – deutlich limitierte Aufnahmekapazität der USA für jüdische ImmigrantInnen andererseits, ließen die AIU parallel zum Beginn der ersten Transporte im September Pläne für eine großangelegte Repatriierung all derjenigen Personen entwickeln, die keine Chance auf Einwanderung in die USA hatten. Dies betraf vor allem alte, kranke und hilfsbedürftige Personen. Die Repatriierung der in Brody vorläufig gestrandeten Menschen wurde 1881 finanziell mit ca. „20–25 Franc pro Kopf" unterstützt, die Ausführung war aber aufgrund der nach wie vor katastrophalen Lage in den von der Pogromwelle heimgesuchten Gebieten sehr schwierig. Dennoch wurden bis Ende November 800 Personen aus Brody über die Grenze zurückgeschickt.[965]

Ein großes und gleichermaßen für die TransmigrantInnen und die HelferInnen in Brody belastendes Problem war die häufige Trennung von Familien während des Registrationsvorganges. Weil junge und arbeitskräftige Personen bevorzugt wurden, konnten viele Männer zwar problemlos weiterbefördert werden, der Nachzug ihrer Angehörigen wurde aber erst mit der Aufnahme einer bezahlten Arbeit in den Vereinigten Staaten möglich. Deshalb durchlebten viele der im Laufe des Winters in Brody oder anderen Transitstationen zurückgebliebenen Frauen und Kinder ein schweres, ungewisses Schicksal. Nicht wenige waren gezwungen, über Wochen und Monate auszuharren und sich – zumindest formal – um ihre eigene Unterkunft und Versorgung zu kümmern. Diese große Not der zurückgebliebenen Frauen und

---

963 Vgl. Ingo Haar, Jüdische In- und Exklusion, S. 352 f.
964 Vgl. Vossische Zeitung vom 9.9.1881, in: SAM, 1194, opis 1, Bd. 112, Bl. 2.
965 Vgl. Flugblatt der AIU vom 24.3.1882, S. 1 f., in: SAM, 1194, opis 4, Bd. 9, Bl. 384.

Kinder hob das Brodyer Lokalkomitee Anfang 1882 als besonders schwerwiegend hervor:

> Formell gaben die Frauen zwar die Erklärung ab, dass sie drei Monate versorgt seien, aber factisch war das nicht der Fall. Sie befanden sich in trauriger Zwangslage, nach langem Warten wollten sie endlich die Erfüllung ihres lange gehegten Wunsches sehen und so gaben notgedrungen die formelle Erklärung ab. Dass diese Familien nicht auf Rosen gebettet sind und den Leidenskelch nun zur Neige leeren, ist wohl selbstverständlich. Dieser Tage starb eine solche arme Frau im Wochenbette, Namens Sax, vier Kinder zurücklassend, während der Mann in Amerika weilt.[966]

Häufig kam es vor, dass Frauen und Kinder gar nicht erst den Weg nach Brody auf sich nahmen, sondern im Russländischen Reich warteten, während junge Männer oder Familienväter sich auf eigene Faust auf den Weg in die Neue Welt machten, um nach ihrer Ankunft ihre Angehörigen nachzuholen. Einer von vielen AuswanderInnen, die den weiten Weg zunächst allein auf sich nahmen, war der junge Familienvater Hirsch Elias Degutz. In Berlin angekommen, wandte er sich am 11. September 1881 an Salomon Neumann und bat um Hilfe für seine weitere Auswanderung, weil er seine Familie „hülflos zurückgelassen" habe.[967]

Ein anderes Beispiel für jüdische Kettenmigration und den existentiellen Bruch, den die Pogrome in der alten Heimat für viele Menschen bedeuteten, ist das Schicksal der Familie Tarzik aus dem russischen Gouvernement Kowno. Moshe Tarzik, 35 Jahre alt und ehemaliger Brauereibetreiber in seiner Heimatstadt, verlor durch Brandschatzungen während der Pogrome seine Arbeit und sein Haus. Weil der Vater von sieben Kindern seiner Existenzgrundlage beraubt war, befand sich die Familie entsprechend in „herzensbrechendstem Elende". Nachdem Tarzik jedoch erfahren hatte, „daß in Deutschland ein segensreicher Verein besteht, der den verfolgten russischen Juden die Mittel gewährt nach Amerika auszuwandern" und auch weil er „gut situierte Verwandte in Newyork" hatte, fasste er „den schweren Entschluß, Weib und Kinder zu verlassen, um im fernen Lande ein neues Dasein zu beginnen".[968] Leider geht aus den Quellen das weitere Schicksal von Elias Degutz und der Familie Tarzik nicht hervor; auch bleibt im Dunkeln, ob ihre Familie(n) nachkamen oder nicht. Doch können ihre Erlebnisse und Entscheidungen repräsentativ für viele jüdische Familien gelten, die 1881/82 vor die Wahl gestellt wurden, ihre alte Heimat zu verlassen.[969]

---

966 Memorandum des Brodyer Lokalkomitees vom 9.2.1882, S. 6f., in: SAM, 1194, opis 2, Bd. 10, Bl. 14f.
967 Vgl. Hirsch Elias Degutz an Salomon Neumann vom 11.9.1881, in: SAM, 1194, opis 2, Bd. 9, Bl. 56.
968 Moshe Tarzik an Salomon Lachmann vom 6.11.1881, in: SAM, 1194, opis 2, Bd. 9, Bl. 95f., zit. Bl. 95.
969 Vgl. Keeling, the Business, S. 39, 158f.

Die strenge Einhaltung der Auswahlkriterien, mit der Schafier, Magnus und Netter in Brody über das Schicksal von Einzelnen und ganzen Familien entschieden, bedeutete eine enorme nervliche Belastung für die Menschen, die auf eine Emigration und einen Neuanfang in den USA hofften. Die Befragung der AntragstellerInnen und die Auswahl der zur Weiterreise vorgesehenen Personen beanspruchte viel personellen Aufwand und Zeit. Infolgedessen strandeten Hunderte, später Tausende Personen vorläufig in Brody und erschwerten die Verpflegungs- und Unterbringungsmöglichkeiten in der ohnehin schon überfüllten Stadt.[970]

Das Bewusstsein, für zu viele Menschen zu wenig tun zu können, setzte indes auch die Helfer einer enormen psychischen Belastung aus:

> Wir haben anfangs beschlossen, nur junge Männer zu expedieren, dann wieder, mehr Familienväter zu begünstigen, ich glaube, daß man sich nicht streng daran halten kann, sondern die Leute nehmen muß, wie sie kommen, daß man sie nach ihrem persönlichen Werthe prüfen muß und das wir das Beste thun müssen, da wir nicht Alles thun können. Es ist eine immense Calamität (...) es gehören Millionen dazu, um diese Millionen der Sklaverei zu entziehen, vor der sie die Flucht ergreifen. Könnten unsere Reichen ihre Millionen besser verwenden als hier? (...) Ich wollte, daß Alle, welche zaudern, nur auf 24 Stunden hierher kämen, dann wäre unsere Sache gewonnen![971]

Mitte Oktober 1881 trugen die Bemühungen der *Alliance*, einen Überblick über das Geschehen zu bekommen und Struktur in die Registrierung der EmigrantInnen zu bringen erste, wenn auch kleine Früchte. Am 13. Oktober schickte Charles Netter einen Bericht nach Paris und informierte die AIU über die Zustände in Brody, in dem Optimismus über erste Fortschritte bei der Registrierung, aber auch eine gehörige Portion Pessimismus über die bis dato völlig verkannte dramatische Situation und deren Folgen in Galizien mitschwangen:

> Ich bin gerade acht Tage hier und halte mich über die wirkliche Lage der Dinge unterrichtet. Wir haben es mit einer Auswanderung von Menschen jeden Alters und jedes Standes zu tun; obgleich wir täglich 16–18 Stunden arbeiten, fürchte ich doch, daß unsere Arbeit nicht sonderlich vorwärts schreitet; auf 60 Personen, die in einem Tage geprüft werden, kommen immer 100 neue Zuzügler (...) ich habe zu diesem Zwecke drei Bureaux organisirt: 1. Einschreibungs-Bureau unter Herrn Magnus; 2. Entscheidungs-Bureau unter meiner eigenen Direction; 3. Ausführungs-Bureau unter Herrn Schafier. Das erste Bureau wird nur die Männer empfangen und ihnen ein Billett mit Angabe der betreffenden Familienverhältnisse geben, das denselben zum Eintritte ins zweite Bureau dienen soll. Das zweite Bureau wird die Familien oder die Personen ohne Familien empfangen; auf die Einzelheiten der Lage eingehen und entscheiden, ob Repatriierung oder Expedierung stattzufinden habe. Mit diesen Notizen

---

970 Vgl. Flugblatt der AIU vom 24.3.1882, S. 1f., in: SAM, 1194, opis 4, Bd. 9, Bl. 384.
971 Brief Charles Netter an die AIU-Zentrale in Paris vom 13.10.1881, zit. nach Moritz Friedländer, Fünf Wochen, S. 10.

kommt der Ueberbringer in das Bureau 3, in welchem die Männer empfangen, die Billetts aufbewahrt und entweder die Unterstützung zur Rückreise oder rothe Karten zur Expedition verabreicht werden.[972]

Der hier beschriebene dreiteilige Registrierungsvorgang wurde an verschiedenen Orten in Brody durchgeführt, hauptsächlich, um die wachsende Masse der Wartenden etwas zu zerstreuen. Das „Centralbureau", dem die Tageskasse und die tägliche Korrespondenz oblagen, sowie das Einschreibungs-Büro I befanden sich im Brodyer *Hôtel Erzherzog Rainer*, dem Wohnort der Pariser AIU-Delegierten; Hermann Magnus und der Ende Oktober aus Wien herbeieilende Sekretär der IAzW Moritz Friedländer, die das Einschreibungs-Büro leiteten, wohnten im etwas abseits des Trubels gelegenen *Hotel de l'Europe*. Im November stellte Sigmund Herzberg-Fränkel (1857–1913) vom Brodyer Komitee das Zwischengeschoss seines Hauses in der Spitalgasse als zusätzlichen Büroraum zur Verfügung.[973]

Im Büro I wurden Listen mit den „Angaben des Alters, Charakters, Geburts- und Aufenthaltsortes sowie die Leidensgeschichte des Emigranten" angefertigt sowie zusätzlich Angaben zu eventuellen Familienangehörigen erhoben, anschließend wurden die vorhandenen Papiere erfasst und notiert sowie eine „subjective Ansicht über die körperliche und geistige Beschaffenheit des Betreffenden" hinzugefügt. Ebenfalls oblag dem Büro I die Prüfung und Verifizierung von Lehrbriefen und Schulzeugnissen, die den amerikanischen Behörden als Beleg für die Arbeitsfähigkeit dienen konnten. Häufig waren solche Unterlagen vor oder während der Ausreise verloren gegangen. In diesem Falle hatten die Emigranten die Möglichkeit, sofern Schafier oder ein Dolmetscher von der Ehrlichkeit ihrer Aussagen überzeugt waren, Prüfungen bei in Brody ansässigen Handwerksmeistern abzulegen und die entsprechenden Zertifikate noch vor ihrer Abfahrt aus Brody zu erwerben. Der Kaufmann Hirsch Karpelus etwa nahm regelmäßig Prüfungen in Ackerbau ab.[974]

Das von Netter geleitete Entscheidungs-Büro Nr. II lag weit von Büro I entfernt und war „in einem kleinen, abseits der Stadt gelegenen aus nur zwei niedrigen Stuben bestehenden Häuschen untergebracht" worden. Hier entschied sich, ob die BittstellerInnen zur „Expedition", das heißt zur Emigration nach Amerika ausgewählt wurden, oder ob ihnen die weitere Reise von der AIU versagt blieb und ihnen anschließend die Repatriierung über die russische Grenze bevorstand. „Man hat keine Idee", schilderte Friedländer den dortigen Arbeitsalltag,

---

[972] Ebd.
[973] Vgl. Moritz Friedländer, Fünf Wochen, S. 15, 46.
[974] Ebd., S. 47.

was dieses Bureau alles zu leisten hatte. Nirgends concentrirte sich das Elend der Einzelnen sowie der Familien so sehr (...) denn von diesem Bureau erwartete man das Heil und die Erlösung nach langem Hangen und Bangen in schwebender Pein. Nirgends wie vor und in diesem Bureau gab es so erschütternde und aufregende Scenen.[975]

Abb. 5: Die Alliance-Vertreter in Brody, November 1881, v. l. n. r.: Moritz Friedländer, Charles Netter, Heinrich Schafier.

---

975 Ebd., S. 20.

Das Büro Nummer III befand sich wie das Büro I im *Hôtel Erzherzog Rainer*.[976] Alle Personen, welche die ersten zwei Büros erfolgreich durchlaufen hatten, erhielten im Büro Nummer III ein rotes „Expedierungs"-Ticket ausgehändigt. Ihre Namen wurden in Listen eingetragen, die von Schafier gemeinsam mit anwesenden Vertretern der Schifffahrtsgesellschaften – der *National-Linie* und der HAPAG – erstellt, und von der Gemeinde Brody beziehungsweise vom Bürgermeister Julian Gomoliński beglaubigt wurden. Die Listen umfassten durchschnittlich zwischen 100 und 300 Personen, die für einen Bahntransport an die Nordseehäfen vorgesehen waren. Einmal pro Woche fuhr vom Brodyer Bahnhof ein „Auswanderer-Zug" ab.[977]

Am Vortag der Abreise erhielten die EmigrantInnen gegen Vorlage des roten Tickets im Büro II ihre Schiffskarten ausgehändigt, üblicherweise direkt von einem Vertreter der entsprechenden Schifffahrtslinie. Vor dem Empfang der Fahrkarten wurden die Abreisenden von einem österreichischen Polizeiinspektor überprüft, eine zweite polizeiliche Überprüfung im Beisein eines Beauftragten der Israelitischen Gemeinde Brody fand kurz vor der Abfahrt im Zug statt. Dadurch sollte sichergestellt werden, dass es sich ausnahmslos um jüdische russländische EmigrantInnen und nicht etwa um österreichische Untertanen handelte, die versuchten mit einem AIU-Gratisticket dem ungeliebten Militärdienst zu entgehen. Die Abfahrten der Züge zu den Häfen wurden von den Delegierten der *Alliance* als der Höhepunkt der Woche beschrieben. Dies galt in erster Linie für die EmigrantInnen selbst, deren Auswanderungswunsch endlich in Erfüllung ging. Der Bahnhof war, wie Friedländer schrieb, gesäumt von Hunderten Schaulustigen, die größtenteils selbst noch auf ihre Emigration warteten. Auch die Komiteemitglieder und die Helfer vor Ort freuten sich auf diese Tage, an denen sie „im frenetischen Jubel" und den „erhebenden und zugleich mächtig erschütternden Scenen auf dem Bahnhof" die Früchte ihrer harten Arbeit sehen konnten.[978]

4.2 Versorgung und Unterbringung

Parallel zum Aufbau einer geordneten Registrierung stand die Versorgung und Unterbringung der täglich über die Grenze kommenden Menschen im Mittelpunkt.

---

[976] Vgl. ebd, S. 21 f., 16, 20, 46; vgl. 9. Jahresbericht der Israelitischen Allianz zu Wien (1882), S. 4.; vgl. Leo Goldenstein, Brody, S. 26.
[977] Vgl. Börries Kuzmany, Brody. Eine galizische Grenzstadt, S. 202; vgl. Moritz Friedländer, Fünf Wochen, S. 29; vgl. als Beispiel Liste Schafiers mit Namen der für die Bahnfahrt vorgesehen Emigranten, in: SAM, 1194, opis 2, Bd. 9, Bl. 46 f.; vgl. St. Peterburger Herold Nr. 176 (4./10.10.1881), in: ebd., 1194, opis 1, Bd. 112, Bl. 14.
[978] Vgl. Moritz Friedländer, Fünf Wochen, S. 29 f., zit. S. 30.

Dieser Teil der Hilfsaktion verschlang einen Großteil der Ressourcen und umfasste grundlegende Dinge des täglichen Bedarfs: Nahrung, Kleidung und Unterkunft. Für diese erste Station der TransmigrantInnen in einem Ort westlich der russländischen Grenzen waren und blieben die lokalen Hilfskomitees in den Grenzstädten unersetzlich, da sie, in Zusammenarbeit mit den jüdischen Gemeinden beziehungsweise auch überkonfessionell mit christlichen EinwohnerInnen, über die notwendigen personellen, logistischen und monetären Mittel vor Ort verfügten. Sie organisierten Räumlichkeiten für Wärmestuben, Bekleidungskammern, Tee- und Suppenküchen, wuschen, kochten, gaben regelmäßig warme Speisen und Heizmaterial aus, leisteten gegebenenfalls Erste Hilfe und versorgten die Eintreffenden mit Informationen und Mitteln zur Weiterreise. Dank nachbarschaftlichen und freundschaftlichen Verbindungen konnten kurzfristig Unterkünfte bereitgestellt oder von der Gemeinde zu günstigen Konditionen – häufig umsonst – angemietet werden. Meist arbeiteten lokale Honoratioren – Bankiers, Geschäftsleute, Gemeindevorstände, Rabbiner, Bürgermeister, Schuldirektoren, Professoren oder Lehrer –, die ihrerseits in den Städten sowie mit den Nachbarkommunen gut vernetzt waren, gemeinsam in einem Komitee-Vorstand.

Ein häufig und sehr zu Unrecht vergessener Aspekt innerhalb dieses vielleicht bedeutsamsten, in jedem Fall aber arbeitsintensivsten Teils der „Emigrationsfürsorge" für jüdische wie nichtjüdische AuswandererInnen und Geflüchtete, ist die unersetzliche Rolle von Frauen innerhalb der verschiedenen Hilfsorganisationen und lokalen Komitees. In den Briefen und Berichten der jüdischen Unterstützungskomitees aus den 1880er und 1890er Jahren, genauso wie später in den Geschäftsberichten des *Hilfsvereins der deutschen Juden*, wurden materieller Erfolg oder moralischer Verdienst einer wohltätigen Sammlung, einer gegründeten Einrichtung oder einer geglückten Hilfsaktion, meist einem oder mehreren männlichen Honoratioren zugesprochen. Die tatkräftige Arbeit vieler weiblicher Mitglieder und Helferinnen wurde, wenn nicht ignoriert, lediglich in kurzen Nebensätzen über ein „Damen"- oder „Frauencomité" erwähnt, die sich zumeist im Bereich Verpflegung oder in Bekleidungsstellen hervorgetan hätten.[979]

Eine Ausnahme dieser Würdigungen ‚unter ferner liefen' bildete erst 20 Jahre später die Frauenrechtlerin Bertha Pappenheim (1859–1936), die sich seit der Jahrhundertwende gemeinsam mit dem *Hilfsverein* gegen Mädchenhandel und Zwangsprostitution in Galizien engagierte. Von den ausnahmslos männlichen Ak-

---

[979] Vgl. II. Monatsbericht des Deutschen Central-Comités für die russisch-jüdischen Flüchtlinge vom Juni 1882, S. 2, in: SAM, 1194, opis 2, Bd. 3, Bl. 41; vgl. Leo Goldenstein, Body, S. 26; über die Arbeit von Frauen in Hamburg, die bei der Versorgung der im Winter 1881/82 dort gestrandeten EmigrantInnen halfen, vgl. Philipp Simon an Salomon Lachmann vom 27.1.1882, in: SAM, 1194, opis 2, Bd. 10, Bl. 84 f.

teuren des *Hilfsvereins* wurde sie, zumindest in den offiziellen Geschäftsberichten, respektvoll und auf Augenhöhe behandelt – für die damalige Zeit keine Selbstverständlichkeit. Pappenheim rief 1904 zusammen mit Henriette May (1862–1928) und Sidonie Werner (1860–1932) den *Jüdischen Frauenbund* (JFB) ins Leben. Unter dessen Leitung wurden vom *Hilfsverein* jüdische Pogromwaisen aus dem Russländischen Reich in deutsch-jüdische Familien vermittelt. 1917 waren Pappenheim und ihre Mitstreiterinnen maßgeblich an der Begründung der *Zentralwohlfahrtstelle der deutschen Juden* (ZWST) beteiligt.[980]

Die essenzielle Rolle weiblicher Akteurinnen zeigte sich auch während des Krisenjahrs 1881. In Brody entstand unmittelbar zu Beginn der Krise – parallel zum „männlichen" *Alliance*-Hilfskomitee – ein „Damencomité", das von Amalie Nirenstein (1825–1905), der Frau Heinrich Nirensteins, geleitet wurde, und das einen „unberechenbare[n] Nutzen" für die Versorgung in Brody hatte. Jedem männlichen Emigranten standen pro Woche 65 Kreuzer sowie drei Laibe Brot zur Verfügung, um sich und gegebenenfalls seine Familie zu ernähren. Diese reguläre Wochenration kommentierte Leo Goldenstein als „freilich blutwenig"[981] und hob in diesem Kontext die unverzichtbaren Tätigkeiten der Brodyer Frauen hervor, die sich abseits der Registrierungen, die vom ‚männlichen' Komitee durchgeführt wurden, mit den grundlegenden alltäglichen Belangen der täglich eintreffenden Menschen befassten:

> Die Damen kochten teils zu Hause, teils in den Massenquartieren Speisen für die Flüchtlinge, verteilten Suppen, zuweilen auch Fleisch, kurz gaben sich alle Mühe, die Thätigkeit des männlichen Comités zu ergänzen.[982]

Dasselbe galt auch für die nicht ins Komitee eingebundenen StadtbewohnerInnen. Als 1882 die leerstehende Spinnerei in Brody in eine Massenunterkunft für die jüdischen TransmigrantInnen umgewandelt wurde, engagierten sich dort mit „Frau

---

980 Vgl. Britta Konz, „Wehe dem, dessen Gewissen schläft!" Bertha Pappenheim (1859–1936), in: Sabine Hering (Hrsg.), Jüdische Wohlfahrt im Spiegel von Biographien, Frankfurt a. M. 2006, S. 360–375; vgl. dies., „Nur durch Glücklichmachen gelangt man zum Glücklichsein" Henriette May (1862–1928), in: ebd., S. 284–295; vgl. Franz-Michael Konrad, Als Pionierin von Berlin nach Jerusalem. Siddy Wronsky (1883–1947), in: ebd., S. 446–459; vgl. Gudrun Maierhof, Die Geburt der Zentralwohlfahrtsstelle aus dem Geiste der Frauenbewegung – Bertha Pappenheim und die Vorgeschichte, in: Arbeitskreis Jüdische Wohlfahrt/Steinheim-Institut/ZWST (Hgg.), 100 Jahre Zentralwohlfahrtsstelle der Juden in Deutschland (1917–2017). Brüche und Kontinuitäten, Frankfurt a. M. 2017, S. 81–91; vgl. zur Rolle der ZWST außerdem Michael Brenner, Juden in Not: Eine andere Geschichte des deutschen Judentums, in: ebd., S. 21–31.
981 Vgl. Leo Goldenstein, Brody, S. 15, 23, zit. ebd.
982 Ebd., S. 23.

Betti Franzos und (...) Jacob Goldenstein", zwei Brodyer EinwohnerInnen, die nicht Mitglied eines Komitees waren, sondern aus Eigeninitiative halfen:

> Selbe übernahmen die Verpflegung der in der Spinnerei einquartierten Emigranten, verteilten daselbst die nötigen Quantitäten Brodes, errichteten dort Küchen oder schickten den Unglücklichen im eigenen Hause gekochte Speisen, die gleichsam auf einem glückhaften Schiff noch ganz warm in das Quartier gelangten.[983]

Ein „Bericht aus Brody", der während des Höhepunkts der Krise am 24. August 1882 in der *Tribüne* abgedruckt wurde, sah die eklatanten Mängel in der Lebensmittelversorgung von schätzungsweise 12.500 TransmigrantInnen im zweiten Krisenjahr unter anderem darin, dass die „mit der Organisation Vertrauten" keine weiteren Frauen in die Arbeit der AIU miteinbeziehen konnten oder wollten:

> doch scheint uns, daß hier „Frauenhülfe" nothtut. Warum zieht man die stets hülfsbereiten Freuen von Nah und Fern nicht zur Mitthätigkeit heran? Sie würden provisorisch nach Art der Volksküchen Speiseanstalten schaffen, in denen Hunderte zu gleicher Zeit gespeist werden könnten, sie würden allerorts Kleider und Wäsche sammeln, sie würden auch das rechte Wort finden, die Unglücklichen zu trösten, würden schwache Kinder, die vielleicht die Ueberfahrt nicht aushalten, hier zu Lande unterbringen, sich der Greise, der leidenden Frauen annehmen.[984]

Dieser beschriebene ‚Missstand' ist jedoch, wie Goldensteins Schilderungen nahelegen, weniger auf fehlende Weisungen des „männlichen Komitees" oder unwillige Helferinnen zurückzuführen als auf die Tatsache, dass sämtliche „weiblichen" personellen Ressourcen Ende Mai 1882 bereits völlig ausgeschöpft waren.

Neben der Aufrechterhaltung einer funktionierenden Versorgung wurden kaum Anstrengungen unternommen, die häufig monatelang in Brody weilenden EmigrantInnen in das Stadtleben zu integrieren.[985] Besondere Aufmerksamkeit widmeten die Delegierten der AIU jedoch Kindern, die ohne Begleitung ihrer Eltern oder Verwandten in Brody angekommen waren. Wegen personeller Engpässe war es zwar unmöglich, ein eigenes Büro für die Belange der Kinder zu eröffnen, doch bemühten sich Netter und Schafier, ihnen so weit wie möglich das Schicksal der Repatriierung zu ersparen. Die gezielte Förderung betraf hauptsächlich Waisenkinder und „hoffnungsvolle Kinder, die sonst mit ihren heimatlos in der Welt umherirrenden Eltern (...) zu Grunde gehen mussten".[986] Sie wurden zunächst provi-

---

[983] Ebd., S. 24.
[984] In einem Bericht aus Brody, in: Tribüne Nr. 259 (24. Mai 1882), a.a.O.
[985] Vgl. Börries Kuzmany, Jüdische Pogromflüchtlinge, S. 111.
[986] Moritz Friedländer, Fünf Wochen, S. 43.

sorisch bei Brodyer Familien untergebracht und erhielten in der *Israelitischen Knaben- und Mädchenhauptschule* Unterricht, allerdings stets getrennt von den Kindern der StadtbewohnerInnen.[987] Ende November durchkämmten Schafier und Friedländer noch einmal die Stadt auf der Suche nach obdachlosen und hilfsbedürftigen Kindern. Insgesamt 59 Kinder (50 Jungen und neun Mädchen) gingen auf Charles Netters Vermittlung an die von ihm gegründete *Agrikulturschule* der AIU im palästinensischen Jaffa. Als Zionist der ersten Stunde erkannte Netter das Potential einer dortigen Ausbildung der Kinder für die zukünftige Erschließung Palästinas. Ein Plan, den er der AIU präsentierte, sah vor, dass die zu Landwirten ausgebildeten Kinder „dereinst den Kern der jüdischen Ackerbaubevölkerung Palästinas" bilden sollten.[988] Am 22. Dezember 1881 verließ der sogenannte „Kinderzug" als letzte offizielle Expedition des Jahres Brody. Unter der Leitung von Schafier fuhren die Kinder zunächst nach Wien, wo sie „viel Aufsehen" erregten. Die jüngeren 25 Kinder verblieben zunächst auf Kosten der IAzW in der österreichischen Metropole, die restlichen fuhren von Triest aus in Richtung Palästina und erreichten Jaffa am 9. Februar 1882.[989]

5 Zweite Etappe. Die Reise zu den Nordseehäfen

Die Bahnfahrt von Brody nach Hamburg dauerte mit Zwischenstopps in Breslau und Berlin etwa 2–3 Tage. Die Reiseroute kann exemplarisch an einem Zug rekonstruiert werden, der Brody am Mittwoch den 2. November 1881 gegen 12:00 verließ. An Bord dieses „Emigrantenzuges"[990] befanden sich 230 Personen, die nach dem dreistufigen Registrierungsvorgang als tauglich für die Emigration nach Amerika befunden worden waren.[991] Der Zug fuhr zunächst Richtung Lemberg, nahm von dort die Strecke nach Krakau und passierte bei Myslowitz die deutsche Grenze nach Schlesien. Von dort ging es weiter über Breslau und Liegnitz, wo sich 1881 ebenfalls zwei sehr aktive Unterstützungskomitees gebildet hatten. In Breslau waren unter anderem der Kaufmann Julius Wohlauer (1831–1882), der das Hilfskomitee gegründet hatte, und der Historiker Heinrich Graetz engagiert. Das Liegnitzer Komitee wurde von dem ortsansässigen Rabbiner Moritz Landsberg geleitet, der schon

---

987 Vgl. Börries Kuzmany, Jüdische Pogromflüchtlinge, S. 111.
988 Vgl. Allgemeine Israelitische Allianz. Bericht des Central-Comités, S. 49–52, zit. S. 49.
989 Vgl. Moritz Friedländer, Fünf Wochen, S. 7, 48; vgl. Heinrich Schafier an Salomon Neumann vom 18.12.1881, in: SAM, 1194, opis 2, Bd. 9, Bl. 161f., zit. Bl. 161; vgl. Goldenstein, Brody, S. 15; vgl. Flugblatt der AIU vom 23.4.1882, in: SAM, 1194, opis 4, Bd. 9, Bl. 384.
990 Vgl. zur Geschichte und Entwicklung der Emigrantenzüge Nicole Kvale Eilers, Emigrant trains.
991 Vgl. ebd., S. 30f.

1869 bei der Emigration der russländischen Juden über Memel mitgewirkt hatte.[992] In Breslau legten die Züge eine 8-stündige Pause ein. Die TransmigrantInnen wurden von Vertretern des Breslauer Komitees in ein zu einem Wartesaal umfunktioniertes Gebäude der Reichspost nahe dem Oberschlesischen Bahnhof gebracht, um sich dort auszuruhen und eine Mahlzeit einzunehmen. Der Wartesaal war, so schilderte Moritz Landsberg am 4. November 1881,

> taghell mit Gas erleuchtet und angenehm durchwärmt; vier lange Reihen von Tischen und Bänken waren für die ca. 300 Reisenden aufgestellt, während vor der Thür im Freien sich eine rituelle Küche etabliert hatte, wo man Hunderte von Würsten kochte (...) Gegen 6 Uhr servierte man ihnen warme Wurst und Bier; im Ganzen wurden verabreicht: 350 Glas Bier, 500 Semmeln, 250 Paar Würstchen und ebensoviele Tassen Kaffee.[993]

Auch beschreibt Landsberg die Verteilung von Kleidungsstücken, Stiefeln und Filzpantoffeln für die Kinder: „ein wahres Kleider- und Wäsche-Magazin" hätten die Breslauer errichtet, „Viele sind sehr anständig complet bekleidet worden". Vor der Abreise gab es ein zweites, vom Breslauer Komitee bezahltes Essen:

> Thee für die Frauen und Kinder, Grogg und Liqueure für die Männer, für Alle Saucißchen [kleine Würstchen; D.H.] (...) und außerdem für die Frauen und Kinder Tafeln Chocolade und Tüten mit Zuckerwerk; auch 700 Stück Cigarren wurden vertheilt.[994]

Anscheinend fanden sich während der acht Stunden Aufenthalt einige Schaulustige am Wartesaal ein, von denen manche möglicherweise versuchten, von den verteilten Leckereien zu stehlen, oder die generell nicht gut auf die Durchreisenden zu sprechen waren, denn während der Rückkehr zum Bahnhof mußte „die Polizei

---

992 Vgl. Heinrich Graetz, Tagebuch und Briefe, hrsg. und mit Anmerkungen versehen von Reuven Michael, Tübingen 1977, S. 370; vgl. Beschlüsse deutscher Comités in: Präsenzliste der in den Sitzungen vom 23/24. April 1882 anwesend gewesenen Delegierten, in: SAM, 1194, opis 2, Bd. 3, Bl. 28; die AIU würdigte rückblickend die „thatkräftige Hilfe" des Liegnitzer Komitees, vgl. Die Allgemeine Israelitische Allianz. Bericht des Central-Comités, S. 29.; vgl. Bericht des Rabbiners Dr. Landsberg zu Liegnitz vom 4. November, in: AZJ, Jg. 45, Nr. 48 (29.11.1881), S. 810; der Gründer des Breslauer Hilfskomitees Julius Wohlauer starb überraschend am 22. Mai 1882 am Oberschlesischen Bahnhof in Breslau, als er gerade einen Zug mit jüdischen TransmigrantInnen empfing, vgl. Israelitische Wochenschrift für die religiösen und socialen Interessen des Judenthums, Jg. 13, Nr. 25 (21.6.1882), S. 194 sowie Sterberegister Breslau II, Kreis Breslau, 1882, Nr. 1696 (online einsehbar unter: https://www.ancestry.de/discoveryui-content/view/785357:60749?tid=&pid=&queryId=fd81dd57bb1952cb0a44e9057e44174a&_phsrc=RXi2&_phstart=successSource (28.9.2022).
993 Bericht des Rabbiners Dr. Landsberg vom 4. November 1881, in: AZJ, Jg. 45, Nr. 48 (29.11.1881), S. 801
994 Ebd., Bl. 801, 802.

die Letzteren zurückhalten".[995] Die blumige, nahezu paradiesische Schilderung Landsbergs über die Fürsorge für die TransmigrantInnen täuscht darüber hinweg, dass bei weitem nicht jeder Emigrantenzug das Glück einer solchen Bewirtung hatte. Vermutlich handelt es sich bei Landbergs Beschreibung um den ersten wirklich gut geplanten Zwischenstopp in Breslau, denn noch Ende Oktober schilderte Graetz der AIU gegenüber, alle bis dahin von Brody kommenden Transporte seien grundsätzlich „schlecht organisiert"[996].

Gegen Abend fuhr der Zug von Breslau ab und traf am Freitag früh 8:30 in Berlin ein[997], wo die Durchreisenden von Salomon Lachmann oder einem anderen Vertreter des Berliner Komitees, in Empfang genommen und zum nahegelegenen Hamburger Bahnhof begleitet wurden. Dort wurden ihnen zunächst Kaffee und eine warme Mahlzeit serviert, bevor die Reise nach Hamburg weiterging.[998] Freitagabend gegen 18:00 schließlich traf der Zug in Hamburg ein[999], wo die TransmigrantInnen von einem Mitglied des Hamburger Komitees empfangen wurden. Die durchschnittliche Fahrtdauer von Berlin nach Hamburg betrug etwa fünfeinhalb Stunden.[1000]

5.1 Nichtstaatliche Akteure: Agenten und Schifffahrtsgesellschaften

Die von der AIU bezahlten Emigrantenzüge von Brody nach Antwerpen und Hamburg waren ein kleiner Teil der insgesamt zunehmenden Auswanderungsbewegung. Mit dem Einsetzen der allgemeinen Massenmigration aus Mittel-, Ost- und Südosteuropa hatten Eisenbahn- und Schifffahrgesellschaften begonnen, die Erschließung der Ost-West-Route als zunehmend lukratives Geschäftsmodell zu betreiben. Die modernen Verkehrsmittel – Eisenbahnen und Dampfschiffe – versetzten Millionen von Menschen überhaupt erst in die Lage, eine Auswanderung nach Amerika als reale Option ernsthaft ins Auge zu fassen. Folglich entwickelte sich die Beförderung von EmigrantInnen nach Westen beziehungsweise die Transatlantikpassage nach Amerika zu einem profitablen Wachstumsmarkt, der vor allem der rasch expandierenden Schifffahrts-Branche einen bis zum Ersten Weltkrieg nicht abreißenden und kontinuierlich Boom bescherte. Neben der *Alliance* und später dem *Hilfsverein der deutschen Juden* waren die Schifffahrtslinien

---

995 Ebd., 802.
996 S. u. Anm. 1080.
997 Vgl. Heinrich Schafier an Salomon Neumann vom 1.11.1881, in: SAM, 1194, opis 2, Bd. 9, Bl. 90.
998 Vgl. Deutsche Hausfrauen-Zeitung, 8. Jg, Nr. 22 (28.5.1882), S. 170.
999 Vgl. Philipp Simon an Salomon Lachmann vom 7.11.1881, in: SAM, opis 2, Bd. 9, Bl. 120.
1000 Vgl. Wilhelm Mahler an Salomon Neumann vom 25.10.1881, in: ebd., Bl. 79.

die wichtigsten nichtstaatlichen Akteure innerhalb der gelenkten jüdischen Auswanderung durch das Deutsche Reich. Beauftragt und bezahlt von der *Alliance* oder dem *Hilfsverein* waren sie für die Planung, Durchführung und Betreuung der jüdischen TransmigrantInnen auf ihrer Reise von den Grenzstädten über die Nordseehäfen bis nach Amerika verantwortlich.[1001]

Die HAPAG und der NDL waren die federführenden Reedereien in Deutschland zwischen 1881 und 1914, die in den Städten mit den zwei größten Nordseehäfen Deutschlands gegründet wurden, die HAPAG 1847 in Hamburg, der Lloyd 1858 in Bremen. Weitere wichtige Akteure in Europa seit Beginn der Massenauswanderung waren die britische *Cunard*-Linie (1840 gegründet) und die *Holland-Amerika-Linie* in Rotterdam (1873 gegründet). In der Frühphase der gelenkten jüdischen Auswanderung bis 1881 schifften sich die jüdischen TransmigrantInnen zumeist mit der britischen, 1863 zum Zweck regelmäßiger Passagen nach Nordamerika gegründeten *National-Linie* von Rotterdam aus ins britische Hull ein. Von dort ging es mit der Eisenbahn weiter bis nach Liverpool und dann per Schiff nach New York.[1002]

Als Vermittlungsinstanz zwischen den Reedereien und der *Alliance* beziehungsweise den mit eigenen Mitteln versehenen jüdischen AuswanderInnen, fungierten Agenturbüros und freischaffende Agenten, die gegen eine Provision von 10 bis 15 % des Kaufpreises Kombitickets für die Bahn- und Schiffsreise vom Ausgangsort an der Ostgrenze bis nach New York oder einen anderen Zielhafen verkauften.[1003] Während der Krisenjahre 1881/82 oblag es noch den *Alliance*-Vertretern selbst, mit den verschiedenen Bahngesellschaften günstige Kontingente auszuhandeln. So gelang es dem einflussreichen österreichischen Industriellen und Mitglied des IAzW-Vorstandes David Ritter von Gutmann (1834–1912) mit energischen Verhandlungen, Sonderpreise für russländisch-jüdische EmigrantInnen bei verschiedenen Eisenbahngesellschaften durchzusetzen.[1004] Seit den frühen 1890er Jahren oblagen die Verhandlungen über den kontinentalen Transit den Vertretern der Schifffahrtsgesellschaften, die wiederum enge Rücksprache mit der *Alliance* hielten.[1005]

Im Zuge der Expansion der Überseeschifffahrt entstand ein zunehmend dichtes Netz von Auswanderungsagenten in ganz Europa, die in vielen Grenz- und Transitstädten Büros unterhielten und ihre Mitarbeiter sehr gezielt an Orten mit vielen

---

1001 Vgl. zur Übersicht Drew Keeling, The Business; vgl. Nicole Kvale-Eilers, Emigrant Trains, S. 66.
1002 Vgl. Keeling, The Business, S. 33 ff., eine Übersicht über die verschiedenen Linien und ihrer Zusammenschlüsse s. ebd. S. 97; vgl. Börries Kuzmany, Jüdische Pogromflüchtlinge, S. 107.
1003 Vgl. Drew Keeling, The business, S. 156–159; vgl. Michael Just, Ost- und südosteuropäische Amerikaauswanderung, S. 44–61.
1004 Vgl. Moritz Friedländer, Fünf Wochen, S. 20.
1005 Vgl. zum Ablauf des Transits in den 1890ern Nicole Kvale-Eeilers, Emigrant trains, S. 71 ff.

EmigrantInnen einsetzten – auch 1881 in Brody.[1006] Zum bekanntesten und mit Abstand erfolgreichsten Auswanderungsagenten dieser Zeit avancierte der junge jüdische Unternehmer Albert Ballin (1857–1918), Sohn des aus Dänemark stammenden, eher bescheiden erfolgreichen Auswanderungsagenten Samuel Joseph Ballin (1804–1874). Seit den 1870er Jahren im Passagiergeschäft aktiv, erkannte Albert Ballin früh das gewaltige finanzielle Potential des Auswanderungsmarktes. Nach dem Tod seines Vaters 1874 stieg er mit 17 Jahren in dessen Firma *Morris & Co.* ein und übernahm das Geschäft 1880. Im gleichen Jahr tat er sich mit Edward Carr (1835–1892) zusammen und begann über dessen 1879 gegründete *Carr-Linie* erfolgreich in billige, direkte transatlantische Passagen zu investieren, die von *Morris & Co* organisiert wurden. Carr brachte die Auswanderer auf den zu diesem Zweck umgebauten, wenig komfortablen Zwischendecks unter. Auf diese Weise konnte eine größere Anzahl Personen als üblich auf einem Überseedampfer befördert werden, bis zu 700 pro Fahrt, was eine deutliche Reduzierung des Fahrpreises ermöglichte. Aus heutiger Perspektive entsprach Ballins Geschäftsmodell dem eines äußerst erfolgreichen Startups für billige Pauschalreisen: weniger Komfort bei geringerem Fahrpreis. Als die *Carr-Linie* 1886 von der HAPAG übernommen wurde, bekam Ballin als Bestandteil des Übernahmevertrages den Direktorenposten der HAPAG-Passagierabteilung. 1888 wurde er HAPAG-Vorstandsmitglied, 1899 schließlich Generaldirektor. Unter seiner Leitung entwickelte sich die Reederei zu einer der größten der Welt und zum führenden Unternehmen der organisierten Überseeauswanderung aus Mittel-, Ost- und Südosteuropa.[1007]

Zu Beginn der gelenkten jüdischen Auswanderung im Sommer 1881 liefen die Verhandlungen zwischen den Agenten und der *Alliance* keineswegs einheitlich, zum Teil sogar ziemlich unkoordiniert ab. Ein Grund dafür lag in der langen organisatorischen Vorlaufzeit der gesamten Hilfsaktion. Bevor alle Beteiligten auf der Transitroute Brody – Breslau – Berlin – Antwerpen beziehungsweise Hamburg – England – New York bereit waren, monatlich mehrere Hundert Menschen zu befördern, zu betreuen, und deren Ankunft und Verteilung innerhalb der USA zu organisieren, vergingen Monate. Deshalb waren die Hilfs- und Grenzkomitees

---

1006 Vgl. Michael Just, Ost- und südosteuropäische Amerikaauswanderung, S. 49f., vgl. ebd. S. 51 Karte „Standorte von Auswanderungsagenturen in Galizien".
1007 Vgl. Drew Keeling, The Business, S. 17ff.; vgl. Tobias Brinkmann, Migration und Transnationalität, S. 70f.; vgl. Cecil Lamar, Albert Ballin: Business and Politics in Imperial Germany, 1888–1918, Princeton 1967, S. 17ff.; vgl. zu Albert Ballin Johannes Gerhardt, Der Kaiser, die Honoratioren und die Presse zu Besuch bei Albert Ballin, in: Hamburger Schlüsseldokumente zur deutsch-jüdischen Geschichte, 22.09.2016, (https://dx.doi.org/10.23691/jgo:article-17.de.v1; 6.10.2020); zu den Lebensdaten von Carr vgl. Art. Sloman, Robert Mikes junior, in: Deutsche Biographie (deutsche-biographie.de/sfz48767.html; 14.11.2019.

während des Sommers 1881, in Brody war dies bis zur Ankunft Schafiers Ende August der Fall, weitestgehend auf sich allein gestellt. Zwar trafen schnell Gelder aus Wien und Paris in Brody ein – insg. 20.000 Francs –, jedoch oblagen Planung und Buchung der Weiterreise sowie die gesamte Versorgung vor Ort anfangs allein dem lokalen Hilfskomitee. Da die Auswanderungsbeschränkungen den lokalen Komitees zunächst noch nicht oder nur unvollständig bekannt waren, wurde zu Beginn der Krise jeder Ankömmling ohne Prüfung vom Lokalkomitee irgendwie weitergeschleust. Dabei arbeiteten die Lokalkomitees mit verschiedenen Agenten zusammen. Brody, das 1881 zum zentralen Sammelpunkt für jüdischen Transmigranten wurde, stand seit dem Frühjahr im Fokus von einflussreichen Auswanderungsagenten. Heinrich Nirenstein erklärte Anfang Februar 1882 gegenüber der AIU in Paris, man habe im „Spätsommer" 1881, weil „die ersten Emigranten (…) recht lange auf den Vertreter der Alliance (…) zu warten nöthig hatten", zunächst „keine Sichtung" der Ankömmlinge durchgeführt, sondern „Alles (…) zur Expedition aufgenommen und baldigst (…) unter Leitung und Führung eines gewissen Emil Strauss" auf die Weiterreise nach Antwerpen geschickt.[1008]

Wie sich nur wenig später herausstellte, behandelte besagter Emil Strauss die ihm anvertrauten TransmigrantInnen schlecht und steckte einen Großteil des für die Verpflegung der Reisenden auf den Transporten nach Antwerpen vorgesehenen Geldes in die eigene Tasche.[1009] Vermutlich konnte er seine Klienten in der chaotischen Anfangszeit der Hilfsaktion so einfach betrügen, weil das Brodyer Komitee unter enormem Druck stand, möglichst viele Leute möglichst schnell auf die Reise zu schicken. Darüber hinaus hatte er zufällig denselben Nachnamen wie der Antwerpener Generalagent der *National-Linie*, Henri Strauss (1844–?), in dessen Auftrag er die Transporte nach Antwerpen betreute. Henri Strauss war mit der jüdischen Emigration bestens vertraut, bereits 1869 war er bei der Verschiffung der jüdischen EmigrantInnen aus den baltischen Regionen für die AIU tätig gewesen. In den Jahren 1878–79 bekamen durch ihn etwa 1000 jüdischen EmigrantInnen aus Polen und Ungarn Schiffspassagen in die Vereinigten Staaten.[1010] Laut eines Berichts der AZJ war er ebenfalls Mitglied der AIU[1011] und entstammte einer aus Osteuropa nach Belgien emigrierten jüdischen Familie, die an der belgischen Börse ihr Glück gemacht hatte. Sein Vater Adolphe Strauss betrieb eine Reederei und war

---

1008 Vgl. Memorandum des Brodyer Hilfscomités an die AIU Paris vom 9.1.1882, S. 5, in: SAM, 1194, opis 2, Bd. 10, Bl. 12.
1009 Vgl. zum Fall Emil Strauss auch S. 303 f.
1010 Vgl. Zoza Szajkowski, How the mass migration to America began, S. 296; vgl. Judith Zabarenko, The Negative Image of America in the Russian-Language Jewish Press (1881–1910), in: American Jewish History, Vol. 75, Nr. 3 (März 1986), S. 271 f.
1011 Vgl. AZJ Jg. 45, Nr. 44 (1.11.1881), S. 726.

seit den 1850er Jahren im Auswanderungsgeschäft aktiv, Henri übernahm das Geschäft in den 1870er Jahren. Nach Bekanntwerden der Pogrome im Russländischen Reich bildete sich unter Strauss' Teilnahme ein Hilfskomitee, das Seepassagen von Antwerpen nach New York für jüdische TransmigrantInnen bereitstellte. Strauss nahm demnach Anteil an der humanitären Hilfsaktion, blieb aber in erster Linie Geschäftsmann.[1012] Während der turbulenten Sommermonate 1881 fungierte er zunächst als Ansprechpartner für das Brodyer Hilfskomitee, mit dem er am 14. August einen Beförderungsvertrag schloss. Später war er für die AIU-Zentrale in Paris und über einen Mittelsmann auch für das Berliner Komitee tätig.[1013] Ein Großteil der bis Dezember 1881 durchgeführten Transporte wurde unter seiner Leitung mit Schiffen der *National-Linie* von Antwerpen aus durchgeführt. Strauss' Dienstleistung umfasste dabei die Abstellung eines Begleiters für die Zugfahrt von Brody nach Antwerpen, die Bereitstellung von Transatlantikpassagen für die Emigranten sowie Unterstützung bei der Einschiffung im Antwerpener Hafen. Mehrfach reiste er selbst nach Brody, um die EmigrantInnen zu begleiten, so auch am 20. Oktober 1881:

> Herr Henri Strauß (…) hat die Auswanderer aus Brody abgeholt und begleitet sie bis nach Antwerpen auf's Schiff. Bei ihrer Ankunft hierselbst war durch den Genannten für ihre körperliche Verpflegung Sorge getragen, und wurden die Leute (Männer, Frauen und Kinder) in den Wartesälen III. und IV. Klasse [am Brodyer Bahnhof; D.H.] nach ritueller Vorschrift gut beköstigt.[1014]

Die Verpflegung während der Reise, die Einkleidung und gegebenenfalls eine nötige Unterkunft bei Zwischenstopps in Breslau, Berlin oder vor der Einschiffung in Antwerpen oder Hamburg oblagen allerdings dem Auftraggeber eines Transports, also der AIU-Zentrale oder dem jeweiligen Hilfskomitee. Friedländer bezifferte die Kosten „zur Bezahlung der Fahrbillets und Bestreitung anderer Spesen bis nach Hamburg" auf jeweils 8.–10.000 Mark pro Transport.[1015] Der reguläre Preis der *National-Linie* für die Passage von Antwerpen nach New York betrug während der

---

[1012] Vgl. Frank Caestecker & Torsten Feys, East European Jewish migrants and settlers in Belgium, S. 265; vgl. Torsten Feys, The emigration policy of the Belgian government from Belgium to the U.S. through the port of Antwerp 1842–1914, Gent 2003 (https://lib.ugent.be/fulltxt/RUG01/000/941/684/RUG01-000941684_2010_0001_AC.pdf; 6.10.2020), S. 65 92; 117 f.
[1013] Vgl. ebd.; vgl. Börrries Kuzmany, Brody. Eine galizische Grenzstadt, S. 239; vgl. Henri Strauss an Salomon Lachmann vom 29.10.1881, in: SAM, 1194, opis 2, Bd. 9, Bl. 85; John D. Klier, Russians, Jews and the Pogroms, S. 369 f.
[1014] AZJ Jg. 45, Nr. 44 (1.11.1881), S. 726.; vgl. Wiener Allgemeine Zeitung, Nr. 590 (20.10.1881), Morgenblatt, S. 3; vgl. Heinrich Schafier an Salomon Neumann vom 1.9.1881, in: SAM, 1194, opis 2, Bd. 9, Bl. 42.
[1015] Leopold Friedländer, Fünf Wochen, S. 31 f.

Monate August und September 1881 etwa 100 Mark pro Passagier. Mit Beginn der durch die Pariser Zentrale dirigierten gelenkten Auswanderung fuhr Henri Strauss Ende August erneut nach Brody und traf sich zu Preisverhandlungen mit Heinrich Schafier. Dieser nahm das Ergebnis – einen Rabatt von 28 Mark pro Passage für die Überfahrt eines in Brody registrierten jüdischen Emigranten – gern und dankend an. Die „ersten hundert" der von diesem neuen Deal profitierenden AuswanderInnen begleitete Strauss auf seiner Rückreise persönlich nach Antwerpen.[1016] Bei der Ankunft eines Transportes aus Brody empfingen Strauss oder einer seiner Vertreter die EmigrantInnen am Antwerpener Bahnhof, brachte sie persönlich zur Einschiffung und schickte zur Gewährung einer ordentlichen Überfahrt einen Agenturmitarbeiter mit auf die Reise nach New York. Zuständig für die Betreuung der jüdischer TransmigrantInnen während verschiedener Bahnfahrten von Brody nach Antwerpen – sowohl für von der AIU in Paris als auch vom Berliner Komitee bestellte Fahrten – war ein gewisser Herr Landauer vom Passenger Departement der *National-Linie*.[1017]

Als zusätzliche Sicherheit für die Passagiere während der Reise boten die Schifffahrtskompanien eine Kaution für jeden Transport an, deren Höhe sich nach der zu befördernden Personenanzahl richtete, und je nach Anbieter variierte. Die *National-Linie* leistete während der Sommermonate Kautionen um 30.000 Mark pro Transport, die HAPAG dagegen ab November lediglich 15.000 Mark – ein weiterer Beleg für deren offensive Billigstrategie.[1018]

5.2 Das Berliner Hilfskomitee und der Schwenk zur HAPAG

Die vom Berliner Komitee getätigten Aufträge an die *National-Linie* und die HAPAG liefen unter dem Dach der von der AIU initiierten Hilfsaktion, wurden aber als eigenständige Aufträge aus Preußen gebucht und behandelt.[1019] Anfang September schrieb Neumann an Schafier in Brody, das Berliner Komitee wolle seine Spendengelder zwar der AIU in Paris zur Verfügung stellen, man wäre aber „gesonnen (…) das Geld direkt zur Auswanderung, oder Unterstützung zu verwenden", also einerseits Unterstützungsgelder in die von Pogromen heimgesuchten Gebiete in Russland zu schicken und andererseits von Berlin aus Zugexpeditionen von Brody zu den Nordseehäfen zu veranlassen.[1020]

1016 Vgl. Heinrich Schafier an Salomon Neumann vom 1.9.1881, in: SAM, 1194, opis 2, Bd. 9, Bl. 42–43.
1017 Vgl. Henri Strauss an Salomon Lachmann vom 29.10.1882, in: SAM, 1194, opis 2, Bd. 9, Bl. 85.
1018 Vgl. E. Johanning an Salomon Lachmann vom 9.11.1881, in: ebd., Bl. 111.
1019 Vgl. Henri Strauss an Salomon Lachmann vom 29.10.1881, a.a.O.
1020 Vgl. Heinrich Schafier an Salomon Neumann vom 7.9.1881, in: ebd., Bl. 52.

Als Vertreter von Strauss beziehungsweise Bevollmächtigter der *National-Linie* in Berlin fungierte der am Luisenplatz 7 (heute: Robert-Koch-Platz) ansässige General-Agent Ernst Johanning (1827–1887)[1021], ein von der Preußischen Regierung „concessionirter Auswanderungs-Unternehmer", der die Emigration mittels Postschiffe verschiedener Reedereien von Stettin, Antwerpen, Hamburg und Bremen aus organisierte und zusammen mit seinem Sohn eine Auswanderungsagentur in Berlin betrieb. Das Büro *Johanning & Behmer* befand sich nur wenige hundert Meter vom Hamburger Bahnhof entfernt. Als Beauftragter des Berliner Komitees hatte er seit dem Sommer 1881 jüdische TransmigrantInnen von Brody über Antwerpen nach New York expediert. Aufgrund der langjährigen Zusammenarbeit der *Alliance* mit Henri Strauss ist davon auszugehen, dass auch Johanning als dessen Partner den Akteuren in Berlin kein Unbekannter war.[1022] Wie viele Auswanderungsagenten arbeitete er nicht als Angestellter einer speziellen Schifffahrtslinie, sondern als freier Unternehmer. Johanning war seit den 1850er Jahren im Geschäft und arbeitete insgesamt für 16 verschiedene Transatlantiklinien, mit der *National-Linie* kooperierte er über Strauss in Antwerpen. Für seine potentiellen Kunden verglich er verschiedene Preise und Anbieter miteinander und schlug passende Angebote vor. Bei größeren Passagier-Kontingenten, die etwa bei Buchungen durch die Hilfskomitees die Regel waren, gab es für Johanning größere Gestaltungs- und Gewinnmöglichkeiten, solange er für die Transatlantikpassage eine bestimmte Schifffahrtslinie – in diesem Fall die *National-Linie* – empfahl und durch das große Ticketkontingent einen attraktiven Rabatt aushandeln konnte. Auf der anderen Seite waren die Filialen der *Alliance* in Brody, Paris, Leipzig und Berlin zu Anfang der Hilfsaktion derselben Logik des freien Marktes folgend darauf angewiesen, die Dienste freischaffender Agenten in Anspruch zu nehmen und günstige Tarife auszuhandeln, um eine billige und vor allem schnelle Lösung für die wöchentlich abgehenden Transporte von Brody aus zu organisieren.[1023]

Für das Berliner Komitee hatte die *National-Linie* zunächst Gruppen russländischer JüdInnen verschifft, die seit „Anfang des Jahres" 1881 aus Odessa nach Berlin gekommen waren und dort das Komitee um Hilfe bei ihrer Emigration ge-

---

1021 Vgl. Sterbeurkunde Ernst Maximillian Carl Eduard Johanning, in: Sterberegister, Berlin XII (1887), Nr. 3690 (online: https://www.ancestry.de/discoveryui-content/view/187475531:2958?tid=&pid=&queryId=cf9f835c893d9b209d80264a47c97471&_phsrc=ewc8&_phstart=successSource (29.9.2022).
1022 Vgl. zum Agenten Ernst Johanning Berliner Adreßbuch für das Jahr 1881, S. 420 (online: https://digital.zlb.de/viewer/readingmode/34115512_1881/444/; eingesehen am 14.3.2019); vgl. E. Johanning an Salomon Lachmann vom 8.11.1881, in: SAM, 1194, opis 2, Bd. 9, Bl. 99; Behmer war der zweite für die HAPAG in Berlin tätige General-Agent, mit dem Johanning sich ein Büro teilte
1023 Vgl. Brief E. Johanning an Salomon Lachmann vom 9.11.1881, in: SAM, 1194, opis 2, Bd. 9, Bl. 110–112.

beten hatten.[1024] Wie in Brody vermittelte das Berliner Komitee die AuswanderInnen zunächst ohne nähere Registrierung an Johanning weiter, und sorgte für die Begleichung der Fahrtkosten. Mit Johannings Unterstützung gelang Anfang August den beiden Kiewer Familien Diamant und Barz die Emigration von Berlin nach Amerika. „Ganz privatim" hatte sich Ende Juli Max Emanuel Mandelstamm an Bernstein gewandt und ihm die Situation der beiden Familien geschildert, die vormals wohlhabende Geschäftsleute gewesen und all ihr Hab und Gut verkauft hatten, um mit dem gewonnenen Erlös – zusammen brachten die Familien es auf 5000 Mark – nach Amerika auszuwandern. Da eine offizielle Unterstützung der AIU „erst Ende August oder September" möglich sei, bat Mandelstamm, die mit „Empfehlungen (…) amerikanischer Glaubensgenossen", also guten Kontakten in die USA versehenen Familien „unter den Schutz des Berliner Hilfsomités" zu stellen und den Transit von Berlin aus zu organisieren. „Wenn möglich", so Mandelstamm, mit „freier Überfahrt, damit sie ihr gesamtes Vermögen unangetastet nach Amerika bringen" und dort einen Neuanfang wagen könnten. Nach Beratung des Komitees wurden 1178 Mark für die „gänzliche Freifahrt bewilligt" und die 18-köpfige Familie Diamant in die Obhut Johannings gegeben. Am 24. August verließen sie Berlin, trafen am 26. August abends um sechs Uhr in Antwerpen ein und schifften sich am darauffolgenden Tag auf einem *National-Linien* Dampfer in der IV. Klasse nach New York ein.[1025]

Mit der Ankunft Schafiers in Brody und dem Beschluss der AIU, Galizien beziehungsweise Brody zum provisorischen Sammelpunkt der gelenkten Emigration zu machen, beendete Berlin allerdings diese Praxis. Eine der letzten Familien, die nach Berlin kamen, bevor Neumann die russländischen Hilfskomitees bat, die Leute direkt nach Brody zu schicken, war die Familie Berditschewsky aus Elisabethgrad. Die aus acht Erwachsenen und sieben Kindern bestehende Familie war während der dortigen Pogrome am 15. und 16. April 1881 misshandelt und ausgeplündert worden und machte sich im Juli, mit bescheidenen Mitteln des Elisabethgrader

---

1024 Vgl. Hilfskomitee Elisabethgrad an Salomon Neumann vom 23.8.1881, in: ebd., Bl. 37.
1025 Vgl. E. M. Mandelstamm an Carl Bernstein vom 27.8.1881 und Aufstellung des Vermögens der Familien Barz und Diamant auf der Rückseite des Briefes, in: SAM, 1194, opis 2, Bd. 9, Bl. 17, zit. ebd.; vgl. E.M. Mandelstamm an Carl Bernstein vom 8.8.1881, in: ebd., Bl. 23f.; Vgl. Liste mit Anmerkung des Berliner Komitees über die Expedition der Familie Diamant, o.D., in: ebd., Bl. 35; vgl. Aron und Wolf Diamant an Salomon Neumann vom 27.8.1881, in: ebd., Bl. 41.; zum weiteren Schicksal der Familie Barz finden sich keine Akten in dem genannten Bestand, es ist aber davon auszugehen, dass auch sie mithilfe Johannings emigrierte.

Komitees ausgestattet, auf den Weg nach Berlin. Von dort fuhren sie via Antwerpen nach London, wo sie von einem Verwandten aus Kanada erwartet wurden.[1026]

Im Oktober 1881 begann das Berliner Komitee den Wechsel von der *National-Linie* zur HAPAG vorzubereiten. Primär geschah dies aus finanziellen Gründen. Sowohl Salomon Neumann als auch Hermann Magnus, der selbst in Brody gewesen war, hatten das Szenario einer kontinuierlich wachsenden Anzahl potentieller, bettelarmer russländischer AuswanderInnen vor Augen, die vollständig auf die finanzielle Unterstützung der AIU angewiesen waren. Weil der harte Konkurrenzkampf zwischen HAPAG und *Carr* anhielt, sanken seit dem Herbst 1881 die Preise für Transatlantikpassagen von Hamburg nach New York rapide, teilweise konnte mit hartnäckigen Verhandlungen ein bis zu 40–50 %iger Rabatt im Vergleich zum Vorjahr ausgehandelt werden. Philipp Simon vom Hamburger Hilfskomitee schrieb im Januar 1882 regelrecht verblüfft an Salomon Lachmann, er habe von der Firma *Carr* einen „unerhört billigen" Passagepreis von 62 Mark angeboten bekommen.[1027] Für die aus Spenden finanzierten Hilfskomitees waren diese Angebote sprichwörtlich Gold wert. Ebenfalls förderlich waren die gesteigerten Bemühungen der Schifffahrtslinien um eine Verkürzung der Reisestrecke. Angesichts der stetig wachsenden Gesamtmigration versuchten sie den logistischen Ablauf der Reise weitestgehend zu vereinfachen, Zwischenstopps und Umstiege zu vermeiden und New York direkt von einem der großen europäischen Häfen anzusteuern. Die bislang übliche, längere Strecke der *National-Linie* via Hull und Liverpool wurde daher zunehmend unattraktiv, obwohl sie vergleichsweise preiswert war.

Die aus Perspektive der AIU durchaus nachvollziehbare Fokussierung auf den Geld- und Zeitfaktor beim Transit der jüdischen AuswanderInnen führte vor allem in der Frühphase zwischen Juli und November 1881 allerdings zu einer Reihe von zum Teil gravierenden, technischen Pannen und Planungsfehlern im Ablauf, die Beschwerden von AuswanderInnen an das Berliner Komitee nach sich zogen. Diese Probleme waren primär auf die Sparsamkeit beziehungsweise die mangelhaften Erfahrungen des Berliner Komitees, weniger auf die Agenten der *National-Linie* zurückzuführen. Vorrangig handelte es sich um Schwierigkeiten bei der Versorgung während der Bahnfahrt beziehungsweise an Bord der Schiffe sowie um Unstimmigkeiten bei der Gepäckaufgabe und der Einschiffung auf *National-Linien*-Schiffen.

Zunächst hing die reibungslose Versorgung während des kontinentalen Transits und in den Abfahrthäfen davon ab, dass die Kosten für „Beköstigung & Logis

---

[1026] Hilfskomitee Elisabethgrad an das Hülfs-Comité der Israeliten-Alliance in Berlin vom 4.8.1881, in: SAM, 1194, opis 2, Bd. 9, Bl. 20.
[1027] Philipp Simon an Salomon Lachmann vom 27.1.1881, in: ebd., Bl. 84.

während des Aufenthaltes in Antwerpen & für das Bettzeug, Eß- und Trinkgeschirr an Bord" von den Hilfskomitees separat zur Seepassage bezahlt wurden. Dieser Posten wurde bei den Buchungen durch das Berliner Komitee offenbar regelmäßig vergessen. Strauss schrieb Neumann deshalb Ende Oktober, diese Aufwendungen seien

> sehr nöthig" (...), da die Passagiere die Sie bis jetzt an einen dortigen [in Berlin tätigen; D.H.] Agenten (...) übergeben haben, hier nichts zu essen hatten & hätte ich denselben nicht das Essen bezahlt so wären dieselben verhungert; auch hätten dieselben kein Bettzeug am Dampfer und müßten auf die Bretter liegen.[1028]

Als durchaus notwendige, aber gleichermaßen unsichere Investition hatte sich seit Beginn der ersten Transporte aus Brody die Versorgung der TransmigrantInnen mit „Hartgeld" für die Verpflegung während der Bahnfahrt erwiesen. Bis Anfang November wurde vor der Abfahrt nach Antwerpen oder Hamburg ein kleiner Betrag in deutscher Währung an die Fahrgäste ausgezahlt, die entsprechenden Überweisungen nach Brody erfolgten durch das Berliner Bankhaus *Rosenthal und Goldschmidt*.[1029] Aus einer Vereinbarung zwischen dem Leipziger Komitee und der HAPAG vom 19. Oktober 1881 geht hervor, dass jedem Erwachsenen 10 Mark, und Kindern zwischen zwei und 12 Jahren fünf Mark Verpflegungsgeld zustanden, hinzu kamen noch 1,50 Mark bzw. 75 Pfennig für den zweitägigen Aufenthalt im Hamburg. Gelegentlich, wenn in Brody keine Zeit blieb, erfolgte die Auszahlung „je nach den Bedürfnissen" auf dem Zwischenstopp in Breslau. Moritz Landsberg berichtete, am 4. November 1881 habe er dort an „ca. 300" Transmigranten „nur die Summe von 450 Mark vertheilt, da ein Theil der Reisenden schon von dem Zugbegleiter Geld erhalten hatte".[1030] Seit Anfang November ging die *Alliance* allerdings dazu über, kein Bargeld mehr auf den abgehenden Zügen auszugeben, sondern die Verpflegung während der Bahnreise zu einem festen Bestandteil des vorab bezahlten Transits zu machen. Statt Bargeld wurden „Verpflegungszettel" ausgegeben.[1031] Der Gesamtbetrag wurde später per Rechnung von den Hilfskomitees eingefordert, welche die Fahrt gebucht hatten. Grund dafür war, dass trotz der Bargeldausgabe in Brody oder Breslau häufig nichts davon in Antwerpen ankam. Es war offensichtlich, dass

---

[1028] Henri Strauss an Salomon Lachmann vom 29.10.1881, a.a.O.
[1029] Vgl. Friedländer, Fünf Wochen, S. 32.
[1030] Beförderungsvereinbarung zwischen der HAPAG (Josef Pastor) und Hermann Magnus vom 19.10.1881, in: SAM, 1194, opis 4, Bd. 9, Bl. 122; Bericht von Rabbiner Dr. Landsberg zu Liegnitz vom 4. November, in: AZJ, Jg. 45, Nr 45 (29.11.1881), S. 801.
[1031] Protokoll aufgenommen zu Brody am 2. Juni 1882, Mittags 12 Uhr, in: Zehnter Jahresbericht der IAzW, Wien 1883, S. 80.

viele AuswanderInnen das Geld lieber heimlich verwahrten und für den Start in der neuen Welt sparten – genauso wie es unter Billigung des Berliner Komitees die erwähnten wohlhabenden Familien Diamant und Barz getan hatten.

Aufgrund finanzieller oder organisatorischer Probleme beim Transit gelangten häufig Beschwerden nach Berlin, die während des Zwischenstopps im englischen Hull, ca. 20 Tage nach der Abfahrt aus Brody, von den TransmigrantInnen verfasst und abgeschickt wurden.[1032] Gegen Ende Oktober erhielt Neumann eine Beschwerde der drei Auswanderer Moritz Goldberg, Hermann Kottga und Leonard Mickelberg, in dem diese schilderten, sie hätten einen Wirt Schotte in Antwerpen nicht für Kost und Logis bezahlen können. Henri Strauss, dem als Vertreter der *National-Linie* die Schreiben aus Hull zuerst zugingen, merkte in einer Notiz auf demselben Brief kritisch an, die Auswanderer kämen stets „ohne einen Pfennig" in Antwerpen an und es sei nur der Mildtätigkeit des besagten Wirts Schotte zu verdanken, dass sie überhaupt versorgt worden seien. Johanning wiederum, der die Briefe aus Antwerpen geschickt bekam und an Neumann weiterleitete, wusste über die Vorgänge in Berlin weitaus besser Bescheid als Strauss. Er war sich sicher, wie er ebenfalls auf dem Brief anmerkte, dass die drei nicht bezahlt hätten, obwohl sie beim Umstieg in Berlin zusätzliches Verpflegungsgeld von Salmon Lachmann erhalten hatten.[1033]

Indes gehörte die Bereitstellung eines Startgeldes für die Neue Welt seit 1881 zum festen Prozedere der organisierten Auswanderung, allein schon deshalb, um den *Board* in New York nicht finanziell zu überfordern. Die Auszahlung des Startkapitals wurde ab 1882 erst bei der Einschiffung vorgenommen; im Februar 1882 erhielten jüdische AuswanderInnen in Hamburg jeweils 4,50 Mark pro Person, die AIU in Paris stattete jede Person mit 60 Francs aus. Das deckt sich in etwa mit der Summe, die Landsbergers oben erwähnte Schilderung von Anfang November 1881 vermuten lässt.[1034]

Weil aus Sicht des Berliner Komitees für die vielen Pannen auf den Transporten die *National-Linie* verantwortlich war und gleichzeitig die Konditionen der Konkurrenz äußerst günstig erschienen, wandte sich Neumann Mitte Oktober 1881 schließlich an einen Vertreter der HAPAG. Der in der Berliner Invalidenstraße 121 ansässige HAPAG-Generalagent Wilhelm Mahler fungierte fortan als An-

---

1032 Vgl. Henri Strauss an Salomon Lachmann vom 29.10.1881, a. a. O., Bl. 42.
1033 Vgl. ebd.; vgl. Moritz Friedländer an Salomon Neumann vom 1.11.1881, in: ebd., Bl. 90; vgl. Moritz Goldberg, Hermann Kottgen und Leonard Mickelberg an das Berliner Comité vom 22.10.1881, in: ebd., Bl. 100; vgl. Notiz Henri Strauß o. D., in: ebd. sowie Notiz E. Johanning vom 5.11.1881 in: ebd., Bl. 101; vgl. Friedländer, Fünf Wochen, S. 32.
1034 Vgl. Philipp Simon an Lachmann vom 27.1.1882, in: SAM, 1194, 2, Bd. 10, Bl. 84 f.; vgl. Philipp Simon an Salomon Lachmann vom 3.1.1882, in: ebd., Bl. 92.

sprechpartner für das Berliner Komitee.[1035] In Brody war als HAPAG-Vertreter ein Herr Josef Pastor tätig, der die Beförderungsverträge erstellte und im Bureau Nr. II. die Schiffspassagen vorbereitete und ausgab.[1036]

Am 22. Oktober bat Mahler Neumann erstmals um genauere Angaben, „um was es sich in Angelegenheit der nach Amerika zu expedierenden Israeliten handelt". Weil nämlich eine „so starke[n] Nachfrage" herrsche, seien die Schiffe häufig schon Wochen vorher belegt und daher frühzeitige Buchungen notwendig.[1037]

Mit dem Wechsel zur HAPAG rückte der gut ausgebaute und prosperierende Hamburger Hafen als letzter europäischer Transit-Ort für die organisierte jüdische Auswanderung in den Fokus der Hilfskomitees. Für das Berliner Komitee war Hamburg als Transitstation für russländische AuswanderInnen in mehrerer Hinsicht attraktiver als Antwerpen: die Bahnfahrt war kürzer, die Passagenpreise sanken im Rahmen des Preiskampfes zwischen *Carr* und HAPAG zusehends, und darüber hinaus versprach die HAPAG ihren jüdischen Passagieren koschere Verpflegung an Bord. Nach seinen Erlebnissen in Brody hatte Hermann Magnus angesichts der logistischen Herausforderung des Transports und einer stetig wachsenden Zahl jüdischer TransmigrantInnen, auf eine dauerhafte Nutzung des Hamburger Hafens und der HAPAG gedrängt. Seit Mitte Oktober finanzierte auch das Leipziger Komitee auf Betreiben von Magnus Seepassagen via Hamburg für EmigrantInnen aus Brody. Am 19. Oktober schlossen Magnus und Pastor einen Vertrag über den Transport von 105 Personen für den 25. Oktober 1881.[1038]

Abgesehen von den logistischen und finanziellen Vorteilen bestanden enge und hilfreiche Kontakte zwischen den AIU- und Hilfskomitees in Berlin und Hamburg. Seit 1873 existierte in Hamburg-Altona ein AIU-Komitee, das von dem Kaufmann Philipp Simon und 19 anderen jüdischen Hamburger Bürgern ins Leben gerufen worden war. Simon, zugleich Vorsitzender des 1881 gegründeten Hamburger *Comités für die nothleidenden Juden in Westrußland*, hatte 1869 den jüdischen Gemeindetag in Leipzig als Vertreter Hamburgs besucht und war ein langjähriger

---

1035 Wilhelm Mahler an Salomon Lachmann vom 25.10.1881, in: SAM, 1194, opis 2, Bd. 9, Bl. 79 f.
1036 Vgl. Moritz Friedländer, Fünf Wochen, S. 29; vgl. Beförderungsvertrag zwischen der HAPAG (Josef Pastor) und Hermann Magnus vom 19.10.1881, in: SAM, 1194, opis 4, Bd. 9, Bl. 122.
1037 Anfrage Wilhelm Mahler an Salomon Lachmann vom 22.10.1881, in: SAM, 1194, opis 2, Bd. 9, Bl. 74; vgl. zu den Beförderungsmodalitäten Hermann Mahler an Salomon Neumann vom 25.10.1881, in: ebd, Bl. 79; In der letzten Oktoberwoche bat Neumann u. a. das Komitee in Breslau um Informationen zu günstigen Anbietern für Transatlantikpassagen, vgl. Notiz Salomon Neumanns für Salomon Lachmann vom 25.10. auf dem o.g. Brief Mahlers.
1038 Vgl. Börries Kuzmany, Brody. Eine galizische Grenzstadt, S. 239; Vgl. Beförderungsvertrag zwischen HAPAG (Josef Pastor) und Hermann Magnus vom 19.10.1881, a. a. O.; vgl. Leserbrief Hermann Magnus, in: Wiener Allgemeine Zeitung (Nr. 596), Mittwoch 26. Oktober 1881, S. 4.; vgl. NFP Nr. 6158 (19.10.1881), in: SAM, 1194, opis 1, Bd. 112, Bl. 15.

und zentraler Akteur der frühen jüdischen Wohltätigkeitsvereine und der Auswandererfürsorge in Hamburg. Neben ihm waren im AIU-Komitee unter anderem der Wechselmakler Paul Ruben (1830–1904), Louis Bernays (1838–1891), Sohn des Hamburger Oberrabbiners Isaac Bernays (1792–1849) und der Direktor der Stadtbibliothek Hamburg Isler Meyer (1807–1888) aktiv.[1039] Zwei weitere zentrale Personen, die sich seit 1881 für die Unterstützung jüdischer AuswanderInnen in Hamburg engagierten, waren Marcus Wolf Hinrichsen (1829–1901), nationalliberaler Politiker und Mitglied der Hamburger Bürgerschaft, Präsident der Hamburger Handelskammer und Chef der Firma *May & Hinrichsen*, sowie der Lehrer der *Talmud Tora Schule* in Hamburg, Daniel Wormser (1840–1900).[1040]

Die ersten vier russisch-jüdischen AuswanderInnen, die mithilfe einer vom Berliner Komitee bezahlten HAPAG-Passage von Brody via Hamburg in die USA fuhren, waren die beiden 22- u. 23-jährigen Lederarbeiter auf Wanderschaft Wolff Hinger und Ber Rathner aus Witebsk, die 16-jährige Näherin Sara Weingert aus Warschau und der 18-jährige Zigarettenfabrikarbeiter Elias Lent aus Wilna. Sie verließen Brody am 28. Oktober 1881 mit der Eisenbahn und schifften sich am 30. Oktober in Hamburg auf der neu in Dienst gestellten *Bohemia* ein, die just an diesem Tag zu ihrer Jungfernfahrt nach New York aufbrach. Am 16. November 1881 erreichten sie Ellis Island. Pro Person zahlte das Berliner Komitee 90 Mark für die Schiffspassage, 6,30 Mark für die Bahnfahrt von Brody nach Hamburg und 10 Mark für „Logis und Ausrüstung", insgesamt 425,20 Mark, die über die Bank *Platho & Wolff* in Berlin an Wilhelm Mahler gezahlt wurden.[1041] Laut Schafiers Listen ex-

---

1039 Vgl. Israelitische Wochenschrift für die religiösen und socialen Interessen der Juden, 4. Jg. No. 46 (26.11.1873), S, 373; vgl. AZJ, Jg. 50, Nr. 1 (1.1.1886); vgl. http://www.dasjuedischehamburg.de/inhalt/ruben-paul (11.12.2018); vgl. http://www.dasjuedischehamburg.de/inhalt/bernays-isaak (11.12.2018); vgl. http://www.dasjuedischehamburg.de/inhalt/isler-meyer (11.12.2018).
1040 Vgl. zu M. W. Hinrichsen das Parlamentarier Portal Gesis: http://zhsf.gesis.org/biorabkr_db/biorabkr_db.php?id=1045 (11.12.2018) und http://www.hamburger-persoenlichkeiten.de/hamburgerpersoenlichkeiten/member_file_uploads/helper.asp?id=1704 (11.12.2018); vgl. http://www.dasjuedischehamburg.de/inhalt/wormser-daniel (11.12.2018); vgl. Sitzung der Delegierten der Hülfs-Comités für die nothleidenden russischen Juden am 23. April 1882, in: SAM, 1194, opis 2, Bd. 3, Bl. 10.
1041 Vgl. Verzeichniß der durch Wilhelm Mahler nach America beförderte Personen, o.D., in: SAM, 1194, opis 2, Bd. 9, Bl. 137; vgl. Abschrift/Nota Salomon Lachmanns über Kosten für Seepassage, Logis & Ausrüstung und Auslagen für die Eisenbahnfahrt vom 2.11.1881, in: ebd., Bl. 91, auf Lachmanns Liste unterschieden sich die Schreibweisen dreier Namen teilweise deutlich: Wolf Hindin, Baer Rainer und Sarah Weinrit; vgl. Heinrich Schafier an Saomon Neumann vom 18.12.1881, in: ebd., Bl. 61; zur „Bohemia" vgl. http://www.norwayheritage.com/p_ship.asp?sh=bohem (6.12.2018).; vgl. zur Ankunft Passagierliste der Bohemia in: Ancestry.com. *New York, Passagier- und Besatzungslisten (einschließlich Castle Garden und Ellis Island), 1820–1957*, Mikrofilm: *M237, 1820–1897*; Gesellschaft: *54*; Listennummer: *1598B. (6.10.2020)*; auf der Passagierliste werden die Vier als Wolf Hinden, Bär Reimer, Elias Lent und Sara Weinert geführt.

pedierte Mahler im November 1881 insgesamt 73 Personen (66 Erwachsene und 7 Kinder) im Auftrag des Berliner Komitees, Johanning 16 Personen (12 Erwachsene und zwei Kinder). Die auf den Listen geschilderte Alters- und Berufsstruktur der Passagiere belegt sowohl die strikt berücksichtigten Regularien der US-Immigrationsbehörde als auch die Herkunft der TransmigrantInnen.[1042] Weniger als die Hälfte von ihnen stammte aus den von der Pogromwelle unmittelbar betroffenen Regionen in der Ukraine, die meisten wanderten aus anderen Gegenden des Ansiedlungsgebietes aus, vor allem aus Litauen und Polen. Das Durchschnittsalter lag bei circa 22 Jahren, der älteste Passagier war der 44jährige Maler Isaac Warschasski aus Kowno, der jüngste der 1-jährige Schaia, Kind des Händlerehepaares Jacob Glanz und Ida Noll aus Kiew. Von den insgesamt 66 Erwachsenen verfügten 54 über eine Handwerksausbildung, acht waren Kaufleute oder Händler, drei Maler und einer Lehrer.[1043] Eine ähnliche Zusammensetzung von Zugreisenden schildert Moritz Landsberg für den oben erwähnten Zug mit 300 Personen, der am 4. November in Breslau haltmachte: „Es waren größtentheils Handwerker und Feldarbeiter, auch ein Apotheker und ein Marinesoldat war darunter, Alle kräftig, gesund und muthig, im Alter von 18 bis 40 Jahren". Dass es sich durchaus nicht nur um „mittellose Flüchtlinge" handelte, erwähnt Landsberg ebenfalls: „eine große Anzahl von Reisenden war dabei, die auf eigene Kosten mit nach Hamburg fuhren". Interessant in Landsbergs Darstellung ist die Beschreibung der TransmigrantInnen, aus der hervorgeht, dass Charles Netter bei der Registrierung ab und zu auch ein Auge zudrückte, aus Mitleid, oder um Familien nicht auseinanderzureißen:

> Unter den Frauen befand sich eine achttägige Wöchnerin mit ihrem Kinde, eine Wittwe mit 2 Töchtern, und eine junge Frau, die sich ihrem Manne von selbst angeschlossen, um nicht allein zurückzubleiben, obgleich H. Netter sie nicht hatte mitreisen lassen wollen.[1044]

Insgesamt wurden im Auftrag der AIU durch die Agenten Henri Strauss, Ernst Johanning und Wilhelm Mahler bis Ende November 1561 jüdische Personen mit Schiffen der *National-Linie*, der HAPAG, und von Seiten des Hamburger Komitees mit der *Carr*-Linie in die Vereinigten Staaten gebracht.[1045]

Hamburg entwickelte sich in den folgenden Monaten neben Berlin zum bedeutendsten logistischen Drehkreuz der jüdischen Auswanderung im deutschen

---

[1042] Vgl. Drew Keeling, the Business, S. 25 f.
[1043] Vgl. Verzeichniß der durch Wilhelm Mahler nach America beförderte Personen, o.D., a.a.O., Bl. 137–138.
[1044] Bericht Rabbiner Dr. Landsberg zu Liegnitz vom 4. November, in: AZJ, Jg. 45, Nr. 45 (29.11.1881), S. 801.
[1045] Vgl. Flugblatt der AIU vom 24.3.1882, S. 2, a.a.O.

Reich. In der Stadt angekommen, quartierten sich viele der jüdischen Transmigrantinnen im „Allgemeinen Auswanderer-Haus" von *Louis Fries & Co* ein, während der Wintermonate 1881 circa mehrere hundert Personen, von denen etwa ein Viertel Kinder waren.[1046] Für die Belange der jüdischen TransmigrantInnen wurde vorrangig der 1884 von Daniel Wormser gegründete *Israelitische Unterstützungsverein für Obdachlose* eine unersetzbare Institution. Im Lauf der folgenden zwei Jahrzehnte entwickelte er sich zu einer zentralen Anlaufstelle in Hamburg für jüdische und nichtjüdische DurchwanderInnen. Aus einem 40köpfigen „Assistentencollegium" des 1881 gegründeten Hamburger Hilfskomitees, das mit dem Empfang der jüdischen DurchwanderInnen an den Bahnhöfen, ihrer Begleitung in die Quartiere und später mit Unterstützung bei der Einschiffung betraut war, war am 25. September 1884 der *Unterstützungsverein für Obdachlose* hervorgegangen. Größter Spender war über viele Jahre der Philanthrop Baron Maurice de Hirsch, ab 1890 stiftete er jährlich 6000 bis 10.000 Mark. Die Arbeit des Vereins war enorm. Im Jahr 1897 wurden insgesamt 23.000 Speiseportionen in den Auswandererhallen ausgegeben (64 pro Tag); vier Jahre später waren es bereits 35.674 (98 pro Tag). 1886 profitierten 3079 Personen von der Unterstützung des Vereins, im Jahr 1891 waren es „schon im Januar 100 Personen täglich", nach den Pogromen von *Chișinău* 1903 bisweilen „zwischen 400–500" pro Tag. 1891 errichtete der Verein mit Unterstützung der Hamburger Polizei eine Badeeinrichtung mit Dampfheizung und einer Desinfektionsanlage am Holstentor. Im Geschäftsjahr 1901 bedachte der Unterstützungsverein insgesamt 8273 Personen mit Unterkunft, 2603 mit Reisemitteln und 1996 mit Kleidung, das Jahresbudget lag bei mehr als 23.000 Mark. Während seiner Zeit als Vereinsvorsitzender engagierte sich Daniel Wormser zudem stark gegen die in den Hamburger Auswanderungshallen weit verbreiteten Missionierungsbestrebungen unter jüdischen AuswanderInnen.[1047]

In Berlin, wo die TransmigrantInnen umsteigen und folglich einen Zwischenstopp einlegen mussten, existierten ebenfalls früh eigene Unterstützungsvereine für mittelose jüdische TransmigrantInnen. Der *Asyl-Verein für Obdachlose* unterhielt zwei Asylheime in der Stadt. Seit Beginn des russländisch-jüdischen Transits durch die Hauptstadt im Frühjahr 1881 stellte der Verein auf Bitten der Berliner AIU

1046 Vgl. St. Petersburger Herold Nr. 310 (6.11.1881); vgl. Hamburger Adressbuch von 1881, S. 97 (online: http://agora.sub.uni-hamburg.de/subhh-adress/digbib/view?did=c1:526314&p=217; eingesehen am 13.5.2019).
1047 Vgl. Daniel Wormser. Eine biographische Skizze. Dem Andenken seines Begründers und langjährigen Vorsitzenden Herrn Daniel Wormser gewidmet vom Israelitischen Unterstützungs-Verein für Obdachlose, Hamburg 1900, S. 6 ff., 13 f zit. ebd. S. 6, 9; vgl. AZJ, Jg. 46 (1882), Heft 24 (13.6. 1882); vgl. Der Israelit, Jg. 39, Heft 10 (3.2.1898), S. 180; vgl. AZJ, Jg. 66, Heft 25 (20.6.1902), S. 3.; vgl. Die Welt, Jg. 7, Heft 16 (17.4.1903), S. 8.

eine festgelegte Anzahl von Betten, die asyleigene Badeanstalt und eine Desinfektionsofen für die Kleidung der jüdischen EmigrantInnen zur Verfügung.[1048] Im Frühjahr 1882 wurde auf Bitten des *Deutschen Central-Comités* das von Moritz Gottschalk Lewy und [Julius] Hermann initiierte *Verpflegungscomité für die russischen Flüchtlinge* zu einer wichtigen Anlaufstelle, die sich gezielt um all diejenigen mittellosen, jüdischen Durchreisenden kümmerte, die auf eigene Faust beziehungsweise ohne Registrierung durch ein Grenzkomitee nach Berlin kamen. Die Geldsammlungen für die Verpflegung der DurchwanderInnen wurden über das *Verpflegungscomité* und einen eigens dazu ins Leben gerufenen Frauenverein durchgeführt, letzterer bemühte sich neben „Kost" auch um Kleidersammlungen.[1049]

6 Resignation und Überlastung. Das vorläufige Ende der organisierten Auswanderung im Winter 1881/82 und die eigenmächtige Fortsetzung der Hilfsaktion durch deutsche Komitees

Als gegen Ende des Herbstes in Galizien der erste Schnee fiel, wurden die Zustände in Brody zusehends katastrophal. Der Optimismus, den die Ankunft Charles Netters verbreitet hatte, machte rasch Ernüchterung und Hoffnungslosigkeit Platz. Schon Mitte Oktober schwenkte die AIU vom ursprünglichen Plan einer kontinuierlichen, geordneten Auswanderung auf die Repatriierung als oberstes Ziel der Hilfsaktion um.[1050] Neben den ernsten Mahnungen aus New York, die Anzahl der in New York eintreffenden Personen zu reduzieren, trug eine Anzahl zunehmend verzweifelt klingender Briefe aus Brody zu diesem Umdenken bei, die ab Mitte Oktober in Paris und Berlin eintrafen. Einige dieser „in großer Verwirrung"[1051] verfassten Berichte belegen, dass Schafier, Magnus, Netter und die Brodyer um Nirenstein an die Grenzen ihrer Belastbarkeit gelangt waren. Netter warnte die Zentrale in Paris: „die Fluth steigt (...) ich bin belagert". Nachdem er sich nach seiner Ankunft zunächst für eine Auswanderung aller Ankömmlinge starkgemacht hatte, forderte er schon am

---

1048 Vgl. AZJ, Jg. 46, Heft 23 (6.6.1882), S. 377.
1049 Vgl. J. Herrmann u. Moritz Gottschalk Lewy an Neumann vom 12.5.1882, in: SAM, 1194, opis 4, Bd. 9, Bl. 174; vgl. II. Monatsbericht des Deutschen Central-Comités für die russisch-jüdischen Flüchtlinge. Juni 1882, S. 2, in: SAM, 1194, opis 2, Bd. 3, Bl. 41.
1050 Vgl. Moritz Friedländer, Fünf Wochen, S. 36, 17.
1051 Ebd., S. 12.

folgenden Tag eindringlich, „die Emigration muss unter allen Umständen zurückgehalten werden".[1052]

Während Netter und Schafier verzweifelt die Stellung hielten und die Registrierung und Weiterleitung am Laufen hielten – unter anderem wurden zwei russischsprachige Emigranten im Centralbureau angestellt, um die „riesigen Stöße" schriftlicher Anfragen zu bearbeiten[1053] – nahm Hermann Magnus es in seiner Funktion als Schriftführer und damit als Verantwortlicher für die Kommunikation mit der Außenwelt in die Hand, die „maßgebenden Kreise Wiens, Berlins und Londons" über den Ernst der Lage zu unterrichten. Am 17. Oktober telegraphierte er nach Wien und bat verzweifelt um Verstärkung. Kurz darauf kündigte er in einem zweiten Telegramm überraschend an, noch am selben Tag nach Wien zu fahren, um dem Vorstand der IAzW persönlich zu berichten. Am 18. Oktober abends traf er dort ein und hielt eine „dreistündige, fulminante Rede von der Lage der bis zur gänzlichen Erschöpfung arbeitenden Delegierten und der Emigranten". Der Inhalt dieses Vortrages und vermutlich nicht zuletzt der Anblick des völlig erschöpften Magnus ließen die IAzW den Ernst der Lage realisieren.[1054]

Früh am nächsten Morgen sandte der Präsident der IAzW Joseph Ritter von Wertheimer seinen Sekretär Moritz Friedländer zusammen mit drei weiteren Helfern nach Brody. Diese Assistenten, von Friedländer als die Herren Berg, Caplan und [Deutsch] beschrieben, sollten als Ordner und Dolmetscher in den Büros aushelfen. Friedländer schildert sie in seinen Erinnerungen als

> zwei baumstarke, durch ungewöhnliche Körpergröße sich auszeichnende Männer, deren einer der Wiener Communalwache angehörte, der andere Kriegsdienste in Amerika geleistet hatte und endlich (...) einem Dritten, einem geborenen Russen, welchem die Aufgabe zugefallen war, in der Sprache der Emigranten beschwichtigend auf dieselbe einzuwirken.[1055]

„Wenige Tage später", etwa um den 26. Oktober, trafen Friedländer und seine Assistenten in Brody ein. Entgegen seiner Absicht, einen Bericht für die IAzW zu verfassen und nach Wien zurückzukehren, blieb Friedländer auf Bitten Schafiers und Netters „fünf Wochen in Brody unter jüdisch-russischen Emigranten", wie der

---

1052 Charles Netter an die AIU-Zentrale in Paris vom 14.10.1881, in Auszügen abgedruckt in: Moritz Friedländer, Fünf Wochen, S. 15.
1053 Vgl. ebd, S. 46.
1054 Vgl. ebd., 12 f., zit. S. 6, 13.
1055 Moritz Friedländer, Fünf Wochen, S. 13; die Namen sind möglicherweise nicht korrekt, weil in einem anderen Zusammenhang ein gewisser Moses Berg als einer der drei Assistenten Friedländers auftaucht, vgl. u. S. 329 f.

Titel seiner 1882 publizierten Erinnerungen lautet.[1056] Friedländers Schilderungen aus Brody illustrieren gleichermaßen die Verzweiflung der EmigrantInnen als auch die der *Alliance*-Vertreter:

> Die drei von Wien gesandten Hilfsarbeiter hatten zeitlich Morgens vor der Thüre Posto gefaßt und einen furchtbaren Kampf zu bestehen, um den Ansturm aufzuhalten (...) ich erlebte an diesem Tag herzzerreißende Scenen (...) und ich glaubte diesen Jammer nicht lange ertragen zu können (...) Wir arbeiteten bis 3 Uhr Morgens (...) Ich brauchte eine halbe Stunde bis ich zu meiner etwa fünf Minuten vom Hotel Rainer gelegenen Wohnung gelangte, unterwegs die gleichsam aus der Erde auftauchenden Verzweifelten tröstend, den Hungernden eine Kleinigkeit für den Augenblick darreichend. Matt von des Tages Arbeiten, niedergedrückt von dem erlebten Jammer, suchte ich vergebens Schlaf und Ruhe. Meine Phantasie war sehr erhitzt. Ich glaubte überall, allüberall diese Jammermenschen auftauchen zu sehen. Unruhig sprang ich vom Bette, leuchtete mir in der ganzen Stube umher, ob nicht irgendwo der Eine oder Andere verborgen sei. Ich leuchtete unter das Bett, ich leuchtete in das Bett und erst als ich mit weithin aufgerissenen Augen überall umhergespäht und mich genügsam überzeugt hatte, daß nirgends eine Spur von einem Russen zu entdecken sei, legte ich mich (...) schlafen.[1057]

Schließlich musste die AIU einsehen, dass die nur dreieinhalb Monate zuvor angelaufene gelenkte Auswanderung sich allen Bemühungen zum Trotz als zu provisorisch und dem Ausmaß der Situation schlichtweg nicht gewachsen erwies. Der Rückstau der täglich eintreffenden AuswanderInnen wuchs stetig, die permanente Überlastung in Brody nahm derart überhand, dass selbst bei 16-stündigen Arbeitstagen kein normaler Bürobetrieb geschweige denn eine regelmäßige Kommunikation mit der Außenwelt aufrecht erhalten werden konnte[1058]. Die Helfer in New York mussten angesichts der Aufnahme und Verteilung von insgesamt 1600 jüdischer Immigranten kurz vor Ende November ebenfalls kapitulieren. Trotz der bis dahin bereits verbrauchten 16.000 $ und trotz einer kurzfristigen Überweisung von weiteren 10.000 $ Anfang Dezember durch die AIU in Paris, brach die Logistik in New York zusammen. *The American Hebrew* schrieb am 2. Dezember 1881:

> the emigration has virtually gone beyond their [the AIU's; D.H.] control (...) The Alliance is willing to furnish funds but they cannot limit the emigration.[1059]

Anfang Dezember wurden die Expeditionen aus Brody schließlich eingestellt und auf das Frühjahr 1882 verschoben, obwohl sich noch circa 1300 Personen in der

---

1056 Vgl. Notiz J. v. Wertheimer o.D. (vermutlich 25. oder 26.10.), in: SAM, 675, opis 1, Bd. 144, Bl. 529; vgl. Moritz Friedländer, Fünf Wochen, S. 12–14, zit. S. 14.
1057 Moritz Friedländer, Fünf Wochen, S. 17 f.
1058 Vgl. ebd., S. 12 f.
1059 Zitiert nach Jonathan Frankel, Prophecy and Politics, S. 65 f.

Stadt aufhielten, die auf ihre Weiterfahrt warteten. Die letzte Expeditionsliste Schafiers datiert auf den 23. November 1881.[1060] Bis zur Wiederaufnahme der Transporte mussten die verbliebenen EmigrantInnen in Brody, Hamburg und anderen Zwischenstationen vorerst „provisorisch versorgt" werden, weil die AIU in Paris nach Rücksprache mit dem *Board* und den UHC die Verschiffung aller von Hilfskomitees betreuten, mittellosen jüdischen AuswanderInnen rigoros untersagte. In Brody verschlangen diese Ausgaben etwa 1000 Mark pro Woche und trotzdem „fehlt[e] es an Allem, an Wohnung, an Holz, an Kleidern, Wäsche, Stiefel", die Leute lebten „in engen, feuchten, kalten und unbezahlten Wohnungen zusammengepfercht"[1061]. Erdrückend zur ohnehin verzweifelten Situation der Wartenden in Brody kam hinzu, dass einzelne oder in kleinen Gruppen umherreisende Personen, die noch mit einem der letzten Transporte in Richtung der Nordseehäfen geschickt und dort gestrandet waren, von verschiedenen deutschen Komitees in Richtung Brody, beziehungsweise zum letzten Zwischenstopp zurückgeschickt wurden. Für Brody bedeuteten diese unfreiwilligen RückkehrerInnen aufgrund der schweren Versorgungslage eine Katastrophe. „Die Auffassung der geehrten Comités in Deutschland" fasste das Brodyer Lokalkomitee als Unverschämtheit auf:

> sie [die dt. Komitees; D.H.] empfinden es als eine Belastung, wenn sie dort von einzelnen Emigranten oder einigen kleinen Trupps in Anspruch genommen werden, finden es aber ganz in Ordnung, daß die kleine Gemeinde Brody eine Last von vielen Hunderten tragen (*sic*).[1062]

Der Eindruck des im-Stich-gelassen-seins war sowohl bei den in Brody zurückgelassenen EmigrantInnen spürbar, die „Tag und Nacht" darum flehten, sie endlich nach Amerika oder das Deutsche Reich weiterzuschicken, als auch bei den Mitgliedern des Brodyer Komitees. Als nach dem Ende der Transporte am 26. November 1881 zuerst Charles Netter und Moritz Friedländer, und kurz vor Weihnachten schließlich Heinrich Schafier Brody verließen, war das Lokalkomitee – trotz weiterhin ziemlich regelmäßig eintreffender Gelder – bis zum Frühjahr wieder auf sich allein gestellt.[1063] Ungeachtet des von Paris verhängten Auswanderungsstopps versuchte man dort weiter verzweifelt und noch vor Einsetzen des harten Winters zwei Transporten pro Woche durchzuführen, um „den Platz zu räumen". Infolge-

---

1060 Flugblatt AIU vom 24.3.1881, in: SAM, 1194, 4, 9, Bl. 384 ff.; vgl. Moritz Friedländer, Fünf Wochen, S. 33 f., 43; vgl. Leo Goldenstein, Brody, S. 19; vgl. Björn Siegel, Österreichisches Judentum zwischen Ost und West, S. 102.
1061 Vgl. Salomon Lachmann an Neumann vom 16.1.1882, in: SAM , 1194, opis 4, Bd. 9, Bl. 340; vgl. Brodyer Comité an Salomon Lachmann vom 5.2.1882, in: SAM, 1194, opis 2, Bd. 10, Bl. 6.
1062 Brodyer Komitee an Salomon Lachmann vom 5.2.1882, in: SAM, 1194, opis 2, Bd 10, Bl. 3.
1063 Vgl. Moritz Friedländer, Fünf Wochen, S. 48.

dessen kam es zu einem wachsenden Rückstau auf der gesamten europäischen Transitroute zwischen Galizien und Hamburg. „Ganze Züge von Emigranten" strandeten ab November in der Hansestadt. Darunter befanden sich viele Frauen und Kinder, deren Männer sich bereits in den USA auf Wohnungs- und Arbeitssuche befanden, und die keine eigenen Geldmittel mehr besaßen. Sie waren nun gezwungen, den Winter über in Hamburg auszuharren[1064]. Dies führte zu Ratlosigkeit und Verzweiflung bei den AuswanderInnen und sorgte für wachsenden Unmut im Hamburger Komitee. Einerseits riet die AIU nach Rücksprache mit den UHC „dringend" von weiteren Transporten nach New York ab, andererseits bereitete die Unterbringung und Verpflegung einer stetig wachsenden Anzahl von Menschen dem Hamburger Komitee um Philipp Simon zunehmend ernste logistische und finanzielle Probleme. Die Versorgungskosten pro Person betrugen pro Tag eine bis 1,50 Mark, zusätzlich machten wegen einer längeren Aufenthaltsdauer der EmigrantInnen das Auswandererhaus *L. Fries & Co* und andere Logiswirte Probleme. Sie weigerten sich, die TransmigrantInnen für eine längere Zeit zu beherbergen als unbedingt nötig.[1065] Darüber hinaus bekam das Komitee Ärger mit der Hamburger Auswanderungsbehörde, die forderte, die Leute entweder „binnen kurzer Frist" zu verschiffen oder auf andere Weise aus der Stadt zu schaffen. Dasselbe forderte die Hamburger Polizei, die gegenüber dem Komitee erklärte, dass sie „subsistenzlose Leute hier nicht duldet[e]".[1066] Um einen „Ausweg aus diesem Labyrinth"[1067] zu finden, begannen Simon und seine Mitstreiter im Januar kurzerhand damit, die TransmigrantInnen auf eigene Faust zu verschiffen, gegen den erklärten Willen der AIU-Zentrale in Paris, aber mit Unterstützung aus Berlin. Von der fehlenden Unterstützung aus Paris maßlos enttäuscht, bekräftigte Simon gegenüber Neumann, er sei

> keinesfalls gewillt, die Sache dabei beruhen lassen, die Alliance bleibt moralisch verantwortlich für die aus den planlosen Auswanderungsbestrebungen entstandenen misslichen Folgen, und kann diese nicht auf die Hülfs-Comités abwälzen.[1068]

Die nach wie vor unregelmäßig ankommenden Bahntransporte aus Brody verstand Simon als Teil dieser Planlosigkeit. Am Silvestertag 1881 erreichte ein Zug mit

---

[1064] Moritz Friedländer an Salomon Neumann vom 7.11.1881, in: SAM, 1194, opis 2, Bd. 9, Bl. 103.
[1065] Philipp Simon an Salomon Lachmann vom 8.2.1882, in: ebd., opis 2, Bd. 10, Bl. 82; vgl. Philipp Simon an Salomon Lachmann vom 20.1.1882, in: ebd., Bl. 96 f.
[1066] Philipp Simon an Salomon Lachmann vom 8.2.1882, a.a.O.; vgl. Philipp Simon an Salomon Lachmann vom 27. Januar 1882, in: ebd., Bl. 84 f., zit. Bl. 84.
[1067] Ebd.
[1068] Philipp Simon an Salomon Lachmann vom 4.1.1882, in: ebd., Bl. 93.

180 Personen Hamburg, für den von Seiten des Auswanderungsbüros *Morris & Co* noch erhebliche Geldforderungen offen waren. Die Insassen des Zuges besaßen keinerlei Winterkleidung und hätten auch „nichts zu essen gehabt" gehabt. Gegenüber dem Berliner Komitee beschwerte sich Simon: „das Verfahren des Herrn Nirenstein ist unverantwortlich".[1069] Die finanziellen Aufwendungen für die Insassen des Zuges, inklusive Verschiffung mit der HAPAG, beliefen sich auf 12.000 Mark – 10.000 M. für Ausrüstung und Verschiffung sowie 2000 M. für vier Tage Unterkunft und Verpflegung in Hamburg. Da die IAzW schrieb, weder wisse sie von dem Zug noch hätte sie Gelder übrig, und weil die AIU in Paris lediglich 500 Francs für die „Reiseleitung" des Zuges, also den *Morris*-Agenten bewilligte, sprang das Berliner Komitee ein und brachte 5000 Mark für die Seepassagen auf, während die Hamburger die Versorgung sicherstellten. Die Insassen des Zuges, die teilweise über eigene finanzielle Mittel verfügten, konnten die fehlenden 5000 Mark Reisekosten selbst bezahlen. Nach harten Verhandlungen bot die HAPAG „als große Ausnahme" schließlich einen Preis von 60 Mark pro Person, und am 4. Januar 1882 konnten sich die EmigrantInnen nach New York einschiffen.[1070]

Kaum war dieses Problem gelöst, traf noch am selben Tag ein weiterer Zug mit 113 Personen aus Brody in Hamburg ein. Als die AIU in Paris daraufhin „jede Unterstützung verweigert[e]", riss Simon der Geduldsfaden. Kurzerhand telegrafiert er „die Drohung" an die AIU-Zentrale, er werde die 113 Leute umgehend mit dem nächsten Zug nach Paris schicken, wenn keine Unterstützung käme, worauf er postwendend und „ausnahmsweise" 5000 Franc erhielt.[1071] Ebenfalls schrieb er „Warnungsbriefe" an die Hilfskomitees in „Breslau, Liegnitz, Brody, Pesth, Kiev u. a." und forderte sie auf, „nicht nur selbst keine AuswanderInnen nach Berlin und Hamburg zu schicken, sondern dieselben vor der Reise zu warnen, da sie keine Unterstützung, wohl aber Rücksendung zu erwarten haben".[1072]

Ähnliche Probleme traten in anderen Transitstationen auf. Julius Wohlauer berichtete über einen Zug mit 190 frierenden und hungrigen Personen, der am 12. Januar 1882 in Breslau angekommen war, und wegen der aufwändigen Versorgung der Insassen erst einen Tag später nach Berlin weiterfahren konnte. Eigentlich, so Wohlauer, hätte man den Zug umgehend nach Galizien zurückschicken müssen.[1073] Die Repatriierungen, das heißt diejenigen Transporte, die von Hamburg oder Berlin auf der entgegengesetzten Strecke in Richtung Brody fuhren, verursachten ebenfalls große Probleme. Obwohl diese Leute vor ihrer Rückfahrt, wie

---

1069 Philipp Simon an Salomon Neumann vom 1.1.1882, in ebd., Bl. 86 f., zit. Bl. 87.
1070 Philipp Simon an Salomon Lachmann vom 2.1.1882, in: ebd., Bl. 88 f., zit. Bl. 89.
1071 Philipp Simon an Salomon Lachmann vom 10.1.1882, in: ebd., Bl. 95.
1072 Philipp Simon an Salomon Lachmann vom 2.1.1882, a. a. O., Bl. 89.
1073 Julius Wohlauer an das Berliner Comité vom 12.1.1882, in: ebd., Bl. 68 f.

Wohlauer Salomon Lachmann erklärte, „mit Reisemitteln" und einer finanziellen Pauschale für ihre Repatriierung versehen sein sollten, „kommen die Leute trotzdem zu mir, und verlangen, und erhalten, soweit unsere bescheidenen Mittel reichen, weitere Unterstützung". Weil angesichts der Aussicht auf eine Rückfahrt nach Brody die RückkehrerInnen versuchten, sich die Geldunterstützung doppelt auszahlen zu lassen, verlangte Wohlauer von Lachmann „die Namen derjenigen, denen Sie Billets nach Breslau und weiteres Reisegeld gegeben haben".[1074] Eine weitere Angelegenheit, die er schilderte, betraf diejenigen TransmigrantInnen, die zwar den Bestimmungen der Brodyer Registrierung nach durchaus Chancen auf eine Auswanderung gehabt hätten, die aber nicht in Galizien, sondern in Schlesien oder einem anderen Ort Preußens illegal und ohne Erstregistrierung über die Grenze gelangt waren. Sie wurden im Zuge des von der AIU-Zentrale verhängten Expedierungsstopps nicht mehr in die Listen aufgenommen und von demjenigen Komitee, bei dem sie vorstellig geworden waren, zur Repatriierung nach Brody geschickt. „Es ist so widersinnig", beklagte Wohlauer das Schicksal einer kleinen Gruppe

> 6 kräftiger Männer aus Odessa und 4 Männer 1 Frau und 2 kl. Kinder von gleicher Beschaffenheit (...) die Kosten des Zurücksendens (...) für diese Leute zu verwenden, die gewißlich expediert worden wären, wenn sie gegenwärtig in Brody sein würden.[1075]

Das Hilfskomitee in Breslau war genauso wie Hamburg und Berlin gewillt, die zwar offiziell eingestellten Transporte und deren Verschiffung via Hamburg weiterhin mitzutragen, solange die EmigrantInnen den Kriterien der US-Einwanderungsbehörde entsprachen.

7 Ein schwieriger Lernprozess. Probleme und Erfahrungen aus der provisorischen Migrationshilfe im Krisenjahr 1881

Seit Beginn der Pogrome im Frühjahr 1881 gestalteten sich die Realisierung sämtlicher Bereiche der gelenkten Auswanderung schwierig. Seit dem Sommer waren sie nur provisorisch und mit großen Anstrengungen durchführbar, im Dezember waren die Kapazitäten der Hilfsorganisationen bereits erschöpft. Die Schwierigkeiten betrafen sämtliche Aspekte des Transits: die Ankunft und Registrierung in den Grenzorten, die Unterbringung, Bekleidung und Versorgung mit Lebensmitteln,

---

1074 Julius Wohlauer an Salomon Lachmann vom 22.1.1882, in: ebd., Bl. 70 f., zit. Bl. 71.
1075 Julius Wohlauer an Salomon Lachmann, o. D. (erste Seite fehlt, wahrsch. Ende Januar 1882), in: ebd., Bl. 72.

die Buchung und Terminierung von Bahn- und Schiffspassagen sowie von Zwischenstopps, die Unterkunft in den Hafenstädten, die Gepäckaufgabe und Einschiffung, und schließlich die Ankunft und die Verteilung der ImmigrantInnen in den Vereinigten Staaten. Primär war die bis dahin unbekannte Dimension der jüdischen Auswanderung für die Schwierigkeiten bei der Bewältigung der Krise verantwortlich, gleichzeitig resultierten viele Probleme aus mangelnder Professionalität, vor allem einem ungenügenden Informationsaustausch innerhalb der *Alliance* und mangelhaften Ansprachen zwischen Brody und den beteiligten Hilfskomitees, die wiederum auf fehlenden Ressourcen beruhte. Erst nachdem die Krise 1882 im Sommer ihren Zenit überschritten hatte, konnten diese Probleme nach und nach in den Griff bekommen werden, und das auch nur, weil die jüdische Auswanderung allmählich zurückging.

Die für diese Arbeit ausgewerteten Quellen über die Geschehnisse der Jahre 1881/82 illustrieren die gewaltigen physischen und psychischen Belastungen für die an der Planung und Durchführung beteiligten Helfer wie durch ein Brennglas, und zeigen einen langen, schwierigen und zum Teil schmerzhaften Lern- und Entwicklungsprozess. Das während des Krisenjahres 1881 gewonnene und während der folgenden Jahre stetig weiterentwickelte Knowhow entsprang dieser Reihe von informellen und technischen Pannen, menschgemachten Fehlern, Missverständnissen sowie äußeren und inneren Unsicherheitsfaktoren, denen die Beteiligten kurzfristig und flexibel begegnen mussten.

7.1 Soziale Probleme in Galizien

Die organisierte jüdische Auswanderung war wegen ihres improvisierten Charakters sehr anfällig für äußere wie innere Unsicherheitsfaktoren, auf welche die Beteiligten kurzfristig nur wenig Einfluss nehmen konnten. Problematisch war zunächst die Region Galizien selbst, in der die Hilfsaktion ihren Ausgang nahm. Neben der weitverbreiteten Armut wies die strukturschwache Grenzregion, vorrangig in den nahe der russländischen Grenze gelegenen Städten wie Brody, eine hohe Kriminalitätsrate hinsichtlich des Waffen- und Branntweinschmuggels auf. Dieser Umstand hatte zwar zunächst keine unmittelbaren Auswirkungen auf die durchgeführte Hilfsaktion, barg aber die Gefahr, dass sich der jüdische Transit und die kriminellen Aktivitäten in Galizien in der öffentlichen Wahrnehmung – angefacht durch die nationalistische und antisemitische Presse – vermengten und die humanitären Bestrebungen der AIU insgesamt in Misskredit brachten. Brody, dessen Grenzlage illegalen Warenverkehr begünstigte, war seit der napoleonischen Zeit und später durch populäre Reiseberichte und Literatur als „Schmugglermetropole" bekannt.¹⁰⁷⁶ Der florierende Schwarzhandel zwischen Galizien und dem Russländischen Reich, der zwischen Brody und dem benachbarten russländischen Radziwilow abgewickelt wurde, stellte vor dem Hintergrund des langsamen wirtschaftlichen Niedergangs der Stadt ein gewinnbringendes Geschäft für deren Einwohner dar. Während der polnischen Aufstände von 1831 und 1863/64 hatte Brody zudem als zeitweiliger Zufluchtsort für polnische Aufständische gedient; die entsprechenden Kontakte bestanden auch weiterhin und waren dem illegalen Handel über die Grenze durchaus förderlich.¹⁰⁷⁷ Als größtes Problem bei der Bekämpfung dieser Missstände konstatiert Kuzmany ein „fehlendes Unrechtsbewusstsein aller Beteiligten" auf der österreichischen Seite, das gleichermaßen die in den Schleichhandel involvierten Brodyer Bürger und Händler sowie korrupte österreichische Grenzbeamten einschloss. Männer wie Frauen waren am Schleichhandel beteiligt; eine für das russländische Zollamt Radziwilow angefertigte Kriminalstatistik aus dem Zeitraum 1885–1895 weist insgesamt 1332 Schmuggler und 372 Schmugglerinnen auf. Entgegen der landläufigen und von Antisemiten wie russländischen Zollbeamten gern verbreiteten Auffassung, die JüdInnen auf beiden Seiten der Grenze seien für die kriminellen Aktivitäten verantwortlich, weist die Statistik jedoch lediglich 14,4 % Personen jüdischen Glaubens aus, entgegen 68,3 % russisch-orthodoxen SchmugglerInnen.¹⁰⁷⁸ Aus Sicht der russländischen Regierung war zudem nicht die galizische, sondern die preußische Grenze weitaus problematischer, über die mehr als zwei Drittel des Schmuggelverkehrs abgewickelt wurde.¹⁰⁷⁹

Bezeichnenderweise gehen weder Leo Goldenstein noch Moritz Friedländer in ihren Schilderungen über die Hilfsaktion näher auf die Kriminalitäts- oder Schmuggelproblematik ein. Friedländers Schilderung, dass er während seines Aufenthaltes in der Stadt zwar einige „Professionsbettler", aber „keinen einzigen Betrunkenen entdeckt" habe, und dass „kein einziger Diebstahl" vorgekommen sei, ist sicher eine arg beschönigende Darstellung der Verhältnisse. Schafiers Einschätzung dem Berliner Komitee gegenüber klingt weitaus realistischer. Er habe „stark darauf sehen" müssen, „keine Brandweinschurken" in die Expeditionslisten aufzunehmen. Eine 1882 auf russländischer Seite eigens geschaffene Kommission

---

1076 Vgl. Börries Kuzmany, Brody. Eine galizische Grenzstadt, S. 63 ff., 253, zit. S. 63.
1077 Vgl. ebd., S. 234 f.
1078 Vgl. ebd., S. 253, 255–258.; vgl. Paulus Adelsgruber/Laurie Cohen/Börries Kuzmany (Hgg.), Getrennt und doch verbunden, S. 113 ff., 122.
1079 Vgl. ebd. Statistik „Verteilung des Schmuggels an der russländischen Grenze (Zahlen gerundet)", S. 116.

gegen den Getränkeschmuggel verweist darauf, dass diese „Brandweinschurken" an der galizisch-russländischen Grenze keine seltene Erscheinung waren.[1080]

7.2 Kriminelle Geschäftspartner und betrügerische Agenten

Der Kontext organisierter oder Gelegenheitskriminalität beschränkte sich nicht ausschließlich auf Galizien. Mit der Zunahme der Amerikaauswanderung insgesamt begann eine Vielzahl dubioser, zwielichtiger Unternehmer das boomende Passagierbeförderungsbusiness als lukrative Einnahmequelle zu entdecken. Diese vermeintlichen oder kriminellen ‚Auswanderungsagenten' nutzten das weitreichende, rasch expandierende und unübersichtliche europäische Agentennetz aus, um an der Provision oder der Einbehaltung eines großen Teils der für die Tickets und den Lebensunterhalt der EmigrantInnen vorgesehen Mittel, schnelles Geld zu machen.[1081] Mit zum Teil skrupellosen Methoden versuchten einige von ihnen, die jüdische Auswanderung aus russländischen Gebieten anzukurbeln und potentielle Passagiere nach Brody zu lenken. Im Zuge der anlaufenden finanziellen und logistischen Anstrengungen der AIU für „russisch-jüdische Flüchtlinge", betrieben sie europaweit Desinformationskampagnen und befeuerten umlaufende Gerüchte über kostenlose Seepassagen nach Amerika. „Seit dem Frühjahr" 1881 kursierten mehrsprachige, vor allem im Zarenreich verbreitete Flugblätter, Aufrufe, Zeitungsanzeigen und selbst Kopien gefälschter Briefe mit den Unterschriften von Moses Montefiori und der AIU, beziehungsweise einem angeblichen Pariser Großrabbiner Isidor Löwe (gemeint war vermutlich Isidore Loeb, der Sekretär der AIU in Paris), die allen jüdischen Auswanderungswilligen eine Transatlantikpassage nach New York auf Kosten der *Alliance* versprachen.[1082]

Eine früh auftretende und relativ einfache Art des Betruges war das Vorgeben von Spendensammlungen für ein Hilfskomitee. Nur zehn Tage nach der Gründung des Berliner Komitees teilte Jacob Nachod Salomon Neumann mit, in Leipzig sei „ein angeblicher Dr. Levy aus Berlin" aufgetaucht, der mit Kopien eines Spendenaufrufs aus Berlin „erfolgreich besammelt" und einige Leute auf diese Weise um ihr Geld erleichtert hätte. Da das Leipziger Hilfskomitee zunächst nicht wusste, dass es sich

---

1080 Vgl. ebd., S. 120; Moritz Friedländer, Fünf Wochen, S. 42, 44; Heinrich Schafier an Salomon Neumann vom 7.9.1881, in: SAM, 1194, opis 2, Bd. 9, Bl. 52.
1081 Vgl. Hans Weichmann, Die Auswanderung aus Österreich und Rußland über die Deutschen Häfen, Berlin 1913, S. 19–23, bes. 21.
1082 Vgl. Drew Keeling, The Business, S. 156–158.; auch das Brodyer Hilfskomitee schildert diese Vorgänge gegenüber der AIU in Paris ausführlich, vgl. Memorandum des Brodyer Hilfscomités an die AIU Paris vom 9.1.1882, S. 12f., a.a.O., Bl. 14f.

um einen Betrüger handelte, wurde nur mit einer Zeitungsanzeige vor Herrn Levy gewarnt und die Polizei vorerst nicht eingeschaltet. Da besagter Levy sich zum Zeitpunkt von Nachods Schreiben vermutlich schon „auf der Weiterreise zum selben Zweck" befand, empfahl Nachod eine „öffentliche Warnung" auch von Seiten des Berliner Komitees.[1083] Während durch die Aktivitäten von Gaunern wie Herrn Levy hauptsächlich Leute geschädigt wurden, die wohlhabend waren oder zumindest etwas Geld zum Spenden übrig hatten, gingen andere Kriminelle weitaus skrupelloser vor. Schwerwiegende Folgen für die häufig finanzschwachen EmigrantInnen hatten Betrüger, die sich innerhalb der russländischen Grenzen als Agenten einer Schifffahrtslinie oder der *Alliance* ausgaben und auswanderungswillige Personen um ihr oft mühsam gespartes Fahrtgeld erleichterten. Wie der *St. Petersburger Herold* unter Berufung auf die in Warschau erscheinende, polnische Zeitung *Israelita* berichtete, waren seit 1881 in Warschau Personen aktiv, die sich als „Agenten der Alliance Israelite" ausgaben und der jüdischen Bevölkerung versprachen – selbstverständlich gegen teure Bezahlung –, für sie eine Überfahrt nach Amerika zu organisieren. Der *Israelita* zufolge plünderten diese „Pseudoagent[en] (...) die jüdische Bevölkerung regelrecht aus".[1084]

Die AIU stand im Sommer 1881 unter großem Zeitdruck, deshalb war eine Überprüfung aller Geschäftspartner nicht immer möglich. Betrugsfälle waren ein häufiges Vorkommnis. In besonders exemplarischer Weise wurde dies Heinrich Schafier bei seiner Ankunft in Brody vor Augen geführt. Nicht nur sah er sich einer zehnfach größeren Anzahl russländischer EmigrantInnen gegenüber als erwartet, sondern zusätzlich eröffnete ihm der Polizeidirektor der Stadt, dass sich der von der AIU ausgewählte Auswanderungsagent als Betrüger herausgestellt habe und man „die Emigranten nicht dem Herrn Strauss übergeben werden, da derselbe bereits einen Prozess hatte wegen schlechter Behandlung der Reisenden".[1085] Schafiers Schock über diese Nachricht resultierte in einer Reihe hektischer Nachforschungen nach alternativen Beförderungsmöglichkeiten. Unter anderem bat er Salomon Neumann nur wenige Stunden nach seiner Ankunft telegrafisch, sich nach „anderen Compagnien" zu erkundigen – eine weitere und nicht unerhebliche Ursache, weshalb das Berliner Komitee begann, Preisauskünfte verschiedener Anbieter einzuholen und später Verhandlungen mit der HAPAG aufnahm. Im Fall des Auswanderungsagenten Emil Strauss handelte es sich, wie bereits geschildert, um einen gaunerischen Angestellten der *National-Linie*, der zufällig den gleichen Nachnamen trug wie sein Vorgesetzter Henri Strauss, der Antwerpener General-

---

1083 Jacob Nachod an Salomon Neumann vom 20.6.1881, in: SAM, 1194, opis 4, 11, Bl. 61.
1084 St. Petersburger Herold (6.4.1882), in: SAM., 1194, opis 2, Bd. 54, Bl. 7.
1085 Vgl. Heinrich Schafier an Salomon Neumann vom 1.9.1881, in: SAM, 1194, opis 2, Bd. 9, Bl. 42–74, zit. Bl. 42.

agent der *National-Linie*.[1086] Besagter Emil Strauss hatte einige Wochen zuvor einen Großteil der für die Versorgung der EmigrantInnen während ihrer Reise bezahlten Gelder einbehalten, um seine Provision zu erhöhen. Dabei scheint er durchaus dreist vorgegangen zu sein, denn die daraus resultierende mangelhafte Versorgung während des Transportes löste im englischen Hull, dem ersten Zwischenstopp nach Antwerpen, eine Flut von Beschwerdebriefen von Seiten der betroffenen EmigrantInnen an die AIU aus, die den Fall daraufhin an die Behörden weitergab.[1087] Der Fall Strauss beeinflusste die Zusammenarbeit der AIU mit der *National-Linie* zunächst nicht. Henri Strauss und sein Berliner Partner Johanning blieben auch nach dem Einstieg der HAPAG im November weiterhin im Geschäft, wenn auch reduziert. Dennoch offenbarten Störfälle wie dieser die gefährliche Anfälligkeit des gesamten logistischen Systems. Goldenstein und Friedländer schildern außerdem übereinstimmend, dass vor allem die Gerüchte von einer Freifahrt auf Kosten der AIU der Hilfsaktion erhebliche logistische und finanzielle Schwierigkeiten verursachten. Sämtliche Maßnahmen waren zu Beginn so provisorisch, dass sie täglich unter der Last der kontinuierlich wachsenden Anzahl Schutzsuchender in Brody zusammenzubrechen drohten.[1088] Noch im Januar 1882, als die Transporte von Seiten der AIU längst offiziell eingestellt waren, hielten sich Josef von Wertheimer zufolge noch immer „Agenturen" in Brody auf, „welche geneigt sind die unglücklichen russ. Juden irrezuführen".[1089]

Betrugsfälle dieser Art waren trotz ergriffener Vorsichtsmaßnahmen auch nach der im Frühjahr 1882 erfolgten Wiederaufnahme der Transporte aus Brody nicht vollends zu beseitigen. Das *Deutsche Central-Comité* berichtete noch in seinem Bericht für den Monat Juni 1882 über einen nicht von der AIU autorisierten Zug von Brody nach Antwerpen:

> jemand, um Provision zu verdienen, hatte den Zug übernommen, konnte dann aber nicht bezahlen, sodaß wir (...) 1500 Mark zuschießen mußten.[1090]

Ähnliche Probleme traten im zweiten Krisenjahr auch in Ostpreußen auf. Um Mitte Mai 1882 verwandte beispielsweise das Hilfskomitee im Grenzort Eydkuhnen

---

[1086] Vgl. Börries Kuzmany, Brody. Eine galizische Grenzstadt, S. 239.; Vgl. Heinrich Schafier an Salomon Neumann vom 1.9.1881, a. a. O.
[1087] Vgl. Heinrich Schafier an Salomon Neumann vom 19.1881, a. a. O.
[1088] Zu betrügerischen Agenten vgl. Drew Keeling, The Business, S. 156–158; vgl. Leo Goldenstein, Brody, S. 10, 13, 18; vgl. Moritz Friedländer, Fünf Wochen, S. 5, 25.
[1089] Josef von Wertheimer an Heinrich Nirenstein, o.D. [zw. dem 22. und 26. Januar 1882 geschrieben], in: SAM, Bestand 675, opis 1, Bd. 144, Bl. 649.
[1090] Bericht des Deutschen Central-Comités für den Monat Juni 1882, S. 3, in: SAM, 1194, opis 2, Bd. 3, Bl. 41.

weitaus mehr Zeit und Mühe darauf, „die Auswanderer davor zu schützen, daß sie von gewissenlosen Personen ausgebeutet werden" als mit der Gewährung logistischer und finanzieller Unterstützung.[1091] Die jüdischen AuswanderInnen waren zwar häufig mit Bargeld oder Wertsachen versehen und auf eigene Initiative unterwegs, besaßen aber nur selten gültige Pässe und waren daher leichte Opfer für betrügerischen Auswanderungsagenten oder Schleuser.

7.3 Unwissenheit und Inkompetenz der Hilfskomitees

Die meisten der geschilderten logistischen Probleme entsprangen keinen kriminellen Machenschaften, sondern waren der Unkenntnis und Überforderung der beteiligten *Alliance*-Mitglieder geschuldet, die weder mit der Planung noch dem Ablauf eines kontinentalen Transits Erfahrung hatten. Daraus resultiere ihre Unfähigkeit, die aus Brody abreisenden TransmigrantInnen ausreichend über die notwendigen Modalitäten der Reise zu informieren. Ein anschauliches Beispiel für diese Diskrepanz zwischen Theorie und Praxis ist der Schwenk des Berliner Hilfskomitees von der *National-Linie* zur HAPAG. Dieser wurde zwar vorrangig des billigeren Preises wegen vollzogen, allerdings gingen ihm auch eine Reihe von Pannen und Missverständnissen voraus, die für das Berliner Komitee einen ebenfalls wichtigen Grund für den Wechsel bildeten. Die AIU und das Berliner Komitee wünschten einen reibungslosen und vor allem unauffälligen Transit durch das Deutsche Reich. Jede Panne, über die in der Presse berichtet wurde, bedeutete negative Publicity in einer ohnehin von der antisemitischen Bewegung angeheizten Stimmung. Daher stellte das Berliner Komitee hohe Ansprüche an die Schifffahrtsgesellschaften, beging aber aufgrund des permanent auf der Hilfsaktion lastenden Drucks selbst einige Fehler.

Ausgehend von seinem Schock über den betrügerischen Agenten Emil Strauss in Brody hatte Schafier bei seinen Preisverhandlungen mit der *National-Linie* Ende August explizit auf einen sauberen Ablauf des Transits bestanden:

> das Eine habe ich dem Herrn Strauss gesagt, wenn sich die Reisenden zu beklagen haben sollten, so werde ich es schon zwanzig Tage nach ihrer Abreise wissen, vielleicht noch früher, denn in Hull werden die Leute Briefe abschicken können, sodann kann er [Strauss; D.H.] gewärtig sein, daß ich sofort die Sendung unterbrechen werde, und mich an (...) andere Gesellschaften wenden.[1092]

1091 Abschrift eines Reiseberichts des Ober-Regierungs-Raths Siehr über seine gestern erfolgte Dienstreise nach Eydkuhnen vom 18.5.1882, a.a.O., Bl. 7.
1092 Heinrich Schafier an Salomon Neumann vom 1.9.1881, a.a.O., Bl. 42.

Zwar folgte vor allem Salomon Neumann nach dem massenhaften Erhalt von Beschwerdebriefen aus Hull augenscheinlich dem von Schafier ausgehandelten Vertrag, ging aber Johanning gegenüber nicht auf diejenigen Pannen ein, die nicht auf die *National-Linie*, sondern auf die Unkenntnis des Berliner Komitees zurückführen waren – was vermutlich der beste Beleg für diese Unkenntnis ist. Von der *National-Linie* wurde Neumanns Schwenk zur Konkurrenz daher wenig überraschend mit Missfallen registriert. Nachdem Johanning von Neumann direkt für die vielen Pannen beim Transport der AuswanderInnen verantwortlich gemacht wurde und er sich gleichzeitig mit den laufenden Verhandlungen des Komitees mit der HAPAG konfrontiert sah, interpretierte er diesen Wechsel zur Konkurrenz als offenen Vertragsbruch. Am 9. November tauchte Salomon Lachmann im Büro von Johanning auf, um diesen wegen der Pannen zur Rede zu stellen. Statt Johanning traf er aber lediglich dessen Sohn an, demgegenüber er sich „dahin ausgelassen" habe, die Kosten für die Transatlantikpassagen seien zu hoch und er könne daher grundsätzlich nur die billigsten Angebote in Anspruch nehmen. Infolgedessen kam es zu hitzigen Meinungsverschiedenheiten zwischen dem Berliner Komitee und Johanning. Er fühle sich, so Johanning gegenüber dem Komitee, „zurückgesetzt & in einer Weise behandelt, die ich von Ehrenmännern nicht erwartet hätte"[1093]. Noch am gleichen Abend, nach Lachmanns Besuch, schrieb Johanning dem Komitee einen langen verbitterten Brief[1094], der als Dokument bedeutsam ist, weil Johanning aus der Perspektive eines erfahrenen Auswanderungsagenten sowohl die geschäftliche Basis, als auch die technische Ausführung der Einschiffung in verschiedenen Häfen detailliert schilderte. Anschaulich führte er eine Reihe technischer Probleme auf mangel- oder fehlerhafte Informationen zurück, die die TransmigrantInnen durch das Berliner Komitee bekamen.

Die Kritik am Prozedere der Einschiffung beispielsweise, das in vielen der Beschwerdebriefe thematisiert wurde, und deren Details das Komitee über eine „dritte Person" – Strauss in Antwerpen – bekommen hatte, kommentierte Johanning sarkastisch:

> während meiner 15 jährigen Wirksamkeit [habe ich; D.H.] (...) verschiedenen Einschiffungen in allen Häfen beigewohnt [und] wünsche wohl zu wissen, in wie fern die Einschiffung Tadel verdient und welcher Grad von richtigem Verständnis diesem Kläger beiwohnt.[1095]

Die Standards der *National-Linie* seien modern und zeitgemäß. Nach getaner Arbeit in den Häfen von Amsterdam und Antwerpen sei er jedes Mal

---

1093 E. Johanning an Salomon Lachmann vom 9.11.1881, in: SAM, 1194, opis, Bd. 9, Bl. 110–112.
1094 Ebd., Bl. 112.
1095 Ebd., Bl. 110.

weitaus befriedigter abgereist, als dies jemals in Hamburg und Bremen der Fall war, denn in beiden Häfen und gleichfalls bei der neuen [National-; D.H.] Linie in Hamburg, gehen die Passagiere von Land direkt auf den Seedampfer es findet also keinerlei Verladung weiter statt, was weder in Bremen [beim NDL; D.H.] noch bei der Bolton'schen Linie in Hamburg [der HAPAG; D.H.] der Fall ist.[1096]

Deutlich verwahrte er sich gegen den Vorwurf zu hoher Zusatzkosten für Frachtgüter – ebenfalls eine Angelegenheit, die das Berliner Komitee aus Hull öfter zu hören bekam. Das sei, so Johanning,

> wohl nicht meine Schuld, denn die Passagiere haben gegen den Wunsch & Willen meines Inspectors, der die Expedition derselben ausgeführt hat, sämmtliches Gepäck, sogar die kleinsten Stücke aufgegeben, damit sie recht ungenirt reisen könnten.[1097]

Die Fixierung auf den billigsten Preis und auf die transatlantische Beförderung aller Personen mit derselben Linie zeuge zudem von Unflexibilität und Unkenntnis. Das gelte gleichermaßen für die kontinentale Transitstrecke. Die finanziell begründete Buchung von Zugtickets ausschließlich dritter Klasse von Berlin nach Antwerpen „bewies", nach Johanning,

> wie wenig dieser Herr [Lachmann; D.H.] von den thatsächlichen Verhältnissen unterrichtet ist & würde eine desfallsige Erkundigung an competenter Stelle ihn bald eines anderen belehren.[1098]

Dasselbe gelte für die Sicherheitskaution. Hier appelliert Johanning zusätzlich an das Nationalbewusstsein und die Moralvorstellungen der Komiteemitglieder von einem sauberen Geschäft. Als „preußischer Unternehmer" habe er mit 30.000 Mark eine doppelt so hohe Kaution angeboten wie „der ausländische Unternehmer Bolton". Nicht zuletzt belegen Aussagen wie diese den erbitterten Konkurrenzkampf und das Preisdumping zwischen den Schifffahrtsgesellschaften.

Um dies zu unterstreichen, hielt er dem Berliner Komitee den im Sommer 1881 von der *National-Linie* gewährten Sonderrabatt für russländisch-jüdische EmigrantInnen vor. Er habe „im Monat August und September, um den Wünschen des Comité entgegen zu kommen Passagiere, welche M. 100.– Passage bezahlen wollten, zurückgelassen & Ihre Passagiere zu M. 72.– befördert." Mit deutlichen Worten kritisierte Johanning die offensive Billigpreisstrategie der HAPAG: ein Angebot von

---

[1096] Ebd., Bl. 110 f.; Johanning bezieht sich hier auf den Mitbegründer der HAPAG, den Reeder August Bolten (1812–1887).
[1097] Ebd., Bl. 111.
[1098] Ebd.

80 Mark für den Transit von Berlin nach New York anzubieten, sei angesichts der negativen Preisentwicklung infolge des harten Konkurrenzkampfes zwischen Carr und HAPAG „keine Kunst".[1099]

Wahrheitsgetreu entlarvte Johanning das „Versprechen der koscheren Kost" von Seiten der HAPAG als Unwahrheit. Durchgehend koschere Kost an Bord sei undurchführbar und diese Zusage könne „erfahrungsgemäß eben nur beim Versprechen bleiben". Aus der Rolle des ehrlichen Händlers versicherte er glaubhaft, er würde sich „niemals entschließen können (...) ein solches Versprechen zu geben".[1100]

Hinsichtlich der eingehenden Frage, wer für die mangelhafte Planung des Transits verantwortlich war, behielt Johanning recht, da sich bei der Zusammenarbeit des Berliner Komitees mit der HAPAG Anfang November schnell ähnliche Probleme einstellten wie mit der *National-Linie*. Diese gingen wie zuvor häufig auf die schlechte Kommunikation zwischen dem Hilfskomitee in Brody und den verschiedenen Transitstationen zurück. So berichtete Heinrich Graetz aus Breslau am 30. Oktober der AIU-Zentrale in Paris, die von Brody kommenden Transporte schienen ihm „überhaupt (...) sehr schlecht organisiert zu sein". Interessanterweise war ihm Hermann Magnus, der seit Mitte Oktober eine zentrale Rolle in Brody spielte, gänzlich unbekannt. Graetz bemerkte, über eine Zugdurchfahrt am 27. Oktober habe das örtliche Hilfskomitee, abgesehen von einer kurzen und unsauberen Notiz ohne Details „von einem Herrn Magnus", überhaupt keine Kenntnis gehabt[1101]. Ähnlich verhielt es sich in Hamburg. Nur einen Tag nach Graetz' Schreiben beklagte Philipp Simon gegenüber Lachmann gravierende logistische Schwierigkeiten bei einer der ersten von Berlin georderten HAPAG-Expeditionen am 31. Oktober – hier handelte es sich vermutlich um denselben Zug, den auch Graetz beschreibt. Zwischen der Ankunft der AuswanderInnen am Hamburger Bahnhof und der Einschiffung im Hafen seien „nur einige Stunden Zeit" geblieben, was „bei weitem nicht ausreiche", um für die bedürftigen Leute notwendiges „Zeug zu kaufen", also Decken, Kleidung und andere wichtige Dinge für die Überfahrt. Das Hamburger Komitee sah sich daher genötigt, kurzfristig in Paris um Hilfe zu bitten und die nicht erfolgte Ausrüstung auf einem Zwischenstopp im französischen Le Havre nachzuholen.[1102] Simons Bericht schildert einerseits kurzfristig organisatorische Mängel, offenbart aber ebenfalls die rasch zunehmende Bedeutung Hamburgs als letzter europäischer Transitstation, in der Hunderte, später Tausende

---

[1099] Ebd.
[1100] Ebd.
[1101] Hermann Graetz an das Zentralkomitee der AIU in Paris vom 30.10.1881, in: Heinrich Graetz. Tagebuch und Briefe, S. 372 f., zit. ebd. S. 373, 372.
[1102] Vgl. Philipp Simon an Salomon Lachmann vom 7.11.1881, in SAM, 1194, opis 2, Bd. 9, Bl. 102.

mittellose DurchwanderInnen täglich mit Bettzeug, warmer Kleidung, Decken und Essgeschirr für die Überfahrt und vor der Einschiffung mit Nahrung, Unterkunft, Hospitalpflege bei Krankheitsfällen und Reiseunterstützung für eventuelle Rückwanderinnen versorgt werden mussten.

7.4 Blinde Passagiere

Ein schwerwiegendes Problem barg die Beförderung blinder oder illegaler Passagiere. Die im Umlauf befindlichen Desinformationen bestärkten nicht nur im russländischen Reich, sondern europaweit die, wie Kuzmany es bezeichnet, Vermischung der Motive für Flucht und Emigration.[1103] Als Ergebnis von Verfolgung oder in der Hoffnung auf ein besseres Leben in der Neuen Welt sahen viele Menschen, die von der Hilfsaktion hörten, eine Freifahrt in die Vereinigten Staaten. Somit wandten sich nicht nur russländische, sondern auch österreichische und deutsche Staatsbürger mit Auswanderungsplänen an verschiedene Hilfskomitees und baten um Unterstützung bei ihrer Emigration. In Brody versuchten häufig Personen, die nicht vom dortigen Komitee registriert worden waren, sich auf einen der abgehenden Transporte zu schmuggeln. Im Zuge der allgemeinen Massenauswanderung aus Mittel- Ost- und Südosteuropa ist die Tatsache, dass sich nichtjüdische russländische Untertanen unter die Auswanderer mischten, wenig überraschend. Oft handelte es sich dabei um desertierte russländische Soldaten, die hofften, auf diese Weise dem harten Militärdienst in ihrer Heimat zu entgehen.[1104] Auch galizische Untertanen waren darunter, die mit einem AIU-Ticket ihrer eigenen Misere und Armut zu entkommen versuchten. Den AIU-Delegierten in Brody war diese Problematik wohl bekannt. Nicht nur, dass blinde Passagiere einiges an Mehrkosten verursachten, viel gefährlicher war die Tatsache, dass die illegale Beförderung fremder Staatsbürger die AIU politisch in Misskredit bringen konnte. Daher betonten Vertreter der AIU wiederholt, lediglich mittellose Pogromflüchtlinge aus Russland zu transportieren – „nichts [lag uns] ferner, als die einheimische Bevölkerung zur Auswanderung zu animieren".[1105] Um die Gefahr zu minimieren wurden die Abreisenden in Brody deshalb gleich zweimal polizeilich kontrolliert, einmal während der Ticketausgabe für die Bahn- und Schiffsreise, und dann erneut kurz vor der Abfahrt am Brodyer Bahnhof. Die AIU ging ebenfalls schnell dazu über, schon bei der ersten Registrierung im Büro I von Schafier oder einem russisch-

---
1103 Vgl. Kuzmany, Jüdische Pogromflüchtlinge in Österreich 1881–1882, S. 99 f.
1104 Vgl. Berliner Börsencourier Nr. 244 (25.5.1882), in: SAM, 1194, opis 1, Bd. 112, Bl. 27.
1105 St. Peterburger Herold Nr. 276 (4.10.1881).

sprachigen Dolmetscher überprüfen zu lassen, ob es sich bei den Antragstellern um russländische oder um polnisch sprechende, galizische Personen handelte. Weil russländische Pässe von korrupten Grenzbeamten häufig konfisziert und weiterverkauft wurden, erwiesen sich Sprachteste laut Moritz Friedländer als „sehr nothwendig". Trotzdem war diese Überprüfung eine sehr unsichere Methode, weil viele galizische JüdInnen selbst EinwanderInnen aus dem Ansiedlungsrayon waren und russisch sprachen.[1106]

Auch in Berlin meldeten sich wiederholt auswanderungswillige Personen beim Lokalkomitee, die nicht aus dem Russländischen Reich stammten. Ende Juni 1881, kurz nach der Gründung des Hilfskomitees, wandte sich der Berliner Geschäftsmann S. Davidsohn an Salomon Neumann. Er sei, so Davidsohn, bereits einmal nach Amerika aus-, später aber wieder nach Deutschland eingewandert, und wolle nun, infolge seiner desaströsen Geschäftslage und der Krankheit seiner Frau, einen zweiten Anlauf zur Emigration starten. Er bringe genug Knowhow mit, um in den USA sein Auskommen zu finden. Davidsohn bat das Komitee, ihm zu seinem

> Fortkommen gütigst auf einer Weise behilflich sein zu wollen, vielleicht aus der Allianz Israelit (…) theilweise wurden mir schon von Herrn Ferdinand Reichenheim und Herrn Platha[1107] Andeutungen gemacht, daß hier Orts [ein] derartiges Commitee existirt, wo für ordentliche unbemittelte Juden die auswandern wollen, auch die Mittel dazu bekommen können.[1108]

Die Tatsache, dass Davidsohn diesen Tipp nicht etwa von einem dubiosen Agenten bekommen oder einem gefälschten Zeitungsartikel entnommen, sondern nach eigener Aussage von einem philanthropischen Berliner Unternehmer sowie dem langjährigen AIU-Mitglied und Bankier des Berliner Hilfskomitees Isidor Platho (1824–1897), erhalten hatte, verdeutlicht (im Fall der Richtigkeit von Davidsohns Aussage) gravierende Unkenntnis über die Beförderungsmodalitäten sogar innerhalb der Führungsebene der Hilfskomitees. Dabei ist zwar zu bedenken, dass die „geregelten" Transporte von Brody erst im September 1881 begannen, dennoch scheint es verwunderlich, dass der Bankier des Komitees für die „nothleidenden Juden Südrußlands" einem bankrotten jüdischen Berliner Geschäftsmann empfahl, seine Auswanderung mithilfe der *Alliance*-Spendengelder für russländische Po-

---

[1106] Vgl. Moritz Friedländer, Fünf Wochen, S. 22; vgl. Kuzmany, Pogromflüchtlinge, S. 99.
[1107] Gemeint ist der Bankier Isidor Platho vom Bankhaus Platho & Wolff, zu seinen Lebensdaten vgl. Sterbeurkunde Isidor Platho, in: Sterberegister Berlin XIIa (1897), Nr. 223 f. (online: https://www.ancestry.de/imageviewer/collections/2958/images/41911_prep811_000040-00391?treeid=&personid=&rc=&usePUB=true&_phsrc=ewc41&_phstart=successSource&pId=187481045 (29.9.2022).
[1108] S. Davidsohn an Salomon Neumann vom 8.11.1881, in: SAM, 1194, opis 2, Bd. 9, Bl. 107 f., zit. Bl. 107.

gromopfer zu planen. Leider ist der weitere Vorgang nicht überliefert Eine finanzielle Unterstützung Davidsohns durch das Komitee scheint allerdings unwahrscheinlich.

7.5 Desinformationen und Kommunikationsdefizite. Konflikte innerhalb der AIU.

Dem allgemeinen Chaos förderlich war der im Krisenjahr nur zäh anlaufende Informationsfluss zwischen den verschiedenen *Alliance*-Mitgliedern und -komitees, vor allem mit den Delegierten in Brody. Auch die Kommunikation zu den im Russländischen Reich während und nach den Pogromen entstehenden Hilfskomitees war zunächst schlecht. Bis etwa Mitte August drangen nur wenige Neuigkeiten aus Paris in die von der Pogromwelle betroffenen Regionen durch, weshalb viele dortige Komitees den umlaufenden Gerüchten Glauben schenkten, und Ausreisewillige „auf eigene Initiative" und gut Glück nach Westen schickten.[1109] Dieses von den Hilfskomitees als „wilde Auswanderung" beschriebene Phänomen war für einen reibungslosen Ablauf des Transits durchaus problematisch, und konnte erst im Sommer 1882 allmählich eingedämmt werden. Viele AuswanderInnen gelangten auf diese „wilde" Weise auch nach Berlin. Nachdem Anfang August 1881 eine Gruppe aus Elisabethgrad dort eingetroffen war, wies Salomon Neumann das Elisabethgrader Hilfskomitee am 12. August darauf hin, daß bei Weitem nicht jeder russländische Jude auf eine kostenlose Seepassage hoffen dürfe. Am 23. August entschuldigte sich das Elisabethgrader Komitee für die „Unannehmlichkeiten", führte zur Erklärung aber an:

> Alle hiesigen Zeitungen behaupten bestimmt, dass für die Emigration der unglücklichen Russischen Juden, in den Haupt- und Residenz Städten von West Europa, Hilfs Comités gegründet worden sind.[1110]

Mitunter erschienen die Desinformationen so wahrheitsgetreu, dass sie ohne nähere Prüfung in deutschen und österreichischen Tageszeitungen abgedruckt wurden. Das ist nachvollziehbar, bedenkt man, dass die florierenden Schifffahrtgesellschaften regelmäßig die Tagespresse für Werbeanzeigen nutzten. Auf diese Weise gelangte im Sommer 1881 die „Notiz eines spekulierenden Agenten" in die *Breslauer*

1109 Odessaer Hilfskomitee an Salomon Neumann vom 2.9.1881, in: SAM, 1194, opis 2, Bd. 9, Bl. 45.
1110 Elisabethgrader Hilfskomitee an Salomon Neumann vom 23.8.1881, in: SAM, 1194, opis 2, Bd. 9, Bl. 37.

Zeitung, aus der hervorging, dass die AIU bis Ende des Jahres 10.000 russische Juden gratis nach Amerika befördern wolle.[1111]

Solche redaktionellen Missgeschicke führten mitunter zu schwerwiegenden Verwerfungen innerhalb der AIU, zumal wenn Herausgeber und Redakteure der betreffenden Zeitungen selbst Juden oder *Alliance*-Mitglieder waren, die sich im Rahmen der Hilfsaktion engagierten. Besondere Brisanz hatte der Abdruck einer Anzeige in der Brodyer Zeitung *Halvri*. Sigmund Margulies, Bankier in Brody und Mitglied des lokalen Hilfskomitees, der wie viele seiner MitstreiterInnen vom Ausmaß der Krise schockiert war, ließ – vermutlich guten Willens und aus einer humanitären Geste heraus – die Anzeige einer Hamburger Schifffahrtsgesellschaft in der Zeitung abdrucken, in der die jüdische Auswanderung über Brody beworben wurde. Damit unterlief er offen die Bemühungen der AIU, jegliche „Herbeilockung" russländischer JüdInnen nach Brody zu unterbinden. Auch wenn das Lokalkomitee diesen Sachverhalt später als unglückliches Missgeschick zu erklären versuchte, ließ Margulies' Fauxpas die Brodyer AIU-Mitglieder als unprofessionell dastehen. Dass *Halvri* zudem von einem anderen Komiteemitglied, dem Publizisten Jakob Werber, herausgegeben wurde, machte die Sache nicht besser und führte zu Streitigkeiten zwischen den AIU-Vertretern aus Paris und Deutschland und dem Komitee um Heinrich Nirenstein.[1112]

Leo Goldenstein, der dem Brodyer Komitee deutlich aufgeschlossener gegenüberstand als Moritz Friedländer, beschrieb dieses schwierige Verhältnis mit diplomatischen Worten als eine besondere „Vermittlerrolle" zwischen dem Lokalkomitee und den AuswanderInnen auf der einen, und der AIU-Zentrale auf der anderen Seite.[1113] Goldensteins Schilderungen, die kurz nach der Veröffentlichung Friedländers erschienen – und auf die er sich gelegentlich bezieht – verfolgten nicht zuletzt die Absicht, neben den Verdiensten des berühmten Protagonisten Charles Netter auch diejenigen des Lokalkomitees hervorzuheben. Gerade dieses habe in schwierigen Zeiten wie eine zwar überlastete, aber funktionierende Maschine gearbeitet. Nach der von Heinrich Schafier – der als einziger Pariser AIU-Delegierter das volle Vertrauen der Brodyer besaß – initiierten Umstrukturierung des Lokalkomitees am 8. Dezember 1881 sei dieses „wie ein Phoenix aus der Asche" auferstanden und habe ungeahnte Leistungen vollbracht. Wegen der schweren Arbeitsbedingungen in den Wintermonaten nach der Abreise der auswärtigen Helfer

---

1111 Moritz Friedländer, Fünf Wochen, S. 25.
1112 Vgl. Börries Kuzmany, Brody. Eine galizische Grenzstadt, S. 238, zu Margulies vgl. ebd. S. 400; vgl. ders, Jüdische Pogromflüchtlinge S. 107; vgl. Memorandum des Brodyer Comités vom 9.1.1882, S. 7–10, a. a. O., Bl. 12 f.; zu Jakob Werber vgl. http://www.jewishencyclopedia.com/articles/14727-voice-of-jacob (5.10.2020) und https://yivoencyclopedia.org/article.aspx/Ivri_Ha-(5.10.2020)
1113 Leo Goldenstein, Brody, S. 6.

aus Brody, und anschließend während der zweiten Phase der Krise ab April 1882, ist diese Einschätzung sicher nicht übertrieben. Allerdings sparte Goldenstein auch nicht mit Selbstkritik. Er ging sogar so weit, die Unstimmigkeiten und Missgeschicke, die in Bezug auf die „Herbeilockung" russländischer EmigrantInnen während der Hilfsaktion passierten, als „die Geschichte unserer Skandalchronik"[1114] zu bezeichnen. Margulies' Zeitungsanzeige erwähnt er jedoch nicht.

Ein ähnlich unbequemes Thema für die AIU war die Mitarbeit von Geschäftsleuten in den Hilfskomitees, von denen einige sich durch die Beförderung russländischer JüdInnen beziehungsweise durch die Zusammenarbeit mit Auswanderungsagenten eigene finanzielle Vorteile erhofften. Dabei handelte es sich zumeist nicht um so dreiste Betrüger wie den oben erwähnten Spendensammler Dr. Levy, sondern viel eher um lokale, oft angesehene Personen, die ihre Humanität mit einer gewinnbringenden Portion Eigennutz zusammenbrachten. Die Kombination von Humanität und Eigennutz war zwar nicht ungewöhnlich und bei vielen Akteuren sogar die Regel, etwa bei dem bereits genannten Antwerpener Generalagenten Henri Strauss oder auch bei dem späteren Generaldirektor der HAPAG Albert Ballin. Goldenstein berichtet jedoch, dass es dabei auch zu Unstimmigkeiten und unlauteren Geschäftspraktiken kam. In Brody habe es einige dubiose Spekulanten gegeben, die „sich durch schlau angelegte Pläne den Weg in's Comité zu bahnen" gewußt hätten.[1115] Hier spielt er in erster Linie auf den Kaufmann, Papierfabrikanten und späteren Abgeordneten zum Reichsrat für die Brodyer Handelskammer Heinrich Kolischer (1853–1932)[1116] an, dessen Geschäftssinn das Lokalkomitee in eine ernste Krise stürzte. Im Frühsommer 1881 bot sich Kolischer an, lange bevor eine geordnete Registrierung eingeführt und noch jeder Ankömmling irgendwie weiterbefördert wurde, im Namen der Brodyer Filiale mit dem Generalagenten der *National-Linie* Henri Strauss über die Beförderungen russländisch-jüdischer TransmigrantInnen von Brody nach New York über Antwerpen zu verhandeln. Die IAzW, der anfangs bedeutendste Finanzier der Brodyer Filiale, warf dem Lokalkomitee später vor, dass es bei diesen Transporten wiederholt zu finanziellen Unstimmigkeiten gekommen sei. Wie John D. Klier unter Bezug auf Mark Wischnitzer feststellte, „ermutigten" die *National-Linie* beziehungsweise Henri Strauss im Sommer 1881 EmigrantInnen aus dem Russländischen Reich, nach Brody zu kommen und als Fahrgäste die Dienste der Linie in Anspruch zu nehmen.[1117] Es ist sehr wahr-

---

[1114] Ebd., S. 18.
[1115] Vgl. ebd., S. 10, 18, zit. S. 10.
[1116] Zu Heinrich Kolischer vgl. Börries Kuzmany, Brody. Eine galizische Grenzstadt, S. 425; vgl. Joshua Shanes, Diaspora Nationalism und Jewish Identity in Habsburg Galicia, Cambridge 2012, S. 288 f.
[1117] Vgl. John D. Klier, Russians, Jews, and the Pogroms, S. 370 Anm. 8.

scheinlich, dass auch Margulies' Zeitungsanzeige im Zusammenhang mit den von Kolischer und Strauss organisierten Transporten stand.[1118] Nach Schafiers Ankunft scheint Kolischer noch kurze Zeit an der Organisation beteiligt gewesen zu sein, da Schafier auf seinem Telegramm vom 27. August, in dem er Salomon Neumann in Berlin um eine Recherche nach alternativen Schifffahrtsgesellschaften bat, die Anmerkung „Drahtantwort Kolischer Brody" vermerkte.[1119]

Aus diesen anfänglichen und aus Sicht der IAzW unlauteren Geschäftsbedingungen erwuchs schließlich der Verdacht, Kolischer (und mit ihm indirekt das gesamte Brodyer Komitee), könnte möglicherweise der Verfasser, in jedem Fall aber ein Nutznießer des Briefes mit der gefälschten Montefiori-Unterschrift sein, der im Russländischen Reich kursierte und die dortigen JüdInnen zur kostenlosen Emigration mit der AIU aufrief. Nirenstein widersprach dieser Anschuldigung in einem wenig später verfassten Memorandum zwar energisch, musste aber zähneknirschend zugeben, dass Kolischer berechtigterweise „die Basis aller Verdächtigungen" bildete. Kolischer war, so Nirenstein,

> ganz einfach der hiesige Vertreter dieses in der ersten Zeit in innigem Contacte mit der Allianz univ. stehenden und dem Anschein nach bevorzugten Kaufmannes.[1120]

Dennoch seien, so Nirenstein, die Berichte als übertrieben dargestellt worden. Es sei höchst ungerecht, dass, wenn

> angenommen, aber keineswegs zugegeben, (...) Herr Kolischer diesbezüglich nicht ordnungsgemäss vorgegangen wäre (...) über eine ganze Stadt den Stab zu brechen.[1121]

Deutlich stärker als Goldenstein versuchte er das Ausmaß von Kolischers Rolle zu relativieren. Angesichts der Beteiligung vieler, häufig prekär lebender und dennoch im Hilfswerk eingebundener BewohnerInnen oder Komiteemitglieder Brodys, rechtfertigte er sogar die von der AIU-Zentrale getadelten Fehler und bestätigt damit indirekt die oben zitierte, allgemeine „Gleichgültigkeit" gegenüber der Bekämpfung krimineller Aktivitäten:

> Neu-Sodom wurde unsere Stadt titulirt, weil der eine oder der andere kleine Geschäftsmann, dessen Herz vielleicht nicht von Moral und Menschenliebe erfüllt ist in seinen Bemühungen

---

1118 Vgl. Memorandum des Brodyer Lokalkomitees An die Hochgeehrte Alliance isr. univ. Paris vom 9.1.1882, S. 5f. in: SAM, 1194, opis 2, Bd. 10, Bl. 10.
1119 Heinrich Schafier an Salomon Neumann vom 27.8.1881, in: SAM, 1194, opis 2, Bd. 9, Bl. 40.
1120 Memorandum des Brodyer Lokalkomitees An die Hochgeehrte Alliance isr. univ. Paris vom 9.1. 1882, S. 9f., a.a.O., Bl. 13.
1121 Ebd.

mit den Vertretern der Alliance isr. univ. etwas mehr Sinn für sein liebes Ich[,] für sein eigenes Interesse documentirte.[1122]

Aus dem zitierten Memorandum und anderen Schreiben der Brodyer an die Komitees in Paris oder Berlin spricht eine grundsätzliche Abneigung gegenüber jeglichen verächtlichen Ratschlägen oder Bevormundung vonseiten der gut situierten AIU-Präsidiumsmitglieder. Aus der Perspektive Brodys und der katastrophalen Lage, unter der viele arme Leute in der strukturschwachen Region litten, ist Nirensteins Konter durchaus nachvollziehbar, allerdings belastete das von Anfang an schwierige Verhältnis die Zusammenarbeit zwischen den Beteiligten aus Paris, Wien, Leipzig, Hamburg und Brody schwer. Gegenüber Nirenstein wurde noch im Dezember 1881 der Vorwurf erhoben, bei den Schätzungen der in Brody ausharrenden JüdInnen stark zu übertreiben, um mehr Hilfsgelder aus Wien zu bekommen.[1123] Das Hamburger Komitee machte Nirenstein allein für die schlechte Organisation der Wintertransporte verantwortlich. Moritz Friedländer legte gegenüber dem Brodyer Komitee sogar offene Geringschätzung an den Tag. Bei seiner Schilderung der Hilfsaktion in Brody konzentriert er sich nahezu ausschließlich auf die *Alliance*-Vertreter aus Paris, Leipzig, Wien und Berlin. Die schweren Voraussetzungen einer großangelegten Hilfsaktion im ohnehin leidgeplagten Brody erkannte er zwar an, doch weder erwähnt er das Brodyer Komitee in der Liste der „thatkräftigen" Helfer noch finden die lokalen Komiteemitglieder Erwähnung. Meist werden sie als nützliche (und namenlose) Helfer von Netter und Schafier dargestellt. Kaum verhohlen schreibt Friedländer, jenseits von Schafier, Magnus und Netter „fehlte es an qualifizierten Mitarbeitern", dann habe im entscheidenden Augenblick der „Obmanns-Vertreter der Brodyer Filiale" Leopold Herzel „angesichts der kritischen Sachlage keine Vorschläge machen" können, und die „Herren Banquiers in Brody" seien keine Frühaufsteher und daher wenig hilfreich bei den Spendensammlungen gewesen.[1124] Lediglich drei Personen, Sigmund Herzberg-Fränkel, der zusätzliche Büroräumlichkeiten in seinem Haus organisierte, der Spirituosen- und Likörfabrikant Hirsch Kapelusz[1125] sowie der Spediteur und Holzhändler Salomon Chajes[1126] werden von Friedländer mit Lob bedacht. Kapelusz wohnte den nächtlichen Besprechungen der Pariser Delegierten bei, nahm ackerbauliche Prüfungen für den Erwerb von Gesellenbriefen ab und half bei der Sammlung von Spendengeldern in Brody. Chajes besorgte kurzerhand eine große

---

1122 Vgl. ebd, S. 5, 9, in: ebd., Bl. 13, 11, zit. Bl. 13.
1123 IAzW an Heinrich Nirenstein vom 29.12.1881, in: SAM, 675, opis 1, Bd. 144, Bl. 593.
1124 Moritz Friedländer, Fünf Wochen, S. 50, 9, 12, 32.
1125 Vgl. Börries Kuzmany, Brody. Eine Grenzstadt, S. 103, 115.
1126 Vgl. ebd., S. 394.

Wohnung, in der für den nahenden Winter eine Wärmestube mit Teeküche eingerichtet wurde.[1127]

Eine tiefe Antipathie, die weder bei Friedländer noch bei Goldenstein Erwähnung findet, bestand zwischen Heinrich Nirenstein und Hermann Magnus. Sie ist ein gutes Beispiel für die mangelhafte Kommunikation zwischen den an der Hilfsaktion beteiligten Akteuren, und führte im Oktober 1881 sogar zu einem öffentlichen Schlagabtausch in der *Wiener Allgemeinen Zeitung*. Nirenstein griff Magnus nach dessen Abreise aus Brody in einem Leserbrief scharf an und behauptete, diesem werde „ein unverdientes Lob gesungen".[1128] Das Gegenteil sei der Fall, weil Magnus die Leistungen das Brodyer Komitees herabgewürdigt und dessen Mitglieder bevormundet habe:

> [Netters] durch Herrn Magnus erwecktes und durch kleinliche nebensächliche Momente genährtes Vorurteil gegen Brody bewirkte, dass er selbst den ernst und ehrlich gemeinten Ratschlägen der wenigen ihm befreundeten hiesigen Herrn kein offenes Ohr schenkte.[1129]

Der Streit drehte sich in erster Linie um Finanzielles. Magnus hatte bei seiner Ankunft 1000 Gulden in bar für den Kauf von Lebensmitteln im Gepäck, diese aber nicht dem Lokalkomitee, sondern dem Brodyer k.u.k Bezirkshauptmann Władysław Apolinary August Russocki (1841–1908) übergeben, um sie, so Nirensteins Vorwurf, „unter Umgehung des [Brodyer] Comités beliebig" zu verteilen. Der Bezirkshauptmann, so Nirenstein weiter, stellte das Geld allerdings „unmittelbar" dem Lokalkomitee in Brody zur Verfügung, um nicht „einem aus ehrbaren Männern bestehenden Comité, in fremden Auftrage, eine Beleidigung zuzufügen"[1130] Der zweite Streitpunkt betraf Magnus' Eintreten für einen Transport der EmigrantInnen mit der HAPAG, was in den Augen Nirensteins ein offener Affront gegen den ursprünglich vom Brodyer Hilfskomitee ausgehandelten Transportweg via Antwerpen war: „Nach wenigen Stunden seines Hierseins begann Herr Magnus zu Gunsten einer deutschen Transport-Gesellschaft einzutreten". Nirenstein verstieg sich zu der Behauptung, Magnus habe dazu ein eigenes Büro eröffnet, den Emigranten die kostenfreie Beförderung zugesichert und sei dann „sans adeiu abgereist (...) Der Mann hat also der guten Sache nur geschadet".[1131] Daraus geht hervor, dass Ni-

---

1127 Vgl. Moritz Friedländer, Fünf Wochen, S. 32, 40, 47 f.
1128 Leserbrief Heinrich Nirenstein, in: Wiener Allgemeine Zeitung Nr. 590, Donnerstag, 20.10.1881, S. 4.
1129 Memorandum des Brodyer Lokalkomitees An die Hochgeehrte Alliance isr. univ. Paris vom 9.1. 1882, S. 10, a.a.O., Bl. 14.
1130 Heinrich Nirenstein an Salomon Lachmann vom 5.2.1882, in: SAM, 1194, opis 2, Bd. 10, Bl. 3–5, zit. Bl. 3, 4.
1131 Leserbrief Heinrich Nirenstein, a.a.O.

renstein entweder keine Ahnung von der dreiteiligen Bürogliederung hatte – was unwahrscheinlich ist – oder aber die Antipathie soweit ging, dass er bereit war, durch die öffentliche Verbreitung von Falschaussagen die gesamte Hilfsaktion zu diskreditieren.

Magnus antwortete zwei Tage später mit einer weniger scharfen, aber dennoch deutlichen „Richtigstellung", in der er vorrangig die verbesserten Beförderungsmodalitäten verteidigte, die einen schnelleren, preiswerteren und damit für Brody vorteilhafteren Transport bedeuteten:

> Die von mir eingeleitete Ueberführung der Auswanderer via Hamburg mit directen Dampfbooten nach New-York kann nur von Denen getadelt werden, welchen es gleichgiltig ist, daß die Flüchtlinge aus der bisherigen Route via Antwerpen, Hull, Liverpool ungefähr 72 Stunden mehr Eisenbahnfahrt absitzen, und daß die Comités [Brody, Leipzig, Berlin] durch die Hamburger Route eine wesentliche Ersparung erzielen, also mehr Leute befördern können.[1132]

Die Anfälligkeit der Hilfsaktion in Brody für Desinformationen und „Anlockung", für Betrugsfälle und Streit innerhalb der *Alliance*, waren während des gesamten Jahres 1881 nicht, und ab Frühjahr 1882 nur teilweise unter Kontrolle zu bekommen. Die ergriffenen Maßnahmen der *Alliance* in Paris – beispielsweise bat man Rabbiner in Russland schriftlich, „von der Kanzel" vor einer übereilten Auswanderung zu warnen[1133] – blieben weitgehend fruchtlos. Was die Probleme in Brody betraf, trauten die Verantwortlichen in Paris, Berlin, Hamburg und anderswo Heinrich Nirenstein nicht zu, die hinter dem Rücken der Brodyer AIU betriebenen Versuche der „Herbeilockung" zu beenden. Von den russländischen Behörden war in Sachen Auswanderungsstopp keinerlei Verständnis geschweige denn Unterstützung zu erwarten. Im Gegenteil, die Auswanderung jüdischer Untertanen wurde zwar nicht offiziell unterstützt, allerdings mit wohlwollender Passivität und dem günstigen Erwerb von Ausreisepapieren weiterhin erheblich gefördert. Daher fasste Netter am selben Tag, an dem er die AIU-Zentrale aufforderte, die Auswanderung um jeden Preis zurückzuhalten[1134], den Plan, die österreichischen Behörden um Hilfe zu ersuchen. Gemeinsam mit Magnus und Schafier sandte er ein Schreiben an die Brodyer k.u.k. Bezirkshauptmannschaft, in welchem er eindringlich um die Überwachung der örtlichen Telegraphenstation bat, die „wahrscheinlich aus unlauteren Motiven (…) seit geraumer Zeit" genutzt werde, um „die Unglücklichen herbeizulocken". Seit Anfang Oktober seien „derartige telegraphische Aufforderungen von hieraus mit Nachdruck nach Rußland gemacht" worden. Den Auswande-

---

1132 Leserbrief Hermann Magnus, a.a.O.
1133 Vgl. Friedländer, Fünf Wochen, S. 25, zit. ebd.
1134 S. Anm. 1052.

rungsregularien zum Trotz habe die Einwanderung von nicht weiterzubefördernden Leuten „derartige Dimensionen" angenommen, dass Brody ohne unverzügliches Eingreifen der Behörden „eine Katastrophe" bevorstehe. Als Beweis für ihre Behauptungen versprachen sie, der Bezirkshauptmannschaft „Actenstücke" vorzulegen, aus denen eine unmittelbare Beteiligung von Brodyer Bürgern an einer „Herbeilockung" hervorgehe.[1135] Dieses Schreiben, das als „Manuscript gebliebene Eingabe" in den Akten auftaucht, wurde diesem Vermerk nach möglicherweise nicht an die Behörde abgeschickt, vermutlich um die Hilfsaktion nicht zu diskreditieren und den Streit mit Nirenstein nicht noch weiter anzuheizen. Die im Manuskript erwähnten Akten, die Friedländer nach seiner Ankunft in Brody zu Gesicht bekam und die er später nach Wien mitnahm[1136], existierten allerdings zweifellos und bildeten vermutlich den Grund für das oben geschilderte, wachsende Misstrauen zwischen der IAzW-Zentrale und ihrer Filiale in Brody.

8 Ein neuer Akteur: Das *Deutsche Central-Komitee für die russisch-jüdischen Flüchtlinge*

Durch die Erfahrungen des ersten, chaotisch ablaufenden Krisenjahres 1881 und bedingt durch die wachsende Bedeutung der kontinentalen Transitroute durch das Deutsche Reich, kristallisierte sich Anfang 1882 heraus, dass eine deutsche Zentralstelle, welche die Arbeit der deutschen Komitees koordinieren und die Aufsicht und Durchführung des jüdischen Transits durch Deutschland übernehmen konnte, unumgänglich war. Der von der AIU-Zentrale verhängte offizielle Transitstopp Ende November gewährte nur eine kurze Atempause hinsichtlich weiterer Planungen für die Fortführung der organisierten Auswanderung. Nach wie vor hatten die Komitees in Galizien und entlang der Transitroute durch das Deutsche Reich bis Februar 1882 mit den Folgen der turbulenten Sommer- und Herbstmonate des Vorjahres zu kämpfen, wodurch sie finanziell und personell stark in Anspruch genommen wurden. Im Februar befanden sich noch etwa 1300 Personen in Brody, die weder weiter- noch zurückreisen konnten. Heinrich Nirenstein schilderte dem Berliner Komitee die angespannte Lage in Brody:

> Nach Rußland können und werden diese Leute, bei denen bis jetzt kein Repatriement gelungen, nicht gehen, das Board in New-York und die Comités in Deutschland lehnen die Aufnahme dieser heimathlosen Menschen ab, in österr. Städten ist die Polizei rigoros und fast keiner von

---

[1135] Vgl. Copie einer Manuscript gebliebenen Eingabe an die Löbl. k.k. Bezirkshauptmannschaft Brody vom 14.10.1881, in: SAM, 1194, opis 2, Bd. 10, Bl. 19.
[1136] Vgl. Heinrich Schafier an Salomon Neumann vom 18.12.1881, in: SAM, 1194, 2, Bd. 9, Bl. 161.

ihnen besitzt einen Paß, in galizischen Städten finden sie keinen Erwerb und Brody kann sie nicht ernähren.[1137]

Den deutschen Hilfskomitees war bewusst, dass sie mit Beginn des Frühjahrs erneut für die Gewährleistung der kontinentalen Transitstrecke von Brody über Lemberg, Breslau und Berlin bis Antwerpen beziehungsweise Hamburg verantwortlich sein würden. Planungen zur Gründung eines deutschen Zentralkomitees wurden zunächst durch die anhaltenden Bemühungen verlangsamt, den Rückstau jüdischer TransmigrantInnen zwischen Hamburg und Brody zu bewältigen, die Menschen zeitweilig unterzubringen und kurzfristig weitere Transporte von Hamburg nach New York zu organisieren. Dies stellte zunächst die dringendste Aufgabe dar, weil die öffentliche Stimmung aufgrund der stetig wachsenden Zahl gestrandeter jüdischer AuswanderInnen in deutschen Städten zuungunsten der AIU und der gesamten gelenkten Auswanderung zu kippen drohte. Die Sorge vor einem anhaltenden Rückstau in den deutschen Transitstädten bezog sich primär auf die von der antisemitischen Bewegung propagierten „Fabel von der jüdischen Masseneinwanderung" und einem daraus resultierenden Anwachsen der antisemitischen Agitation.[1138] Gleichzeitig galt es, die jüdischen Gemeinden in den Grenz- und Transit-Orten zu entlasten, denen die mehrmonatige Unterbringung und Versorgung vieler hunderter AuswandererInnen große Probleme bereitete. Aufgrund der geringen Aufnahmekapazitäten des *Board* erwogen die deutschen Komitees eine Repatriierung der TransmigrantInnen ins Russländische Reich, was aber aufgrund der dortigen unsicheren Lage vorerst nicht durchführbar war.

Zu allem Überfluss schien eine Wiederholung der Krise von 1881 mehr als wahrscheinlich. Die politischen Entwicklungen jenseits der Grenzen gaben keinerlei Grund zu Optimismus. Zar Alexander III. verfolgte eine deutlich judenfeindlichere Politik als sein Vater, weshalb eine Verbesserung der Lebenssituation der russländischen Jüdinnen in weiter Ferne lag. Um die Kontrolle über die öffentliche Ordnung nicht wie im Jahr 1881 zu verlieren und um einer weiteren Pogromwelle vorzubeugen, entschied sich die zaristische Regierung, dem in der russländischen Bevölkerung weitverbreiteten Antisemitismus entgegenzukommen. Unter der Regie des Innenministers und überzeugten Antisemiten Nikolai Pawlowitsch Ignatjew wurde eine Reihe neuer Verordnungen ausgearbeitet, die später als „Maigesetze" bekannt wurden. Diese nahmen die liberalen Reformen Alexanders II. für die jüdische Bevölkerung weitgehend zurück und bedeuteten für Hunderttausende JüdInnen faktisch Arbeits- und Besitzlosigkeit. Die Verordnungen untersag-

---

1137 Heinrich Nirenstein an Salomon Lachmann vom 24.1.1882, in: SAM, 1194, opis 2, Bd. 10, Bl. 6.
1138 Siehe Kapitel III, 3.

ten den Verkauf alkoholischer Getränke, festigten das Erwerbsverbot ländlichen Grund- und Pachtbesitzes, untersagten den JüdInnen in den Städten, an der Wahl zu den Magistraten teilzunehmen, und sah ein Ansiedlungsverbot von jüdischen Gewerbetreibenden außerhalb von Schtetln und Städten vor. Zusätzlich wurde die 1865 verfügte Freizügigkeit für Ingenieure und Facharbeiter aufgehoben. Diese rechtlichen Veränderungen stellten viele JüdInnen vor eine wirtschaftliche Katastrophe, die durch die wachsende soziale Ausgrenzung und physische Bedrohung verstärkt wurde.[1139] Seit Ende März 1882 kam es um die Ostertage abermals zu Pogromen in den südlichen Regionen des Rayons, die bereits 1881 von der Gewalt heimgesucht worden waren. Das Pogrom in der ukrainischen Stadt Balta im Gouvernement Podolien am 29. und 30. März wurde sowohl für die russländischen JüdInnen als auch für die europäische Öffentlichkeit zum Symbol der zweiten Pogromwelle.[1140] Charakteristisch an den Pogromen des zweiten Krisenjahrs und den Folgen für die russländisch-jüdische Emigration war die Tatsache, dass Ausschreitungen auch in anderen Regionen stattfanden, die 1881 überwiegend ruhig geblieben waren. So kam es in Litauen und Weißrussland zu antijüdischen Krawallen, die jedoch weniger heftig waren als in den südlichen Provinzen. Die polnischen Provinzen nahe der preußischen und galizischen Grenze wurden ebenfalls von Pogromen heimgesucht, die meist um christliche Feiertage herum ausbrachen. In Warschau kam es am Weihnachtstag 1881 zu einem großen Pogrom, das drei Tage andauerte und vom Militär niedergeschlagen werde musste. Zahlreiche Personen wurden verletzt, der Sachschaden belief sich auf bis zu 1,2 Millionen Rubel. Weder in den polnischen noch den litauischen Provinzen entfaltete die Gewalt jedoch eine überregionale Wellendynamik, die Ausschreitungen blieben lokal beschränkt.[1141]

Diese Entwicklungen führten zwischen April und Juli 1882 zu einem abermalig sprunghaften Anstieg der jüdischen Emigration; etwa dreimal so viele Menschen wie im Jahr zuvor entschieden sich zur Auswanderung nach Westen, der überwiegende Teil von ihnen emigrierte wie im Jahr zuvor zunächst in Richtung Galizien. Seit Mai wurden vermehrt ostpreußische Grenzstädte wie Eydkuhnen zum Durchgangsort einer wachsenden Anzahl russländisch-jüdischer TransmigrantInnen aus den polnischen und litauischen Provinzen.

[1139] Vgl. Flugblatt No. 4 aus Memel vom 2.5.1882, in: ebd., opis 4, Bd. 9, Bl. 192.; vgl. John D. Klier, Russians, Jews, and the Pogroms, S. 207ff.; vgl. Yvonne Kleinmann, Maigesetze.

[1140] Das DCC und später Paul Nathan betonten die „Greuel" von Balta, vgl. Aufruf des Berliner Comités für die verfolgten russischen Juden vom 27.4.1882, in: ebd., Bl. 230f.; vgl. Paul Nathan, Der Prozess von Tisza-Eszlár, S. 8f.

[1141] Vgl. Werner Bergmann, Tumulte – Excesse – Pogrome, S. 466–478; vgl. John D. Klier, Russians, Jews, and the Pogroms of 1881–1882, S. 43–48, 446–459.

Die *Alliance* und ihre Partnerorganisationen rechneten seit Jahresbeginn fest mit einer erneuten Krise. Davon zeugt etwa die rege und zunehmend koordinierte Spendensammeltätigkeit der deutschen, französischen, amerikanischen und englischen Komitees.[1142] Die von der AIU 1885 rückblickend gegebene Einschätzung, bereits Anfang 1882 hätte man „das Werk in Brody für beendet halten" können, entsprach in keiner Weise der Realität und auch nicht der Einschätzung der an der Hilfsaktion beteiligten Akteure. Vielmehr illustriert diese Aussage einen Erklärungs- und Rechtfertigungsversuch für die auch in der zweiten Krisenphase nur schwer zu kontrollierende Lage in Brody und der raschen Überforderung des gesamten Hilfswerks.[1143]

8.1 Unterstützung aus Großbritannien

In England gestalteten sich zum Jahreswechsel die Bemühungen der Etablierung eines großen und langfristig angelegten Hilfswerks vielversprechend. Bereits im Oktober 1881 hatte Hermann Magnus Fühlung mit der AJA in London aufgenommen und sich um eine Intensivierung der Zusammenarbeit von britischen und deutschen Hilfskomitees und um weitere Verhandlungen mit dem *Board* und der HIAS bemüht.[1144] Ansprechpartner in England war das im November 1881 zum Zweck der Unterstützung russländischer Juden von der AJA ins Leben gerufenen *Russo Jewish Comitee* (RJC), das sich intensiv mit der Auswanderungsfrage befasste.[1145] Einflussreiche Honoratioren beteiligten sich an den Spendensammlungen. So publizierte der Bankier Nathaniel Mayer Rothschild (1840–1915) für das RJC eine auch ins Deutsche übersetzte Broschüre mit einer Schilderung der Vorgänge im Russländischen Reich im Frühjahr und Sommer 1881.[1146] Den durchschlagendsten Effekt auf die öffentliche Meinung in England hatte indes ein zweiteiliger Artikel des Historikers und Lazarus-Schülers Joseph Jacobs (1854–1916), der im Januar in der *London Times* erschien. Jacobs' Schilderungen der Pogrome löste eine öffentliche Empörungswelle aus, die weit über jüdische Kreise hinausging, und lenkte die

---

1142 Darauf verweisen mehrere Flugblätter von grenznahen Alliance-Komitees aus dem Februar und März 1882.
1143 Die Allgemeine Israelitische Allianz, Bericht des Central-Comités, S. 29.
1144 Vgl. Brief Hermann Magnus an die AJA vom 5.10.1881, in: Archives of the Anglo-Jewish Association (AOAJA), MS137/AJ95/ADD5, S. 417, Second page of minutes of the 25 October 1881 of the executive committee meeting of the Anglo-Jewish Association.
1145 Vgl. AIU-Flugblatt vom 24.3.1882, S. 2, in: SAM 1194, opis 4, Bd. 9, Bl. 384.
1146 Russisch-jüdisches Comité (Hg.), Russische Greuel 1881. Die Juden-Verfolgungen in Rußland, Berlin 1882.

Aufmerksamkeit quasi über Nacht auf das Schicksal der Juden im Russländischen Reich. Das für den Fortgang der internationalen Hilfsaktion bedeutendste Ergebnis von Jacobs' Artikel war die am 1. Februar 1882 – erstmals seit der Damaskus-Affäre von 1840 – einberufene Versammlung des überkonfessionellen *Mansion House Committee* (MHC). Auf Einladung des Lord Mayor of London protestierten 210 englische Honoratioren gegen die Judenverfolgung in Russland und positionierten sich in einem Unterstützungskomitee der AJA.[1147]

Getragen von der dem Hilfswerk gewogenen Stimmung in England engagierten sich die AJA/RJC und das MHC ab Februar 1882 mit Eifer für die Auswanderung, führten landesweite Spendensammlungen durch und intensivierten die Kontakte zur HIAS in New York, um die Ankunft weiterer jüdischer ImmigrantInnen vorzubereiten. Ein Großteil der in England gesammelten Spendengelder war allerdings nicht für weitere Seepassagen vorgesehen, sondern zur Unterstützung der HIAS beim Erwerb von Ackerbaukolonien in den Vereinigten Staaten, die als Voraussetzung für die Aufnahme russländischer JüdInnen galten. Daher reagierte das MHC etwas ungehalten, als Philipp Simon um Hilfe für die Finanzierung außerplanmäßiger Schiffspsassagen für die gestrandeten TransmitgrantInnen in Hamburg bat. Zwar überwies London in der ersten Februarwoche 6000 Pfund, mit deren Hilfe 350 Personen aus Hamburg via England nach New York fahren konnten, doch verwahrte sich das MHC „entschieden" dagegen, die für die Kolonisierung in den USA vorgesehenen Gelder zweckzuentfremden und dadurch den langfristigen Erfolg eines transatlantischen Auswanderungswerks zu gefährden. Moritz Ellinger (1830–1907), Journalist, B'nai B'rith Aktivist und Verwaltungsbeamter aus New York, der zur selben Zeit für die HIAS in London war, um mit der AJA die Aufnahme weiterer russländischer JüdInnen in den Vereinigten Staaten zu verhandeln, nahm sich kurzerhand der Sache an und sicherte dem Hamburger Komitee seine Unterstützung zu; schließlich wurde die Überfahrt nach New York gestattet.[1148] Ein logistisches Problem resultierte in den Monaten Januar und Februar 1882 aus der großen Zahl europäischer Transatlantikpassagiere insgesamt. Sämtliche Direktverbindungen nach New York waren bis in den März ausgebucht, sodass die jüdischen EmigrantInnen vorerst über die traditionelle Route via Liverpool reisen mussten. Weil die Beratungen und die Finanzierung der Passagen und der anschließenden Ansiedlung noch nicht abgeschlossen waren, bat der RERF in New

---

[1147] Vgl. Joseph Jacobs, The Persecution of the Jews in Russia, in: The London Times (11.1.1882), S. 4 (Teil 1) u. The London Times (13.1.1882), S. 4.; vgl. zum MHC Eleventh Annual Report of the AJA, S. 18 ff. und The London Times (2.2.1882), S. 4.
[1148] Philipp Simon an Salomon Lachmann vom 8.2.1882, in: SAM, 1194, opis 2, Bd. 10, Bl. 82; Ellinger reiste bereits am 12. Januar nach Europa, vgl. Michael Just, Ost- und südosteuropäische Amerikaauswanderung, S. 173.

York das Hamburger Komitee dringend, die Expeditionen vorerst einzustellen. Damit blieb Hamburg vorerst „Endstation". Die Auswanderung, schrieb Philipp Simon dem Berliner Komitee, müsse aufhören „bis entweder System in dieselbe gebracht ist oder sich ein anderer Ausweg für die Unglücklichen eröffnet".[1149]

8.2 Ein europäischer Netzwerker der jüdischen Emigrationshilfe: Hermann Magnus.

Von den mit der gelenkten Emigration betrauten deutschen AIU-Mitgliedern realisierte zuerst Hermann Magnus, dass die Fortführung der Hilfsaktion ohne eine leistungsfähigere Kooperation (und Kommunikation) zwischen den beteiligten Akteuren in Frankreich, England, den USA, Österreich-Ungarn und dem Deutschen Reich, und ohne eine effektivere, umfangreichere Verschiffung nach Übersee sowie ohne zusätzliche finanzielle Ressourcen, zweifellos zum Scheitern verurteilt war. In Brody hatte Magnus die Bedeutung eines zügigen Informationsflusses als die neben Zeit und Geld wichtigste Ressource des Hilfswerks erkannt. Bestärkt von seinen Eindrücken in Galizien reiste er in den Monaten nach seiner Abreise aus Brody unermüdlich zwischen Berlin, Paris, Galizien und Wien hin und her, um sowohl die Leistungsfähigkeit der deutschen Komitees untereinander als auch die mit den Akteuren in England und Frankreich zu mobilisieren und zu intensivieren. Den deutschen und österreichischen *Alliance*-Mitgliedern schrieb er dabei eine führende Rolle zu, sie allein seien imstande, „das Uebel zu erfassen und zu heben"[1150]. Während der Wintermonate 1881/82 avancierte er zu einem federführenden Netzwerker und zu einem der wichtigsten Protagonisten der gesamten Hilfsaktion. Er trat, wie es in einem Nachruf heißt,

> selbst die Wanderung an, um an den verschiedensten und fernsten Punkten die Quelle des Übels zu studiren und nach Mitteln und Wegen für die mögliche Abhilfe zu suchen.

In Folge seiner aufopfernden Tätigkeit für die Etablierung eines funktionierenden Emigrationswerks wurde Magnus 1883 zum Mitglied des Zentralkomitees der AIU ernannt[1151].

Nach seinem Vortrag in Wien am 18. Oktober kehrte er nicht nach Brody zurück, sondern brach zu weiteren Beratungen in Richtung Berlin auf,

---

1149 Philipp Simon an Salomon Lachmann vom 14.2.1882, in: ebd., Bl. 81.
1150 AZJ, Jg. 52, Heft 7 (16.2.1888), Bl. 108.
1151 Ebd; vgl. Die Allgemeine Israelitische Allianz, S. 73.

um über die Auswanderungsfrage auf Wunsch sämtlicher in dieser Angelegenheit engagierten Vereine, Allianzen und Privaten Bericht zu erstatten.[1152]

In Berlin waren die Verantwortlichen zwar über die schwierige Lage in Brody im Bilde, doch von den wirklichen Dimensionen im Spätherbst 1881 hatte das Berliner Komitee – ähnlich wie die IAzW-Zentrale in Wien – keine wirkliche Vorstellung. Vor Magnus persönlich erstattetem Bericht war den Berlinern weder der aktuelle Zählstand der aus Brody verschickten TransmigrantInnen bekannt, noch wussten sie über die Notwendigkeit von russischsprachigen Dolmetschern bei den Registrierungen Bescheid.[1153] Mitte Januar, zwei Wochen, nachdem die erste von Paris nicht autorisierte Verschiffung jüdischer TransmigrantInnen von Hamburg nach New York stattgefunden hatte, fuhr Hermann Magnus erneut nach Berlin, um dort „die Maaßregeln zu besprechen, welche zu ergreifen seien, um die Ueberfluthung der deutschen Gemeinden durch russische Flüchtlinge zu verhindern"[1154]. Gleichzeitig forderte er das Berliner Komitee auf, die positive Stimmung für das internationale jüdische Hilfswerk in England im Deutschen Reich zu nutzen, um logistische und monetäre Ressourcen zu mobilisieren und den Transit weiterer russländischer EmigrantInnen vorzubereiten. Die engen Kontakte der AJA in die USA boten den deutschen Komitees die Chance, die Verschiffung einer größeren Anzahl AuswanderInnen auszuhandeln und damit einen erneuten Rückstau in Deutschland zu vermeiden. Angesichts der zu erwartenden Dimension der Hilfsaktion schrieb Hermann Magnus an Salomon Neumann:

> Halten Sie es denn angesichts der grossartigen Bewegung die England ergriffen hat noch nicht für opportun Ihr Gesamtcomité zusammen zu rufen und endlich zu versuchen die öffentliche Meinung in Deutschland (...) für die Sache ihre Stimme erheben zu lassen?[1155]

In Berlin habe bisher lediglich die linksliberale *Tribüne* einen Auszug von Joseph Jacobs' *Times*-Artikel veröffentlicht, was viel zu wenig sei. „Man muss", so Magnus weiter,

> England secundiren! Jetzt oder nie muss alle Rücksicht auf die leitenden Gewalthaber in Deutschland fallen, wenn für die russ. Juden etwas erreicht werden soll.[1156]

1152 Hermann Magnus an Salomon Neumann vom 25.10.81, in: SAM, 1194, opis 2, Bd. 9, Bl. 78.
1153 Salomon Lachmann an Hermann Magnus vom 19.10.1881, in: ebd., Bl. 71 f.
1154 Philipp Simon an Salomon Lachmann vom 14.1.1882, in: ebd., Bl. 94.
1155 Hermann Magnus an Salomon Neumann vom 23.1.1882, in: SAM, 1194, opis 2, Bd. 10, Bl. 24
1156 Ebd., Bl. 25.

Auf Magnus' Drängen publizierte das Berliner Komitee schließlich die populäre Titelreihe aus der *London Times* in deutscher Sprache und ließ sie den deutschen Gemeinden verteilen[1157]. Zwei Wochen später war Magnus zu Besuch beim *Alliance*-Komitee in Hamburg, um den Migrationshelfern in einem der wichtigsten deutschen Transit-Orte über Brody zu berichten und sie auf die Aktion einzuschwören. Auf einer vom Komitee um Philipp Simon veranstalteten Versammlung hielt Magnus einen Vortrag über seine Erlebnisse in Galizien. Wie Simon Lachmann berichtete, sei auf der Versammlung das Interesse an der gelenkten Emigration „auch in größeren Kreisen geweckt worden"[1158].

8.3 Planungen für eine deutsche „Centralstelle" und die Führungsrolle des Berliner Komitees

Anfang März intensivierten sich die Diskussionen und Planungen für die Schaffung eines leistungsfähigen Auswanderungssystems im Deutschen Reich. Das Brodyer Lokalkomitee hatte auf die Aufforderung des Berliner Komitees um Mitte Februar die Expedierung weiterer TransmigrantInnen in Richtung Hamburg beendet.[1159] Um dieselbe Zeit traf Moritz Ellinger von London aus in Hamburg ein, um seine Verhandlungen über die Gestaltung des Auswanderungswerks im Deutschen Reich fortzusetzen.

Seit Anfang April führten die *Alliance* und ihre Partnerorganisationen in Europa und Amerika große Spendensammlungen durch, um Kapital für den Ankauf von Ländereien in den USA, hauptsächlich in Louisiana, und die Bezahlung weiterer Transatlantikpassagen zusammenzubekommen.[1160] Am 8. März fand in Frankfurt am Main eine große Versammlung des dortigen Unterstützungs-Komitees statt, auf dem neben zahlreichen Frankfurter Honoratioren auch Moritz Ellinger anwesend war. Ellinger, der auf seinem Weg von Hamburg noch die jüdischen Gemeinden Nürnberg und Mannheim besucht hatte, warb in seiner Rede vor der Versammlung um großzügige Spenden für die gelenkte Auswanderung und sprach von bis zu 20.000 weiteren russländischen JüdInnen, bevorzugt Ackerbauern, Handwerker und Arbeiter, denen mittelfristig eine Auswanderung in die Vereinigten Staaten

---

1157 Vgl. Russisch-Jüdisches Comité Berlin (Hg.), Die Judenverfolgung in Russland.
1158 Philipp Simon an Salomon Lachmann vom 6.2.1882, in: SAM, 1194, opis 2, Bd. 10, Bl. 83.
1159 Brodyer Komitee an Salomon Lachmann vom 20.2.1882, in: ebd., opis 2, Bd. 10, Bl. 2; vgl. Philipp Simon an Salomon Lachmann vom 14.2.1882, in: ebd., Bl. 81.
1160 Vgl. z. B. Spendenaufruf des Comités für die Unterstützung der bedrängten russischen Israeliten in Frankfurt am Main vom März 1882, in: SAM, 1194, opis 4, Bd. 9, Bl. 184.; vgl. Spendenaufruf jüdischer New Yorker Honoratioren vom 1.3.1882, in: ebd., Bl. 169.

ermöglicht werden könne.[1161] Wenige Tage später reiste der britische Philanthrop und Unternehmer Frederik David Mocatta (1828–1905) zu „gründlichen Besprechungen mit den leitenden Männern in den drei Hauptstädten betr. Unterbringung der russ. Juden" nach Paris, Berlin und Wien. „Die große Frage der Gegenwart", betonte der Sekretär der AJA Albert Löwy (1816–1908) gegenüber Salomon Neumann, „ist die der Auswanderung". Die USA und Kanada böten „einen für die nächsten Jahre unerschöpflichen Raum für Ansiedlungen", den es auszunutzen gelte. Ins Auge gefasst werden müsse die Gründung einer „internationalen jüdischen Colonisierungs-Gesellschaft". Gleichzeitig gelte es Maßnahmen zu ergreifen, um solchen „Wanderzügen Einhalt zu gebieten", die in den USA nicht für ihren Lebensunterhalt aufkommen könnten.[1162] Zur Schaffung eines internationalen Hilfswerks werde das Engagement Berlins entscheidend sein, nämlich dahingehend, „dass man bei Ihnen, das heisst bei den Häuptern der Berliner Judenheit das Gute nicht nur will, sondern auch zu Stande bringt." Zwischen London und Berlin herrschte Ende März und Anfang April eine rege Reise- und Briefdiplomatie, wobei die Initiative von der englischen Seite ausging. Der Reiseschriftsteller Laurence Oliphant (1829–1888), der im Auftrag des MHC in Galizien unterwegs war, um sich „mit der russischen Judenfrage an den Grenzen Galiziens (…) bekannt zu machen", suchte das Berliner Komitee persönlich auf.[1163]

Als Ergebnis der intensiven transnationalen Beratungen beschloss das Berliner Komitee bereits Ende März, „die Initiative [zu] ergreifen zur Bildung eines Central-Comités" und der Planung eines europäisch-amerikanischen Auswanderungswerks für russländische JüdInnen. Salomon Neumann, Salomon Lachmann und der linksliberale Jurist Theodor Wilhelm Lesse (1827–1904) verfassten ein Schreiben an die deutschen Hilfskomitees und luden zu einer internationalen Konferenz in Berlin ein, die auf den 23./24. April 1882 terminiert wurde. In ihrem Schreiben gaben sie der Hoffnung Ausdruck, eine „gemeinschaftliche gleichmässige und einheitliche Action herbeizuführen."[1164]

Im Anschluss an diese Entscheidung fuhr Carl Bernstein für einige Tage nach London und besprach sich mit dem MHC und Albert Löwy über die Grundzüge eines europäischen Emigrationswerks. „Es dürfte", unterstrich Löwy in einem Brief an Neumann,

---

1161 Vgl. Bericht über die von dem Comité zur Unterstützung der russischen Israeliten zu Frankfurt am Main einberufene Versammlung vom 8. März 1882 (Separat-Abdruck aus der „Frankfurter Zeitung"), in: ebd., Bl. 186.
1162 Albert Löwy an Salomon Neumann vom 10.3.1882, in: ebd., Bl. 178, 179.
1163 Albert Löwy an Salomon Neumann vom 13.3.1882, in: ebd., Bl. 46.
1164 Einladungsschreiben des Berliner Comités für de nothleidenden Juden in Südrussland vom 30.3.1882, in: ebd., Bl. 99.

von Nutzen sein dass Sie und Herr Lachmann schlagfertige Vorkehrungen treffen um ein thatkräftiges Comité zu Berlin unserem hiesigen russisch-jüdischen Comité in vollständigstes, gleichmässiges Zusammenwirken zu bringen.[1165]

Das Hamburger Komitee begrüßte die Initiative der Berliner ebenfalls und bezeichnete die Gründung eines „Deutschen Centralcomités" als „nothwendige Vorbedingung" für die praktische Umsetzung der gelenkten Emigration. Außerdem befürworteten Marcus Wolf Hinrichsen und die restlichen Hamburger Komitee-Mitglieder die leitende Funktion der Berliner Akteure hinsichtlich der Organisation und Verwaltung der Gelder:

Dieses Centralcomité muß naturgemäß in Berlin seinen Sitz haben und nicht etwa hier in Hamburg, da Berlin durch seine centrale Lage dazu berufen ist und wir hier in Hamburg bereit sind, die practische Fürsorge für das Auswanderungswesen (…) zu übernehmen, nicht aber gleichzeitig selbst über die Zuweisung der Mittel beschließen und die Verbindung mit den ausländischen Comites pflegen können.[1166]

Weniger enthusiastisch wurde der Berliner Vorschlag in Frankfurt am Main aufgenommen. Das dortige Komitee meldete ebenfalls einen Führungsanspruch an und schlug Frankfurt als Sitz des Central-Comités vor. Zum 16. April lud das dortige *Hilfscomité zur Unterstützung der bedrängten russischen Israeliten* um den Juristen und Politiker Salomon Fuld (1825–1911) die deutschen Hilfskomitees ebenfalls zu einer Versammlung ein, auf der über diese Frage diskutiert und beschlossen werden sollte, Frankfurt auf der Berliner Konferenz als Sitz der Zentralstelle vorzuschlagen. Frankfurt war eine der einflussreichsten und wohlhabendsten jüdischen Gemeinden im deutschen Reich, und die regionale Organisationsstruktur der Hilfskomitees war durch die Etablierung der *Centralstelle für die Geldsammlungen in Süd- und Mitteldeutschland* bereits weiter vorangeschritten als in Berlin.[1167] Diese zwei Argumente rechtfertigten durchaus einen Führungsanspruch. Hinzu kam, dass auch das MHC in seinen am 12. April vorgelegten Vorschlägen für die Berliner Konferenz dem Frankfurter Komitee eine zentrale Rolle im Hilfswerk einräumte. Neben London, Paris, Berlin, Wien, Leipzig und Hamburg war Frankfurt einer der größten Geldgeber für den Hilfsfond; im Vorfeld hatte das dortige Hilfskomitee zugesagt, mindestens 5000 Pfund beizusteuern.[1168] Frankfurt befand sich jedoch

---

1165 Albert Löwy an Salomon Neumann vom 3.4.1882, in: ebd., Bl. 76.
1166 Marcus Wolf Hinrichsen an Salomon Neumann vom 3.4.1882, in: ebd., Bl. 78.
1167 Beschlüße der am 16ten April zu Frankfurt/M stattgehabten Versammlung von Delegierten deutscher Hilfscomités zur Unterstützung der bedrängten russischen Israeliten, in: ebd., Bl. 18.
1168 Reliefs of Russo-Jewish Fugitives. Proposed Conference at Berlin on April 23rd 1882, in: ebd., Bl. 37.

nicht auf der kontinentalen Haupttransitstrecke und war daher weniger in die tägliche praktische Arbeit an den großen Umsteigebahnhöfen eingebunden. Ohne die Fürsprache der Hilfskomitees in den zentralen Transit-Orten Breslau, Berlin, Leipzig und Hamburg war die Forderung nach einer Zentralstelle in Frankfurt deshalb nicht zu realisieren. Auf der Versammlung am 16. April versagten die Komitees von Hamburg und Leipzig den Frankfurtern ihre Unterstützung. Hinrichsen hatte Neumann bereits einige Tage zuvor versichert, sich für Berlin als Sitz des Central-Comités stark zu machen. Bei der Abstimmung gaben die Delegierten Hamburgs daher „überhaupt kein Votum ab", während die Leipziger, die Berlin als Sitz vorgeschlagen hatten, noch einen Schritt weiter gingen und drohten, ganz „aus dem Verband [der Frankfurter; D.H.] zu scheiden, wenn in Berlin ein Central-Comité gebildet wird".[1169] Im Sinne einer einheitlichen deutschen Hilfsaktion war innerhalb der deutschen Hilfskomitees mit dieser Aussage entschieden, dass Berlin der Sitz des zu schaffenden Central-Comités werden sollte.

Salomon Neumann und andere Mitglieder des Berliner Hilfskomitees wollten außerdem dafür Sorge tragen, dass im Vorstand des neuen Central-Comités, das aus den Reihen aller deutschen Komitees gewählt werden sollte, Persönlichkeiten des Berliner Hilfskomitees eine führende Position einnehmen. Der Rechtsanwalt und Vorsitzende der Repräsentantenversammlung der jüdischen Gemeinde Berlins, Hermann Makower, schlug in einem internen Schreiben an die Komiteemitglieder vor, die Führungsrolle Berlins innerhalb der humanitären Vereine für die russländischen JüdInnen mithilfe einer kurzfristigen, medienwirksamen Neukonstituierung des Berliner Hilfskomitees zu unterstreichen. Es sei darauf zu achten, so Makower, dass es nicht zu personellen Überraschungen bei der Wahl komme. Theodor Lesse liege bereits „der Brief eines Mannes [vor], der ständiger Secretär werden will" und einen „anderen Vorschlag" gemacht habe. Darum „wären zu dieser Sitzung m.E. Alle einzuladen, welche bisher zum Comité gehörten oder demselben behilflich waren zur Delegiertenversammlung".[1170]

Das Treffen und die Neukonstituierung fanden am 19. April 1882 im Bürgersaal des Berliner Rathauses statt, wenige Tage vor der anvisierten Berliner Konferenz. Anwesend waren die Gründungsmitglieder des Berliner Hilfskomitees und prominente Gäste aus Politik, Wissenschaft und Kultur. Wie Makower prognostiziert hatte, kam es zu keinen unvorhergesehenen Zwischenfällen. Die ‚Bürgersaal-Versammlung' war eine erfolgreich orchestrierte und von der Presse wohlwollend

---

1169 Vgl. Marcus Wolf Hinrichsen an Salomon Neumann vom 3.4.1882, in: ebd., Bl. 78, a.a.O.; Beschlüße der am 16ten April zu Frankfurt/M stattgehabten Versammlung von Delegierten deutscher Hilfscomités zur Unterstützung der bedrängten russischen Israeliten, a.a.O.
1170 Hermann Makower an die führenden Mitglieder des Berliner Hilfskomitees, o.D. (Anfang April), in: ebd., Bl. 262.

begleitete Veranstaltung, die sich an der Regie der Zusammenkunft des *Mansion House Committee* orientierte. Als Redner traten Salomon Neumann, der über die bisherige Hilfsaktion berichtete, die Reichstagsabgeordneten der LV Eduard Lasker und Georg von Bunsen (1824–1896) sowie Ludwig Loewe auf. Die Anwesenden beschlossen

> einstimmig (...), daß die Versammlung sich mit der Wirksamkeit des Komitees einverstanden erkläre und dasselbe zu energischer Fortsetzung seiner Bestrebungen ermächtige.

Allein an diesem Abend kamen 60.000 Mark Spenden für den Hilfsfonds zusammen.[1171]

Stärkeres Engagement der deutschen beziehungsweise Berliner Akteure innerhalb der internationalen Hilfsorganisation wurden auch von Vertretern der IAzW gefordert, zunächst jedoch hinter den Kulissen. Aufschluss darüber gibt Moses Berg aus Wien, der möglicherweise zunächst als einer der drei Assistenten Friedländers nach Brody kam und die Stadt im Jahr darauf zusammen mit dem Sekretär Baron Hirschs, Emmanuel Felix Veneziani (1825–1889), erneut besuchte. Vermutlich handelt es sich bei ihm um den von Friedländer erwähnten „Dritten", der als Dolmetscher in den Registrierungsbüros fungierte. Leo Goldenstein beschreibt ihn als „Beamten"[1172]. Moses Berg war in der IAzW engagiert, arbeitete jedoch hauptberuflich als Auswanderungsagent.[1173] Während seiner Anwesenheit in Brody stand er in Kontakt zu Salomon Lachmann in Berlin, dem er über die aus seiner Sicht mangelhaften Anstrengungen der Pariser AIU Bericht erstattete. Er sei, schrieb er Mitte November 1881, „von der ganzen Wirthschaft so degustirt, und seit einigen Tagen so physisch leidend", dass er nach Wien zurückfahren müsse. In seiner kritischen Perspektive auf die von Charles Netter initiierten Maßnahmen drängte er nicht etwa auf eine Stärkung der Pariser AIU oder der IAzW, sondern forderte, dass die Arbeit grundsätzlich von den aus seiner Sicht weitaus qualifizierteren deutschen Komitees erledigt werden sollte:

> Die Noth, Verwirrung und das Elend sind unbeschreiblich, Herr Netter (...), von Morgens früh bis spät Nachts arbeitend, kann dies nicht bemeistern, und zudem ist er eine solche Situation

---

1171 Einladung des Berliner Hilfskomitees zur Bürgersaal-Versammlung vom 12.4.1882, in: SAM, 1194, opis 1, Bd. 32, Bl. 134; vgl. Die Bürgersaal-Versammlung, in: Berliner Tageblatt, 11. Jg., Nr. 184 (20.4.1882), Abendblatt, S. 2.
1172 Vgl. Leo Goldenstein, Brody, S. 21.
1173 Vgl. Moses Berg an Salomon Lachmann vom 14.11.1881, in: SAM, 1194, opis 2, Bd. 9, Bl. 114; vgl. Adolph Lehmanns allgemeiner Wohnungsanzeiger, Wien 1881, S. 189. Die Adresse des Briefes stammt mit dem Eintrag im Wohnungsanzeiger überein, der Moses Berg, Kettenbrückgasse 15, als „Agenten" ausgibt.

nicht der rechte Mann, obzwar er sich einbildet, Niemand könne leisten, was er kann. Es bedarf 4–5 deutscher, gebildeter Männer, dann würde Luft und Ordnung in das Chaos kommen (…) Es bedarf einer radicalen Änderung, und glaube ich, daß Sie, hochgeehrter Herr, nebst Herrn Sanitätsrath Neumann die wahren Männer wären, eine energische und prompte Initiative zu ergreifen. Aber <u>rasche Hülfe</u>, <u>rasche Änderung</u> thut noth.[1174]

Berg, der den Registrierungsvorgang in Brody und die Weiterbeförderung der EmigrantInnen aus der professionellen Perspektive des Agenten betrachtete, sah die Verschiffung der jüdischen Auswanderer via Hamburg genau wie Hermann Magnus als effizienter gegenüber der Antwerpener Route an. Weil er aller Wahrscheinlichkeit nach für die HAPAG tätig war, sind seine Äußerungen über die Professionalität des Berliner Hilfskomitees jedoch zusätzlich in einem geschäftlichen Kontext zu sehen.

8.4 Die Berliner Konferenz vom 23./24. April 1882

Auf der vom Berliner Hilfskomitee einberufenen internationalen Konferenz vom 23/24. April wurden die Aufgabengebiete der an der Hilfsaktion beteiligten Länder in einer Abschlusserklärung erstmals festgeschrieben. Die Verhandlungen fanden im Saal der Repräsentanten der Berliner jüdischen Gemeinde und im Gemeindehaus statt. Vertreter sämtlicher beteiligter jüdischer Hilfsorganisationen waren der Einladung gefolgt. Als auswärtige Gäste waren aus Paris erschienen der Sekretär der AIU Isidore Loeb und der Orientalist Hartwig Derenbourg (1844–1908), aus Wien der Präsident der IAzW David Ritter von Gutmann, für die AJA aus London der orthodoxe Rabbiner Hermann Naftali Adler (1839–1911) und der liberale Politiker Baron Julian Goldsmid (1838–1896); für die HIAS war Moritz Ellinger gekommen, der seit Wochen in die Vorbesprechungen involviert gewesen war. Die wichtigsten Vertreter des Berliner Hilfskomitees waren anwesend, darunter Salomon Neumann, Salomon Lachmann, Hermann Makower, Eduard Lasker, Carl Bernstein und Esriel Hildesheimer. Weiterhin waren Delegierte der größeren deutschen Komitees angereist. Für Hamburg erschienen Marcus Wolf Hinrichsen und der Jurist Hermann May (1832–1900), für Frankfurt am Main Salomon Fuld und der Pädagoge und Direktor des Philanthropin Hermann Bärwald (1828–1907), für Breslau Julius Wohlauer, für Düsseldorf der Rabbiner Abraham Wedell (1844–1891) und für Liegnitz Moritz Landsberg. Mit Moritz Friedländer, Charles Netter und Hermann Magnus aus Leipzig waren drei *Alliance*-Vertreter zugegen, die während des Hö-

---

[1174] Moses Berg an Salomon Lachmann vom 14.11.1881, in: SAM, 1194, 2, Bd. 9, Bl. 114.

hepunktes der Krise im Vorjahr selbst in Brody gewesen und die ersten Registrierungen geleitet hatten.[1175]

Die auf der Konferenz besprochenen und festgelegten Zuständigkeiten der an der Hilfsaktion beteiligten Organisationen folgten der seit 1881 eingespielten Arbeitsteilung. Die IAzW wurde mit der Registrierung und Versorgung aller in Galizien eintreffenden jüdischen TransmigrantInnen beauftragt. Die Verwaltung der Spendengelder für die Transatlantikpassagen sowie die ständigen Verhandlungen mit dem *Board* wurden der AJA bzw. dem MHC übertragen, der *Board* war für den Empfang der EmigrantInnen in New York und deren Verteilung in den USA verantwortlich. Eine wichtige Neuerung innerhalb der Organisation betraf die Schaffung einer deutschen Zentralstelle; die Delegierten beauftragten die deutschen Komitees, in Berlin ein *Central-Comité für die russisch-jüdischen Flüchtlinge* zu bilden, das fortan „mit der continentalen Expedition der russischen Flüchtlinge beauftragt" wurde.[1176] In die Zuständigkeit des *Deutschen Central-Comités* (DCC) fielen die Gewährleistung der Transitstrecke von Brody nach Hamburg und, im Zuge der zunehmenden jüdischen Auswanderung aus polnischen und litauischen Gebieten im Frühjahr 1882, die Verantwortung für die Strecken von Ostpreußen und Schlesien in Richtung der Ost- und Nordseehäfen. Auch die Remigration von als ‚untauglich' befundenen TransmigrantInnen auf der Transitstrecke oblag dem DCC, in Galizien der IAzW.

Zur Legitimierung des DCC verabschiedeten die anwesenden Vertreter von insgesamt 23 deutschen Komitees einen gesonderten Beschluss[1177], in dem die Organisationsstruktur und personelle Zusammensetzung der neuen Zentralstelle festgelegt wurden. Die Beschlüsse kamen den Vorstellungen des Berliner Hilfskomitees weitestgehend entgegen, da das

> Berliner Central-Comité aus Mitgliedern bestehen soll, welche von dem Berliner Comité berufen werden, und aus Delegierten der sich anschliessenden Comités.[1178]

1175 Vgl. Präsenz-Liste der in den Sitzungen vom 23/24. April 1882 anwesend gewesenen Delegierten, in: ebd., opis 2, Bd. 3, Bl. 27.
1176 Vgl. Zusammenstellung der in den Sitzungen vom 23. und 24. April 1882 in Berlin gefaßten Beschlüsse, in: ebd., Bl. 15.
1177 Vgl. Beschlüsse deutscher Comités, in: ebd., Bl. 27; anwesend waren Vertreter der Hilfskomitees aus Berlin, Hamburg, Frankfurt am Main, Düsseldorf, Leipzig, Breslau, Liegnitz, Köln, Hannover, Bruchsal, Kassel, Darmstadt, Fürth, Hanau, Heidelberg, Homburg, Mainz, Mannheim, Nürnberg, Stuttgart, Wiesbaden, Worms und Würzburg. Die Komitees innerhalb der Zuständigkeit der Frankfurter *Centralstelle für die Geldsammlungen in Süd- und Mitteldeutschland* wurden von den Frankfurter Delegierten vertreten, vgl. Präsenz-Liste der in den Sitzungen vom 23/24. April 1882 anwesend gewesenen Delegierten, a. a. O.
1178 Beschlüsse deutscher Comités, a. a. O.

Alle weiteren Komitees, die an Orten zu bilden seien, an denen die „Thätigkeit für das russische Hülfswerk nothwendig ist", wurden dem DCC unterstellt. Auf der am 6. Mai 1882 erfolgten offiziellen Konstituierung des DCC wurden auf Vorschlag des Berliner Komitees Hermann Makower zum Vorsitzenden, Moritz Lazarus zum Stellvertreter, der Kaufmann David Hirschfeld (1829–1900) zum Schriftleiter und der Stadtverordnete Maximilian Dietmar (1834–1908) zu dessen Stellvertreter gewählt. Oberbürgermeister Forckenbeck übernahm die Ehrenpräsidentschaft.[1179]

Bedingt durch die seit April täglich in höherer Zahl eintreffenden EmigrantInnen und Geflüchteten in Galizien wurde die Entlastung des *Board* durch eine weitestgehende Reduzierung der nach Amerika geschickten Personen zum zentralen Diskussionspunkt der Berliner Konferenz. Zwar sprachen die Teilnehmer noch nicht von Repatriierungen als vorrangigem Ziel der Hilfsaktion, aber die Dringlichkeit einer Begrenzung war Ende April bereits offensichtlich. Während der Verhandlungen am ersten Tag einigten sich die Anwesenden darauf, die Formulierung „continentale Expedition der Auswanderer" im Abschlussdokument in „continentale Expedition der russischen Flüchtlinge" zu ändern, um den humanitären Aspekt herauszustellen und öffentlich zu bekunden, dass nur Pogromflüchtlinge bei der Auswanderung unterstützt werden sollten. Einig waren sich die Delegierten vorrangig darin, „die Beförderung (...) zu beschränken auf solche Personen, welche direct oder indirect von den Excessen der Bevölkerung oder von den bedrückenden Massregeln der Regierung betroffen worden sind". Diese Regelung sollte die Hilfsaktion einerseits auf Geflüchtete beschränken, war aber andererseits in ihrer Formulierung so ungenau, dass sie quasi auf sämtliche jüdische EinwohnerInnen des Ansiedlungsrayons zutraf. Weiterhin wurde über alternative Zielländer nachgedacht und die AIU in Paris beauftragt,

> die Frage der Auswanderung nach anderen Ländern als den Vereinigten Staaten und den Britischen Colonien zu studiren.[1180]

1179 Vgl. I. Monatsbericht des DCC Mai 1881, S. 1, in: SAM, 1194, opis, Bd. 3, Bl. 34; 1. Schreiben des DCC an die deutschen Hilfskomitees vom 10.5.1882, in: SAM, 1194, opis 1, Bd. 32, Bl. 135; vgl. AZJ, Jg. 46, Nr. 21 (23.5.1882), S. 342, u. Nr. 22 (30.5.1882), S. 361; zu David Hirschfeld vgl. Max Kreutzberger, Leo Baeck Institute New York Bibliothek und Archiv, Katalog Band I. Deutschsprachige jüdische Gemeinden. Zeitungen, Zeitschriften, Jahrbücher, Almanache und Kalender. Unveröffentlichte Memoiren und Erinnerungsschriften, Tübingen 1970, S. 422.
1180 Sitzung der Delegierten der Hülfs-Comités für die nothleidenden russischen Juden am 23. April 1882 im Saale der Repräsentanten der jüdischen Gemeinde zu Berlin, S. 3, in: SAM, 1194, opis 2, Bd. 3, Bl. 10; Zusammenstellung der in den Sitzungen vom 23. und 24. April 1882 zu Berlin gefaßten Beschlüsse, S. 1, in: ebd., Bl. 15.

Zur Festlegung der Auswanderungskriterien wurden diejenigen Anwesenden mit der größten praktischen Erfahrung gebeten, „betreffs der ferneren Normen" Vorschläge für ein „Reglement" der russländisch-jüdischen Auswanderung zu erarbeiten.[1181] Als Ergebnis der Beratungen legten Magnus, Netter und Friedländer einen 5-Punkte-Plan vor, der als Richtlinie bei der Registrierung an den galizischen und ostpreußischen Grenzen zur Anwendung kommen sollte und dem Zweck diente, die Emigration weitestmöglich zu limitieren. Nach dem Reglement, das sich an den US-Einreisebestimmungen orientierte, wurden Einzelpersonen nur dann befördert, wenn sie gesund, arbeitsfähig und zwischen 16 und 40 Jahren alt waren. Von jeder zur Auswanderung zugelassenen Person wurde ein Betrag von 10 Rubeln (20 Mark) verlangt – „eine Massregel, welche den allzugroßen Andrang von Emigranten abzuschwächen und einzuschränken geeignet scheint". Familien sollten nur dann weiterbefördert werden, wenn „auf jedes leistungsunfähige Individuum ein leistungsfähiges kommt", das heißt für jedes nicht erwerbsfähige Familienmitglied musste eines mit einer sicheren Aussicht auf eine Beschäftigung in den USA mitreisen. Für jede nach Amerika beförderte Person empfahl die Kommission außerdem eine Überweisung von 40 Mark an den *Board*.[1182] Diese Beschlüsse dienten zur Beschränkung der Auswanderung. Sie folgten zwar Erwägungen praktischer Machbarkeit und Solidarität mit dem *Board*, doch machten sich die Delegierten diese Entscheidung nicht leicht. Die enge Verbindung von Flucht und Emigration der russländischen JüdInnen war ihnen deutlich bewusst. In den Monatsberichten des DCC finden sich selbstkritische Passagen über diese „uns selbst auferlegte Härte". Beklagt wurde in diesen Rechtfertigungen, dass „hierdurch gerade die Hilflosesten ohne unsere Hilfe blieben", was dem auf der Konferenz hervorgehobenen Ziel, Pogromflüchtlinge zu unterstützen, grundsätzlich widersprach.[1183]

Dass die Hilfsaktion trotz allen guten Willens, strengen Limitierungen und deutlich besseren Vorbereitungen als 1881, bereits Ende April an ihre Grenzen stieß, verdeutlichen nicht zuletzt die Apelle von Marcus W. Hinrichsen und Hermann Magnus am Ende der Verhandlungen. Hinrichsen forderte, eine unmittelbare Aufgabe des DCC müsse darin bestehen,

---

[1181] Beschlüsse der Commission, in: SAM, opis 2, Bd. 3, Bl. 28; vgl. Sitzung am 24. April 1882 im Gemeindehause Berlin, in: ebd., Bl. 13; Zusammenstellung der in den Sitzungen vom 23. und 24. April 1882 zu Berlin gefaßten Beschlüsse, S. 2, a.a.O., Bl. 15.
[1182] Beschlüsse der Kommission, a.a.O.; die Kommission bestand aus Hermann Adler, Charles Netter, Hermann Magnus, Moritz Friedländer, Marcus Wolf Hinrichsen und Moritz Landsberg, vgl. Zusammenstellung der Beschlüsse, a.a.O.
[1183] II. Monatsbericht des DCC vom Juni 1882, S. 3, in: SAM, 1194, opis 2, Bd. 3, Bl. 41; I. Monatsbericht des DCC vom Mai 1882, in: ebd., Bl. 34.

in geeigneter Weise durch Schriftstücke kund zu geben, dass nur diejenigen auf den Beistand des [Central-] Comités behufs Auswanderung zu rechnen hätten, welchen die desfallsige Zusicherung ertheilt sei, diejenigen aber, welche nicht solche Zusicherung hätten, vor der Auswanderung zu warnen.[1184]

Daran anschließend merkte Magnus an, dass für die gelenkte Auswanderung „in Deutschland nicht genug Propaganda gemacht sei und dass eine grössere Thätigkeit auf literarischem Gebiet behufs Agitation entwickelt werden müsse." Diese Anmerkungen wurden nicht in die Abschlusserklärung aufgenommen, fanden jedoch die Zustimmung aller Anwesenden.[1185] Die im Anschluss an die Konferenz erfolgte Gründung des DCC in Berlin fiel zeitlich mit dem Beginn des Höhepunktes der Krise in Galizien zusammen.

8.5 Auf dem Höhepunkt der Krise: Brody im Frühsommer 1882

Zwischen Mai und Juli überschlugen sich in Galizien die Ereignisse. Seit Mitte Mai trafen täglich hunderte russländische JüdInnen in Brody ein, die teils mit der Eisenbahn, zum überwiegenden Teil aber zu Fuß über die grüne Grenze kamen. Auch aus anderen galizischen Grenzorten wie Czernowitz (heute: Tscherniwzi) oder Tarnopol (heute: Ternopil) wurden jüdische TransmigrantInnen nach Brody geschickt. Am 21. Mai hielten sich Schätzungen des Brodyer Lokalkomitees zufolge bereits 12.000 TransmigrantInnen in der Stadt auf, darunter viele Geflüchtete und arme Familien mit Kindern. Im Juni kamen an die 1300 Personen pro Woche in Brody an. „Die Lage der emigrierten russischen Juden", beschrieb ein Korrespondent der Wiener *Presse* die Zustände in Brody,

> ist schrecklicher als man nach den bisherigen Mittheilungen in Wien meint und übertrifft die peinlichsten Besorgnisse, die sich an diese Emigration knüpften (...) Die Ankommenden sind zumeist aller Mittel entblößt, nur mit Fetzen notdürftig bekleidet (...) Sie wurden bisher in leeren Magazinen, in Ställen, Scheunen und Kellern untergebracht. Einige Hundert füllen die drei Synagogen. (...) In einigen Zimmern, die zufällig leer standen, wurden dreißig, ja selbst vierzig Flüchtlinge untergebracht (...). Der Anblick und der Zustand dieser Massenquartiere spottet jeder Beschreibung (...). Ich habe heute bis Mittag vier Massenquartiere besucht. Der Anblick war erschütternd. Männer und Weiber umringten mich und schrieen, weinten und baten um Hilfe und Rettung. „Wir hungern und frieren!" riefen sie wirr durcheinander. Einige sind seit Monaten hier und warten vergebens auf Arbeit oder auf Mittel zur Abreise. (...) Dem hiesigen Comité stehen nicht einmal soviele Mittel zur Verfügung, um für die Hungernden auch nur die nöthigen Quantitäten Brod herbeizuschaffen (...) Wegen Mangels an Nahrung mehren

---

1184 Sitzung am 24. April 1882 im Gemeindehause Berlin, S. 9, in: ebd., Bl. 13.
1185 Ebd., S. 10, in: ebd., Bl. 14.

sich bereits die Krankheitsfälle und die Sterblichkeit und die Sterblichkeit unter den emigrierten Kindern ist sehr bedeutend.[1186]

Schilderungen wie diese füllten in den Monaten Mai und Juni die österreichische und deutsche Tagespresse. Wie Kuzmany anmerkt, funktionierte entgegen der eindringlichen Schilderungen von Nahrungsmangel die Grundversorgung auf dem Höhepunkt der Krise einigermaßen, hauptsächlich aufgrund von Geld- und Sachspenden und der bereits geschilderten Unterstützung insbesondere von Seiten der Brodyer Frauen. Die Kosten für die Grundversorgung beliefen sich allein in Brody auf etwa 25.000 Francs pro Woche. Ein Dauerproblem blieb die Unterbringung Tausender TransmigrantInnen in der Stadt sowie ein geordneter Ablauf der Registrierungen. Pro Woche konnten ca. 600 Personen von Brody aus in Richtung Hamburg geschickt werden. Das waren etwa doppelt so viele wie noch 1881, aber es reichte zwischen Mai und August nicht ansatzweise, um die Anzahl der in Brody weilenden TransmigrantInnen nennenswert zu reduzieren.[1187] Am 9. Juni kam im Auftrag von Baron Maurice de Hirsch dessen Sekretär Emmanuel Felix Veneziani mit mehreren Begleitern in die Stadt, um bei der Bewältigung der Krise zu helfen. Zu diesem Zeitpunkt befanden sich bereits 14.534 russländische JüdInnen in Brody. Veneziani kaufte kurzerhand die brachliegende Flachsspinnerei für 12.500 Gulden und ließ sie in eine Unterkunft umbauen. Weil das immer noch nicht ausreichte, wurde über den kurzfristigen Bau von Barracken nachgedacht. Dieser Plan scheint aber verworfen worden zu sein. Stattdessen wurden von einem bei Brody liegenden Feldjäger-Bataillon 12 große Armeezelte ausgeliehen, „welche man auf einer breiten Sandebene außerhalb der Stadt aufschlug". Dieses improvisierte Zeltlager,

> am Rande eines kleinen Fichtenwädchens gelegen, bildete das beste unter allen Quartieren, indem daselbst die Faktoren fehlten, welche fast alle übrigen Quartiere unnahbar machten, nämlich faule Luft und Raummangel.[1188]

[1186] Die Lage der russischen Juden in Brody, in: Vossische Zeitung, Nr. 237 (24.5.1882), in: SAM, opis 1, Bd. 112, Bl. 28; Goldenstein schätzt die Anzahl der jüdischen TransmigrantInnen in Brody in den Monaten April-Mai auf etwa 16.000, vgl. Leo Goldenstein, Brody, S. 20 f.; vgl. Michael Just, Ost- und südosteuropäische Amerikaauswanderung, S. 173.
[1187] Die Lage der russischen Juden in Brody, a. a. O.; vgl. Börries Kuzmany, Jüdische Pogromflüchtlinge, S. 100 f.; bis zum 29.5.1882 wurden vom Brodyer Lokalkomitee 11 Züge mit insgesamt 2838 Personen zu den Nordseehäfen geschickt, vgl. Björn Siegel, Österreichisches Judentum zwischen Ost und West, S. 102 Anm. 157; vgl. Zosa Szajkowski, How the Mass Migration to America began, S. 302.
[1188] In der Neuen Freien Presse wird der Kaufpreis mit 11.500 Gulden angegeben, vgl. NFP, Nr. 6406 (28.5.1882, S. 3; Leo Goldenstein, Brody, S. 22.

Gegen Ende Juni reiste der Pariser Maler Paul Merwart (1855–1902), der in Lemberg aufgewachsen war, nach Brody, um Leben und Alltag der TransmigrantInnen bildlich festzuhalten. Gemeinsam mit Leo Goldenstein besuchte er das Zeltlager, von dem er eine Zeichnung anfertigte, die am 18. November 1882 in der *Le Monde Illustré* abgedruckt wurde.[1189]

Das Ausmaß der Krise und die Überlastung Brodys waren von Hermann Magnus, Charles Netter und Moritz Friedländer bereits auf der Berliner Konferenz zur Sprache gebracht worden. Angesichts der katastrophalen Zustände in der Stadt hatten sie vorgeschlagen, statt Brody Lemberg zum vorläufigen Ausgangspunkt der Emigration zu machen.[1190] Lemberg schien aufgrund seiner Größe besser geeignet, die Masse an TransmigrantInnen zu verkraften als das kleinere Brody. Außerdem passierten ohnehin sämtliche von Brody abfahrenden Züge den Lemberger Bahnhof, wo die TransmigrantInnen abermals kontrolliert und verpflegt wurden. Die von der Konferenz einberufene Kommission stimmte in diesem Punkt mit den Vorstellungen der AJA überein, die auf einen bestmöglich geregelten kontinentalen Transit bestand, da sie die Gelder verwaltete und für die Beschaffung und Bezahlung der Transatlantikpassagen zuständig war. Die AJA stand deshalb seit März in engem Austausch mit den Komitees in Lemberg und Brody. Indes gestaltete sich die praktische Umsetzung einer Verlegung schwierig, weil zwischen dem Lemberger und dem Brodyer Komitee Kompetenzgerangel und persönliche Animositäten herrschten, die die Hilfsaktion zusätzlich belasteten. Dabei ging es um die Leitung der Registrierung und über die Verteilung von Förder- und Hilfsgeldern zwischen Lemberg und Brody. Zur Schlichtung und besseren Koordinierung der beiden Hilfskomitees hatte die AJA Samuel Montague und Asher Asher nach Galizien geschickt, die dort am 23. April eintrafen. Gemeinsam mit Laurence Oliphant vermittelten sie zwischen Nirenstein und dem Vorsitzenden des Lemberger Komitees, dem Bankier Moritz Lazarus. Es wurde vereinbart, die Registrierung in Brody unter Mithilfe der Lemberger durchzuführen, die finale Entscheidung über die Zulassung zur Emigration oblag dem Brodyer Komitee. Außerdem erhielt Nirenstein eine finanzielle Soforthilfe für die Versorgung in Brody in Höhe von 250 Pfund.[1191]

Die Unstimmigkeiten zwischen Brody und Lemberg blieben jedoch trotz der englischen Schlichtungsversuche weiterhin bestehen und konnten erst auf einer lokalen Konferenz in Brody am 2. Juni 1882 aus der Welt geschafft werden. Das Protokoll der Verhandlungen, die unter Vermittlung der IAzW-Vertreter Bernhard

---

[1189] Vgl. Leo Goldenstein, Brody, S. 22 f.; vgl. Le Monde Illustré, 26. Jg., Nr. 1338 (18.11.1882), S. 320. Die Zeichnung Merwarts ist auf dem Umschlag dieses Buches abgebildet.
[1190] Beschlüsse der Commission, a. a. O.
[1191] Vgl. Goldenstein, S. 19 f., 25 f); vgl. Vgl. I. Bericht der Herren Samuel Montague und Dr. A. Asher, gedruckt als Flugblatt No. 5 des DCC am 2.6.1882, in: SAM, 1194, opis 1, Bd. 32, Bl. 136.

Singer und Alfred Stern und in Anwesenheit des Brodyer k.u.k. Bezirkshauptmanns Władysław Russocki stattfanden, gibt Aufschluss über den Stand der Organisation in Brody auf dem Höhepunkt der Krise. Das Lokalkomitee hatte fünf Sektionen ins Leben gerufen, die mit den unterschiedlichen Aspekten der Hilfsaktion betraut worden waren. Salomon Chajes leitete die Matrikelführung, d. h. die Registrierung der eintreffenden TransmigrantInnen sowie ein Geburts- und Sterberegister. Die Sektion für Bequartierung, Sanitätswesen und Bekleidung war für Logis und die Unterhaltung der Quartiere zuständig. Die von Heinrich Halberstamm geleitete Verpflegungssektion kümmerte sich ausschließlich um die Bereitstellung von Grundnahrungsmitteln, unterhielt Suppen- und Teeküchen und gab Naturalien sowie wöchentliche Geldbeträge an die Menschen aus. Die Sektionen für Emigration und Repatriierung unterstanden beide Lazar Bloch und kümmerten sich um die Ausgabe der Fahrkarten für die EmigrantInnen als auch für die Rückführung der ‚untauglichen' TransmigrantInnen über die russländische Grenze. Besonders der letztere Punkt sorgte für Unstimmigkeiten zwischen Lazarus und Nirenstein. So forderte Lazarus eine Verbesserung dieser Überprüfungen, um „die untauglichen Elemente", die in nicht geringer Zahl in Lemberg eintrafen, „unnachsichtlich auszuscheiden". Es sei wünschenswert, „dass einem abzulassenden Zuge von Emigranten mindestens eine gleich grosse Anzahl zu Repatriierender die Waage halte". Vereinbart wurde eine personelle Unterstützung der in Brody durchgeführten Registrierungen durch die Lemberger und gemeinsame Komiteesitzungen, wobei die Kassenführung für die Emigration beim Brodyer Komitee verblieb und die IAzW im Falle weiterer Streitigkeiten als Schlichter fungieren sollte. Lemberg erhielt seine Gelder fortan aus London, Brody aus Wien.[1192]

Den jüdischen Transit und die energischen Bemühungen um eine geordnete Hilfsaktion, die zudem finanziell allein von den jüdischen Wohltätigkeitsorganisationen getragen wurde, registrierten die österreichischen Behörden mit Wohlwollen. Auch im zweiten Jahr der Krise zeigte sich der Staat wenig beunruhigt über die vielen illegalen Grenzübergänge, nicht zuletzt deshalb, weil er die finanzielle, logistische und politische Verantwortung gänzlich den Wohltätigkeitsorganisationen überließ. „Die Frage der Unterstützung und Weiterbeförderung der aus Rußland nach Galizien übertretenden jüdischen Flüchtlinge", meldete die deutsche Botschaft in Wien an Bismarck, „hat der k.k. Regierung ernste Sorge bisher nicht eingeflößt".[1193] Allerdings leisteten die Behörden den Hilfskomitees in Galizien logistische und administrative Unterstützung. Grenzpatrouillen aus Polizei und Militär

---
1192 Vgl. Protokoll aufgenommen in Brody am 2. Juni 1882, Mittags 12 Uhr, in: Zehnter Jahresbericht der IAzW, Wien 1883, S. 79–86, zit. S. 84, 82; vgl. Leo Goldenstein, Brody, S. 25–27.
1193 Kaiserlich Deutsche Botschaft in Wien an Reichskanzler Otto von Bismarck vom 25.5.1882, in: CAHJP, HM 9518 A, K 187155.

sammelten illegale EinwandererInnen an Grenzübergängen, Bahnhöfen und an der grünen Grenze ein und eskortierten sie nach Brody, das nun auch von staatlicher Seite als zentrale Sammelstelle für jüdische Geflüchtete betrachtet wurde. Während der Hilfsaktion hielten die k.u.k. Behörden an der „humanen Praxis" fest, russländische Deserteure nicht auszuliefern, solange diese ihre Waffen abgaben und sich nicht „arbeitsscheu oder sicherheitsgefährdend" verhielten. In der überfüllten Stadt wurde ab Ende Mai die Lage jedoch auch für die lokalen Behörden zunehmend unübersichtlich, sodass 50 Soldaten nach Brody beordert wurden, um die Aufrechterhaltung der Ordnung zu gewährleisten.[1194]

8.6 Das DCC und die Hilfsaktion für russländische JüdInnen bis zum Winter 1882

Das DCC begann seine Arbeit auf dem Höhepunkt der Krise. Im Lauf des Monats Mai fanden insgesamt zehn Sitzungen statt, bei denen die Spendensammlungen und die Vernetzung der lokalen deutschen Hilfs- und Grenzkomitees mit dem DCC im Mittelpunkt standen. 25 Komitees, darunter diejenigen aus den größten jüdischen deutschen Gemeinden und wichtigen Orten entlang der kontinentalen Transitstrecke, erklärten formell ihren Beitritt zum Hilfswerk.[1195] Tatsächlich lag die Zahl der beteiligten deutschen Komitees jedoch deutlich höher, da auch diejenigen, die nicht offiziell beitraten, an der Hilfsaktion beteiligt waren und das DCC mit Spenden unterstützten, etwa die Komitees von Konstanz, Kolberg und Oppeln. Als einziges nichtdeutsches Mitglied trat das Hilfskomitee Stockholm bereits im Mai formell dem DCC bei und spendete bis Ende September den beachtlichen Beitrag von 41.683 Mark. Insgesamt belief sich das Spendenaufkommen schon Ende Mai auf über 300.000 Mark, bis Ende Dezember waren insgesamt 876.403 Mark (in heutiger Währung: 6.748.303 Euro) zusammengekommen, die bis auf den letzten Pfennig ausgegeben wurden. Die größten Beitragszahler waren die Komitees aus Berlin (410.000 M.), Frankfurt a. M. (150.000 M.) und Breslau (79.500 M.). Der etwas geringere Betrag aus Hamburg (40.000 M.) erklärt sich durch die Ausgaben, die das dortige Komitee um Philipp Simon zusätzlich zur Versorgung und Unterbringung der jüdischen EmigrantInnen in der letzten kontinentalen Transitstation aufbrin-

---

1194 Vgl. Börries Kuzmany, Jüdische Pogromflüchtlinge, S. 102 f.; vgl. ders. Brody. Eine galizische Grenzstadt, S. 244 f.; vgl. Benyamin Lukin und Olga Shraberman, Documents, S. 104 ff.; Protokoll aufgenommen in Brody am 2. Juni 1882, a. a. O., S. 82.
1195 Vgl. I. Monats-Bericht des DCC Mai 1882, S. 1, in: SAM, 1194, opis 2, Bd. 3, Bl. 34; vgl. II. Monats-Bericht des DCC Juni 1882, S. 1 f., in: ebd., Bl. 40.

gen mussten.[1196] Auch Privatpersonen sind in den Kassenberichten des DCC aufgeführt, darunter Esriel Hildesheimer, der 7000 Mark stiftete, eine hessische Regionalzeitung und ein Jurastudent namens Leon Leipziger, der 150 Mark beim Stammtischtreffen in der *Erlangerbierstube* in Heidelberg sammelte.[1197] Bei ihren Sammlungen profitierten die Hilfskomitees häufig von Benefizveranstaltungen lokaler Kulturvereine. So gab das Hof- und Stadt-Theater-Ensemble der Stadt Kulm am 24. Mai ein großes Sommerkonzert „Zum Besten der aus Russland vertriebenen Juden".[1198] Von den Geldern wurde der größte Teil für Transatlantikpassagen sowie Verpflegungskosten in Brody und anderswo ausgegeben.

8.6.1 Jüdischer Transit über Ostpreußen

Während in Brody die Situation zusehends außer Kontrolle geriet, begann um Mitte Mai 1882 auch die Anzahl russländischer EmigrantInnen aus den litauischen Gebieten anzusteigen. Das DCC sah sich genötigt, sein Engagement in Galizien kurzfristig auf die Organisation des bis dahin überschaubaren Transits durch Ostpreußen auszudehnen. Aufgrund der chaotischen Zustände in Brody nimmt dieser Teil der Hilfsaktion in den Berichten des DCC einen weniger prominenten Platz ein, bildet für die jüdische Migrationsgeschichte jedoch ein wichtiges Kapitel. Die im Mai 1882 erstmalige Einrichtung eines einheitlichen medizinischen Kontroll- und Registrierungssystems für russländisch-jüdische TransmigrantInnen stellt den ersten Schritt zu den in den Folgejahren stetig ausgebauten Grenzkontrollstationen in Preußen dar.

Im Mai schickte das DCC den Düsseldorfer Rabbiner Abraham Wedell nach Ostpreußen, um über die Voraussetzungen für eine gelenkte Emigration russländischer JüdInnen zu berichten. Die Ausgangslage, konnte Wedell mitteilen, sei grundsätzlich günstig, um rechtzeitig ein funktionierendes Transitsystem aufzubauen.[1199] Lokale Hotspots jüdischen Transits in Ostpreußen waren grenznahe Städte, die entweder über einen Anschluss an das russländische Eisenbahnnetz verfügten, oder Orte, von denen man mit der Preußischen Ostbahn bis nach Königsberg und von dort mit dem Schiff weiter nach Stettin gelangen konnte, von wo

---

1196 Einnahmen und Ausgaben des DCC vom 1. Mai bis 30. Dezember1882, in: ebd., opis 1, Bd. 31, Bl. Bl. 2 f.; zur Umrechnung vgl. Deutsche Bundesbank, Kaufkraftäquivalente historischer Beträge in deutschen Währungen, online: https://www.bundesbank.de/resource/blob/615762/13c8ab8e09d802ff. cf2e5a8ae509829c/mL/kaufkraftaequivalente-historischer-betraege-in-deutschen-waehrungen-data. pdf (10.10.2022).
1197 Vgl. Einnahmen und Ausgaben des DCC vom 1. Mai bis 30. Juni 2881, in: ebd., opis 2, Bd. 3, Bl. 42.
1198 Plakat des Sommer-Theaters in Kulm für ein Gastspiel des Hof- und Stadt-Theater-Ensembles am 24.5.1882 „Zum Besten der aus Russland vertriebenen Juden!", in: ebd., opis 4, Bd. 9, Bl. 197.
1199 Vgl. I. Monats-Bericht des DCC Mai 1882, a.a.O., Bl. 35.

die Fahrt mit der Eisenbahn über Berlin nach Hamburg fortgesetzt wurde. Zum zentralen ostpreußischen Transit-Ort im Frühjahr 1882 wurde Eydtkuhnen im Regierungsbezirk Gumbinnen (heute: Gussew). Die Stadt war seit 1860 an die Preußische Ostbahn angeschlossen und hatte sich seitdem zu einem der wichtigsten Grenzbahnhöfe entwickelte. Am 11. Mai gründete sich in Eydtkuhnen ein Hilfskomitee.[1200] Auch das nördlich gelegene Memel, das 1882 zwar noch nicht mit dem russländischen Eisenbahnnetz verbunden war, aber von wo TransmigrantInnen mit der Bahn oder per Schiff weiter nach Königsberg gelangen konnten, wurde erneut zum Ziel jüdischer EmigrantInnen. Weiter südlich passierten jüdische Emigrantinnen die ostpreußische Grenze bei Prostken (heute: Prostki) im Landkreis Lyck (heute: Ełk), wenngleich diese Strecke deutlich weniger frequentiert wurde als die in den nördlichen Grenzorten. Prostken war der letzte Bahnhof auf ostpreußischem Gebiet, von wo eine Bahnlinie ins nahe polnische Grajewo führte, einem bedeutenden Verkehrsknotenpunkt zwischen Lyck und Białystok. Wie der Polizeiinspektor von Prostken in einem Bericht schrieb, herrschte in dieser Region ein reges Schmugglerwesen „während der Nachtzeit". Mithilfe von ortskundigen Eiinwohnern aus Grajewo versuchten jüdische Transmigrantinnen, unter Umgehung des Grenzbahnhofs den nahe gelegenen größeren Bahnhof von Lyck zu erreichen, um von dort die Direktverbindung nach Königsberg zu nehmen. Diese illegalen Grenzübertritte waren in den Augen der Behörden zwar ein Ärgernis, aber „nicht bedeutend".[1201]

Zusammen mit lokalen Hilfskomitees in den ostpreußischen Grenz- und Transit-Orten arbeitete das DCC im Mai fieberhaft an der Errichtung von Registriereinrichtungen und medizinischen Durchgangskontrollen, die für alle TransmigrantInnen, welche die Hilfe des Emigrationswerks in Anspruch nehmen wollten, verpflichtend waren. Die von den Hilfskomitees in Ostpreußen gebildeten Grenz- bzw. „Executiv"-Kommissionen orientierten sich dabei an dem in Brody entwickelten Registriervorgang. Wie die IAzW in Galizien bemühte sich das DCC im gleichen Zuge um eine Zusammenarbeit mit den Behörden. Kurz nach der offiziellen Konstituierung des DCC setzte sich Hermann Makower mit dem Ministerium des Innern ins Benehmen und bot an, die finanzielle, logistische und medizinische Verantwortung für die Betreuung der jüdischen EmigrantInnen aus den russländischen Gebieten zu übernehmen und für ihren Transit durch Preußen zu garantieren. Der preußischen und der Reichsregierung war das DCC als nichtstaatlicher Partner durchaus willkommen. Wie die jüdischen Hilfsorganisationen hatten auch

---

1200 Vgl. AZJ, Jg. 46, Nr. 25 (20.6.1882), S. 410.
1201 Vgl. der Königl. Grenz-Kommissarius und Polizei-Inspector Einhuber an den Königlichen Ober-Präsidenten der Provinz Ostpreußen Herrn Dr. von Schlieckman vom 1.6.1882, in: GStPK, XX. Ha, Rep. 2, I., Tit 30, Nr. 43, Bl. 60 f., zit. Bl. 60.

die preußischen Behörden mit einem kontinuierlichen Anstieg der jüdischen Einwanderung gerechnet. Schon Anfang Februar teilte Otto von Bismarck Innenminister Puttkamer mit, den „Nachrichten aus Rußland" sei zu entnehmen, dass „eine verstärkte Auswanderung und theilweise Ausweisung von Juden über die Russischen Westgrenzen bevorstehe". Aus diesem Grunde müssten die Provinzialbehörden verstärkt Sorge dafür tragen, einem „übermächtigen Zuzuge des Jüdischen Proletariats aus Rußland" vorzubeugen.[1202] Neben finanziellen Belastungen preußischer Gemeinden durch mittellose Personen fürchtete das Preußische Staatsministerium eine mithilfe von Schmugglern bewerkstelligte „organisierte" Einschleppung epidemischer Krankheiten wie Pocken und Typhus über die langen und schwer zu überwachenden Ostgrenzen. Puttkamer, der eine jüdische Immigration ohnehin strikt ablehnte, sprach gar von „Hunderttausenden" JüdInnen, die kurzfristig entschlossen seien, das Deutsche Reich auf ihrem Weg nach Amerika zu durchqueren. Auf der Sitzung des Staatsministeriums vom 22. Mai 1882 beriet die Regierung Makowers Vorschlag. Eine Zusammenarbeit erfolgte in der Erwägung, dass das DCC „über bedeutende Geldmittel verfüge (...) und Garantien dafür leiste, daß die Durchbeförderung von einer Grenze zur anderen ohne Unterbrechung erfolge".[1203] Solange das DCC die Tickets für die bloße Durchreise durch Preußen und die Weiterbeförderung von Hamburg sicherstellte, garantierten die Behörden im Gegenzug Passerleichterungen für diejenigen jüdischen TransmigrantInnen, die mithilfe des DCC auswandern wollten. Dasselbe galt für Personen, die bei ihrem Grenzübertritt entweder ausreichendes Reisegeld oder das Ticket für eine Transatlantikpassage vorweisen konnten. Auf diese Weise konnte die Grenzschließung aufrechterhalten und wie in Österreich die politische, logistische und finanzielle Verantwortung dem DCC übertragen werden. Dieser Entscheidung waren drei Wochen Beratungen mit dem DCC und das Einholen von Informationen von der ostpreußischen Regierung vorhergegangen. Bereits am 16. Mai waren die neuen Regelungen zur Passerleichterung per Anweisungen an die Regierungspräsidenten in Kraft gesetzt worden.[1204] Einen für den weiteren Aufbau des ostpreußischen Hilfswerks günstigen Bericht lieferte der erfahrene Verwaltungsjurist und Ober-Regierungsrat in Gumbinnen Ludwig Ferdinand Hermann Siehr. Auf Bitten des

---

1202 Otto von Bismarck an den Königlichen Staatsminister und Minister des Innern Robert Viktor von Puttkamer vom 11.2.1882, in: GStPK, I. HA, Rep. 77, Tit. 1176, 2a, Bl. 193.
1203 Sitzung des Königlichen Staatsministeriums, Berlin, den 22. Mai 1882 (Abschrift), S. 2, a.a.O., K 187164.
1204 Vgl. Ministerium des Innern an den Königlichen Ober-Präsidenten Herrn Dr. von Schlieckmann vom 17.5.1882, in: GStPK, XX. Ha, Rep. 2, I., Tit 30, Nr. 43, Bl. 11 f.; vgl. Der Regierungspräsident von Gumbinnen an den Königlichen Ober-Präsidenten der Provinz Ostpreußen Albrecht von Schlickmann vom 19.5.1882, in: ebd., Bl. 3.

DCC[1205] entsandte ihn Robert Viktor von Puttkamer Mitte Mai nach Eydtkuhnen, um die Emigration russländischer JüdInnen in Augenschein zu nehmen und die im Dekret vom 16. Mai verfügten Neuregelungen in der Praxis zu beobachten und zu bewerten. Gemeinsam mit dem Landrat von Stallupönen (heute: Nesterow), Franz Burchardt (1845–1894), dem Polizeirat Kloss und dem Vorsitzenden des Eydtkuhnener Hilfskomitees, dem Bankier Robert Gudowius, inspizierte Siehr die Stadt, den Bahnhof, den Grenzübergang und besuchte mit seiner Delegation anschließend die Stadt Kybarti auf der russländischen Seite. In seinem Bericht schilderte er die Hintergründe der Auswanderung ebenso wie deren momentane Durchführung und schilderte überblickend die Lage an der Grenze um Mitte Mai 1882, noch bevor der Transit unter Auflagen durch das neue Dekret legalisiert wurde. Die russländischen JüdInnen, so Siehr, seien keine Ein-, sondern ausnahmslos Durchwanderer, die zudem fast alle über genügend Reisegeld sowie häufig über russische Pässe verfügten, die jedoch nicht zum Grenzübertritt berechtigten. Viele der AuswanderInnen seien durch betrügerische Schmuggler um ihr Erspartes gebracht worden, die sie ihrer ungültigen Pässe wegen in Anspruch genommen hätten. In Preußen versuchten sie illegal mit der Bahn weiterzureisen und sich vor der Polizei zu verstecken, weil ihnen im Fall einer Kontrolle die Abschiebung drohte. Viele der TransmigrantInnen verfügten laut Siehr über Schiffsfahrkarten von Hamburg nach New York, was belegt, dass viele der litauischen Emigrantinnen auf ihre Reise vorbereitet waren und über familiäre oder freundschaftliche Netzwerke in den USA verfügten.[1206] Zwar sank mit Zunahme der Auswanderung der Anteil derjenigen, die Schiffsfahrkarten besaßen, doch noch auf dem Höhepunkt der Auswanderung zwei Monate später erwähnte der Landrat von Lyck in einem Bericht an den Oberpräsidenten von Ostpreußen Albrecht Heinrich Carl von Schlieckmann (1835–1891), dass „einige" der AuswanderInnen gültige Tickets im Gepäck hatten.[1207] Die Auswanderung sei, so Siehr weiter, seit Ende April „stärker geworden". Alle Auswanderer fuhren mit der 4. Klasse, die Transporte gingen in Kontingenten von „mindestens 50" Personen jeweils nachts um drei Uhr ab. Dies lag nicht nur im finanziellen Interesse, sondern auch darin, die Auswanderung so weit als möglich von dem regulären Bahnverkehr zu trennen. Zwischen dem 8. und 16. Mai fuhren pro Nacht etwa 50–60 EmigrantInnen von Eydtkuhnen via Berlin nach Hamburg. Die Transporte wurden vom sich neu gegründeten Hilfskomitee zusammengestellt

---

1205 Vgl. Bericht des Königlichen Grenzkommissars und Polizeiraths Kloss an dem Königlichen Ober-Präsidenten Herrn Dr. von Schlickmann vom 31.5.1882, in: ebd., Bl. 31.
1206 Vgl. Bericht des Ober-Regierungs-Raths Siehr über seine gestern nach Eydtkuhnen erfolgte Dienstreise (Abschrift) vom 18.5.1882, in, a.a.O., Bl. 4 f.
1207 Der Königliche Landrath des Kreises Lyck Lyck an den Königl. Ober-Präsidenten der Provinz Ostpreußen Herrn Dr. v. Schlieckmann vom 30.6.1882, in: GStPK, XX. Ha, Rep. 2, I., Tit 30, Nr. 43, Bl. 95.

und vom Landrat freigegeben.[1208] Zwischen dem Eydtkuhnener Hilfskomitee und dem Hilfskomitee in Kybarti auf der russländischen Seite entwickelte sich schnell eine produktive transnationale Zusammenarbeit, die darauf abzielte, den Transit via Eydtkuhnen möglichst effektiv, ohne die Beteiligung von Schmugglern und unter Vermeidung zusätzlicher Kosten und bürokratischem Ärger zu bewerkstelligen. Im Kontext dieser Bemühungen befürwortete Siehr, der von Robert Gudowius zweifellos beeindruckt war, in seinem Bericht die leitende Rolle der Hilfskomitees. Dadurch bestärkte er das Staatsministerium in seiner Entscheidung, das DCC mit der Leitung der jüdischen Emigration zu betrauen:

> die beiden Comites, diesseits und jenseits der Grenze, stehen in engstem Verkehr mit einander und die Annahme, dass nunmehr der ganze Strom der Auswanderung ausschließlich durch Vermittlung der beiden Comités erfolgen werde, scheint mir begründet.[1209]

Neben Pass- und Transiterleichterung für russländische TransmigrantInnen beschloss das Staatsministerium auf seiner Sitzung am 22. Mai die Einsetzung einer Kommission unter Einschluss des DCC, welche die medizinischen Belange erörtern und Maßnahmen zu ihrer Durchführung erarbeiten sollte.[1210] Die Diskussionen und Vereinbarungen in dieser von dem Unterstaatssekretär Ernst Ludwig Herrfurth (1830–1900) geleiteten Kommission hätten, wie Makower schildert, „zu unserer lebhaftesten Befriedigung im wohlwollendsten Sinne stattgefunden".[1211] Solange keine „begründeten Beschwerden" geäußert würden, überließen die Behörden dem DCC auch die vollständige Aufsicht über die gesundheitlichen Belange der TransmigrantInnen – und damit, wie Makower betonte, indirekt auch die der Zivilbevölkerung in den Transit-Orten. Um dieser Aufgabe zu entsprechen, wurde in Berlin ein nicht näher bezeichneter Mediziner[1212] damit beauftragt, eine Gruppe freiwilliger junger Ärzte zu versammeln und dafür zu sorgen, „daß jeder Transport von Flüchtlingen während der Erholungsrast in unserer Stadt (…) be-

---

1208 Vgl. Bericht des Ober-Regierungs-Raths Siehr über seine gestern nach Eydtkuhnen erfolgte Dienstreise (Abschrift) vom 18.5.1882, in, a.a.O., Bl. 5–7, zit. Bl. 5.
1209 Bericht des Ober-Regierungs-Raths Siehr über seine gestern nach Eydtkuhnen erfolgte Dienstreise (Abschrift) vom 18.5.1882, a.a.O., Bl. 7.
1210 Sitzung des Königlichen Staatsministeriums, Berlin, den 22. Mai 1882 (Abschrift), S. 1, a.a.O., K187163; vgl. AZJ, Jg. 46, Nr. 25 (20.6.1882), S. 409 f.
1211 DCC an den Vorstand der Synagogen-Gemeinde zu Breslau vom 1.6.1882, in: GStPK, XX. HA, Rep. 2, I., Tit. 30, Nr. 43, Bl. 55.; zur Zusammensetzung der Kommission vgl. Kreuzzeitung Nr. 149 (29.6. 1882), in: SAM, 1194, opis 2, Bd. 54, Bl. 83.
1212 Es kann davon ausgegangen werden, dass er auf Empfehlung oder Vermittlung von Salomon Neumann hinzugezogen wurde.

sichtigt werde".[1213] Sämtliche Züge, in denen russländische TransmigrantInnen reisten, wurden nach dem Verlassen der Passagiere mit heißem Dampf gereinigt und ausgescheuert. Zur Gewährleistung der medizinischen Versorgung von auf der Reise erkrankten Personen wurden Medikamentenvorräte angekauft und die Aufnahme ansteckender Kranker in Isolierräumen in Berliner Krankenhäusern vereinbart. Die vom DCC engagierten Ärzte waren aufgefordert, jederzeit Vorschläge zur Optimierung von medizinischen Maßnahmen anzuzeigen, um damit den Ablauf des Transits zu verbessern. Um die Züge auszulasten und eine schnellere Beförderung der TransmigrantInnen durch Ostpreußen zu fördern, beschloss die Kommission außerdem eine Preisermäßigung für die Direktverbindung Eydtkuhnen – Hamburg. Statt wie bisher Gruppen ab 100 sollten nun bereits Gruppen ab 30 Personen von einem günstigeren Fahrpreis profitieren.[1214]

Nach dem Vorbild Berlins plante das DCC in sämtlichen Grenz- und Transit-Orten medizinische Durchgangsstationen einzurichten. Dies war besonders in den Hotspots an der ostpreußischen Grenze eine wesentliche Bedingung für den von der preußischen Regierung garantierten Transit.

In Eydtkuhnen machte der Aufbau der medizinischen Kontrolluntersuchung rasche Fortschritte. Um die Möglichkeit eines Ausbruchs ansteckender Krankheiten auf preußischem Gebiet gänzlich auszuschließen und Bedenken der preußischen Regierung zu zerstreuen, wurden die Untersuchungen bereits auf russländischer Seite durchgeführt. Sämtliche TransmigrantInnen mussten vor ihrem Grenzübertritt beim Eydtkuhnener Arzt Dr. Weintraub vorstellig werden, der einen Untersuchungsraum in Kybarti unterhielt. Nach der Untersuchung nahmen ausgewählte Mitglieder des Hilfskomitees Kybarti die Wertsachen und Gepäckstücke der EmigrantInnen in Verwahrung und brachten die EmigrantInnen zum Grenzübergang. Dort überwachten preußische Grenzbeamte den Grenzübertritt und stellten jedem Einreisenden ein „Begleitbillett" aus, aus dem die ärztliche Untersuchung und die Vorstellung beim Hilfskomitee Kybarti ersichtlich war. Unter Vorlage dieses Billetts erhielten die AuswanderInnen vom Hilfskomitee Eydtkuhnen ihre Wertsachen und Gepäckstücke zurück, wurden registriert und als Passagiere für einen der regelmäßigen Emigrantenzüge in Richtung Königsberg gebucht. Bis zu ihrer Abfahrt kamen sie in jüdischen Herbergen in Eydtkuhnen unter, meist für eine Dauer von nur wenigen Tagen. Bei Krankheitsfällen standen das Krankenhaus von Eydtkuhnen und in schweren oder ansteckenden Fällen das Kreislazarett von

---

1213 Ebd.
1214 Vgl. AZJ, Jg. 46, Nr. 25 (20.6.1882), S. 409.

Stallupönen zur Verfügung, in denen die Patienten gegebenenfalls isoliert werden konnten.[1215]

Die in den Dokumenten der Hilfskomitees anfänglich beinahe enthusiastisch klingende Beschreibung über die Unterstützung des Staates und die praktische Autonomie der jüdischen Hilfskomitees überdeckt mitunter die Härte des preußischen Grenzregimes. Die vom DCC bei der Registrierung befolgten ‚Tauglichkeits'-Kriterien schlossen, genau wie in Galizien, arme, alte und kranke Personen von vorneherein von einer Emigration aus. Dasselbe betraf Kinder, deren Eltern keine Aussicht auf Erwerb in den USA hatten, und sogar Pogromflüchtlinge, die, solange sie ihre Verfolgung nicht glaubhaft nachweisen konnten, ebenfalls durchs Raster fielen. Diesen Personen wurde der Grenzübertritt entweder direkt verwehrt oder, falls sie über die grüne Grenze kamen, wurden sie von der Polizei an Bahnhöfen oder Orten entlang der Transitoute nach Königsberg aufgegriffen und abgeschoben. Eine Immigration russländischer JüdInnen nach Preußen wurde grundsätzlich ausgeschlossen. Mit Erlass vom 17. Mai hatte Puttkamer zudem eine strengere Überwachung der Grenzen und die Abschiebung von sich illegal in den Grenzdistrikten aufhaltenden Juden angeordnet. Die ostpreußischen Grenzdistrikte wurden verpflichtet, 14-tägige Lageberichte über die jüdische Einwanderung nach Königsberg zu schicken.[1216] Seit Mitte Juni wurde eine strengere Überwachung der medizinischen Kontrollstationen angemahnt, zudem verfügte das Innenministerium, dass „die Auswanderer während ihres Aufenthaltes auf dem Bahnhofe von dem übrigen Publicum thunlichst getrennt gehalten werden" müssten.[1217] Am 26. Juni verfügte der preußische Kultusminister Gustav von Goßler (1838–1902), Mitglied der *Deutschkonservativen Partei* und wie sein Kabinettskollege Puttkamer Anhänger politischer ‚Germanisierungs'-Maßnahmen in den Ostprovinzen, dass trotz der „besonderen Sorgfalt" des DCC die „Nothwendigkeit" bestehe, sämtliche Eintritts-, Erfrischungs- und Ankunfts-Stationen (...) überwachen zu lassen" und sanitätspolizeiliche Maßnahmen „neben der privaten Thätigkeit der verschiedenen Comités" einzuführen.[1218] Diese Maßnahmen wurden wenig überraschend von der konser-

---

1215 Vgl. Bericht des Landrats von Stallupönen Franz Burchard an den Königlichen Regierungspräsidenten von Gumbinnen vom 15.6.1882, in: GStPK, XX. HA, Rep. 2, I., Tit. 30, Nr. 43, Bl. 68 f., zit. Bl. 68.
1216 Ministerium des Innern an den Königlichen Ober-Präsidenten Herrn von Schlickmann vom 17.5.1882, in: ebd., Bl. 11 f.
1217 Ministerium des Innern an den Königlichen Ober-Präsidenten Dr. von Schlieckmann vom 4.6. 1882, in: ebd., Bl. 54; das Schreiben ist unterzeichnet vom Vorsitzenden der Kommission Ernst Ludwig Herrfurth, was darauf verweist, dass das Vertrauen in das DCC weniger groß war als von Makower nur drei Tage zuvor geäußert, s. o. Anm. 1211.
1218 Ministerium der geistlichen, Unterrichts- und Medicinal-Angelegenheiten an den Königlichen Regierungs-Präsidenten von Königsberg Conrad von Studt vom 26.6.1882, in: ebd., Bl. 93.

vativen und antisemitischen Presse begrüßt, obwohl sogar die *Neue Preußische Zeitung* zugeben musste, dass ein „nennenswerter Andrang jüdischer Auswanderer (...) nur an der Eisenbahnstation Eydtkuhnen stattgefunden hat".[1219] Im Vergleich zu Galizien verlief der Transit über Ostpreußen geordnet und deutlich überschaubarer. Bis Ende Juni emigrierten über Eydtkuhnen etwa 500 JüdInnen mit Hilfe des DCC. Anhand der Berichte der Landräte aus den ostpreußischen Grenzregionen kann die Anzahl der zwischen Jahresbeginn 1882 und Ende Oktober über Ostpreußen ausgewanderten JüdInnen auf mindestens 2500 geschätzt werden, davon etwa die Hälfte über Eydtkuhnen und ein ebenfalls großer Prozentsatz über Memel.[1220]

8.6.2 Der Schwenk von der Emigration zur „Repatriierung". Vom Juli 1882 bis zum Ende der Hilfsaktion.

Wie auf der Berliner Konferenz verabredet, fokussierten sich die jüdischen Hilfsorganisationen zunehmend auf eine Limitierung der jüdischen Auswanderung. In den Monaten Juni und Juli 1882 brachte die täglich wachsende Zahl jüdischer EmigrantInnen in Brody die Hilfsaktion schnell an die Grenze ihrer Leistungsfähigkeit. Obwohl bis Ende Mai bereits 3300 Personen mithilfe der *Alliance* und ihrer Partner in die USA verschifft worden waren, führte dies kaum zu einer Entspannung in Galizien.[1221] Die Kosten für die Versorgung in Brody schossen in die Höhe, gleichzeitig nahm die Auswanderung auch über Ostpreußen langsam zu. Um ihrer hoffnungslosen Lage zu entgehen, entschieden sich viele JüdInnen, auf eigene Faust von Galizien aufzubrechen, um ihr Glück bei einem anderen Komitee auf der Transitstrecke zu versuchen und einer wochen- oder monatelangen Wartezeit in Brody zu entgehen. Die Lage in der Stadt war im Juni so katastrophal und unübersichtlich, dass es möglich war, EmigrantInnen an der Weiterreise zu hindern. Aus Ostpreußen brachen im Mai ebenfalls Personen ohne Legitimation eines Grenzkomitees auf, wenngleich nicht so viele wie aus Galizien. Insgesamt, beklagte

---

1219 Neue Preußische Zeitung (Kreuzzeitung), Nr. 156 (7.7.1882), in: SAM, 1194, opis 2, Bd. 54, Bl. 85.
1220 Die Schätzung beruht auf den 14 tägigen Berichten der Landräte aus Eydtkuhnen, Memel und anderen Grenzorten. Vgl. GStPK, XX. HA, Rep. 2, I., Tit. 30, Nr. 43, Bl. 99, 109, 136, 138, 152, 171, 175, 183, 193, 199, 202.; bis zum 17.5.1882 emigrierten 380 mithilfe des MHC, vgl. N.S. Joseph an Isidor Loeb vom 17.5. 1882, in: SAM, 1194, opis 1, Bd. 137, Bl. 137; vgl. Bericht des DCC Juni 1882, S. 2, in: ebd., opis 2, Bd. 3, Bl. 40. Die Zahlen für die anderen Grenzübergänge liegen nicht vollständig vor, außerdem sind illegale Grenzübertritte, sofern sie erfolgreich waren, nicht mitgezählt. Über Langszargen wanderten bis Ende Juni 31 Familien aus, über Prostken in der zweiten Junihälfte 48 Personen. Für Illowo wurden bis Ende Juni lediglich zwei Familien gemeldet, für Tilsit eine, vgl. ebd., Bl. 87, 95, 104, 136.
1221 N.S. Joseph an Isidor Loeb vom 17.5.1882, gedruckt als Flugblatt No. 5 des DCC am 2.6.1882, in: SAM, 1194, opis 1, Bd. 32, Bl. 137.

das DCC in seinem Monatsbericht für Mai, kämen auf diese Weise 300–400 Personen wöchentlich in Berlin an, die zusätzlich zum normalen Tagesablauf registriert werden mussten. Bis Ende Mai übernahm dies das Berliner Lokalkomitee. Eine eigene Beförderungskommission wurde eingerichtet, die von Salomon Lachmann, Ernst Jacobi und Carl Bernstein geführt wurde.[1222] Zur Sicherstellung einer den Vereinbarungen der Berliner Konferenz entsprechenden gelenkten Emigration wurden in den großen Transitstationen Berlin, Hamburg und Breslau durch das DCC „Mittelstationen" eingerichtet, um die aus Galizien und Ostpreußen kommenden AuswanderInnen bei ihren Umstiegen erneut zu überprüfen. Personen, die zwar den Kriterien für eine Emigration entsprachen, aber „freiwillig" auf eigene Faust emigriert waren, d.h. keine Registrierung aus Brody oder einem anderen Grenzkomitee vorweisen konnten, erhielten „keinerlei" weitere Unterstützung und wurden, sofern sie für ihre Emigration nicht vollständig selbst aufkommen konnten, zurückgeschickt.[1223] Viele dieser EmigrantInnen stammten aus Rumänien und beklagten gegenüber dem MHC, dass sie „nicht minder grausamer Verfolgung als ihre russischen Glaubensgenossen (...) ausgesetzt seien"[1224]. Dennoch waren sie wie alle anderen nicht russländischen JüdInnen, von der Hilfsaktion ausgenommen. Das *Rumänische Komitee* in Berlin war nicht imstande, irgendetwas für die jüdischen EmigrantInnen aus Rumänien zu tun. Im Gegenteil war es durch die Hilfsaktion in Galizien bereits völlig gebunden und hatte sich Mitte Mai auf Antrag von Moritz Lazarus vorübergehend aufgelöst. Von den noch vorhandenen 33.000 Mark des R.C. wurden kurzerhand 25.000 Mark in den Hilfsfonds des DCC überwiesen. Als Grund für die Überweisung der Gelder gab Lazarus an, der

> ursprüngliche Zweck der Sammlung, (...) eine unmittelbare Hilfe in der Noth zu leisten (...), sei für Rumänien glücklicherweise hinfällig geworden.[1225]

Mitte Mai verkündete das DCC in einem mehrsprachigen Aufruf, nur diejenigen Personen zur Auswanderung zuzulassen, welche die Registrierung eines Grenzkomitees vorweisen konnten. Damit folgte das Komitee den Vereinbarungen mit dem Innenministerium und erhoffte sich gleichzeitig eine abschreckende Wirkung auf AuswanderInnen, die von vorneherein als ‚nicht tauglich' für eine Emigration galten. Diese Maßnahme blieb jedoch ebenso erfolglos wie ähnliche Aufrufe, die von

---

1222 Vgl. I. Monats-Bericht des DCC Mai 1881, S. 3, a.a.O., Bl. 35.
1223 Bekanntmachung des DCC vom 15.5.1882, in: GStPK, XX. Ha, Rep. 2, I, Tit. 30, Nr. 43, Bl. 34.; vgl. I. Monats-Bericht des DCC Mai 1882, S. 2., a.a.O., Bl. 34.
1224 Augsburger Zeitung Nr. 47 (4.7.1882), in: SAM, 1194, opis 2, Bd. 54, Bl. 7.
1225 Vgl. Moritz Lazarus an die Mitglieder des Rumänischen Komitees vom 10.5.1882 sowie Anlage „Rumänisches Comité. Ein Vorschlag" vom 10.5.1882, in: SAM, 1194, opis 4, Bd. 8, Bl. 342f., zit. Bl. 342.

Seiten der IAzW und der AIU im Russländischen Reich kursierten und vor einer unbedachten Emigration warnten.[1226] Bis Ende Mai bezifferte das MHC die EmigrantInnen „ohne Empfehlung irgendeiner Art" auf 737 Personen, von denen einige in England blieben, der Großteil jedoch zusätzlich zu den aus Brody eintreffenden Personen in die USA verschifft wurde.[1227] Dieser „irreguläre Zustand" wurde ab Juni durch eine „nicht unbeträchtliche Anzahl" von Personen verschärft, die vom *Board* beziehungsweise der HIAS aus New York zurückgeschickt wurden und die kontinentale Transitstrecke in der entgegengesetzten Richtung befuhren. Zwar konnte das DCC in seinem Juni-Bericht vermerken, dass das „Umherschicken" von nicht registrierten EmigrantInnen aus Galizien und Ostpreußen innerhalb Deutschlands sich deutlich verringert habe, doch dafür stieg die Rückkehrer-Quote wie befürchtet in beträchtlichem Maße an. Nachdem Moritz Lazarus dem Innenministerium davon Mitteilung gemacht hatte, sicherte Puttkamer zu, die RemigrantInnen aus New York abermals Preußen passieren zu lassen, sofern sie das Land auch wirklich über die russländische Grenze wieder verließen.[1228]

Schon Ende Juni waren die amerikanischen Hilfsorganisationen trotz beträchtlicher Geldsummen, die zum Ankauf von Siedlungsland und für die Versorgung in New York bereitgestellt wurden – allein das DCC überwies im Juni 100.000 Mark –, an ihre Grenzen gestoßen. Ende des Monats war klar, dass „wahrscheinlich die Expeditionen für dieses Jahr eingestellt werden wird"[1229]. Die AJA stoppte kurzfristig die Transporte nach New York, um HIAS und *Board* „Zeit zu lassen, die dort von allen Seiten Nord-Amerikas zusammenströmenden, durch das Mansion House Comité in das Innere Amerikas dirigirten Flüchtlinge allmälig unterzubringen"[1230]. In der ersten Julihälfte wurden noch einmal mehrere Transporte von Brody aus zugelassen, der letzte Zug mit EmigrantInnen, die für die Expedition in die USA vorgesehen waren, verließ Brody am 23. Juli 1882.[1231] Weil sich Anfang Juli abzeichnete, dass weder eine Emigration im großen Maßstab nach Amerika noch in die europäischen Länder möglich war, blieb die Frage im Raum, was aus den in

---

1226 Vgl. I. Bericht der Herren Samuel Montague und Dr. A. Asher, gedruckt als Flugblatt No. 5 des DCC am 2.6.1882, in: SAM, 1194, opis 1, Bd. 32, Bl. 136.; vgl. I. Monatsbericht des DCC Mai 1882, S. 2, in: ebd., opis 2, Bd. 3, Bl. 34.
1227 N.S. Joseph an Isidor Loeb vom 17.5.1882, gedruckt als Flugblatt No. 5 des DCC am 2.6.1882, a.a.O.
1228 Vgl. I. Monats-Bericht des DCC Mai 1882, S. 2, a.a.O., Bl. 40; vgl. Ministerium des Innern an den Königlichen Ober-Präsidenten Herrn von Schlieckmann vom 23.7.1882, in: GStPK, XX. Ha, Rep. 2, I, Tit. 30, Nr. 43, Bl. 163 f.
1229 I. Monats-Bericht des DCC Mai 1882, S. 4, a.a.O., Bl. 41.
1230 III. Monats-Bericht des DCC August 1882, S. 2, in: in: SAM, 1194, opis 2, Bd. 3, Bl. 44.
1231 Vgl. Leo Goldenstein, Brody, S. 27.

Brody verbliebenen ca. 11.–12.000 EmigrantInnen[1232] werden sollte. Um eine Lösung zur Räumung der Stadt zu finden, wurde für den 2.–4. August eine Internationale Konferenz in Wien einberufen. Erste Rückführungen ins Russländische Reich waren bereits seit Juni vom Brodyer Komitee begonnen werden, unter Beihilfe zweier österreichischer und eines russländischen Polizeibeamten.[1233] Die Repatriierung war aus Sicht der meisten Beteiligten die einfachste Lösung, weil sich die Lage im Russländischen Reich allmählich beruhigte. Zwar kam es nach wie vor in weiten Gebieten des Ansiedlungsrayons zu Pogromen, doch waren diese Ausschreitungen, wie John D. Klier belegt, vereinzelt und entfalteten nicht mehr die verheerende Dynamik des ersten Krisenjahres. Hinzu kam die von den jüdischen Hilfsorganisationen mit Beruhigung aufgenommene Entlassung des bisherigen russländischen Innenministers Nikolai P. Ignatjew, dem Initiator der Maigesetze. Sein Sturz hatte keineswegs etwas mit seiner antisemitischen Grundhaltung zu tun, aber er wurde für den teilweisen Zusammenbruch der öffentlichen Ordnung verantwortlich gemacht, verlor das Vertrauen aller seiner Ministerkollegen und des Zaren, und musste Ende Mai 1882 seinen Platz für Dmitri Andrejewitsch Tolstoi (1823–1889) räumen, der zwar nicht liberal, aber dennoch wenige radikal auftrat als Ignatjew.[1234]

Nicht alle Konferenzteilnehmer bevorzugten eine Repatriierung der in Brody gestrandeten Transmigrantinnen. Einen großen Fürsprecher hatten sie in Emmanuel Veneziani, der sich dafür aussprach, lediglich 3000 Personen über die Grenze zurückzuschicken, und auch nur dann, wenn ihnen keine Gefahr für Leib und Leben drohte und sie eine Arbeit finden könnten. 1000 Personen aus Brody sollten nach Amerika emigrieren, 8000 in den jüdischen Gemeinden der europäischen Länder „zerstreut" werden. Venezianis Plan war in den Augen der Hilfsorganisationen organisatorisch und finanziell sehr ambitioniert. Insgesamt, so rechnete Veneziani vor, würden vier Millionen Franc benötigt, wovon das Unterstützungskomitee in Paris bereit sei eine Million zu übernehmen. Zeitgleich zur Geldsammlung müssten die europäischen Partner sich bemühen, in ihren Ländern aufnahmewillige Gemeinden zu finden. Es war weniger die Dimension von Venezianis Plan als die Art und Weise, wie er ihn innerhalb des Hilfswerks kommunizierte, die ihn in den Augen der europäischen Partner in Misskredit brachte. Mit-

---

1232 Die IAzW beziffert die Zahl der russländischen JüdInnen in Brody Anfang Juli auf 11.000, das DCC auf 12.000, vgl. Einladungsschreiben zur Conferenz in Wien am 2., 3. u. 4. August 1882, in: 9. Jahresbericht der IAzW (1882), S. 87 ff.; vgl. II. Monatsbericht des DCC Juni 1882, S. 2, in: SAM, 1194, opis 2, Bd. 3, Bl. 40.
1233 Vgl. Börries Kuzmany, Brody. Eine galizische Grenzstadt, S. 243.
1234 Vgl. John D. Klier, Russians, Jews, and the Pogroms, S. 47 f., 221–223.

hilfe eines „fast schon pathetischen"[1235] Briefes überzeugte er die AIU-Zentrale von seinem Plan, die diesen wiederum als Vorlage für die Wiener Konferenz unter den beteiligten Hilfsorganisationen zirkulieren ließ. Dieses Vorgehen führte zu Irritationen bei den europäischen jüdischen Wohltätigkeitsorganisationen. Die Reaktionen des DCC werfen ein Licht auf die schwierige Position der deutschen Akteure, die Salomon Neumann in einem Brief sehr deutlich schildert:

> In meiner ersten Mittheilung auf das Circular vom 6. Juli habe ich bereits bemerkt, daß mir das Vorgehen des Central-Comités der Alliance innerhalb der Beschlüsse der Delegierten-Versammlung in Berlin und gegenüber dem Deutschen C.C. nicht correct erscheine. Die (...) deutschen Exemplare Ihres Circulars (...) greifen bereits den etwaigen Beschlüssen der internationalen Conferenz so sehr voraus, daß letztere ein Ja oder Nein über den Plan des Herrn Veneziani, gar nicht mehr, zu sagen hat. (...) Es ist um so schwerer, einfach nein dazu zu sagen, als der Plan von Frankreich und England eigentlich bereits acceptirt ist, und <u>außerdem</u> das Nein als der Ausdruck eines lieblosen Egoismus der deutschen Juden aufgefaßt und hingestellt wird.[1236]

Neumann wusste, dass die Ansiedlung von 8000 russländischen JüdInnen in Europa schwierig, in Preußen jedoch unmöglich war. Zum einen untersagte die Regierung generell jede jüdische Immigration, zum andern bestand die Gefahr, die „Jüdische Masseneinwanderung" erneut auf die Tagesordnung der antisemitischen und konservativen Presse zu bringen. Dasselbe galt für Österreich-Ungarn, wo sich die antisemitische Presse seit Juni auf den jüdischen Transit und seine Organisatoren eingeschossen hatte. Unter der Überschrift „Zur russischen Judenplage" hatte das *Deutsche Tageblatt* in Budapest Anfang des Monats einen Artikel über die Hilfsaktion gebracht und darin ein stärkeres Grenzregime des Staates angemahnt. Die Organisation dieser „Invasion" durch eine „verworrene und zwecklose Hilfskomitee-Wirthschaft (...) von ca. 20 Komitees, Vereinen und Verbrüderungen" habe gänzlich versagt.[1237] Am selben Tag hatte die antisemitische *Neue Deutsche Volkszeitung* unter Anspielung auf die wachsenden Schwierigkeiten zwischen Brody, Lemberg und der Zentrale in Wien behauptet, die „Oberjuden von Brody" hätten 600.000 Gulden der AIU veruntreut und sich auf Kosten der Obdachlosen in ihrer Stadt bereichert.[1238] Und selbst die liberale *Vossische Zeitung* in Berlin merkte an, dass die Mittel des Hilfswerks „nicht annähernd dem entsprechen", was vonseiten

---

[1235] Börries Kuzmany, Brody. Eine galizische Grenzstadt, S. 244.
[1236] Salomon Neumann zur Tagesordnung des Central-Comités der Alliance am 19. Juli 1882 vom 17. Juli 1882, in: SAM, 1194, opis 4, Bd. 9, Bl. 390.
[1237] Deutsches Tageblatt, Nr. 153 (8.6.1882), in: SAM, 1194, opis 1, Bd. 112, Bl. 41.
[1238] Neue Deutsche Volkszeitung, Nr. 130 (8.6.1882), in: ebd., Bl. 42.

der „Börsenbarone" und „Rothschildhäuser" möglich gewesen wäre.[1239] In Ungarn und Deutschland beherrschten zur selben Zeit die Untersuchungen der Ritualmordbeschuldigung von Tiszaeszlár die Titelseiten der antisemitischen Presse, sodass Neumanns Vorsicht gegenüber dem Veneziani-Plan durchaus verständlich erscheint. Und nicht nur die nichtjüdische deutsche Öffentlichkeit, sondern auch die deutschen JüdInnen waren aller Solidarität zum Trotz nicht unbedingt gewillt, aus humanitären Gründen eine große Anzahl ‚ostjüdischer' Glaubensgeschwister in ihren Gemeinden zu dulden. Daher müsse, bevor irgendetwas entschieden werden könne,

> zunächst die öffentliche Meinung überhaupt und die der Juden insbesondere auf den Plan des H.V. oder vielmehr auf die Ansiedlung eines Theils der Flüchtlinge in Europa vorbereitet werden.[1240]

Neumann machte deutlich, dass er persönlich keineswegs gegen eine Ansiedlung von russländischen Juden eingestellt sei. Im Gegenteil zeichnete er eine europäische Lösung und eine von den Staaten und den jüdischen Gemeinden gemeinsam initiierte Flüchtlingspolitik vor. „<u>Warum</u>", fragte er,

> <u>soll letzteres nicht auch verpflichtet sein, den Verfolgten eine Zuflucht zu gewähren</u>? Umsomehr als (...) die Regierungen den Verfolgungen durchaus passiv gegenübergestanden hat. Über die Haltung einer Regierung mich zu äußern hat zur Zeit keinen Zweck. Dagegen muß doch (...) constatirt werden, daß auch die Haltung der deutschen Juden eine nicht mehr überall und absolut abwehrende zu sein scheint. (...) Es wäre bedauerlich, ja noch mehr als bedauerlich, wenn der Venezianische Plan nur als Repatriement ausgeführt würde.[1241]

Auch stimmte Neumann mit Veneziani darin überein, die Emigration nach Amerika „nicht unbedingt" grundsätzlich aufzugeben, gerade weil, wie er hinzufügte, „noch in neuester Zeit ansehnliche Geldmittel von Europa und von <u>hier</u>"[1242] nach New York geflossen seien. Im Falle einer Ansiedlung der Menschen in Europa seien diese Geldmittel sicher in Teilen zurückzufordern. Für die Konferenz schlug er vor, einen Aufruf an die europäischen Juden zu initiieren, „der zum Herzen und zum Verstande spricht" und die Gemeinden dazu brächte, „freiwillig sich zu melden" anstatt sie mit Geld dazu zu bewegen. „Übernimmt eine Gemeinde oder ein Einzelner solche Verantwortlichkeit und Mühwaltung (gleichviel für wieviele Flüchtlinge)",

---

1239 Vossische Zeitung, Nr. 296 (28.6.1882), in: ebd., S. 50.
1240 Salomon Neumann zur Tagesordnung des Central-Comités der Alliance am 19. Juli 1882 vom 17. Juli 1882, in: a.a.O., Bl. 390.
1241 Ebd.
1242 Ebd.

schloss Neumann, „so kommt es ihnen auf die Erleichterung, welche eine Subvention gewähren mag, nicht an".[1243]

Auf der Konferenz in Wien setzte sich Veneziani mit seinem Plan einer gemeinsamen jüdisch-europäischen Flüchtlingspolitik nicht durch. Alle Versuche der Konferenzteilnehmer, einen brauchbaren Schlüssel für die Aufteilung in die europäischen Länder durchzusetzen, scheiterten. Die Weigerung der europäischen Nationalstaaten, russländische oder andere ‚ostjüdische' EmigrantInnen aufzunehmen, verhinderte letztlich die Entwicklung einer solidarischen, jüdisch-europäischen Flüchtlingspolitik. Stattdessen wurde, die Aufnahmelisten für EmigrantInnen gänzlich und dauerhaft zu schließen und die Räumung von Brody bis zum Einsetzen des Winters mittels Rückführungen über die Grenze durchzuführen. Lediglich Frankreich erklärte sich zur Aufnahme von 700 Personen bereit, Ungarn bot 50 Familien Unterkunft, die Niederlande 30 Familien, die Schweiz ein „paar" und das Deutsche Reich nahm lediglich 30 bis 60 Kinder auf.[1244] Die IAzW lehnte eine Aufnahme in Österreich grundsätzlich ab und verwies auf ihre aufopfernde Arbeit in Brody. Mit diesem Ergebnis, das weit hinter den Erwartungen Venezianis und Neumanns zurückblieb, war es kaum möglich, auch nur diejenigen Personen in Europa unterzubringen, denen im russländischen Reich Verfolgung und Gewalt drohte, etwa Deserteuren oder politisch Verdächtigen. Für die Repatriierung der zum Zeitpunkt der Konferenz noch etwa 6000 Menschen in Brody wurde vereinbart, einen gemeinsamen Fond von einer Million Francs einzurichten und die Rückkehrer mit einem leicht erhöhten Geldbetrag in ihre Heimat zurückzuschicken. Im August und September erstreckte sich die Tätigkeit des DCC auf die Rückführung von JüdInnen, die sich aufgrund mangelnder Job- und Wohnperspektiven von New York aus auf den Rückweg in ihre alte Heimat machten, da „fast alle aus Amerika oder England Zurückkehrenden Berlin passirten"[1245]. Diese RemigrantInnen traten ihre Heimreise teilweise ohne Absprache mit der HIAS an, sodass sie ohne Geld in Hamburg ankamen und von dort mit Mitteln des DCC bis an die russländische Grenze befördert werden mussten. Um diese kostspielige Remigration zu vermeiden, sandte das DCC Ludwig Loewe nach Paris und London, um über die AJA mit der HIAS und dem *Board* auszuhandeln, keine weiteren Personen mehr nach Europa zurückzuschicken. Mit jeweils 50.000 Mark richteten die AIU, die AJA und das DCC einen Unterstützungsfond ein, um die weitere Verteilung der in New York gestrandeten JüdInnen zu fördern. Gleichzeitig teilte das DCC der HIAS

1243 Ebd., Bl. 391.
1244 Vgl. Beschlüsse der in Wien am 2., 3. und 4. August 1882 abgehaltenen internationalen Conferenz russisch-jüdischer Hilfs-Comités, in: III. Monatsbericht des DCC Juli 1882, S. 4–6, a.a.O., Bl. 45f.
1245 Ebd., Bl. 45.

mit, dass „we refuse passage tickets in all cases" und nur noch Leute akzeptiert wurden, die aus eigenen Mitteln oder mit finanzieller Unterstützung eines amerikanischen Hilfskomitees die Rückreise antraten.[1246] Im Oktober verringerte sich die Zahl der Amerika-RückkehrerInnen spürbar, auch in Brody waren Mitte des Monats nur noch wenige Hundert Menschen übrig, von denen die meisten jedoch nicht ins Russländische Reich zurückkonnten und später in Europa verteilt oder mit Geld ausgestattet wurden, um sich auf eigene Faust in die Neue Welt aufzumachen. Am 31. Dezember 1882 verließen die letzten 50 russländischen JüdInnen Brody, womit die Hilfsaktion offiziell für beendet erklärt wurde.[1247]

1246 IV. Monats-Bericht des DCC August u. September 1882, S. 1 f., in: ebd., Bl. 49.
1247 Vgl. Börries Kuzmany. Brody. Eine galizische Grenzstadt, S. 243 f.

V Epilog

Im Folgenden sollen drei Entwicklungslinien vom Krisenjahr 1881/82 bis zur Gründung des *Hilfsvereins* skizziert werden: (1) die organisationsgeschichtliche Entwicklung der Migrationshilfe deutscher Juden für ihre ost- und südosteuropäischen Glaubensgeschwister seit dem DCC, (2) die gelenkte Emigration im Kontext der Idee einer „Heimstätte Palästina", und (3) ein Ausblick auf das weitere Wirken der in der Arbeit vorgestellten Akteure unter Berücksichtigung der engen Verflechtungen von Migrationshilfe und der Abwehr gegen den Antisemitismus. Abschließend werden die Ergebnisse der Arbeit zusammenfassend reflektiert

1 Das DCC – Vorläufer des *Hilfsvereins der deutschen Juden*

Das *Deutsche Central-Comité* von 1882 war die erste, wenn auch nur temporär existierende deutsche Zentralstelle für jüdische Auswanderung aus Ost- und Südosteuropa. Nach Beendigung der internationalen Hilfsaktion löste sich das Komitee Anfang 1883 auf. Trotz dieses zeitlich begrenzten Wirkens wurden das DCC, seine Organisationsstruktur und Arbeitsweise zur Basis und zum Ausgangspunkt für die in den folgenden Jahrzehnten fortgesetzte Professionalisierung der deutsch-jüdischen Migrationshilfe und diente 1901 als organisatorische Blaupause für den *Hilfsverein der deutschen Juden*.

Die Konstituierung des DCC als deutscher Dachverband für jüdischen Transit, und seine zentrale Rolle als gleichberechtigter Akteur im Kreis der jüdischen Hilfsorganisationen während der Krise von 1881/82 finden in der historischen Forschung nur geringe Erwähnung. Allgemein wird die Gründung des DCC erst auf den Juni 1891 datiert, als der jüdische Transit durch das Deutsche Reich abermals ein Rekordniveau erreichte.[1248] Tatsächlich aber war das Krisenjahr von 1881/82 die Geburtsstunde des ersten nationalen jüdischen Dachverbandes für jüdische Emigration. Das DCC wurde schon von seinen Akteuren zumeist als lockerer Zusammenschluss der deutschen Komitees wahrgenommen, was sich aus der situativen und dezentralen Organisationsstruktur der deutsch-jüdischen Migrationshilfe insgesamt erklären lässt. Hilfskomitees in bedeutenden Gemeinden oder wichtigen Transit-Orten wie Hamburg, Berlin, Breslau und Frankfurt am Main waren vor und nach dem kurzlebigen DCC von 1882 in engen Absprachen miteinander verbunden und in den jüdischen Transit involviert. Die Gründung eines Dachverbandes „unter

---

1248 vgl. Mark Wischnitzer, To dewll in safety, S. 71; vgl. Michael Just, Ost- und südosteuropäische Amerikaauswanderung, S. 133; vgl. Tobias Brinkmann, Migration und Transnationalität, S. 73.

einheitlicher Leitung"[1249] sahen die deutschen Komitees außer in Krisenzeiten als nicht notwendig an. Ludwig Philippson charakterisierte das DCC von 1882 zwar als „Mittelpunkt der jüdischen Auswanderer aus Russland" während der Krisenjahre, fügte aber hinzu, das Zentralkomitee sei vorrangig eine personelle Erweiterung des ursprünglichen Berliner Hilfskomitees gewesen.[1250] Damit lag er, wie bereits geschildert wurde, ziemlich richtig. Neben den etablierten nationalen Organisationen wie der AIU, der AJA oder der IAzW wirkte das DCC schon in den Augen der Zeitgenossen nicht wie ein deutsch-jüdischer Dachverband auf Augenhöhe mit seinen internationalen Partnern, sondern wie ein temporäres Provisorium. Diese Wahrnehmung änderte sich erst mit der Gründung des *Hilfsvereins*.

Die ‚Gründung' des DCC im Jahr 1891 beschreibt also in Wirklichkeit eine Neugründung. Ende Mai 1891, als die sprunghaft ansteigenden Zahlen jüdischer EmigrantInnen eine neue Krise erwarten ließen, initiierten Hermann Makower und Siegmund Joel Meyer eine deutsche Zentralstelle „zur Durchführung des gesammten Hilfswerks", deren Errichtung am 19. Juni 1891 auf einer internationalen Delegiertenversammlung in Berlin beschlossen wurde. Damit folgten die Initiatoren demselben Drehbuch wie schon auf der Berliner Konferenz von 1882. Jüngere Forschungen gehen recht in der Annahme, diese Neukonstituierung in den Kontext der wachsenden transatlantischen Massenemigration zu Beginn der 1890er Jahre zu stellen, die eine Professionalisierung der medizinischen Kontrollstationen entlang der Grenze sowie einen immensen Ausbau der kontinentalen Transitstationen unumgänglich machte.[1251] Auf dem Höhepunkt seiner Tätigkeit befand sich das neugegründete DCC in den Jahren 1891/92. Allein zwischen März und Dezember 1891 wurden von deutschen Hilfskomitees etwa 75.000 jüdische TransmigrantInnen befördert, die meisten über den 1891 eröffneten Auswandererbahnhof Ruhleben bei Spandau.[1252] Zur Bewältigung dieser hohen Zahl an AuswanderInnen, die die Dimension des Krisenjahres 1881/82 um ein Vielfaches übertraf, konnte das DCC auf die bereits seit 1881 etablierten Organisationsstrukturen zurückgreifen. Die „Errichtung von Grenz-Comités" und „Sichtungskomitees"[1253] funktionierte daher 1891

[1249] Bericht des DCC über Die Organisation in Ostpreussen und Oberschlesien von Mai-September 1891, S. 4, in: SAM, 1194, opis 1, Bd. 32, Bl. 56.
[1250] Martin Philippson, Neueste Geschichte des jüdischen Volkes, Bd. 2, S. 29.
[1251] Vgl. zu diesen Entwicklungen die Beiträge von Tobias Brinkmann, Points of Passage; Barbara Lüthi, Germs of Anarchy, Crime, Disease, and Degeneracy; Nicole Kvale-Eilers, Emigrant trains, und Klaus Weber, Transmigrants between Legal Restrictions and Private Charity: The Jew's Temporary Shelter in London, 1885–1939, alle in: Tobias Brinkmann (Hg.), Points of Passage, sowie die überblickende Darstellung zur jüdischen Migration in Kap. II.
[1252] Vgl. Dritter Bericht des DCC von Ende März 1892, S. 1, in: SAM, 1194, opis 1, Bd. 32, Bl. 192.
[1253] Bericht des DCC vom 15.7.1891, S. 2, in: ebd., Bl. 51.

weitaus schneller und flächendeckender als noch 1882. In Ostpreußen bestanden bereits Hilfskomitees in den grenznahen Städten Memel, Tilsit, Insterburg (heute: Tschernjachowsk), Eydtkuhnen, Lyck und dem Durchgangsort Königsberg, die sich dem DCC unmittelbar anschließen konnten. Dasselbe galt für wichtige Grenz- und Transit-Orte in Oberschlesien nahe Polen und Galizien wie Ratibor, Myslowitz, Kattowitz, Lublinitz und Laurahütte (heute: Racibórz, Mysłowice, Katowice, Lubliniec und Siemianowice Śląskie). Bereits am 15. Juli 1891 konnte das DCC die Organisation der Kontroll- und Durchgangsstationen für „vollendet" erklären.[1254] Im Deutschen Reich gehörten offiziell 31 Hilfskomitees in den größten Städten zum DCC[1255], hinzu kamen zahlreiche Komitees in den Grenzorten sowie entlang der Transitroute und in wichtigen Hafenstädten an Nord- und Ostsee. Eine wegweisende Neuerung für die Jüdische Emigration war die Gründung der *Jewish Colonization Association* (JCA) durch Baron Maurice de Hirsch, die sich dem Kauf von Land für die jüdische Siedler widmete, zunächst vorrangig in Argentinien, über den New Yorker *Baron Hirsch Fund* aber auch in den USA, dem wichtigsten Zielland.[1256]

Die Migrationshilfe der Jahre 1891/92 folgte denselben Regeln wie die von 1882: Optimierung des Transits bei gleichzeitiger Reduzierung der jüdischen Auswanderung insgesamt durch strenge Beförderungsregeln.[1257] Ab Ende 1893 ließ die Aktivität des DCC nach, weil auch die jüdische Emigration zurückging. Dies bedeutete jedoch nicht die Einstellung der Migrationshilfe, sondern lediglich ein Herunterfahren in den Wartebetrieb, und diente zugleich dazu, die Zahl der TransmigrantInnen, die sich eine Emigration mit einem Ticket des DCC erhofften, zu reduzieren. Diesen ‚Standby-Modus' der deutsch-jüdischen Migrationshilfe beschrieb das DCC in einem Flugblatt vom Oktober 1893:

> Unsere Grenzkomitees haben nach aussen hin ihre Thätigkeit eingestellt. Diese Einstellung ist aber nur eine scheinbare, denn in Wirklichkeit waren die Vorsitzenden der Komitees weiter thätig; die offizielle Schliessung der Büreaus hatte nur den Zweck, grössere Zuzüge abzuwehren.[1258]

1254 Ebd.
1255 Vgl. Liste Vereinigungen und Komitees im Dienste des Hilfswerks. A. Deutschland (Oktober 1891), in: ebd., Bl. 53.
1256 Vgl. Matthias Lehmann, Baron Hirsch, de Jewish Colonization Association and the Future of the Jews, in: Leora Batnitzky, Ra'anan Boustan (Hgg.), Jewish Studies Quartely, Vol. 27, Nr. 1 (2020), S. 73–102.
1257 Vgl. Instruction für die Beförderung vom Januar 1892, in: SAM, 1194, opis 1, Bd. 32, Bl. 68–70.
1258 Flugblatt des DCC vom Oktober 1893, in: ebd., Bl. 123.

Am 27. Januar 1898 erklärte das DCC seine endgültige Auflösung unter Beibehaltung eines ständigen Komitees zur Verwahrung der verbliebenen Gelder, versprach jedoch für den Fall, dass

> ähnliche Verhältnisse eintreten, welche zur Errichtung des Deutschen Central-Comités für die russischen Juden geführt haben, so wird das ständige Komitee bemüht sein, ungesäumt für die Berufung eines neuen Central-Comités zu sorgen.[1259]

Der *Hilfsverein der deutschen Juden* konnte von den organisatorischen Vorarbeiten seiner Vorgänger von 1882 und 1891 deutlich profitieren. In den Wochen und Monaten vor seiner Gründung bemühte sich Paul Nathan, der ein begnadeter Netzwerker war, um die Zustimmung und Unterstützung einflussreicher Personen in den jüdischen Gemeinden und den Hilfskomitees.

Auf dem Gründungstreffen des *Hilfsvereins* am 28. Mai 1901 in Berlin nahmen über Hundert Vertreter aus deutschen Großstädten und aus schlesischen und ostpreußischen Grenz- und Transit-Orten teil. Wie Paul Nathan rückblickend feststellte, gelang es dank einer klug geplanten Presse- und Werbekampagne sowie durch die Eingliederung bereits bestehender Hilfskomitees „in kürzester Zeit", die „Organisation über ganz Deutschland auszudehnen und zu festigen".[1260] Mit der Großloge Deutschland des U.O.B.B. unter ihrem Präsidenten, dem Rechtsanwalt Berthold Timendorfer (1851–1931), arbeitete der *Hilfsverein* aufs Engste zusammen. Mitglieder beider Organisationen rekrutierten sich aus demselben bürgerlich-liberalen Milieu. Die Großloge fungierte als einer der wichtigsten Mitinitiatoren und Förderer des *Hilfsvereins*. Die Wahl Timendorfers in den geschäftsführenden Ausschuss des *Hilfsvereins* sollte diese als „Entente cordiale" bezeichnete Allianz zwischen *Hilfsverein* und U.O.B.B. in der Führungsebene zementieren. Im Gegenzug wurden Nathan und James Simon (1857–1932), der Vorsitzende des *Hilfsvereins*, Mitglieder der Berliner Montefiori-Loge.[1261]

Die Beziehungen des *Hilfsvereins* zur AIU waren, anders als die des DCC, anfangs weniger harmonisch, weil viele *Alliance*-Mitglieder die Gründung einer deutschen jüdischen Dachorganisation als dem ‚universellen' Ziel der AIU entgegenstehend interpretierten. Die ‚Emanzipation der osteuropäischen Juden' verstanden Nathan und die anderen Gründer des *Hilfsvereins* als fortschrittliche, li-

---

1259 Schlussbericht des DCC vom 27.1.1898, in: ebd., Bl. 324.
1260 Paul Nathan, Entstehung und Aufgaben des Hilfsvereins der deutschen Juden. Pogrome/ Das Hilfswerk im Kriege, in: Festschrift anlässlich der Feier des 25jähigen Bestehens des Hilfsvereins der deutschen Juden, gegründet am 28ten Mai 1901, Berlin 1926, S. 9.
1261 Vgl. Louis Maretzki, Geschichte des Ordens Bnei Briss in Deutschland 1882–1907, S. 143 u. 262 ff., zit. S. 143.

berale, sozialpolitische Gesamtstrategie für Europa, bei deren Verwirklichung den deutschen Juden aufgrund der geographischen Lage ihres Landes und ihrer finanziellen Möglichkeiten ein wichtiger Anteil zufallen sollte. Der *Hilfsverein* verfolgte eine humanitäre und philanthropische Arbeit, die durchaus mit politischen und ökonomischen Interessen des Deutschen Reiches im Osmanischen Reich konform ging.[1262] Den bereits 1898 anvisierten *Schulverein für die Juden des Orients* in Palästina bezeichnete Paul Nathan als „zugleich patriotisches und humanitäres Unternehmen" mit großem Potential.[1263]

Einen politischen Affront gegenüber der *Alliance* stellte vor allem die ‚deutsche' Bildungsarbeit des *Hilfsvereins* in Palästina dar, einem Gebiet, in dem die AIU seit Jahrzehnten tätig war. Paul Nathan und andere Gründungsmitglieder wurden daher nicht müde, öffentlich zu betonen, dass dem *Hilfsverein* nichts ferner liege, „als deutschen Chauvinismus zu treiben"[1264] und das talmudische Motto der AIU „Alle Juden bürgen füreinander" auch der Wahlspruch des *Hilfsvereins* sein werde.[1265] Neben der Beteuerung guter Zusammenarbeit „in edlem Wetteifer" waren Nathan und Simon bereits im Vorfeld der Hilfsvereinsgründung darauf bedacht, „keine feindliche Spitze" oder nationale „chauvinistische[n] Unfreundlichkeit" gegenüber der französischen AIU zu provozieren.[1266] Ihre gemeinsame Arbeit während der Bewältigung der Pogrome von Chișinău 1903 und einer abermaligen internationalen Hilfsaktion schweißte die deutsche *Alliance* und der *Hilfsverein* jedoch schnell zusammen, sodass anfängliche Differenzen überwunden wurden.

Interessant ist im Hinblick auf die Funktion des DCC als Vorgänger des *Hilfsvereins* ein Blick auf die personellen Kontinuitäten, die sowohl innerhalb des DCC als auch im Hilfskomitee für die rumänischen Juden nachweisbar sind. Bei seiner Neugründung fungierte mit Hermann Makower der alte zunächst auch als der neue Vorsitzende des DCC. Mit dem Regierungsrat Ernst Magnus und dem spanischen Generalkonsul in Berlin Eugen Landau (1832–1935) waren zwei Personen im Vorstand vertreten, denen nach der Auflösung des DCC die Verwaltung von dessen verbliebenen Geldern oblag. Landau wurde 1898 zum Aufsichtsratsvorsitzenden der Nationalbank für Deutschland gewählt, Ernst Magnus fungierte seit 1891 als deren Direktor. Beide waren maßgeblich an der Gründung des *Hilfsvereins der deutschen Juden* beteiligt und Mitglied in dessen Zentralkomitee. Landau wurde sogar zunächst zum Vorsitzenden gewählt, übergab das Amt jedoch aufgrund von

---

1262 Vgl. Christoph Jahr, Paul Nathan, S. 25, 179 ff.
1263 Brief Paul Nathan an Arthur Ernst von Huhn vom 21.9.1898, in: PA AA, R 14125, K 175925-K175927.
1264 Jüdische Presse (JP), 31. Jg. (14.4.1901) S. 244.
1265 Carsten L. Wilke, Das deutsch-französische Netzwerk, S. 175.
1266 Paul Nathan, Entstehung und Aufgaben des Hilfsvereins der deutschen Juden. Pogrome/ Das Hilfswerk im Kriege, in: Festschrift, S. 7.

Arbeitsüberlastung an den Philanthropen und Kunstmäzen James Simon.[1267] Landau war in den 1890er Jahren ebenfalls Vorsitzender des Berliner *Rumänischen Komitees*, das seit den 1870er Jahren von Salomon Neumann und Moritz Lazarus geleitet worden war. Im Vorstand des R.C. waren zudem Paul Nathan und James Simon engagiert und mit ihnen zwei weitere Personen, die an der Gründung des *Hilfsvereins* beteiligt waren: der Spediteur Willibald Loewenthal und der Justizrat Arnold Seligsohn (1854–1939). Auch unter den regulären Mitgliedern des R.C., die auf Flugblättern vermerkt sind, finden sich zahlreiche spätere *Hilfsvereins*-Mitglieder. Die Emanzipation der rumänischen JüdInnen und ihre Emigration, die, wie Paul Nathan schrieb, um 1900 „einen stürmischen Charakter annahm", gehörte zu den zentralen Anliegen des jungen *Hilfsvereins*.[1268]

Aus dieser Perspektive ist der Aussage David Jüngers, auch das R.C. sei ein Vorgänger des *Hilfsvereins* gewesen, durchaus zuzustimmen. Erfahrungswerte in der Migrationshilfe wurden sowohl von Mitgliedern des DCC als auch des R.C. – falls sie nicht ohnehin in beiden aktiv gewesen waren – in den *Hilfsverein* eingebracht. Die vom *Hilfsverein* weiter optimierten Abläufe, Regeln und Arbeitsteilungen für den gelenkten jüdischen Transit durch das Deutsche Reich basierten dabei auf der Hilfsaktion für die russländischen JüdInnen aus Brody im Krisenjahr 1881/82.[1269] Als Folge der Pogrome von Chișinău wurden 1903 die formal noch existierenden Reste des DCC vollständig in den *Hilfsverein* eingegliedert und dessen verbliebene Gelder in Höhe von 25.000 Mark, die nach wie vor von Landau und Magnus treuhänderisch verwaltet wurden, dem Kapital des *Hilfsvereins* zugeschlagen.[1270]

Marcus Wolf Hinrichsen aus Hamburg war der einzige Akteur in leitender Funktion, der die organisatorische Entwicklung der Migrationshilfe vom Krisenjahr 1881/82 bis zur Gründung des *Hilfsvereins* vollständig begleitete. Bereits im April 1882 war er als Mitbegründer des *Deutschen Central-Comités* und Vorsitzender des Hamburger Hilfskomitees an der gelenkten Emigration beteiligt gewesen. 1901

1267 Vgl. 1. GdHddJ (1901–1902), S. 3, Liste der Mitglieder des Zentralkomitees ebd., S. 7–9; vgl. 2. GdHddJ (1903), S. 3; vgl. Bericht des DCC für 1894, S. 4, in: SAM, 1194, opis 1, Bd. 23, Bl. 125.
1268 Vgl. 1. GdHddJ (1901–1902), S. 24f., zit. ebd. S. 25.
1269 Vgl. David Jünger, Am Scheitelpunkt der Emanzipation, S. 26; vgl. vertraulicher Spendenaufruf des Berliner Comités zur Unterstützung der rumänischen Juden vom 15.9.1900, in: SAM, 1194, opis 4, Bd. 3, Bl. 91. Als Mitglieder des Rumänischen Komitees, die ins Zentralkomitee des Hilfsvereins aufgenommen wurden, sind zu nennen der erste Kassenwart des Hilfsvereins Isidor Ginsberg (1854–1917); Hirsch Hildesheimer (1855–1910); Isidor Loewe (1848–1910); Siegmund Maybaum (1844–1919); Georg Minden (1850–1928); Hermann Senator (1834–1911); Maximilian Weigert (1842–1920) und Oskar Berliner.
1270 Vgl. 2. GdHddJ (1903), S. 12.

wurde er in seinem letzten Lebensjahr Gründungs- und Vorstandsmitglied des *Hilfsvereins der deutschen Juden*.[1271]

2 Gelenkte jüdische Emigration im Kontext der zionistischen Bewegung

Das Krisenjahr 1881/82 bildete den mit Abstand wichtigsten Impuls zur Begründung einer der bedeutendsten gesellschaftspolitischen Strömungen innerhalb des modernen Judentums, des Zionismus. Die seit den frühen 1880er Jahren ausformulierten, vielfältigen Perspektiven auf eine zu begründende ‚Heimstätte Palästina' gingen langfristig weit über die von der AIU vertretene Gemeinschaftsvorstellung vom universalen, geistigen Bruderband aller Juden hinaus. Der philanthropische Ansatz der *Alliance* und ihrer Partnerorganisationen, auch des *Hilfsvereins*, sah die Emanzipation und bürgerliche Gleichstellung der JüdInnen in ihren ‚Heimatländern' und die weitgehende Vermeidung jüdischer Emigration vor. Dieser Plan wurde durch das Erstarken antisemitischer Einstellungen und durch Ablehnung weiter Teile der nichtjüdischen Mehrheitsgesellschaften allmählich obsolet, was sich besonders stark in Rumänien und im Russländischen Reich zeigte. Die Chibbat Zion-Bewegung trug ebenfalls philanthropische Züge, was aber vorrangig als Vorsichtsmaßnahme gegenüber dem restriktiven zaristischen System zu werten ist. Wie bereits geschildert, existierte in Rumänien schon 1881 eine Reihe von Vereinen der Chibbat Zion, im Russländischen Reich stellte die Krise von 1881/82 den „einenden Katalysator"[1272] für eine rapide Verbreitung der Bewegung dar. Zum wegbereitenden Manifest der Chowewe Zion (Zionsfreunde) wurde die 1882 von Leon Pinsker (1821–1891) veröffentlichte Broschüre „*Autoemancipation!*". Pinsker, der zur Zeit der Pogrome als Mediziner in Odessa lebte, erklärte die Assimilationsbestrebungen der JüdInnen in die Nationalstaaten für ungeeignet und als Strategie gänzlich gescheitert. Stattdessen plädierte er angesichts der grassierenden „Judeophobie" für die Gründung einer jüdischen Nation als einzig gangbare Lösung zur vollständigen Emanzipation der Juden. Die Verachtung für die von den jüdischen Hilfsorganisationen eingeleitete Repatriierung „mit eben jenem Gelde, das zum Zwecke der Auswanderung gesammelt wurde", ist im knapp gehaltenen Vorwort zu „*Autoemancipation!*" förmlich zu greifen. Pinskers Publikation richtete sich an die westlichen Juden und kritisierte die AIU als untätig und der Gefahr der JüdInnen

---

[1271] Vgl. 1. GdHddJ (1901–1902), Berlin 1902, S. 8.
[1272] Erik Petry, Ländliche Kolonisation, S. 91; vgl. John D. Klier, Russians, Jews, and the pogroms of 1881–1882, S. 277–287.

gegenüber duckmäuserisch. Trotz seiner Schärfe verfolgte Pinsker mit seiner Schrift den Plan, die Juden Westeuropas von seiner Idee einer jüdischen Heimstätte zu überzeugen und ihnen bei deren Realisierung eine Führungsrolle anzubieten, blieb aber erfolglos. Stattdessen fand „Autoemancipation!" eine rapide Verbreitung in Osteuropa und machte Pinsker zu einer Ikone der Chibbat Zion-Bewegung.[1273]

Ebenso wie die ZionstInnen der späteren Jahre stellten die Chowewe Zion und ihre Verbündeten in den westlichen Staaten eine sehr heterogene Bewegung dar, deren Vorstellungen und Debatten über eine nationale jüdische Heimstätte sich aus traditionsgebundenen, religiösen, politischen oder nationalen Perspektiven speisten, und die nicht ausschließlich auf die Region Palästina ausgerichtet waren.[1274] In Westeuropa gab es sowohl in orthodoxen als auch liberalen Kreisen Sympathisanten der Chibbat Zion-Bewegung, die Palästina als einen Sehnsuchtsort betrachteten[1275], doch bildeten diese im Jahr 1881/82 und lange darüber hinaus eine Minderheit. Namhafte *Alliance*-Akteure der Emigrationshilfe gehörten zu Befürwortern einer jüdischen Besiedlung Palästinas. Mit Charles Netter, dem Initiator der Agrikulturschule in Jaffa, und Heinrich Schafier waren zwei der von der Pariser *Alliance* nach Brody gesandten Helfer der langfristigen Option jüdischer Siedlungen in Palästina gewogen – obgleich Netter kurz vor seinem Tod Zweifel an einer großangelegten Kolonisierung äußerte und dadurch heftige Kritik der Chibbat Zion auf sich zog.[1276] Laurence Oliphant, der 1882 für die AJA Galizien bereiste, hatte schon 1878 Ideen für eine Kolonie im nördlichen Palästina entworfen. Auch Samuel Montague und Asher Asher standen den Ideen der Chibbat Zion nahe. Die AJA lehnte eine jüdische Besiedlung Palästinas jedoch als utopisch ab, solange weder finanzielle noch politische Voraussetzungen dafür geschaffen seien. „Das hungrige Palästina", schrieb Albert Löwy kurz vor der Berliner Konferenz im April 1882 an Salomon Neumann, sei für die Auswanderung „ungeeignet". Oliphants „phantastische Wiederbelebung vom fruchtbaren Gilead" sei undurchführbar, weil „ein Organisator für die Regelung jüdischer Ansiedler in Palästina nicht existiert". Gleichwohl bemerke er, dass

---

1273 Leon Pinsker, „Autoemancipation!" Mahnruf an seine Stammesgenossen von einem russischen Juden, Berlin 1882, Einleitung September 1882, S. 7; vgl. zu Leon Pinsker Erik Petry, Ländliche Kolonisation, S. 89–96.
1274 Vgl. zur Heterogenität und Ausformulierungsprozessen innerhalb der frühen zionistischen Bewegung David Vital, The Origins of Zionism, Oxford 1975; vgl. Shmuel Almog, Jehuda Reinharz, Anita Shapira (Hgg.), Zionism and Religion, Hanover, N.H. 1998; vgl. Ivonne Meybohm, David Wolffsohn, S. 42 ff.; vgl. Lisa Sophie Gebhard, David Hamann (Hgg.), Deutschsprachige Zionismen.
1275 Vgl. Erik Petry, Ländliche Kolonisation, S. 37–67.
1276 Vgl. Erik Petry, Ländliche Kolonisation, S. 85 f.

wir wachsam bedenken müssen, dass der misshandelte russische Jude und der boshaft behandelte rumänische Jude sehnsuchtsvoll nach Palästina als dem Lande ungeschmälerter Freiheit blickt.[1277]

Ähnliches berichtete die *Tribüne* Mitte Mai 1882 in einem Bericht aus Brody. Viele der dort auf ihre Emigration wartenden JüdInnen „würden die eventuelle Transportierung nach Palästina" einer Auswanderung nach Amerika vorziehen.[1278]

Innerhalb der deutschen Hilfskomitees gab es ebenfalls bedeutende Persönlichkeiten, die sich seit Jahren mit einer jüdischen Kolonisation Palästinas befasst hatten. Eine Schlüsselfigur innerhalb des Diskurses über zionistische Ideen im deutschsprachigen Raum und schon 1881 ein wichtiger Ansprechpartner russländischer Chowewe Zion war Isaak Rülf, der seit den 1860er Jahren in federführender Rolle in der Emigrationshilfe engagiert war. Ab 1882 stand er in engem Kontakt mit Leon Pinsker, von dessen *„Autoemancipation!"* er sehr beeindruckt war. Angeregt von der Lektüre Pinskers brachte er im Jahr darauf ein eigenes Buch heraus, in dem er „die Wiederherstellung des eigenen Staates in dem Land der Väter" forderte.[1279] Wie Theodor Herzl (1860–1904) 13 Jahre später, schlug Rülf eine Vereinbarung mit dem Osmanischen Reich unter Hinzuziehung wohlgesonnener westlicher Großmächte vor, um Palästina für eine jüdische Kolonisation vorzubereiten.[1280] Mit dem Historiker Heinrich Graetz, der während der Krise Leiter des Hilfskomitees von Breslau war, verfügten die Chowewe Zion über einen weiteren prominenten Fürsprecher eines jüdischen Palästina. Die bereits 1862 vorgelegten Pläne seines Freundes und frühen Zionisten Moses Hess (1812–1875) über eine jüdische Besiedlung des Suez bezeichnete Graetz als eine Kombination von „Realismus und Idealismus". 1872 reiste Graetz gemeinsam mit Moritz Gottschalk Lewy nach Palästina und rief anschließend den *Verein für Erziehung jüdischer Waisen in Palästina* ins Leben. In den Jahren vor der Krise tat sich Graetz durch Vorschläge zur landwirtschaftlichen Entwicklung und der allgemeinen Verbesserung der Lebensumstände in Palästina hervor.[1281]

Trotz Überschneidungen und Sympathien mit den Chowewe Zion bei Akteuren der Migrationshilfe sah die von den deutschen Hilfskomitees und dem DCC organisierte Emigration russländischer und rumänischer JüdInnen eine planmäßige Auswanderung nach Palästina nicht vor. Im Vergleich zu den USA schien Palästina

---

1277 Albert Löwy an Salomon Neumann vom 10.3.1882, in: SAM, 1194, opis 4, Bd. 9, Bl. 178f.
1278 Tribüne Nr. 245 (16.5.1882), in: SAM, 1194, opis 1, Bd. 112, Bl. 21.
1279 Isaak Rülf, Aruchas Bas-Amri. Israels Hoffnung. Ein ernstes Wort an Glaubens- und Nichtglaubensgenossen, Frankfurt am Main 1883, S. 23.
1280 Vgl. Ivonne Meybohm, David Wolffsohn, S. 44f.
1281 Vgl. Erik Petry, Ländliche Kolonisation, S. 52–56, zit. S. 33.

dem überwiegenden Teil der leitenden Persönlichkeiten als ungeeignet, um eine großangelegte jüdische Migration dorthin zu forcieren. Während in die USA hervorragende politische Verbindungen bestanden und die Aussicht auf Arbeitsplätze und Wohnraum günstig waren, galt Palästina als weitgehend unerschlossen, unzivilisiert und gefährlich. Zwar waren die Voraussetzungen für eine großangelegte Kolonisierung im Jahr 1881/82 im Vergleich mit den USA deutlich schwieriger, doch entsprach die Wahrnehmung von Palästina als einem strukturell unerschlossenen und daher unbewohnbaren Land nur teilweise der Realität, und beruhte häufig auf Unwissenheit oder kolonialen Attitüden der Migrationshelfer.[1282] Auf der Berliner Konferenz von 1882 entschieden sich die Delegierten daher für die kurzfristig praktikable Lösung einer Emigration in die Vereinigten Staaten. Der Vorschlag des orthodoxen Rabbiners Esriel Hildesheimer, eines ebenfalls frühen Befürworters einer ‚jüdischen Heimstätte Palästinas', russländische EmigrantInnen „eventuell nach Palästina" zu schicken, wurde mit überwältigender Mehrheit abgelehnt.[1283] Nach seiner Neukonstituierung im Jahr 1891 forcierte das DCC den Transit Zehntausender JüdInnen in die USA und mithilfe der JCA auch nach Argentinien. Eine Auswanderung russländischer JüdInnen nach Palästina stand jedoch nicht zur Debatte. Auch tauchen in den Berichten und Rechnungen des DCC keine Seepassagen in Richtung Palästina auf.[1284]

Tatsächlich rückte Palästina als ein ‚Haupteinwanderungsland' für jüdische EmigrantInnen erst 1907 ins Interesse des *Hilfsvereins*, in erster Linie weil die Verabschiedung des *Immigration Act* im Februar desselben Jahres die jüdische Immigration in die USA deutlich erschwerte.[1285] Die Unterstützung für kolonisatorische Pläne in Palästina war mitnichten eine rein zionistische Sphäre, sondern war auch im Rahmen nichtzionistischen, philanthropischen Engagements denk- und

---

1282 Vgl. Erik Petry, Ländliche Kolonisation, S. 21–28.
1283 Vgl. Sitzung der Delegierten der Hülfs-Comités für die nothleidenden russischen Juden am 23. April, S. 2 f., in: SAM, 1194, opis 2, Bd. 3, Bl. 9 f.
1284 Vgl. Dritter Bericht des DCC von Ende März 1892, S. 2 f.; vgl. Rechnungslisten der von verschiedenen Häfen durch das DCC beförderten Personen in: ebd., Bl. 200–203.
1285 Vgl. Drew Keeling, The Business S. 165–167; für Paul Nathan war Palästina zwar „deutlich aufnahmefähiger für die jüdische Immigration" geworden, konnte die Einwanderung in die USA aber nur „zum Teil" kompensieren. Zudem waren aus seiner Sicht die harten Beschränkungen des ‚Immigration Act' lediglich „vorübergehend", vgl. Exposé Dr. Nathan über die Zukunft des Osmanischen Reiches in Bezug auf die Juden, in: SAM, 628, opis 1, Bd. 3, Bl. 73–80, zit. Bl. 73, 74; vgl. 6. GdHddJ (1907), Berlin 1908, S. 103 f.; in den GdHddJ wird „Palästina" als Auswanderungsland nicht namentlich in den Statistiken geführt, sondern unter „andere Länder" gezählt.

durchführbar.¹²⁸⁶ Spätere Funktionäre des *Hilfsvereins* waren seit den 1880er Jahren gemeinsam mit zionistischen Akteuren in Gruppen aktiv gewesen, die die Urbarmachung und jüdische Besiedlung Palästinas ins Auge fassten. Paul Nathan selbst war und blieb zwar ein scharfer Gegner der zionistischen Idee, wurde aber von Freund und Feind gleichermaßen als einer der profundesten Kenner Palästinas geschätzt. Er war Mitglied des Vereins *Esra* und saß ab 1909 in dessen Zentralkomitee¹²⁸⁷. Oft bereiste Nathan den Orient und Palästina, um die Fortschritte des Bildungswerks persönlich in Augenschein zu nehmen, um Häuser oder Land für neue Projekte anzukaufen und mit den Verantwortlichen vor Ort, dem Lehrpersonal, dem deutschen Konsul oder den türkischen Behörden, zu verhandeln. Außer Nathan waren weitere Gründungsmitglieder und Förderer des *Hilfsvereins* bei *Esra* aktiv gewesen, darunter der Orientalist Jacob Barth, der Frankfurter Bankier Charles Lazarus Hallgarten (1838–1908) und der Münchner Rabbiner Markus Horovitz (1844–1910).¹²⁸⁸ Auch der Chowewe Zion Hirsch Hildesheimer (1855–1910), Sohn von Esriel Hildesheimer, war Gründungsmitglied des *Hilfsvereins*. Der bekannteste im *Hilfsverein* engagierte Zionist war der Botanikprofessor Otto Warburg (1859–1938)¹²⁸⁹, der 1901 ins erste Zentralkomitee des *Hilfsvereins* gewählt wurde. Nach seiner Wahl zum Präsidenten der *Zionistischen Organisation* (ZO) 1911 blieb er dem *Hilfsverein* verbunden, erst infolge des ‚Sprachenstreits' verließ er 1914 das Gremium.¹²⁹⁰ Eine weitere prominente Figur in den ersten Jahren des *Hilfsvereins* war Willy Bambus, ein früher Chowewe Zion in Berlin. Viele Anhänger dieser frühen zionistischen Richtung um Bambus lehnten den politischen Zionismus Theodor Herzls ab, Bambus selbst überwarf sich 1897 mit Herzl.¹²⁹¹ 1894 stieß er durch Vermittlung Hirsch Hildesheimers zum *Comité zur Abwehr antisemitischer Angriffe in Berlin* und lernte dort Paul Nathan kennen, mit dem er gemeinsam drei

---

1286 Tobias Grill, Antizionistische jüdische Bewegungen, in: Europäische Geschichte Online (EGO), hg. vom Institut für Europäische Geschichte (IEG), Mainz 2011–11–16, 18 (www.ieg-ego.eu/grillt-2011-de URN: urn:nbn:de:0159–2011081886; 18.03.2019), S. 17.
1287 Vgl. Festschrift zum fünfundzwanzigsten Jubiläum des „Esra", Berlin 1909, S. 10, 33.
1288 Ebd., S. 34.
1289 Zu Otto Warburg vgl. Dana von Suffrin, Pflanzen für Palästina. Otto Warburg und die Naturwissenschaften im Jischuw (= Schriftenreihe wissenschaftlicher Abhandlungen des Leo Baeck Instituts Bd. 80), Tübingen 2019, und Frank Leimkugel, Botanischer Zionismus. Otto Warburg (1859–1938) und die Anfänge institutionalisierter Naturwissenschaften in „Eretz Israel", Berlin 2005.
1290 Vgl. 1. GdHddJ (1901–1902), S. 8, 14, 31, 68; 13. GdHddJ (1914), Berlin 1915, S. 4f. (Warburgs Name ist ab 1914 nicht mehr aufgeführt).
1291 Vgl. Erik Petry, Zwischen nationalem Bekenntnis und Pragmatismus. Heinrich Löwe und Willy Bambus, in: Christian Wiese/Andrea Schatz (Hgg.), Janusfiguren. „Jüdische Heimstätte", Exil und Nation im deutschen Zionismus, Berlin 2006, S. 189–212; vgl. Ivonne Meybohm, David Wolffsohn, S. 48–50.

Aufklärungspublikationen für die Abwehrarbeit verfasste.¹²⁹² Dem *Hilfsverein* war er seit dessen Gründung eng verbunden und bestrebt, die Auswanderungs- und Bildungsarbeit für Palästina zu fördern. Er beteiligte sich maßgeblich am Aufbau des *Centralbureaus für jüdische Auswanderungsangelegenheiten* und beriet persönlich viele jüdische EmigrantInnen aus dem Russländischen Reich im Berliner *Hilfsvereins*-Büro. Bis zu seinem Tod 1904 bekleidete Bambus den Posten des *Hilfsvereins*-Sekretärs, der mit einem Jahresgehalt von 6500 Mark dotiert war.¹²⁹³

Angesichts der schweren Pogromwellen im Russländischen Reich 1903 fasste Paul Nathan den Plan, die ZionistInnen als Partner bei der Emigrationshilfe mit ins Boot zu holen, vor allem wegen deren guten Beziehungen nach Osteuropa. Als im Dezember 1904 der *Hilfsverein* und der U.O.B.B Deutschland die bedeutenden jüdischen Hilfsorganisationen in Frankfurt am Main zu einer internationalen Konferenz zusammenriefen, um die osteuropäische jüdische Auswanderung gemeinsam zu koordinieren, stand auch das *Zionistische Aktionskomitee* auf der Einladungsliste. Dies geschah weniger aus Sympathie, sondern aus rein pragmatischen Gesichtspunkten. Die seit der Jahrhundertwende kontinuierlich steigende Zahl russländischer und rumänischer jüdischer AuswanderInnen machte eine bessere Koordinierung des Transits unumgänglich. Als Folge der Verschlechterung der Lebenssituation der JüdInnen im Russländischen Reich rechnete der *Hilfsverein* mit mindestens 88.500 jüdischen EmigrantInnen pro Jahr.¹²⁹⁴ 1904 existierte bereits ein sehr dichtes Netzwerk zionistischer Ortsgruppen im Zarenreich und Rumänien, auf das bei der geplanten Errichtung von mindestens 1000 lokalen russländischen Büros und Informationsstellen nicht verzichtet werden konnte.¹²⁹⁵ In Jaffa befand sich seit 1906 das von Davis Trietsch (1870–1935) initiierte *Informationsbureau für Palästina*, das sich um die

---

1292 Vgl. Comité zur Abwehr antisemitischer Angriffe in Berlin (Hg.): Gutachten über das jüdisch-rituelle Schlachtverfahren („Schächten"), Berlin 1894; ders.: Die Kriminalität der Juden in Deutschland, Berlin 1896; ders.: Die Juden als Soldaten, Berlin 1897.
1293 Vgl. Jacob Borut, Die jüdischen Abwehrvereine, S. 485; vgl. Nachruf auf Willy Bambus, in: JP, 31. Jg. (11.11.1904), S. 467–470 u. ebd. S. 474 (Todesanzeige Willy Bambus vom Hilfsverein); vgl. 3. GdHddJ (1904), S. 6, 134.
1294 Zwischen 1904–1907 nahmen ca. 112.000 ost- und südosteuropäische Juden die Unterstützung des Hilfsvereins bei der Emigration in Anspruch, vgl. 3. GdHddJ (1904), S. 30 ff. u. 4. GdHddJ (1905), S. 81; vgl. Bernhard Kahn, „Die Auswandererfürsorge des Hilfsvereins der deutschen Juden in der Vorkriegszeit", in: Festschrift anlässlich der Feier des 25jährigen Bestehens des Hilfsvereins der deutschen Juden, S. 36.
1295 Vgl. Lisa Sophie Gebhard, Davis Trietsch – Der vergessene Visionär. Zionistische Zukunftsentwürfe zwischen Deutschland, Palästina und den USA, Tübingen 2022 (= Schriftenreihe wissenschaftlicher Abhandlungen des Leo Baeck Instituts 83); vgl. Protokoll der Internationalen Konferenz zur Organisation der jüdischen Auswanderung aus Osteuropa, zu Frankfurt a. M. am 4.–5. Dezember 1904, in: SAM, 1325 (Jüdische Gemeinden und Organisationen), opis 1, Bd. 74, Bl. 61–78 (19 S.), hier Bl. 79 (S. 16 des Protokolls).

Einwanderung und Integration jüdischer ImmigrantInnen in Palästina bemühte und „entsprechend dem Programm" der Konferenz von 1904 vom *Hilfsverein* einen Großteil der finanziellen Unterstützung erhielt.[1296] Der *Hilfsverein* blieb bis zum Ende des Ersten Weltkriegs in Palästina aktiv, am 2. Juni 1918 wurden alle seine Einrichtungen durch die britischen Militärbehörden geschlossen.[1297]

3 Die Akteure der Abwehr und Migrationshilfe bis zur Gründung des *Hilfsvereins*

Zum Schluss soll ein Blick auf die vorgestellten Akteure unter Berücksichtigung des in den 1890er Jahren eingeleiteten Generationenwechsels in der Migrations- und Abwehrarbeit in Berlin geworfen werden, der, wie bereits oben angeklungen, maßgeblich durch Paul Nathan verkörpert wird.

Beim Vergleich zwischen den personellen Entwicklungen vom DCC/R.C. zum *Hilfsverein* und denen innerhalb der organisierten Abwehr des Antisemitismus in Berlin finden sich bemerkenswerte Parallelen. Dies ist zunächst wenig überraschend, da die personellen Überschneidungen oder Personalunionen innerhalb verschiedener aus Honoratioren gebildeten philanthropischen Hilfs-, Unterstützungs- und Förderungskomitees oder -vereinen häufig vorkamen. Diese Parallelität verweist zugleich auf ähnliche programmatische Inhalte und Ziele und, wie im Fall von DCC und R.C., auf praktische Kooperation; so dienten die Erfahrungen aus der Emigrationshilfe für rumänische JüdInnen der Weiterentwicklung der Emigrationshilfe für russländische JüdInnen und umgekehrt. Ähnlich verhielt es sich zwischen der Emigrationshilfe und der Abwehr gegen den Antisemitismus, da, wie gezeigt wurde, die Optimierung der Migrationshilfe für jüdische TransmigrantInnen zur Strategie gegen die Bedrohung durch die antisemitische Bewegung gezählt werden muss.

Zu Anfang der 1890er Jahre erlebte die antisemitische Hetze ein Comeback, mehrere prominente Antisemiten zogen in den Reichstag ein, darunter Max Liebermann von Sonnenberg, Otto Böckel, Wilhelm Pickenbach sowie der nordhessische Redakteure Ludwig Werner (1855–1928) und Oswald Zimmermann (1859–1910) aus Sachsen. Zur selben Zeit nahm die jüdische Emigration aus dem Russländischen Reich erneut zu, im Sommer 1891 erreichte die Zahl der vom DCC betreuten TransmigrantInnen eine bis dahin unbekannte Dimension. Paul Nathan, zu dieser Zeit Leitender Redakteur der liberalen Berliner Wochenzeitung *Die Nation*,

---

1296 Vgl. 6 GdHddJ (1907), Berlin 1908, S. 128; vgl. Die Welt, 9. Jg. (30.11.1906), S. 11.
1297 Vgl. 17. GdHddJ (1918), Berlin 1919, S. 17f.

publizierte als Reaktion auf die antisemitische Hetze im Parlament im April 1892 seine Studie über den Ritualmordprozess von Tiszaeszlár.[1298] Mit Heinrich Rickert, dem freisinnigen Kontrahenten des konservativ-antisemitischen Abgeordneten Freiherrn von Wackerbarth-Linderode im Preußischen Abgeordnetenhaus war Nathan gesellschafts- und parteipolitisch eng verbunden. Rickert trat als einer der Hauptinitiatoren des *Vereins zur Abwehr des Antisemitismus* (V.A.A.) in Erscheinung, dessen Mitglieder sich aus dem liberalen Bürgertum rekrutierten und zumeist keine JüdInnen waren. In der *Nation* hatte Rickert am 9. August 1890 einen aufsehenerregenden Artikel „Zur Judenverfolgung in Deutschland am Ende des 19. Jahrhunderts" veröffentlicht, mit dem er „zu einer Gegenagitation direct auffordern" wollte und der als Gründungsmanifest des V.A.A. gilt.[1299]

Durch die Antisemitismus-Welle alarmiert, reaktivierte sich im Juni 1892 das December-Comité von 1880 in neuer Besetzung. Im Juni 1892 trafen sich alte und neue Mitstreiter im Haus des Berliner Industriellen Julius Isaac (1843–1899), um den Kampf gegen den Antisemitismus erneut aufzunehmen.[1300] Kurz vor dem Treffen hatte Paul Nathan Salomon Neumann seine Ideen zur Strukturierung des Abwehrkomitees in einem längeren Brief dargelegt und ein „möglichst freies Handeln" der „Subcomités" vorgeschlagen, um eine flexible Abwehrarbeit in verschiedene Richtungen zu gewährleisten.[1301] Während der folgenden Monate wurden Satzung, Aufgabenteilung und Vorgehensweise diskutiert sowie einzelne Projekte initiiert, die meisten davon Subventionen aufklärerischer Broschüren oder Unterstützung juristischer Auseinandersetzungen. Die neuen treibenden Kräfte waren der Rechtsanwalt Edmund Friedemann (1847–1921) und Paul Nathan. Nathan war bereits am 22. Juni 1892 als jüngstes Mitglied ins *Preßcomité* gewählt worden, der Neuauflage des *Litterarischen Bureaus* von 1880, und saß damit im zentralen Organisationsteam des neuen Abwehrkomitees.[1302] Gute Beziehungen bestanden über Rickert zum V.A.A., an dessen Unternehmungen sich die D.C.-Mitglieder oft beteiligten, anstatt selbst aktiv zu werden. Bis Dezember 1892 blieb das D.C. wei-

---

1298 Vgl. Paul Nathan, Der Prozeß von Tisza-Eszlár. Ein antisemitisches Culturbild.
1299 Vgl. Heinrich Rickert, Die Judenverfolgung in Deutschland am Ende des 19. Jahrhunderts, in: Die Nation, 7. Jg., Nr. 45 (9.8.1890), S. 667–669; Heinrich Rickert an Paul Nathan vom 28.07.1890 in: BArch, N 2207 (Nachlass Paul Nathan), 14, Bl. 48.
1300 Liste der zu J. Isaac (I. Vers.) Eingeladenen resp. Erschienenen o.D., vom [30.] Juni 1892, o.D., in: SAM, 1194, 4, Bd. 2, Bl. 306.; eingeladen waren prominente Mitglieder und der gesamte geschäftsführende Ausschuss des D.C.: Moritz Lazarus, Emmanuel Mendel, Samuel Kristeller, Julius Hirschberg, Julius Bleichröder, Salomon Neumann, Salomon Lachmann, Hermann Stern und Siegmund J. Meyer.
1301 Paul Nathan an Salomon Neumann vom 21.6.1892, in: ebd., Bl. 53–58, zit. Bl. 54.
1302 Vgl. Protokoll der „Sitzung bei [Salomon; D.H.] Lachmann" (Vorbesprechung zur Neugründung des DCC) vom 22.6.1892, in: ebd., Bl. 59.

testgehend mit sich selbst beschäftigt, bevor es am 18. Januar 1893 als jüdisches *Comité zur Abwehr antisemitischer Angriffe in Berlin* mittels Ankündigung auf der Titelseite der *Jüdischen Presse* an die Öffentlichkeit trat[1303]. Dieser Schritt folgte wenige Wochen, nachdem die DkP ihr antisemitisches Tivoli-Parteiprogramm beschlossen hatte.

Die Aktivitäten des Abwehrkomitees blieben allerdings bescheiden und beschränkten sich auf Berlin und das nähere Umland. 1894 publizierte das Komitee ein Gutachten zur Schächtfrage sowie zwei statistische Studien, die gemeinsam von Paul Nathan und Willy Bambus verfasst wurden.[1304] Im Sommer 1894 reiste Edmund Friedemann, seit 1893 auch C.V.-Mitglied, zusammen mit zwei jüdischen Berliner Stadträten nach Eberswalde, um auf einer antisemitischen Veranstaltung eine Gegenrede zu halten. Die „Angriffe auf die Juden" von Seiten des Organisators, so berichtete die AZJ, „beschränkten sich auf die Behauptung, daß Millionen russischer Juden alljährlich nach Deutschland einwanderten".[1305]

Die Hinweise auf solche Unternehmungen von Komiteemitgliedern sind spärlich. Die traditionelle Arbeitsweise des im Hintergrund agierenden Honoratioren-Komitees entsprach nicht den Anforderungen einer massenwirksamen Agitation gegen die immer aggressiver auftretenden Antisemiten.[1306] Diese Lücke füllte 1893 der C.V. und erfüllte schließlich den vielgeäußerten Wunsch nach einer „aktiven jüdischen Abwehrarbeit"[1307]. Er löste die überholte Strategie der Honoratioren ab und professionalisierte das weite Feld der Abwehrarbeit. Das Abwehrkomitee agierte fortan nahezu unbemerkt in einer Abseitsrolle. Den letzten Hinweis auf seine Existenz liefert ein Flugblatt aus dem Jahr 1898, das neben dem Versprechen an potentielle Spender, „den Lügen und Unwahrheiten des Antisemitismus entgegenzutreten" und „Aufklärung über die wahren Eigenschaften der Juden und über die jüdische Religion zu verbreiten", auch die Namen der verbliebenen 27 Komiteemitglieder preisgibt.[1308] Viele der Unterzeichnenden waren während der 1890er Jahre im R.C. aktiv; 1901 ging das *Comité zur Abwehr antisemitischer Angriffe in Berlin* nahezu vollständig im *Hilfsverein* auf. Neben den zwei Komiteevorsitzenden

---

1303 Vgl. JP, Jg. 23, (19.01.1893), S. 1–2.
1304 Vgl. Comite zur Abwehr antisemitischer Angriffe (Hg.): Gutachten über das jüdisch-rituelle Schlachtverfahren („Schächten"), Berlin 1894; vgl. Comite zur Abwehr antisemitischer Angriffe in Berlin (Hg.): Die Kriminalität der Juden in Deutschland; vgl. Comite zur Abwehr antisemitischer Angriffe in Berlin (Hg.): Die Juden als Soldaten.
1305 Vgl. AZJ, Jg. 58, Nr. 23 (8.6.1894), S. 2.
1306 Vgl. Jaocb Borut, Abwehrvereine, S. 486–488.
1307 Avraham Barkai, Wehr Dich!, 2002, S. 22.
1308 Flugblatt des Comités zur Abwehr antisemitischer Angriffe o.D. (1898), in: SAM, 1194, 2, Bd. 86, Bl. 95.

Paul Nathan und James Simon wurden 20 weitere Personen Mitglieder des *Hilfsvereins*, davon saßen 15 in der Führungsebene.[1309]

Moritz Lazarus und Salomon Neumann zogen sich im Lauf der 1890er Jahre allmählich aus der Komiteearbeit zurück. Lazarus, der bei der Neugründung des D.C. bereits 67 Jahre alt war, hatte seit seiner Positionierung auf Seiten des Regierungslagers während der Debatte um das Septennat im Jahr 1887 einen erheblichen Teil seiner früheren Popularität und Reputation im (links)liberalen jüdischen Milieu der Hauptstadt eingebüßt. Seitdem zog er sich mehr und mehr aus dem öffentlichen Leben zurück. Der ehemalige Wortführer der Abwehr gegen den Antisemitismus zu Beginn der 1880er Jahre verkörperte, wie Mathias Berek formuliert, ein „prominentes Beispiel für den liberalen Selbstwiderspruch"[1310] von Nationalismus und Kosmopolitismus. Sein gelebter Deutschnationalismus und sein Bestreben, Pluralismus und (jüdische) Emanzipation mithilfe von (autoritärer) Nation und Religion zu erreichen, scheiterten an der politischen Realität der wilhelminischen Gesellschaft, die um die Jahrhundertwende dem Gegenteil von Lazarus' politischem Idealismus entsprach. Weiten Teilen der Gesellschaft, sofern sie überhaupt noch Notiz von ihm nahmen, galten Lazarus' Vorstellungen, sein Stil und Ausdrucksweise als überholt und anachronistisch, und ihr Verfasser als ein „Relikt der Vergangenheit"[1311]. Seine völkerpsychologischen Arbeiten und philosophisch-politischen Schriften wurden im konservativen und antisemitischen Milieu als ‚jüdisch' charakterisiert. Wie Berek in seiner biographisch-wissenschaftlichen Studie über Lazarus prägnant schlussfolgert, war das Paradoxe an einer Figur des bürgerlichen (National)liberalismus wie Moritz Lazarus, dass er seine Epoche maßgeblich mitprägte und dennoch bereits zu Lebzeiten fast in Vergessenheit geriet, während seine Hauptthesen und Werke in späteren Zeiten und der Gegenwart zu festen Bestandteilen des wissenschaftlichen und gesellschaftlichen Diskurses wurden[1312] – auch in dieser Arbeit. 1897 zog Moritz Lazarus zusammen mit seiner zweiten Frau Nahida (1849–1928) nach Meran, wo er 1903 starb.

Salomon Neumann blieb bis ins hohe Alter ein geachteter Bürger Berlins. Dem *Hilfsverein der deutschen Juden* trat er nicht bei, doch blieb er auch seinem Rückzug aus der aktiven Arbeit für die jüdische Emigration der AIU und ihrem Berliner Lokalkomitee verbunden. Nach 46 Jahren schied er 1905 aus Altersgründen aus der Berliner Stadtverordnetenversammlung aus. Er widmete sich weiterhin der von ihm mitinitiierten *Hochschule der Wissenschaft des Judenthums*, der *Zunz-Stiftung* und der *Gesellschaft für soziale Medizin, Hygiene und Medizinal-Statistik*. Nebenher

---

1309 Vgl. 1. GdHddJ (1901–1902), S. 3, 7–9, 42–69.
1310 Mathias Berek, Moritz Lazarus, Deutsch-jüdischer Idealismus, S. 559.
1311 Ebd., S. 561.
1312 Ebd., S. 559f.; zur Völkerpsychologie vgl. ebd., S. 275ff.

betätigte er sich als eifriger Sammler jüdischer Literatur und wissenschaftlicher Studien über das Judentum. Auch archivierte er, wie geschildert wurde, Akten der jüdischen Gemeinde und der AIU aus mehreren Jahrzehnten, darunter auch die für diese Arbeit verwendeten Bestände aus dem SAM. Mit 83 Jahren wohnte er der Eröffnung der Bibliothek der Berliner Jüdischen Gemeinde bei, der er seine „Sammlung Neumann" vermachte, und die zu einem Grundstein für das *Gesamtarchiv der deutschen Juden* wurde.[1313] 1906 gründete er mit Spenden, die er anlässlich seines 80. Geburtstages erhalten hatte, die *Salomon Neumann-Stiftung*, die bis zu ihrer Auflösung durch die Nationalsozialisten im Jahr 1940 wissenschaftliche Projekte förderte.[1314] Der Statistik blieb er sein Leben lang verbunden. 1899 erklärte Richard Böckh ihn zum „Vater der Statistik der Stadt Berlin"[1315]. Seine in der *Fabel von der jüdischen Masseneinwanderung* geäußerte Kritik an der Verwendung rassistischer Konstruktionen zur Separierung von ‚Juden' und ‚Deutschen' hielt er bis zuletzt aufrecht. Auch die zionistische Idee einer „jüdischen Nation" missbilligte er. Als sich 1903 der *Verein für jüdische Statistik* gründete, lehnte Neumann einen Beitritt ab, weil der Verein die jüdische Nation ebenfalls zur Grundlage für statistische Modelle verwendete.[1316] Salomon Neumann starb 1908 im Alter von 89 Jahren in Berlin.

Paul Nathan übernahm 1901 im *Hilfsverein* das Amt eines Geschäftsführers im Ehrenamt, das er bis zu seinem Tod im Jahre 1927 behielt. Am Vorabend des Ersten Weltkriegs zählte der *Hilfsverein* mit 27.000 MitgliederInnen und einem Gesamteinkommen von 933.500 Mark zu einem der größten und finanzstärksten deutschen Wohlfahrtsverbände. Er verfügte über ein reichsweites Netzwerk von Regional- und Lokalfilialen sowie Dutzende von Informationsbüros im Ausland. Etwa 4,5 % aller deutschen Jüdinnen und Juden wurden Mitglieder des *Hilfsvereins*.[1317] Bis 1914 unterstützte der *Hilfsverein* schätzungsweise 200.000 JüdInnen aus Ost- und Südosteuropa bei ihrer Auswanderung nach Amerika oder Palästina.[1318]

[1313] Vgl. Grabreden auf Salomon Neumann gehalten von Rabbiner Dr. J. Eschelbacher, S. 12, 17, und von Prof. Dr. S. Kalischer, S. 42–44, beide in: SAM, 1194, opis 1, Bd. 17, Bl. 12, 17, 42–44.
[1314] Vgl. Urslula Reuter, ...aber Gerechtigkeit erhöhet ein Volk. Aus dem Leben von Salomon Neumann, in: Kalonymos, 19. Jg. (2016), Heft 4, S. 11.
[1315] Grabrede auf Salomon Neumann gehalten von Paul Mayet, in: SAM, 1194, opis 1, Bd. 17, Bl. 23.
[1316] Vgl. Günter Regneri, Salomon Neumann's Statistical Challenge to Treitschke, S. 153; vgl. Nachrufe auf Salomon Neumann in der AZJ, Jg. 72, Nr. 39 (25.9.1908), S. 459f.
[1317] Dies lässt sich aus den detaillierten Mitgliederverzeichnissen in den GdHddJ ableiten. In den alphabetisch nach Städten sortierten Mitgliederlisten werden auch Personen mit Kleinstspendenbeiträgen aufgeführt.
[1318] Vgl. Protokoll der Internationalen Konferenz zur Organisation der jüdischen Auswanderung aus Osteuropa zu Frankfurt am Main, 4.–5. Dezember 1904, in: SAM, 1325, opis 1, Bd. 74, Bl. 61–78,

4 Abschlussbetrachtung

Zum Schluss sollen die Ergebnisse reflektiert und noch einmal die enge Verflechtung von Abwehr des Antisemitismus und der Solidarität für jüdische TransmigrantInnen und Geflüchtete in den Blick genommen werden. Wie diese Arbeit aus verschiedenen Perspektiven zeigt, waren zwei Aspekte für die zeitgenössische Wahrnehmung des Jahres 1881/82 als ‚Krise' ausschlaggebend: zum Ersten der Beginn der jüdischen transatlantischen Massenemigration, in deren Folge eine bis dahin nicht gekannte Anzahl jüdischer TransmigrantInnen das Deutsche Reich in Richtung der Nordseehäfen durchquerte, und zum Zweiten die zeitgleiche Formierung der antisemitischen Bewegung. Diese beiden Phänomene bedingten einander zwar nicht, dennoch waren ihre Wechselwirkungen auffallend. Die jüdische Transmigration bildete einen elementaren Teil des narrativen Rahmens, den die antisemitische Bewegung für ihre Agitation gegen in- und ausländische JüdInnen einsetzte. Gleichzeitig beeinflussten die Strategien der deutsch-jüdischen Akteure zur Bekämpfung dieser Narrative ihre parallelen Bemühungen um die Organisation des gelenkten jüdischen Transits. Die entwickelten Strategien zur Bekämpfung des Antisemitismus schlossen sowohl eine theoretische Widerlegung der „Masseneinwanderungsthese" ein als auch die Professionalisierung des gelenkten jüdischen Transits durch das Deutsche Reich.

Ausschlaggebend für den Beginn der jüdischen transatlantischen Massenemigration waren sozioökonomische und gesellschaftliche Umbrüche im Russländischen Reich. Der Optimismus auf eine Verbesserung der Lebenssituation der russländischen JüdInnen, der die Reformen Alexanders II. begleitet hatten, verflog im Lauf der 1870er Jahre nahezu gänzlich. Ökonomisch und gesellschaftlich wurden sie schikaniert und zunehmend ausgegrenzt, viele JüdInnen sahen keinerlei Perspektiven mehr in ihrer alten Heimat. Deshalb begannen nicht wenige, eine Emigration in die Vereinigten Staaten als Alternative zu ihrer prekären Lebenssituation ins Auge zu fassen. Dieser Entschluss wurde begünstigt durch den raschen Ausbau des europäischen Eisenbahnnetzes und der transatlantischen Schifffahrtsrouten – dank moderner Verkehrsmittel wurde eine Emigration deutlich preiswerter und weniger zeitintensiv als zuvor, und damit zu einer reellen Option für eine wachsende Anzahl von Menschen. Die im Frühjahr 1881 beginnende Pogromwelle in der heutigen Ukraine und die massive physische Bedrohung führten dazu, dass viele russländische JüdInnen ihre Auswanderungspläne in die Tat umsetzten. Erfolgte der Großteil der jüdischen Migration zunächst in Form einer Binnenwanderung

---

Tabelle Gesamteinnahmen und Ausgaben des Hilfsvereins der Deutschen Juden bis Kriegsende, in: Festschrift anlässlich des 25jährigen Bestehens des Hilfsvereins der Deutschen Juden, S. 59.

innerhalb des russländischen Reiches bzw. des Ansiedlungsrayons, emigrierte seit dem Sommer 1881 eine stetig wachsende Anzahl russländischer JüdInnen über die westliche Grenze. Während der Jahre 1881/82 waren viele Pogromflüchtlinge unter ihnen, die nicht mehr besaßen als was sie am Leibe trugen. Weil Preußen die Grenzen schloss und Rumänien aufgrund seiner judenfeindlichen Regierung ebenfalls keine sichere Option darstellte, gelangten die meisten EmigrantInnen zunächst ins österreich-ungarische Galizien, wo die kleine Grenzstadt Brody zur ersten Station auf ihrer Reise nach Westen und in den folgenden Monaten zum Schauplatz einer humanitären Krise wurde. Die JüdInnen in Westeuropa, vornehmlich in Galizien und den preußischen Städten nahe der Grenze, realisierten schnell, dass die Emigration einer bislang unbekannten Anzahl russländischer JüdInnen bevorstand. Wie ebenfalls befürchtet, konnten viele der täglich eintreffenden Menschen nicht für ihre Weiterreise, geschweige denn für ihre grundlegende Versorgung aufkommen, was sich zu einer ernsten Herausforderung für die jüdischen Gemeinden und Wohltätigkeitsorganisationen entwickelte.

Im Kontext der in dieser Arbeit dargestellten Solidarität westeuropäischer und amerikanischer JüdInnen für ihre russländischen Glaubensgeschwister muss auf die Diversität der europäischen Judenheiten und insbesondere auf die unter westlichen JüdInnen weit verbreitete ambivalente Einstellung gegenüber den Juden Ost- und Südosteuropas hingewiesen werden. Wie dargestellt, bestanden mitunter große Vorbehalte der deutsch-jüdischen Akteure gegenüber den russländischen TransmigrantInnen, die aus einer allgemein verbreiteten Überzeugung von einem kulturellen West-Ost-Gefälle herrührten. Die humanitäre Hilfsaktion folgte zwar den Motiven der *Zedakah*, doch Sympathiebekundungen für die Glaubensgeschwister aus dem Osten finden sich selten in den überlieferten Quellen. Mit Ausnahme weniger Akteure wie Salomon Neumann oder Emmanuel Felix Veneziani finden sich unter den an der Hilfsaktion Beteiligten keine oder kaum Befürworter einer dauerhaften Ansiedlung russländischer EmigrantInnen im Deutschen Reich.

Diese Einstellungen gingen einerseits auf die Ambivalenzen der deutsch-jüdischen Akteure gegenüber den ‚Ostjuden' zurück, entsprangen jedoch auch praktischen Gründen rund um das eigene Wohlbefinden. Im Deutschen Reich, dem Haupttransitland für EmigrantInnen aus Ost- und Südosteuropa, sahen sich JüdInnen seit dem Ende der 1870er Jahre einer wachsenden antijüdischen Stimmung und einem zunehmenden Druck der wachsenden antisemitischen Bewegung gegenüber. Die kaum zwei Jahre zurückliegende Intervention der in der AIU organisierten westeuropäischen Juden auf dem Berliner Kongress zugunsten ihrer rumänischen Glaubensgeschwister war noch ein deutlicher politischer Erfolg der europäisch-jüdischen Diplomatie gewesen. Doch weil die dort gefassten Beschlüsse nie in die Praxis umgesetzt wurden, zeigte sich diese transnationale Diplomatie der AIU letztlich wirkungslos gegenüber realpolitischen Interessen und machtpolitischen Kalkülen der europäischen Großmächte. Die JüdInnen in den europäischen Nationalstaaten gerieten zunehmend in die Defensive; im Deutschen Reich wurden sie seit dem Börsenkrach von 1873 vermehrt als Hauptschuldige für sämtliche sozialen Probleme ausgemacht und angefeindet. Weil zugleich die zunehmende Akzeptanz großer Bevölkerungsteile für kollektivistische rassistisch-biologistische Ordnungsmodelle, geschürt durch von antisemitischen Demagogen verbreitete Überfremdungsszenarien, wuchs, gerieten JüdInnen im Deutschen Reich und damit auch die deutsch-jüdischen Akteure der *Alliance* unter starken Druck. Ihre jahrzehntelangen Bemühungen um eine Inklusion in die deutsche Gesellschaft, die mitunter die weitestmögliche Aufgabe einer ‚jüdischen' Identität beinhaltete, sowie die hart erkämpfte Gleichberechtigung als deutsche Staatsbürger, wurden durch konservativ-nationalistische Politikmodelle in Frage gestellt. Wie die Hetztiraden und Aktionen der antisemitischen Bewegung, insbesondere die Pogrome in Pommern und Westpreußen zeigen, beschränkte sich die antisemitische Programmatik nicht auf die verbale Ablehnung und Ausgrenzung deutscher JüdInnen, sondern schloss konkrete Bedrohungen und eliminatorische Momente mit ein. Dass die Bemühungen der ‚Radauantisemiten' um Ernst Henrici, Julius Ruppel und andere, ein Klima des Hasses gegen und ein Klima der Angst für die deutschen JüdInnen zu schaffen, teilweise aufgingen, zeigen etwa ihre politischen Ambitionen bei der Wahl zur Berliner Stadtverordnetenversammlung. Dort konnte die antisemitische Bewegung zwar nur einen Achtungserfolg erzielte, war aber durch ihr vulgäres und aggressives Auftreten im Wahlkampf omnipräsent. Nicht weniger verdeutlicht die grundsätzliche Gleichgültigkeit der Preußischen- und der Bismarckregierung gegenüber dem Treiben der Antisemiten die gefährliche Situation, in der sich deutsche JüdInnen während des Jahres 1881/82 befanden. Der Staat ignorierte die berechtigten Sorgen seiner jüdischen BürgerInnen weitgehend, instrumentalisierte stattdessen die antisemitische Bewegung zur Durchsetzung einer nationalistischen Agenda und schritt erst ein, nachdem den Hetzreden Taten gefolgt und in Pommern Pogrome ausgebrochen und die Neustettiner Synagoge niedergebrannt worden war.

Diese bedrohliche Lage, in welcher sich die deutschen JüdInnen befanden, als die jüdische Massenemigration aus dem Russländischen Reich begann, war elementarer Bestandteil der ‚Krise' von 1881/82. Während der Staat die jüdische Transmigration als innerjüdisches Problem abtat und auch hier kaum Anstalten machte, die jüdischen Gemeinden oder die AIU bei ihrer Arbeit zu unterstützen, verunglimpften die Antisemiten den jüdischen Transit pauschal als eine „jüdische Masseninwanderung" und bekämpften ihn genauso vehement wie seine vermeintlichen Urheber und Profiteure, die deutsch-jüdischen Akteure der Migrationshilfe. Die Solidarität der deutschen JüdInnen für ihre ost- und südosteuropäischen Glaubensgeschwister war deshalb nicht nur schwierig in ihrer praktischen Umsetzung, sondern angesichts der antisemitischen Demagogie auch gefährlich.

Um ihren Gegnern keine Angriffsfläche zu bieten, konzentrierten sich die Akteure der Emigrationshilfe auf einen möglichst reibungslosen und unauffälligen Transit der EmigrantInnen durch das Deutsche Reich. Diese Anstrengungen korrelierten nicht nur mit der Bedrohung durch antisemitische Radikale. Die Bemühungen um eine Transformation der Errungenschaften des ‚liberalen Gründungsjahrzehnts' in ein nationalistisch-völkisches Gesellschaftsmodell unter Ausschluss der Juden und dem Verbot jeglicher Immigration reichten bis in die höchsten Gesellschaftskreise und die Regierungsfraktionen des Reichstages. Welch weitreichende Folgen völkische und antisemitische Denkmuster für ‚fremdbürtige' ImmigrantInnen und TransmigrantInnen hatte, zeigt das zu Beginn der jüdischen Massenemigration gegen PolInnen und JüdInnen ins Werk gesetzte Grenzregime der Regierung Bismarck, in dessen Folge die preußischen Ostgrenzen für russländische JüdInnen nicht nur gesperrt, sondern in den Folgejahren auch mehrere Tausend JüdInnen aus Preußen abgeschoben wurden. Diese Maßnahmen wurden von den radauantisemitischen Agitatoren und Initiatoren der ‚Antisemitenpetition' als Erfüllung ihrer Forderungen begrüßt und fanden gleichfalls Zuspruch bei nationalliberalen und protestantisch-nationalistischen Protagonisten sowie bei Antisemiten in hohen gesellschaftlichen Positionen wie etwa Heinrich von Treitschke oder dem Leiter des *Preußischen Statistischen Bureaus* Ernst Engel.

Aus der Perspektive dieses Bedrohungsszenarios betrachtet ist die Reaktion der in dieser Arbeit vorgestellten – und vieler anderer – deutsch-jüdischen (und -österreichischen) Akteure bemerkenswert. Sie engagierten sich nicht nur selbstbewusst gegen die innere Bedrohung der antisemitischen Bewegung, sondern setzten gleichzeitig in nur wenigen Monaten eine, wenn auch mit reichlich Startschwierigkeiten behaftete, transnationale Hilfsaktion für russländische jüdische TransmigrantInnen ins Werk. Auch wenn dies auf den ersten Blick und insbesondere aus der Perspektive der älteren Forschung nicht so erscheinen mag, waren sie in Beidem erstaunlich erfolgreich, wobei dieser Erfolg vor allem in der wertvollen Pionierarbeit liegt, auf der spätere Akteure und Vereine wie der *Hilfsverein der deutschen Juden* oder der *Centralverein* aufbauen konnten.

Die Gründung des *Jüdischen Comités vom 1. December* unter Federführung von Moritz Lazarus ist trotz der überwiegend negativen Kritik der Zeitgenossen als Meilenstein der Abwehrarbeit zu betrachten. Dieser erste von deutschen Juden geschaffene Abwehrverein fungierte als zentrales Dokumentationszentrum und war zugleich eine Beratungsstelle für von Antisemitismus Betroffene. Die systematische und teilweise ‚undercover' durchgeführte Sammel- und Recherchetätigkeit des von Otto Burg geleiteten *Litterarischen Bureaus*, die aufklärerische Publikationsarbeit bzw. die finanzielle Subvention von ‚Faktenchecks' antisemitischer Desinformationen sowie die juristische Unterstützung gegen antisemitische Verleumdungskampagnen, schufen wesentliche Grundlagen für Arbeitsweisen des 1893 gegründeten *Centralvereins*. Den bedeutendsten Beitrag zur Einwanderungsdebatte im Deutschen Reich im Kontext der jüdischen Transmigration im Krisenjahr 1881/82 leistete Salomon Neumann mit seiner *Fabel von der jüdischen Masseneinwanderung*. Neumanns schlagfertige Studie wandte sich gleichermaßen gegen die von radikalen Antisemiten verbreiteten Tiraden über die vermeintliche Masseneinwanderung russländischer JüdInnen ins Deutsche Reich und gegen die offizielle, zunehmend von kollektiven, rassistisch-biologischen Ordnungsvorstellungen beeinflusste Preußische Statistik. Sachlich-nüchtern und zugleich pointiert griff Neumann die Legitimationswissenschaft für die Rechtfertigung des Grenzregimes als tendenziös und antisemitisch an und nahm ihre fehlerhafte Argumentation Stück für Stück auseinander. Auch wenn seine Kontrahenten zu guter Letzt zähneknirschend eingestehen mussten, dass es keine Masseneinwanderung russländischer JüdInnen nach Preußen gab und diese daher auch nicht statistisch zu belegen war, etablierte sich langfristig die von Neumann angeprangerte ‚tendenziöse' Statistik, die die Juden als eigene Bevölkerungsgruppe definierte und nicht mehr unter die ‚Deutschen' zählte. Trotz ihrer Stichhaltigkeit gelang Neumanns Studie nach dem Krisenjahr kein Durchbruch. Sie wurde kurzfristig als bedeutender Beitrag zum ‚Berliner Antisemitismusstreit' wahrgenommen und geriet danach weitgehend in Vergessenheit.

Paul Nathan, der 1881 noch am Anfang seiner Journalistenkarriere stand, leistete mit seiner Studie zum Ritualmordprozess in Tiszaézlar einen ebenfalls essenziellen Beitrag zum Verständnis der modernen antisemitischen Bewegung. Anschaulich, mit der für ihn typischen akribischen Genauigkeit und in scharfzüngigem, bisweilen ironischem Stil geschrieben, stellte Nathan vor allem die europäische Dimension der antisemitischen Bewegung heraus und analysierte am Beispiel des Ritualmordvorwurfs von Tiszaészlar die Vernetzung antisemitischer Protagonisten und Presseorgane sowie ihre aufeinander abgestimmten Hetzkampagnen in Ungarn und im Deutschen Reich während der Jahre 1882–83. Nathans Studie, die 1892 mit fast zehnjähriger Verspätung erschien, muss noch heute als Standardwerk über die frühe antisemitische Bewegung und ihre propagandistische Strategie angesehen werden.

Die erstmals in großem Stil organisierte gelenkte Emigration der seit dem frühen Sommer 1881 im galizischen Brody eintreffenden jüdischen EmigrantInnen trug im ersten Jahr der Hilfsaktion noch einen sehr provisorischen Charakter und war, wie geschildert wurde, anfällig für eine Vielzahl äußerer und innerer Störfaktoren. Dennoch gelang es den deutschen Lokalkomitees mithilfe der AIU und deren Partnerorganisationen in Österreich-Ungarn, Großbritannien und den USA, bis zum Jahreswechsel 1881/82 mehreren Hundert Personen die Emigration in die USA zu ermöglichen und die prekäre Lage in Brody zu stabilisieren. Dabei arbeiteten sie eng mit den transatlantischen Schifffahrtsgesellschaften bzw. deren Auswanderungsagenten zusammen, im ersten Jahr vor allem mit Vertretern der *National*-Linie und der HAPAG in Hamburg. Die vielfältigen Erfahrungen und Probleme, denen die Organisatoren des Transits kurzfristig begegnen mussten, von der Erstversorgung, Beköstigung und Unterbringung in Brody und weiteren Transit-Orten bis hin zu den Modalitäten der Bahnfahrt und den Einschiffungen in den Häfen von Hamburg und Antwerpen, hatten einen raschen Professionalisierungsschub der gesamten Hilfsaktion zur Folge. Weitsichtig erwies sich hier der Brody-erfahrene Hermann Magnus aus Leipzig, der sich um die Intensivierung des europäisch-amerikanischen Netzwerks der jüdischen Hilfsorganisationen bemühte und gemeinsam mit dem Generalsekretär der AIU Charles Netter und dem Arzt Heinrich Schafier die ersten Registrierungen in Brody durchgeführt hatte. Wie bereits erwähnt, war ein möglichst störungsfreier Ablauf des jüdischen Transits für die deutsch-jüdischen Helfer von grundlegender Bedeutung. Vor allem Salomon Neumann fürchtete, dass Probleme auf den deutschen Transitbahnhöfen oder Rückstaus von EmigrantInnen auf der deutschen Transitstrecke die antisemitische Mär von der „jüdischen Masseneinwanderung" weiter befeuern könnten.

Bis zum Frühjahr 1882 verhandelten die deutschen Hilfskomitees mit der AIU und den Partnerorganisationen eine internationale Arbeitsteilung, in Berlin wurde im April 1882 zu diesem Zweck das *Deutsche Central-Comité* gegründet, der erste reichsweite Dachverband für die Organisation des gelenkten Transits russländischer JüdInnen durch das Deutsche Reich.

Im zweiten Krisenjahr wurde neben Galizien auch die ostpreußische Grenze zu einem Hotspot jüdischer Emigration, wo das DCC nach dem Vorbild Brodys die Registrierungen von TransmigrantInnen in wichtigen Grenzorten wie Eydtkuhnen einführte und leitete und mit der preußischen Regierung den Transit Hunderter russländischer JüdInnen über Ostpreußen bis nach Hamburg aushandelte. Während der gesamten Hilfsaktion zeigte sich in großem Maße die Bedeutung lokaler HelferInnen und Komitees. Insbesondere für Brody ist hervorzuheben, dass viele Frauen sich für die TransmigrantInnen engagierten, sowie auch nichtjüdische EinwohnerInnen und Leute, die nicht in einem Hilfskomitee organisiert waren.

Das DCC bestand nur bis zum Frühjahr 1883 und noch einmal von 1891–93. Die hauptverantwortlichen Akteure in Berlin um Salomon Neumann, Moritz Lazarus und Hermann Makower sahen außerhalb von Krisenzeiten keine dauerhafte Einrichtung eines Auswanderungswerkes vor, weil die traditionelle Struktur der deutschen Hilfskomitees dezentral war, und auch um durch eine dauerhafte Subvention von Reisebilletts eine ‚Anlockung' auswanderungsfreudiger JüdInnen zu vermeiden und die jüdische Emigration insgesamt auf einem niedrigen Level zu halten. Allerdings bildeten die vom DCC und der AIU 1881 in Brody erstmals eingeführten Registrierungsvorgänge russländischer TransmigrantInnen und die Organisation ihrer Reise über die kontinentalen Transitstrecke inklusive der Transatlantikpassagen eine Blaupause für den 20 Jahre später gegründeten *Hilfsverein der deutschen Juden*.

Die geschilderte Entwicklung und Professionalisierung der deutsch-jüdischen Migrationshilfe im Jahr 1881/82, die sich zuerst 1891/92 und langfristig in der erfolgreichen Arbeit des *Hilfsvereins* widerspiegelte, verdeutlicht ebenfalls, wie limitiert die Möglichkeiten des frühen Auswanderungswerks im Vergleich zu späteren Zeiten waren. Von etwa 25.000 Personen, die während der beiden Jahre 1881 und 1882 aus dem Russländischen Reich nach Brody kamen, gelang nur etwa 10.000 eine dauerhafte Emigration, der größere Teil wurde wegen fehlender Aufnahmekapazitäten in den USA und in den europäischen Staaten „remigriert", das heißt mit einem kleinen Geldbetrag versehen und zurück über die Grenze geschickt. Dieses Ergebnis kann aus heutiger Sicht als bescheiden, im Kontext der Pionierarbeit für den gelenkten jüdischen Transit jedoch keinesfalls als Scheitern charakterisiert werden. Dennoch wirft die ‚Krise' von 1881/82 die Frage auf, warum es nicht möglich war, alle, oder zumindest den Großteil der TransmigrantInnen in den USA oder den europäischen Ländern unterzubringen. Die Antwort darauf ist vorrangig bei den tatsächlich limitierten Ressourcen der jüdischen Hilfsorganisationen in den USA zu suchen. Einerseits befanden sich die logistischen Abläufe 1881/82 erst im Aufbau, andererseits darf nicht übersehen werden, dass die jüdische Emigration nur einen Teil der transatlantischen Massenemigration insgesamt darstellte. Wie die Bemühungen der Akteure des *Hilfsvereins* um Paul Nathan um die Weiterentwicklung des gelenkten Transits in späteren Krisenjahren belegen, etwa 1891/92 oder 1903–05, waren die *Alliance*, der *Hilfsverein* und ihre amerikanischen Partner zu dieser Zeit bereits besser organisiert und imstande, deutlich mehr Menschen bei ihrer Emigration in die Vereinigten Staaten, später auch nach Palästina, zu unterstützen.

Ein weiterer wesentlicher Punkt für das bescheidene Ergebnis von 1881/82 lag in der Unfähigkeit der beteiligten deutsch-jüdischen Akteure und den Regierungen der europäischen Nationalstaaten, gemeinsam eine europäische Flüchtlingspolitik zu entwickeln und festzuschreiben. Dass es durchaus Versuche in diese Richtung gab, belegt etwa der 1882 vorgelegte Plan von Emmanuel Felix Veneziani, den etwa 8000 noch in Brody weilenden TransmigrantInnen die Remigration zu ersparen und sie stattdessen auf die europäischen Nationalstaaten zu verteilen. Wie geschildert erhielt Venezianis Plan auf der Wiener Konferenz im August 1882 keine Mehrheit. Salomon Neumann zeigte zwar Sympathie für die Vorschläge, verwies jedoch mit einem bitteren Unterton auf die vielfältigen ungünstigen politischen Voraussetzungen in Europa, insbesondere auf die strengen Einwanderungsbedingungen in Preußen, nach denen eine Ansiedlung russländischer JüdInnen in der von Veneziani vorgeschlagenen Größenordnung nicht realisierbar war. Hinzu kam die skeptische, häufig negative Stimmung in der deutschen nichtjüdischen Mehrheitsgesellschaft gegenüber russländischen JüdInnen, die die immigrationsfeindliche

Politik Bismarcks maßgeblich mittrug, sowie nicht zuletzt die wiederholt angesprochene Ambivalenz innerhalb der deutschen jüdischen Gemeinden gegenüber russländischen ZuwanderInnen, die deren dauerhafte Niederlassung im Deutschen Reich ebenfalls erschwerte.

Zusammenfassend ist die Bedeutung der wegweisenden Pionierarbeit zu betonen, die die in dieser Studie vorgestellten deutsch-jüdischen (und österreichischen) Akteure während des ‚Krisenjahres' 1881/82 auf den Feldern der Migrationsfürsorge und der Abwehrarbeit leisteten. Die geschilderten vielfältigen Bemühungen um den gelenkten jüdischen Transit und einen organisierten Kampf gegen den Antisemitismus zeigen die enge Verflechtung dieser beiden zivilgesellschaftlichen Arbeitsfelder. Zugleich belegen sie die Motivation vieler deutscher JüdInnen, überzeugt und selbstbewusst für ihre Rechte und häufig auch für die Rechte ihrer Glaubensgeschwister einzutreten. Diese Solidarität mit jüdischen TransmigrantInnen schloss nicht zwangsläufig, aber häufig ein zivilgesellschaftliches Engagement gegen den Antisemitismus mit ein und umgekehrt.

Die humanitären Aktionen des *Hilfsvereins* und die Abwehrarbeit des *Centralvereins* in späteren Jahren waren zwar deutlich ausdifferenzierter und wirkungsvoller, doch bildeten die Erfahrungen der Jahre 1881/82 das Fundament sowohl für die Professionalisierung der jüdischen Emigrationshilfe als auch der Abwehrarbeit im Deutschen Reich.

Bei der Betrachtung der Wechselwirkungen des jüdischen Transits und den antisemitischen und rassistischen Narrativen der Berliner Bewegung im Jahr 1881/82 fällt es schwer, nicht an ähnliche Phänomene der jüngeren Vergangenheit zu denken. Die sogenannte „Flüchtlingskrise" von 2015/16[1319] etwa bildete während der für diese Arbeit unternommenen Archivrecherchen ein stetes Hintergrundrauschen. Ein Vergleich zwischen 1881/82 und der Flüchtlingskrise von 2015/16 hätte jedoch den Umfang dieser Arbeit gesprengt. Das ‚Krisenjahr' 1881/82 als komplexes und nach wie vor weitgehend unbekanntes historisches Ereignis verdient eine eigene, umfassende Analyse und Darstellung, um als Referenz für weitere Forschungen dienen zu können. Die Geschichte der jüdischen TransmigrantInnen und ihrer HelferInnen in Brody ist Teil der komplexen jüdischen Migrationsgeschichte. Viele Aspekte sind jedoch mit anderen Migrationen in Vergangenheit und Gegenwart vergleichbar. Es wäre sehr wünschenswert, wenn diese Arbeit Impulse zum weiteren Verständnis von Migrationsbewegungen und nicht zuletzt zur Kritik an aktuell geführten Migrationsdebatten geben könnte, die denjenigen von 1881/

1319 Eine gute Übersicht über die „Flüchtlingskrise" von 2015 und ihren gesellschaftlichen Folgen bietet David Goeßmann, Die Erfindung der bedrohten Republik. Wie Flüchtlinge und Demokratie entsorgt werden, Berlin 2019.

82 häufig sehr ähneln. Ähnlichkeiten zeigen sich zum Beispiel bei der erwähnten „Flüchtlingskrise" von 2015/16, die in ihren Ursachen und Abläufen sowie in ihren kurz- und mittelfristigen Folgen durchaus mit dem Krisenjahr 1881/82 vergleichbar ist, obwohl die Rahmenbedingungen beider Ereignisse sehr verschieden waren und es sich 1881/82 um eine (jüdische) Durch-, und 2015/16 um eine (muslimische) Einwanderung handelte. Dieser Aspekt soll ganz zum Schluss kurz angerissen werden.

Schon bei einem nur oberflächlichen Vergleich fallen Verbindungslinien und Ähnlichkeiten zwischen nationalistischen Denkmodellen und propagandistischen Strategien (radau)antisemitische Akteuren aus der Kaiserzeit mit denen der gegenwärtigen rechtsradikalen und faschistischen Akteure der Alternative für Deutschland und anderer Protagonisten des rechten Randes auf. Bei beiden ‚Migrationskrisen' springen die überwiegend skeptischen oder negativen Reaktionen der nichtjüdischen bzw. nichtmuslimischen deutschen Mehrheitsgesellschaft gegenüber den hilfe- und schutzsuchenden „Fremden" ins Auge, die jeweils von antisemitischen beziehungsweise von rechtsradikalen Kreisen geführten Desinformationskampagnen begleitet wurden. Diese Kampagnen propagierten abwegige, vorurteilsbehaftete ‚Fakten', die keiner auch nur ansatzweise seriösen Untersuchung standhalten konnten. Trotzdem verfehlte ihr eigentlicher Zweck, nämlich die Verbreitung sogenannter ‚gefühlter' Wahrheiten und die Schaffung von Sündenböcken für soziale Probleme, seine Wirkung nicht.[1320] Migration wurde und wird bis in die Gegenwart als ‚Krise' inszeniert, ohne jedoch die tatsächlichen Betroffenen und Opfer in den Blick zu nehmen, nämlich die TransmigrantInnen oder Geflüchteten. In den Fokus rückt stattdessen die vermeintlich durch ‚Fremde' bedrohte Lebenssituation der nichtjüdischen bzw. nichtmuslimischen Mehrheitsgesellschaft. Sowohl 1881/82 als auch 2015/16 waren es überwiegend nationalistische oder konservative PolitikerInnen, die den desinformativen Faden aufgriffen und versuchten, in den antisemitischen oder rassistischen Erzählungen vermeintlich ‚nachvollziehbare' Aspekte oder ‚berechtigte Kritik' zu entdecken und diese für eigene Politikziele oder zur Mobilisierung neuer WählerInnenschichten weiterzuspinnen. In beiden Fällen lässt sich mit Salomon Neumanns Worten konstatieren, dass eine antisemitische bzw. rechtsradikale Minorität kurz- bis mittelfristig ein populäres „Schreckgespenst" erfand und erfolgreich instrumentalisierte. Den Kern dieser Gespenstergeschichte bildete jeweils eine „Masseneinwanderung" ‚fremder' (und deshalb gefährlicher) Elemente, die in unvorstellbar großer Anzahl (als „Flut" oder „Strom") ins Land strömten, den sozialen Frieden bedrohten und durch ihre Not und Andersheit zwangsläufig zu einer finanziellen und vor allem kulturellen

---

[1320] Vgl. zur Strategie der AfD Johannes Hillje, Das „Wir" der AfD: Kommunikation und kollektive Identität im Rechtspopulismus, Frankfurt/New York 2022.

Überforderung Deutschlands führen würden. Um die ankommenden ‚Fremden' umfassend zu stigmatisieren, wurden die stereotypen Erzählungen mit allerlei Schauergeschichten angereichert. Pointiert lassen sich die Schreckgespenster von 1881/82 und 2015/16 wie folgt zusammenfassen: 1881 plünderten sowohl die deutschen als auch die einwandernden Juden das deutsche Volk schamlos aus, schleppten tödliche Seuchen ein und stahlen christliche Kinder für finstere Rituale. 2015 kamen durchweg junge, zügellose muslimische Männer ins Land, deren kulturelle Herkunft sie nicht nur grundsätzlich integrationsunfähig, sondern durchweg zu Vergewaltigern und potentiellen Mördern machte. Die „hosenverkaufenden Jünglinge" Heinrich von Treitschkes (1879) und die „Kopftuchmädchen und alimentierte[n]" Messermänner" Alice Weidels (2018)[1321] sind bekannte Termini aus dem Kanon dieser alten und neuen Anti-Immigrationspropaganda. Während beider ‚Krisen' zeigten diese Erzählungen durch ihre mediale Omnipräsenz Wirkung, weil Teile der Bevölkerung nur zu gerne bereit waren, sie teilweise oder vollständig zu glauben, zu internalisieren und weiter zu verbreiten. Sie wurden populäre ‚Meinungen' und damit Bestandteil des öffentlichen Diskurses, aus dem sie auch nach dem Abklingen der ‚Krisen' nie wieder gänzlich verschwanden, trotz aller wissenschaftlichen Widerlegungen und Faktenchecks. Paul Nathan hat schon 1882 wiederholt und zu Recht darauf hingewiesen, dass der Antisemitismus der Berliner Bewegung gerade durch seine inhaltlichen Übertreibungen, inszenierten Skandale sowie provokanten Äußerungen und Tabubrüche Bekanntheit erlangte. Dasselbe gilt für die jüngere Zeit, in der diese Strategie beispielsweise die trotzige Phrase vom ‚das wird man ja noch sagen dürfen' hervorgebracht und als Ausdruck vermeintlichen individuellen Freiheitsstrebens gegen eine bösartige (demokratische) Autorität etabliert hat.

1881/82 und 2015/16 konnten die antisemitischen bzw. rechtsradikalen Akteure an bereits vorhandene negative Vorstellungen anknüpfen. Als die jüdische Massenauswanderung begann, waren antisemitischen Stereotype längst verbreitet und wurden von den Protagonisten der antisemitischen Bewegung zunehmend mit ‚modernen' rassistischen und sozialdarwinistischen Vorstellungen unterfüttert, die auch in konservativen Kreisen und bei aller Radikalität unverdächtigen Vertretern des (rechts)liberalen Bürgertums Anschluss fanden. Auch im Zuge der „Flüchtlingskrise" von 2015 entstanden rassistische und islamfeindliche Einstellungen nicht über Nacht, sondern hatten eine lange Tradition mit entsprechenden Stereotypen, wie etwa das Bild des kulturell unterlegenen, bildungsfernen, religiösen und frauenunterdrückenden Muslims oder des islamistischen Terroristen.

1321 Vgl. Plenarprotokoll 19/32, Deutscher Bundestag. Stenografischer Bericht. 32. Sitzung (Berlin, Mittwoch, den 16. Mai 2018), S. 2972.

Bei der Verbreitung antisemitischer und rassistischer Denkmodelle sekundierten zentrale publizistische Multiplikatoren aus (rechts)liberalen und bürgerlichen Teilen der Gesellschaft, die schon vor den eigentlichen ‚Krisen' entsprechende Werke veröffentlicht und Bekanntheit erlangt hatten – 1881/82 etwa Heinrich von Treitschke mit seinem antisemitischen Aufsatz *Unsere Aussichten* (1879) und 2015/16 Thilo Sarrazin mit seinem antimuslimisch-rassistischen Bestseller *Deutschland schafft sich ab* (2010).[1322]

1881/82 und 2015/16 führten die von rechts angestoßenen Debatten rasch zu einer Vergiftung des gesellschaftlichen Klimas vor allem gegenüber Durch- und ZuwanderInnen und hatten politische Restriktionen zur Folge: im Zuge der einsetzenden jüdischen Massenauswanderung wurden schon im Mai 1881 die preußischen Ostgrenzen den russländischen JüdInnen verschlossen bzw. der Übergang stark reguliert; eine „planlose" bzw. illegale Auswanderung wurde nicht toleriert. Humanitäre Bestrebungen wurden von der deutschen Reichs- bzw. der preußischen Regierung nicht erwogen, sondern stattdessen auf nichtstaatliche Organisationen wie das DCC abgewälzt. Auch 2015/16 wurden die Limitierung von Zuwanderung und die Abschottung der Zielländer priorisiert und ein Großteil der kosten- und ressourcenintensiven humanitären Arbeit ehrenamtlichen Nichtregierungsorganisationen überlassen. Die MigrationshelferInnen von 1881/82 und 2015/16 wurden nicht selten als ‚Schleuser' und damit als kriminell charakterisiert. Die „Repatriierung", also die Abschiebung in die Herkunftsländer, wurde – soweit sich die Lage dort ‚beruhigt' hatte bzw. sofern diese Länder trotz aller Gefahren für die Geflüchteten als „sicher" definiert wurden – ebenfalls in beiden Fällen als praktikable Alternative zu einer dauerhaften Aufnahme und Inklusion erwogen und durchgeführt. 1882 gelang es nicht, eine europäische Flüchtlingspolitik zu entwickeln. In den Jahren seit 2015 gab es zwar Ansätze in diese Richtung, die jedoch bis in die Gegenwart als unzureichend zu bezeichnen sind, da sie primär auf eine Limitierung von Zuwanderung setzen und viele Geflüchtete gezwungen sind, unter prekären Bedingungen entweder in den Transitländern oder den Erstaufnahmeländern an den südlichen EU-Außengrenzen auszuharren.

Sowohl 1881/82 als auch 2015/16 trat eine Vielzahl zivilgesellschaftlicher Akteure auf den Plan, die sich nach Kräften bemühten, diesen Tendenzen entgegenzuwirken und antisemitische bzw. rechtsradikale Erzählungen als tendenziöse Desinformation zu entlarven, die humanitäre Hilfsaktionen initiierten, koordinierten und sich für das Wohlergehen und die Rechte von TransmigrantInnen und Geflüchteten stark machten. Für das Jahr 1881/82 lässt sich resümieren, dass es ohne die tat-

---

1322 Thilo Sarrazin, Deutschland schafft sich ab. Wie wir unser Land aufs Spiel setzen, München 2010.

kräftige Unterstützung der jüdischen (und vieler nichtjüdischer) Brodyer, Berliner, Hamburger, Breslauer und BürgerInnen anderer Transit-Orte sowie ohne das transnationale Hilfswerk der AIU und ihrer lokalen Partner im Deutschen Reich, Galizien und anderswo, zu einer humanitären Katastrophe gekommen wäre. Trotz aller Skepsis und Vorbehalte gegenüber russländischen Juden, trotz der eigenen Bedrohung durch antisemitische Hetzer, trotz limitierter Ressourcen, staatlichen Restriktionen und strengen Einwanderungsbeschränkungen, trotz aller organisatorischen und technischen Problemen beim gelenkten Transit, gelang es den Grundstein für ein langfristiges Auswanderungswerk zu legen, dessen Basis die *Zedakah* und die Solidarität mit den Glaubensgeschwistern in Ost- und Südosteuropa war. Damals wie heute waren und sind es die in nichtstaatlichen Organisationen und Vereinen engagierten ehrenamtlichen HelferInnen und AktivistInnen, die für die häufig versagenden staatlichen Institutionen in die Bresche springen, und die gleichzeitig einen wesentlichen Teil der Aufklärungs- und Öffentlichkeitsarbeit bei der Abwehr antisemitischer und rechtsradikaler Hetze und Anti-Immigrationspropaganda leisten.

Danksagung

Allen voran danke ich meinen beiden Betreuerinnen für ihre große Unterstützung. Ina Ulrike Paul hat mein Dissertationsprojekt von Anfang an mit Rat und Tat und großer Anteilnahme begleitet und stand mir immer und jederzeit mit wertvollen Tipps, Hinweisen, Diskussionen und Anregungen zur Seite. Merci, merci und tausend Mal merci! Gertrud Pickhan hat meinen Blick auf wichtige und zentrale Aspekte der Arbeit deutlich geschärft und ich verdanke ihr wichtige Ratschläge und Impulse besonders in der letzten Phase des Projekts.

Dem Leo Baeck Fellowship Programme und der Studienstiftung des deutschen Volkes danke ich für die großzügige Finanzierung. Großer Dank gebührt dem DHI Moskau für das Forschungsstipendium für meine Recherchen im Sonderarchiv Moskau. Ich danke Matthias Uhl für die freundliche Betreuung vor Ort.

Werner Treß und dem Moses Mendelssohn Zentrum für europäisch-jüdische Studien danke ich für die Möglichkeit zur Veröffentlichung in dieser wunderbaren Schriftenreihe.

Meinem langjährigen Freund und Kollegen Ingo Haar danke ich für seine unschätzbare Unterstützung, ganz besonders in Form der Zurverfügungstellung seiner reichhaltigen Aktenbestände zur jüdischen Migration.

Von unbezahlbarem Wert bei meinen Moskauer Recherchen war die helfende Hand meiner Dolmetscherin Anastasia Isaeva, ohne deren Mithilfe ich noch heute auf dem staubigen grünen Sofa im Empfangsbereich sitzen und auf den Eintritt ins Allerheiligste warten würde. Vielen Dank dafür und an Margarita Pilyugina für die Vermittlung. Ein großes Dankeschön verdient das Archivpersonal des Sonderarchivs, vor allem Frau Ludmilla aus dem Lesesaal. Ein herzliches Dankeschön geht an Sebastian Panwitz für seine Sonderarchiv-Tipps und für die phantastische Stadtführung. Dimitri Tolkatsch, den ich im Sonderarchiv kennenlernen durfte, danke ich für die gute gemeinsame Zeit in Moskau.

Allen TeilnehmerInnen des Paul-Colloquiums am Friedrich-Meinecke-Institut der FU danke ich herzlich für das interessierte Lauschen meiner Vorträge, für leidenschaftliche und spannende Diskussionen, für alle kritischen Fragen und nicht zuletzt für die lustigen gemeinsamen Bahnfahrten. Tausend Dank an meine liebe Kollegin Lisa Sophie Gebhard fürs Trietschen, für tiefe Einblicke in Zionismen und überhaupt für so vieles. Ich ziehe meinen Hut vor Torsten Lüdtke für sein unerschöpfliches Wissen.

Christoph Jahr danke ich für unsere wunderbaren Nathan-Stammtische und die vielen spannenden Diskussionen bei gutem Gerstensaft. To be continued... Ein ganz herzlicher Dank geht an Sabine Hering für ihre großartige Unterstützung in

Sachen Hilfsverein, für lange Diskussionen über jüdische Wohlfahrt und für leckeres Essen in Potsdam.

Für viele wertvolle Anregungen, Gespräche, Tipps und Literaturhinweise danke ich herzlich Tobias Brinkmann, Börries Kuzmany, Mathias Berek, Carsten Wilke, Daniel Véri, Björn Siegel, Uwe Puschner, Michael Fahlbusch, Wolther von Kiseritzky und Christhard Hoffmann.

Dank an Joe Weber von den American Jewish Archives, an Rachel Misrati von der National Library of Israel und an Klaudia Krenn von der Israelitischen Religionsgemeinde Leipzig für die kurzfristige Bereitstellung von Archivmaterial und wichtigen Informationen.

Danke an die Bibliothek des Zentrums für Antisemitismusforschung für die entspannte Arbeitsatmosphäre und für die vielen spontanen Bereitstellungen von Rara-Material.

Ein besonderer Dank gebührt Florian Mirbach für guten Gin und lange Diskussionen über Werbe- und Propagandastrategien, die mir beim Verständnis der antisemitischen Bewegung eine unersetzliche Hilfe waren.

Für das hervorragende Lektorat des finalen Manuskripts und für ihre kritisch-konstruktiven Anmerkungen danke ich Mirjam Reitmayer und Ulrich Goetz. Diana Henniges danke ich für das Linsen über die ungarische Sprachbarriere im Tiszaészlar-Kapitel.

Ein riesengroßer Dank geht an meine Eltern für ihre moralische (und gelegentlich auch finanzielle) Unterstützung. Der Römerfan von damals hat jetzt einen Doktorhut.

Mein größter Dank geht an Maria, meine Lebensgefährtin und beste Freundin, die mich in der Schreib- und Abschlussphase geduldig ertragen und unterstützt hat. Ohne sie wäre dieses Buch nie fertig geworden.

Abkürzungen

AIU – Alliance Israélite Universelle
AJA – Anglo Jewish Association
AZJ – Allgemeine Zeitung des Judenthums
BArch – Bundesarchiv Lichterfelde
Board – Board of Delegates of American Israelits
C.V. – Centralverein deutscher Staatsbürger jüdischen Glaubens
CAHJP – Central Archives of the History of the Jewish People in Jerusalem
CCC – Conservatives Central-Comité
CJA – Archiv des Centrum Judaicum, Stiftung Neue Synagoge Berlin
CSA – Christlich-Soziale Arbeiterpartei
D.C. – Jüdisches Comité vom 1. December
DCC – Deutsches Central-Comité für die russisch-jüdischen Flüchtlinge
DIGB – Deutsch-Israelischer Gemeindebund
DkP – Deutschkonservative Partei
GStAPK – Geheimes Staatsarchiv Preußischer Kulturbesitz
HAPAG – Hamburger Packet Actien Gesellschaft
H.G.C. – Haupt-Grenz-Comité
HIAS – Hebrew Immigrant Aid Society
Hilfsverein – Hilfsverein der deutschen Juden
GfdV – Gesellschaft zur Verbreitung des Handwerks und des Ackerbaus unter den Juden
IAzW – Israelitische Allianz zu Wien
JCA – Jewish Colonization Association
JFB – Jüdischer Frauenbund
JP – Jüdische Presse
LV – Liberale Vereinigung
MHC – Mansion House Committee
National-Linie – National Steam Ship Navigatin Company Ltd.
NDL – Bremer Norddeutscher Lloyd
NFP – Neue Freie Presse
R.C. – Rumänisches Comité in Berlin
RERF – Russian Emigrant Relief Fund
RJC – Russo Jewish Committee
SAM – Sonderarchiv Moskau
UHC – United Hebrew Charities
U.O.B.B. – Unabhängiger Orden B'nai B'rith
V.A.A. – Verein zur Abwehr des Antisemitismus
ZO – Zionistische Organisation
ZVfD – Zionistische Vereinigung für Deutschland
ZWST – Zentralwohlfahrtstelle der deutschen Juden

Abbildungsverzeichnis

Abb. 1: Der Herausgeber der Berliner Ostend-Zeitung Julius Ruppel (1878), mit freundlicher Genehmigung des Vereins für die Geschichte Berlins.

Abb. 2: Paul Nathan. Entnommen aus Ernst Feder: Politik und Humanität. Paul Nathan. Ein Lebensbild, Berlin 1929, S. 64.

Abb. 3: Zoltán Csörgey, The Ritual Murder of Eszter Solymosi, 1882, drawing, Entnommen aus Daniel Véri, The Tiszaeszlár Blood Libel Image and Propaganda, S. 175 Abb. 7.

Abb. 4: Zoltan Csörgey, Eszter Solymosi, 1882, Zeichnung nach Lajos Ábrányis, in Géza Ónody, Tißa-Eßlár in der Vergangenheit und Gegenwart, Budapest 1883.

Abb. 5: Die Alliance-Vertreter in Brody (November 1881), v. l. n. r.: Moritz Friedländer, Charles Netter, Heinrich Schafier (YIVO Archvies, Brody, 1881. Portrait of The Committee in Charge of Relief and Migration Activities.) By courtesy of the YIVO-archives.

Quellen- und Literaturverzeichnis

Archivquellen

Bundesarchiv Berlin-Lichterfelde
N 2207 (Nachlass Paul Nathan)
Nr. 14.

Hartley Library, University of Southampton
MS137 (Anglo-Jewish Association).
AJ95/ADD5.

Central Archives for the History of the Jewish People
HM 9518 A.
HM 9518 B.

Geheimes Staatsarchiv Preußischer Kulturbesitz
I. Ha. Rep 77, Tit 1176, Nr. 2a.
I. HA Rep 89, Nr. 23691.
XX. HA, Rep. 2 I, Tit. 30, Nr. 43.

Leo Baeck Archive New York/Digibaeck
AR 1989 (Emigration Collection)
1, 7.

Politisches Archiv des Auswärtigen Amtes
R 14125.

Sonderarchiv Moskau
Fond 628 (Nachlass Paul Nathan)
opis 1, Bd. 3.

Fond 675 (Israelitische Allianz zu Wien)
opis 1, Bd. 360.
opis 1, Bd. 144.

Fond 1194 (Sammlung Neumann)
opis 1, Bd. 13.
opis 1, Bd 16.
opis 1, Bd. 17.
opis 1, Bd. 32.
opis, Bd. 33.
opis 1, Bd. 112.
opis 2, Bd. 3.
opis 2, Bd. 4.

opis 2, Bd. 8.
opis 2, Bd. 9.
opis 2, Bd. 10.
opis 2, Bd. 54.
opis 2, Bd. 86.
opis 3, Bd. 1.
opis 4, Bd. 1.
opis 4, Bd. 2.
opis 4, Bd. 3.
opis 4, Bd. 7a.
opis 4, Bd. 8.
opis 4, Bd. 9.
opis 4, Bd. 11.

Fond 1325 (Jüdische Gemeinden und Organisationen)
opis 1, Bd. 74.

Stiftung Neue Synagoge Berlin – Archiv des Centrum Judaicum
CJA, 1 C KO 1, Nr. 1–3.

Verein für die Geschichte Berlins
AIII4, 3, 22a (Fotografie Julius Ruppel).

YIVO-Archiv
Brody, 1881. Portrait of The Committee in Charge of Relief and Migration Activities.

Online

Ancestry (Datenbank für historische und genealogische Forschung) (www.ancestry.de; 26.07.2023).
Artikel 25 des Berliner Vertrages vom 13.7.1878 (https://de.wikisource.org/wiki/Vertrag_zwischen_Deutschland,_Österreich-Ungarn,_Frankreich,_Großbritannien,_Italien,_Rußland_und_der_Türkei._(Berliner_Vertrag; 12.8.2020).
Artikel Moritz Friedländer (http://www.jewishencyclopedia.com/articles/6381-friedlander-moritz; 4.1.2019).
Artikel Moritz Wahrmann (http://www.jewishencyclopedia.com/articles/14757-wahrmann-moritz; 25.8.2020).
Artikel Sloman, Robert Mikes junior, in: Deutsche Biographie (deutsche-biographie.de/sfz48767.html; 14.11.2019).
Artikel zu Jakob Werber (http://www.jewishencyclopedia.com/articles/14727-voice-of-jacob; 5.10.2020).
Artikel zu Jakob Werber (https://yivoencyclopedia.org/article.aspx/Ivri_Ha-;5.10.2020).
Charité Berlin, Gedenkveranstaltung zum 200. Geburtstag von Salomon Neumann (https://www.charite.de/service/pressemitteilung/artikel/detail/gedenkveranstaltung_fuer_salomon_neumann/ und https://www.charite.de/fileadmin/user_upload/portal/charite/presse/pressemitteilungen/2019/EinladungProgramm_1_10_web.pdf; 20.10.2020).

Der Reichsführer SS an den Chef der Sicherheitspolizei und des SD, SS-Gruppenführer Dr. Kaltenbrunner vom 19.5.1943 (https://www.ns-archiv.de/verfolgung/antisemitismus/stuermer/ritualmord.php; 12.9.2020).
Judaica-Sammlung der Goethe-Universität Frankfurt am Main (http://sammlungen.ub.uni-frankfurt.de/judaica; 14.10.2020).
Online-Präsenz des neonazistischen Verlages „Der Schelm" (https://derschelm.com/gambio/vorankuendigungen-2019-jetzt-vorbestellen/sommer-2020/schramm-dr-phil-hellmut-der-juedische-ritualmord.html; 12.9.2020).
Plenarprotokoll 19/32, Deutscher Bundestag. Stenografischer Bericht. 32. Sitzung (Berlin, Mittwoch, den 16. Mai 2018) (https://dserver.bundestag.de/btp/19/19032.pdf; 08.05.2023)
Reichs-Militärgesetz vom 2.5.1874, §. 49 (Volltext unter: https://de.wikisource.org/wiki/Reichs-Militärgesetz; 5.7.2020).
Renan, Ernest, Vortrag Qu'est-ce qu'une nation? (https://www.zeit.de/reden/die_historische_rede/200109_historisch_renan; 19.5.2020).
Tivoli-Programm der Deutschkonservativen Partei (online: http://ghdi.ghi-dc.org/sub_document.cfm?document_id=758&language=german; 10.9.2020).
Übersicht über die Wahlen zum dt. Reichstag (https://www.wahlen-in-deutschland.de/krtw.htm; 3.7.2020).

Zeitungen

Allgemeine Zeitung des Judenthums. Ein unpartheiisches Organ für alles jüdische Interesse.
Berliner Ostend-Zeitung.
Das Jüdische Echo.
Demokratische Zeitung.
Der Gemeindebote. Beilage zur AZJ.
Der Israelit. Ein Central-Organ für das orthodoxe Judenthum.
Der Tag.
Deutsche Hausfrauen-Zeitung.
Deutsches Tageblatt.
Die Jüdische Presse. Organ für die Gesamtinteressen des Judenthums.
Die Nation. Wochenschrift für Politik, Volkswirthschaft und Litteratur.
Die Neuzeit. Wochenschrift für politische, religiöse und Cultur-Interessen.
Die Tribüne.
Die Wahrheit.
Die Welt.
Die ZEIT.
Dr. Bloch's oesterreichische Wochenschrift. Centralorgan für die gesammten Interessen des Judenthums.
Freisinnige Zeitung.
Israelitische Wochenschrift für die religiösen und socialen Interessen des Judenthums.
Jüdische Volkszeitung: Wochenschrift für Freunde des Fortschritts in Gemeinde und Schule, Synagoge und Leben.
Mittheilungen aus dem Verein zur Abwehr des Antisemitismus.
Neue Freie Presse.

The Jewish Record.
Volks-Zeitung.
Vossische Zeitung.
Wiener Allgemeine Zeitung.

Zeitgenössische Literatur

1. Geschäftsbericht des Hilfsvereins der deutschen Juden (1901–1902), erstattet der Generalversammlung am 28. Dezember 1902, Berlin 1903.
2. Geschäftsbericht des Hilfsvereins der deutschen Juden (1904), erstattet der Generalversammlung am 26. Februar 1905, Berlin 1905.
3. Geschäftsbericht des Hilfsvereins der deutschen Juden (1905), erstattet der Generalversammlung am 11. März 1906, Berlin 1906.
6. Geschäftsbericht des Hilfsvereins der deutschen Juden (1907), erstattet der Generalversammlung am 29. März 1908, Berlin 1908.
13. Geschäftsbericht des Hilfsvereins der deutschen Juden (1914), erstattet der Generalversammlung am 30. Mai 1915, Berlin 1915.
17. Geschäftsbericht des Hilfsvereins der deutschen Juden (1918), erstattet der Generalversammlung am 27. April 1919, Berlin 1919.
8. Jahresbericht der Israelitischen Allianz zu Wien, erstattet in der achten ordentlichen Generalversammlung am ?.?. 1881, Wien 1881.
9. Jahresbericht der Israelitischen Allianz zu Wien, erstattet in der neunten ordentlichen General-Versammlung am 2. Juni 1882, Wien 1882.
10. Jahresbericht der Israelitischen Allianz zu Wien, erstattet in der zehnten ordentlichen General-Versammlung am 24. Mai 1883, Wien 1883.

A Tiszaeszlári Bünper, herausgegeben von der Familie Báry, Budapest 1933.
Anonym, Die Stellung der Arbeiter zur Judenfrage, Berlin 1881.
Anonymus, Der Juden Antheil am Verbrechen. Auf Grund der amtlichen Statistik über die Thätigkeit der Schwurgerichte, in vergleichender Darstellung mit den christlichen Confessionen, Berlin 1881, S. 12. (https://www.digi-hub.de/viewer/image/BV041140190/3/; 10.1.2020).
Antisemitenpetition, in: Karsten Krieger, Der „Berliner Antisemitismusstreit" 1879–1881. Eine Kontroverse um die Zugehörigkeit der deutschen Juden zur Nation. Kommentierte Quellenedition. Im Auftrag des Zentrums für Antisemitismusforschung, 2. Bd., München 2004, S. 579–583 (online: http://germanhistorydocs.ghi-dc.org/pdf/deu/413_Antisemitempetition_114.pdf; 13.9.2020).
Auerbach, Leopold, Das Judenthum und seine Bekenner in Preußen und den anderen deutschen Bundesstaaten, Berlin 1890.
Bamberger, Ludwig, Deutschthum und Judenthum, in: Gesammelte Schriften von Ludwig Bamberger, Band V: Politische Schriften von 1879 bis 1892, herausgegeben von Paul Nathan, Berlin 1897.
Bericht der Alliance Israélite Universelle (Allgemeine Israeltische Allianz) vom II. Semester 1874, Liegnitz 1874.
Berliner Adreßbuch für das Jahr 1881. Unter Benutzung amtlicher Quellen redigiert von. A. Ludwig, Berlin 1881 (https://digital.zlb.de/viewer/image/34115512_1881/14/; 5.7.2020).
Boeckh, Richard, Die statistische Bedeutung der Volkssprache als Kennzeichen der Nationalität, in: Zeitschrift für Völkerpsychologie und Sprachwissenschaft 4 (1866), Berlin 1866, S. 259–402.

Comité zur Abwehr antisemitischer Angriffe in Berlin (Hg.), Die Juden in Deutschland I. Die Kriminalität der Juden in Deutschland, Berlin 1896.

Comité zur Abwehr antisemitischer Angriffe in Berlin (Hg.), Die Juden in Deutschland II. Die Juden als Soldaten, Berlin 1897.

Comité zur Abwehr antisemitischer Angriffe in Berlin (Hg.): Gutachten über das jüdisch-rituelle Schlachtverfahren („Schächten"), Berlin 1894.

Czedik, Alois von, Der Weg von und zu den österreichischen Staatsbahnen. Die Entwicklung der österreichischen Eisenbahnen als Privat- und Staatsbahnen 1824–1910, 1824–1854/58, 1882–1910 (Bd. 1), Leipzig 1913.

Daily News Bulletin (Cable and Nail Despatches), Issued by the Jewish Telegraphic Agency, Vol. XIII, No. 82 (2.4.1932).

Das Centralblatt der Bauverwaltung, herausgegeben im Ministerium der öffentlichen Arbeiten, XIII. Jg. (1893), Berlin 1893, (https://digital.zlb.de/viewer/readingmode/14688302_1893/154/; 01.06.2019).

Delitzsch, Franz, Rohling's Talmudjude beleuchtet, Leipzig 1881.

Der Blut-Prozeß von Tisza Eszlár in Ungarn. Vorgeschichte der Anklage und vollständiger Bericht über die Prozeß-Verhandlungen vor dem Gerichte in Nίregyháza. Nach den amtlichen, stenographischen Protocollen aus dem Ungarischen übertragen, New York 1883.

Der Proceß von Tisza-Eszlár (Verhandelt in Nίregyháza im Jahre 1883. Eine genaue Darstellung der Anklage, der Zeugenverhöre, der Vertheidigung und des Urtheils (= A. Hartleben's Chronik der Zeit, Siebentes Buch), Wien 1883.

Deutscher Parlaments-Almanach, Bd. 13 (Sept. 1878), Leipzig 1878.

Deutscher Parlaments-Almanach, Bd. 14 (Nov. 1881), Leipzig 1881.

Die Allgemeine Israelitische Allianz. Bericht des Central-Comités über die ersten fünfundzwanzig Jahre 1860–1885, Berlin 1885.

Die Alliance Israélite Universelle, in: Jeschurun: ein Monatsblatt zur Förderung jüdischen Geistes und jüdischen Lebens in Haus, Gemeinde und Schule, 10. Jg., Heft 1 (Oktober 1863), S. 23–28.

Die Judenfrage vor dem Preußischen Landtage, Berlin 1880.

DIGB (Hg.), Gedenkblätter an Jacob Nachod, geb. 22. März 1814, gest. 11. April 1882, herausgegeben vom deutsch-israelitischen Gemeindebunde, Berlin 1882.

Dr. Ernst Henrici's Reichshallen-Rede vom 17.12.1880, Berlin 1880. (https://www.gehove.de/antisem/texte/henrici_reichshalle.pdf; 25.5.2020).

Eötvös, Károly, A nagy per, mely ezer éve folyik s még sincs vége (Der große Prozess, der seit 1000 Jahren im Gange ist und immer noch kein Ende hat), Budapest 1904.

Erster Verwaltungsbericht des Haupt-Grenz-Comité's zu Königsberg i. Pr. für Beseitigung der Nothstände unter den Israeliten West-Rußlands, Königsberg 1870.

Eschenbacher, Klara, Die ostjüdische Einwanderungsbevölkerung der Stadt Berlin (Teil I), in: Zeitschrift für Demographie und Statistik der Juden, 16 Jg., Heft 1–6 (Januar bis Juni 1920), S. 1–24.

Festschrift zum fünfundzwanzigsten Jubiläum des „Esra", Berlin 1909.

Friedländer, Hugo, Der Brand der Neustettiner Synagoge vor den Schwurgerichten zu Köslin und Konitz, in: (ders.), Interessante Kriminal-Prozesse von kulturhistorischer Bedeutung. Darstellung merkwürdiger Strafrechtsfälle aus Gegenwart und Jüngstvergangenheit. Nach eigenen Erlebnissen von Hugo Friedländer, Gerichtsberichterstatter. Eingeleitet von Justizrat Dr. Sello, (Bd. 9), Berlin 1913, S. 13–135.

Friedländer, Hugo, Der Knabenmord in Xanten vor dem Schwurgericht zu Cleve vom 4. bis 14. Juli 1892, Cleve 1892.

Friedländer, Moritz, Fünf Wochen in Brody unter jüdisch-russischen Emigranten. Ein Beitrag zur Geschichte der russischen Judenverfolgung, Wien 1882.
Fuchs, Eugen, Um Deutschtum und Judentum. Gesammelte Reden und Aufsätze, Frankfurt a. M., 1919.
Göhre, Paul, Die evangelisch-soziale Bewegung, ihre Geschichte und Ziele, Leipzig 1896
Goldenstein, Leo, Brody und die russisch-jüdische Emigration. Nach eigener Beobachtung, Frankfurt am Main 1882.
Graetz, Heinrich, Erwiderung an Herrn v. Treitschke, 7. 12. 1879, in: Karsten Krieger, Der „Berliner Antisemitismusstreit" 1879–1881. Eine Kontroverse um die Zugehörigkeit der deutschen Juden zur Nation. Kommentierte Quellenedition. Im Auftrag des Zentrums für Antisemitismusforschung, 2. Bd., München 2004, S. 96 – 101.
IV. Mittheilungen der Israelitischen Allianz zu Wien, ausgegeben im September 1881.
Joël, Manuel, Offener Brief an Herrn Professor Heinrich von Treitschke, Breslau 1879.
Kahn, Bernhard, „Die Auswandererfürsorge des Hilfsvereins der deutschen Juden in der Vorkriegszeit", in: Festschrift anlässlich der Feier des 25jährigen Bestehens des Hilfsvereins der deutschen Juden, gegründet am 28ten Mai 1901, Berlin 1926, S. 35 – 46.
Kalthoff, Albert, Die neueste Maßregel zur Bekämpfung des Judenthums, Berlin 1880.
Kayserling, Meyer, Die Blutbeschuldigung von Tisza-Eszlár Beleuchtet, Budapest 1882.
Laskar, Paul, Über Aus- und Rückwanderung. Vortrag gehalten am Mittwoch, 17. September 1902 in der Henry Jones-Loge in Hamburg, Hamburg 1902.
Lazarus, Moritz, An die deutschen Juden, Berlin 1887.
Lazarus, Moritz, Treu und frei. Gesammelte Reden und Vorträge über Juden und Judenthum, Leipzig 1887.
Lazarus, Moritz, Unser Standpunkt. Zwei Reden an seine Religionsgenossen am 1. und 16. December 1880, Berlin 1881.
Lazarus, Moritz, Was heißt national? Ein Vortrag, Berlin 1880.
Lehmann, Emil, Höre Israel!: Aufruf an die deutschen Glaubensgenossen, Dresden 1869.
Lessing, Theodor, Der jüdische Selbsthaß, Berlin 1930.
Liebermann von Sonnenberg, Max, Beiträge zur Geschichte der antisemitischen Bewegung vom Jahre 1880–1885 bestehend in Reden, Broschüren, Gedichten, Berlin 1885.
Löwenfeld, Raphael, Schutzjuden oder Staatsbürger. Von einem jüdischen Staatsbürger, Berlin 1893.
Löwenfeld, Samuel: Die Wahrheit über der Juden Antheil am Verbrechen, Berlin 1881.
Makower, Hermann, Unsere Gemeinde: Vortrag zum Besten der Hochschule für die Wissenschaft des Judenthums, gehalten zu Berlin am 10. Januar 1881, Berlin 1881.
Manifest an die Regierungen und Völker der durch das Judenthum gefährdeten christlichen Staaten laut Beschlusses des Ersten Internationalen Antijüdischen Kongresses zu Dresden am 11. und 12. September 1882, Chemnitz 1882.
Manifest der Berliner Notabeln gegen den Antisemitismus vom 12. 11. 1880 in: Karsten Krieger, Der „Berliner Antisemitismusstreit" 1879–1881. Eine Kontroverse um die Zugehörigkeit der deutschen Juden zur Nation. Kommentierte Quellenedition. Im Auftrag des Zentrums für Antisemitismusforschung, 2. Bd., München 2004, S. 551–554.
Marciány, Georg von, Esther Solymosi, oder der jüdisch-rituelle Jungfrauenmord in Tisza-Eszlár, Berlin 1882.
Maretzki, Louis, Geschichte des Ordens Bnei Briss in Deutschland 1882–1907, Berlin 1907.
Markens, Isaac, The Hebrews in America. A Series of Historical and Biographical Sketches, New York 1888.

Marr, Wilhelm, Der Sieg des Judenthums über das Germanenthum. Vom nicht confessionellen Standpunkt aus betrachtet, Bern 1879.
Marr, Wilhelm, Wählet keinen Juden! Der Weg zum Siege des Germanenthums über das Judenthum. Ein Mahnwort an die Wähler nichtjüdischen Stammes aller Confessionen. Mit einem Schlußwort: „An die Juden in Preussen.", Berlin 1879.
Mommsen, Theodor, Auch ein Wort über unser Judenthum, Berlin 1880.
Mommsen, Theodor, Nachwort zur dritten Auflage von Auch ein Wort über unser Judenthum vom 15.12.1880, in: Karsten Krieger, Der „Berliner Antisemitismusstreit" 1879–1881. Eine Kontroverse um die Zugehörigkeit der deutschen Juden zur Nation. Kommentierte Quellenedition. Im Auftrag des Zentrums für Antisemitismusforschung, 2. Bd., München 2004, S. 750f.
Moritz Lazarus' Lebenserinnerungen, bearbeitet von Nahida Lazarus und Alfred Leicht, Berlin 1906.
Moses, Julius, Die Lösung der Judenfrage. Eine Rundfrage, Berlin/Leipzig 1907.
Nathan, Paul, Das Problem der Ostjuden. Vergangenheit – Zukunft, Berlin 1926.
Nathan, Paul, Der Fall Justschinski. Offizielle Dokumente und private Gutachten, Berlin 1913.
Nathan, Paul, Der jüdische Blutmord und der Freiherr von Wackerbarth-Linderode, Mitglied des preussischen Abgeordneten-Hauses. Ein antisemitisch-parlamentarisches Kulturbild, Berlin 1892.
Nathan, Paul, Der Prozess von Tisza-Eszlár. Ein antisemitisches Culturbild, Berlin 1892.
Nathan, Paul, Entstehung und Aufgaben des Hilfsvereins der deutschen Juden. Pogrome/ Das Hilfswerk im Kriege, in: Festschrift anlässlich der Feier des 25jähigen Bestehens des Hilfsvereins der deutschen Juden, gegründet am 28ten Mai 1901, Berlin 1926, S. 5–22.
Nathan, Paul, Vorwort, in: Ostjuden in Deutschland (= Schriften des Arbeiterfürsorgeamtes der jüdischen Organisationen Deutschlands, Heft II), Berlin 1921, S. 5–8.
Nathan, Paul, Xanten-Cleve, Betrachtungen zum Prozeß Buschhof. Separat-Abdruck aus: Die Nation, Wochenschrift für Politik, Volkswirttschaft und Litteratur, Berlin 1892.
Neumann, Salomon, Der Hilfsverein für jüdische Studierende in Berlin von 1841 bis 1891. Ein Bericht über seine 50jährige Wirksamkeit erstattet im Auftrage des Vorstandes unter Mitwirkung des Schriftführers Dr. Abraham, Berlin 1891.
Neumann, Salomon, Die Fabel von der jüdischen Masseneinwanderung. Ein Kapitel aus der preußischen Statistik, Berlin 1880.
Neumann, Salomon, Die öffentliche Gesundheitspflege und das Eigenthum. Kritisches und Positives mit Bezug auf die preußische Medizinalverfassungs-Frage, Berlin 1847.
Neumann, Salomon, Nachschrift zur Fabel von der jüdischen Masseneinwanderung, Berlin 1881.
Neumann, Salomon, Zur medicinischen Statistik des preußischen Staates. Nach den Acten des statistischen Bureau's für das Jahr 1846, Berlin 1849.
Neumann, Salomon, Zur Statistik der Juden in Preussen von 1816–1880. Zweiter Beitrag aus den amtlichen Veröffentlichungen, Berlin 1884.
Ónody, Géza von, Tisza-Eszlár in der Vergangenheit und Gegenwart – Ueber die Juden im Allgemeinen – Jüdische Glaubensmysterien – Rituelle Mordthaten und Blutopfer – der Tisza-Eszlárer Fall, Budapest 1883.
Oppenheim, Heinrich Bernhard, Die Judenverfolgung in Rumänien, Berlin 1872.
Ostjuden in Deutschland (=Schriften des Arbeiterfürsorgeamtes der jüdischen Organisationen Deutschlands Heft II), Berlin 1926.
Philippson, Ludwig, Neueste Geschichte des jüdischen Volkes, Bd. 2, Leipzig 1910.
Pinsker, Leon, „Autoemancipation!" Mahnruf an seine Stammesgenossen von einem russischen Juden, Berlin 1882.

Preußische Statistik (Amtliches Quellenwerk.). Herausgegeben in zwanglosen Heften vom Königlichen Statistischen Bureau in Berlin, Nr. 48 A, Berlin 1879 (online: https://babel.hathitrust.org/cgi/pt?id=uc1.c100401475&view=1up&seq=37&size=125; 14.9.2020).

Renan, Ernest, Vie de Jésus, Paris 1863.

Reports of the US Immigration Commission 1907–1910, Vol. 4 (Emigration Conditions in Europe), presented by Mr. Dillingham, Washington 1911.

Roth, Joseph, Juden auf Wanderschaft, Berlin 1927.

Rülf, Isaak, Aruchas Bas-Amri. Israels Hoffnung. Ein ernstes Wort an Glaubens- und Nichtglaubensgenossen, Frankfurt am Main 1883.

Rülf, Isaak, Die russischen Juden. Ihre Leidensgeschichte und unsere Rettungsversuche, Memel 1892.

Rümelin, Gustav, Über den Begriff des Volks (1872), in: ders., Reden und Aufsätze, Freiburg 1875, S. 88–117.

Russisch-jüdisches Comité (Hg.), Russische Greuel 1881. Die Juden-Verfolgungen in Rußland, Berlin 1882.

Russisch-Juedisches Comite Berlin, Die Judenverfolgung in Rußland. Zwei Berichte des Times-Correspondenten (Artikel vom 11. und 13. Januar 1882), Berlin 1882.

Schramm, Hellmut, Der Jüdische Ritualmord. Eine historische Untersuchung, Berlin 1943.

Segall, Jacob, Die deutschen Juden als Soldaten im Kriege, Berlin 1921.

Segall, Jacob, Die Entwicklung der Juden in Preussen während der letzten hundert Jahre, in: Zeitschrift für Demographie und Statistik der Juden, 8 Jg., Heft 6 (Juni 1912), S. 81–86.

Silbergleit, Heinrich, Die Bevölkerungs- und Berufsverhältnisse der Juden im Deutschen Reich, Berlin 1930.

Simplicissimus, Simplicius, Der Fall Kantorowicz als Symptom unserer Zustände. Eine Neujahrsbetrachtung auf Grund harmloser Quellenstudien, Berlin 1881.

Stenographische Berichte über die öffentlichen Sitzungen der Stadtverordnetenversammlung der Haupt- und Residenzstadt Berlin, Nr. 7 (1880), Berlin 1880.

Tabelle Gesamteinnahmen und Ausgaben des Hilfsvereins der Deutschen Juden bis Kriegsende, in: Festschrift anlässlich des 25jährigen Bestehens des Hilfsvereins der Deutschen Juden, gegründet am 28ten Mai 1901, Berlin 1926, S. 59.

Tisza-Eszlár: napi értesítő a tiszaeszlári bűnper végtárgyalása alkalmából (Nyíregyháza, Jóba, 1883) (online: https://library.hungaricana.hu/hu/view/MEGY_SZSZ_HELYRITK_1883_Tiszaeszlar/?pg=0&layout=s; 8.9.2020).

Treitschke, Heinrich von, an Theodor Mommsen vom 15.12.1880, in: Karsten Krieger, Der „Berliner Antisemitismusstreit" 1879–1881. Eine Kontroverse um die Zugehörigkeit der deutschen Juden zur Nation. Kommentierte Quellenedition. Im Auftrag des Zentrums für Antisemitismusforschung, 2. Bd., München 2004, S. 752f.

Treitschke, Heinrich von, Die jüdische Einwanderung in Deutschland, in: Karsten Krieger, Der „Berliner Antisemitismusstreit" 1879–1881. Eine Kontroverse um die Zugehörigkeit der deutschen Juden zur Nation. Kommentierte Quellenedition. Im Auftrag des Zentrums für Antisemitismusforschung, 2. Bd., München 2004, S. 800–802.

Treitschke, Heinrich von, Erwiderung an Herrn Th. Mommsen, in: Preußische Jahrbücher, Nr. 46 (1880), S. 661–663.

Treitschke, Heinrich von, Herr Graetz und sein Judenthum, in: Preußische Jahrbücher, Bd. 44 (1879), S. 660–670.

Treitschke, Heinrich von, Noch einige Bemerkungen zur Judenfrage, in: Preußische Jahrbücher, Bd. 45 (1880), S. 85–95.

Treitschke, Heinrich von, Unsere Aussichten, in: Preußische Jahrbücher, Band 44 (1879), S. 559–576.
VII. Statistischen Jahrbuch der Stadt Berlin (1879), Berlin 1881.
VIII. Statistischen Jahrbuch der Stadt Berlin (1880), Berlin 1882.
Wischnitzer, Mark, To dwell in safety: The story of Jewish migration since 1800, Philadelphia 1948.
Wolf, Lucien, Anti-Semitism, in: The Encyclopaedia Britannica, Bd. 2, New York 1910, S. 134–146.
Zunz, Leopold, Grundlinien zu einer künftigen Statistik der Juden, in: Verein für Cultur und Wissenschaft der Juden (Hg.), Zeitschrift für die Wissenschaft des Judenthums, Bd. 1, Heft 3, Berlin 1823, S. 523–532.

Sekundärliteratur

Adelsgruber, Paulus/Cohen, Laurie/ Kuzmany, Börries (Hgg.), Getrennt und doch verbunden. Grenzstädte zwischen Österreich und Russland 1772–1918, Wien/Köln 2011.
Alroey, Gur, Alija, in: Dan Diner (Hg.), Enzyklopädie jüdischer Geschichte und Kultur, Bd. 1, Stuttgart/ Weimar 2011, S. 35–39.
Aly, Götz und Roth, Karl Heinz (Hgg.), Die restlose Erfassung. Volkszählen, Identifizieren, Aussondern im Nationalsozialismus, Berlin 1984.
Andrew Godley, Jewish Immigrant Entrepreneurships in New York and London, 1880–1914. Enterprise and Culture, Basingstoke 2001.
Arnold, Rafael, Das nationale und internationale Engagement französischer Juden: die Alliance Israélite Universelle, in: Ulrich Wyrwa, Einspruch und Abwehr. Die Reaktion des europäischen Judentums auf die Entstehung des Antisemitismus (1879–1914), Frankfurt/New York 2011, 43–69.
Aronson, Michael I., Troubled Waters. The Origins of the 1881 Anti-Jewish Pogroms in Russia, Pittsburgh 1990.
Aschheim, Steven E., The East European Jew in German and German Jewish Consciousness, 1800–1923, Wisconsin 1982.
Baader, Gerhard, Salomon Neumann, in: Wilhelm Treue, Rolf Winau (Hgg.), Berlinische Lebensbilder, Bd. 2: Mediziner, Berlin 1987, S. 152–174.
Baader, Gerhard, Von der sozialen Medizin und Hygiene über die Rassenhygiene zur Sozialmedizin (BRD)/Sozialhygiene (DDR), in: Udo Schagen, Sabine Schleiermacher (Hgg.), 100 Jahre Sozialhygiene, Sozialmedizin und Public Health in Deutschland, Berlin 2005 (https://www.dgsmp.de/100-jahre/CD_DGSMP/PdfFiles/Texte/G_B.pdf; 20.10.2020).
Baase, Geert, Wahlen zur Stadtverordnetenversammlung und zum Abgeordnetenhaus von Berlin 1862–2011, in: Zeitschrift für amtliche Statistik Berlin Brandenburg 1+2/2011, S. 58–60. (https://www.statistik-berlin-brandenburg.de/publikationen/aufsaetze/2012/HZ_201201-04.pdf).
Bade, Klaus J., ‚Kulturkampf' auf dem Arbeitsmarkt: Bismarcks ‚Polenpolitik' 1885–1890, in: ders. (Hg.), Sozialhistorische Migrationsforschung (= Studien zur Historischen Migrationsforschung Bd. 13), Göttingen 2004, S. 159–184.
Bade, Klaus J., Sozialhistorische Migrationsforschung (= Studien zur Historischen Migrationsforschung Bd. 13), herausgegeben von Michael Bommes und Jochen Oltmer, Göttingen 2004.
Bar-Chen, Eli, Weder Asiaten noch Orientale. Internationale jüdische Organisationen und die Europäisierung „rückständiger" Juden, Würzburg 2005.
Barkai, Avraham: „Wehr Dich!" Der Centralverein deutscher Staatsbürger jüdischen Glaubens 1893–1938, München 2002.

Bartal, Israel, Geschichte der Juden im östlichen Europa 1772–1881, Göttingen 2011.
Battenberg, Friedrich, Judenemanzipation im 18. und 19. Jahrhundert, in: Europäische Geschichte Online (EGO), hg. vom Institut für Europäische Geschichte (IEG), Mainz 2010–12–03. (http://www.ieg-ego.eu/battenbergf-2010-de; 2.10.2020).
Ben-Arieh, Yehoshua, The Making of Eretz Israel in the Modern Era: A Historical-Geographical Study (1799–1949), Berlin/Boston 2020.
Benz, Wolfgang, Antisemitismus, in: Michael Fahlbusch, Ingo Haar, Alexander Pinwinkler (Hgg.), Handbuch der völkischen Wissenschaften, Band 2 (Forschungskonzepte – Institutionen – Organisationen – Zeitschriften), Berlin/Boston 2017, S. 945–957.
Benz, Wolfgang, Der jüdische Ritualmord (Hellmut Schramm, 1943), in: ders. (Hg.), Handbuch des Antisemitismus, Judenfeindschaft in Geschichte und Gegenwart, Bd. 6 (Publikationen), Berlin/Boston 2013, S. 378.
Benz, Wolfgang, Vom Vorurteil zur Gewalt. Politische und soziale Feindbilder in Geschichte und Gegenwart, Freiburg 2020.
Berek, Mathias, Moritz Lazarus. Deutsch-jüdischer Idealismus im 19. Jahrhundert, Göttingen 2020.
Berek, Mathias, Neglected German-Jewish Visions for a Pluralistic Society: Moritz Lazarus, in: LBYB, Vol. 60 (2015), S. 45–59.
Berek, Mathias, Schnittpunkt sozialer Kreise statt völkischer Verwurzelung – Die Entstehung moderner Sozialtheorie aus der deutsch-jüdischen Lebenswelt des 19. Jahrhunderts am Beispiel Moritz Lazarus, in: Medaon Nr. 5 (2009), S. 27–48. (https://www.medaon.de/de/artikel/schnittpunkt-sozialer-kreise-statt-voelkischer-verwurzelung-die-entstehung-moderner-sozialtheorie-aus-der-deutsch-juedischen-lebenswelt-des-19-jahrhunderts-am-beispiel-moritz-lazarus; 01.06.2019).
Bergmann, Werner, Artikel Adolf Stoecker, in: Wolfgang Benz (Hg.), Handbuch des Antisemitismus. Judenfeindschaft in Geschichte und Gegenwart, Bd. 2 (Personen), Berlin/Boston 2009., S. 798–802.
Bergmann, Werner, Artikel Christlich-soziale Partei (Deutschland), in: Wolfgang Benz (Hg.), Handbuch des Antisemitismus. Judenfeindschaft in Geschichte und Gegenwart, Bd. 5 (Organisationen, Institutionen, Bewegungen), S. 102 f.
Bergmann, Werner, Artikel Marr, Wilhelm, in: Wolfgang Benz (Hg.), Handbuch des Antisemitismus. Judenfeindschaft in Geschichte und Gegenwart, Bd. 2 (Personen), Berlin/Boston 2009, S. 520–523.
Bergmann, Werner, Geschichte des Antisemitismus, München 2002.
Bergmann, Werner, Tumulte – Excesse – Pogrome. Kollektive Gewalt gegen Juden in Europa 1789–1900 (= Studien zu Ressentiments in Geschichte und Gegenwart, herausgegeben vom Zentrum für Antisemitismusforschung, Bd. 4), Göttingen 2020.
Bergmann, Werner, Völkischer Antisemitismus im Kaiserreich, in: Uwe Puschner, Walter Schmitz, Justus H. Ulbricht, Handbuch zur „Völkischen Bewegung" 1871–1918, München/New Providence/London/Paris 1996, S. 449–463.
Berk, Stephen M., Year of Crisis, Year of Hope: Russian Jews and the Pogroms of 1881–1882, Westport/London, 1985.
Bernhardt, Hans-Michael, „Die Juden sind unser Unglück!". Strukturen eines Feindbildes im Deutschen Kaiserreich, in: Christoph Jahr, Uwe Mai, Kathrin Roller (Hgg.), Feindbilder in der deutschen Geschichte. Studien zur Vorurteilsgeschichte im 19. und 20. Jahrhundert, Berlin 1994, S. 25–55.
Bilz, Marlies, Hovevei Zion in der Ära Leo Pinsker, Hamburg 2007.

Blänkner, Reinhard und Göhler, Gerhard, Norbert Waszek (Hgg.), Eduard Gans (1797–1839). Politischer Professor zwischen Restauration und Vormärz (= Deutsch-Französische Kulturbibliothek 15), Leipzig 2001.

Blaschke, Olaf, Katholizismus und Antisemitismus im Deutschen Kaiserreich, Göttingen 1999.

Bomsdorff, Theodor von, Eisenbahn-Karte Oesterreich-Ungarn, Verlag von Karl Prochaska, Wien und Teschen 1883.

Borut, Jacob, Die jüdischen Abwehrvereine zu Beginn der neunziger Jahre des 19. Jahrhunderts, in: Aschkenas, Zeitschrift für Geschichte und Kultur der Juden 7/1997, Heft 2, S. 467–497.

Borut, Jacob, The Rise of Jewish Defence Agitation in Germany, 1890–1895: A Pre-History of the C.V.?, in: LBYB, Vol. 36 (1991), S. 59–96.

Botsch, Gideon und Treß, Werner, Moderner Antisemitismus und Sattelzeit. Das Beispiel Paul de Lagarde, in: Heike Behlmer, Thomas L. Gertzen und Orell Witthuhn (Hgg.), Der Nachlass Paul de Lagarde. Orientalische Netzwerke und antisemitische Verflechtungen, München 2020, S. 111–126.

Brenner, Michael, Juden in Not: Eine andere Geschichte des deutschen Judentums, in: Arbeitskreis Jüdische Wohlfahrt/Steinheim-Institut/ZWST (Hgg.), 100 Jahre Zentralwohlfahrtsstelle der Juden in Deutschland (1917–2017). Brüche und Kontinuitäten, Frankfurt a. M. 2017, S. 21–31.

Brenner, Michael, Kleine jüdische Geschichte, München 2008.

Brinkmann, Tobias (Hg.), Points of Passage. Jewish Transmigrants from Eastern Europe in Scandinavia, Germany and Britain 1880–1914, New York/Oxford 2013.

Brinkmann, Tobias, „Travelling with Ballin": The Impact of American Immigration Policies on Jewish Transmigration within Central Europe, 1880–1914, in: International Review of Social History, Bd. 53, Nr. 3 (Dezember 2008), S. 459–484; dt. Text „Mit Ballin unterwegs" – Erfahrung eines russischen Auswanderers (https://juedische-geschichte-online.net/beitrag/brinkmann-ballin, 19.11.2018).

Brinkmann, Tobias, Migration und Transnationalität, Paderborn 2012.

Brinkmann, Tobias, Migration, in: Hamburger Schlüsseldokumente zur deutsch-jüdischen Geschichte, 22.09.2016 (online: https://juedische-geschichte-online.net/thema/migration; 20.9.2020).

Brinkmann, Tobias, Points of passage, Reexamining Jewish Migrations from Eastern Europe after 1880, in: ders.: Points of Passage. Jewish Transmigrants from Eastern Europe in Scandinavia, Germany and Britain 1880–1914, S. 1–23.

Brocke, Michael und Carlebach, Julius (Hg.), Biographisches Handbuch der Rabbiner, Teil 1, Die Rabbiner der Emanzipationszeit in den deutschen, böhmischen und großpolnischen Ländern 1781–1871, München 2004. (online bereitgestellt vom Steinheim-Institut unter http://www.steinheim-institut.de:50580/cgi-bin/bhr?id=1793 (10.4.2018).

Burkhard, Edmund, „Überwindung von Armut durch Bildung". Die Geschichte des Hilfsvereins der deutschen Juden (1901–1938), Siegen/Eiserfeld 2016 (online publiziert unter https://dspace.ub.uni-siegen.de/bitstream/ubsi/1012/1/Dissertation_Edmund_Burkard.pdf; 13.10.2020).

Bussiek, Dagmar, „Das Gute gut und das Böse böse nennen". Der Reichsbote 1873–1879, in: Michel Grunwald, Uwe Puschner (Hgg), Das evangelische Intellektuellenmilieu in Deutschland, seine Presse und seine Netzwerke, Bern 2008, S. 97–120.

Caestecker, Frank und Feys, Torsten, East European Jewish Migrants and Settlers in Belgium, 1880–1914: A Transatlantic Perspective, in: East European Affairs, 40, Nr. 3 (2010), S. 266–271.

Carlsson, Carl Henrik, Immigrants or Transmigrants? Eastern European Jews in Sweden, 1860–1914, in: Tobias Binkmann (Hg.), Points of Passage. Jewish Transmigrants from Eastern Europe in Scandinavia, Germany and Britain 1880–1914, S. 47–62.

Chadbounre, Richard M., Ernest Renan, Washington 1968.
Cioli, Monica, Pragmatismus und Ideologie. Organisationsformen des Deutschen Liberalismus zur Zeit der zweiten Reichsgründung (1878–1884), Berlin 2003.
Clark, Christopher, Preußen. Aufstieg und Niedergang 1600–1947, München 2006.
Delbrück, Jost, Institut für Rechtspolitik an der Universität Trier (Hgg.), Nichtregierungsorganisationen: Geschichte – Bedeutung Rechtsstatus. Trier, 2003 (Rechtspolitisches Forum) (online: http://nbn-resolving.de/urn:nbn:de:0168-ssoar-321699; 29.11.2018).
Diestel, Barbara, Artikel Was ist der Kern der Judenfrage (Ernst Henrici, 13.1.1881), in: Wolfgang Benz (Hg.), Handbuch des Antisemitismus. Judenfeindschaft in Geschichte und Gegenwart, Bd. 6 (Publikationen), Berlin/Boston 2013, S. 753–755.
Diner, Dan, Historische Migrationsforschung (=Tel Aviver Jahrbuch für deutsche Geschichte Bd. XXVII), Tel Aviv 1998.
Diner, Hasir R., The Jews of the United States 1654 to 2000, London 2004.
Distel, Barbara, Reichshallen-Rede (Ernst Henrici, 17.12.1880), in: Wolfgang Benz (Hg.), Handbuch des Antisemitismus. Judenfeindschaft in Geschichte und Gegenwart, Bd. 6 (Publikationen), Berlin/Boston 2013, S. 588–590.
Dohrn, Vera und Pickhan, Gertrud, Transit und Transformation. Osteuropäisch-Jüdische Migranten in Berlin 1918–1939, Göttingen 2010.
Dubnow, Simon, Die Epoche der zweiten Reaktion (1881–1914) (=Die neuste Geschichte des jüdischen Volkes, Bd. 3), Berlin 1929.
Enzenbach, Isabel, „Kennwort: Gummi". Der Centralverein deutscher Staatsbürger jüdischen Glaubens im Kampf um den öffentlichen Raum von 1893 bis zum Ende der Weimarer Republik. In: Christina von Braun (Hrsg.): Was war deutsches Judentum?. 1870–1933. Berlin / München / Boston 2015, S. 203–220.
Erb, Rainer und Bergmann, Werner, Die Nachtseite der Judenemanzipation. Der Widerstand gegen die Integration der Juden in Deutschland 1780–1860, Berlin 1989.
Ernst, Petra, Schtetl, Stadt, Staat. Raum und Identität in deutschsprachig-jüdischer Erzählliteratur des 19. und frühen 20. Jahrhunderts, herausgegeben von Gerd Kühr, Gerald Lamprecht und Olaf Terpitz, Wien/Köln/Weimar 2017.
Escher, Clemens, Artikel Kantorowicz-Affäre (1880), in: Wolfgang Benz (Hg.), Handbuch des Antisemitismus. Judenfeindschaft in Geschichte und Gegenwart, Bd. 4 (Ereignisse, Dekrete, Kontroversen), Berlin/Boston 2011, S. 217f.
Fahrmeir, Andreas, Citizenship. The Rise and Fall of a Modern Concept, New Haven/London 2007.
Feys, Torsten, The emigration policy of the Belgian government from Belgium to the U.S. through the port of Antwerp 1842–1914, Gent 2003 (https://lib.ugent.be/fulltxt/RUG01/000/941/684/RUG01-000941684_2010_0001_AC.pdf; 6.10.2020).
Finlay, W.M.L., Pathologizing dissent: Identity politics, Zionism and the 'self-hating Jew', in: British Journal of Social Psychology (2005), 44, S. 201–222.
Fischer, Rolf, Entwicklungsstufen des Antisemitismus in Ungarn 1867–1939. Die Zerstörung der magyarisch-jüdischen Symbiose, München 1988.
Frankel, Jonathan, Prophecy and Politics: Socialism, Nationalism, and the Russian Jews 1862–1917, Cambridge 1981.
Frankel, Jonathan, The Crisis of 1881–1882 as a Turning Point in Modern Jewish History, in: Berger, David (Hrsg.), The Legacy of Jewish Migration. 1881 and Its Impact, New York 1983, S. 9–22.
Frankel, Jonathan, The Damascus Affair. „Ritual Murder", Politics, and the Jews in 1840, Cambridge 1997.

Gall, Lothar, Bismarck. Der weisse Revolutionär, Frankfurt am Main/Berlin/Wien 1980.
Gardt, Andreas, Sprachnationalismus zwischen 1850 und 1945, in: ders. (Hg.), Nation und Sprache. Die Diskussion ihres Verhältnisses in Geschichte und Gegenwart, Berlin 2000, S. 247–272.
Gartner, Lloyd P., Jewish Migrants en Route from Europe to North America: Traditions and Realities, in: Jeffrey S. Gurock, American Jewish History, Vol. 3, East European Jews in America 1880–1920: immigration and adaptation, New York 1998, S. 91–108.
Gartner, Lloyd P., Roumania, America, and World Jewry: Consul Peixotto in Bucharest, 1870–1767, in: American Jewish Historical Quarterly, Jg. 58, Nr. 1 (Sept 1968), S. 24–56, 59–117.
Gartner, Lloyd P., The Great Jewish Migration, in: Historische Migrationsforschung (= Tel Aviver Jahrbuch für deutsche Geschichte, Band XXVII, 1998), Tel Aviv 1998, S. 107–133.
Gebhard, Lisa Sophie, Davis Trietsch – Der vergessene Visionär. Zionistische Zukunftsentwürfe zwischen Deutschland, Palästina und den USA, Tübingen 2022 (= Schriftenreihe wissenschaftlicher Abhandlungen des Leo Baeck Instituts 83).
Gebhard, Lisa Sophie/ Hamann, David (Hgg.), Deutschsprachige Zionismen. Verfechter, Kritiker und Gegner, Organisationen und Medien (1890–1938), Berlin 2019.
Gebhardt, Lisa Sophie, „Die zionistische Idee im Wandel der Generationen". Strategien der Selbstgenerationalisierung im deutschen Zionismus, in: Catherine Mazellier-Lajarrige/Ina Ulrike Paul/Christina Stange-Fayos (Hgg.), Geschichte ordnen – L'Histoire mise en ordre. Interdisziplinäre Fallstudien zum Begriff „Generation" – Études de cas interdisciplinaires sur la notion de „génération" (= Zivilisationen und Geschichte Bd. 59), Berlin 2019, S. 83–93.
Gelber, Nathan Michael, The Intervention of German Jews at the Berlin Congress 1878, in: LBYB 5 (1960), Nr. 1, S. 221–248.
Gempp-Friedrich, Tilmann, Gemeinsame Brüche. Centralverein und Zionistische Vereinigung vor dem Ersten Weltkrieg. In: Lisa Sophie Gebhard, David Hamann (Hgg.), Deutschsprachige Zionismen. Verfechter, Kritiker und Gegner, Organisationen und Medien (1890–1938), Berlin 2019, S. 59–73.
Geppert, Dominik, Pressekriege. Öffentlichkeit und Diplomatie in den deutsch-britischen Beziehungen (1896–1912), München 2007.
Gerber, David D. and Kraut, Alan M. (Hgg.), American Immigration und Ethnicity. A Reader, New York 2005.
Gerhardt, Johannes, Der Kaiser, die Honoratioren und die Presse zu Besuch bei Albert Ballin, in: Hamburger Schlüsseldokumente zur deutsch-jüdischen Geschichte, 22.09.2016. (https://dx.doi.org/10.23691/jgo:article-17.de.v1; 31.10.2020).
Gilman, Sander L., Jüdischer Selbsthaß. Antisemitismus und verborgene Sprache der Juden, Frankfurt am Min 1993.
Golczewski, Frank und Pickhan, Gertrud, Russischer Nationalismus. Die russische Idee im 19. und 20. Jahrhundert. Darstellung und Texte. Göttingen 1998.
Goeßmann, David, Die Erfindung der bedrohten Republik. Wie Flüchtlinge und Demokratie entsorgt werden, Berlin 2019.
Gosewinkel, Dieter, „Unerwünschte Elemente" – Einwanderung und Einbürgerung von Juden in Deutschland 1848–1933, in: Dan Diner (Hg.), Historische Migrationsforschung (= Tel Aviver Jahrbuch für deutsche Geschichte, Bd. XXVII), Tel Aviv 1998, S. 71–106.
Gosewinkel, Dieter, Einbürgern und Ausschließen. Die Nationalisierung der Staatsangehörigkeit vom Deutschen Bund bis zur Bundesrepublik Deutschland (= Kritische Studien zur Geschichtswissenschaft Bd. 150), Göttingen 2001.

Gräfe, Thomas, Antisemitismus im deutschen Kaiserreich. Stereotypenmuster, Aktionsformen und die aktuelle Relevanz eines „klassischen" Forschungsgegenstandes, in: Sozial.Geschichte Online 25 (2019).

Gräfe, Thomas, Artikel Die Wahrheit, in: Wolfgang Benz (Hg.), Handbuch des Antisemitismus, Judenfeindschaft in Geschichte und Gegenwart, Bd. 6 (Publikationen), Berlin/Boston 2013, S. 752 f.

Grill, Tobias, Antizionistische jüdische Bewegungen, in: Europäische Geschichte Online (EGO), hg. vom Institut für Europäische Geschichte (IEG), Mainz 2011 – 11 – 16, 18 (www.ieg-ego.eu/grillt-2011-de URN: urn:nbn:de:0159 – 2011081886; 18.03.2019).

Grill, Tobias, Der Westen im Osten: Deutsches Judentum und jüdische Bildungsreform in Osteuropa (1783 – 1939), Göttingen 2013.

Grill, Tobias, Gegen das Gespenst der Moderne: Antijudaismus und Antisemitismus im Zarenreich des 19. und frühen 20. Jahrhunderts, in: Dorothea Wendebourg, Andreas Stegmann, Martin Ohst (Hgg.), Protestantismus, Antijudaismus, Antisemitismus. Konvergenzen und Konfrontationen in ihren Kontexten, Tübingen 2017, S. 449 – 486.

Groß, Johannes T., Ritualmordbeschuldigungen gegen Juden im Deutschen Kaiserreich (1871 – 1914), Berlin 2002.

Großmann, Rebekka, Henry-Jones-Loge. Jüdisches Selbstbewusstsein und Aufbruch in die Moderne, in: Hamburger Schlüsseldokumente zur deutsch-jüdischen Geschichte, 23.10.2017 (https://dx.doi.org/10.23691/jgo:article-167.de.v1; 23.9.2020).

Haar, Ingo, Jüdische In- und Exklusion in Wien und Berlin 1667/71 – 1918. Von der Vertreibung der Juden Wiens und ihrer Wiederansiedlung in Berlin bis zum Zionismus, Göttingen 2021.

Haar, Ingo, Jüdische Zivilgesellschaft und transnationale Flüchtlingspolitik in Zentraleuropa um 1900. die „Allianzen" in Wien und Berlin vom improvisierten Einsatz in Brody bis zur geregelten Amerikaemigration, in: Ulla Kriebernegg, Gerald Lamprecht, Roberta Maierhofer und Andreas Strutz (Hgg), „Nach Amerika nämlich!". Jüdische Migrationen in die Amerikas im 19. und 20. Jahrhundert, Göttingen 2012, S. 91 – 109.

Haase, Armine, Katholische Presse und die Judenfrage. Inhaltsanalyse katholischer Periodika am Ende des 19. Jahrhunderts, München 1975.

Hacking, Ian, The Taming of Chance, Cambridge 2008.

Hamann, David, „Hand in Hand" in gegenseitiger Abneigung. Zum ambivalenten Verhältnis des Hilfsvereins der deutschen Juden zur zionistischen Bewegung vor dem Ersten Weltkrieg, in: Lisa Sophie Gebhard, David Hamann (Hgg.), Deutschsprachige Zionismen. Verfechter, Kritiker und Gegner, Organisationen und Medien (1890 – 1938), Berlin 2019., S. 43 – 58.

Hamann, David, Jüdische Selbstorganisation und Abwehrarbeit in Berlin am Beispiel ost- und südosteuropäischer jüdischer Migration, in: Medaon 13 (2019), Nr. 25, S. 1 – 13.

Hamann, David, Von Hamburg in die Welt – Jüdische Auswanderung und der Hilfsverein der deutschen Juden, in: Hamburger Schlüsseldokumente zur deutsch-jüdischen Geschichte, 22.9.2016 (online: https://dx.doi.org/10.23691/jgo:article-159.de.v1; 20.9.2020).

Hamann, David: Migration organisieren. Paul Nathan und der Hilfsverein der deutschen Juden (1881 – 1914/18). In: Kalonymos 19 (2016), Heft 2, S. 6 – 10.

Hamburger, Ernest, Juden im öffentlichen Leben Deutschlands: Regierungsmitglieder, Beamte und Parlamentarier in der monarchischen Zeit 1848 – 1918, Tübingen 1968.

Hansen Eckhard und Tennstedt, Florian (Hgg.), Biographisches Lexikon zur Geschichte der deutschen Sozialpolitik 1871 – 1945, Bd. 1 (Sozialpolitiker im Deutschen Kaiserreich), Kassel 2010 (http://www.uni-kassel.de/upress/online/frei/978-3-86219-038-6.volltext.frei.pdf; 20.10.2020).

Hartston, Barnet Peretz, Sensationalizing the Jewish Question: Anti-Semitic Trials and the Press in the Early German Empire, Leiden/Boston 2005.
Haumann, Heiko, Die Geschichte der Ostjuden, München 1998.
Hengsbach, Arne, Station der Europamüden. Die Geschichte des Auswandererbahnhofs Ruhleben, in: Mitteilungen des Vereins für die Geschichte Berlins, 70. Jg. (1974), S. 420–429 (online: https://www.zlb.de/fileadmin/user_upload/berlin_portal/MVGB/MVGB_1971-1974.pdf; 19.10.2020).
Henning, Hansjoachim und Tennstedt, Florian (Hgg), Quellensammlung zur Geschichte der deutschen Sozialpolitik 1867 bis 1914. Von der kaiserlichen Sozialbotschaft bis zu den Februarerlassen Wilhelms II. (1881–1890), 1. Band. Grundlagen der Sozialpolitik. Die Diskussion der Arbeiterfrage auf Regierungsseite und in der Öffentlichkeit, Mainz 2003.
Herbst, Christina (Hg.), Hedwig Pringsheim, Tagebücher Bd. 1 (1885–1891), Göttingen 2013.
Hering, Sabine, Rette sich wer kann... Lehren aus der frühen jüdischen Flüchtlingshilfe, in: Sozial Extra 3 (2016), S. 6–9.
Hillje, Johannes: Das „Wir" der AfD: Kommunikation und kollektive Identität im Rechtspopulismus, Frankfurt/New York 2022.
Hödl, Klaus, Ostjüdische Armut und ihre Wahrnehmung. Die galizischen Juden um die Wende vom 19. zum 20. Jahrhundert, in: Steffi Jersch-Wenzel in Verbindung mit Francois Guesnet, Gertrud Pickhan, Andreas Reinke und Desanka Schwan, Juden und Armut in Mittel- und Osteuropa, Köln/Weimar/Wien 2000, S. 309–332.
Hoerder, Dirk, Cultures in Contact: World Migrations in the Second Millennium, Durham & London 2002.
Hoffmann, Christhard, Artikel Ernst Henrici, in: Richard S. Levy (Hg.), Antisemitism: A Historical Encyclopedia of Prejudice and Persecution, Band 1, Santa Barbara 2005, S. 296.
Hoffmann, Christhard, Politische Kultur und Gewalt gegen Minderheiten. Die antisemitischen Ausschreitungen in Pommern und Westpreußen, in: Wolfgang Benz (Hg.), Jahrbuch für Antisemitismusforschung 3, Berlin 1994, S. 93–120.
Hofinger, Johannes, Artikel Jüdischer „Selbsthass", in: Handbuch Jüdische Kulturgeschichte (http://hbjk.sbg.ac.at/kapitel/juedischer-selbsthass/; 29.6.2020).
Hopp, Andrea, Auf Stimmenfang mit dem Vorurteil: Antisemitismus im Wahlkampf, in: Lothar Gall (Hrsg.), Regierung, Parlament und Öffentlichkeit im Zeitalter Bismarcks. Politikstile im Wandel, Paderborn 2003, S. 263–280.
Horch, Hans Otto (Hg.), Berthold Auerbach. Briefe an seinen Freund Jakob Auerbach. Neuedition der Ausgabe von 1884 mit Kommentaren und Indices. Teilband II (1870–1882), Berlin/München/Boston 2015.
Holz, Klaus, Nationaler Antisemitismus. Wissenssoziologie einer Weltanschauung, Hamburg 2010.
Horváth, Franz Sz., Artikel Istóczy, Győző, in: Wolfgang Benz (Hg.), Handbuch des Antisemitismus. Judenfeindschaft in Geschichte und Gegenwart, Bd. 2 (Personen), Berlin/Boston 2009, S. 401f.
Horváth, Franz Sz., Artikel Ónody, Géza, in: Wolfgang Benz (Hg.), Handbuch des Antisemitismus. Judenfeindschaft in Geschichte und Gegenwart, Bd. 2 (Personen), Berlin/Boston 2009, S. 600.
Iancu, Carol, Jews in Romania 1866–1919 – From Exclusion to Emancipation, Boulder/New York 1996.
Imhof, Michael, Einen besseren als Stoecker finden wir nicht: Diskursanalytische Studie zur christlich-sozialen Agitation im deutschen Kaiserreich, Oldenburg 1996.
Jacobs, Melanie, Studentischer Antisemitismus im Deutschen Kaiserreich, in: Peter Hayes, Jean El Gammal (Hgg.), Universitätskulturen/L'Université en perspective/The Future of the University, Bielefeld 2012, S. 103–126.

Jahr, Christoph, Antisemitismus vor Gericht. Debatten über die juristische Ahndung judenfeindlicher Agitation in Deutschland (1879–1960), Frankfurt/New York 2011.

Jahr, Christoph, Artikel Ahlwardt, Hermann [Pseudonym: Hermann Koniecki], in: Wolfgang Benz (Hg.), Handbuch des Antisemitismus. Judenfeindschaft in Geschichte und Gegenwart, Bd. 2 (Personen), Berlin/Boston 2009, S. 6–8.

Jahr, Christoph, Artikel Radauantisemitismus, in: Wolfgang Benz (Hg.), Handbuch des Antisemitismus, Bd. 3 (Begriffe, Theorien, Ideologien), Berlin/Boston 2010, S. 270–273.

Jansen, Christian, Johann Gottfried Herder, in: Fahlbusch, Haar, Pinwinkler (Hgg.), Handbuch der völkischen Wissenschaften. Akteure, Netzwerke, Forschungsprogramme, Band I (Biographien), Berlin/Boston, S. 294–298.

Janz, Oliver, Der große Krieg, Bonn 2013.

Jeffrey S. Gurock, American Jewish History, Vol. 3, East European Jews in America 1880–1920: immigration and adaptation, New York 1998.

Jensen, Uffa, „Die Juden sind unser Unglück", in: Die ZEIT (13.6.2002, ed. 27.11.2011).

Jensen, Uffa, Gebildete Doppelgänger. Bürgerliche Juden und Protestanten im 19. Jahrhundert (= Kritische Studien zur Geschichtswissenschaft Bd. 167), Göttingen 2005.

Jensen, Uffa, Politik und Recht, Paderborn 2014.

Jünger, David, Am Scheitelpunkt der Emanzipation. Die Juden Europas und der Berliner Kongress 1878, in: Arndt Engelhardt, Lutz Fiedler, Elisabeth Gallas, Natasha Grodinsky, Philipp Graf (Hgg.), Ein Paradigma der Moderne. Jüdische Geschichte in Schlüsselbegriffen. Festschrift für Dan Diner zum 70. Geburtstag, Göttingen 2016, S. 17–38.

Just, Michael, Ost- und südosteuropäische Amerikaauswanderung 1881–1914. Transitprobleme in Deutschland und Aufnahme in den Vereinigten Staaten, Stuttgart 1988.

Kampe, Norbert, Studenten und „Judenfrage" im deutschen Kaiserreich. Die Entstehung einer akademischen Trägerschicht des Antisemitismus, Göttingen 1988.

Keeling, Drew, The Business of Transatlantic Migration between Europe and the United States, 1900–1914, Zürich 2012.

Kellog, Frederick, The Road to Romanian Independence, West Lafayette 1995.

Kieval, Hillel J., „Tiszaeszlár Blood Libel," in Gershon D. Hundert (ed.), The YIVO Encyclopedia of Jews in Eastern Europe, Vol. 2, New Haven 2008, S. 1883–1885.

Kieval, Hillel J., The Rules of the Game: Forensic Medicine and the Language of Science in the Structuring of Modern Ritual Murder Trials: in Jewish History 26 (2012), S 287–307.

Kieval, Hillel J., Yahrzeits, Condolences, and other close Encounters. Neighbourly Relations and Ritual Murder Trials in Germany and Austria-Hungary, in: Eugene M. Avrutin, Ritual Murder in Russia, Eastern Europe, and Beyond, Bloomington 2017, S. 110–129

Kimmel, Elke, Artikel Böckel, Otto, in: Wolfgang Benz (Hg.), Handbuch des Antisemitismus. Judenfeindschaft in Geschichte und Gegenwart, Bd. 2 (Personen), Berlin/Boston 2009, S. 92f.

Kimmel, Elke, Artikel Henrici, Carl Ernst Julius [Walther Kolmas], in: Wolfgang Benz (Hg.), Handbuch des Antisemitismus. Judenfeindschaft in Geschichte und Gegenwart, Bd. 2 (Personen), Berlin/Boston 2009, S. 350f.

Kimmel, Elke, Artikel Liebermann von Sonnenberg, Max Hugo, in: Wolfgang Benz (Hg.), Handbuch des Antisemitismus. Judenfeindschaft in Geschichte und Gegenwart, Bd. 2 (Personen), Berlin/Boston 2009, S. 482f.

Kirchhoff, Markus, Damaskus, in: Dan Diner (Hg.), Enzyklopädie jüdischer Geschichte und Kultur, Bd. 2, Stuttgart 2012, S. 52–60.

Kiseritzky, Wolther von, Liberalismus und Sozialstaat. Liberale Politik in Deutschland zwischen Machtstaat und Arbeiterbewegung (1878–1893) (= Industrielle Welt. Schriftenreihe des Arbeitskreises für moderne Sozialgeschichte, Bd.62), Köln/Weimar/Wien 2002.

Kistenmacher, Olaf, Latente Erinnerung – latenter Antisemitismus, in: Hans-Joachim Hahn, Olaf Kistenmacher (Hgg), Beschreibungsversuche der Judenfeindschaft II. Antisemitismus in Text und Bild – zwischen Kritik, Reflexion und Ambivalenz (= Europäisch-jüdische Studien Bd. 37), Berlin/Boston 2019, S. 161–194.

Kleinmann, Yvonne, Artikel Maigesetze (Russland 1882), in: Wolfgang Benz (Hg.), Handbuch des Antisemitismus. Judenfeindschaft in Geschichte und Gegenwart, Bd. 4 (Ereignisse, Dekrete, Kontroversen), Berlin/Boston 2010, S. 243–245.

Klier, John D., Emigration Mania in Late-Imperial-Russia. In: Newman, Aubrey, Massil, Stephen W. (Hg.): Patterns of Migration 1850–1914. Proceedings of the International Academic Conference of the Jewish Historical Society of England and the Institute of Jewish Studies, University College London, London 1996, S. 21–29.

Klier, John D., Imperial Russia's Jewish Question, 1855–1881, Cambridge 1995.

Klier, John D., Russia Gathers her Jews. The origins of the „Jewish question" in Russia, 1772–1825, DeKalb 1986.

Klier, John D., Russians, Jews and the Pogroms of 1881–1882, Cambridge 2011.

Klier, John D.; Lambroza, Shlomo (Hgg), Pogroms: Anti-Jewish Violence in Modern Russian History, Cambridge 1992.

Kocka, Jürgen und Neugebauer, Wolfgang (Hgg.), Die Protokolle des Preußischen Staatsministeriums 1817–1934/38, Bd. 7 (8. Januar 1879–19. März 1890) (= Acta Borussica Neue Folge, 1. Reihe: Die Protokolle des Preußischen Staatsministeriums 1817–1934/38, hrsg. von der Berlin-Brandenburgischen Akademie der Wissenschaften (vormals Preußische Akademie der Wissenschaften), Hildesheim/Zürich/New York 1999.

Köhler, Benedikt, Ludwig Bamberger. Revolutionär und Bankier, Stuttgart 1999.

König, Mareike und Schulz, Oliver (Hgg.), Antisemitismus im 19. Jahrhundert aus internationaler Perspektive. Nineteenth Century Anti-Semitism in International Perspective, Göttingen 2019.

Konrád, Miklós, Jews and politics in Hungary in the Dualist era, 1867–1914, in: East European Jewish Affairs, Vol. 39, No. 2 (August 2009), S. 167–186.

Konz, Britta, „Nur durch Glücklichmachen gelangt man zum Glücklichsein." Henriette May (1862–1928), in: Sabine Hering (Hg.), Jüdische Wohlfahrt im Spiegel von Biographien, Frankfurt a. M. 2006, S. 284–295.

Konz, Britta, „Wehe dem, dessen Gewissen schläft!" Bertha Pappenheim (1859–1936), in: Sabine Hering (Hg.), Jüdische Wohlfahrt im Spiegel von Biographien, Frankfurt a. M. 2006, S. 360–375.

Kosak, Hadassa, Cultures of Opposition: Jewish Immigrant Workers, New York City, 1881–1905, New York 2000.

Krah, Franziska, „Ein Ungeheuer, daß wenigstens theoretisch besiegt sein muß". Pioniere der Antisemitismusforschung in Deutschland, Frankfurt am Main 2016.

Kraus, Daniela, Artikel Förster, Bernhard, in: Wolfgang Benz (Hg.), Handbuch des Antisemitismus. Judenfeindschaft in Geschichte und Gegenwart, Bd. 2 (Personen), Berlin/Boston 2009, S. 236–238.

Kraus, Daniela, Artikel Förster, Paul, in: Wolfgang Benz (Hg.), Handbuch des Antisemitismus. Judenfeindschaft in Geschichte und Gegenwart, Bd. 2 (Personen), Berlin/Boston 2009, S. 238f.

Kreutzberger, Max, Leo Baeck Institute New York Bibliothek und Archiv, Katalog Band I. Deutschsprachige jüdische Gemeinden. Zeitungen, Zeitschriften, Jahrbücher, Almanache und Kalender. Unveröffentlichte Memoiren und Erinnerungsschriften, Tübingen 1970.

Krieger, Karsten, Der „Berliner Antisemitismusstreit" 1879–1881. Eine Kontroverse um die Zugehörigkeit der deutschen Juden zur Nation. Kommentierte Quellenedition. Im Auftrag des Zentrums für Antisemitismusforschung, 2. Bd., München 2004.

Kushner, Tony, The Boys and Girls not from Brazil. From Russia to Rio and Back Again via Southampton and Hamburg, 1878–1880, in: Tobias Brinkmann (Hg.), Points of Passage. Jewish Transmigrants from Eastern Europe in Scandinavia, Germany and Britain 1880–1914, New York/Oxford 2013, S. 148–162.

Kuzmany, Börries, Brody. Eine galizische Grenzstadt im langen 19. Jahrhundert, Wien/Köln/Weimar 2011.

Kuzmany, Börries, Jüdische Pogromflüchtlinge in Österreich. 1881/82 und die Professionalisierung der internationalen Hilfe, in: ders., Rita Gerstenhauer (Hgg), Aufnahmeland Österreich. Über den Umgang mit Massenflucht seit dem 18. Jahrhundert, Wien 2017, S. 94–125.

Kuznets, Simon, Immigration of Russian Jews: Background and Structure, in: Jeffrey S. Gurock, American Jewish History, Vol. 3, East European Jews in America 1880–1920: immigration and adaptation, New York 1998, S. 1–90.

Kvale-Eilers, Nicole, Emigrant Trains: Jewish Migration through Prussia and American Remote Control 1880–1914, in: Tobias Brinkmann (Hg.), Points of Passage. Jewish Transmigrants from Eastern Europe in Scandinavia, Germany and Britain 1880–1914, New York/Oxford 2013, S. 47–62.

Lamar, Cacil, Albert Ballin: Business and Politics in Imperial Germany, 1888–1918, Princeton 1967.

Langenberg, David L., The Kovno Conference in 1869, in: Landsmen. Quarterly Publication of the Suwalk-Lomza Interest Group for Jewish Genealogists 5, Nr. 2–3 (1995), S. 20–22.

Langer, Ulrich, Heinrich von Treitschke: Politische Biographie eines Deutschen Nationalisten, Düsseldorf 1998.

Langewiesche, Dieter, Liberalismus in Deutschland. Deutschland im europäischen Vergleich (= Kritische Studien zur Geschichtswissenschaft, Bd. 79), Göttingen 1988.

Lederhendler, Eli, Jewish Immigrants and American Capitalism 1880–1920, New York 2009.

Lederhendler, Eli, Jewish Immigrants and American Capitalism 1880–1920, New York 2009.

Lehmann, Matthias, Baron Hirsch, de Jewish Colonization Association and the Future of the Jews, in: Leora Batnitzky, Ra'anan Boustan (Hgg.), Jewish Studies Quartely, Vol. 27, Nr. 1 (2020), S. 73–102.

Lehr, Stefan, Antisemitismus – religiöse Motive im sozialen Vorurteil. aus der Frühgeschichte des Antisemitismus in Deutschland 1870–1914, München 1974.

Leimkugel, Frank, Botanischer Zionismus. Otto Warburg (1859–1938) und die Anfänge institutionalisierter Naturwissenschaften in „Eretz Israel", Berlin 2005.

Lerner, Robert E., Ernst Kantorowicz. Eine Biographie, Stuttgart 2020.

Leuschner, Tosten, Richard Böckh (1824–1907), Sprachenstreit zwischen Nationalitätsprinzip und Nationalstaat, in: Historiographica Linguistica 31 (2004), S. 385–417.

Lipphardt, Anna, Wo liegt Osten? Zur (Selbst-)Verortung osteuropäischer Juden, in: Mettauer, Philipp/ Staudinger, Barbara (Hg.), „Ostjuden" – Geschichte und Mythos, Innsbruck 2015, S. 10–26.

Lohauß, Peter, 150 Jahre amtliche Statistik in Berlin, in: Zeitschrift für amtliche Statistik Berlin Brandenburg, 1+2/ 2002, S. 1–17.

Lowenstein, Steven M., Die Gemeinde, in: ders., Paul Mendes-Flohr, Peter Pulzer, Monika Richarz (Hgg), Deutsch-jüdische Geschichte in der Neuzeit, Bd. 3: Umstrittene Integration 1870–1918, München 1997, S. 123–150.

Luchterhand, Galina, Die politischen Parteien im neuen Rußland. Dokumente und Kommentare, Bremen 1993.
Lukin, Benyamin und Shraberman, Olga, Documents on the Emigration of Russian Jews via Galicia, 1881–82, in the Central Archives of the History of the Jewish People in Jerusalem, in: Gal-Ed. On the History of the Jews in Poland, Tel Aviv 2007, S. 101–117.
Lüthi, Barbara, Germs of Anarchy, Crime, Disease, and Degenerancy: Jewish Migration to the United States and the Medicalization of European Borders around 1900, in: Tobias, Brinkmann, Points of Passage. Jewish Transmigrants from Eastern Europe in Scandinavia, Germany and Britain 1880–1914, New York/Oxford 2013, S. 27–44.
Maierhof, Gudrun, Die Geburt der Zentralwohlfahrtsstelle aus dem Geiste der Frauenbewegung – Bertha Pappenheim und die Vorgeschichte, in: Arbeitskreis Jüdische Wohlfahrt/Steinheim-Institut/ZWST (Hgg.), 100 Jahre Zentralwohlfahrtsstelle der Juden in Deutschland (1917–2017). Brüche und Kontinuitäten, Frankfurt a. M. 2017, S. 81–91.
Matthes, Olaf, Artikel Simon, James in: Neue Deutsche Biographie 24 (2010), S. 436–438 [Online-Version]; URL: https://www.deutsche-biographie.de/pnd117392634.html#ndbcontent (5.7.2020).
Matthes, Olaf, James Simon. Mäzen im Wilhelminischen Zeitalter, Berlin 2000.
Metzler, Tobias, 'By the sacred ties of humanity and common decent'. The Transnationalization of Modern Jewish History and its Discontents, in: Dieter Gosewinkel, Dieter Rucht (Hgg.), Transnational struggles for Recognition: New Perspectives on Social Society since the Twentieth Century, New York/ Oxford 2017, S. 103–132.
Meybohm, Ivonne, David Wolffsohn. Aufsteiger, Grenzgänger, Mediator. Eine biographische Annäherung an die Geschichte der frühen Zionistischen Organisation (1897–1914), Göttingen 2013.
Meyer, Michael A., Auf nach Berlin! Demographische Dichte und schöpferische Vielfalt der Juden in der deutschen Hauptstadt, in: Christina von Braun (Hg.), Was war deutsches Judentum? 1870–1933, Berlin/München/Boston 2015, S. 21–38.
Michaelis, Anna, Strategien zur Absicherung jüdischer Existenz in Deutschland (1890–1917), Frankfurt/New York 2019.
Mihok, Brigitte, Artikel Ungarn, in: Wolfgang Benz (Hg), Handbuch des Antisemitismus. Judenfeindschaft in Geschichte und Gegenwart, Bd. 1 (Länder und Regionen), Berlin/Boston 2008, S. 388–394.
Nemes, Robert, Hungary's Antisemitic Provinces: Violence and Ritual Murder in the 1880s, in: Slavic Review, Jg. 66, Nr. 1, Cambridge 2007, S. 20–44.
Nikolow, Sybille, Die Nation als statistisches Kollektiv: Bevölkerungskonstruktionen im Kaiserreich und in der Weimarer Republik, in: Ralf Jessen u. Jacob Vogel (Hgg.), Wissenschaft und Nation in der europäischen Geschichte, Frankfurt/M. 2002, S. 235–259.
Nowak, Irina, Pickenbach, Wilhelm, in: Wolfgang Benz (Hg.), Handbuch des Antisemitismus. Judenfeindschaft in Geschichte und Gegenwart, Bd. 2 (Personen), Berlin 2008, S. 638 f.
Nugent, Walter T. K., Crossings: The Great Transatlantic Migration, 1870–1914, Bloomington 1992.
Ober, Kenneth H., Die Ghettogeschichte: Entstehung und Entwicklung einer Gattung, Göttingen 2001.
Oltmer, Jochen, „Verbotswidrige Einwanderung nach Deutschland": Osteuropäische Juden im Kaiserreich und in der Weimarer Republik, in: Aschkenas – Zeitschrift für Geschichte und Kultur der Juden, 17/2007, H. 1, S. 97–121.
Oltmer, Jochen, Globale Migration. Geschichte und Gegenwart, München 2012.
Oltmer, Jochen, Migration vom 19. bis zum 21. Jahrhundert (= Enzyklopädie deutscher Geschichte Band 86), herausgegeben von Lothar Gall, Berlin/Boston 2016.

Oltmer, Jochen, Staat im Prozess der Aushandlung von Migration, in: ders. (Hg.), Handbuch Staat und Migration in Deutschland seit dem 17. Jahrhundert, Berlin/Boston 2016, S. 1–42.
Osofsky, Gilbert, The Hebrew Emigrant Aid Society of the United States (1881–1883), in: George E. Pozzetta, Immigrant Institutions: The Organization of Immigrant Life (= Volume 5 of American Immigration & Ethnicity), New York/London 1991, S. 225–239.
Panitz, Esther L., The Polarity of American Jewish Attitutes towards Immigration (1870–1891). A Chapter in American Socio-Economic History, in: American Jewish Historical Quaterly, Vol. 53, No. 2 (December 1963), S. 99–130.
Panitz, Esther L., Simon Wolf. Private Conscience and Public Image, London/Toronto 1987.
Paul, Ina Ulrike, Paul Anton de Lagardes Rassismus, in: Ina Ulrike Paul und Sylvia Schraut (Hgg.), Rassismus in Geschichte und Gegenwart. Eine interdisziplinäre Analyse (= Zivilisationen & Geschichte Bd. 55), Berlin u. a. 2018, S. 81–111.
Petry, Erik, Ländliche Kolonisation und früher Zionismus am Ende des 19. Jahrhunderts (= Reihe Jüdische Moderne, Bd. 2), Köln/Weimar/Berlin 2004.
Petry, Erik, Zwischen nationalem Bekenntnis und Pragmatismus. Heinrich Löwe und Willy Bambus, in: Christian Wiese/Andrea Schatz (Hgg.), Janusfiguren. „Jüdische Heimstätte", Exil und Nation im deutschen Zionismus, Berlin 2006, S. 189–212.
Pickhan, Gertrud: „Ostjudentum" und Mizrehkh-Yidishkeyt. Begriffskonstruktionen, Selbstwahrnehmungen und Fremdzuschreibungen, in: Baltrusch, Ernst/Puschner, Uwe (Hg.), Jüdische Lebenswelten. Von der Antike bis zur Gegenwart, Frankfurt/M. 2016, S. 285–295.
Pinwinkler, Alexander, Amtliche Statistik, Bevölkerung und staatliche Politik in Westeuropa, ca. 1850–1950, in: Peter Collin, Thomas Horstmann (Hgg.), Das Wissen des Staates. Geschichte, Theorie und Praxis, Baden-Baden 2004, S. 195–215.
Pinwinkler, Alexander, Historische Bevölkerungsforschungen. Deutschland und Österreich im 20. Jahrhundert, Göttingen 2014.
Pulzer, Peter G.J, Die Entstehung des politischen Antisemitismus in Deutschland und Österreich 1867–1914, Göttingen 2004.
Puschner, Uwe, Völkische Bewegung, in: ders., Ernst Baltrusch, Jüdische Lebenswelten. von der Antike bis zur Gegenwart, Frankfurt am Main 2016, S. 267–284.
Ragins, Sanford, Jewish Responses to Anti-Semitism in Germany, 1870–1914: A Study in the History of Ideas, Cincinnati 1980.
Rahden, Till van, Juden und die Ambivalenzen der bürgerlichen Gesellschaft in Deutschland von 1800 bis 1933, in: Christina von Braun (Hg.), Was war deutsches Judentum, Berlin/München/Boston 2015, S. 249–261.
Rahden, Till van, Vielheit. Jüdische Geschichte und die Ambivalenzen des Universalismus, Hamburg 2022.
Rebenich, Stefan, Theodor Mommsen. Eine Biographie, München 2002.
Regneri, Günter, Salomon Neumann: Sozialmediziner – Statistiker – Stadtverordneter, Berlin 2011.
Regneri, Günter, Salomon Neumann's Statistical Challenge to Treitschke: The Forgotten Episode that Marked the End of the „Berliner Antisemitismusstreit", in: LBYB, Vol. 43 (1998), S. 129–153.
Reinecke, Christian, Infrastrukturen und die Ordnung der Migrationsverhältnisse im Kaiserreich, in: Jochen Oltmer (Hg.), Handbuch Staat und Migration in Deutschland seit dem 17. Jahrhundert, Berlin/Boston 2016, S. 341–384.
Reinke, Andreas, Wohltätige Hilfe im Verein. Das soziale Vereinswesen der deutsch-jüdischen Gemeinden im 19. und beginnenden 20. Jahrhundert, in: Juden und Armut in Mittel- und Osteuropa, Köln/Weimar/Wien 2000, S. 209–239.

Reissner, Hanns, Eduard Gans, Ein Leben im Vormärz, Tübingen 1965.
Reuven, Michael, Heinrich Graetz, Tagebuch und Briefe, Tübingen 1977.
Richard Worth, Immigration to the United States: Jewish Immigrants, New York 2005.
Richarz, Monika, Der Eintritt der Juden in die akademischen Berufe. Jüdische Studenten und Akademiker in Deutschland 1678–1848, Tübingen 1974.
Richarz, Monika, Jüdische Akademiker und Ärzte. Behinderte Emanzipation und berufliche Orientierung, in: Christina von Braun (Hg), Was war deutsches Judentum, S. 167–179.
Roth, Ralf, Das Jahrhundert der Eisenbahn. Die Herrschaft über Raum und Zeit 1800–1914, Ostfildern 2005.
Rückert, Tanja, Produktivierungsbemühungen im Rahmen der jüdischen Emanzipationsbewegung (1780–1871): Preußen, Frankfurt am Main und Hamburg im Vergleich, Münster 2005.
Rürup, Reinhard, Das preußische Emanzipationsgesetz von 1812, in: Ernst Baltrusch, Uwe Puschner (Hgg.), Jüdische Lebenswelten. Von der Antike bis zur Gegenwart, Frankfurt am Main 2016, S. 139–158.
Rürup, Reinhard, Emanzipation und Antisemitismus. Historische Verbindungslinien, in: Herbert A. Strauss, Norbert Kampe (Hgg.), Antisemitismus. Von der Judenfeindschaft zum Holocaust, Bonn 1985, S. 88–98.
Sana, Jonathan D., The Myth of No Return: Jewish Return Migration to Eastern Europe, 1881–1914, in: Jeffrey S. Gurock, American Jewish History, Vol. 3, East European Jews in America 1880–1920: immigration and adaptation, New York 1998, S. 169–182.
Sarrazin, Thilo, Deutschland schafft sich ab. Wie wir unser Land aufs Spiel setzen, München 2010.
Saß, Anne-Christiane, Scheunenviertel, in: Dan Diner (Hg.), Enzyklopädie jüdischer Geschichte und Kultur, Band 5, Stuttgart/Weimar 2014, S. 352–358.
Schlutow, Martin, Das Deutsche Auswandererhaus in Bremerhaven. Abenteuer und Erlebnis als geschichtskulturelles Programm (=Zeitgeschichte – Zeitverständnis Bd. 19), Berlin 2008.
Schlutow, Martin, Das Deutsche Auswandererhaus in Bremerhaven. Abenteuer und Erlebnis als geschichtskulturelles Programm, Berlin 2008.
Schneider, Michael, Wissensproduktion im Staat. Das königlich preußische statistische Bureau 1860–1914, Frankfurt/New York 2013.
Schorsch, Ismar, Jewish Reactions to German Anti-Semitism (= Columbia University Studies in Jewish History, Culture, and Institutions 3), New York 1972.
Schramm, Gottfried, Die Ostjuden als soziales Problem des 19. Jahrhunderts, in: Heinz Maus (Hg.), Gesellschaft, Recht und Politik. Wolfgang Abendroth zum 60. Geburtstag, Neuwied/Berlin 1968, S. 353–380.
Schramm, Hellmut, Jewish Ritual Murder. A historical investigation, 2017 New Revised Edition, Translation from German by R. Belser, hg. von JRBooksOnline.com 2017.
Shanes, Joshua, Diaspora Nationalism und Jewish Identity in Habsburg Galicia, Cambridge 2012.
Shmuel Almog, Shmuel/Reinharz, Jehuda/Shapira, Anita (Hgg.), Zionism and Religion, Hanover, N.H. 1998.
Sieg, Ulrich, Antisemitismus und Anitliberalismus im Deutschen Kaiserreich, in: Ewald Grothe, Ulrich Sieg (Hgg.), Liberalismus als Feindbild, Göttingen 2014, S. 93–112.
Sieg, Ulrich, Der Preis des Bildungsstrebens. Jüdische Geisteswissenschaftler im Kaiserreich, in: Andreas Gotzmann, Rainer Liedtke und Till v. Rahden (Hgg.), Juden, Bürger, Deutsche. Zur Geschichte von Vielfalt und Differenz 1800–1933, Tübingen 2001.
Siegel, Björn, Österreichisches Judentum zwischen Ost und West. Die Israelitische Allianz zu Wien 1873–1938, Frankfurt/New York 2010.

Simon, Gerhard, Russländische Nation. Fiktion oder Rettung für Russland? Bericht des Bundesinstituts für Ostwissenschaftliche und Internationale Studien, 11.1999.
Sorin, Gerald, A Time for Building: The Third Migration 1880–1920, Baltimore/London 1992.
Soyer, Daniel, Jewish Immigrant Associations and American Identity in New York, 1880–1939: Jewish Landsmanshaftn in American Culture, Michigan 2018.
Sperling, Walter, Der Aufbruch der Provinz. Die Eisenbahn und die Neuordnung der Räume im Zarenreich, Frankfurt/New York 2011.
Spitzer, Yannay, Pogroms, Networks, and Migration. The Jewish Migration from the Russian Empire to the United States 1881–1914 (online: http://eh.net/eha/wp-content/uploads/2013/11/Spitzer.pdf; 13.6.2018).
Stampfer, Saul, The Geographical Background of East European Jewish Migration to the United States before World War I., in: Ira A. Glazier, Luigi De Rosa (Hgg.), Migration across Time and Nations: Population Mobility in Historical Contexts, New York/London 1986, S. 220–230.
Stern, Edith, The Glorious Victory of Truth: The Tiszaeszlár Blood Libel Trial 1882–83. A Historical Legal Medical Research. Jerusalem/Rubin Massachusetts 1998.
Stern, Fritz, Gold und Eisen. Bismarck und sein Bankier Bleichröder, München 2008.
Stipta, István, Rituelle Blutanklage in Ungarn im Jahre 1883, in: Journal on European History of Law, Vol. VI, No. 2 (2015), S. 12–23.
Suffrin, Dana von, Pflanzen für Palästina. Otto Warburg und die Naturwissenschaften im Jischuw (= Schriftenreihe wissenschaftlicher Abhandlungen des Leo Baeck Instituts Bd. 80), Tübingen 2019.
Szabó, Miloslav, Gegen die „weltvergiftende Idee des Antisemitismus": Publizistik als Gegenwehr. Jüdische Reaktionen auf den Antisemitismus in der ungarischen Provinz um 1900, in: Ulrich Wyrwa (Hg.), Einspruch und Abwehr. Die Reaktion des europäischen Judentums auf die Entstehung des Antisemitismus (1879–1914), Frankfurt/New York 2011, S. 215–229.
Szajkowski, Zosa, Conflicts in the Alliance Israélite Universelle and the Founding of the Anglo-Jewish Association, the Vienna Allianz and the Hilfsverein, in: Jewish Social Studies 19 (1957), Nr. 1–2, S. 29–50.
Szajkowski, Zosa, How the mass migration to America began, in: Jewish Social Studies, 4, 4, (1942), S. 291–310.
Szajkowski, Zosa, The European Attitude to East European Jewish Immigration (1881–1893), in: Publications of the American Jewish Historical Society, vol. 41, Nr. 2 (1951), S. 127–162.
Tarshish, Allan, The Board of Delegates of American Israelites (1859–1878), in: Publications of the Jewish Historical Society Vol. 49, No. 1 (September 1959), S. 16–32.
The Central Archives for the History of the Jewish People in Jerusalem (CAHJP), Sammlung Familie Moritz Moses Gottschalk Lewy – P 253 (http://cahjp.nli.org.il/webfm_send/752; 26.5.2020).
Toury, Jacob, Anti-Anti 1889/1892, in: LBYB, Vol. 36 (1991), S. 47–58.
Treß, Werner, Osteuropäisches Judentum zwischen akademischer Judenfeindschaft und Wissenschaft des Judentums im 19. Jahrhundert, in: Kerstin Schoor, Werner Treß, Annette Werberger Annette (Hgg.): Juden und ihre Nachbarn. Wissenschaft des Judentums im Kontext von Diaspora und Migration, Berlin/Boston 2022, S. 47–66.
Ujvári, Hedvig, Artikel Eötvös, Károly in: Wolfgang Benz (Hg.), Handbuch des Antisemitismus. Judenfeindschaft in Geschichte und Gegenwart, Bd. 2 (Biographien), Berlin/Boston 2009, S. 212f.
Ulbricht, Justus H., Das völkische Verlagswesen im deutschen Kaiserreich, in: Uwe Puschner, Walter Schmitz, Justus H. Ulbricht (Hgg.), Handbuch zur „Völkischen Bewegung" 1871–1918, München/New Providence/London/Paris 1996, S. 277–301.

Urslula Reuter, …aber Gerechtigkeit erhöhet ein Volk. Aus dem Leben von Salomon Neumann, in: Kalonymos, 19. Jg. (2016), Heft 4, S. 10 f.

Véri, Daniel, The Tiszaeszlar Blood Libel: Image and Propaganda, in: Mareike König/ Oliver Schulz (Hg.), Antisemitismus im 19. Jahrhundert aus internationaler Perspektive, Göttingen 2019, S. 263–290.

Vital, David, The Origins of Zionism, Oxford 1975.

Vogel, Bernhard/Nohlen, Dieter/Schultze, Rainer-Olaf (Hgg), Wahlen in Deutschland. Theorie – Geschichte – Dokumente. 1848–1970, Berlin/New York 1971.

Voigts, Manfred, Ernest Renan und Moritz Lazarus, 2008 (online: https://publishup.uni-potsdam.de/opus4-ubp/frontdoor/deliver/index/docId/2114/file/pardes_08_a4_Mis03.pdf; 21.9.2022)

Volkov, Shulamit, Antisemitismus als kultureller Code. Zehn Essays, München 2000.

vom Bruch, Rüdiger und Hoffmeister, Björn, Deutsche Geschichte in Quellen und Darstellung, Bd. 8 (Kaiserreich und Erster Weltkrieg 1871–1918), Stuttgart 2002.

Wagner, Adolph, Dr. S. Neumann, „Die Fabel von der jüdischen Masseneinwanderung", in: Zeitschrift für die gesamte Staatswissenschaft, Jg. 38, Heft 4 (1880), S. 777–783.

Weber, Klaus, Transmigrants between Legal Restrictions and Private Charity: The Jew's Temporary Shelter in London, 1885–1939, in: Tobias Brinkmann (Hg.), Points of Passage. Jewish Transmigrants from Eastern Europe in Scandinavia, Germany and Britain 1880–1914, New York/Oxford 2013, S. 85–103.

Weeks, Theodor R., Russians, Jews and Poles, Russification and Antisemitism 1881–1914, in: Werner Bergmann, Ulrich Wyrwa (Hgg.), Quest. Issues in Contemporary Jewish History, Issue 3 (2012) (url: www.quest-cdecjournal.it/focus.php?id=308; 19.10.2020).

Wegner, Konstanze, Theodor Barth und die Freisinnige Vereinigung. Studien zur Geschichte des Linksliberalismus im wilhelminischen Deutschland, Tübingen 1968.

Weichmann, Hans, Die Auswanderung aus Österreich und Rußland über die Deutschen Häfen, Berlin 1913.

Weigel, Björn, Artikel Johann Andreas Eisenmenger, in: Wolfgang Benz (Hg.), Handbuch des Antisemitismus. Judenfeindschaft in Geschichte und Gegenwart, Bd. 2 (Personen), Berlin/Boston 2009, S. 200–202.

Welker, Barbara, Das Archiv der Stiftung Neue Synagoge Berlin – Centrum Judaicum, in: Elke-Vera Kotowski (Hg.), Das Kulturerbe deutschsprachiger Juden: Eine Spurensuche in den Ursprungs-, Transit- und Emigrationsländern, Berlin/München/Boston 1015, S. 520–533.

Wenzel, Mario, Artikel Grousilliers, Hector de, in: Wolfgang Benz (Hg.), Handbuch des Antisemitismus. Judenfeindschaft in Geschichte und Gegenwart, Bd. 2 (Personen), Berlin/Boston 2009, S. 313 f.

Werner Benecke, Die allgemeine Wehrpflicht in Russland: Zwischen militärischem Anspruch und zivilen Interessen, in: Journal of Modern European History, Vol. 5, Nr. 2 (2007), S. 244–263.

Werner Jochmann, Funktion und Struktur des deutschen Antisemitismus 1878–1914, in: Herbert A. Strauss, Norbert Kampe (Hgg.), Antisemitismus. Von der Judenfeindschaft zum Holocaust, Bonn 1985, S. 99–142.

Wertheim, Philipp (Hg.), Kalender und Jahrbuch für die jüdischen Gemeinden Preußens, III. Jg. (1859).

Wertheimer, Jack, Unwelcome Strangers. East European Jews in Imperial Germany, New York/Oxford 1987.

Wiener, Alfred, Paul Nathan – Darstellung und Deutung, in: ARJ Information, April 1957.

Wiese, Stefan, Pogrome im Zarenreich. Dynamiken kollektiver Gewalt, Hamburg 2016.

Wilhelmy, Petra, Der Berliner Salon im 19. Jahrhundert (1780–1914), Berlin/New York 1989.

Wilke, Carsten L., Competitive Advocacy: The Romanian Committee of Berlin and the Alliance Israélite Universelle, 1872–1878, in: Jahrbuch des Simon-Dubnow-Instituts XV (2016), S. 131–156.

Wilke, Carsten L., Das deutsch-französische Netzwerk der Alliance Israélite Universelle, 1860–1914. Eine kosmopolitische Utopie im Zeitalter der Nationalismen, in: Frankfurter Judaistische Beiträge, Heft 34, 2007/8, S. 173–199.

Wilke, Carsten L., Völkerhass und Bruderhand. Ein deutsch-französischer Briefwechsel aus dem Jahr 1871, in: Kalonymos, 11. Jg. (2008), Heft 4, S. 1–5.

Winkler, Heinrich August, Der lange Weg nach Westen. Deutsche Geschichte 1806–1933, Bonn 2002.

Wüstenbecker, Katja, Von Hamburg nach Amerika. Hilfsorganisationen für jüdische Auswanderer 1880–1910 in: Zeitschrift des Vereins für Hamburgische Geschichte, Band 91, Hamburg 2005, S. 77–102.

Wyrwa, Ulrich, Artikel Antisemitenliga, in: Wolfgang Benz (Hg.), Handbuch des Antisemitismus. Judenfeindschaft in Geschichte und Gegenwart, Bd. 5 (Organisationen, Institutionen, Bewegungen), Berlin/Boston 2012, S. 30–33.

Wyrwa, Ulrich, Die Internationalen Antijüdischen Kongresse von 1882 und 1883 in Dresden und Chemnitz Zum Antisemitismus als europäischer Bewegung, in: Themenportal Europäische Geschichte, 2009, (www.europa.clio-online.de/essay/id/fdae-1481; 20.10.2020).

Wyrwa, Ulrich, Die Reaktion des deutschen Judentums auf den Antisemitismus im Deutschen Kaiserreich: Eine Rekapitulation, in: ders. (Hg.), Das Engagement der Juden in Europa gegen den entstehenden Antisemitismus (1879–1914), Graz 2013, S. 25–42.

Wyrwa, Ulrich, Genese und Entfaltung antisemitischer Motive in Heinrich von Treitschkes „Deutscher Geschichte im 19. Jahrhundert", in: Werner Bergmann, Ulrich Sieg (Hgg.), Antisemitische Geschichtsbilder, Essen 2009, S. 83–102.

Wyrwa, Ulrich, Strategien im europäisch-jüdischen Abwehrkampf. Das Engagement der Juden in Europa gegen den entstehenden Antisemitismus (1879–1914), Graz 2013.

Zabarenko, Judith, The Negative Image of America in the Russian-Language Jewish Press (1881–1910), in: American Jewish History, Vol. 75, Nr. 3 (März 1986), S. 267–279.

Zolberg, Aristide R., A Nation by Design: Immigration Policy in the Fashioning of America, Cambrige 2006.

Zolberg, Aristide R., The Great Wall against China: Responses to the First Immigration Crisis, 1885–1925, in: L. und J. Lucassen, Migration, Migration History, History, Bern 1997, S. 291–315.

Zumbini, Massimo Ferrari, Wurzeln des Bösen. Gründerjahre des Antisemitismus: Von der Bismarckzeit zu Hitler, Frankfurt am Main 2003.

Personenverzeichnis

Ábrahám Buxbaum 210, 218
Ábrányi, Lajos 227 f., 238, 385
Adler, Hermann Naftali 330
Adler, Nathan Marcus 69
Ahlwardt, Hermann 82
Alexander I. 31
Alexander II. 17, 26, 29, 31 – 34, 57, 319, 371
Alexander III. 28 f., 319
Aronson, L. 250
Asher, Asher 221, 336, 348, 361
Astudin, ? 157
Auerbach, Berthold 136, 138, 144
Auerbach, Jacob 80, 85, 132, 135 f., 138, 147, 153

Ballin, Albert 280, 313
Ballin, Samuel Joseph 280
Bamberger, Isaac 58, 64, 66, 73
Bamberger, Ludwig 106 f., 179, 199 f.
Bambus, Willy 127, 363, 365, 368
Bar-Chen, Eli 44
Bartal, Israel 8, 23, 31 – 35, 253
Barth, Jacob 144, 177 f., 364
Barth, Theodor 199, 204
Bärwald, Hermann 330
Báry, József 207 – 211, 213, 220, 222, 224, 230 – 233, 237
Beilis, Menachem Mendel 239
Belki, Johann 234
Benz, Wolfgang 240
Berek, Mathias 369, 384
Berg, ? 294
Berg, Moses 294, 329 f.
Bergmann, Eugen von 120
Bergmann, Werner 84
Bergschmidt, O. 88, 160 f.
Bernays, Isaac 290
Bernays, Louis 290
Bernstein, Carl 15, 189, 249, 252, 256, 285, 326, 330, 347
Bernstein, Felicie 249
Berzeviczy, Albert 220 f.
Biema, Hermann Samuel van 153 f.

Bismarck, Otto von 35 f., 70, 76, 82 f., 98 – 101, 118, 122 – 125, 136, 159, 179 – 181, 183, 192, 227, 253, 257, 263, 337, 341, 374, 378
Bitterlich, Rudolf 156, 158 f.
Bleichröder, Gerson von 70, 179
Bleichröder, Julius 70 f., 144, 367
Bloch, Lazar 255, 337
Böckel, Otto 82, 366
Böckh, Richard 110, 120 – 122, 370
Bolten, August 307
Boretius, Marie 185
Both, Melchior 232
Brafman, Jakov 34
Brämer, Karl 118
Brandes, Georg 249
Brandt, C. von 157, 182
Braun, Ábrahám 210
Braun, Leopold 210, 218
Brecher, Adolf 159
Breslauer, Emil 144
Bresslau, Harry 144, 146 f., 173 f., 177
Brinkmann, Tobias 21, 384
Bunsen, Georg von 329
Burchardt, Franz 342
Burg, Otto 144 – 146, 154 – 157, 162 – 164, 166, 169, 174, 180 – 182, 187, 203 f., 374
Buschhoff, Adolf Wolff 238

Caplan, ? 294
Carr, Edward 280
Chajes, Salomon 315, 337
Cremer, Christoph Joseph 157, 181
Crémieux, Adolphe 42, 63, 71
Cuza, Alexandru Ioan 68

Davidsohn, S. 310 f.
Degutz, Hirsch Elias 268
Delitzsch, Franz 163 f.
Derenbourg, Hartwig 330
[Deutsch], ? 294
Dieterici, Carl Friedrich 109 f.
Dietmar, Maximilian 332
Diner, Dan 12

Dondukow-Korsakow, Alexander Michailowitsch 28

Egressy-Nagy, Ladislaus 232
Eisenmann, Raphael 145–147, 190
Eisenmenger, Andreas 132
Ellinger, Moritz 322, 325, 330
Engel, Ernst 102f., 109, 116f., 119, 121–123, 166, 374
Eötvös, Károly 232, 235–237
Eschenbacher, Klara 127
Eulenburg, Botho Wendt August Graf zu 85, 99

Fárkas, Gabriel 205f.
Fenchel, Julius 43
Fenchel, ? 108
Forckenbeck, Maximilian Franz August von 246, 332
Förster, Bernhard 82, 89, 137, 156, 173, 176, 180
Förster, Paul 82, 96
Frankel, Zacharias 47
Franzos, Betti 275
Frei, Julius 165
Freudenthal, Jacob 166
Freyenwald, Hans Jonak von 239
Freytag, Gustav 4
Friedemann, Edmund 367f.
Friedländer, Leopold 144
Friedländer, Moritz 12, 254, 270f., 282, 294–296, 301, 304, 310, 312, 315f., 318, 329f., 333, 336
Friedmann, Bernát 233
Friedrich Wilhelm III. 102
Fritsch, Theodor 85, 240
Fritzsche, Friedrich Wilhelm 181
Fuchs, Eugen 193
Fuld, Salomon 327, 330
Funták, Sándor 232

Gans, Eduard 92, 142
Gartner, Lloyd P. 22, 70
Geiger, Abraham 94
Gerhardt, ? 160
Gilman, Sander L. 188
Glanz, Jacob 291
Glanz, Schaia 291
Gneist, Rudolf von 199

Goldberg, Moritz 288
Goldenstein, Jacob 275
Goldenstein, Leo 8, 257f., 262, 274f., 301, 304, 312–314, 316, 329, 335–336
Goldschmidt, Abraham Meyer 64
Goldschmidt, H. 145f.
Goldschmidt, Salomon Hayum 259
Goldsmid, Baron Julian 330
Goldsmid, Sir Francis Henry 69, 71, 73
Gomoliński, Julian 272
Goßler, Gustav von 345
Graetz, Heinrich 107, 276–278, 308, 362
Groß, Johannes 195
Groussiliers, Hector de 158
Gudowius, Robert 342f.
Günzburg, Baron Naphtali Herz 28, 251
Gutmann, David Ritter von 279, 330

Haar, Ingo 14f., 113, 383
Hagelberg, Wolf 145
Halberstamm, Heinrich 337
Hallgarten, Charles Lazarus 364
Hammann, Otto 174
Hancke, ? 178
Hänel, Albert Friedrich 113f., 137
Havas, Emerich 233
Haymerle, Heinrich von 257
Henrici, Ernst 11, 80–84, 96, 156f., 161, 167, 169, 172–176, 179, 183, 186, 213f., 225, 229, 373
Hermann, [Julius] 144, 293
Hermes, Otto 173–175
Herrfurth, Ernst Ludwig 343, 345
Herrlich, Dr. 145
Hersko, David 210
Hertzog, Rudolf 181
Herzberg-Fränkel, Sigmund 270, 315
Herzel, Leopold 255, 315
Herzl, Theodor 362, 364
Hess, Moses 362
Heumann, Ignác 210, 231f., 237
Hildesheimer, Esriel 164, 246, 330, 339, 363f.
Hildesheimer, Hirsch 51, 359, 364
Himmler, Heinrich 240
Hinger, Wolff 290
Hinrichsen, Marcus Wolf 290, 327f., 330, 333, 359

Hirsch, Baron Maurice de   258, 270, 292, 329, 335, 356
Hirschberg, Julius   144, 162, 367
Hirschfeld, David   332
Hoffmann, Johann Gottfried   109
Hoffmann, Nathan   153 f., 169 f.
Hofmann, August Wilhelm   246
Hohenzollern-Sigmaringen, Karl Eitel Friedrich Zephyrius Ludwig (Carol I.)   68, 75
Holtzendorff, Franz von   203 f.
Hopp, Andrea   184
Horánszky, Nándor   232
Horn, Ulrich   156–161, 164, 168, 171, 181, 183
Horovitz, Markus   364
Horváth, Dr.   209, 212, 237
Hury, Andreásne   205

Ignatjew, Nikolai Pawlowitsch   28, 319, 349
Isaac, Julius   367
Israel, John   65
Istóczy, Győző   212, 216–218, 220–223, 225 f., 229

Jablonski, Moritz   43
Jacobi, Ernst   347
Jacobs, Joseph   321 f., 324
Jármy, Eugen   206
Jellinek, Adolf   46
Jensen, Uffa   105
Joël, Manuel   105
Johanning, Ernst   284 f., 288, 291, 304, 306–308
Jókai, Mór   233
Jones, Henry   43
Junger, Adolf   210
Jünger, David   359
Jungfer, Carl   89 f., 137, 173

Kalischer, Adolf   145, 162, 166
Kalischer, Zwi Hirsch   71
Kaltenbrunner, Ernst   240
Kalthoff, Albert   163
Kantorowicz, Edmund   89 f., 137, 139, 173, 186
Kapelusz, Hirsch   315
Karancsay, ?   210
Karfunkel, ?   175
Kasvan, Abner   71
Katharina II.   31

Kayserling, Meyer   197
Kieval, Hillel J.   195
Kirschstein, Moritz   250
Kirstein, Moritz   145, 169
Kis, Eugen   209
Klaußner, ?   175 f.
Kloss, ?   39, 342
Knauer, Albert   158 f.
Kohlmeier, ?   205
Kolischer, Heinrich   313 f.
Kompert, Leopold   71
Kornis, Ferenc   194, 206 f., 217, 233
Kottga, Hermann   288
Kozma, Sándor   223, 233
Kristeller, Samuel   8, 47, 70, 75, 144 f., 147, 153–155, 163, 165–167, 178, 204, 367
Krug, Leopold   102
Kuzmany, Börries   301, 309, 335, 384

Lachmann, Salomon   8, 15, 144, 162, 246, 249, 256, 268, 273, 278, 282–284, 286–290, 296–299, 306–308, 316, 319, 322–327, 329 f., 347, 367
Lagarde, Paul de   81, 151
Landau, Eugen   358 f.
Landau, Wolf   64
Landauer, ?   283
Landsberg, Moritz   8, 47, 63, 259, 276–278, 287, 291, 330, 333
Langerhans, Paul   173
Lasker, Eduard   15, 179, 182, 199, 246, 250, 329 f.
Lazarus, Moritz (Bankier)   336
Lazarus, Moritz   8, 14–17, 30, 47, 63, 65, 69, 71, 78 f., 83, 105 f., 109 f., 113 f., 118, 121, 128–136, 138–155, 162–165, 173–175, 177 f., 186–188, 190–192, 202–204, 246, 249, 321, 332, 337, 347 f., 359, 367, 369, 374, 376
Lazarus, Nahida   369
Leers, Johann von   239
Lehmann, Emil   48, 164
Leipziger, Leon   339
Lent, Elias   290
Lesse, Theodor Wilhelm   326, 328
Lessing, Theodor   188
Leubuscher, Rudolf   92
Leven, Narcisse   63
Levy, Dr.   302 f., 313

Lewy, Moritz Gottschalk 145, 167, 190, 293, 362
Liebermann, Max 249
Loeb, Isidore 247f., 260, 302, 330, 346, 348
Loewe, Ludwig 5, 144, 162, 166, 174, 180, 183, 329, 352
Loewenthal, Willibald 359
Lohren, Arnold 184
Loris-Melikow, Michail Tarielowitsch 35f.
Löwenfeld, Raphael 190
Löwy, Albert 326f., 361f.
Lustig, Sámuel 210

Magnus, Ernst 85, 358
Magnus, Hermann 15, 18, 57, 260, 262, 270, 286f., 289, 294, 308, 316f., 321, 323f., 330, 333, 336, 376
Mahler, Wilhelm 39, 278, 288–291
Makower, Hermann 47, 164, 170, 176, 328, 330, 332, 340f., 343, 345, 355, 358, 376
Mandelstamm, Max Emanuel 28, 189, 246, 250–252, 258–261, 285
Marcziányi, György 213f.
Margulies, Sigmund 312f.
Marr, Wilhelm 82, 85, 87f., 95, 97, 134f., 156, 158
May, Henriette 274
May, Hermann 330
Meibauer, Adolf Gustav 170
Mendel, Emanuel 144, 162, 180, 182–184, 367
Menzel, Adolph von 249
Merwart, Paul 336
Messing, C. 65
Meyer, Alexander 114
Meyer, Isler 290
Meyer, Siegmund Joel 176, 355
Mickelberg, Leonard 288
Mihálkovics, Géza 234
Mocatta, Frederik David 326
Mommsen, Theodor 114f., 126, 149–152, 163, 186, 249
Montague, Samuel 221, 336, 348, 361
Montefiori, Moses 42, 69, 302, 314
Mosse, Rudolf 144, 160
Müller, ? 158
Münchhausen, Ferdinand Carl Wilhelm August von 168
Munk, Salomon 42

Nachod, Jacob 8, 56f., 163, 165, 242, 247, 249, 302f.
Nathan, Paul 6f., 15, 18, 39, 45, 51, 75, 79, 107, 127, 164f., 194–196, 198–211, 213–218, 220, 223f., 226, 228–235, 237–240, 320, 357–359, 363–370, 375, 377, 380, 385, 387, 413
Netter, Charles 6, 9, 18, 39, 42, 262f., 269–271, 275f., 291, 293f., 296, 312, 315–317, 329f., 333, 336, 361, 376, 385
Neumann, Jehuda (Julius) 65
Neumann, Salomon 8–10, 14–17, 40, 63, 66, 69–71, 73f., 78, 90–94, 104, 107–116, 118–121, 123–127, 135, 144, 146, 166, 174, 178, 180, 185–187, 202–204, 216, 242, 246–252, 258, 260f., 268, 276, 278, 282f., 285f., 288f., 297f., 302–306, 310f., 314, 318, 324, 326–330, 343, 350–352, 359, 361f., 367, 369f., 372, 375–377, 379
Nikolaus I. 31, 33
Nirenstein, Amalie 274
Nirenstein, Heinrich 8, 255, 257, 263, 274, 281, 293, 298, 304, 312, 314–319, 336f.
Nolda, C. 160
Noll, Ida 291

Obolenski, Prinz Michail Alexandrowitsch 58
Oettingen, Alexander von 121
Oliphant, Laurence 326, 336, 361
Ónody, Géza 212f., 215–229, 231f., 234, 237
Oppenheim, Heinrich Bernhard 69f.
Oubril, Paul von 257

Papp, Josef 205
Pappenheim, Berta 273f.
Parnass, ? 242
Pastor, Josef 287, 289
Pauler, Tivadar 207, 216f.
Péczely, Koloman 208, 237
Peixotto, Benjamin Franklin 64, 68–71, 73
Philippson, Ludwig 47, 58, 79, 84, 88, 94, 106, 137, 192f., 246, 355
Philippson, Martin 187
Pickenbach, Wilhelm 160f., 225
Pickhan, Gertrud 4, 383
Pineles, Samuel 74
Pinkert, Alexander 225
Pinsker, Leon 360–362

Platho, Isidor 251, 290, 310
Polenz, Richard 156, 158
Puttkamer, Robert Viktor von 99–101, 122–125, 168, 172f., 341f., 345, 348

Rabelais, François 199
Rathner, Ber 290
Recsky, Andreas 208, 238
Reichenheim, Ferdinand 70, 310
Renan, Ernest 131, 133f.
Richter, Eugen 179, 182, 187
Rickert, Heinrich 238, 246, 367
Ritter, Carl 92
Rohling, August 132, 163, 221
Rosenberg, Alfred 240
Roth, Joseph 5f
Rothschild, Alphonse de 267
Rothschild, Baron Wilhelm von 69
Rothschild, Nathaniel Mayer 321
Ruben, Paul 290
Rülf, Isaak 36, 58f., 63, 66f., 107f., 242, 251, 362
Rümelin, Gustav von 128f.
Ruppel, Julius 11, 84–86, 90, 159f., 167f., 174, 179f., 196, 213f., 373
Russocki, Władysław Apolinary August 316, 337

Salomon, Adolf 190
Saphir, ? 242
Sarrazin, Thilo 381
Schafier, Heinrich 18, 257, 259–263, 269–272, 275f., 278, 281–283, 285, 290, 293f., 296, 301–306, 309, 312, 314f., 317f., 361, 376
Scharf, Jozsef 194, 205–207, 210, 217, 224, 226, 228, 232, 235f.
Scharf, Moritz 194, 207f., 215, 217, 232, 234, 236f.
Scharf, Samuel 206f., 217, 230, 236
Scheunemann, ? 170
Scheuthauer, Gustav 235
Schlieckmann, Albrecht Heinrich Carl von 341f., 345, 348
Schorsch, Ismar 193
Schotte, ? 288
Schramm, Hellmuth 239f.
Schultze, Julius 157f., 181
Schwarz, Salamon 206, 208, 210

Schweinitz, Hans Lothar von 35
Segall, Jacob 127
Seligsohn, Arnold 359
Sello, Erich 170
Siehr, Ludwig Hermann Ferdinand 37, 305, 341–343
Simon, Isaac 145, 169
Simon, James 357, 359, 369
Simon, Philipp 8, 15, 40, 59, 62f., 65, 273, 278, 286, 288f., 297f., 308, 322–325, 338
Simonyi, Iván von 224, 226
Singer, Bernhard 337
Smilovics, Jankel 210
Solymosi, Eszther 194, 196f., 205–211, 213–219, 221f., 224–229, 233f., 237, 385
Sonnenberg, Max Liebermann von 82, 90, 96, 156f., 181, 184, 366
Springer, Baron Max von 236
Steinthal, Heymann 144, 146, 155
Stern, Alfred 337
Stern, Hermann I. 145, 155, 173f., 191, 204, 367
Stern, Myer H. 243
Stoecker, Adolf 82f., 87, 89, 134, 142, 181, 184, 199, 214, 222, 225
Stolberg-Wernigerode, Otto zu 113
Straßmann, Wolfgang 87–89, 144, 146–148, 161, 173, 180
Strauss, Adolphe 281
Strauss, Emil 281, 303–305
Strauss, Henri 281–284, 287f., 291, 303f., 313
Székely, Max 233
Szeyffert, Ede 233f.

Tarzik, Moshe 256, 268
Taub, Emánuel 210
Taubes, Isaac 71, 74f.
Timendorfer, Berthold 357
Tisza, Kálmán 216f., 220f., 223
Tolstoi, Dmitri Andrejewitsch 349
Trajtler, Dr. 209
Treitschke, Heinrich von 39, 81, 84, 92, 98, 103–109, 112–115, 126, 128, 134, 137, 149, 151, 177, 199, 374, 380f.
Treuenfels, Abraham 59–63, 65, 69
Trietsch, Davis 365

Vay, Georg 210, 237

Veneziani, Emmanuel Felix   329, 335, 349–352, 372, 377
Verhovay, Gyula   213, 232
Véri, Daniel   227, 229, 384
Virchow, Rudolf   66, 92–94, 113, 183, 187, 235
Vogel, Amsel   210

Wackerbarth-Linderode, Otto Freiherr von   238 f., 367
Wagner, Adolph   115, 117–120, 181
Wahrmann, Moritz   221 f.
Wald, ?   160
Warburg, Otto   364
Warschasski, Isaac   291
Wasinsky, ?   160
Weber, H.   168
Wedell, Abraham   330, 339
Weidel, Alice   380
Weingert, Sara   290
Weintraub, Dr.   344
Weiß, ?   171
Weisstein, Josef   242
Weißstein, Lázár   210

Werber, Jakob   255, 312
Werner, Ludwig   366
Werner, Sidonie   274
Wertheimer, Joseph Ritter von   46, 243, 294 f., 304
Wilke, Carsten L.   44, 72, 384
Wischnitzer, Mark   12 f., 56, 64, 313
Wohlauer, Julius   276 f., 298 f., 330
Wolf, Simon   64
Wolf, W.M..   65
Wolff, David   43
Wolff, Herberth Alexander   144–146
Wolfsberg, ?   175
Wolkenstein-Trostburg, Anton von   257
Wollner, Hermann   206, 210, 218, 231
Wormser, Daniel   290, 292

Zeller, Eduard   199
Zesset, ?   158
Zimmermann, Oswald   366
Zöllner, Karl Friedrich   96
Zunz, Leopold   93 f., 142, 250, 369